KB268405

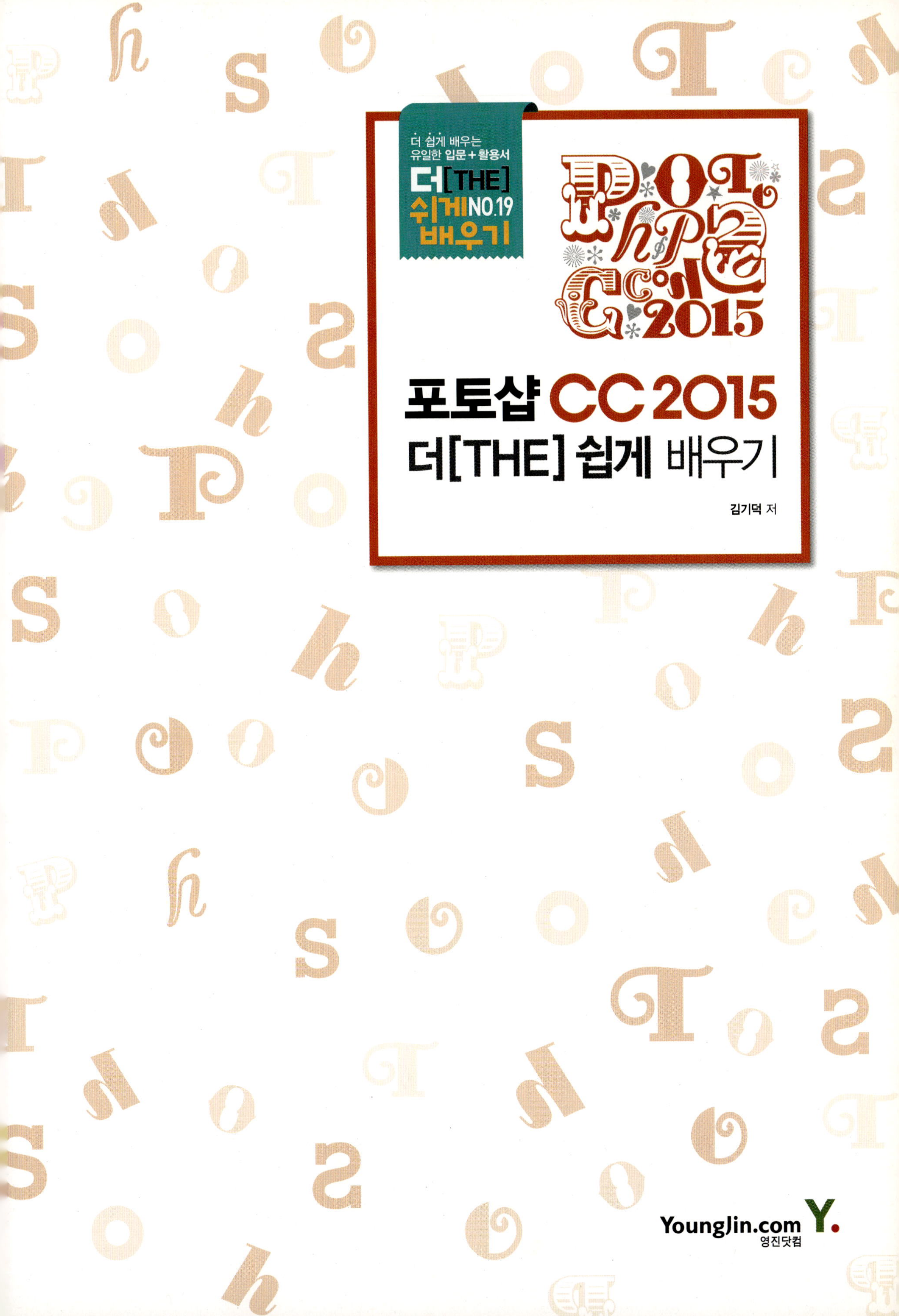
더 쉽게 배우는
유일한 입문 + 활용서
더[THE]
쉽게 NO.19
배우기

Photoshop
CC
2015

포토샵 CC 2015
더[THE] 쉽게 배우기

김기덕 저

YoungJin.com Y.
영진닷컴

포토샵CC 2015 더 쉽게 배우기

ISBN : 978-89-314-4966-2

독자님의 의견을 받습니다.
이 책을 구입한 독자님은 영진닷컴의 가장 중요한 비평가이자 조언가입니다. 저희 책의 장점과 문제점이 무엇인지, 어떤 책이 출판되기를 바라는지, 책을 더욱 알차게 꾸밀 수 있는 아이디어가 있으면 이메일, 또는 우편으로 연락주시기 바랍니다. 의견을 주실 때에는 책 제목 및 독자님의 성함과 연락처(전화번호나 이메일)를 꼭 남겨 주시기 바랍니다. 독자님의 의견에 대해 바로 답변을 드리고, 또 독자님의 의견을 다음 책에 충분히 반영하도록 늘 노력하겠습니다.

이 메 일 : support@youngjin.com
주   소 : (우)153-803 서울특별시 금천구 가산디지털 1로 24 대룡테크노타운 13차 10층 영진닷컴
등   록 : 2007. 4. 27. 제16-4189호

STAFF

저자 김기덕 | **책임** 김태경 | **진행** 성민 | **본문 편집** 고은애 | **본문 디자인** 지화경 | **표지 디자인** 임정원

이 책은 포토샵을 처음 시작하는 사람들과 포토샵의 기초가 부족한 사람들에게 도움이 되었으면 하는 마음으로 집필하였습니다.

책의 순서대로 보면서 따라 해볼 것을 권합니다. 특히 PART 01부터 PART 06까지는 꼭 순서대로 학습하기 바랍니다. 필자가 나름 순서에 대해서 고민하고 집필한 부분입니다. 나머지 부분은 목차를 보면서 필요한 부분을 먼저 학습해도 됩니다.

그리고 각 PART별 공부가 끝났으면 Self Test의 동영상으로 복습하는 것을 권합니다. 동영상에서는 책에 담지 못한 Tip들이 조금씩 추가되었기 때문입니다.

궁금한 점이 있다면 그냥 넘기지 말고 언제든지 이메일로 질문해 주세요. 이메일로 문의하실 때 구체적인 상황에서 질문하는 것이 좋습니다. 그냥 막연히 '안돼요'라고 질문하지 말고, 실제로 예제를 따라해 보다가 또는, 다른 작업을 하다가 막히는 부분이 있을 때 그 부분을 꼭! 짚어서 질문해 주세요. 여러분들이 구체적으로 물어봐야 필자도 구체적으로 답을 드릴 수 있습니다.

그리고 책을 보며 실습하는 방법 외에 필자가 권하는 공부 방법이 하나 더 있습니다. 바로 소설책처럼 책을 읽는 것입니다. 지하철, 버스, 집, 사무실 기타 등등 시간이 허락할 때마다 읽는 것입니다. 실습을 해본 내용은 머릿속으로 복습이 될 것이고 아직 실습을 해보지 않은 부분은 예습이 될 것입니다. 꼭 해보기 바랍니다.

마지막으로, 이 책을 집필할 수 있게 도와준 영진닷컴 관계자분들과 예제를 제공해준 지인들 그리고, 예제에 많이 등장하는 우리 가족들에게 감사하며 이 모든 영광을 하나님께 올립니다.

저자 김기덕

미리보기

이 책은 포토샵 CC 2015를 처음 사용하는 입문자들이 체계적으로 학습할 수 있도록 10개의 PART로 구성되어 있으며, 각각의 PART는 Lesson과 따라하기 형식의 Step으로 세분화되어 있습니다. 각 Lesson의 시작 부분에는 '기초탄탄' 코너를 마련하여 어떤 내용을 학습하게 되는지 살펴보고, 중요하게 사용하는 대화상자나 메뉴들의 기능들도 소개합니다. 'Tip', '문제해결' 코너에서는 따라하기 단계별 참고 내용을 소개하며, '연관 검색'에서는 복합적으로 학습하면 좋을 내용들의 위치를 안내합니다. 그럼 미리 보기 내용을 통해 포토샵 CC 2015 더 쉽게 배우기를 간략하게 소개합니다.

Lesson
포토샵 CC 2015의 다양한 기능을 Lesson으로 구성합니다.

Step
본격적인 학습 코너로써 따라하기 형식으로 구성하여 포토샵 CC 2015의 기능을 쉽게 익힐 수 있도록 유도합니다.

색인
해당 내용의 본문 페이지 위치를 알려줍니다.

Tip
본문의 따라하기 과정에서 고해야 할 사항을 알려줍니다.

기초 탄탄
Lesson의 학습에 앞서 해당 Lesson에서 나오는 메뉴나 대화상자의 기능들을 자세히 알려줍니다.

연관 검색
학습 내용과 연관되는 기능이 수록된 페이지를 알려주거나, 함께 사용하며 좋을 기능들을 간단히 소개합니다.

문제해결
본문의 따라하기 과정에서 발생하는 문제들을 해결할 수 있는 방법이나, 주의해야 하는 내용들을 소개합니다.

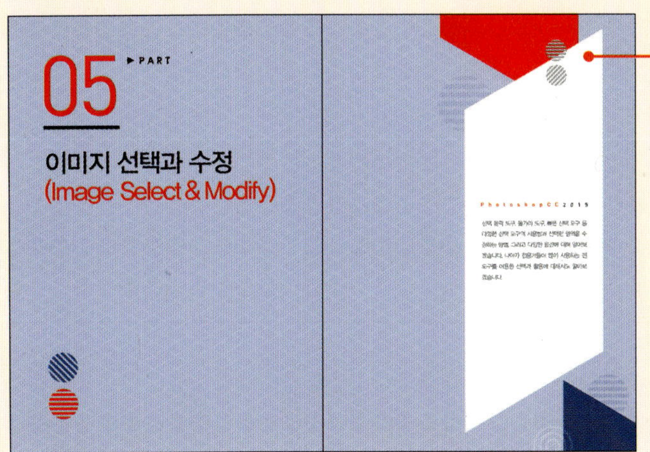

PART

총 10개의 PART로 구성되어 있으며 PART
의 시작 전에 배우게 될 내용을 간략하게
살펴봅니다.

PART Summary

PART에서 배운 포토샵 CC 2015의 핵심
내용들을 다시 한 번 복습할 수 있도록 간
단히 요약해서 소개합니다.

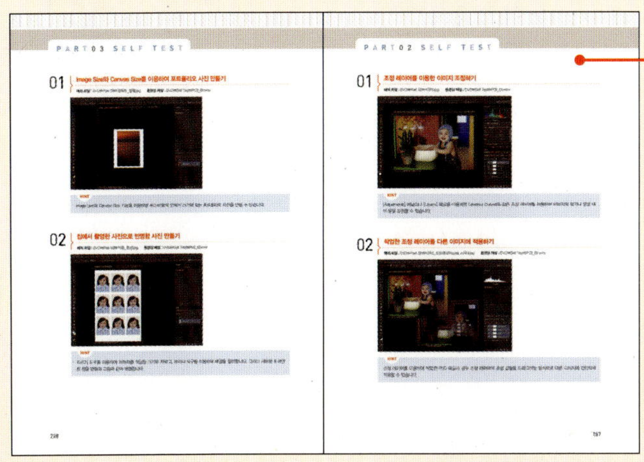

SELF TEST

PART에서 배운 내용을 바탕으로 문제를
풀어볼 수 있는 코너로써, 문제 풀이 과정
은 별도의 동영상으로 제공됩니다.

이 책의 구성

포토샵 CC 2015를 쉽고 빠르게 학습할 수 있도록 구성되어 있는 '포토샵 CC 2015 더 쉽게 배우기'의 PART별 구성을 간단히 소개합니다.

PART 01

포토샵 CC 2015 시작 & 기초 다지기

포토샵 CC 2015를 설치하고, 실행하면 나타나는 화면 구성과 각종 패널들을 소개합니다. 또한 파일 관리, 화면 비율 조절, 화면 이동, 도큐먼트 창 배열과 도구 사용법에 대해서도 알아봅니다.

PART 02

이미지 조정(Image Adjustment)

이미지 모드(Image Mode)와 이미지 조정(Image Adjustment)의 4가지 요소에 대해 알아봅니다. 이미지 조정의 4가지 요소란 이미지의 밝기(Brightness), 명암 대비(Contrast), 채도(Saturation), 색상(Color)을 말합니다. 그리고 Adjustments Layer(조정 레이어)를 이용한 이미지 조정 방법도 소개합니다.

PART 03

이미지 크기와 자르기 그리고, 가이드 선

이미지의 크기를 사용 목적에 맞게 조정하고, 이미지를 자르고, 캔버스 크기를 이용하여 여백을 만드는 방법에 대해 알아봅니다.

PART 04

이미지 리터칭(Image Retouching)

이미지 리터칭의 기본인 도장 도구, 힐링 브러시 도구, 스폿 힐링 브러시 도구의 사용법을 따라하기로 학습하며, 이미지의 내용을 인식하여 좀 더 쉽게 복사하고 옮길 수 있는 Content-Aware 기능도 알아봅니다. 그리고 닷지/번/스펀지 도구와 이미지의 노출 보정 그리고, 적목 현상 제거 도구의 쓰임새도 알아봅니다.

PART 05

이미지 선택과 수정(Image Select & Modify)

선택 윤곽 도구, 올가미 도구, 빠른 선택 도구 등을 이용한 이미지 선택 방법과 선택 영역의 수정 방법을 따라하기로 학습합니다.

부록 DVD

이 책에서 제공하는 부록 DVD에는 각 Part별 예제 파일과 완성 파일이 수록되어 있습니다. 부록 DVD의 파일들은 내 컴퓨터에서 복사한 후에 사용할 것을 권장합니다.

■ 예제 파일 사용법

부록 DVD의 PART별 폴더에는 본문의 따라하기에 필요한 예제 파일과 완성 파일이 각각 수록되어 있으며, SELF TEST 폴더에는 동영상 해설 파일들이 수록되어 있습니다.

■ 홈페이지에서 부록 DVD 자료 다운로드 받는 방법

이 책에서 제공하는 부록 DVD의 내용은 영진닷컴 홈페이지(www.youngjin.com)의 [고객센터]–[부록CD 다운로드] 게시 판에서 검색 창에 도서명이나 키워드를 입력한 후 다운로드 받아 사용하실 수 있습니다.

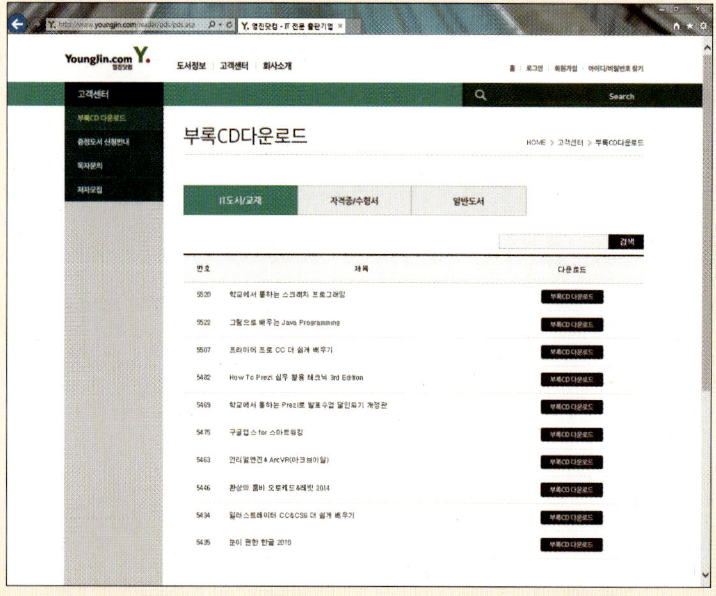

목차

PART 01

포토샵 CC 2015 시작 & 기초 다지기

PART
03

이미지 크기와 자르기 그리고, 가이드 선

PART 06

포토샵 CC 2015
의 레이어 제대로
활용하기

PART
10

포토샵 CC 2015
의 자동화 작업들

프롤로그

■ 포토샵 CC 2015의 새로운 기능 및 이전 버전 비교

	포토샵 CC2015	포토샵 CS6	포토샵 CS5	포토샵 CS4	포토샵 CS3
연결된 에셋, Adobe Stock 통합을 비롯한 Creative Cloud Libraries	V				
아트보드	V				
Adobe Stock과 통합	V				
새로운 에셋 내보내기	V				
레이아웃 스타일의 다양한 인스턴스	V				
Device Preview 및 Adobe Preview CC와 함께 사용 가능한 앱	V				
글리프 패널	V				
실시간 복구 브러시	V				
비율 조정 및 회전이 포함된 컨텐츠 인식 이동 및 컨텐츠 인식 확장	V				
연결된 파노라마 이미지를 위한 자동 컨텐츠 인식 채우기	V				
안내선 세트 만들기 및 사전 설정	V				
연결된 고급 개체	V				
향상된 레이어 구성 요소	V				
흐림 효과 갤러리 동작 효과 및 노이즈 추가	V				
초점 마스크	V				
더욱 스마트해진 고급 안내선	V				
Adobe Typekit의 데스크탑 글꼴	V				
3D 인쇄 지원	V				
글꼴 검색 및 즉시 글꼴 미리 보기	V				
향상된 Windows 8.1 터치 및 스타일러스 지원	V				
Windows HiDPI 지원	V				
복구 브러시, 고급 선명 효과 및 업샘플링에서 향상된 Mercury Graphics Engine 성능	V				
Design Space(Preview)를 비롯한 기술 미리 보기, 영어로만 제공	V				

기능					
원근 뒤틀기	V				
Adobe Generator	V				
완전히 새로워진 고급 선명 효과	V				
카메라 흔들기 감소	V				
Adobe Camera Raw 9 및 Camera Raw를 필터로 사용	V				
확장된 기능 포함	V				
워크플로우 시간을 단축시켜주는 기능	V				
콘텐츠 인식 이동	V	V			
콘텐츠 인식 패치	V	V			
Mercury Graphics Engine	V	V			
새롭게 재설계된 디자인 툴	V	V			
직관적인 비디오 제작	V	V			
완전히 새로워진 자르기 툴	V	V			
새로운 흐림 효과 갤러리	V	V			
사전 설정 마이그레이션 및 공유	V	V			
향상된 자동 교정	V	V			
자동 복구	V	V			
백그라운드 저장	V	V			
복잡하게 얽혀 있는 요소를 손쉽게 선택	V	V	V		
콘텐츠 인식 채우기	V	V	V		
퍼펫 뒤틀기	V	V	V		
HDR 이미징	V	V	V		
페인팅 효과	V	V	V		
자동 렌즈 교정	V	V	V		
조정 패널	V	V	V	V	
마스크 패널	V	V	V	V	
향상된 레이어 자동 정렬	V	V	V	V	
향상된 이미지 자동 혼합	V	V	V	V	
확장된 필드 심도	V	V	V	V	
더욱 부드러워진 팬 및 확대/축소	V	V	V	V	
유동적인 캔버스 회전	V	V	V	V	
콘텐츠 인식 크기 조정	V	V	V	V	
원본을 유지하는 스마트 필터	V	V	V	V	V

빠른 선택 및 가장자리 다듬기 툴	V	V	V	V	V
자동 레이어 정렬 및 혼합	V	V	V	V	V
Adobe Bridge를 사용한 에셋 관리	V	V	V	V	V
향상된 소실점	V	V	V	V	V
향상된 32비트 HDR로 병합	V	V	V	V	V
흑백 변환	V	V	V	V	V
향상된 곡선 조정	V	V	V	V	V
조정 가능한 복제 및 복구	V	V	V	V	V

출처 : 어도비 홈페이지(https://www.adobe.com/kr/products/photoshop/versions.html)

■ 포토샵 CC 버전별 추가 기능

https://www.adobe.com/kr/products/photoshop/features.html

■ 포토샵 CC 2015 릴리스_새로운 기능 요약

https://helpx.adobe.com/kr/photoshop/using/whats-new.html

01

포토샵 CC 2015
시작 & 기초 다지기

PhotoshopCC 2015

이 책의 시작인 Part 01에서는 포토샵 CC 2015를 설치하고, 실행하면 나타나는 화면 구성과 각종 패널들에 대해 알아보겠습니다. 또한 파일 관리, 화면 비율 조절, 화면 이동, 윈도우 배열과 도구 사용법에 대해서도 알아보겠습니다. 그리고 정확한 작업을 위한 눈금자와 안내선 사용법에 대해서도 알아보고, 마지막으로 타임머신처럼 과거와 현재를 자유롭게 오갈 수 있는 [History] 패널의 사용법을 소개합니다.

내 컴퓨터에 포토샵 CC 2015 설치하기

포토샵 CC 2015를 설치하는 데 필요한 시스템 요구 사항 즉 컴퓨터 사양을 알아보고, 포토샵 CC 2015를 설치하는 과정을 자세히 소개하겠습니다.

기초탄탄 ▶ 포토샵 CC 2015 시스템 요구 사항

■ Windows

- Intel® Pentium® 4 또는, AMD Athlon® 64 프로세서(2GHz 이상)
- Microsoft® Windows® 7 서비스 팩 1, Windows 8 또는, Windows 8.1
- 2GB RAM
- 2GB의 설치용 하드 디스크 여유 공간(설치 시 추가 여유 공간 필요 이동식 플래시 저장 장치에는 설치할 수 없음)
- 16비트 색상 및 512MB VRAM 장착 1024x768 디스플레이(1280x800 권장)
- OpenGL 2.0 지원 시스템
- 소프트웨어를 활성화하거나 가입을 확인하고 온라인 서비스를 이용하려면 인터넷 연결 및 등록이 필요합니다.

■ Mac OS

- Multicore Intel 프로세서(64비트 지원)
- Mac OS X v10.7, v10.8 또는, v10.9
- 2GB RAM
- 설치를 위한 2GB의 사용 가능한 하드 디스크 공간, 설치 중 추가 여유 공간 필요(대/소문자 구분 파일 시스템을 사용하는 볼륨이나 이동식 플래시 저장 장치에는 설치할 수 없음)
- 16비트 색상 및 512MB VRAM 장착 1024x768 디스플레이(1280x800 권장)
- OpenGL 2.0 지원 시스템
- 소프트웨어를 활성화하거나 가입을 확인하고 온라인 서비스를 이용하려면 인터넷 연결 및 등록이 필요합니다.

본격적인 학습에 앞서 내 컴퓨터에 포토샵 CC 2015를 설치하는 방법을 알아보겠습니다.

01. 한국어도비시스템즈(www.adobe.com/kr) 홈
페이지에 접속한 후 상단의 [메뉴]를 클릭합니다.

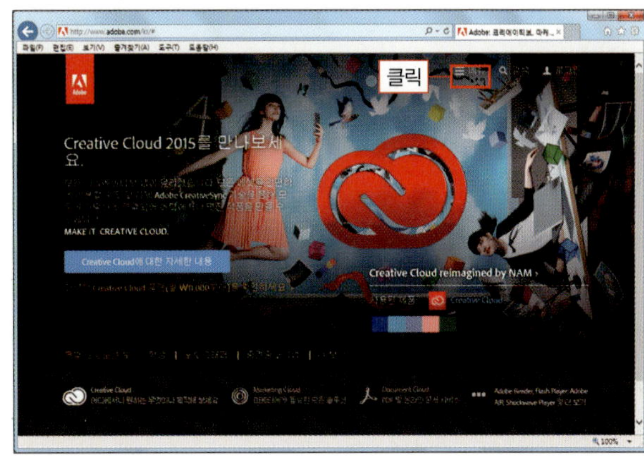

02. 포토샵 CC 2015 아이콘을 클릭합니다.

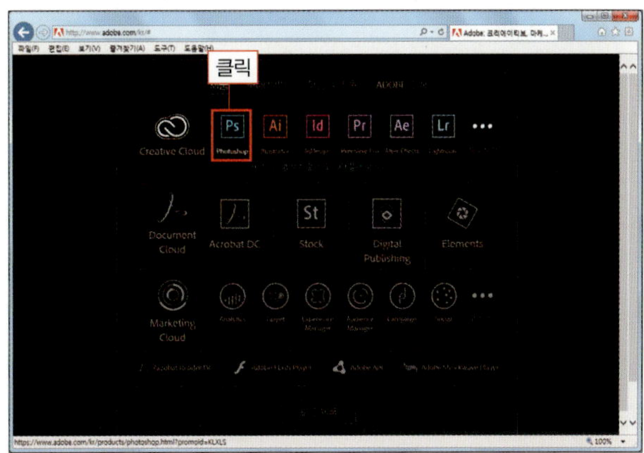

03. [무료 시험버전]을 클릭합니다.

04. Photoshop : 30일 무료 시험버전 시작 화면
이 나타납니다. [로그인]을 클릭합니다.

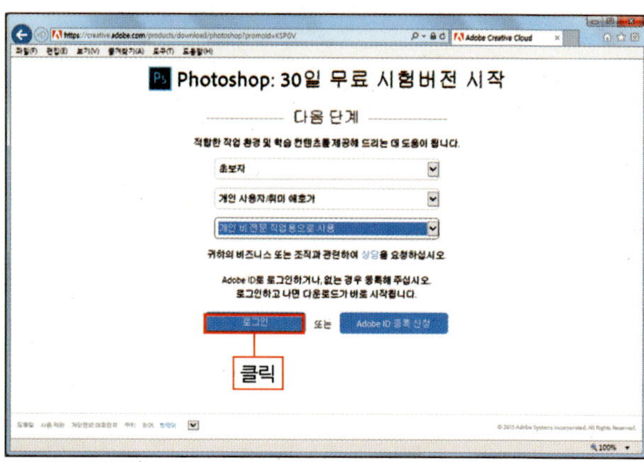

TIP : 회원 가입

어도비 회원이면 로그인, 회원이 아니라면 Adobe ID 등록 신청을 합니다.

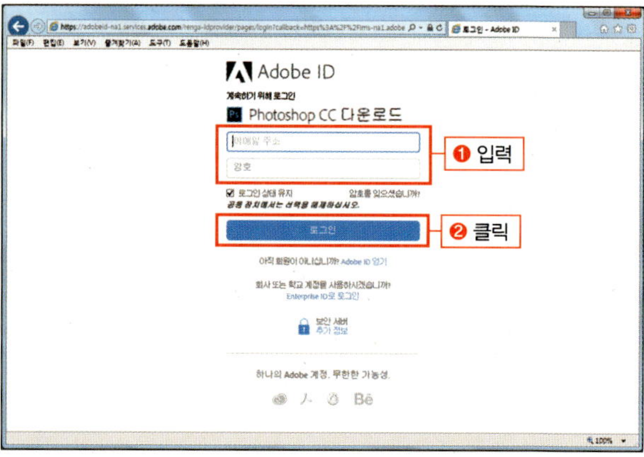

---

05. 아이디(메일)와 암호를 입력하고 [로그인]을
클릭합니다.

06. 화면 아래 'CreativeCloudSet—Up.exe를 저장
하시겠습니까?' 창의 [저장]을 클릭합니다.

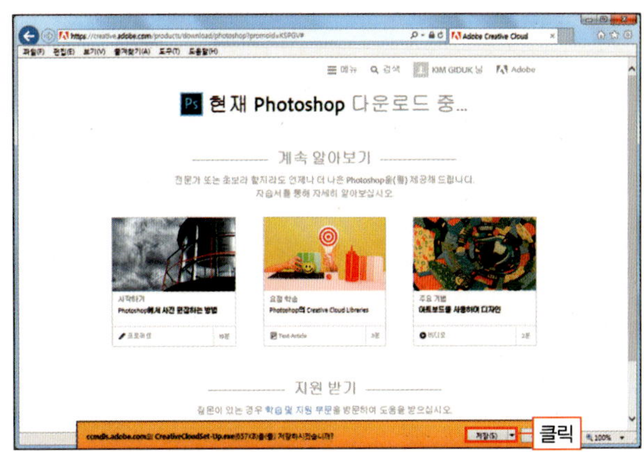

07. 윈도우 탐색기를 이용해 다운로드 폴더로
이동합니다. 다운받은 'CreativeCloudSet—Up.exe'
파일을 더블클릭하여 실행합니다.

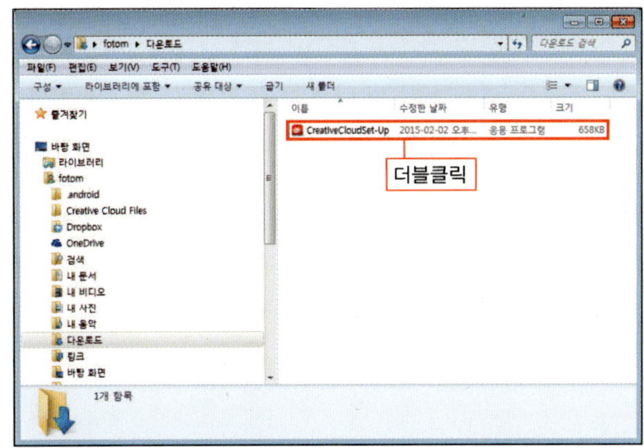

08. [실행] 단추를 클릭합니다.

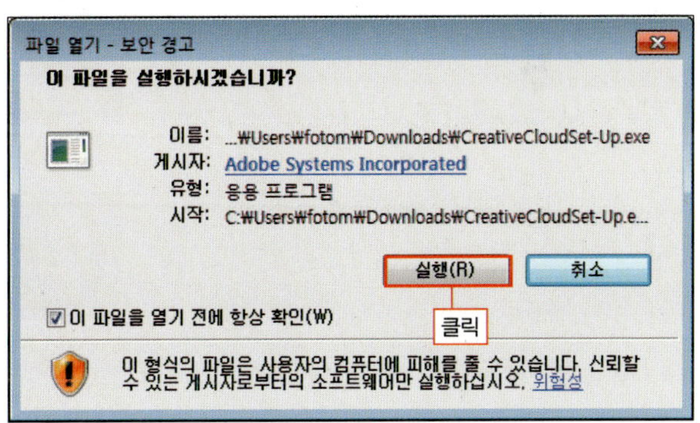

 Adobe 설치 프로그램 창이 나타납니다.

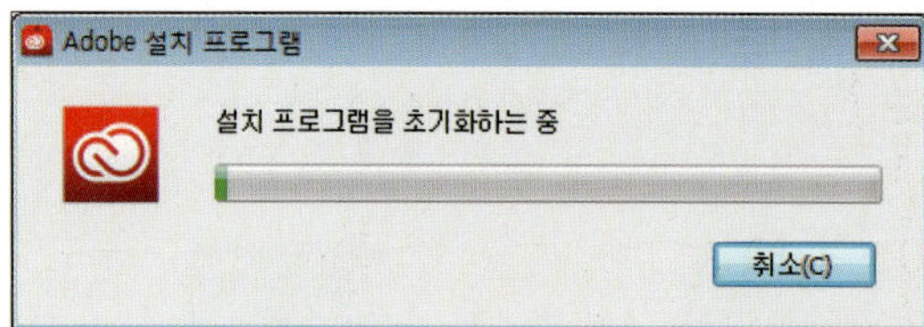

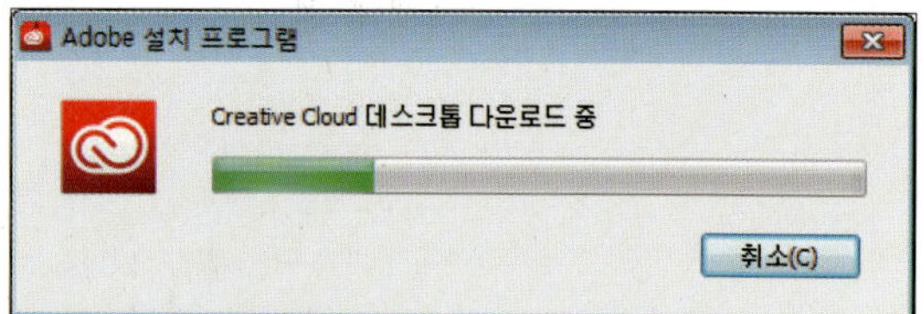

10. Creative Cloud 프로그램 창이 타나납니다. 영문 버전의 포토샵 CC 2015를 설치하려면 환경 설정을 해야 합니다. 톱니바퀴 단추를 클릭한 후 [환경 설정]을 선택합니다.

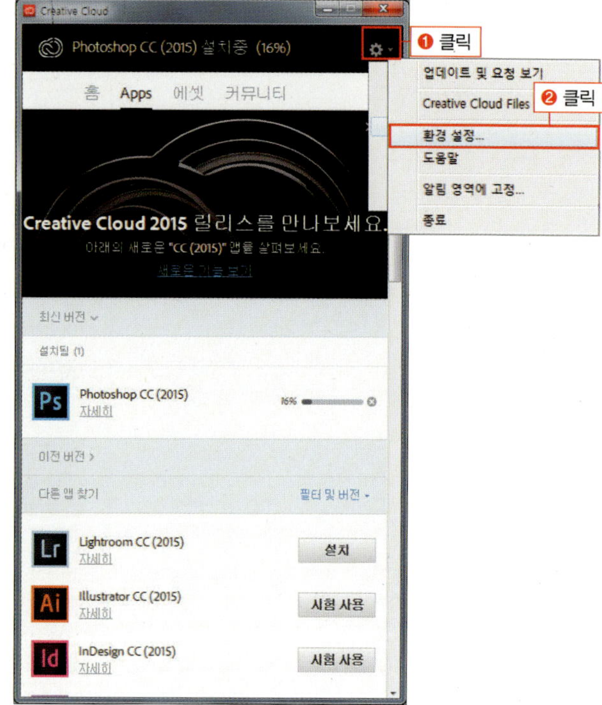

11. 환경 설정 창으로 바뀌면 [Creative Cloud] 탭을 클릭하고, '한국어'로 되어있는 [앱 언어]를 'English(International)'로 설정한 후 [<]를 클릭하여 설치 창으로 돌아옵니다.

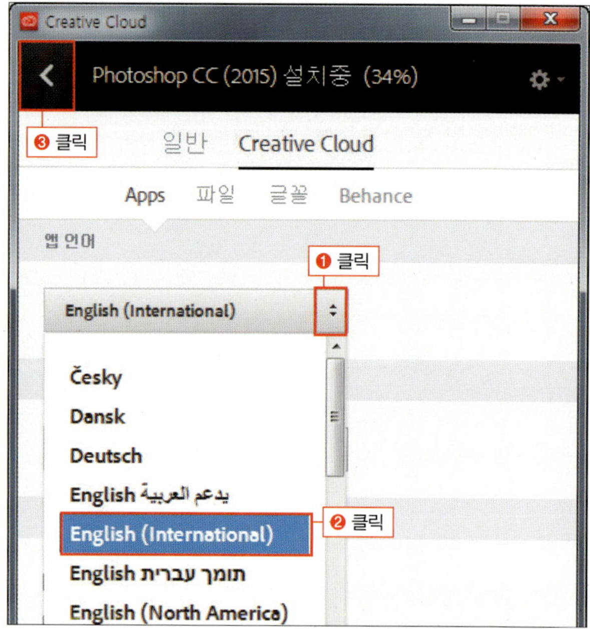

12. 설치가 완료되면 설치된 앱에 표시됩니다. 새 앱 찾기에서 Bridge CC도 설치합니다.

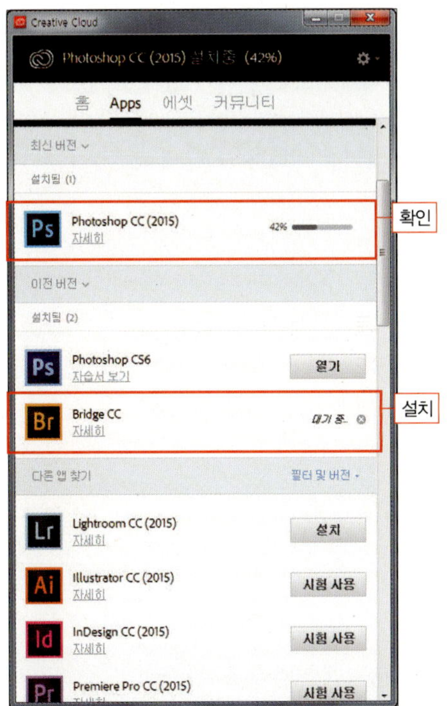

13. 설치가 완료되면 [시작] 메뉴–[모든 프로그램]에 [Adobe Photoshop CC 2015]가 설치된 것이 보입니다.

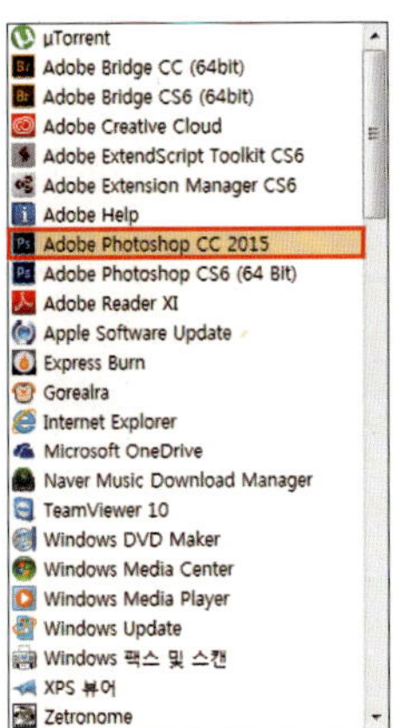

포토샵 CC 2015의 화면 구성 이해하기

포토샵 CC 2015의 화면 즉, 메뉴, 옵션 바, 도구 패널, 그리고 도큐먼트 창의 구성에 대해 알아보고, 패널 접기/펴기 및 감추기, 그리고 [Workspace] 메뉴들을 이용하여 사용자에 적합한 작업 공간을 설정하는 방법에 대해 알아보겠습니다.

기초탄탄 ▶ 포토샵 CC 2015의 화면 구성 알아보기

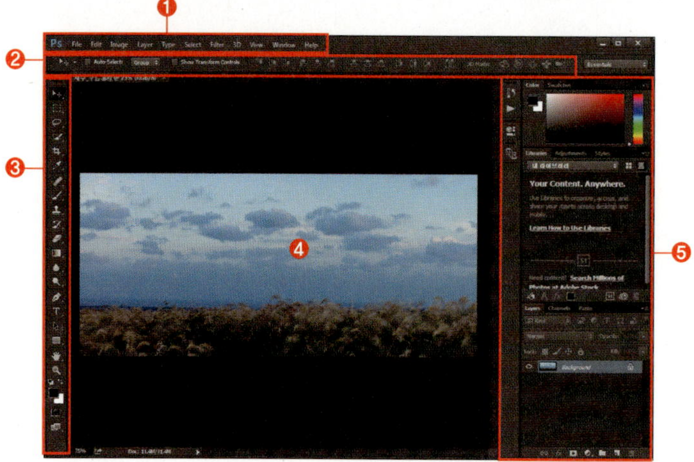

❶ **메뉴(Menu) 바** : '주 메뉴' 또는, 가장 위에 있다고 해서 '탑 메뉴'라고도 부릅니다. 포토샵 CC 2015의 모든 명령들이 여기에 들어 있습니다. 메뉴를 클릭하면 하위 메뉴가 나타납니다.

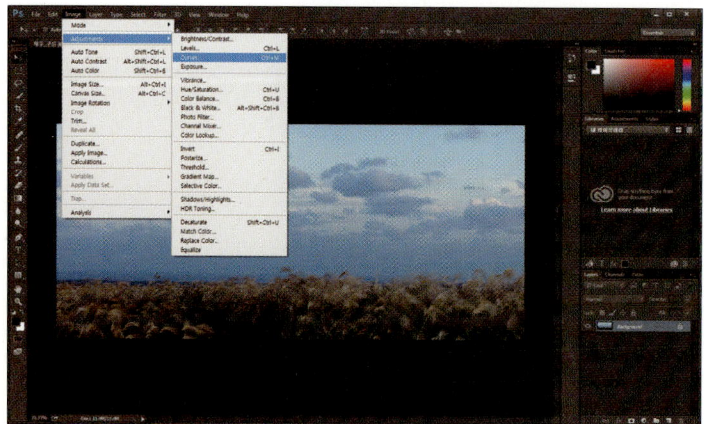

❷ **옵션(Options) 바** : 도구 패널에서 사용할 도구를 선택하면 그 도구에 해당되는 옵션 즉, 추가 기능이 나타납니다. 옵션 바에서 선택한 도구의 추가 기능을 설정할 수 있습니다.

❸ **도구(Tools) 패널** : '도구 상자'라고도 부르며 포토샵 CC 2015의 모든 도구가 들어 있는 곳입니다. 도구는 한 번 선택하면 다른 도구를 선택하기 전까지 변하지 않습니다. 도구 아이콘 오른쪽 아래에 조그만 삼각형 모양은, 그 안에 다른 도구들이 더 들어 있다는 표시입니다. 클릭한 상태로 있으면 다른 도구들을 선택할 수 있습니다. `39p`

TIP : 마우스 클릭에 관한 용어 설명

- 클릭 : 마우스 버튼을 한번 눌렀다 놓는 것
- 더블클릭 : 마우스 버튼을 연속으로 두 번 눌렀다 놓는 것
- 클릭 홀드 : 마우스 버튼을 누르고 있는 상태
- 클릭 홀드 앤 드래그 : 마우스 버튼을 누른 상태에서 이동하는 것. 보통 드래그라고 합니다.
- 드롭 : 드래그한 상태에서 원하는 위치로 이동 후 마우스 버튼을 놓는 것

❹ 도큐먼트 창(Document Window) : 이미지 창이라고도 부르며 불러온 이미지가 표시되는 창입니다. 그리고 창 위에 파일의 이름과 확대 비율, 이미지 모드, 채널당 비트 수, 프로파일 일치/불일치/없음, 저장 상태 등을 표시합니다. 창 아래는 도큐먼트 크기, 프로파일 등을 표시합니다.

❺ 패널(Panel) : 포토샵 CS3 이전에는 팔레트(Palette)라고 불렀습니다. 그림 그릴 때 물감을 짤 수 있도록 칸이 나누어져 있는 넓은 판을 '팔레트'라고 합니다. 포토샵에서도 그런 의미로 작업에 필요한 여러 가지를 올려둔 곳이라고 생각하면 됩니다. 패널이라고 이름을 바꾼 이유는 기존의 팔레트보다 좀 더 자유롭게 이동이 가능하며, 도킹(합침), 크기 조절, 자동 감추기 등의 기능이 추가되었기 때문입니다. 그래서 기존의 팔레트와 구분하기 위해 포토샵 CS3부터 패널이라는 이름으로 변경하였습니다. 패널은 작업에 필요한, 도움을 주는 기능과 옵션을 제공합니다. 작업 공간 활용을 위해 접었다 폈다 할 수 있습니다. 그리고 사용하지 않는 패널은 비활성화할 수도 있습니다. 필요한 패널이 없다면 [Window] 메뉴에서 패널의 이름을 선택하면 됩니다. `31p`

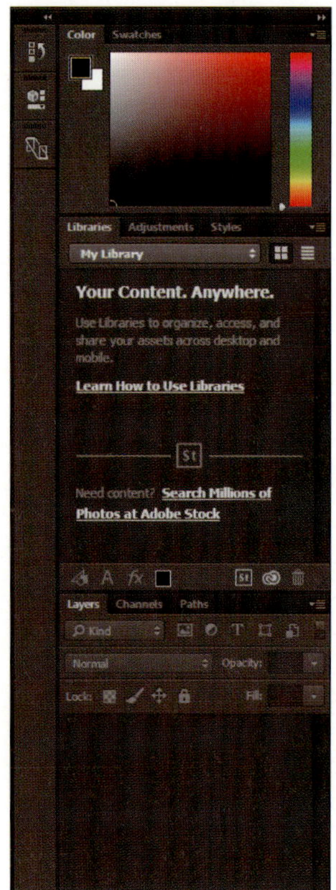

패널을 접었다, 폈다하는 가장 큰 이유는 노트북과 같은 작은 화면에서 작업할 때 도큐먼트 창을 더 크게 보기 위해서입니다.

01. 패널의 기본 모습([Window]–[Workspace]–[Essential]–[Default])입니다. 포토샵 CC 2015를 처음 설치하면 2단으로 구성되어 있습니다. 왼쪽은 패널을 가장 작게 접은 상태이고, 오른쪽은 펼쳐진 상태입니다.

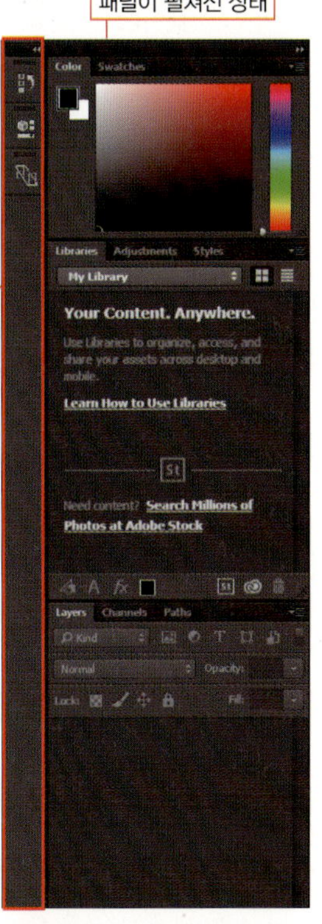

02. 오른쪽에 펼쳐진 패널을 접기 위해, 패널 가장 위에 있는 패널 접기(Collapse to Icons) 아이콘을 클릭합니다.

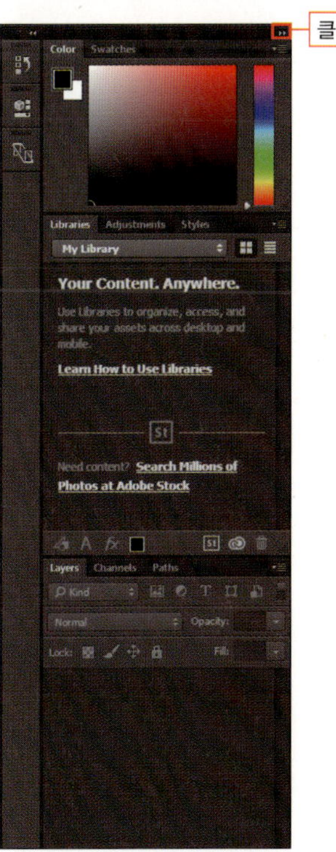

03. 패널이 접히면서 패널 아이콘과 이름이 나타납니다.

04. 패널을 가장 작게 접기 위해. 그림처럼 패널 경계에 마우스 포인터를 위치하고 누른 상태에서 드래그하여 패널을 접어줍니다.

05. 다시 패널을 원래대로 펴기 위해서, 패널 확장(Expand Panels) 아이콘을 클릭합니다.

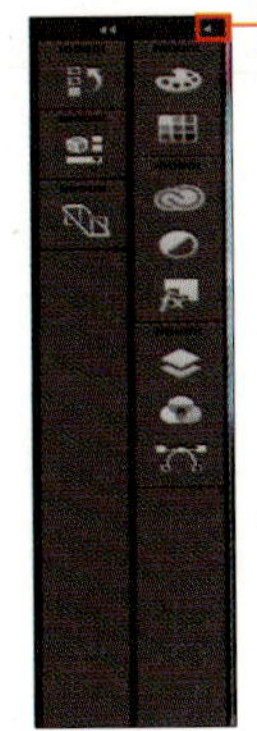

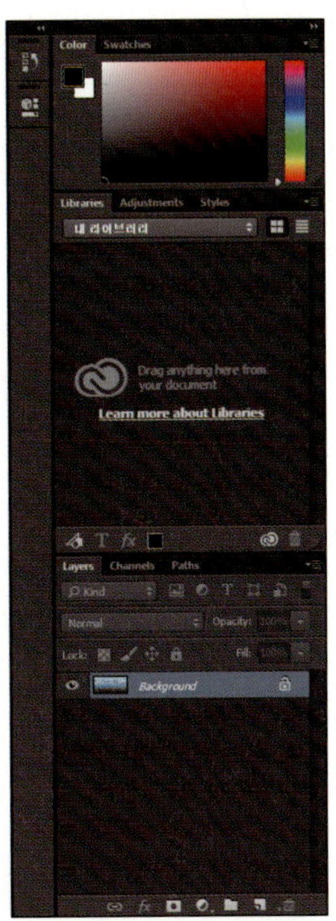

06. 왼쪽에 있는 패널도 같은 방법으로 확장할 수 있습니다.

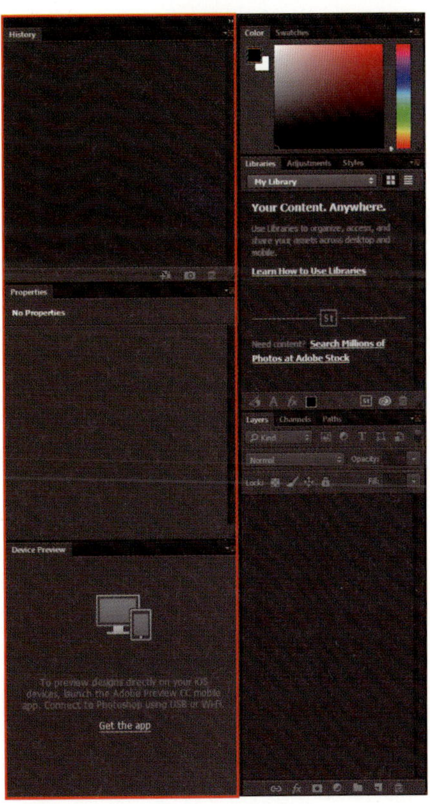

STEP 01에서 도큐먼트 창의 공간을 확보하기 위한 방법을 알아봤다면, STEP 02에서는 패널을 숨겨서 더 넓은 공간을 확보하는 방법을 알아보겠습니다.

■ 모든 패널을 화면에서 없애기

01. 기본적인 포토샵 CC 2015의 화면 구성입니다.

02. [Tab]을 누르면 메뉴(Meun) 바만 남고 모든 패널이 없어집니다. 이 화면 구성은 이미지를 크게 보면서 작업할 때 사용하면 좋습니다.

03. 마우스 포인터를 화면의 오른쪽 구석에 위치시키면 없어졌던 패널들이 나타납니다.

04. 반대로 왼쪽 구석으로 마우스 포인터를 가져가면 왼쪽의 도구 패널이 나옵니다.

■ 오른쪽 패널들만 없애기

01. 기본 화면 상태에서 Shift + Tab 을 누릅니다.

02. 오른쪽의 패널들만 없어진 것을 확인할 수 있습니다. 이 화면 구성은 오른쪽 패널들의 사용이 적고 도구 패널의 사용은 많을 때 사용하면 좋습니다.

TIP : 이 상태에서도 마우스 포인터를 오른쪽 구석으로 가져가면 패널이 다시 나타납니다.

문제해결 원하는 패널이 없을 때
포토샵 CC 2015의 화면에 원하는 패널이 없다면, [Window] 메뉴를 클릭한 후 원하는 패널을 선택하면 됩니다.

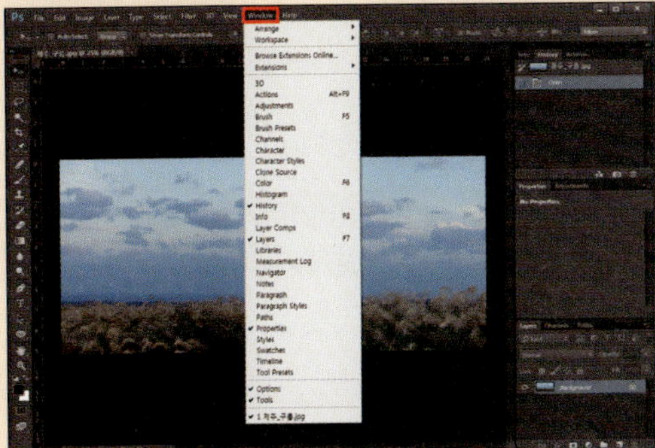

포토샵 CC 2015에서는 Essentials(Default : 기본), 3D(입체), Motion(동영상), Painting(그림), Photography(사진), Typography(타이포그래피)등 6가지의 작업 공간을 제공합니다. 만일 적합한 작업 공간이 없다면, 원하는 패널을 활성화 또는, 비활성화하여 나만의 작업 공간을 만들어 사용할 수 있습니다.

■ [Window]–[Workspace] 메뉴

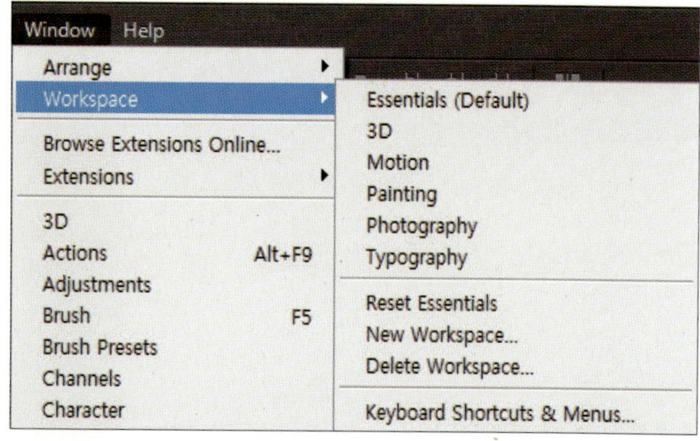

■ Essentials(Default)

포토샵 CC 2015를 처음 설치한 상태이며 기본 작업 공간입니다.

■ 3D

3D 작업에 적합한 작업 공간입니다. 3D 작업에 필요한 [3D] 패널이 활성화됩니다.

■ Motion(동영상)

동영상 편집에 적합한 작업 공간입니다. 동
영상 편집에 필요한 [Timeline] 패널이 활
성화됩니다.

> **TIP :** 포토샵 CS3 Extended 버전부터 동영상을 편집
> 할 수 있는 기능이 추가되었습니다.

■ Painting(그림)

그림 그리기에 적합한 작업 공간입니다. 그
리기에 필요한 [Swatches] 패널과 [Brush
Preset] 패널이 활성화됩니다.

■ Photography(사진)

사진 작업에 적합한 작업 공간입니다. 사
진 작업에 필요한 [Histogram] 패널과
[Libraries] 패널, [Layers] 패널 등이 활성
화됩니다.

■ Typography(타이포그래피)

타이포그래피 작업에 적합한 작업 공간
입니다. [Character] 패널과 [Paragraph
Styles] 패널 등이 활성화됩니다.

■ Reset Essentials

사용자에 의해 변경된 작업 공간을 처음 포토샵 CC 2015를 설치하였을 때의 설정으로 되돌리는 명령입
니다. 예를 들어 Essentials 작업 공간을 선택하고 사용자가 패널의 위치 또는 없었던 패널의 활성화 또
는, 패널의 비활성을 하면 변경된 사항이 자동으로 Essentials 작업 공간에 저장됩니다. 그 결과 처음
설치했을 때의 Essentials 작업 공간이 변경됩니다. 이럴 때 Reset Essentials을 선택하면 포토샵을 처
음 설치했을 때의 Essentials 작업 공간으로 되돌릴 수 있습니다. 이 메뉴는 현재 사용하고 있는 작업
공간에 따라 메뉴의 이름이 바뀝니다.

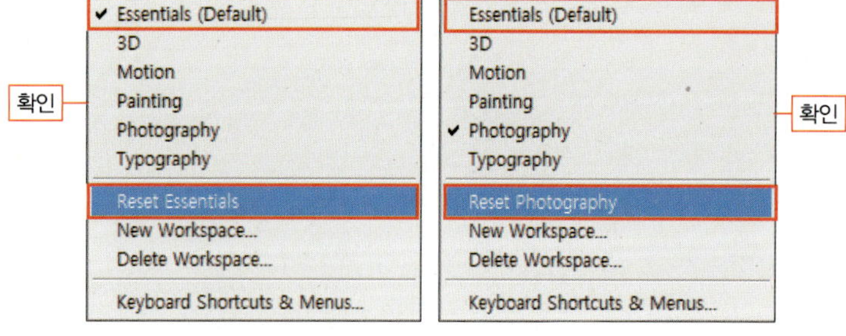

■ New Workspace

이 명령을 이용하여 작업 공간을 저장할 수 있습니다. Save Workspace라고 생각하면 됩니다. 클릭하
면 [New Workspace] 대화상자가 나타납니다.

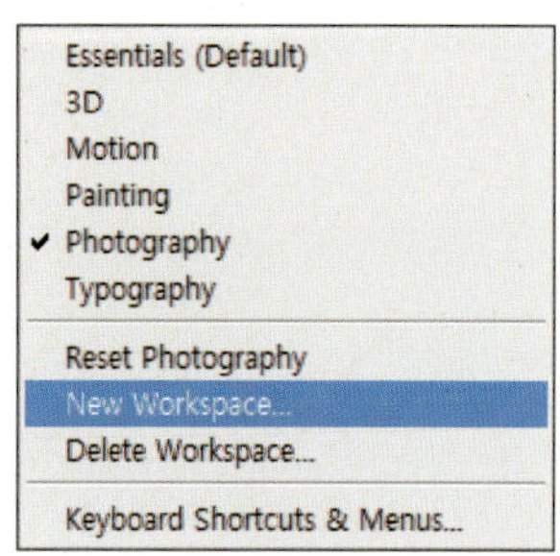

포토샵 CC 2015의 도구와 패널들의 기능에 대해 알아보겠습니다. 도구 패널을 구성하고 있는 도구 하나 하나의 기능에 대해 알아보고, 각각의 패널들의 기능에 대해서도 알아보겠습니다. 도구 이름은 한글 포토샵 CC 2015를 기준으로 하였으며 영문 이름은 괄호 안에 표시하였습니다.

기초탄탄 ▶ 도구 패널 이해하기

도구 패널을 구성하고 있는 도구 하나 하나의 기능에 대해 알아보겠습니다.

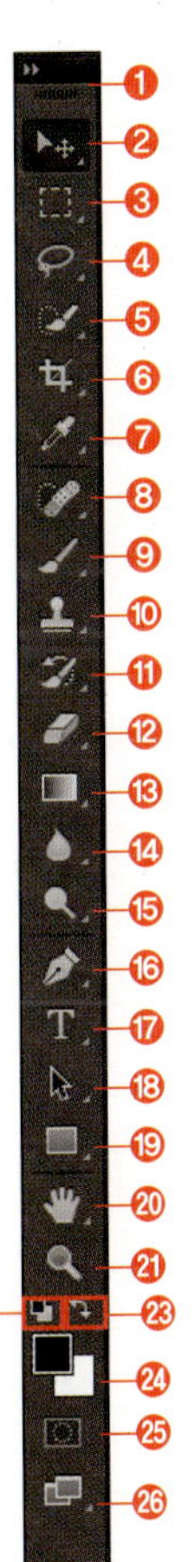

❶ **도구 패널 펼침/닫힘 버튼** : 도구 패널을 1열에서 2열로 또는, 2열에서 1열로 만듭니다.

❷ **이동 도구(Move Tool)** : 이미지 또는, 레이어를 이동하는 데 사용합니다. 도큐먼트 창에서 다른 도큐먼트 창으로 이동하는 경우에는 이미지가 복사되면서 이동됩니다.

- 대지 도구(Artboard Tool) : 일러스트레이터에서 먼저 선보인 대지 도구(Artboard Tool)는 하나의 도큐먼트 창에 무한 캔버스를 제공하여 여러 가지 장치 즉, 스마트폰, 태블릿, 웹 페이지 등의 해상도와 비율에 맞춰 디자인을 할 수 있도록 해줍니다.

❸ 선택 윤곽 도구(Marquee Tool) : 사각, 원, 가로 1픽셀, 세로 1픽셀을 선택할 수 있습니다.

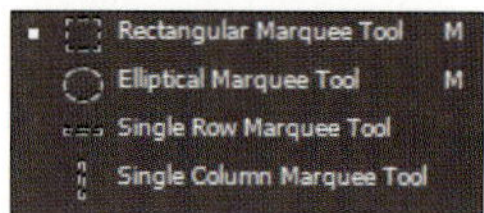

❹ 올가미 도구(Lasso Tool) : 자유롭게 그려서 선택하는 올가미 도구(Lasso Tool), 한땀 한땀 바느질하듯 선택하는 다각형 올가미 도구(Polygonal Lasso Tool) , 자동으로 이미지 경계선에 붙는 자석 올가미 도구(Magnetic Lasso Tool)가 있습니다.

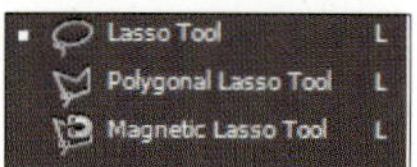

❺ 빠른 선택 도구(Quick Selection Tool) : 이미지에서 선택을 원하는 부분을 브러시로 그리면 자동으로 경계를 인식하여 선택 영역이 만들어집니다.

- 자동 선택 도구(Magic Wand Tool) : 선택을 원하는 부분을 클릭 한번으로 연속된 이미지의 같은 농도, 같은 색상 영역으로 선택할 수 있습니다.

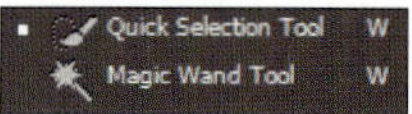

❻ 자르기 도구(Crop Tool) : 이미지를 자를 수 있습니다.

- 원근 자르기 도구(Perspective Crop Tool) : 원근법을 교정하여 자르기를 합니다.

- 분할 영역 도구(Slice Tool) : Web Site 디자인을 위해 이미지를 분할 할 수 있습니다.

- 분할 영역 선택 도구(Slice Select Tool) : 분할 영역 도구로 분할한 영역을 선택합니다.

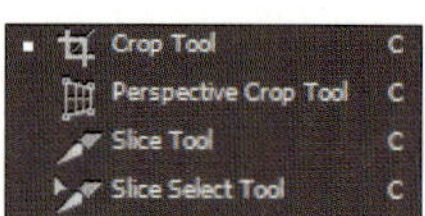

❼ 스포이트 도구(Eyedropper Tool) : 이미지의 색상을 추출하여 전경색에 적용합니다.

- 3D 재질 스포이트 도구(3D Material Eyedropper Tool) : 3D 오브젝트의 재질을 추출합니다.

- 색상 샘플러 도구(Color Sampler Tool) : 마우스 포인터를 이용하여 클릭하면 이미지의 색상 정보를 정보[info] 패널에 보여줍니다.

- 눈금자 도구(Ruler Tool) : 위치, 길이, 각도 등을 측정합니다.

- 메모 도구(Note Tool) : 이미지에 메모를 추가하여 필요한 정보를 기록할 수 있습니다. 이미지에 영향을 주지는 않습니다.

- 카운트 도구(Count Tool) : 카운트 도구를 선택하고 이미지 위에 클릭하면 순차적으로 1, 2, 3 글자가 나타나며 카운트를 합니다.

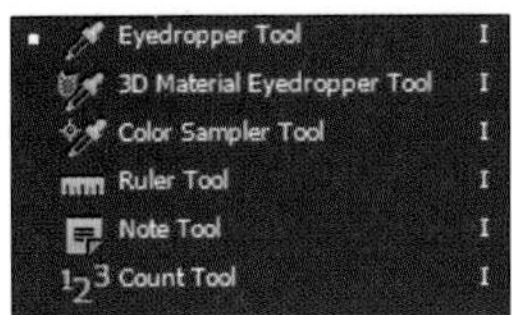

❽ 스폿 힐링 브러시 도구(Spot Healing Brush Tool) : 브러시로 칠하면 이미지의 잡티나 점들이 자동으로 지워져 이미지가 복구됩니다.

- 힐링 브러시 도구(Healing Brush Tool) : **Alt** 를 누르고 복구할 부분 주변을 클릭한 후 이미지의 잡티나 점들을 클릭 또는, 클릭 홀드 앤 드래그하면 이미지가 복구됩니다.

- 패치 도구(Patch Tool) : 올가미 도구처럼 이미지를 선택하고 선택한 영역을 클릭 드래그해서 이동하면 복구가 됩니다.

- 내용 인식 이동 도구(Content-Aware Move Tool) : 이미지를 선택하고 이동시키면 이미지가 이동하고 이미지가 있던 부분은 자동으로 주변 이미지 인식하여 채워집니다.

- 적목 현상 도구(Red Eye Tool) : 어두운 곳에서 인물 촬영을 하면 눈동자의 동공이 빨간색 점으로 나옵니다. 그것을 보정해 주는 도구입니다.

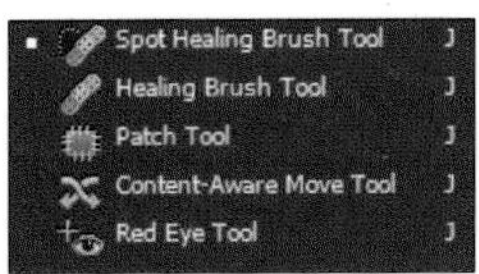

❾ 브러시 도구(Brush Tool) : 다양한 브러시로 칠할 수 있습니다.

- 연필 도구(Pencil Tool) : 연필처럼 경계선이 거칠게 써집니다.

- 색상 대체 도구(Color Replacement Tool) : 브러시로 칠하면 지정된 색상으로 이미지의 색상을 바꿉니다.

- 혼합 브러시 도구(Mixer Brush Tool) : 클릭하는 지점의 이미지를 섞어서 칠해줍니다.

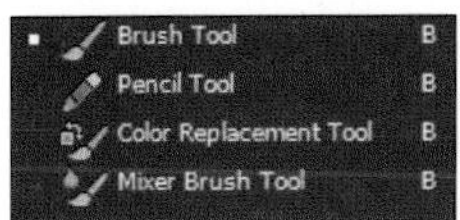

❿ 복제 도장 도구(Clone Stamp Tool) : 원하는 이미지의 부분을 복사할 수 있습니다.

- 패턴 도장 도구(Pattern Stamp Tool) : 지정된 패턴을 도장처럼 찍을 수 있습니다.

⓫ 히스토리 브러시 도구(History Brush Tool) : 브러시로 칠한 부분을 이전 작업 단계로 되돌릴 수 있습니다.

- 아트 히스토리 브러시 도구(Art History Brush Tool) : 브러시로 칠해서 그림처럼 만들 수 있습니다.

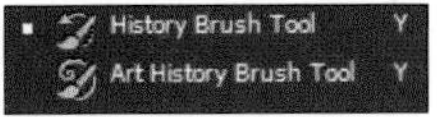

⑫ 지우개 도구(Eraser Tool) : 칠하는 부분을 지울 수 있습니다. 'Background' 레이어는 배경색으로 칠해지고, 레이어일 때는 지워져 투명하게 됩니다.

• 배경 지우개 도구(Background Eraser Tool) : 배경 지우개 도구를 사용하면 'Background'를 지워 투명하게 만듭니다. 그 결과 'Background'가 'Layer 0'이 됩니다.

• 자동 지우개 도구(Magic Eraser Tool) : 자동 선택 도구와 같은 원리로 선택되어 지워집니다.

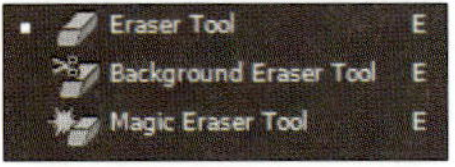

⑬ 그레이디언트 도구(Gradient Tool) : 단색이 아닌 연속적인 톤의 변화로 즉, 그라데이션(Gradation)으로 칠해줍니다.

• 페인트 통 도구(Paint Bucket Tool) : 이 도구를 선택하고 이미지에 클릭하면 지정된 전경색을 이미지에 채워줍니다. 클릭한 지점을 기준으로 비슷한 톤 또는, 색을 가진 영역에 색이 칠해 집니다.

• 3D 재질 놓기 도구(3D Material Drop Tool) : 3D 오브젝트에 재질을 입힐 때 사용합니다.

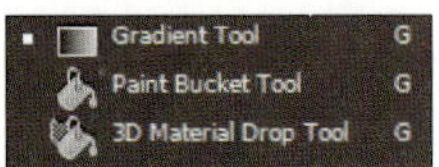

⑭ 블러 도구(Blur Tool) : 이미지를 클릭한 후 드래그하면 흐려집니다.

• 선명 효과 도구(Shapen Tool) : 이미지를 클릭한 후 드래그하면 선명해 집니다.

• 손가락 도구(Smudge Tool) : 이미지를 클릭한 후 드래그하면 뭉개집니다.

⑮ 닷지 도구(Dodge Tool) : 이미지를 클릭한 후 드래그하면 밝아집니다.

• 번 도구(Burn Tool) : 이미지를 클릭한 후 드래그하면 어두워집니다.

• 스펀지 도구(Sponge Tool) : 이미지를 클릭한 후 드래그하면 채도가 높게 또는, 낮게 변합니다.

> **TIP** : 닷지 도구(Dodge Tool)와 번 도구(Burn Tool)의 아이콘을 보면 왜 숟가락 같이 생긴 것이 이미지를 밝게 해주는 닷지 도구이며, 왜 손을 오므리고 있는 모양이 이미지를 어둡게 해주는 번 도구인지 이해가 가지 않을 겁니다. 이 아이콘을 이해하려면 암실에서 하는 흑백 사진 인화를 설명해야 합니다. 먼저 닷지 도구는 하드보드지 같은 딱딱하고 두꺼운 종이를 동그란 모양(때로는 삼각형, 긴 타원형 등 다양한 모양으로 만들 수도 있습니다.)으로 오린 종이에 철사를 붙여서 만든 도구입니다. 이 도구를 이용하여 인화지에 빛을 노광할 때 확대기에서 내려오는 빛을 부분적으로 막아 주는 것입니다. 그러면 막은 곳은 빛에 덜 노광되어 현상, 정지 정착을 하고 나면 다른 곳에 비해 덜 검게 되는 것입니다. 반대로 버닝 도구는 보통 하드보드지에 구멍을 내서 사용하기도 하지만 아이콘 모양처럼 손을 오므려 구멍을 만들고 그 사이로 인화지에 빛을 더 주는 것입니다.

⑯ 펜 도구(Pen Tool) : 이미지를 클릭 또는, 드래그하여 직선이나 곡선의 패스를 만들 수 있습니다.

• 자유 형태 펜 도구(Freeform Pen Tool) : 자유 형태 펜 도구는 올가미 도구처럼 사용할 수 있는 펜 도구입니다.

• 기준점 추가 도구(Add Anchor Point Tool) : 펜 도구로 만든 패스 위에 기준점을 추가합니다.

• 기준점 삭제 도구(Delete Anchor Point Tool) : 펜 도구로 만든 패스 위의 기준점을 삭제합니다.

- 기준점 변환 도구(Covert Point Tool) : 기준점을 클릭하여 직선의 패스를 곡선으로 또는 곡선의 패스를 직선으로 변환할 수 있습니다.

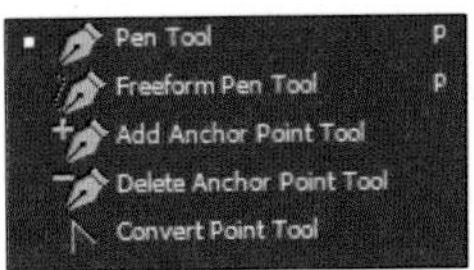

⑰ 수평 문자 도구(Horizontal Type Tool) : 수평 방향 즉, 가로 방향으로 문자를 입력합니다.

- 세로 문자 도구(Vertical Type Tool) : 수직 방향 즉, 세로 방향으로 문자를 입력합니다.

- 수평 문자 마스크 도구(Horizontal Type Mask Tool) : 수평 방향 즉, 가로 방향으로 문자 모양의 선택 영역이 만들어 집니다.

- 세로 문자 마스크 도구(Vertical Type Mask Tool) : 수직 방향 즉, 세로 방향으로 문자 모양의 선택 영역이 만들어 집니다.

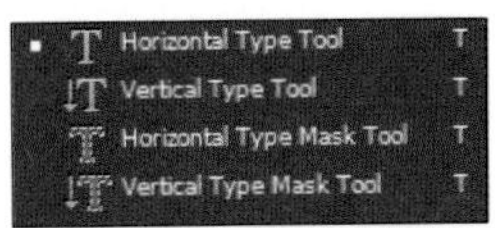

⑱ 패스 선택 도구(Path Selection Tool) : 펜 도구(Pen Tool)로 그린 패스 즉 패스 전체를 선택하여 이동할 수 있습니다.

- 직접 선택 도구(Direct Selection Tool) : 펜 도구(Pen Tool)로 그린 패스의 일부를 선택 그리고 이동, 수정이 가능합니다.

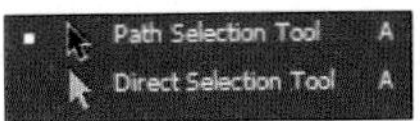

⑲ 사각형 도구(Rectangle Tool) : 사각형 모양을 그립니다. 사각형 도구(Rectangle Tool)를 포함하여 이곳에 있는 모든 도구는 벡터 방식으로 도형을 그립니다.

- 모서리가 둥근 사각형 도구(Rounded Rectangle Tool) : 모서리가 둥근 사각형 모양을 그립니다.

- 타원 도구(Ellipse Tool) : 원형, 타원형 등 둥근 모양을 그립니다.

- 다각형 도구(Polygon Tool) : 다각형을 그립니다. 옵션 바에서 각의 개수를 지정할 수 있습니다.

- 선 도구(Line Tool) : 직선을 그립니다.

- 사용자 정의 모양 도구(Custom Shape tool) : 옵션 바에서 다양한 모양의 벡터 셰이프를 선택하여 사용할 있습니다.

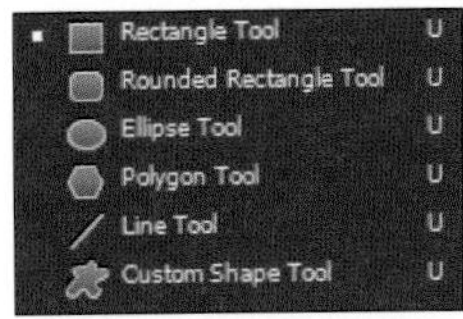

⑳ 손바닥 도구(Hand Tool) : 도큐먼트 창보다 이미지가 클 때, 드래그하여 이미지를 움직일 수 있습니다.

- 회전 보기 도구(Rotate View Tool) : 화면을 회전하여 이미지를 볼 수 있습니다. [Image]-[Image Rotation] 메뉴는 실제로 이미지를 돌리는 명령이지만 이 도구는 돌려서 보기만 하는 도구입니다.

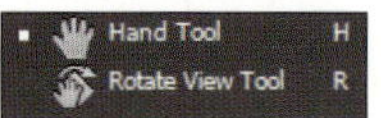

㉑ 돋보기 도구(Zoom Tool) : 화면을 확대 또는, 축소할 수 있습니다.

㉒ 기본 전경색과 배경색(Default Foreground and Background Colors) : 현재 어떤 색으로 설정되어 있던지 이 단추를 클릭하면 전경색과 배경색이 검은색과 흰색으로 설정됩니다.

㉓ 전경색과 배경색 전환(Switch Foreground and Background Colors) : 현재 설정되어 있는 전경색과 배경색을 상호 전환합니다.

㉔ 전경색/배경색 설정(Set Foreground Color/Set Background Color) : 전경색, 배경색을 각각을 클릭하면 [Color Picker] 대화상자가 열립니다. 원하는 색을 선택하면 설정됩니다.

㉕ 빠른 마스크 모드로 편집(Edit in Quick Mask Mode) : 표준 모드에서 이 아이콘을 누르면 빠른 마스크 모드로 전환됩니다. 도큐먼트 창 상단에 표시됩니다.

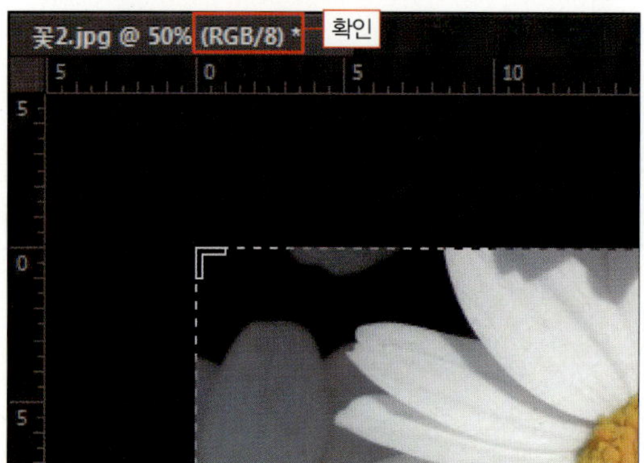
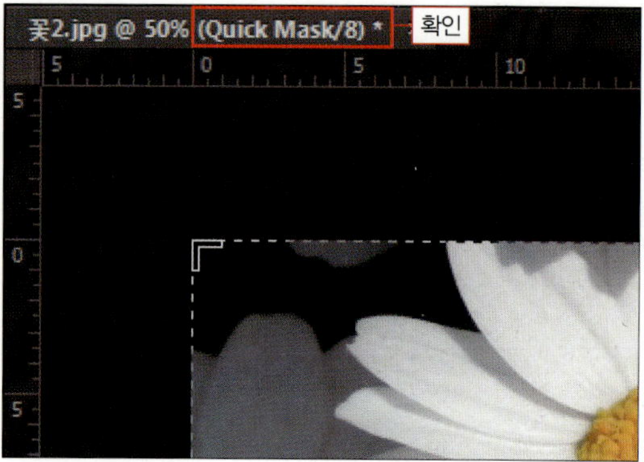

㉖ 화면 모드 변경(Change Screen Mode) : 포토샵 CC 2015의 화면 모드를 변경합니다. 한번 누를 때 마다 표준 화면 모드(Standard Screen Mode)에서 메뉴 막대기가 있는 전체 화면 모드(Full Screen Mode With Menu Bar)로, 전체 화면 모드(Full Screen Mode) 변경됩니다. 또는 도구 아이콘을 길게 누르면 세부 메뉴 3가지가 나옵니다. 원하는 화면 모드를 선택합니다.

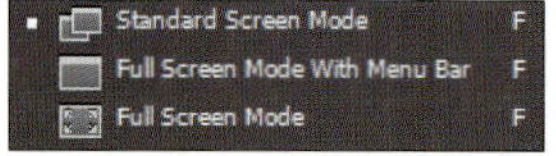

모든 패널은 [Window] 메뉴 안에 있습니다. 패널을 열거나 닫을 경우에는 [Window] 메뉴에서 원하는
패널의 이름을 클릭하면 됩니다.

■ [3D] 패널

3D 오브젝트의 맵과 조명을 설정하여 입체적인 이미지를 제작
할 수 있습니다.

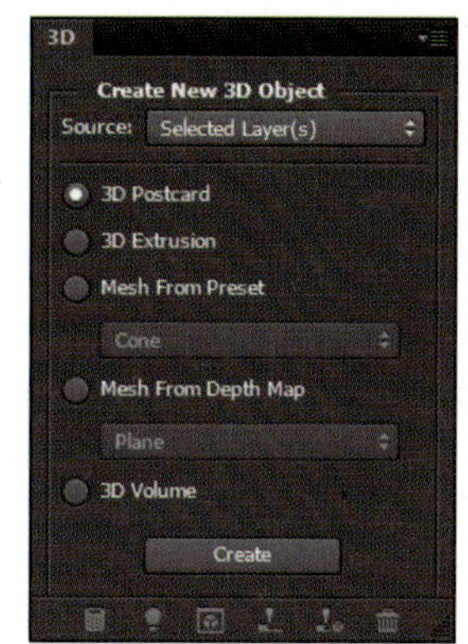

■ [Actions](액션) 패널

액션은 간단히 얘기하면 녹음기와 같은 기록 장치입니다. 자주
반복하는 작업 과정을 기록하여 다른 이미지에 재생하면 기록된
작업 과정이 적용됩니다.

■ [Adjustments](조정) 패널

[Image]-[Adjustments] 메뉴에 있는 이미지 조정 명령들과 같
은 기능의 조정 레이어를 실행시키는 아이콘을 모아 놓은 패널
입니다.

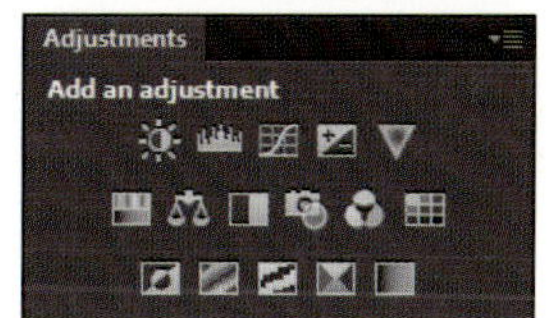

클릭하면 해당 조정 레이어가 [Layers] 패널에 생기며 [Properties] 패널에 해당 조정이 열립니다.

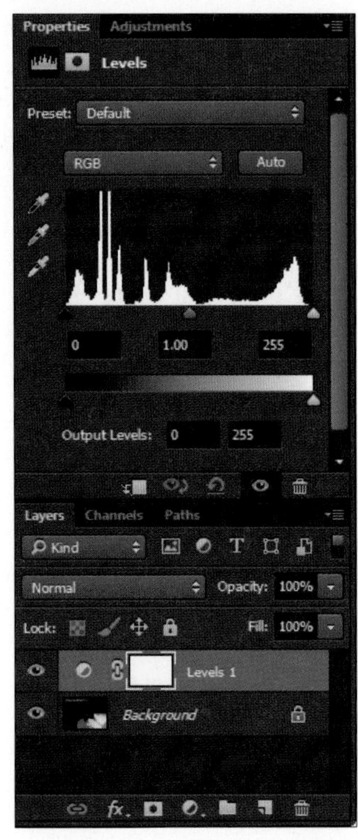

■ [Brush](브러시) 패널

브러시 도구를 선택하면 옵션 패널에서 브러시 도구의 세부 항목을 설정할 수 있습니다. [Brush] 패널은 옵션 패널보다 더 많은 세부 항목 설정을 제공합니다.

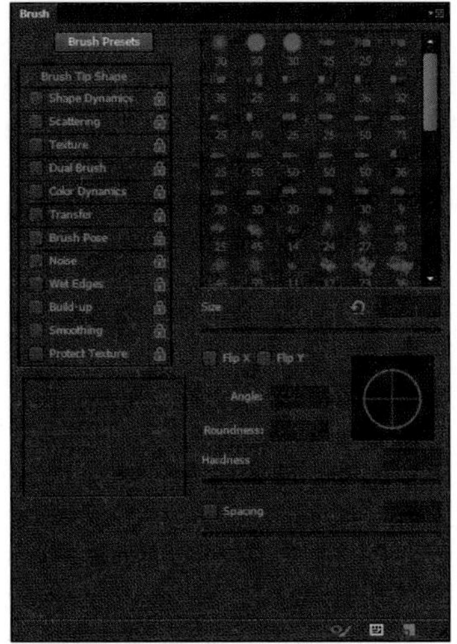

■ [Brush Presets](브러시 사전 설정) 패널

포토샵 CS6에서 새롭게 추가된 패널로 브러시의 옵션들을 사전에 설정하여 사용할 수 있도록 제공하는 패널입니다.

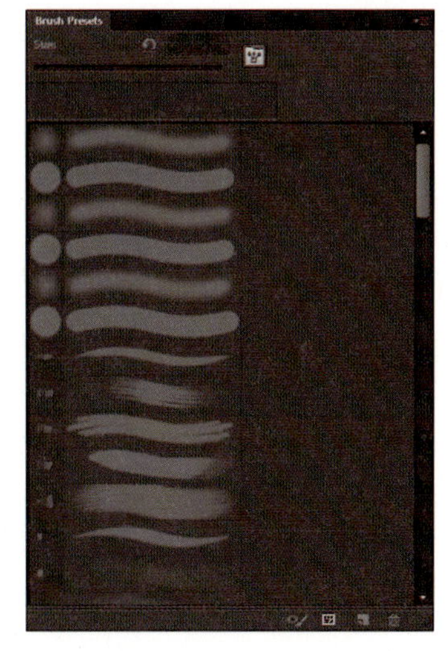

■ [Channels Panel](채널) 패널

현재 도큐먼트의 이미지의 모드([Image]-[Mode])에 따른 채널을 보여줍니다. RGB 모드이면 RGB, R, G, B 채널을, CMYK 모드이면 CMYK, C, M, Y, K 채널을 보여줍니다. 또한 알파 채널을 만들 수 있습니다.

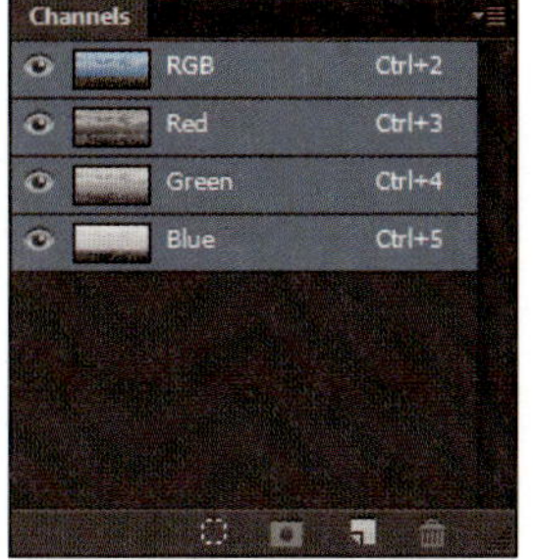

■ [Character](문자) 패널

문자 도구를 선택하면 옵션 패널에서 문자 도구의 세부 항목을 설정할 수 있습니다. [Character] 패널은 옵션 패널보다 더 많은 세부 항목 설정을 제공합니다. 문자의 글꼴, 크기, 색상 등 세부 옵션을 조절합니다.

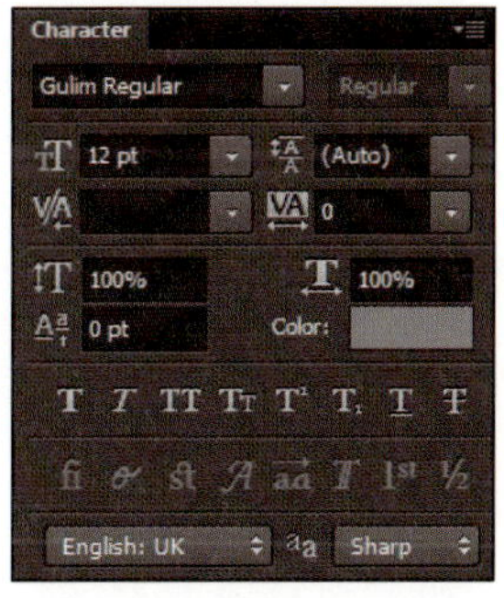

■ [Character Styles](문자 스타일) 패널

포토샵 CS6에서 새롭게 추가된 패널로 [Character] 패널에서 정의한 내용을 스타일로 저장할 수 있는 패널입니다. 저장한 스타일을 다른 문자에 클릭 한번으로 빠르게 적용할 수 있습니다.

■ [Clone Source](복제 원본) 패널

복제 도장 도구로 복제한 이미지의 크기와 회전 각도, 위
치를 조절 할 수 있습니다.

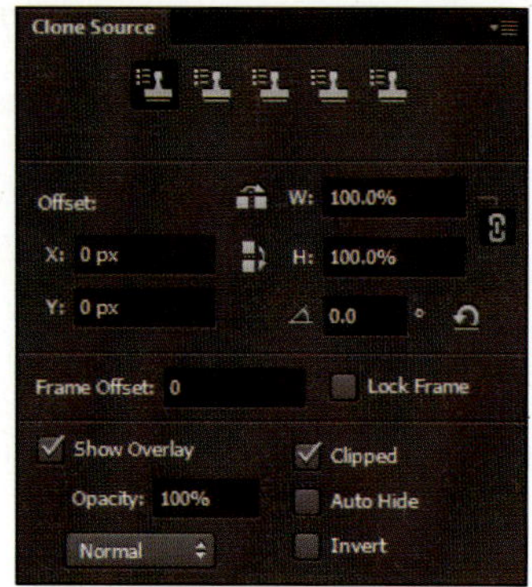

TIP : 복제 도장 도구나, 복제 브러시 도구를 사용할 때 미리 보기를 끄고 싶으면 [Show Overlay]의 체크를 해제하면 됩니다.

■ [Color](색상) 패널

전경색(Foreground Color)과 배경색(Background Color)을 지정합니다.
패널 오른쪽 상단에 메뉴 버튼을 누르면 Hue Cube, Brightness Cube... 등 다양한 색상 조정 방법이
나옵니다. 포토샵 CS6에서는 'RGB Sliders'가 기본으로 되어있었습니다.

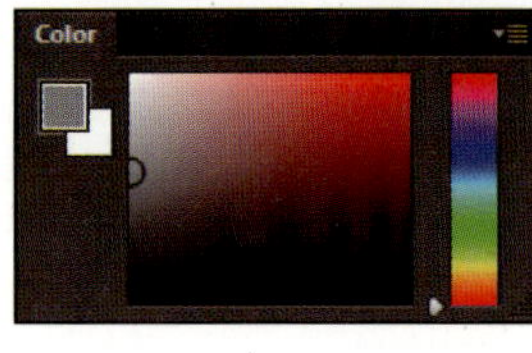
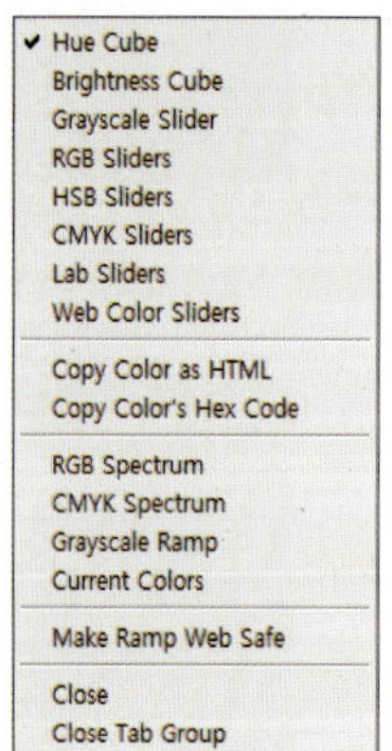

■ [Device Preview](장치 미리 보기) 패널

애플사의 iOS를 사용하는 아이폰과 아이패드에서 포토샵으
로 제작한 웹 디자인을 실시간으로 확인이 가능합니다. 아이
폰 또는, 아이패드에서 실시간으로 확인하기 위해서는 'Adobe
Preview CC'라는 앱을 설치하면 되고 USB 또는, Wi-Fi를 통해
디바이스와 포토샵을 연결하면 사용이 가능합니다.

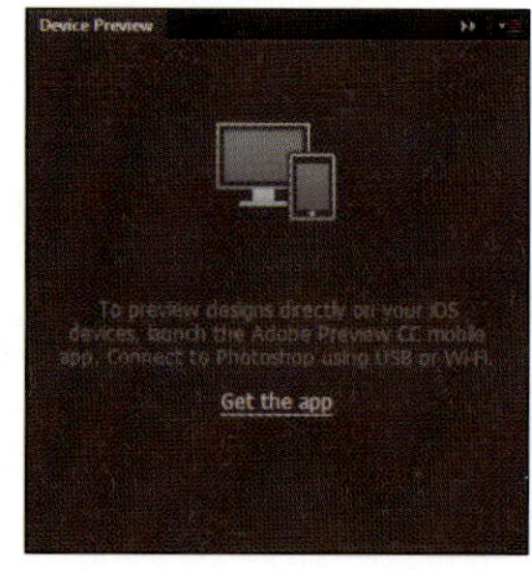

■ [Glyphs](글리프) 패널

다양한 영문, 기호, 특수 문자 등을 입력할 수 있습니다.

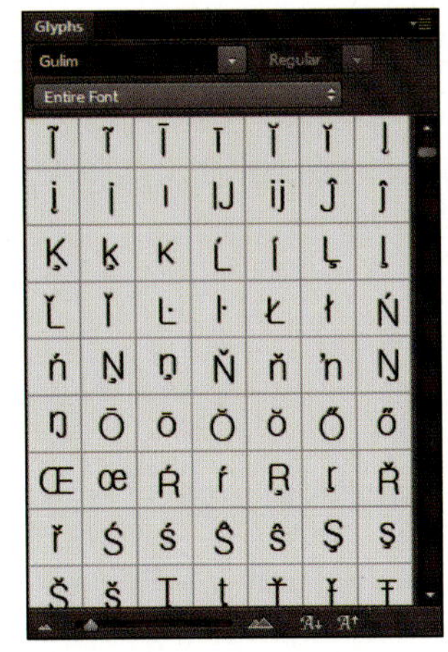

■ [Histogram](막대그래프) 패널

이미지의 밝기와 색상 분포를 막대 그래프로 보여줍니다.

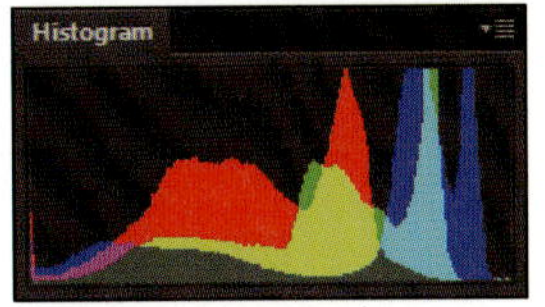

■ [History](작업 내역) 패널

작업 내역을 순차적으로 기록합니다. 작업을 취소하거나
다시 되돌릴 수 있습니다.

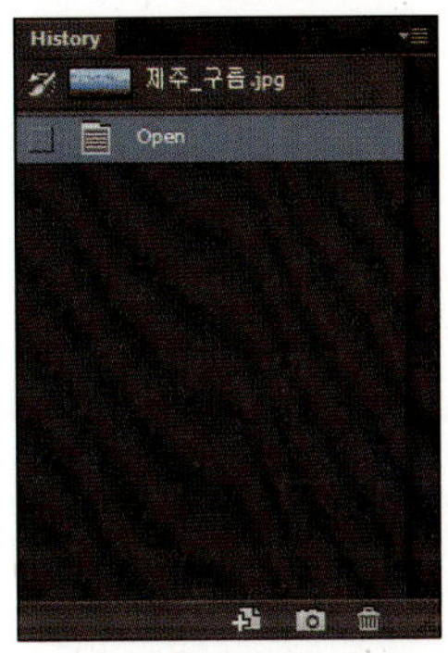

■ [Info](정보) 패널

이미지의 색상 정보, 위치, 크기 등의 정보를 알려줍니다.

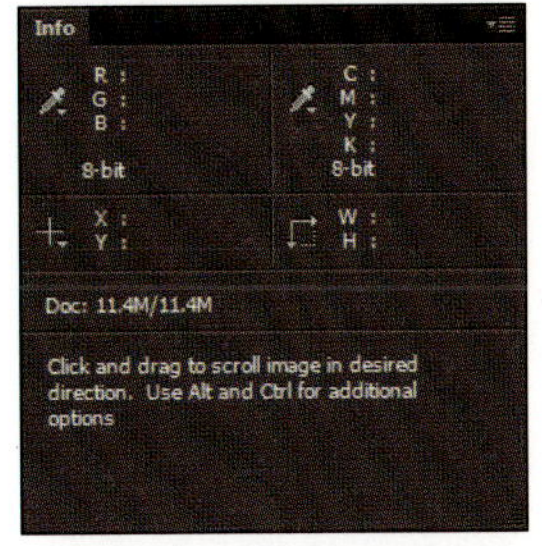

■ [Layer Comps](레이어 구성 요소) 패널

이미지의 레이어 상태를 저장합니다. 한 파일에 여러 버
전의 작업 내용을 저장하여 필요할 때 사용할 수 있습니
다. 예를 들어 포토샵으로 홈페이지 디자인을 할 때 각
페이지를 따로 만들지 않고 레이어 활성화/비활성화를
이용해 여러 다른 디자인을 만들 수 있습니다.

■ [Layers](레이어) 패널

각종 레이어의 추가/삭제, 레이어 마스크 추가/
삭제, 레이어 혼합 모드, 불투명도, 레이어 스타
일 등을 조절할 수 있습니다.

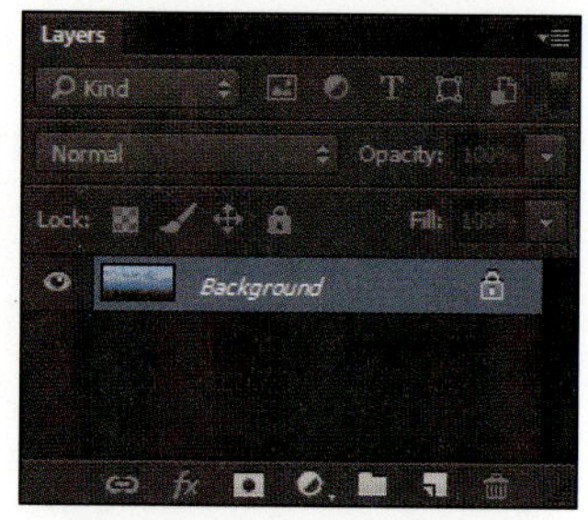

■ [Libraries](라이브러리) 패널

포토샵 CC에 새로 생긴 패널로 이미지, 색상,
문자 스타일, 브러시 등과 같이 즐겨 사용하는
크리에티브 에셋을 찾아보고 이용할 수 있습니
다. 라이브러리는 Creative Cloud와 동기화되므
로 필용한 파일을 언제든지 바로 이용할 수 있
습니다.

■ [Measurement Log](측정 로그) 패널

Ruler Tool, Count Tool로 측정한 값을 기록할
수 있습니다.

■ [Navigator](내비게이터) 패널

자동차 내비게이션처럼 화면의 위치와 화면 배
율을 조절할 수 있습니다. 확대되어 보이는 부
분이 붉은색 영역으로 표시됩니다.

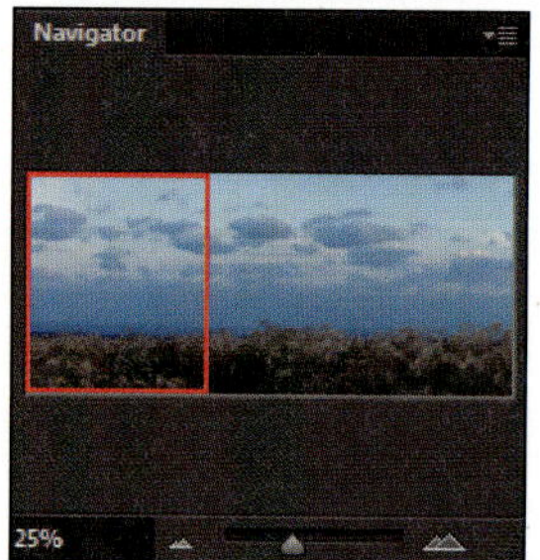

■ [Note](메모) 패널

Note(메모) 도구를 사용하면 활성화 되고 메모
를 할 수 있습니다.

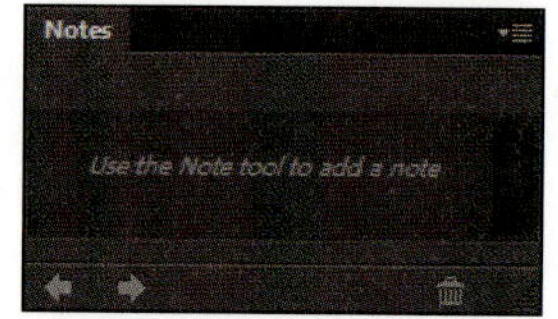

■ [Paragraph](단락) 패널

문자 도구로 입력한 문단(단락)의 정렬이나 문
단의 간격을 조절할 수 있습니다.

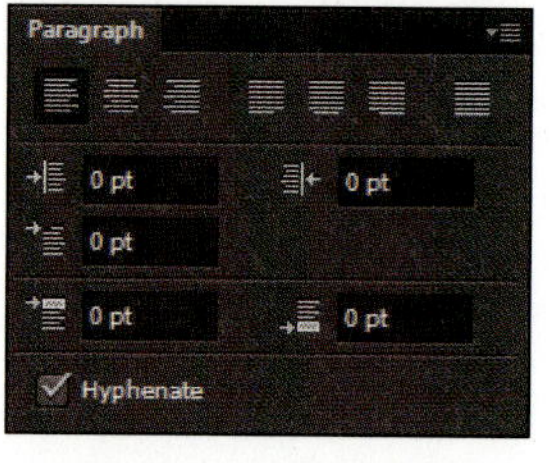

■ [Paragraph Styles](단락 스타일) 패널

포토샵 CS6에서 새롭게 추가된 패널로 자주 사용하는 문자와 문
단을 스타일로 정의하여 저장하여 문자와 문단에 적용할 수 있
습니다.

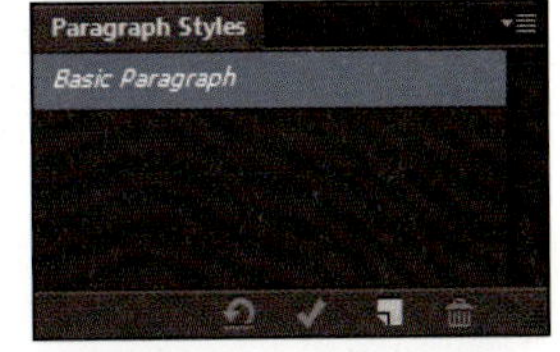

■ [Paths](패스) 패널

펜 도구로 만든 패스 즉 경로가 저장되는 곳입니다. 패스를 저장
하고 선택 영역으로 만들고, 관리합니다. 펜 도구를 사용할 때
항상 활성화하여 함께 사용합니다.

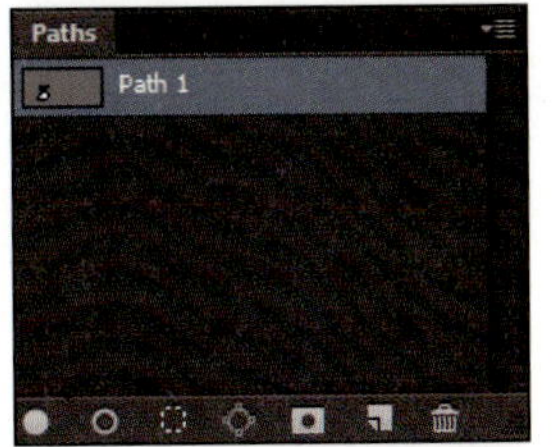

■ [Properties](속성) 패널

[Adjustments] 패널에서 이미지 조정 아이콘을 선택하면
[Properties] 패널에 선택한 이미지 조정 대화상자가 열립니다.
그리고 레이어의 마스크의 수정, 관리도 할 수 있습니다.

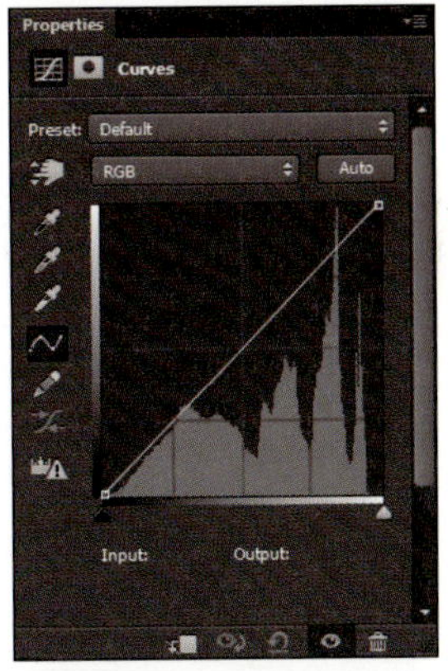

■ [Styles](스타일) 패널

모양 도구(Shape Tool)를 이용하여 그린 도형의 스타일을 정합
니다.

■ [Swatches](색견본) 패널

색상 견본을 모아 놓은 패널입니다. 사용자가 색상을 추가하거
나 삭제할 수 있습니다.

■ [Timeline](타임라인) 패널

동영상을 편집할 때 비디오, 오디오, 텍스트 그리고 각종 효과들을 관리하는 패널입니다.

■ [Tool Presets](도구 사전 설정) 패널

사용자가 자주 사용하는 도구의 옵션 값을 저장하여 다른
작업에 다시 사용할 수 있습니다. 또 포토샵에 미리 저장
되어 있는 프리셋을 불러와 사용할 수도 있습니다.

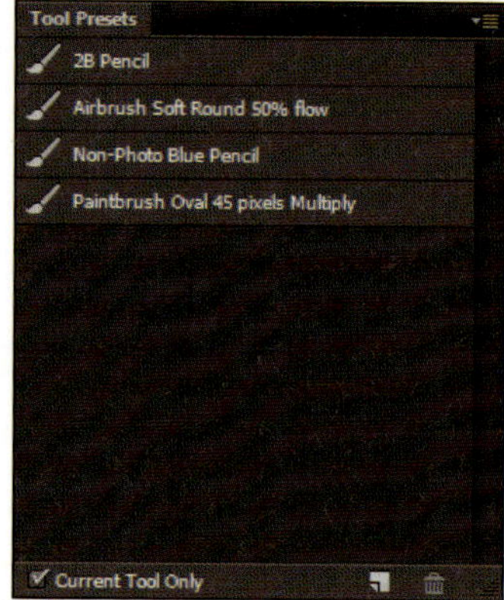

■ [Adobe Color Themes] 패널

포토샵 CS6에서 처음 선보였던 [Kule] 패널이 [Adobe
Color Themes] 패널로 발전하였습니다. 기능은 [Kule]
패널과 같이 전 세계 디자이너들이 등록한 수천, 수만 개
의 색상 테마를 검색할 수 있습니다.

■ Browse Extensions Oline

[Browse Extensions Oline]를 클릭하면 어도비 홈페이지에서 새로운 액션, 이펙트 등을 찾아서 추가할 수 있습니다.

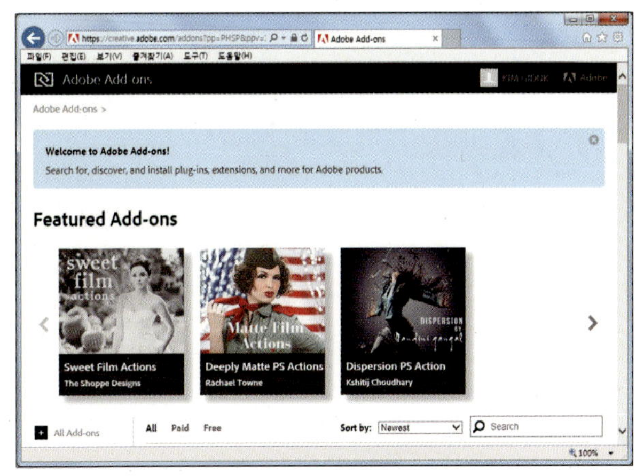

TIP : 포토샵 CS6에 있었던 [Mini Bridge] 패널은 포토샵 CC 2015에서 없어졌습니다.

TIP : 포토샵 CC 2015의 메뉴에는 두 가지 방식이 있습니다. 한 가지는 메뉴를 선택하면 그 메뉴에 해당하는 명령이 실행되는 메뉴가 있고, 또 다른 한 가지는 메뉴를 선택하면 On/Off 스위치처럼 한번 클릭하면 On이 되고, 다시 선택하면 Off가 되는 명령이 있습니다. [Window] 메뉴들이 바로 두 번째 On/Off 스위치처럼 작동하는 명령입니다. On/Off는 표시는 이름 앞에 V표로 나타납니다.

아래 포토샵 영문 버전의 [Window] 메뉴와 포토샵 한글 버전의 [창] 메뉴 비교 모습으로, 영문 버전은 ABC순으로 배열되어 있고, 한글 버전은 가나다순으로 배열되어 있습니다.

영문 [Window] 메뉴		한글 [창] 메뉴	
Arrange ▶		정돈(A) ▶	
Workspace ▶		작업 영역(K) ▶	
Browse Extensions Online...		온라인으로 확장 찾아보기...	
Extensions ▶	Adobe Color Themes	확장 ▶	Adobe Color 테마
3D		3D	
Actions Alt+F9		Device Preview	
Adjustments		글리프	
Brush F5		내비게이터	
Brush Presets		단락	
Channels		단락 스타일	
Character		도구 사전 설정	
Character Styles		✔ 라이브러리	
Clone Source		✔ 레이어 F7	
Color F6		레이어 구성 요소	
Device Preview		막대 그래프	
Glyphs		메모	
Histogram		문자	
History		문자 스타일	
✔ Info F8		복제 원본	
Layer Comps		브러시 F5	
✔ Layers F7		브러시 사전 설정	
Libraries		✔ 색상 F6	
✔ Measurement Log		색상 견본	
Navigator		속성	
Notes		스타일	
Paragraph		액션 Alt+F9	
Paragraph Styles		작업 내역	
Paths		정보 F8	
✔ Properties		조정	
Styles		채널	
Swatches		측정 로그	
Timeline		타임라인	
Tool Presets		패스	
✔ Options		✔ 옵션	
✔ Tools		✔ 도구	

파일 관리 기본인 New, Open, Save, Close, Exit에 대해 알아보고 이미지를 불러오는 방법 중에서 Adobe Bridge(어도비 브리지)를 이용하는 방법에 대해 알아보겠습니다.

기초탄탄 ▶ 포토샵 CC 2015의 파일 형식과 어도비 브리지

■ 포토샵에서 가장 많이 사용하는 파일 형식들

- **PSD** : 'Photoshop Document'의 약자로 포토샵의 기본 파일 형식입니다. 포토샵으로 작업한 상태(레이어, 채널, 패스 등)를 그대로 저장할 수 있습니다.

- **PSB** : PSD 파일은 이미지의 크기가 30,000 x 30,000pixel까지만 저장이 가능합니다. 그래서 더 큰 이미지를 저장하기 위해 만든 포토샵의 새로운 기본파일 형식입니다.

- **JPG** : 'Joint Photographic Experts Group'의 약자로 이미지 파일 형식으로 압축률과 퀄리티가 좋아서 가장 많이 사용하는 파일 형식입니다.

- **BMP** : 표준 비트맵 이미지로 윈도우즈 운영 체계를 위해 개발되었습니다. 24비트 컬러(1,670만 컬러)를 표현할 수 있으며 비압축 파일 형식입니다.

- **TIF** : 윈도우즈와 맥OS에서 공통으로 사용할 수 있도록 개발된 파일 포맷 형식으로 비압축 파일 형식입니다.

■ 그 외의 파일 형식들

- **GIF** : 'Graphics Interchange Format'의 약자로 LZW라는 무손실 압축 기술을 이용한 이미지 파일 형식입니다. 애니메이션 구현을 할 수 있지만 단점으로는 표현할 수 있는 컬러가 256개라는 한계와 저작권 문제가 있습니다.

- **PNG** : 'Portable Network Graphics'의 약자로 휴대용 기기 및 네트워크 환경에 최적화된 이미지 파일 형식입니다. GIF의 저작권 문제와 256 컬러의 한계를 해결하기 위해 개발되었지만 애니메이션은 구현되지 않습니다.

- **PDF** : 'Portable Document Format'의 약자로 미국 어도비(Adobe)사에서 만든 문서 형식입니다. 이 문서 형식은 거의 모든 운영체계에서 읽거나 인쇄할 수 있습니다. 특히 문서의 글꼴, 그래픽 등 문서의 형태에 변형이 일어나지 않는 장점이 있습니다.

■ 어도비 브리지의 구성 `64p`

❶ 메뉴 바 : File, Edit, View, Stacks, Label, Tools, Window, Help 등의 메뉴가 있습니다. 브리지의 모든 명령이 이 메뉴 안에 들어 있습니다.

❷ Go back : 뒤로 이동 버튼으로 바로 전 화면으로 돌아갑니다.

❸ Go forward : 앞으로 이동 버튼으로 [Go back]으로 돌아간 화면을 앞으로 돌립니다.

❹ Go to parent of favorites : 상위 항목 또는 즐겨찾기로 이동

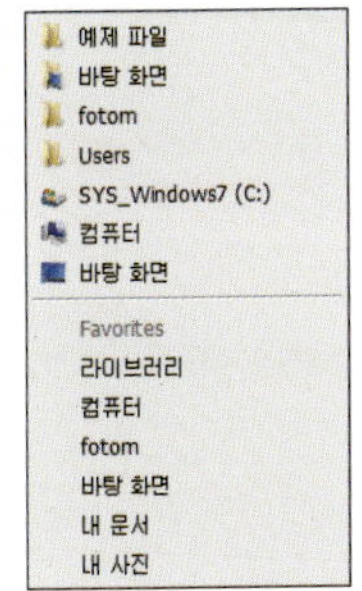

❺ Reveal recent file of go to recent folder : 최근 파일 표시 또는, 최근 폴더로 이동 버튼입니다.

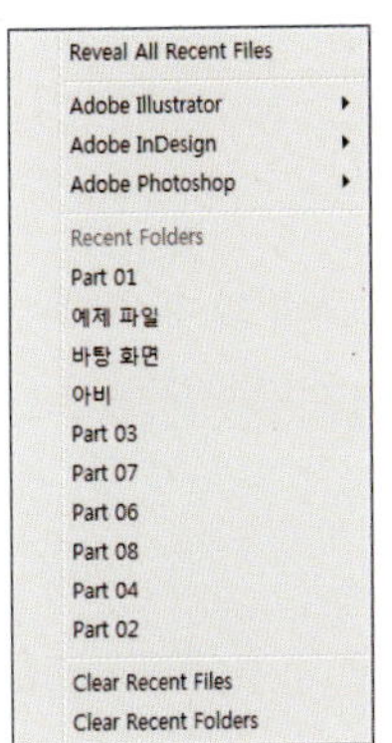

❻ Return to Adobe Photoshop : Adobe Photoshop으로 돌아가기 버튼입니다.

❼ Get Photos from Camera : 카메라에서 사진 가져오기 버튼으로 컴퓨터에 USB를 이용해 카메라 또는, 카드 리더기를 연결하여 사진을 가져오는 기능입니다.

❽ Refine : 다듬기 버튼입니다. 누르면 팝 다운 메뉴가 나옵니다.

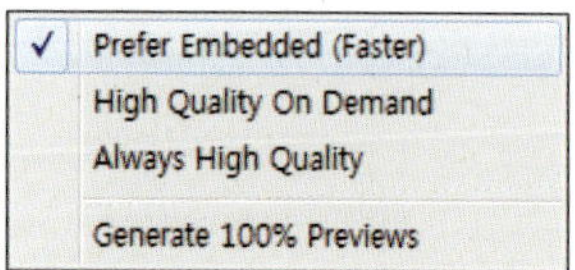

• Review Mode : 검토 모드로 이미지만 보면서 선택을 할 수 있는 모드입니다.

• Batch Rename : 일괄 이름 바꾸기로 파일이 이름을 원하는 규칙으로 바꿀 수 있습니다.

• File info : 파일 정보를 보여줍니다.

❾ Open in Camera Raw : Camera Raw에서 열기 버튼으로 Raw 파일을 Camera Raw 플러그인으로 열어줍니다.

❿ Rotate 90° Counterclockwise : 시계 반대 방향으로 90도 회전하기 버튼

⓫ Rotate 90° clockwise : 시계 방향으로 90도 회전하기 버튼

⓬ 브리지 작업 공간 사전 설정 버튼 : Essentials(기본), Filmstrip(필름스트립), Metadate(메타데이터), Keyword(키워드), Preview(미리 보기), Light Table(라이트테이블), Folder(폴더)의 버튼이 있습니다. 클릭하면 그 작업 공간으로 볼 수 있습니다.

⓭ 검색 창 : 파일 이름, 폴더 이름을 검색할 수 있습니다.

⓮ Path bar : 파일의 경로를 보여줍니다.

⓯ 미리 보기 품질 설정

• Prefer Embedded(Faster) : 소스 파일에 포함된 저해상도 미리 보기를 이미지 기본 사용합니다. 미리 보기 속도는 가장 빠릅니다. 하지만 색상 관리가 되지 않습니다.

• High Quality On Demand : 요청 시 고품질로 미리 보기를 합니다.

• Always High Quality : 항상 고품질로 보여줍니다.

• Generate 100% Previews : 100% 미리 보기를 생성합니다. 이 설정을 사용하면 부분 확대 및 슬라이드 쇼 작업 속도는 빨라지지만 용량이 커지고 검색 속도가 느려집니다.

⓰ Filter items by rating : 별점 또는 레이블을 이용하여 이미지를 필터링 할 수 있습니다.

⓱ Open recent file : 최근 사용한 파일 열기 버튼입니다.

⓲ Create a new folder : 새로운 폴더를 만듭니다.

⓳ Delete item : 파일 또는, 폴더를 삭제합니다.

❷⓪ [Favorites]/[Folder] 패널 : [Favorites] 패널 즐겨찾기 패널입니다. [Folder](폴더) 패널은 윈도우의 파일 탐색기와 같은 역할을 합니다.

❷① [Filter]/[Collections] 패널 : [Filter](필터) 패널은 다양한 정보들을 이용하여 이미지를 분류할 수 있습니다. [Collections](컬랙션) 패널은 여러 폴더에 있는 이미지들을 컬랙션으로 모아둘 수 있습니다. 실제로 이미지가 이동하는 것은 아닙니다.

❷② [Content] 패널 : 폴더 안의 파일을 섬네일로 보여주는 곳입니다.

❷③ [Preview] 패널 : [Content] 패널에서 파일을 선택하면 더 큰 이미지로 보여줍니다.

❷④ [Metadata]/[keywords] 패널 : [Content] 패널에서 선택한 이미지의 촬영 시 카메라 정보와 메타 데이터를 확인할 수 있습니다. [keywords] 패널은 이미지에 사용자가 키워드를 만들어 넣을 수 있습니다. Facebook에 이미지를 올릴 때 #을 붙여 태그를 해 두면 그 태그를 이용하여 이미지를 검색할 수 있습니다. 이런 태그가 바로 키워드입니다.

❷⑤ [Content] 패널의 이미지의 개수를 알려줍니다. 선택을 하면 선택한 이미지의 개수를 알려줍니다.

❷⑥ [Content] 패널의 축소판의 크기를 조절합니다.

❷⑦ [Click to lock thumbnail grid]/[View content as thumbnail]/[View content as details]/[View content as list] 버튼 : [Content] 패널의 축소판을 보여주는 방법을 축소판 격자로 보기/축소판으로 보기/자세히 보기/목록으로 보기로 변경합니다. 기본은 [View content as thumbnail] 축소판으로 보기입니다.

포토샵 CC 2015를 이용하여 이미지 작업을 할 때, 새로운 도큐먼트를 만들거나 또는 원하는 이미지 파일을 찾아 열 수 있습니다. 그리고 여러 가지 작업을 합니다. 작업이 끝나면 도큐먼트를 저장합니다. 저장이 완료되면 도큐먼트 창을 닫고 포토샵 CC 2015를 종료합니다. 이러한 과정이 포토샵의 가장 기본적인 작업 흐름입니다.

예제 파일 l DVD\Part 01\꽃02.jpg **완성 파일 l** DVD\Part 01\꽃2_A4.psd

01. 새로운 도큐먼트 창을 만들기 위해 [File]-[New](**Ctrl** + **N**) 메뉴를 클릭합니다.

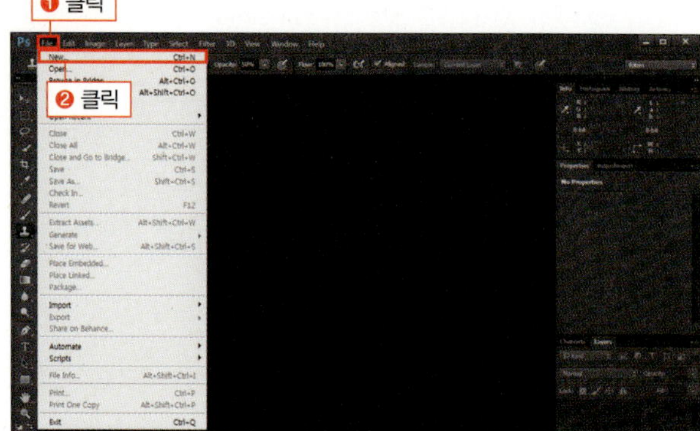

02. [New] 대화상자가 나타나면 프리셋을 이용하여 크기를 설정하겠습니다. [Preset]에서 'International Paper'를 선택합니다.

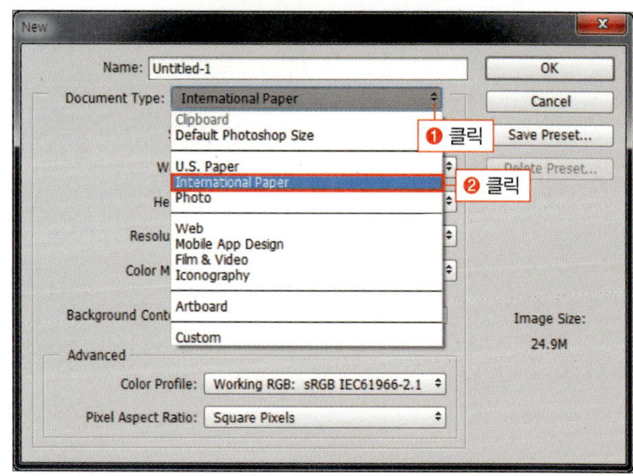

03. [Size]에서 'A4'를 선택합니다. 그러면 Width(가로), Height(세로), Resolution(해상도) 등이 자동으로 설정됩니다. 내용을 확인한 후 [OK] 단추를 클릭합니다.

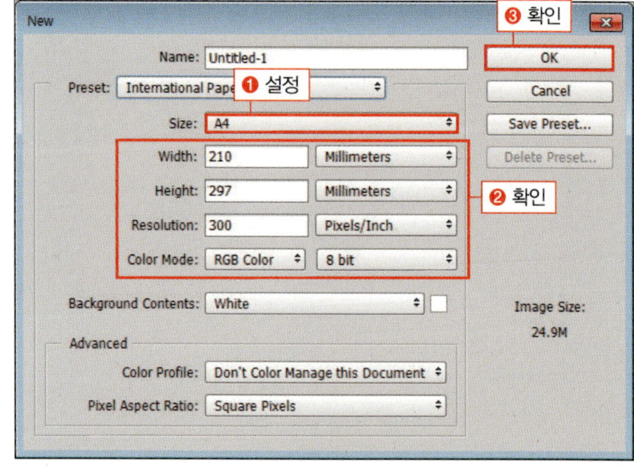

04. A4 크기의 새로운 도큐먼트 창이 나타납니다.

05. 예제 파일을 불러오기 위해 [File]-[Open](**Ctrl** + **O**) 메뉴를 클릭합니다. [열기] 대화상자가 나타나면 '꽃02.jpg' 파일을 선택한 후 [열기] 단추를 클릭합니다.

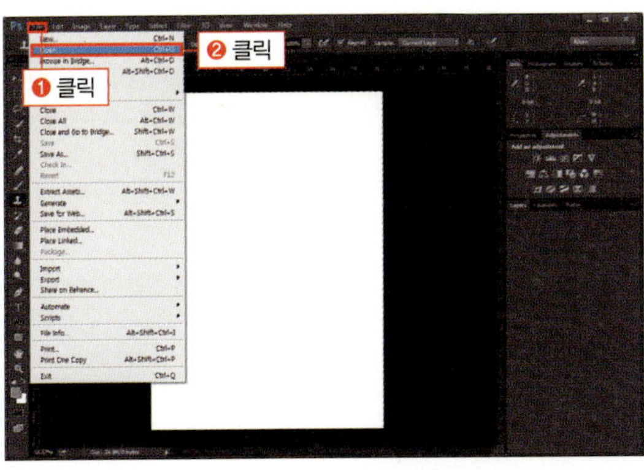

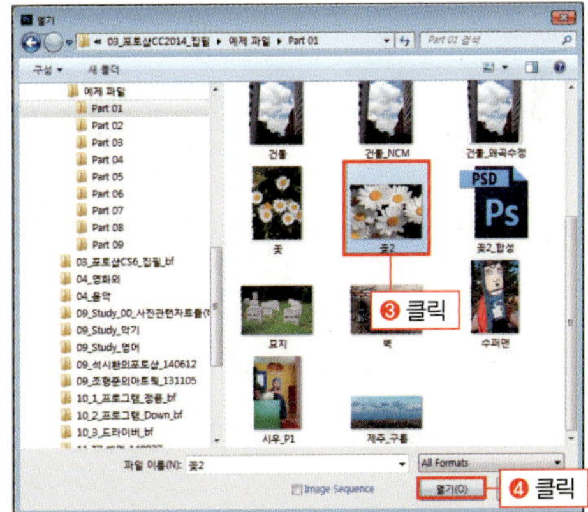

TIP : DVD에 있는 예제 파일을 바탕 화면에 복사해서 사용하면 파일을 찾기도 편하고 파일이 열리는 속도도 빠릅니다. 그리고 완성된 파일을 같은 폴더에 저장할 수도 있습니다.

06. 예제 파일이 열렸습니다. 그런데 New 명령으로 만들어 놓은 'New' 도큐먼트 창과 '꽃2' 도큐먼트 창이 합체(docking)되어 탭(Tab)으로 오픈되기 때문에 이동 도구(Move Tool)를 사용하기가 어렵습니다.

07. 도큐먼트 창을 떼어내기 위해 [Window]–[Arrange]–[Float All in Windows] 메뉴를 클릭합니다. 이 명령은 도큐먼트 창들이 합체(Docking)되어 탭(Tab)으로 되어 있는 상태에서 떼어내 자유롭게 움직일 수 있게 합니다.

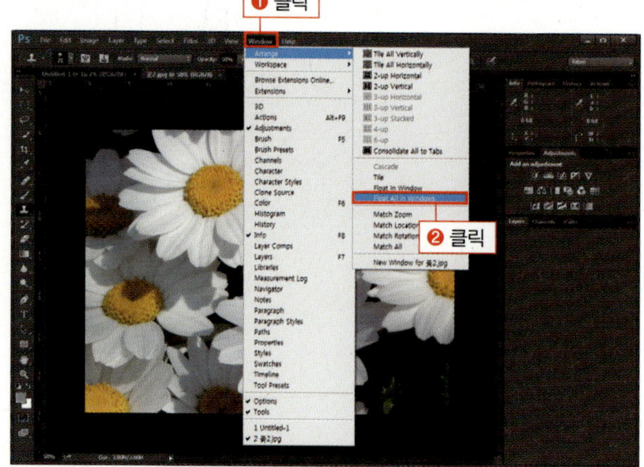

TIP : Dock은 포토샵 CC 2015의 옵션 바 바로 밑을 말합니다. 그곳에 도큐먼트 창들이 합체(Docking)됩니다. 그리고 여러 도큐먼트 창을 열었을 때 여러 장이 겹겹이 쌓이는 것을 탭(Tab)이라고 합니다. 도큐먼트 창이 열릴 때 포토샵 CC 2015의 기본 설정은 포토샵 CC 2015와 도큐먼트 창이 붙어서 열리게 되어 있습니다. 이렇게 포토샵 CC 2015와 도큐먼트 창이 붙어서 탭 상태로 열리는 것이 싫다면 그 설정을 변경할 수 있습니다.

[Edit]–[Preferences]–[Workspace] 메뉴를 클릭합니다.

[Options] 항목 중에 [Open Documents as Taps]와 [Enable Floating Document Window Docking]에 체크되어 있습니다. [Open Documents as Taps]는 도큐먼트 창이 열릴 때 포토샵 CC 2015에 붙어서 열리도록 해주는 설정입니다. [Enable Floating Document Window Docking]은 탭에서 떨어진 도큐먼트 창을 다시 옵션 바 아래로 가져가면 자동으로 다시 붙여주는 항목입니다. 필자는 도큐먼트 창이 자유롭게 움직이는 것이 좋아서 두 가지 항목을 해제하고 사용합니다.

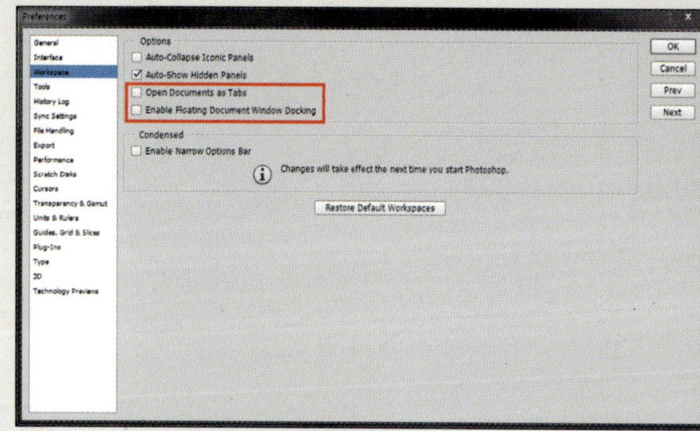

08. 그림과 같이 도큐먼트 창들이 탭에서 떨어졌습니다. 'New' 도큐먼트 창이 잘 보이도록 '꽃2' 도큐먼트 창을 오른쪽으로 이동시킵니다.

TIP : 도큐먼트 창을 이동시킬 때는 이름 표시줄을 클릭한 상태로 드래그하면 됩니다.

09. 꽃 이미지를 흰 종이에 복사하기 위해, 도구 패널에서 이동 도구(Move Tool)를 선택하고 '꽃2' 이미지를 클릭 드래그하여 'New' 도큐먼트 창으로 드롭합니다.

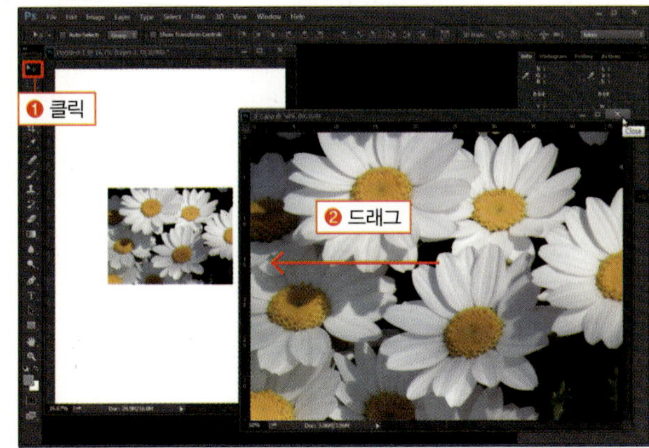

TIP : 이때 'New' 도큐먼트 창 정중앙으로 복사하기 위해 Shift 를 누른 상태에서 작업합니다.

10. 'New' 도큐먼트 창으로 '꽃2' 이미지가 복사되었습니다. '꽃2' 도큐먼트 창을 닫기 위해 도큐먼트 창 오른쪽 상단의 [X]를 클릭합니다. 또는, [File]-[Close](Ctrl + W) 메뉴를 클릭해도 됩니다.

11. 작업한 결과물을 저장을 하기 위해 [File]-[Save](Ctrl + S) 메뉴를 클릭합니다.

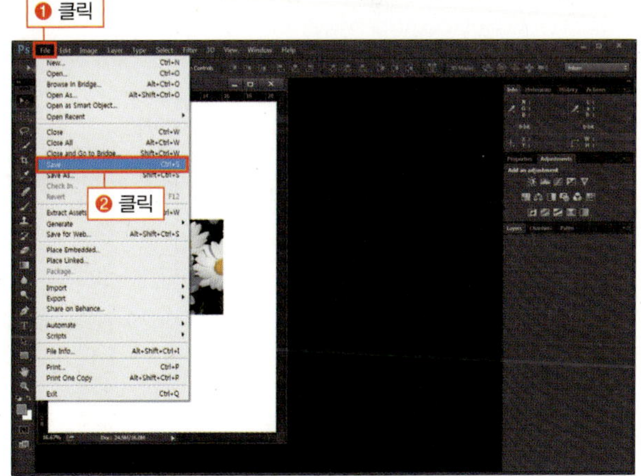

TIP : Save와 Save As
- Save : 저장되어 있는 파일을 열어 작업을 하고 [Save] 메뉴를 클릭하면 저장되어 있는 기존 파일에 덮어쓰기가 됩니다.
- Save As : 저장되어 있는 파일을 열어 작업을 하고 기존 파일에 덮어쓰기를 하지 않고 다른 이름으로 저장을 하고 싶으면 [Save As] 메뉴를 클릭하여 파일 이름을 변경하고 저장하면 됩니다.
- 새로운 도큐먼트 창을 열어서 처음 저장할 때에는 [Save], [Save As] 메뉴 중에 아무거나 사용해도 됩니다.

12. [다른 이름으로 저장] 대화상자가 나타나면 [파일 이름]에 '꽃2_A4'라고 입력하고, [Format] 'Photoshop(*.PSD;*.PDD)'로 설정한 후 [저장] 단추를 클릭합니다.

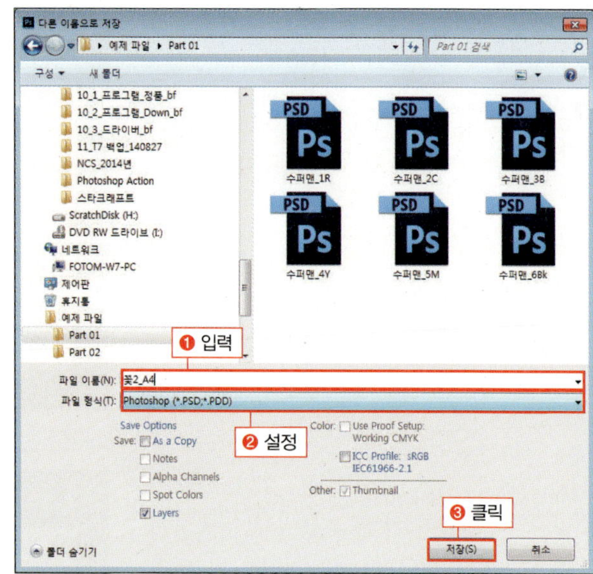

13. [Photoshop Format Options] 대화상자가 나타납니다. [Maximize Compatibility]에 체크가 되어있습니다. 'Maximize Compatibility(호환성 극대화)에 체크를 하지 않으면 다른 프로그램 또는 포토샵의 다른 버전에서 호환이 되지 않는다'는 내용입니다. 호환성을 높이기 위해서는 체크하고 사용해야 합니다.

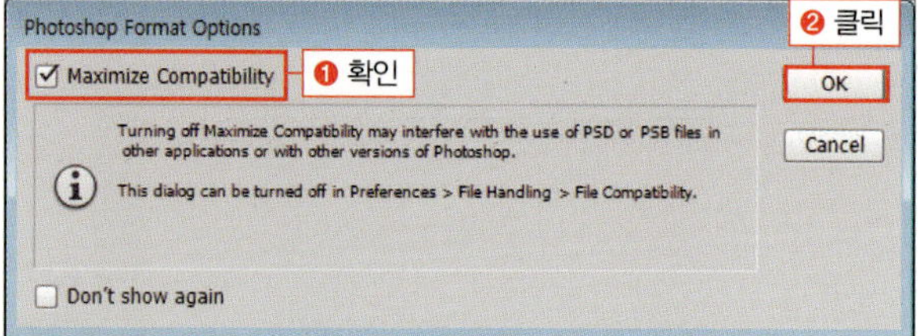

TIP : 앞으로 이 대화상자가 다시 열리지 않게 하려면 [Don't show again]에 체크하고 [OK] 단추를 클릭합니다.

14. 파일이 저장되면 도큐먼트 창 이름 표시줄에 파일 이름이 표시됩니다.

TIP : JPG 파일로 저장하기

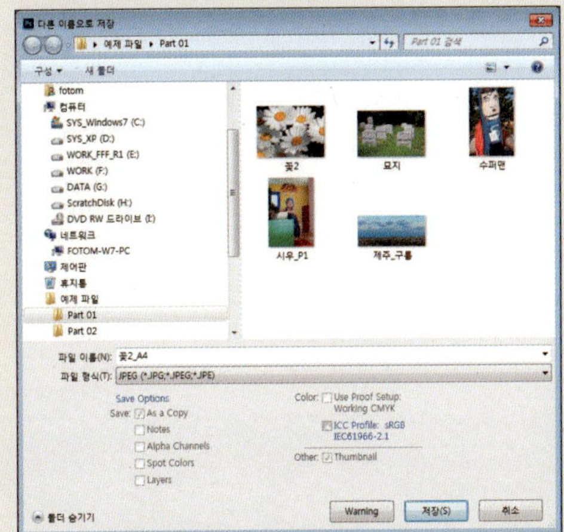

레이어나 채널이 등이 있는 도큐먼트를 저장할 때 JPG로 설정하면 레이어가 자동으로 합쳐진 상태로 저장됩니다. 이것을 주의해야 합니다. 포토샵 CC 2015의 [다른 이름으로 저장] 대화상자는 이것을 경고해 줍니다. [저장] 버튼 왼쪽에 있는 [Warning] 단추를 클릭합니다. [Save Warning] 대화상자가 나타납니다. 내용은 '현재 파일 포맷 방식으로 저장은 사본으로 저장해야 한다. 그 이유는 레이어가 저장되지 않기 때문이다. 다시 말하면 JPG로 저장하면 레이어가 저장되지 않는다. 즉 레이어가 하나로 합쳐진다는 뜻입니다.

15. '꽃2_A4.psd' 도큐먼트 창을 닫기 위해 [File]—[Close](**Ctrl** + **W**) 메뉴를 클릭합니다.

TIP : 도큐먼트 창을 닫는 다른 방법으로 도큐먼트 창 오른쪽 상단에 [X]를 클릭해도 됩니다.

16. 포토샵 CC 2015를 종료하기 위해 [File]—[Exit](**Ctrl** + **Q**) 메뉴를 클릭합니다.

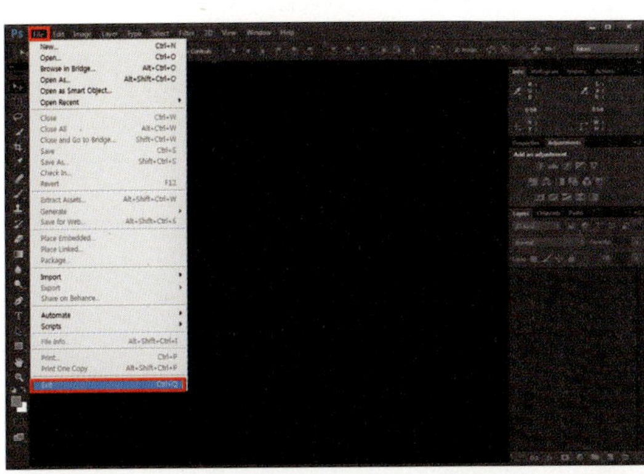

문제 해결 포토샵 CC 2015 오른쪽 상단의 [X]를 클릭해도 됩니다.

어도비 브리지는 이미지 파일을 관리하는 프로그램입니다. 어도비 브리지는 포토샵 CC 2015만을 위한 프로그램이 아니라 모든 어도비 프로그램들과 연결이 가능합니다. 다른 이미지 뷰어에서는 볼 수 없는 PSD 파일 형식의 미리 보기나 AI 파일 형식의 미리 보기 그리고, 동영상 파일의 미리 보기도 가능합니다. 어도비 브리지는 이미지 뷰어이며 파일 관리 프로그램입니다.

예제 파일 | DVD₩Part 01₩꽃02.jpg

01. 어도비 브리지를 실행하고 [Folders] 패널에서 이미지가 있는 폴더를 선택합니다. 그러면 [Content] 패널에 이미지의 축소판이 보입니다. '꽃2.jpg' 파일을 선택하면 [Preview] 패널에 크게 미리 보기가 됩니다. 그리고 [Metadata] 패널에 선택한 파일의 이름, 형식, 촬영 날짜, 수정 날짜 등의 메타 데이터가 표시됩니다.

TIP : 어도비 브리지 실행 방법

• [시작]–[모든 프로그램]–[어도비 브리지CC]를 클릭합니다.
• 포토샵 CC 2015가 실행된 상태에서 [File]–[Browse in Bridge] 메뉴를 클릭합니다.

---

02. 어도비 브리지에서 선택한 파일을 포토샵 CC 2015에서 열기 위해 이미지를 더블클릭하거나, 마우스 오른쪽 버튼을 클릭한 후 [Open]을 선택합니다.

03. 포토샵 CC 2015에서 '꽃02.jpg' 파일이 열리는 것을 확인할 수 있습니다.

화면 비율을 조절하는 방법과 화면 이동

화면 비율을 조절하는 방법은 아주 다양합니다. 돋보기 도구를 이용하는 방법, [View] 메뉴를 이용하는 방법 그리고 [Navigator] 패널을 이용하는 방법들이 있습니다. 화면을 이동하려면 손바닥 도구를 이용해야 합니다.

기초탄탄 ▶ 돋보기 도구와 손바닥 도구의 옵션 바 이해하기

■ 돋보기 도구 66p

도큐먼트 창의 화면 비율을 확대, 축소할 때 사용합니다. 돋보기 도구를 더블클릭하면 100%로 확대됩니다.

❶ Zoom In(확대) : 선택하고 이미지를 클릭할 때 마다 확대됩니다.

❷ Zoom Out(축소) : 선택하고 이미지를 클릭할 때 마다 축소됩니다.

❸ Resize Windows to fit(창 크기 조정) : 체크를 하면 도큐먼트 창과 이미지가 함께 확대/축소가 됩니다. 도큐먼트 창이 분리되었을 때 적용됩니다.

❹ Zoom All Windows(모든 창 확대/축소) : 체크하면 현재 열려 있는 모든 도큐먼트 창이 함께 확대/축소됩니다. 단, 마우스를 이용하여 클릭 또는, [Scrubby by Zoom] 즉, 좌우로 드래그할 때에만 적용됩니다.

❺ Scrubby by Zoom : 체크하고 마우스를 좌우로 클릭 드래그하면 연속적으로 확대/축소됩니다.

❻ 100% : 화면이 100%로 확대됩니다(Ctrl + 1).

❼ Fit Screen(화면 맞추기) : 이 버튼을 누르면 이미지가 화면에 맞게 조절됩니다(Ctrl + 0).

❽ Full Screen(화면 채우기) : 이미지의 짧은 폭 기준으로 화면에 꽉 채웁니다.

■ 손바닥 도구 66p

화면을 이동할 때 이용합니다. 더블클릭하면 Fit Screen이 됩니다.

❶ Scroll All Windows(모든 창 스크롤) : 여러 개의 도큐먼트 창이 열려 있을 때 체크하고 클릭 드래그하여 화면을 이동하면 모든 도큐먼트의 화면이 함께 이동합니다.

❷ 100%, Fit Screen, Fill Screen : 돋보기 도구의 옵션과 같은 기능입니다.

돋보기 도구를 이용하여 화면의 배율을 조정하고, 손바닥 도구를 이용하여 화면을 이동하는 방법을 알아봅니다.

예제 파일 | DVD₩Part 01₩수퍼맨.jpg

■ 돋보기 도구를 이용하여 화면 확대, 축소하기

예제 파일을 불러온 후 돋보기 도구(Zoom Tool)를 이용하여 오른쪽으로 드래그하면 화면이 확대되고, 왼쪽으로 드래그하면 화면이 축소됩니다.

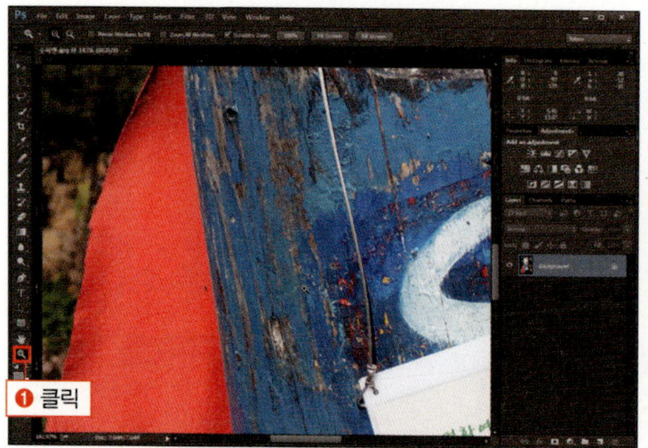

TIP : 돋보기 도구를 이용하여 화면을 클릭하면 클릭할 때 마다 확대가 됩니다. Alt 를 누르고 클릭하면 화면이 축소됩니다.

■ 손바닥 도구 이용하여 화면 이동하기

이미지가가 도큐먼트 창보다 커졌을 때 손바닥 도구(Hand Tool)를 이용하여 화면을 이동할 수 있습니다.

■ [View] 메뉴를 이용하여 화면 확대/축소하기

01. 이미지를 화면에 맞추어 보기 위해 [View]-[Fit on Screen] 메뉴를 클릭합니다.

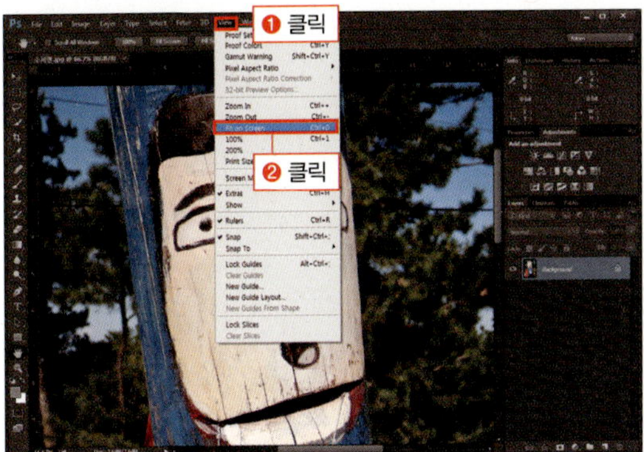

02. 화면을 확대하려면 [View]-[Zoom in] (Ctrl + +) 메뉴를 클릭합니다.

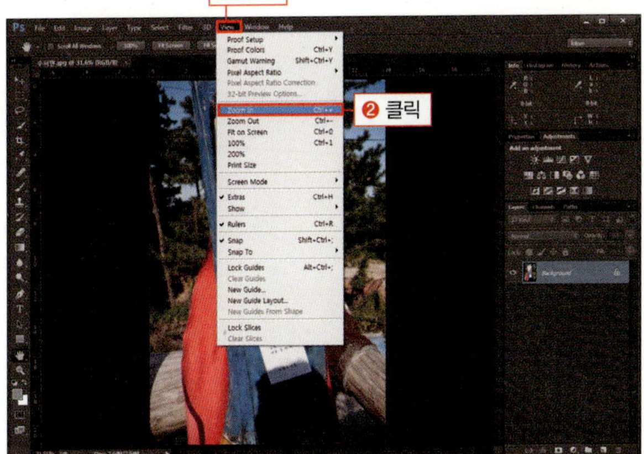

03. 화면을 축소하려면 [View]-[Zoom Out] (Ctrl + −) 메뉴를 클릭합니다.

■ [Navigator](내비게이터) 패널을 이용하여 화면 확대/축소하기

01. [Navigator] 패널의 미리 보기 아래에 있는
슬라이드 바를 오른쪽으로 움직이면 화면이 확대
됩니다.

> **문제
> 해결** [Navigator] 패널이 보이지 않는다면 [Window]–
> [Navigator] 메뉴를 클릭하여 [Navigator] 패널을
> 활성화합니다.

02. 화면이 확대된 상태에서 [Navigator] 패널의 미리 보기에 빨간색 영역을 드래그하면 화면이 함께 움직입니다.

03. [Navigator] 패널의 슬라이드 바를 왼쪽으로
움직이면 화면이 축소됩니다.

도큐먼트 창의 배열과 배율 조절하기

여러 개의 도큐먼트창을 동시에 열어서 작업을 할 때, 도큐먼트 창들을 여러 가지 방법으로 배열할 수 있습니다. 이 배열을 어떻게 하느냐에 따라 작업의 효율을 높일 수 있습니다. 돋보기 도구를 이용하여 여러 개의 도큐먼트을 한꺼번에 확대 축소할 수 있습니다.

기초탄탄 ▶ Arrange 메뉴 이해하기

아래의 그림은 여러 개의 도큐먼트 창을 열 때 기본 배열입니다. [Window]–[Arrange]–[Consolidate All to Tabs] 메뉴를 클릭할 때(모두 탭에 통합)와 같습니다.

[Window]–[Arrange] 메뉴를 이용하여 여러 개의 도큐먼트 창을 다양한 형태로 배열할 수 있습니다.

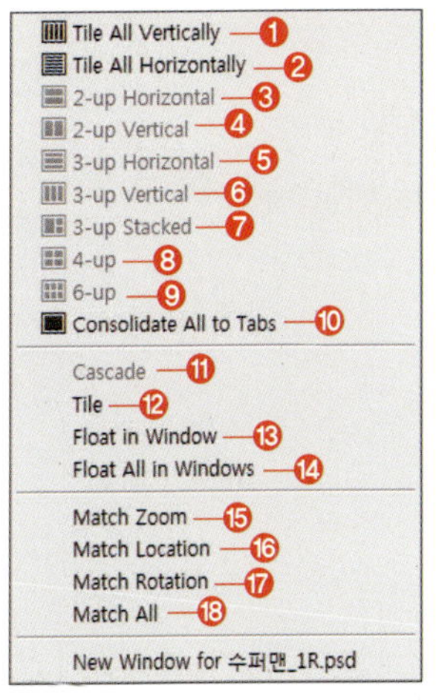

❶ Tile All Vertically(모두 수직으로 나란히 놓기) : 열려 있는 모든 도큐먼트 창들이 수직으로 배열됩니다.

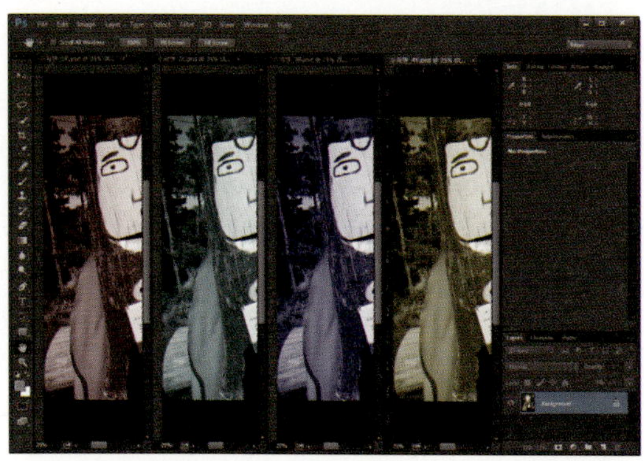

❷ Tile All Horizontally(모두 수평으로 나란히 놓기) : 열려 있는 모든 도큐먼트 창들이 수평으로 배열됩니다.

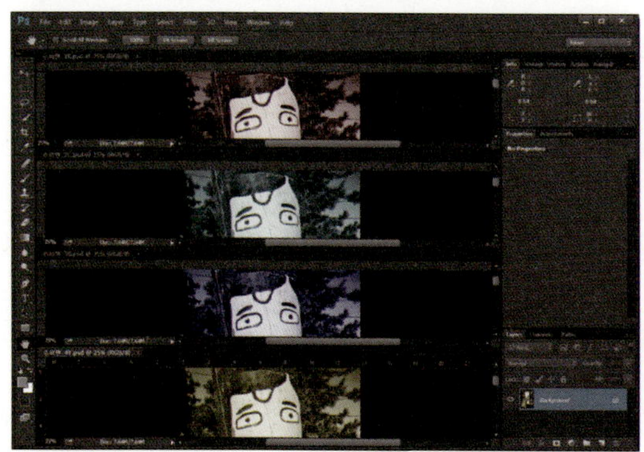

❸ 2-up Horizontal(2장 가로) : 열려 있는 도큐먼트 창 중에 두 개만이 수평으로 배열됩니다.

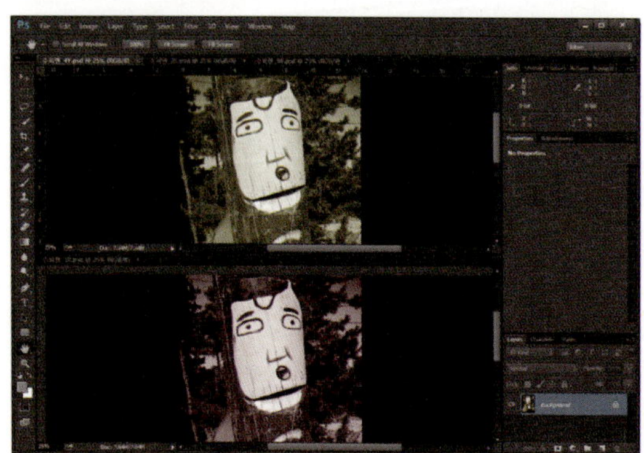

❹ 2-up Vertical(2장 세로) : 열려 있는 도큐먼트 창 중에 두 개만이 수직으로 배열됩니다.

❺ 3-up Horizontal(3장 가로) : 열려 있는 도큐먼트 창 중에 세 개만이 수평으로 배열됩니다.

❻ 3-up Vertical(3장 세로) : 열려 있는 도큐먼트 창 중에 세 개만이 수직으로 배열됩니다.

❼ 3-up Stacked(3장 스택형) : 열려 있는 도큐먼트 창 중에 세 개만이 그림과 같은 형식으로 배열됩니다.

❽ 4-up(4장) : 열려 있는 도큐먼트 창 중에 네 개의 도큐먼트 창이 그림과 같은 형식으로 배열됩니다.

❾ 6-up(6장) : 열려 있는 도큐먼트창이 여섯 개 이상일 때 메뉴가 활성화되며, 여섯 개의 도큐먼트 창이 '4-up' 형식으로 배열됩니다.

❿ Consolidate All to Tabs(모두 탭에 통합) : 여러 개의 도큐먼트 창을 열 때의 기본 배열입니다.

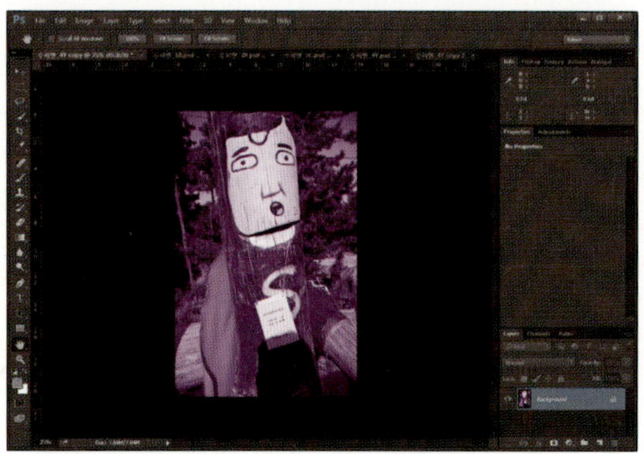

⓫ Cascade(겹쳐놓기) : [Float in Window] 또는, [Float All in Windows] 명령으로 도큐먼트 창들을 분리했을 때 사용할 수 있으며, 선택하면 계단식으로 배열됩니다. 아래의 그림은 [Float All in Windows] 명령 후 [Cascade] 명령을 적용한 상태입니다.

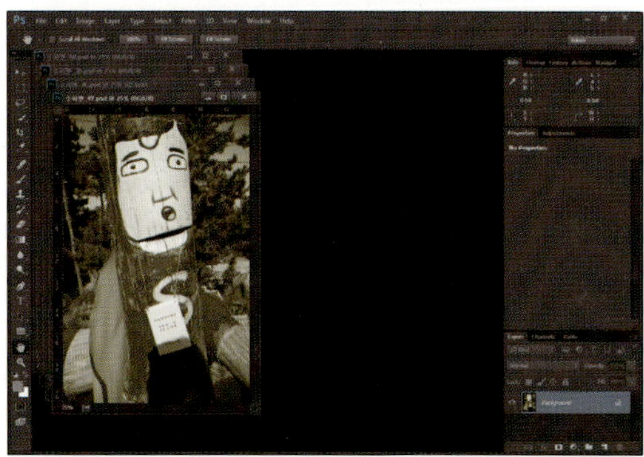

❷ Tile(나란히 놓기) : 열려 있는 모든 도큐먼트 창이 같은 크기의 타일 형식으로 배열됩니다.

❸ Float in Window(창에서 유동) : 선택한 도큐먼트 창이 분리됩니다.

❹ Float All in Windows(모두 창에서 유동) : 열려 있는 모든 도큐먼트 창을 분리하고 계단식으로 배열됩니다.

❺ Match Zoom(확대/축소 일치) : 화면의 배율을 맞춥니다.

❻ Match Location(위치 일치) : 화면의 위치를 맞춥니다.

❼ Match Rotation(회전 일치) : 화면의 회전을 맞춥니다.

❽ Match All(모두 일치) : 화면의 배율, 위치, 회전을 맞춥니다. 다시 말하면 위의 [Match Zoom], [Match Location], [Match Rotate] 명령을 한꺼번에 적용한 것입니다.

❺~❽은 실제 사용법은 Step 01에서 알아보겠습니다.

여러 개의 도큐먼트 창을 열고, [Window]-[Arrange] 메뉴를 이용하여 열려 있는 도큐먼트 창을 효과적으로 배열하고 이미지의 배율을 조절하는 방법을 알아봅니다.

예제 파일 | DVD₩Part 01₩수퍼맨_1R.jpg, 수퍼맨_1C.jpg, 수퍼맨_1B.jpg, 수퍼맨_1Y.jpg

01. Adobe Bridge(어도비 브리지)를 실행하고 [Folder] 패널에서 예제 파일의 이 있는 'Part 01' 폴더를 선택합니다.

02. [Content] 패널에서 '수퍼맨_1R.jpg' 파일을 선택하고 **Shift** 를 누른 상태로 '수퍼맨_1Y.jpg' 파일을 선택합니다. 그러면 오른쪽 그림처럼 4개의 파일이 선택됩니다.

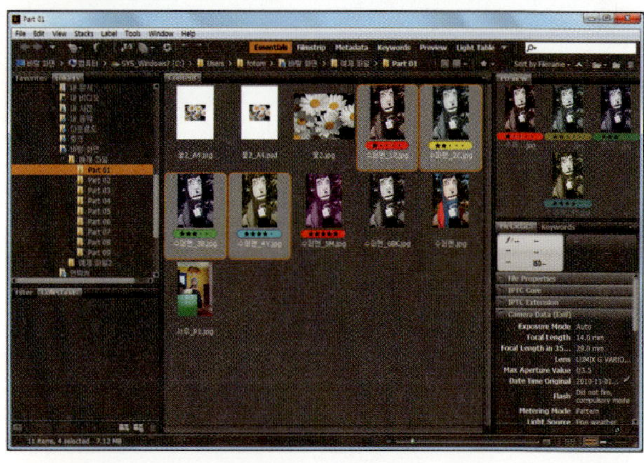

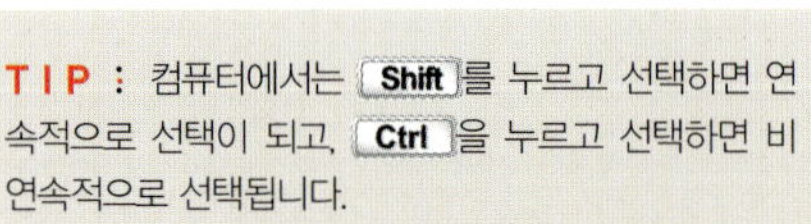
TIP : 컴퓨터에서는 **Shift** 를 누르고 선택하면 연속적으로 선택이 되고, **Ctrl** 을 누르고 선택하면 비연속적으로 선택됩니다.

03. 마우스 오른쪽 버튼을 클릭하고 [Open]을 선택합니다. 더블클릭해도 됩니다.

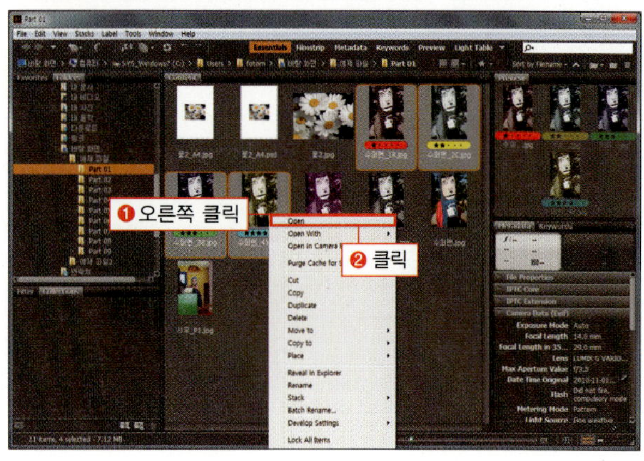

04. 4개의 도큐먼트 창이 독(Dock)에 탭(Tab)이
되어 열려있어 한 눈에 다 보이지 않습니다.

05. 4개의 도큐먼트 창을 다 보기 위해
[Window]–[Arrange]–[4 up] 메뉴를 클릭합니다.

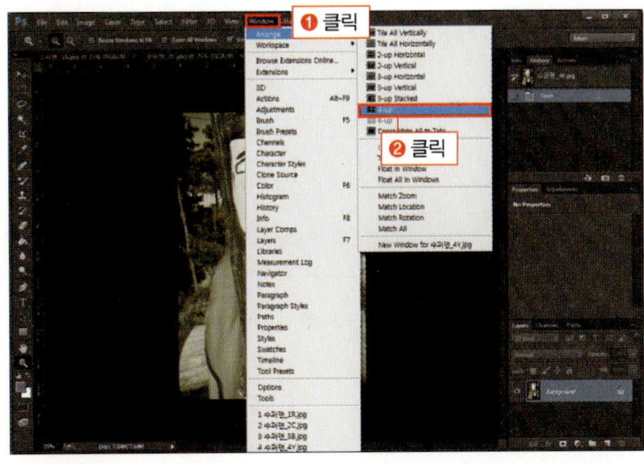

06. 4개의 도큐먼트 창이 같은 크기로 배열되었
습니다.

07. 이미지를 확대하기 위해 돋보기 도구(Zoom Tool)를 선택하고 4개 중 왼쪽 상단의 도큐먼트 창을 클릭합니다. 왼쪽 상단 이미지가 확대되었습니다.

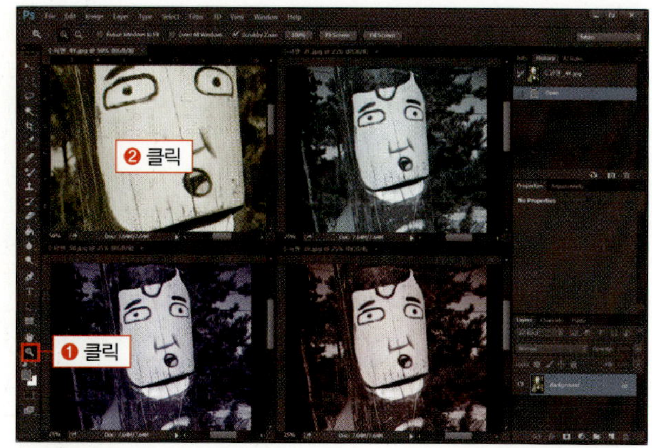

08. [Window]–[Arrange]–[Match Zoom] 메뉴를 클릭합니다.

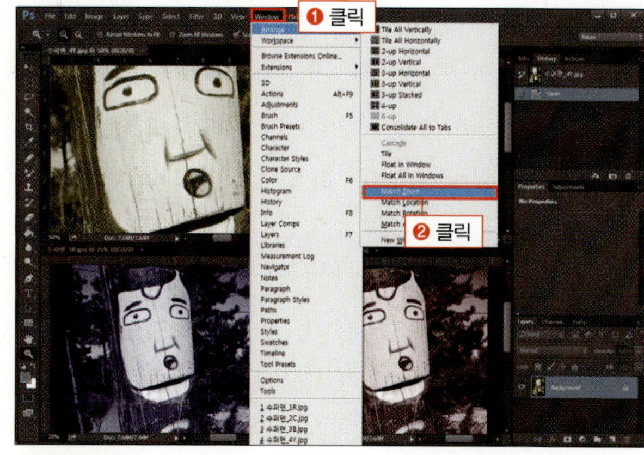

09. 4개의 도큐먼트 창의 화면 배율이 같아졌습니다.

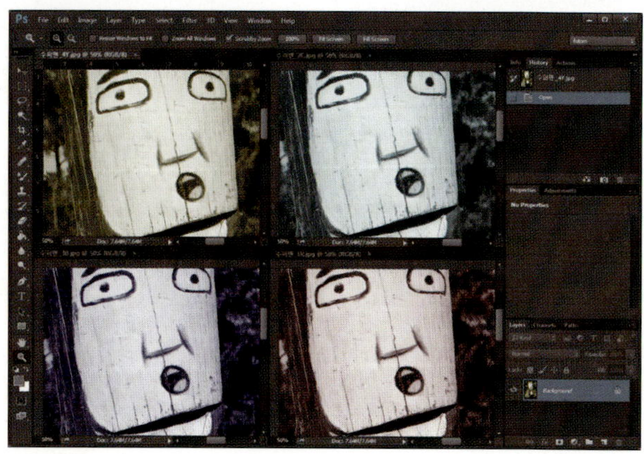

10. 이미지의 위치를 조정하기 위해 손바닥 도구(Hand Tool)를 선택하고, 왼쪽 상단의 도큐먼트 창을 드래그하여 위치를 변경합니다.

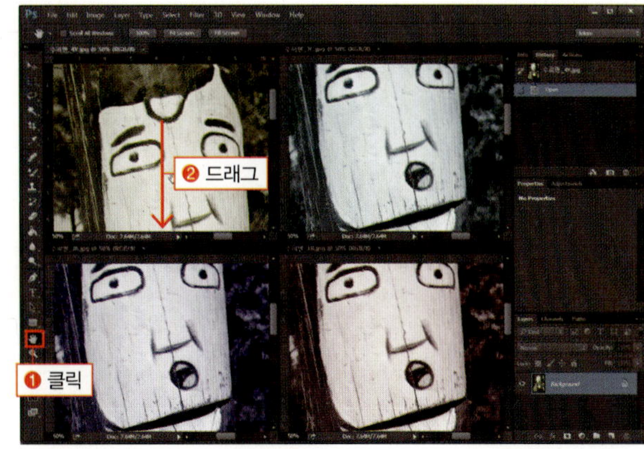

11. [Window]-[Arrange]-[Match Location] 메뉴를 클릭합니다.

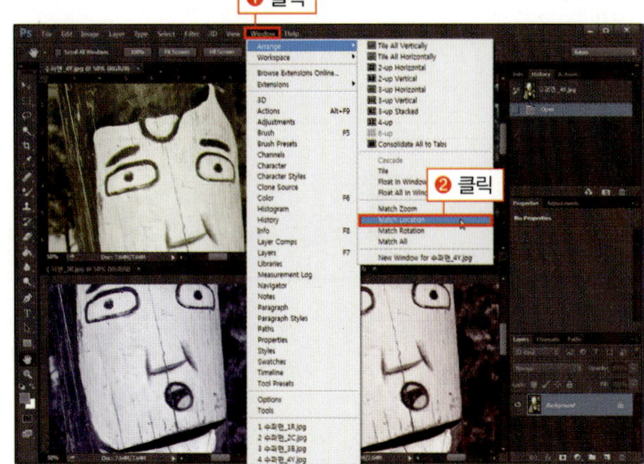

12. 4개의 도큐먼트 창의 위치가 같아졌습니다.

13. 이번에는 화면을 회전시키기 위해 도구 패널에서 손바닥 도구(Hand Tool)를 길게 누른 후 회전 보기 도구(Rotate View Tool)를 선택합니다.

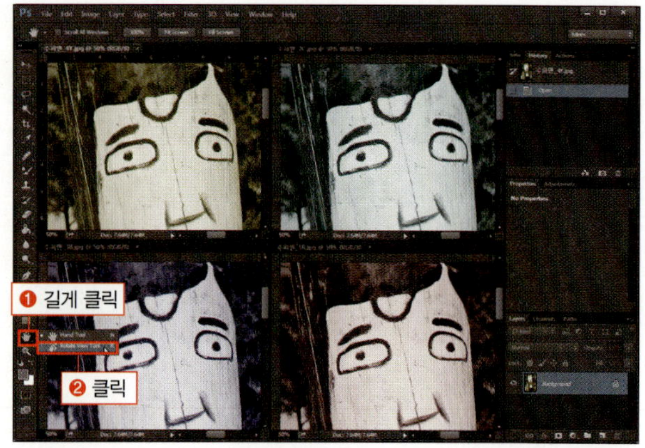

14. 왼쪽 상단의 도큐먼트 창을 드래그하면 그림처럼 나침반 모양이 나타나면서 이미지가 회전합니다.

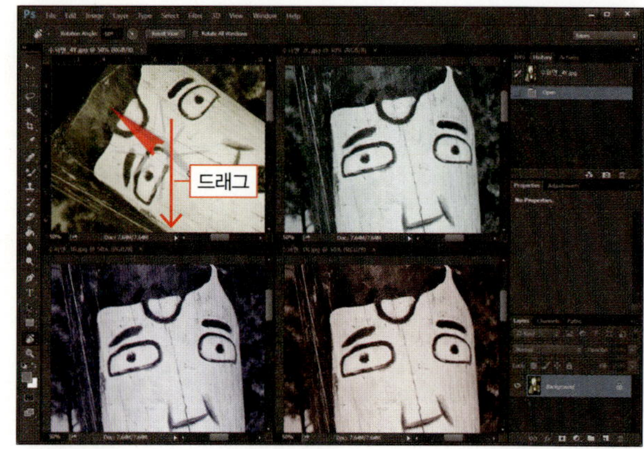

15. [Window]-[Arrange]-[Match Rotation] 메뉴를 클릭합니다.

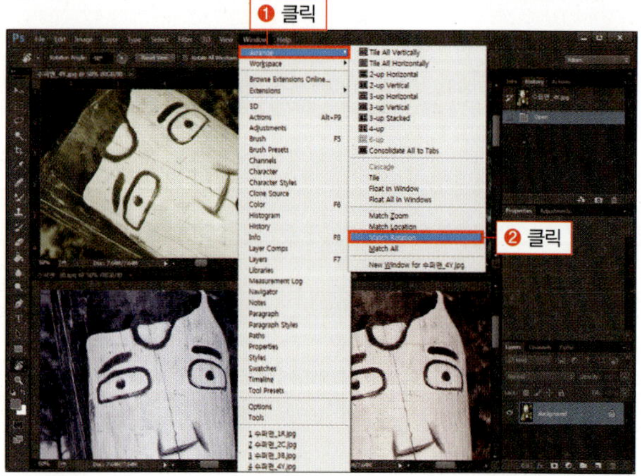

16. 4개의 도큐먼트 창에 이미지가 같은 방향으로 돌아갔습니다. 그런데 위치가 맞지 않습니다.

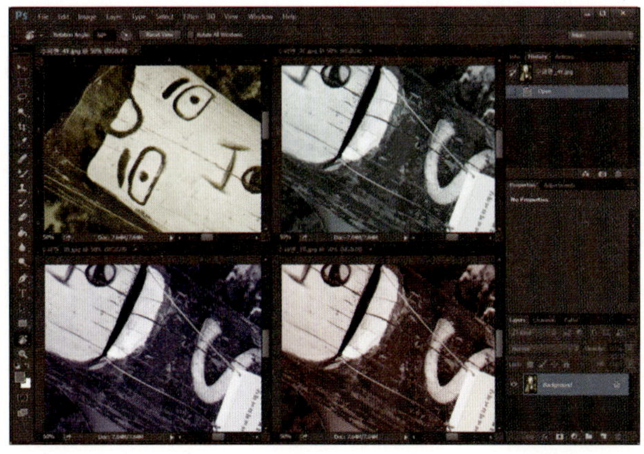

17. 위치를 같게 하기 위해 [Window]–[Arrange]–[Match Location] 메뉴를 클릭합니다.

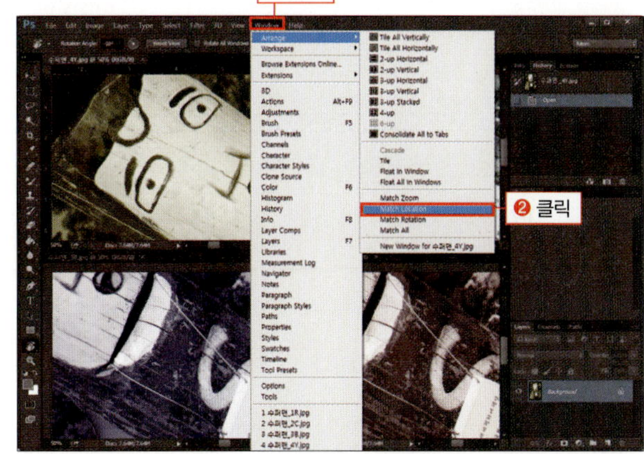

18. 이미지의 위치가 같아졌습니다.

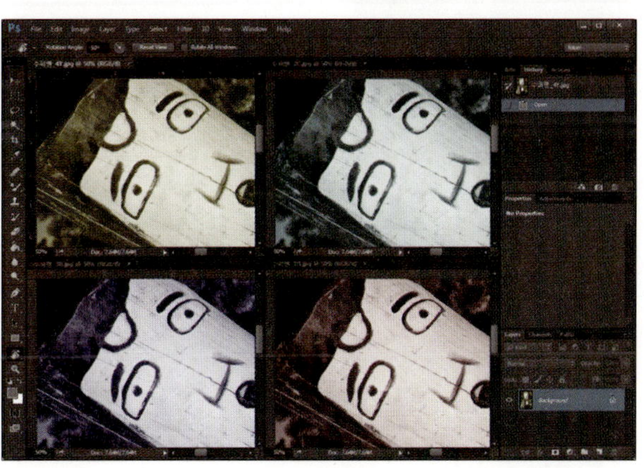

이런 방식으로 [Window]–[Arrange] 메뉴를 이용하여 이미지를 배열하고 위치를 조정할 수 있습니다.

타임머신처럼 과거와 현재를 자유롭게 – [History] 패널

작업을 하다 보면 실수를 해서 방금 한 작업을 취소하거나 이전 작업과 현재를 비교하고 싶을 때 [History](작업 내역) 패널을 이용합니다. [History] 패널에는 도큐먼트 창이 열렸을 때부터 마지막 작업까지 단계별로 작업이 기록됩니다. 기록된 작업 내역을 클릭하여 원하는 단계로 되돌릴 수 있습니다. 그리고 Snapshot(스냅샷)을 이용하여 사용자가 직접 작업을 저장할 수 있습니다. 단, 도큐먼트 창을 닫으면 작업 내역은 사라집니다.Z

기초탄탄 ● [History](작업 내역) 패널 이해하기

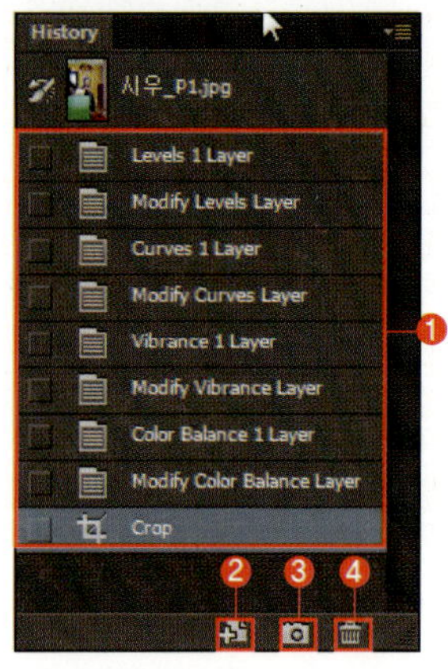

❶ **작업 내역** : 작업 내역이 자동으로 저장됩니다.

❷ **Create New document from current state** : 현재의 작업 내역을 새로운 도큐먼트 창으로 만듭니다.

❸ **Create New snapshot** : 현재의 작업 내역을 그림처럼 스냅샷으로 만듭니다.

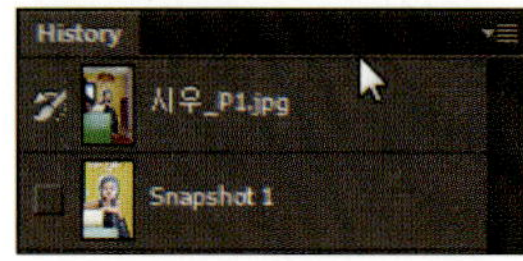

❹ **Delete current state** : 선택한 작업 내역을 삭제합니다.

■ 작업 내역 저장하기

[History] 패널에 작업 내역은 별도 저장 없이도 파일을 불러온 후 작업을 시작하면 [History] 패널에 자동으로 기록됩니다.

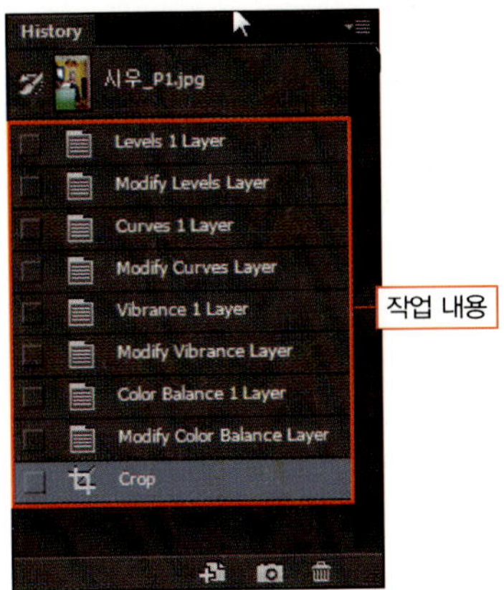

■ Snapshot(스냅샷) 만들기

위에 설명한 것처럼 작업 내역은 자동으로 기록됩니다. 그러나 단계별로 기록되고, 설정한 히스토리의 개수를 넘지 못합니다. 사용자가 별도로 저장하고 싶은 작업 내역이 있으면 [History] 패널 [Create new snapshot]을 클릭하면 Snapshot이 만들어 집니다. [History] 패널 상단에 'Snapshot 1'이라는 이름으로 저장됩니다. 작업 도중에 언제라도 'Snapshot 1'을 선택하면 그 지점으로 돌아갈 수 있습니다. 하지만 [History] 패널의 작업 내역은 도큐먼트 창을 닫으면 없어지므로 중요한 작업이라면 [Save As]를 이용해 파일로 저장하는 것이 더 좋습니다.

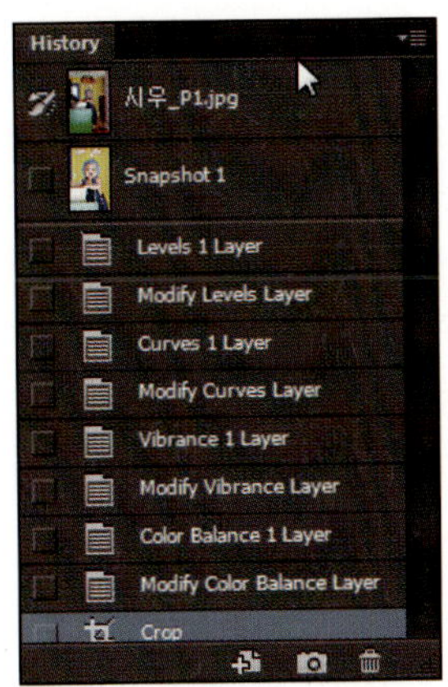

■ [History] 패널을 이용하여 원하는 작업 지점으로 되돌리기

[History] 패널의 작업 내역은 위에서부터 순서대로 기록됩니다. 그러므로 가장 아래에 있는 작업 내역
이 마지막으로 작업한 내역입니다. [History] 패널에서 돌아가고 싶은 작업 내역을 클릭합니다. 그러면
그 뒤에 작업한 내역은 취소됩니다.

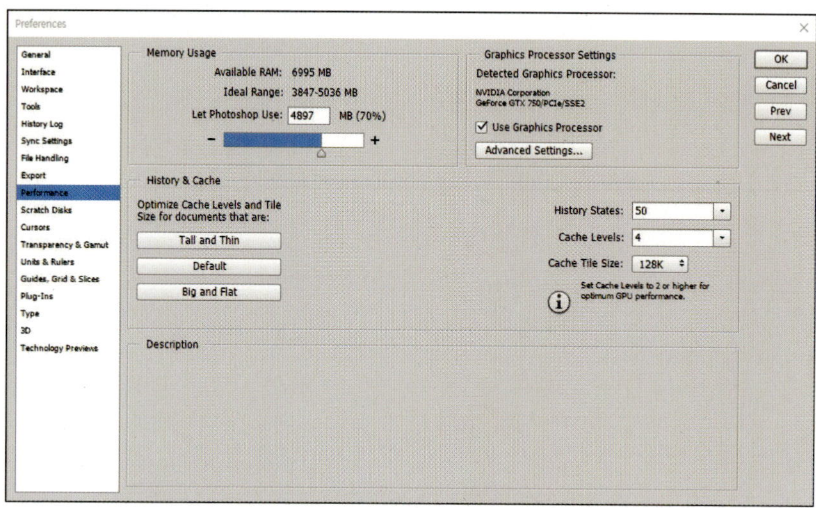

■ [History] 패널의 작업 내역 저장 개수 설정하기

[Edit]-[Preferences]-[Performance] 메뉴를 클릭합니다. [Preferences] 대화상자를 확인해 보면
[History States]가 '50'으로 설정되어 있습니다. 최대 1000개 까지 설정할 수 있습니다. 하지만 히스토
리의 개수가 많아지면 RAM를 많이 사용합니다. 보통 초보자들은 100개 정도가 적당합니다. 필자는 기
본 값 '50'을 사용합니다.

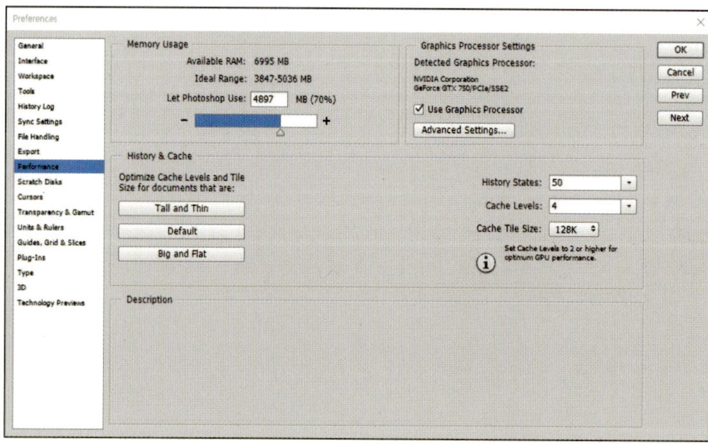

- 본격적인 학습에 앞서 포토샵 CC 2015의 설치 사양 및 방법을 정확히 숙지합니다. `22p`

- 포토샵 CC 2015의 화면 구성은 크게 '메뉴 바, 옵션 바, 도구 패널, 도큐먼트 창, 패널'로 구성되어 있습니다. `28p`

- 패널들은 접었다, 폈다 할 수 있으며 패널을 감추어 공간을 넓게 사용할 수도 있습니다. `31p`

- 사용자의 작업 환경에 알맞게 작업 공간(Workspace)을 설정할 수 있습니다. `36p`

- 포토샵 CC 2015의 모든 도구들은 도구 패널에 들어 있습니다.

- 포토샵 CC 2015의 각종 패널들에 대해서 숙지합니다.

- 포토샵에서 가장 많이 사용하는 파일 형식은 'PSD, PSB, JPG, BMP, TIF' 등이 있습니다. `54p`

- 포토샵의 파일 관리의 기본인 'New, Open, Save, Close, Exit'를 숙지합니다. `58p`

- 어도비 브리지(Adobe Bridge)를 이용하여 파일을 불러오는 방법을 공부합니다. `64p`

- 돋보기 도구와 손바닥 도구를 이용하여 화면을 확대, 축소 그리고 이동할 수 있습니다. `65p`

- [Arrange] 메뉴를 이용하면 포토샵 CC 2015로 불러온 이미지들을 다양한 방법으로 정렬하여 확인할 수 있습니다. `69p`

- 포토샵 CC 2015를 실행 후 종료하기 전까지의 모든 작업 내용은 [History] 패널에 저장되며, 원하는 작업 단계로 되돌릴 수도 있습니다. `80p`

01 나만의 작업 공간 만들기

동영상 해설 : DVD₩Self Test₩P01_01.wmv

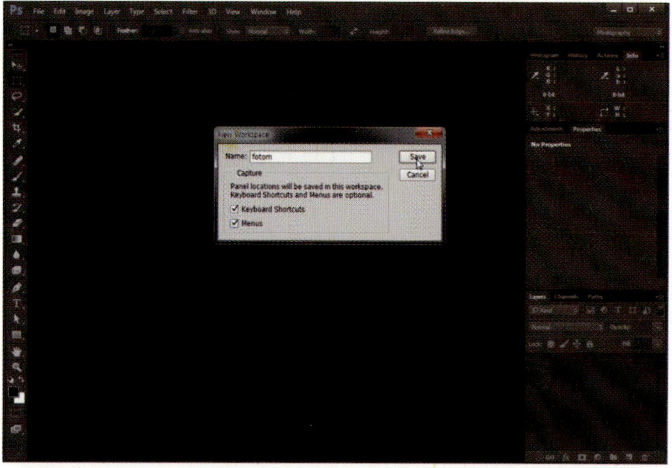

HINT

[Window]-[Workspace] 메뉴를 이용하면 포토샵 CC 2015의 작업 공간을 변경할 수 있으며, 저장하여 불러와서 바로 적용할 수도 있습니다.

02 Arrange 메뉴를 이용하여 도큐먼트 창 배열하기

예제 파일 : DVD₩Part 01 폴더   **동영상 해설 :** DVD₩Self Test₩P01_02.wmv

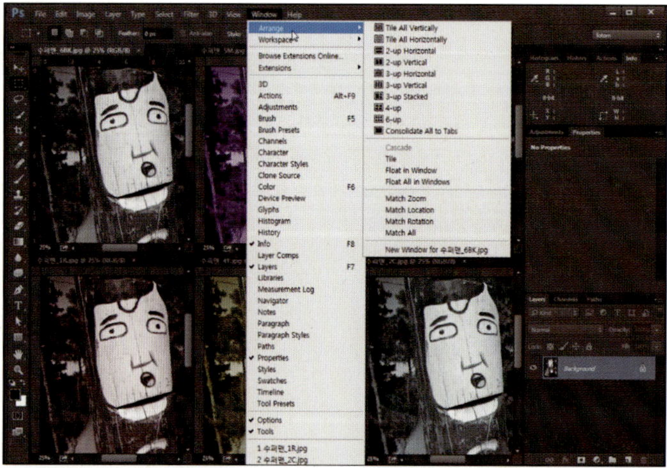

HINT

[Window]-[Arrange] 메뉴를 이용하면 여러 개의 도큐먼트 창들을 작업 환경에 알맞게 배열할 수 있습니다.

: 쉬 어 가 는   페 이 지 :

02

이미지 조정
(Image Adjustment)

이번 PART에서는 이미지 모드(Image Mode)와 이미지 조정(Image Adjustments)의 4가지 요소에 대해 알아보겠습니다. 이미지 조정의 4가지 요소란 이미지의 밝기(Brightness), 명암 대비(Contrast), 채도(Saturation), 색상(Color)입니다. 이 4가지 요소의 조정은 포토샵 CC 2015를 이용한 사진 수정의 기초이며 가장 핵심 기술입니다. 그리고 자동 조정 기능과 다양한 이미지 조정의 특수 효과 사용법도 알아보겠습니다. 그리고 Adjustments Layer(조정 레이어)를 이용한 이미지 조정에 대해 알아보고 마지막으로 Camera Raw를 이용한 Raw 파일 컨버팅(Converting) 방법도 소개합니다.

이미지 모드 이해하기

이미지의 모드(Mode)란 이미지의 색상 정보를 어떤 방법(형식)으로 표현하느냐 하는 것입니다. 가장 많이 사용하는 RGB 모드는 빛의 3원색인 Red, Green, Blue 3가지 색상(채널)을 가지고 색을 표현하고, CMYK 모드는 Cyan, Magenta, Yellow, Black 4가지 색상(채널)을 가지고 표현하는 모드입니다. 그 외에 다른 다양한 이미지 모드에 대해서도 알아봅니다.

기초탄탄 ▶ 다양한 이미지 모드 이해하기

이미지 모드는 [Image]-[Mode] 메뉴를 이용하여 변경할 수 있습니다.

■ 비트맵 모드(Bitmap Mode)

비트맵 모드는 색상은 없고 이미지의 가장 작은 단위인 픽셀로 이루어져 있습니다. 그리고 비트맵은 흰색과 검은색으로만 표현하기 때문에 다른 모드에 비해 이미지의 용량이 작습니다. RGB 모드의 이미지를 비트맵 모드로 변경하려면 먼저 그레이스케일 모드로 변경 후, 비트맵 모드로 변경해야 합니다.

▲원본

▲확대한 모습

그레이스케일 모드는 보통 우리가 흑백이라고
부르는 모드입니다. 이 모드는 흑백의 단계를
8비트 즉, 2의 8제곱인 256단계로 표현합니
다. 한 번 그레이스케일 모드로 변경하면 다시
RGB 또는, CMYK 모드로 변경해도 색상 정보
는 돌아오지 않습니다.

듀오톤 모드는 그레이스케일 모드로 변경된 이
미지를 최대 4가지 색상을 섞어서 표현할 수
있는 모드입니다. 그 중 가장 많이 사용하는 것
이 두 가지 색상을 섞어 만든 듀오톤입니다. 모
노톤과 다르게 색다른 분위기를 표현할 수 있
습니다.

■ 인덱스 컬러 모드(Index Color Mode)

인덱스 컬러 모드는 이미지를 256개 색상으로
표현하는 모드입니다. RGB, CMYK 모드에 보
다 용량이 작아서 웹용으로 많이 사용합니다.
파일 형식 중에 GIF 파일이 인덱스 컬러 모드
를 사용합니다.

■ RGB 모드(RGB Color Mode)

RGB 모드는 빛의 3원색인 Red, Green, Blue 3
가지 채널을 이용하여 색상을 표현합니다. 색상
은 채널당 8비트 이므로 RGB 3채널이므로 24
비트 색상입니다. 즉, 16,777,216 색상입니다.
대부분의 디지털 장비에서 사용하는 이미지가
RGB 모드 이미지이며 포토샵 CC 2015에서 가
장 많이 사용하는 컬러 모드입니다.

■ CMYK 모드(CMYK Color Mode)

CMYK 모드는 색(잉크)의 3원색인 Cyan,
Magenta, Yellow와 Black 4가지 채널을 이용
하여 색상을 표현합니다. CMYK 모드는 오프
셋 인쇄를 위한 이미지를 만들 때 사용합니다.

■ Lab 모드(Lab Color Mode)

Lab 모드는 Lightness, a(Red-Green),
b(Yellow-Blue) 3가지 채널로 색상을 표현합
니다. Lab 모드는 밝기와 색상이 분리되어 있
어 색상에 영향을 주지 않고 밝기를 변경할 수
있습니다.

■ 멀티 채널 모드(Multichannel Mode)

멀티 채널 모드는 이미지를 여러 개의 채널로 분리할 수 있습니다. RGB 모드나 CMYK 모드를 멀티 채널 모드로 변경하면 Cyan, Magenta, Yellow 채널로 분리되고, Lab 모드를 멀티 채널 모드로 변경하면 Alpha 1, Alpha 2, Alpha 3 채널로 분리됩니다.

그레이스케일 모드는 색상 정보는 없고 흑백을 256단계로 표현합니다. RGB 모드로 되어 있는 이미지를 그레이스케일 모드로 변경하면 색상 정보가 없어져 흑백 이미지가 됩니다.

예제 파일 ǀ DVD₩Part 02₩인형들.jpg **완성 파일** ǀ DVD₩Part 02₩인형들_Grayscale.jpg

01. 예제 파일을 불러온 후 컬러 이미지를 흑백으로 만들기 위해 [Images]-[Mode]-[Grayscale] 메뉴를 클릭합니다.

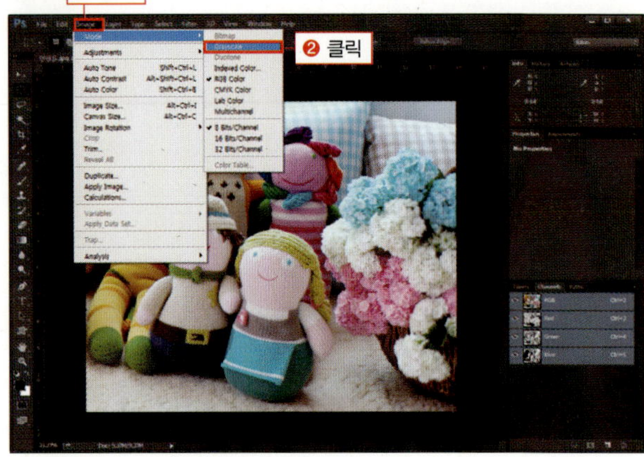

02. [Message] 대화상자가 나타납니다. '색상 정보를 버리겠느냐?'는 질문과 '모드 변경을 하지 않고, [Image]-[Adjustments]-[Black & White] 메뉴로도 흑백으로 만들 수 있다' 것을 알려주는 메시지입니다. 모드 변경으로 컬러를 흑백으로 만들기 위해 [Discard] 단추를 클릭합니다.

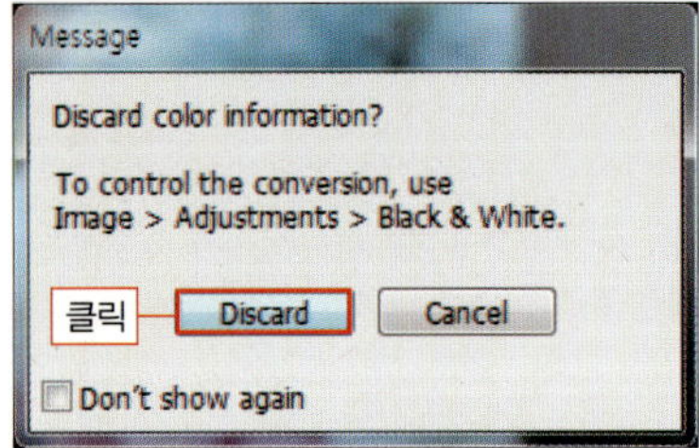

TIP : 이 메시지를 다음부터 보고 싶지 않으면 [Don't show again]에 체크하고 [Discard] 단추를 클릭합니다.

03. 컬러 이미지가 흑백 이미지로 바뀌었습니다.

문제 해결 RGB 모드를 그레이스케일 모드로 변경하면 제목 표시줄에 'RGB'가 'Gray'로 바뀝니다. 채널을 확인해 보면 'Gray' 채널만 남습니다. 이렇게 모드를 변경하면 이미지 조정에 제한이 생깁니다. 특정 레이어 또는 이미지의 일부를 부분적으로 흑백으로 만들기를 원할 때는 [Image]-[Adjustments]-[Black & White] 메뉴를 이용하는 것이 좋습니다.

듀오톤 모드를 이용하면 한 가지 색상으로 된 이미지를 만들 수 있습니다. 최대 4가지 색상을 섞을 수 있습니다. 그 결과 모노톤과는 다른 독특한 느낌의 이미지를 만들 수 있습니다.

예제 파일 | DVD₩Part 02₩인형들_Grayscale.jpg **완성 파일** | DVD₩Part 02₩인형들_Duotone.psd

01. STEP 01에서 만들어 놓은 '인형들_Grayscale.jpg' 파일을 불러옵니다. 흑백 이미지를 듀오톤 이미지로 만들기 위해 [Image]-[Mode]-[Duotone] 메뉴를 클릭합니다.

> **문제 해결** 듀오톤 이미지를 만들려면 이미지가 그레이스케일 모드로 되어 있어야 합니다.

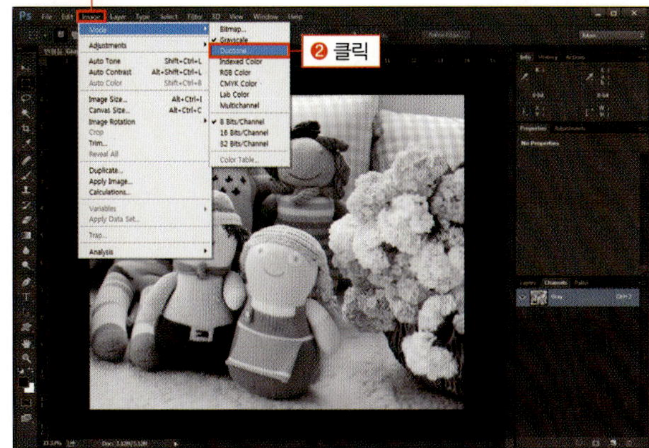

02. [Duotone Options] 대화상자가 나타나면 첫 번째 잉크의 색상을 선택하기 위해 [Ink1: Color Picker]를 클릭합니다.

03. [Color Picker] 대화상자가 나타납니다. 이곳에서 색상을 정해도 되지만 [Color Libraries]를 이용하기 위해 [Color Libraries] 단추를 클릭합니다.

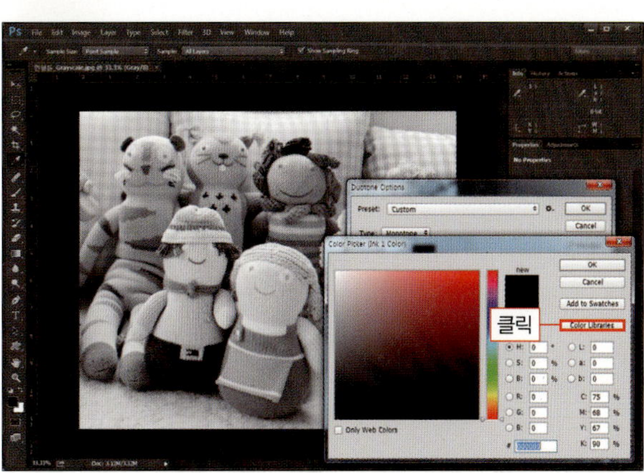

04. [Color Libraries] 대화상자가 나타납니다. [Color Libraries](컬러 라이브러리)는 컬러 샘플들을 모아 놓은 곳입니다. [PANTONE 7636C]를 선택하고 [OK] 단추를 클릭합니다.

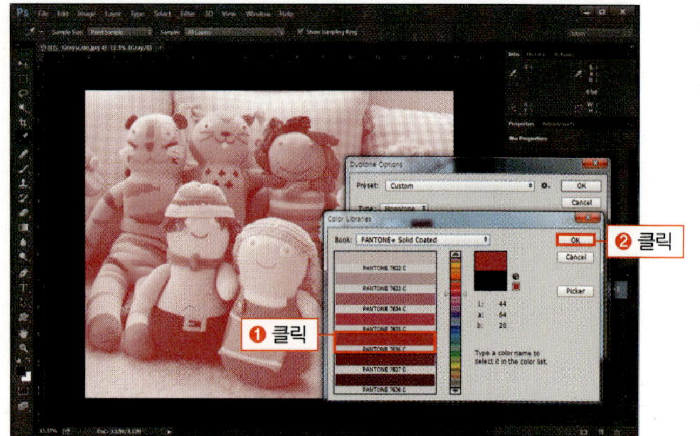

05. [Duotone Options] 대화상자에서 [OK] 단추를 클릭합니다.

06. 전체적으로 붉은색 계열의 모노톤이 되었습니다.

07. 모노톤을 듀오톤으로 만들기 위해 [Image]–[Mode]–[Duotone] 메뉴를 클릭합니다. [Duotone Options] 대화상자가 나타나면 [Type]에서 'Duotone'을 선택합니다.

08. [Ink2]가 생기면 [Ink2 : Color Picker]를 클릭합니다.

09. [Color Picker] 대화상자가 나타납니다.

10. 이번에는 [Color Picker] 대화상자에서 색을 선택해 보겠습니다. 수직으로 된 색상 바에서 파란색을 선택하고 왼쪽 정사각형 안에서 그림과 클릭합니다(수치로는 R=95, G=67, B=216입니다). [OK] 단추를 클릭합니다.

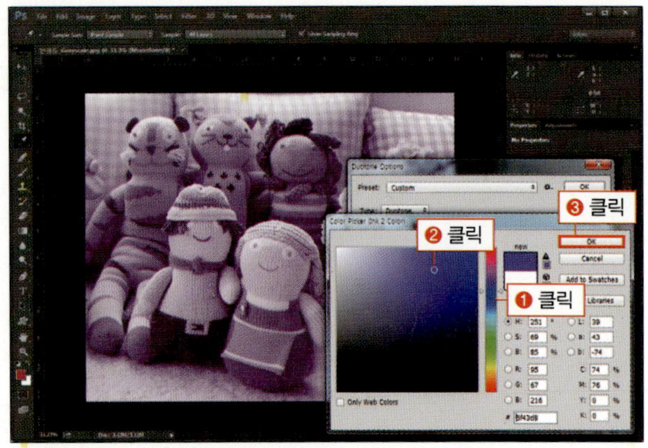

11. [Duotone Options] 대화상자의 [Ink 2 :]에 'R95, G67, B216'을 입력한 후 [OK] 단추를 클릭합니다.

12. 그림과 같이 듀오톤 이미지가 되었습니다.

02 이미지 조정의 4가지 요소

레벨 ● ○ ○

이미지 조정의 4가지 요소란 이미지의 밝기(Brightness), 명암 대비(Contrast), 채도(Saturation), 색상(Color)입니다. 이 4가지 요소의 이미지 조정은 포토샵에서 가장 중요하고 핵심적인 기능입니다. 이 기능에 대해 자세히 알아보겠습니다.

기초탄탄 ▶ 이미지 조정의 4가지 요소 이해하기

■ 이미지 조정의 4가지 요소와 명령들

- **밝기(Brightness)** : Levels
- **명암 대비(Contrast)** : Curves와 Brightness/Contrast의 Contrast
- **채도(Saturation)** : Vibrance와 Hue/Saturation의 Saturation
- **색상(Color)** : Color Balance와 Hue/Saturation의 Hue, Selective Color

밝기는 Levels, 명암 대비는 Curves, 채도는 Vibrance, 색상은 Color Balance 메뉴가 대표적인 연결입니다. 그러나 위의 요소들과 짝지어진 명령들만 있는 것은 아닙니다. 예를 들어 Levels 메뉴로도 명암 대비를 조정할 수도 있고 반대로 Curves 메뉴로 밝기를 조정할 수도 있습니다.

■ [Levels] 대화상자 `104p`

이미지의 밝기를 설정합니다.

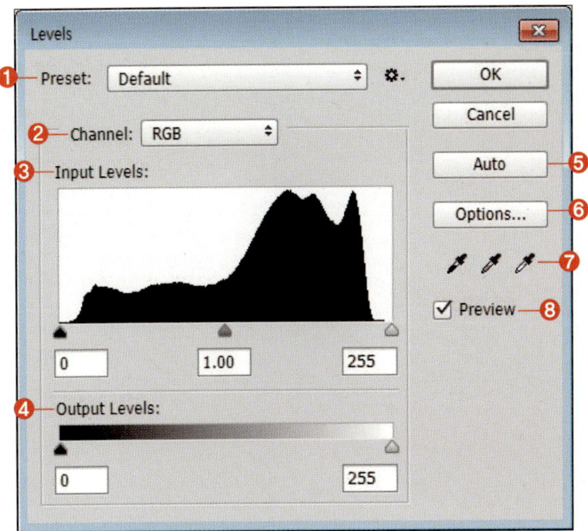

❶ Preset : 미리 정해진 값으로 조정할 수 있습니다.

❷ Channel : 작업할 채널을 선택합니다. 채널을 선택하고 조정을 하면 선택한 채널의 밝기가 바뀝니다. 그 결과 색상이 조정됩니다. 밝기를 조절하기 위해서는 RGB로 되어 있어야 합니다.

❸ Input Levels : 이미지의 밝기 분포를 설정합니다. 밝기 조정을 위해서는 가운데 슬라이드 바를 이용합니다. 좌우 슬라이드 바를 중앙으로 이동시키면 명암 대비가 높아집니다.

❹ Output Levels : 이미지의 단계(계조)를 정합니다. 기본은 0~255입니다. 만약 검은색 슬라이드 바를 '25', 흰색 슬라이드 바를 '200'으로 지정하면 이미지의 단계(계조)가 25~200인 이미지가 되어 명암 대비가 낮아집니다.

❺ Auto : 레벨 값을 자동으로 설정합니다.

❻ Option : Auto 레벨의 알고리즘을 설정합니다.

❼ 스포이트(Set Black/gray/white point) : 검은색, 회색, 흰색 스포이트를 이용하여 이미지를 클릭하여 이미지의 밝기를 설정합니다. 클릭할 영역의 선택이 중요합니다.

❽ Preview : 체크를 해제하면 레벨 값의 미리 보기가 되지 않습니다. 레벨 값의 전후를 비교하기 위해 체크/체크 해제 하여 이미지를 확인할 때 사용할 수 있습니다. 조정한 값을 바로 보기 위해 체크해 두어야 합니다.

■ [Curves] 대화상자 104p

이미지의 명암 대비를 설정합니다.

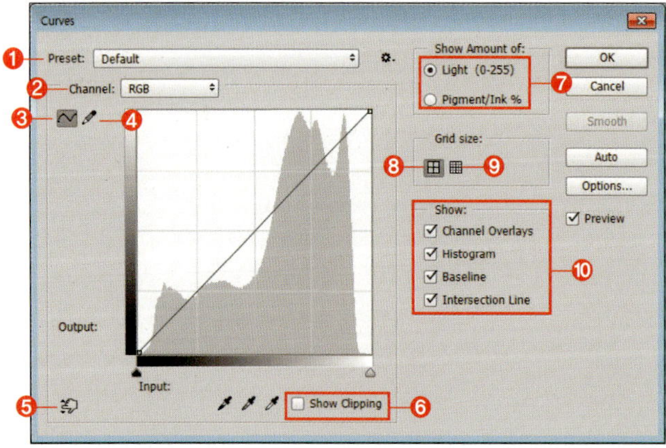

❶ Preset : 미리 정해진 값으로 조정할 수 있습니다.

❷ Channel : 작업할 채널을 선택합니다.

❸ 포인트 편집(Edit point to modify the curve) : 곡선 위에 포인트를 추가하여 곡선의 모양을 조절할 수 있습니다. 곡선의 기울기가 45° 직선이 기본입니다. 곡선의 기울기가 45° 보다 커지면 명암 대비가 강해집니다.

❹ 그리기 편집(Draw to modify the curve) : 이 아이콘을 선택하면 연필처럼 자유롭게 그릴 수 있습니다. 일반적으로 정상적인 이미지 조정에서는 사용하지 않습니다.

❺ 손가락 도구(Click and drag in image to modify the curve) : 이 아이콘을 클릭하고 이미지의 특정 부분을 클릭 드래그(상하)하면 그 이미지 톤에 해당되는 곡선 위에 포인트가 추가 되고 곡선이 조정됩니다. 위로 올리면 밝아지고 아래로 내리면 어두워집니다.

❻ Show Clipping : 클리핑(Clipping) 영역을 보여줍니다. 클리핑이란 이미지의 밝은 부분이 너무 밝아 '255'가 되어 디테일이 없는 상태, 어두운 부분이 너무 어두워 '0'이 되어 디테일이 없는 상태를 말합니다.

❼ Show Amount of : [Light (0~255)]가 기본 값으로 이미지의 톤을 0~255로 나누어 조절할 수 있습니다. [Pigment/Ink %]를 선택하면 이미지의 톤을 퍼센트로 조절할 수 있습니다.

❽ 간단한 그리드 : 이미지 영역을 간단하게 4등분 하여 그리드를 표시합니다.

❾ 복잡한 그리드 : 이미지 영역을 좀 더 세밀하게(10%씩) 10등분 하여 그리드를 표시합니다.

❿ Show : 그래프에 표시되는 다양한 옵션을 선택할 수 있습니다.

■ [Brightness/Contrast] 대화상자 `114p`

이미지의 밝기와 명암 대비를 설정합니다.

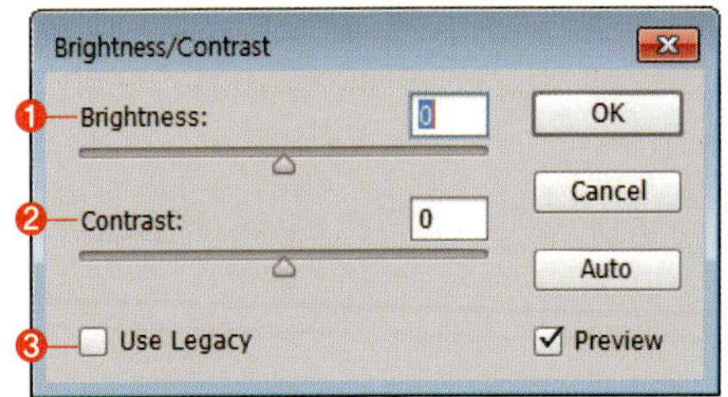

❶ Brightness : −150 ~ +150까지 슬라이드 바를 움직이거나 수치를 직접 입력하여 밝기를 조정할 수 있습니다.

❷ Contrast : −50 ~ +100까지 슬라이드 바를 움직이거나 수치를 직접 입력하여 명암 대비를 조정할 수 있습니다.

❸ Use Legacy : 체크하면 포토샵 CS3 이전 버전의 방식처럼 −100 ~ +100까지 조정이 되며, [Curves]의 양 끝점을 움직이는 것 같이 이미지가 손상될 수 있습니다. 체크를 해제하고 사용하면 [Curves]를 S 곡선으로 조절하는 것처럼 명암 대비를 설정합니다. 이미지를 손상시킬 목적이 아니라면 항상 해제하고 사용합니다.

■ [Vibrance] 대화상자 `104p`

이미지의 채도를 설정합니다.

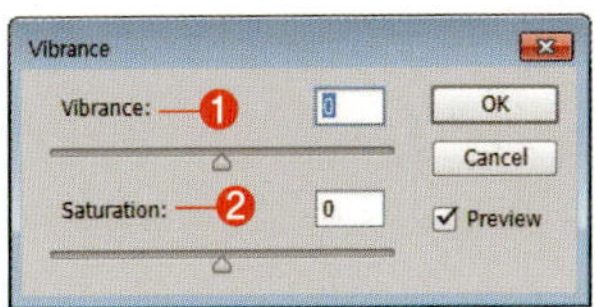

❶ Vibrance : [Saturation]과 다르게 이미지의 디테일을 손상시키지 않으면서 채도를 설정합니다. 그래서 필자는 [Vibrance]를 '향상된 채도 조정' 또는 '상대적 채도 조정'이라고 부릅니다.

❷ Saturation : 채도를 설정합니다.

■ [Hue/Saturation] 대화상자 `125p`

이미지의 색상과 채도를 설정합니다.

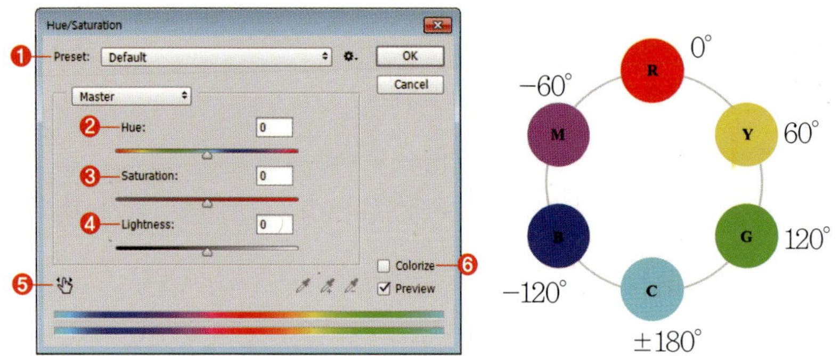

❶ Master : 모든 색상 영역을 설정합니다. 클릭하면 Reds, Yellows, Greens, Cyans, Blues, Magentas 등 6영역을 선택하여 영역별로 조정할 수 있습니다.

❷ Hue : 이미지의 색상을 설정합니다. 위의 색상환으로 설명하면 색상이 좌우로 돌아가는 것입니다. R를 기준으로 오른쪽으로 돌아가는 것이 +값, 왼쪽으로 돌아가는 것이 −값입니다. 최대 값은 +180, −180입니다.

❸ Saturation : 이미지의 채도를 설정합니다.

❹ Lightness : 이미지의 밝기를 설정합니다.

❺ 손가락 도구 : 이 도구를 선택하고 이미지에 직접 드래그(좌우)하면 선택한 영역(색상)의 채도가 조정됩니다. 다른 사용 방법으로 이미지에 클릭만 하여 영역을 설정하고 [Hue], [Saturation], [Lightness] 슬라이드 바 움직여서 조정할 수도 있습니다.

❻ Colorize : 체크를 하면 이미지가 모노톤으로 바뀝니다. [Hue], [Saturation] 슬라이드 바를 이용해 색상과 채도를 조정할 수 있습니다.

> **TIP :** 대화상자 아래에 보면 색상 띠가 두 개 있습니다. 위의 띠가 원래 색상이고, 아래의 띠는 조정한 후의 색상입니다. 다시 말해 위의 색상이 아래의 색상이 되었다는 것입니다. 그리고 이 띠는 대화상자 디자인상 띠로 표현한 것이지 원래는 오른쪽 그림처럼 색상환입니다. 띠의 양끝을 연결한 둥근 모양이라고 생각하면 됩니다.

> **TIP :** 색상을 조정하는 명령 중에서 [Hue/Saturation]의 Hue 조정은 RGB 모드에서, [Selective Color] 조정은 CMYK 모드에서 사용할 수 있게 설계되었다고 합니다. 현재는 모드에 관계없이 사용합니다.

■ [Color Balance] 대화상자 119p

이미지의 색상 균형을 설정합니다.

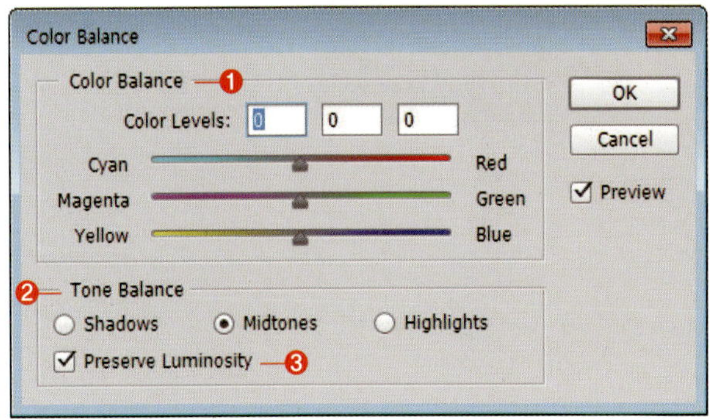
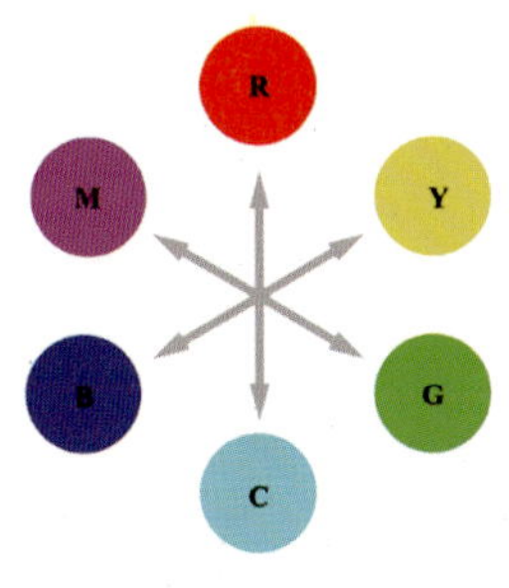

❶ Color Balance : [Cyan-Red], [Magenta-Green], [Yellow-Blue] 슬라이드 바로 이미지의 색상 균형을 설정합니다.

❷ Tone Balance : [Shadows], [Midtones], [Highlights] 톤, 즉 어두운 영역, 중간 영역, 밝은 영역으로 구분하여 색상 균형을 설정합니다.

❸ Preserve Luminosity : 이미지의 밝기를 유지하면서 색상 균형을 조정할 수 있습니다. 일반적으로 체크하고 사용합니다.

■ [Selective Color] 대화상자 128p

오프셋 인쇄 기기의 원리로 이미지의 특정한 영역의 색상을 조정할 수 있습니다. 오프셋 인쇄 기기의 원리처럼 CMYK 잉크의 양을 조절하는 방식입니다.

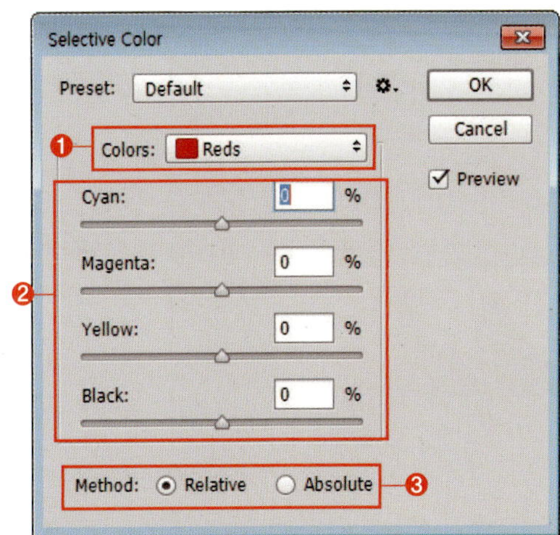

❶ Colors : 이미지의 색상 영역을 'Reds, Yellows, Greens, Cyans, Blues, Magentas, Whites, Neutrals, Blacks' 등 9개의 색상 영역으로 구분하여 조정할 수 있습니다.

❷ Cyan, Magenta, Yellow, Black 슬라이드 바 : 이미지의 색상을 4가지 잉크의 양을 %로 설정합니다.

❸ Method : [Relative](상대적)또는, [Absolute](절대적)으로 조정이 가능합니다.

■ 히스토그램(Histogram)으로 이미지의 노출 판독하기

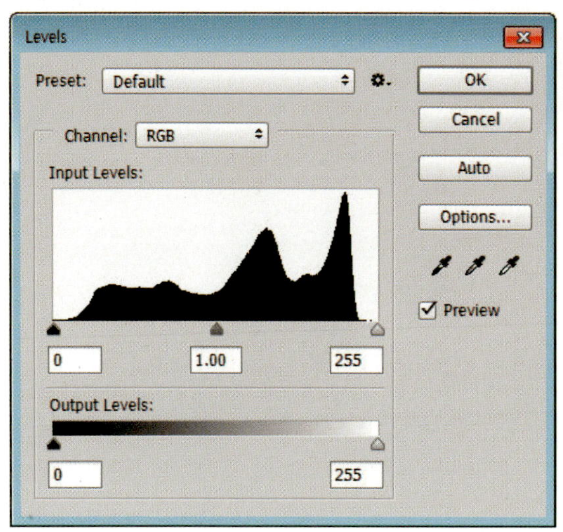

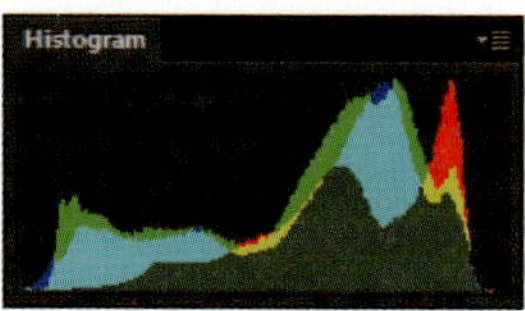

포토샵 CC 2015의 [Levels], [Curves] 대화상자에는 히스토그램이 표시됩니다. 그리고 당연히 [Histogram] 패널에도 히스토그램을 표시합니다. 그리고 디지털 카메라에서도 히스토그램을 확인할 수 있습니다. 이 모든 곳의 히스토그램은 거의 같은 것이라 생각해도 무방합니다.

히스토그램은 이미지의 톤을 0~255로 256단계로 나누어 각 단계를 막대그래프로 표시합니다. '0'은 가장 어두운 검은색이고, '255'는 가장 밝은 흰색입니다. 이 히스토그램의 분포를 보고 밝은 톤이 많은 하이키 사진인지, 어두운 톤이 많은 로우키 사진인지 또는 노출이 과다인지, 적정인지, 부족인지 등을 판독할 수 있습니다.

■ 적정 노출

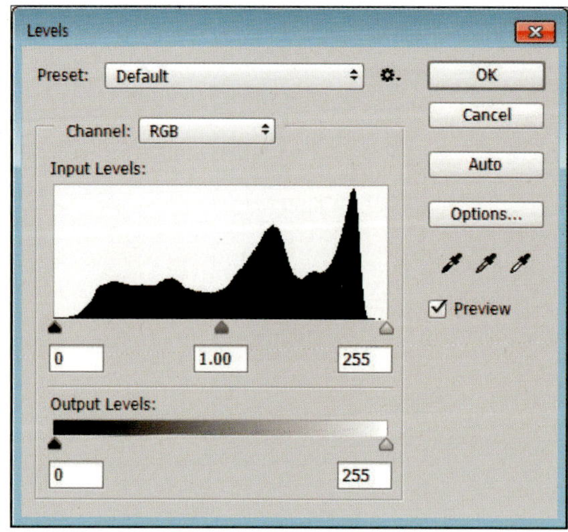

이미지의 노출을 판독할 때에는 이미지와 히스토그램을 동시에 보면서 판단해야 합니다. 앞의 이미지는 적정 노출로 촬영된 이미지입니다. [Levels] 대화상자의 히스토그램을 보면 좌우로 치우침이 없고 클리핑도 없습니다. 이때 그래프의 모양은 노출과 상관없습니다.

■ 노출 과다

 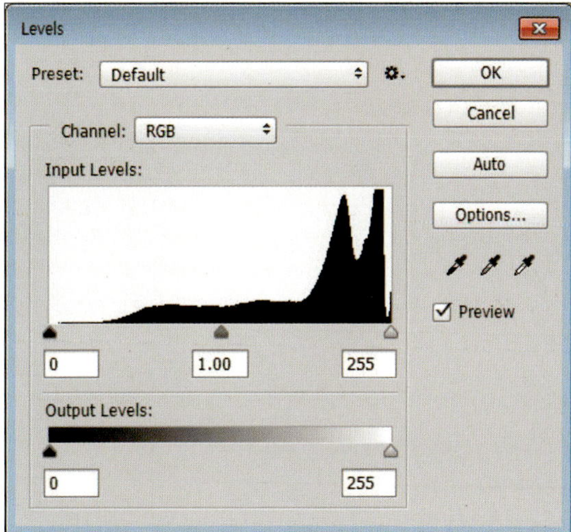

위의 이미지만 보더라도 무척 밝아 보입니다. 노출 과다 이미지입니다. [Levels] 대화상자의 히스토그램을 보면 그래프가 우측(255쪽)으로 치우쳐 있습니다. 이 같은 히스토그램은 하이키 이미지일 때도 나타납니다. 위의 이미지는 하이키 이미지로 촬영한 것이 아니므로 노출 과다입니다.

■ 노출 부족

 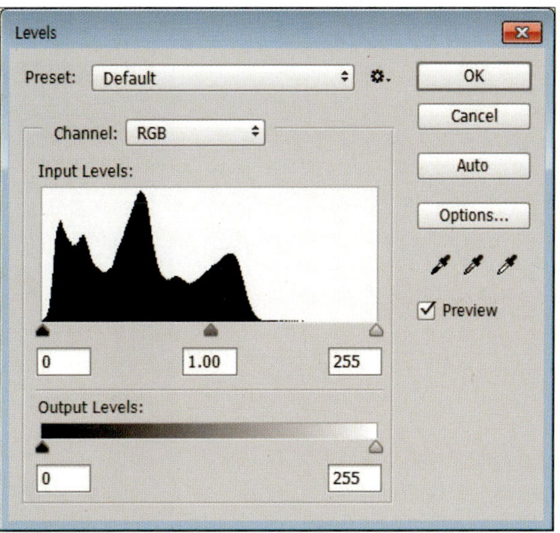

위의 이미지만 보더라도 무척 어둡습니다. 노출 부족 이미지입니다. [Levels] 대화상자의 히스토그램을 보면 그래프가 좌측(0쪽)으로 치우쳐 있습니다. 이 같은 히스토그램은 로우키 이미지일 때도 나타납니다. 위의 이미지는 로우키 이미지로 촬영한 것이 아니므로 노출 부족입니다.

이번 Step에서는 [Levels], [Curves], [Vibrance], [Color Balance] 명령들을 순차적으로 이용하여 이미지의 조정의 4가지 요소인 밝기(Brightness), 명암 대비(Contrast), 채도(Saturation), 색상(Color)을 조정해 보겠습니다.

예제 파일 I DVD₩Part 02₩시우3.jpg   **완성 파일** I DVD₩Part 02₩시우3_4가지 조정 파일들

01. 예제 파일을 열기 위해 어도비 브리지를 실행하고, [Folder] 패널에서 예제 파일이 이 있는 [Part 02] 폴더를 클릭합니다. [Content] 패널에서 '시우3.jpg' 파일을 더블클릭합니다.

> **연관 검색** 파일을 여는 다른 방법은 [File]-[Open](**Ctrl** + **O**) 메뉴를 클릭합니다.

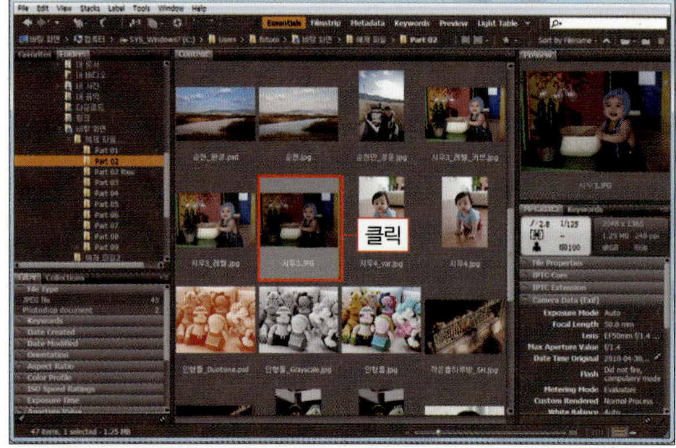

02. 노출 부족으로 촬영되어 이미지의 밝기가 어둡습니다.

03. 첫 번째 이미지를 밝게 하기 위해, [Image]-[Adjustments]-[Levels](**Ctrl** + **L**) 메뉴를 클릭합니다.

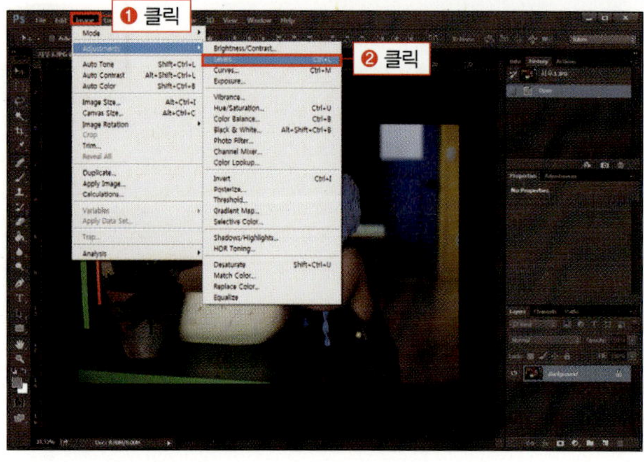

04. [Levels] 대화상자가 나타납니다. 히스토그램을 보면 그래프가 전체적으로 왼쪽으로 치우쳐 있는 것을 확인할 수 있습니다. 노출 부족으로 촬영된 이미지의 전형적인 히스토그램의 형태입니다.

05. 먼저 노출 부족을 조정하기 위해 히스토그램 오른쪽 아래 '255'에 있는 하이라이트 슬라이드 바를 히스토그램의 끝점에 해당하는 '219' 지점으로 이동시킵니다. 이렇게 하는 이유는 하이라이트(밝은) 영역을 밝게 하기 위해서입니다.

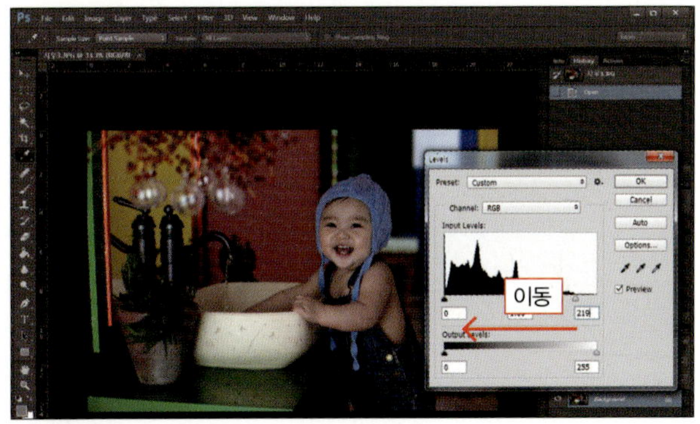

06. 이번에서는 이미지 전체를 밝게 하기 위해 가운데 슬라이드 바를 왼쪽 '1.30' 지점으로 이동시킨 후 [OK] 단추를 클릭합니다. 수치를 직접 입력해도 됩니다.

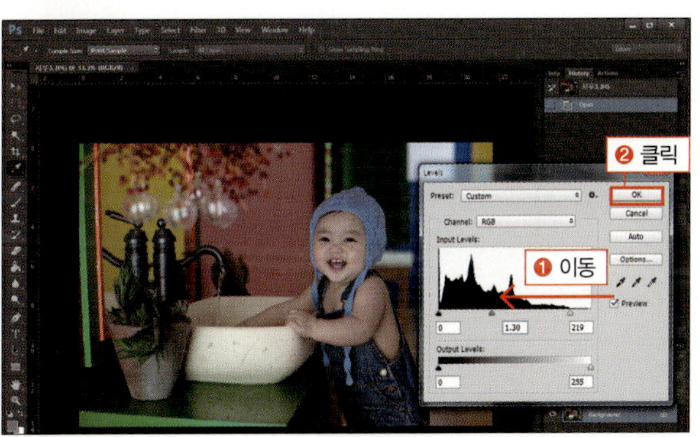

07. 이미지의 밝기가 밝아졌습니다. 파일을 저장을 위해 [File]-[Save As](**Shift** + **Ctrl** + **S**) 메뉴를 클릭합니다.

08. [다른 이름으로 저장] 대화상자가 나타납니다. '시우3_레벨'이라고 입력한 후 [저장] 단추를 클릭합니다.

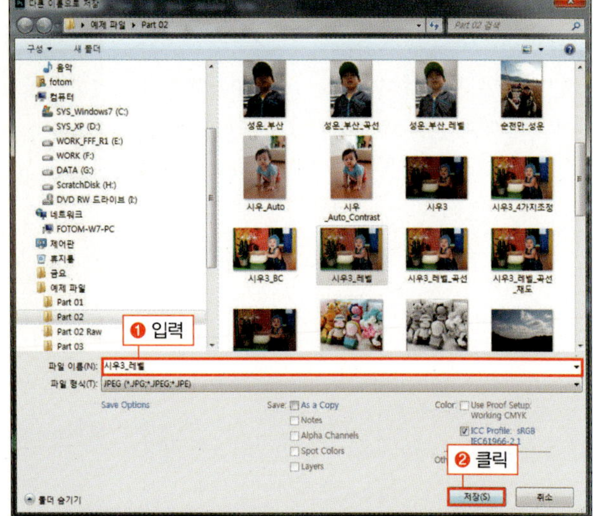

> **TIP :** 이미지 조정의 4가지 각 단계가 끝나면 원본과 비교를 위해 이처럼 파일을 저장합니다.

09. 이어서 명암 대비를 조정하기 위해 [Image]–[Adjustments]–[Curves](**Ctrl** + **M**) 메뉴를 클릭합니다.

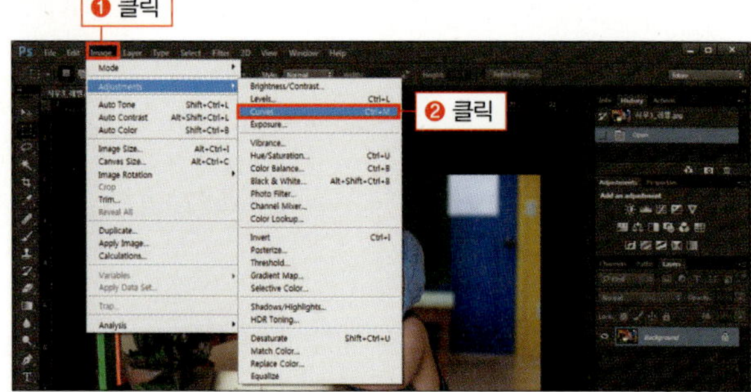

10. [Curves] 대화상자가 나타납니다. 포토샵 CC 2015의 [Curves] 대화상자 디자인이 가로로 넓어져서 이미지를 모두 가립니다. 대화상자를 이미지가 보이도록 오른쪽으로 이동시킵니다.

11. 앞의 과정에서 [Levels]를 이용해 이미지의 밝기를 조정하였으므로, 중간 영역의 밝기가 움직이지 않게 곡선의 중앙을 클릭하여 고정시킵니다. [Input], [Output]의 수치가 모두 '128'이 되면 됩니다.

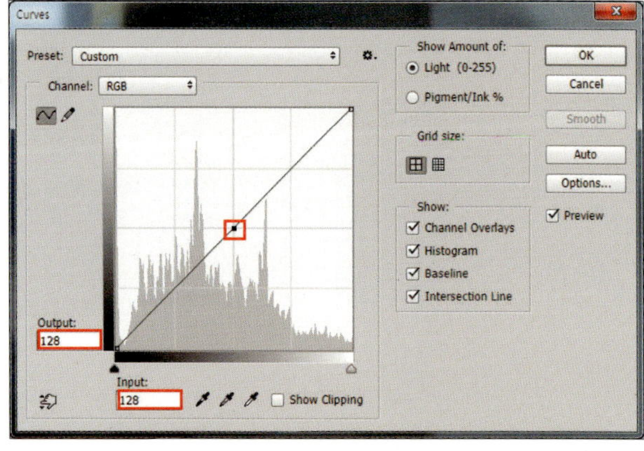

12. 그림과 같이 오른쪽 상단 부분은 위로, 왼쪽 하단 부분은 아래로 곡선을 설정합니다. 곡선의 상단 부분은 이미지의 밝은(Highlight) 영역이고 하단 부분은 어두운(Shadow) 영역입니다. 밝은 부분은 더 밝게, 어두운 부분은 더 어둡게 하는 것입니다. 그 결과 명암 대비(Contrast)가 강해집니다.

TIP : 이미지 조정을 할 때 수치를 딱 맞추려고 하지 않아도 됩니다. 집필을 하면서 이미지를 보고 조정을 하다 보니 나온 수치입니다. 실제 작업에서는 이미지의 수치를 보고 조정하는 것이 아니라 이미지의 변화를 보고 설정합니다. 우리가 운전을 할 때 계기판을 보고 운전하는 것이 아니라 앞을 보고 운전하는 것과 같습니다. 계기판은 현재 속도를 참고하기 위해 때때로 보면 됩니다.

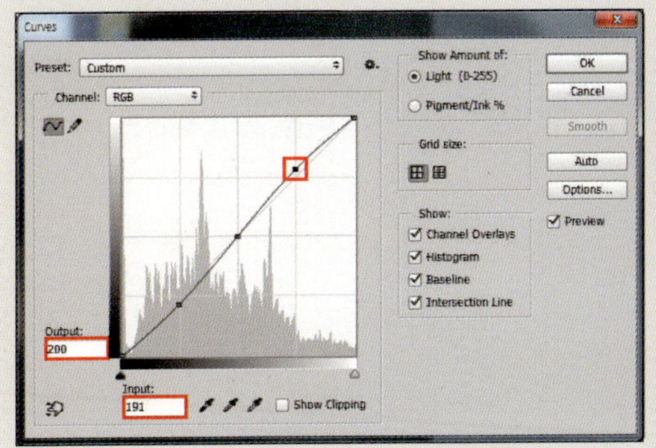

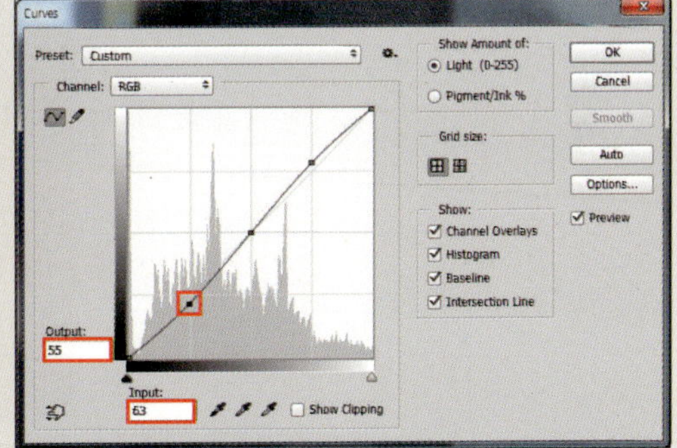

Highlight(밝은) 영역은 Input 191, Output 205입니다.　　　　Shadow(어두운) 영역은 Input 63, Output 55입니다.

13. 이미지의 명암 대비가 강해졌습니다. 저장을 위해 [File]-[Save As](Shift + Ctrl + S) 메뉴를 클릭하고 '시우3_레벨_곡선.jpg' 파일로 저장합니다.

14. 이어서 이미지의 채도를 조정하기 위해, [Image]–[Adjustments]–[Vibrance] 메뉴를 클릭합니다.

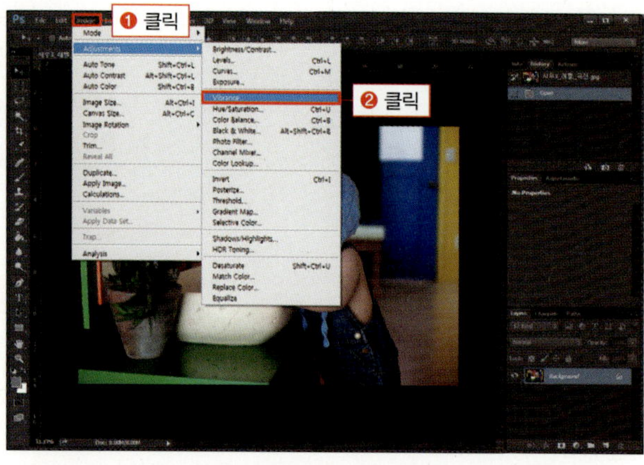

> **T I P** : 필자는 포토샵 CS6부터 이미지의 채도 조정을 위해 [Hue/Saturation]의 [Saturation] 보다 [Vibrance]을 이용합니다.

15. [Vibrance] 대화상자가 나타나면 [Vibrance]를 '+30', [Saturation]을 '+10'으로 설정합니다.

16. 이미지의 채도가 높아졌습니다. [File]–[Save As](**Shift** + **Ctrl** + **S**) 메뉴를 클릭하고 '시우3_레벨_곡선_채도.jpg' 파일로 저장합니다.

17. 이어서 마지막으로 이미지의 색상을 조정하기 위해, [Image]–[Adjustments]–[Color Balance] (**Ctrl** + **B**) 메뉴를 클릭합니다.

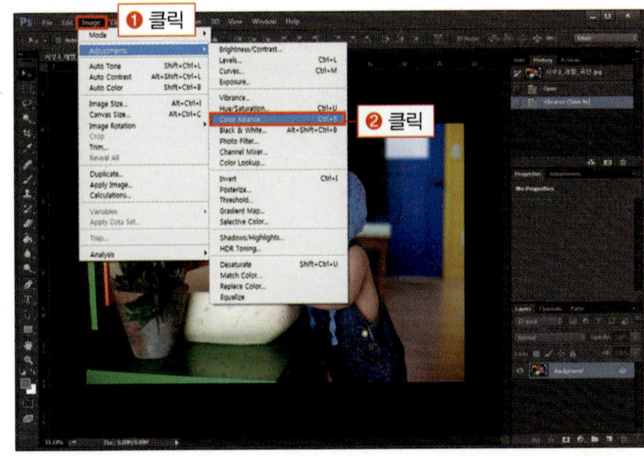

18. [Color Balance] 대화상자가 나타나면 이미지의 붉은색을 줄이기 위해 [Cyan–Red]를 '–10'으로 설정합니다.

19. 이미지의 붉은색이 줄었습니다. [File]–[Save As](**Shift** + **Ctrl** + **S**) 메뉴를 클릭하고 '시우3_레벨_곡선_채도_색상.jpg' 파일로 저장합니다.

▲ 시우3_레벨

▲ 시우3_레벨_곡선

▲ 시우3_레벨_곡선_채도

▲ 시우3_레벨_곡선_채도_색상

앞의 따라하기를 보면 밝기(Levels), 명암 대비(Curves), 채도(Vibrance), 색상(Color Balance) 순으로 조정했습니다. 이처럼 이미지 조정에도 순서가 있습니다. 앞의 순서를 보면 밝기가 가장 먼저이고, 마지막으로 색상을 조정합니다. 이렇게 하는 이유는 컬러 사진의 최종 목적지는 색상이기 때문입니다. 그래서 마지막이 색상 조정인 것입니다. 그리고 나머지 요소들 즉 밝기, 명암 대비, 채도는 색상을 결정하는 요소들입니다.

만약 색상까지 조정을 끝냈는데 밝기가 마음에 들지 않아 밝기 조정을 하면 나머지 요소에 전부 영향을 주어 결국 다시 명암 대비, 채도, 색상을 조정해야 합니다.

다시 말해 색상을 만들어 낼 때의 첫 번째 관문이 밝기입니다. 이 첫 번째 관문이 가장 중요합니다. 색은 밝기만큼 입혀집니다. 그리고 명암 대비와 채도를 조정하고 마지막으로 색상 조정으로 마무리합니다.

앞선 Step 01의 Levels와 Curves 조정을 보면 Levels는 밝기 조정, Curves는 명암 대비 조정을 했습니다. 독자들 중에서는 '어! 지금까지 난 밝기 조정을 Curves로 했었는데, 잘못된 건가?'라고 생각할 수 있습니다. 그건 아닙니다. Levels와 Curves 둘 다 밝기 조정이 가능합니다. 그러나 결과에 차이가 있습니다. 다. 이번 Step에서는 Levels와 Curves의 차이를 확인해 보겠습니다.

예제 파일 I DVD₩Part 02₩성운_부산.jpg   **완성 파일** I DVD₩Part 02₩성운_부산_레벨.jpg, 성운_부산_곡선.jpg

01. '성운_부산.jpg' 파일을 열고, 이미지의 밝기를 높이기 위해 [Image]–[Adjustments]–[Levels] (Ctrl + L) 메뉴를 클릭합니다.

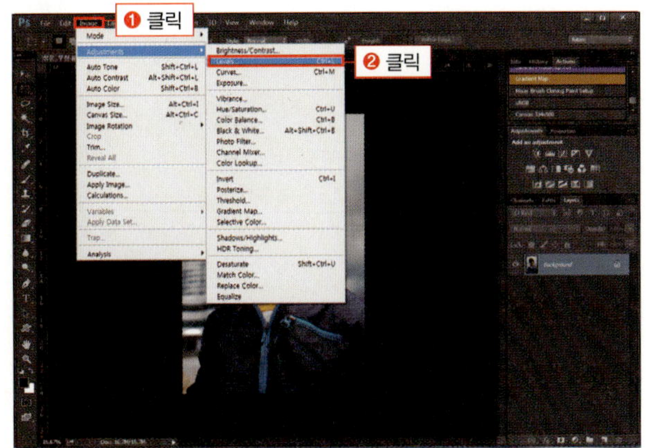

02. [Levels] 대화상자가 나타나면 [Midtone](중간톤) 슬라이드 바를 '1.5'로 조정하고 [OK] 단추를 클릭합니다.

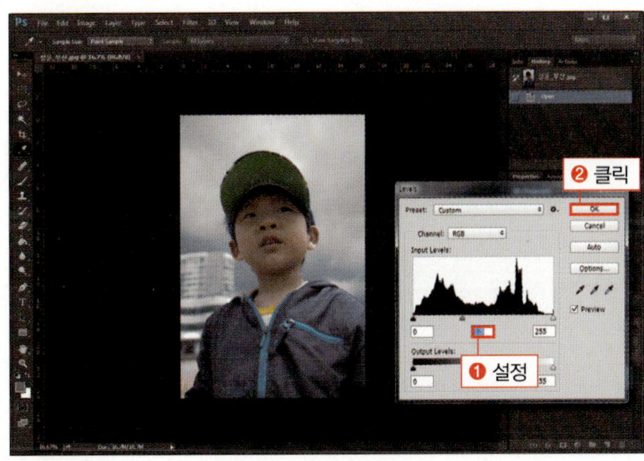

03. 이미지의 밝기가 밝아졌습니다. [File]–[Save As](Shift + Ctrl + S) 메뉴를 클릭하고 파일의 이름을 '성운_부산_레벨.jpg'로 저장합니다.

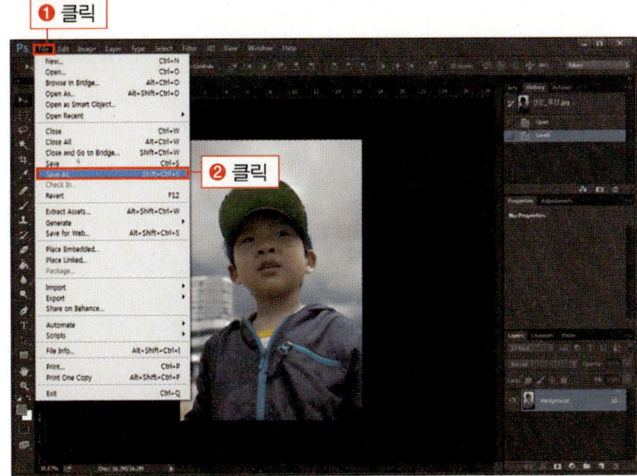

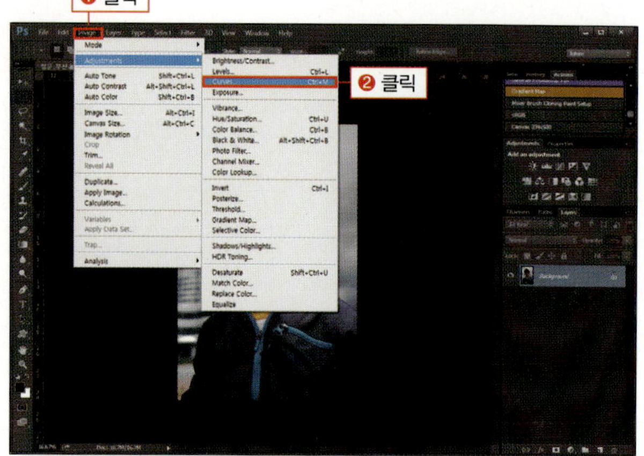

04. 다시 '성운_부산.jpg' 파일을 열고, 이번에는 [Curves]을 이용하여 이미지의 밝기를 높이기 위해 [Image]–[Adjustments]–[Curves](Ctrl + M) 메뉴를 클릭합니다.

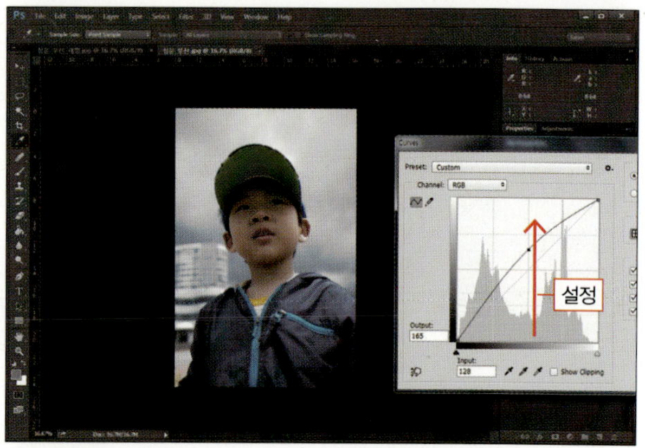

05. [Curves] 대화상자가 나타나면 이미지의 밝기를 조정하기 위해 그림처럼 중앙을 드래그하여 위로 올려 줍니다(수치로는 Input 128, Output 165가 됩니다). [OK] 단추를 클릭합니다.

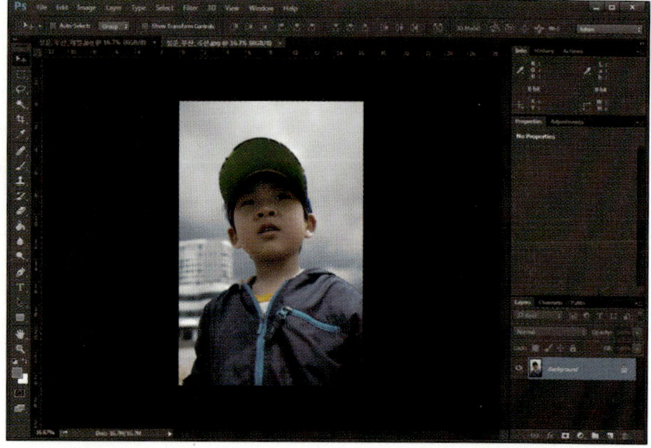

06. 이미지의 밝기가 밝아졌습니다. [File]–[Save As] 메뉴를 클릭하고 파일의 이름을 '성운_부산_곡선.jpg'로 저장합니다.

07. 원본 이미지, Levels로 조정한 이미지, 그리고 Curves로 조정한 이미지를 동시에 열어서 비교해 보면 그림과 같습니다.

▲원본

▲Levels

▲Curves

이미지의 밝기를 분석할 때 이미지를 크게 밝은 영역, 중간 영역, 어두운 영역으로 나누어 볼 수 있습니다. 위의 이미지에서 밝은 영역은 머리 위 하늘 부분이고, 중간 영역은 얼굴이며, 어두운 영역은 이미지 아래 점퍼 부분입니다.

위의 이미지들을 비교해 보면, Levels로 조정한 이미지는 원본에 비해 밝은 영역, 중간 영역, 어두운 영역의 밝기가 전체적으로 밝아졌습니다.
Curves로 조정한 이미지 또한 원본에 비해 밝아졌습니다. 그러나 영역별로 보면 중간 영역에 해당하는 얼굴 부분은 밝아졌지만 Levels로 조정한 이미지에 비해 하늘 부분과 점퍼 부분은 덜 밝아진 것을 확인할 수 있습니다.

결론적으로 말하면 이미지 전체의 밝기를 조정하려면 Levels를, 중간 영역 밝기를 조정하려면 Curves를 사용하면 됩니다. 그리고 Curves를 이용하여 밝기를 조정하면 밝기뿐만 아니라 명암 대비도 강해집니다. 그렇기 때문에 순수한 의미의 밝기 조정은 Levels를 이용한 밝기 조정이라 할 수 있습니다.

Brightness/Contrast 기능을 이용하면 밝기와 명암 대비를 한꺼번에 조정할 수 있지만, 포토샵 CS3 이전의 Brightness/Contrast 기능은 이미지의 디테일을 훼손시켰습니다. 특히 Contrast 기능을 사용하면 이미지의 밝은 부분과 어두운 부분의 명암 대비가 너무 극단적으로 조정되어 이미지의 디테일이 없어지는 현상 즉, '클리핑'이 발생했습니다. 그러나 포토샵 CS3부터는 이러한 문제점이 개선되어 이미지에 손상을 주지 않으면서 간단하게 밝기와 명암 대비를 조정할 수 있게 되었습니다.

예제 파일 | DVD₩Part 02₩시우3.jpg　**완성 파일 |** DVD₩Part 02₩시우3_BC.jpg

01. '시우3.jpg' 파일을 열고 이미지를 보면 밝기는 어둡고 명암 대비는 낮은 것을 확인할 수 있습니다.

02. 이미지의 밝기와 명암 대비를 높이기 위해 [Image]-[Adjustment]-[Brightness/Contrast] 메뉴를 클릭합니다.

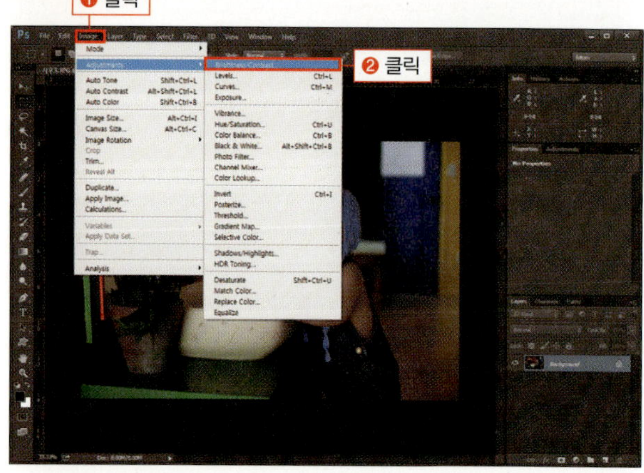

03. [Brightness/Contrast] 대화상자가 나타나면 밝기를 높이기 위해 [Brightness]는 '+95', 명암 대비를 올리기 위해 [Contrast] +'25'가 되도록 슬라이드 바를 조정하고 [OK] 단추를 클릭합니다.

TIP ： [Brightness/Contrast] 대화상자 아래의 [Use Legacy]에 체크를 하면 앞에서 설명한 바와 같이 이미지의 디테일을 손상됩니다. Use Legacy는 Brightness/Contrast의 기능을 포토샵 CS3 이전처럼 사용할 수 있게 하는 옵션입니다.

TIP ： [Levels]와 [Curves]를 이용하여 이미지의 밝기와 명암 대비를 조정할 수 있지만, 초보자들은 [Brightness/Contrast]의 슬라이드 바 2개를 이용하여 간편하게 조정이 가능합니다.

채도란 색의 강도라고 말할 수 있습니다. 아무것도 섞이지 않은 원색들은 R, G, B, C, M, Y 색상의 채도가 높습니다. 반대로 색이 섞거나 또는, 무채색(흰색, 회색, 검은색)을 섞이면 채도가 낮아집니다. 이번 Step에서는 Saturation의 채도 조정과 Vibrance의 채도 조정을 비교해 보겠습니다.

예제 파일 I DVD₩Part 02₩담쟁이.jpg　**완성 파일** I DVD₩Part02₩담쟁이_Sat.jpg, 담쟁이_Vib.jpg

01. '담쟁이.jpg' 파일을 열고 이미지를 확인해 보면 채도가 낮은 것을 확인할 수 있습니다.

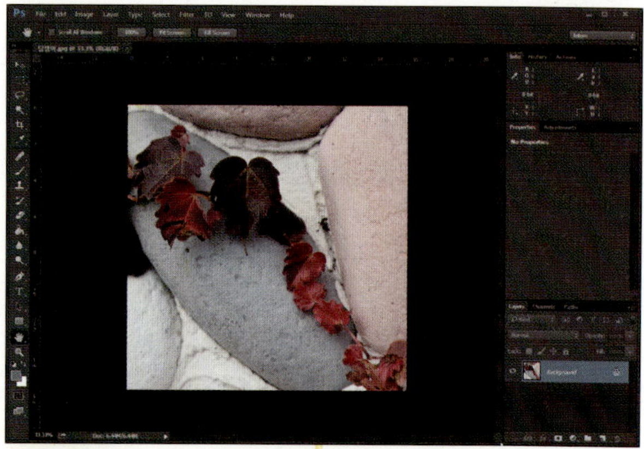

02. 이미지의 채도를 높이기 위해 [Image]–[Adjustments]–[Vibrance] 메뉴를 클릭합니다.

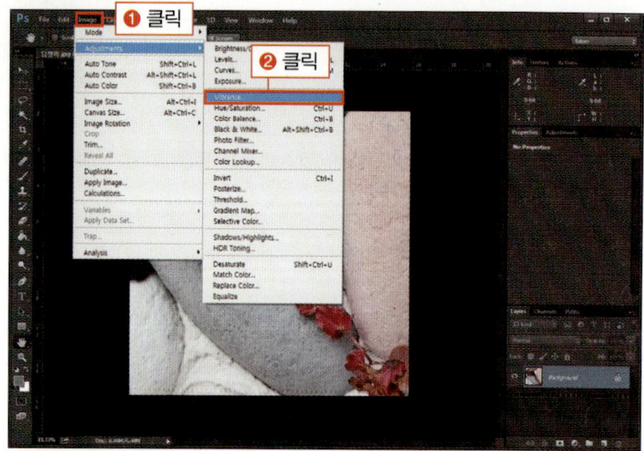

03. [Vibrance] 대화상자가 나타나면 채도를 높이기 위해 [Vibrance] 슬라이드 바를 오른쪽 끝까지 이동시킨 후 [OK] 단추를 클릭합니다. 그리고 [File]–[Save As](Shift+Ctrl+S) 메뉴를 클릭하고 파일 이름을 '담쟁이_Vib.jpg'로 저장합니다.

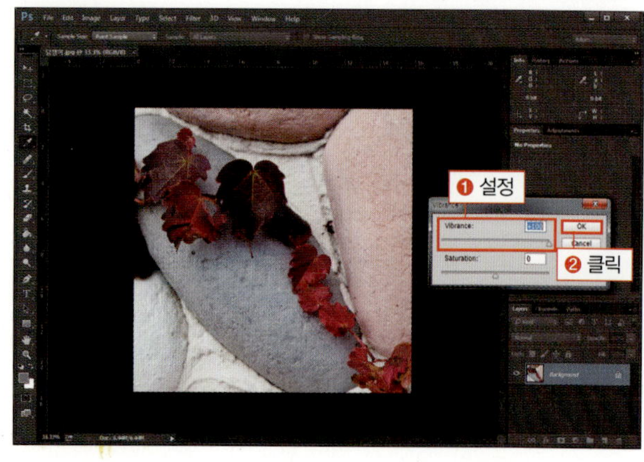

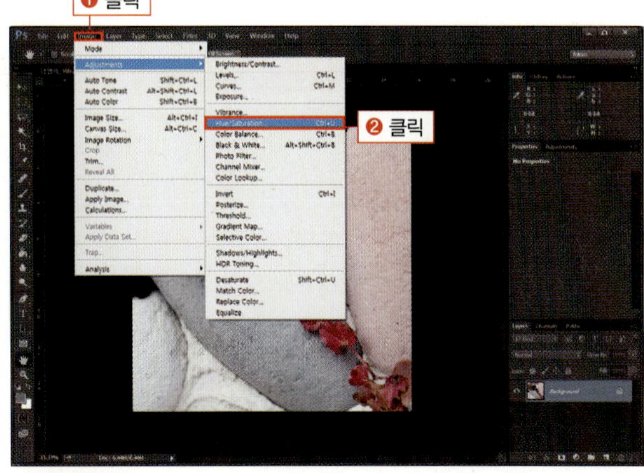

04. 다시 '담쟁이.jpg' 파일을 열고 이번에는 [image]–[Adjustments]–[Hue/Saturation](**Ctrl** +**U**) 메뉴를 클릭합니다.

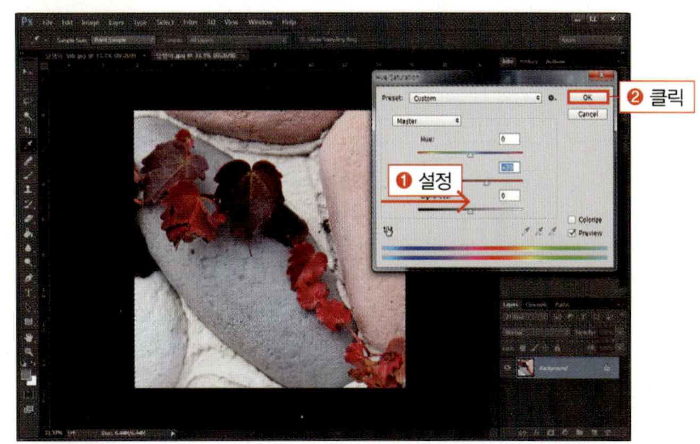

05. [Hue/Saturation] 대화상자가 나타나면 [Saturation] 슬라이드 바를 오른쪽으로 움직여 '+30'으로 설정한 후 [OK] 단추를 클릭합니다. 그리고 [File]–[Save As](**Shift** +**Ctrl** +**S**) 메뉴를 클릭하고, 파일 이름을 '담쟁이_Sat.jpg'로 저장합니다.

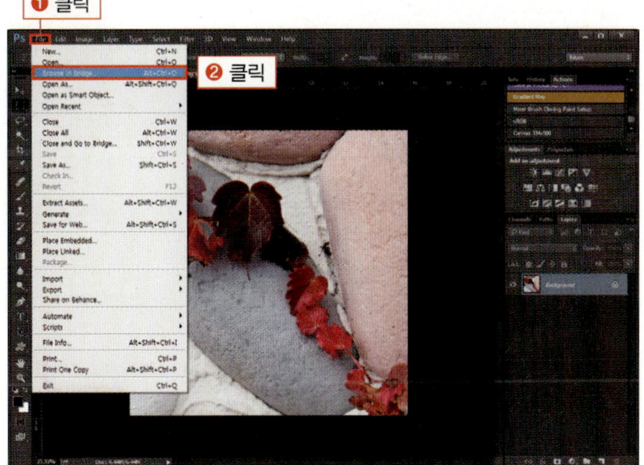

06. 어도비 브리지에서 비교해 보기 위해 [File]–[Browse in Bridge] 메뉴를 클릭합니다.

07. 어도비 브리지가 실행됩니다. [Folder] 패널에서 예제 파일이 있는 폴더를 선택하고 [Filmstrip]을 한 후 [Content] 패널에서 **Shift** 를 누른 상태로 이미지 3장을 선택합니다.

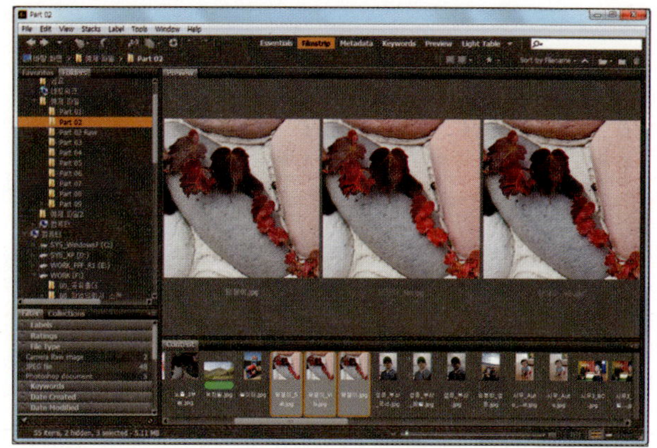

Saturation과 Vibrance는 둘 다 채도(Saturation)를 조정하는 기능입니다. Vibrance는 포토샵 CS3부터 등장한 기능으로 필자는 이 Vibrance를 '향상된 채도 조정' 또는, '상대적 채도 조정' 기능이라고 정의합니다. Saturation 조정은 이미지의 디테일을 고려하지 않고 수치만큼 절대적으로 올라갑니다. 그 결과 특정 수치 이상 올라가면 이미지가 손상됩니다. 그러나 Vibrance는 이미지의 디테일을 손상시키지 않으면서 채도를 올려줍니다. 그래서 수치를 '100'까지 올려도 이미지가 손상되지 않습니다. 그 대신 Saturation처럼 채도를 많이 올릴 수는 없습니다.

Saturation 과다 조정 결과를 보면 색도 번지고 이미지의 디테일이 손실된 것을 볼 수 있습니다. 이러한 이미지는 특별한 의도가 아니라면 잘못 조정된 이미지입니다.

필자는 Vibrance 기능이 생긴 후부터는 일부러 채도를 과하게 높일 목적이 아니라면 Saturation 대신 Vibrance를 사용합니다. 또는, [Vibrance] 대화상자에서 [Vibrance] 슬라이드 바를 먼저 사용해 보고 채도를 더 올리고 싶다면 [Saturation] 슬라이드 바를 조정하여 채도를 조정합니다.

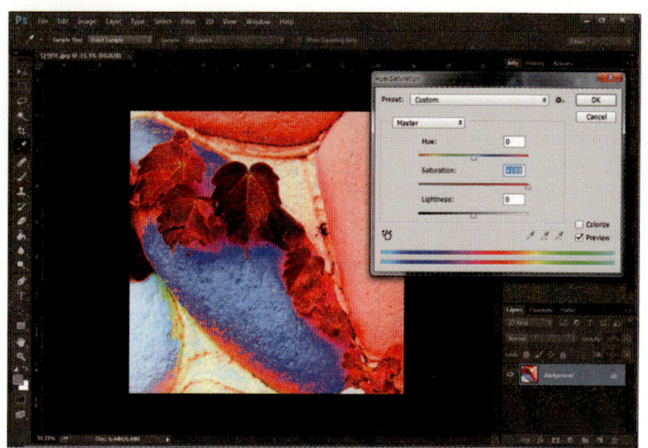

Color Balance 기능은 [Cyan-Red], [Magenta-Green], [Yellow-Blue]와 같이 3가지 슬라이드 바를 이용하여 손쉽게 이미지의 색상 균형을 조정할 수 있습니다. STEP 제목은 '이미지의 색상 조정하기'이지만 정확히 말하면 Color Balance를 이용한 색상 균형 조정입니다. 그냥 색상 조정이라 하지 않고 색상 균형이라고 하는 것은 이미지의 색상 균형이 무너졌을 때 그 색상 균형을 잡기 위한 기능이기 때문입니다. 색상 균형이 무너졌다는 것은 이미지에 어떤 특정 색(Color Cast)이 많은 경우를 말합니다. 예를 들어 촬영 시 화이트 밸런스가 맞지 않아 붉은색 또는, 푸른색이 도는 것을 말합니다. 이 색상 균형을 맞추기 위해 보색으로 이루어진 3개의 슬라이드 바를 이용합니다. 이 원리는 아날로그 칼라 확대기의 원리와 같습니다.

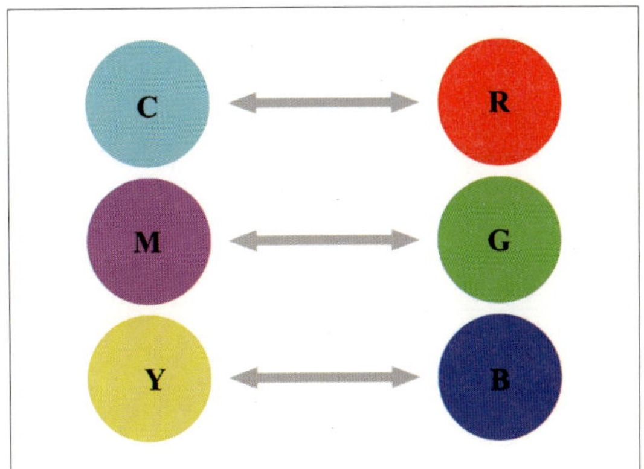

[Color Balance] 보색의 관계

색상환으로 표현한 보색의 관계

예제 파일 l DVD₩Part 02₩성운지윤_거실.jpg **완성 파일 l** DVD₩Part 02₩성운지윤_거실_CB.jpg

01. '성운지윤_거실.jpg' 파일을 열고 이미지를 확인해 보면 거실 천장의 형광등 때문에 전체적으로 청녹색이 많이 끼어있습니다.

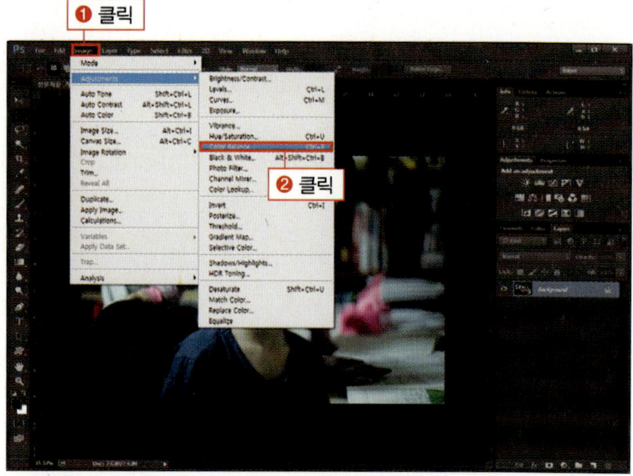

02. 이미지의 색상 균형을 조정하기 위해 [Image]–[Adjustments]–[Color Balance](**Ctrl** +**B**) 메뉴를 클릭합니다.

03. [Color Balance] 대화상자가 나타나면 [Tone Balance]의 [Highlight]를 체크하고 청녹색을 제거하기 위해 [Magenta–Green] 슬라이드 바는 '–35', [Yellow–Blur] 슬라이드 바는 '–19'로 설정합니다.

T I P : [Color Balance] 대화상자의 [Tone Balance]와 [Preserve Luminosity]

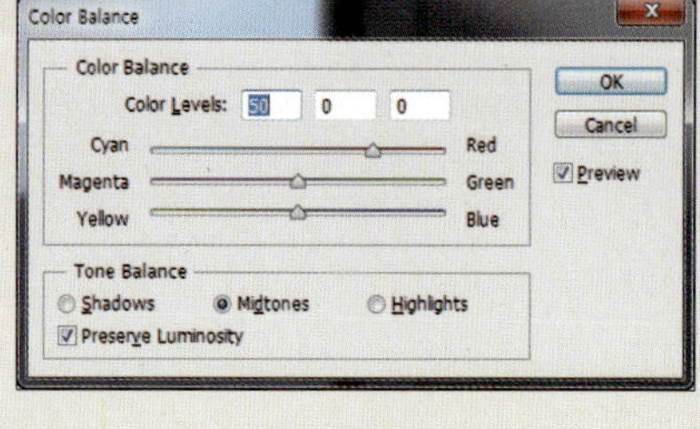

- Tone Balance

이미지의 영역을 [Shadows](어두운 영역), [Midtones](중간 영역), [Highlights](밝은 영역)로 구분하여 색상을 조정할 수 있습니다.

❶ [Midtones]를 체크하고 조정한 경우에는 어두운, 중간, 밝은 영역의 모든 색상을 조정할 수 있습니다.

❷ [Shadows]를 체크하고 조정한 경우에는 어두운 영역을 중심으로 색상을 조정할 수 있습니다.

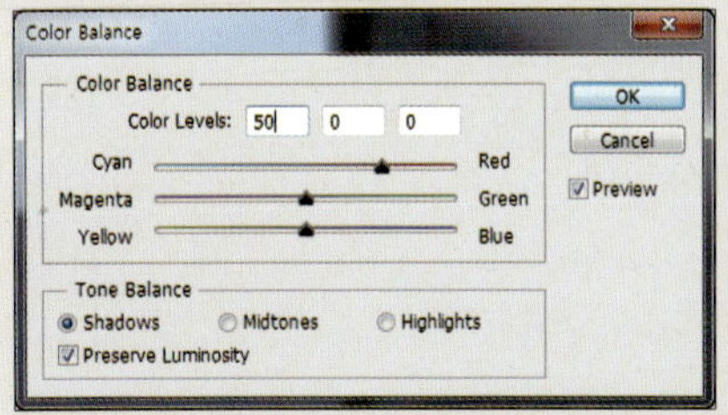

❸ [Highlights]를 체크하고 조정한 경우에는 밝은 영역을 중심으로 색상을 조정할 수 있습니다.

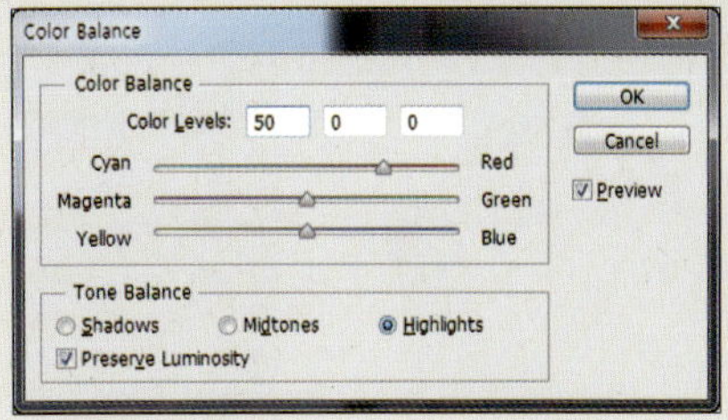

• Preserve Luminosity

❶ [Preserve Luminosity]의 체크를 해제하고 [Cyan], [Magenta], [Yellow] 방향으로 슬라이드 바를 조정하면 이미지의 밝기가 어두워집니다.

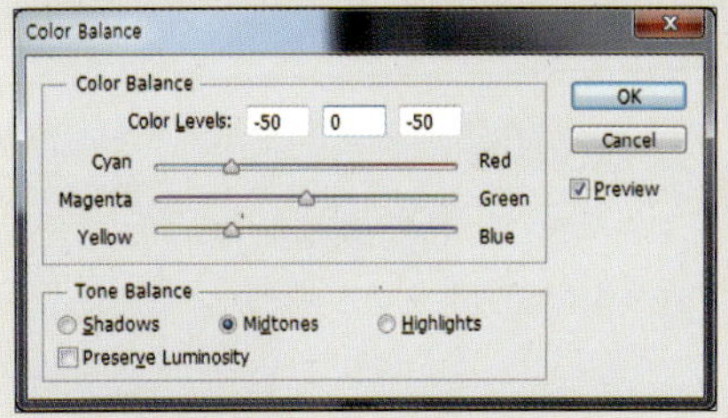

반대로 [Red], [Green], [Blue] 방향으로 조정하면 이미지가 밝아집니다.

❷ [Preserve Luminosity]를 체크하고 색상을 조정하면 이미지의 밝기를 유지할 수 있습니다. 체크되어 있는 것이 기본 값입니다.

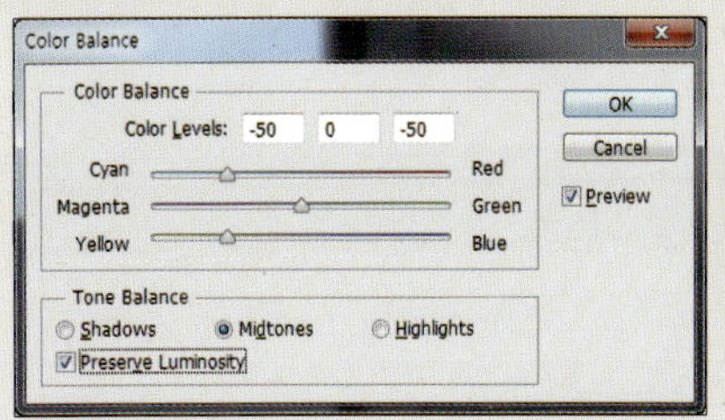

이번 Step에서는 Color Balance 기능을 이용하여 이미지의 피부 색상을 조정해 보겠습니다. 그리고 앞에서 배운 Tone Balance를 활용해 2가지 방법으로 조정해 보겠습니다.

예제 파일 | DVD₩Part 02₩지윤_손가락.jpg　**완성 파일 |** DVD₩Part 02₩지윤_손가락_CB.jpg, 지윤_손가락_CB2.jpg

01. '지윤_손가락.jpg' 파일을 열고 이미지를 보면 얼굴에 붉은색이 많은 것을 확인할 수 있습니다.

02. 이미지의 색상 균형을 조정하기 위해 [Image]–[Adjustments]–[Color Balance](**Ctrl**＋**B**) 메뉴를 클릭합니다.

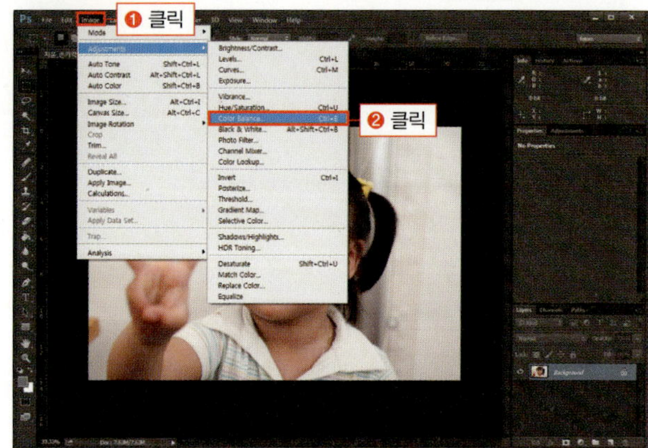

03. [Color Balance] 대화상자가 나타납니다. 붉은색을 조정하기 위해 [Cyan–Red] 슬라이드 바를 '–35'로 설정한 후 [OK] 단추를 클릭합니다.

04. 이미지의 붉은색이 줄어든 것을 확인한 후
[File]–[Save As] 메뉴를 클릭하여 '지윤_손가락_
CB.jpg' 파일로 저장합니다.

05. 이번에는 [Color Balance]의 [Tone Balance]
를 이용하여 색상 균형을 조정하기 위해, 다
시 '지윤_손가락.jpg' 파일을 열고 [Image]–
[Adjustments]–[Color Balance] 메뉴를 클릭합니
다. [Color Balance] 대화상자가 나타나면 [Tone
Balance]에서 [Highlight]를 체크하고 [Cyan–Red]
슬라이드 바를 '–15'로 설정한 후 [OK] 단추를 클
릭합니다.

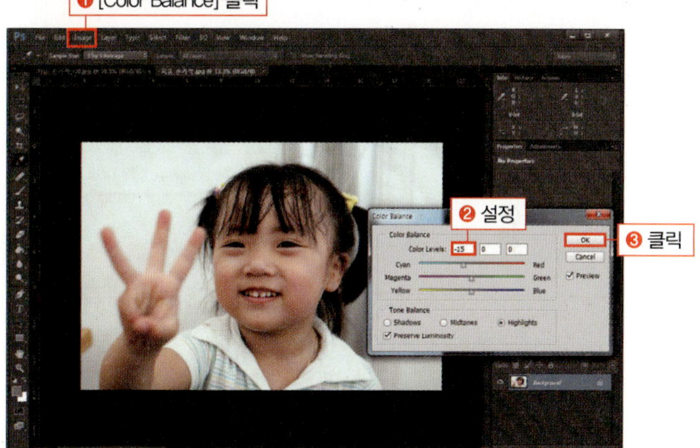

06. 이미지의 붉은색이 줄어들었습니다. [File]–
[Save As] 메뉴를 클릭하여 '지윤_손가락_CB2.
jpg' 파일로 저장합니다.

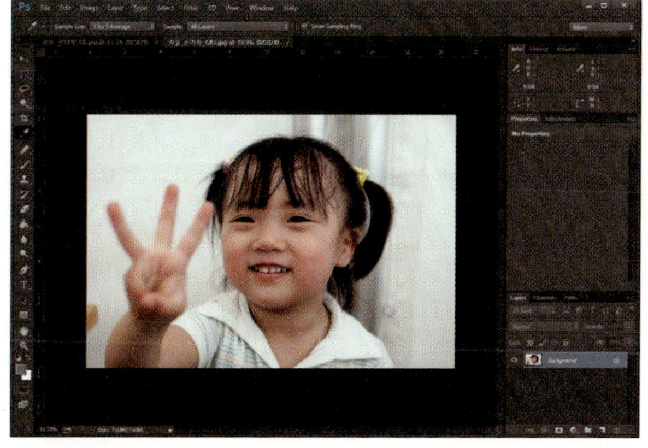

 Color Balance를 이용한 색상 균형 조정의
결과를 비교해 봅니다.

Tone Balance Midtones(기본)

Tone Balance Highlights

위의 이미지를 비교해 보면 둘 다 원본보다 붉은색이 많이 줄었습니다. 두 이미지를 밝은 영역, 중간 영역, 어두운 영역으로 나누어 자세히 관찰해 보면 왼쪽(Tone Balance Midtones)의 이미지는 밝은 영역, 중간 영역, 어두운 영역 즉 모든 영역에서 붉은색이 줄어들었습니다. 반면 오른쪽(Tone Balance Highlights) 이미지는 밝은 영역(옷과 배경)과 중간 영역(얼굴)의 붉은색은 줄어들었지만 어두운 영역(머리카락)은 거의 원본과 비슷합니다. Tone Balance 설정은 어떤 것이 더 좋고, 어떤 것이 더 나쁘고의 문제가 아니라 사용자가 이미지의 어느 영역에 색상을 조정하느냐의 문제입니다.

Hue 조정은 Color Balance 3개의 슬라이드 바를 이용하여 색상 균형을 조정하는 것과 다르게 색상환을 시계 방향 또는, 시계 반대 방향으로 돌려 색상 자체를 설정합니다. Hue 조정을 이용하면 이미지의 색상을 아주 쉽게 바꿀 수 있습니다. 이번 Step에서는 앞선 Step의 예제 파일을 가지고 조정하여 비교해 보겠습니다.

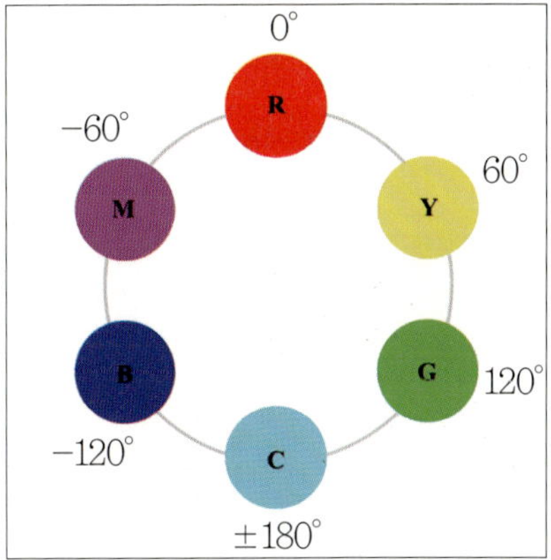

예제 파일 | DVD₩Part 02₩지윤_손가락.jpg   완성 파일 | DVD₩Part 02₩지윤_손가락_Hue.jpg

01. '지윤_손가락.jpg' 파일을 열고 이미지의 색상을 조정하기 위해 [Image]-[Adjustments]-[Hue/Saturation](**Ctrl** + **U**) 메뉴를 클릭합니다.

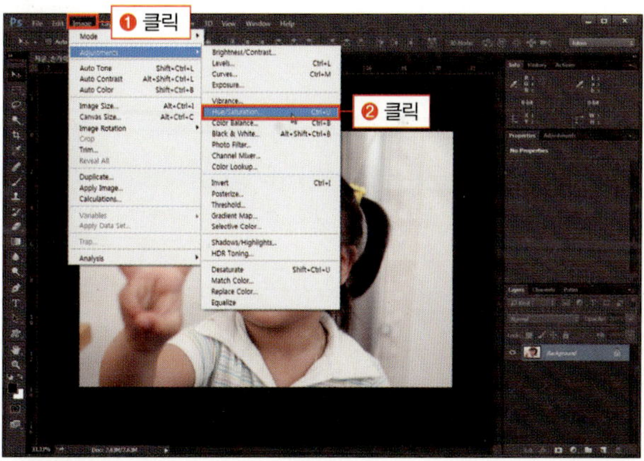

02. [Hue/Saturations] 대화상자가 나타나면 [Hue] 슬라이드 바를 '+10'으로 설정합니다. 그런데 이렇게 하면 이미지 전체의 모든 색상이 움직이게 됩니다. 대화상자 아래쪽에 두 개의 색상 띠를 보면 알 수 있듯이 모든 색들이 조금씩 옆으로 움직였습니다. 대화상자를 나오지 않고 취소하기 위해 **Alt** 를 누릅니다. [OK] 단추 밑에 [Cancel] 단추가 [Reset] 단추로 바뀌면 클릭합니다.

03. 다시 처음으로 돌아왔습니다. 얼굴의 붉은 색만을 조정하기 위해 왼쪽 아래에 있는 손가락 모양의 버튼을 클릭합니다. 그리고 마우스 포인터를 이미지의 얼굴에 위치시키면 스포이트 모양으로 바뀌는 데 이때 클릭합니다. 'Master'라고 되어 있는 부분이 'Reds'로 바뀌고 아래쪽 색상 띠에 범위가 지정됩니다.

04. [Hue] 슬라이드 바를 '+10'으로 설정한 후 [OK] 단추를 클릭합니다.

05. 이미지의 얼굴 부분의 붉은색이 노란색에 가까운 색으로 변했습니다. [File]-[Save As] 메뉴를 클릭하고 '지윤_손가락_Hue.jpg' 파일로 저장합니다.

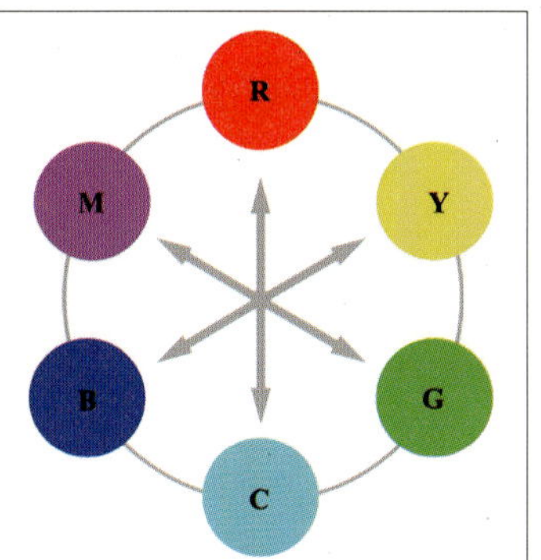

Color Balance

Hue

Color Balance 기능으로 색상을 조정하면 색상환에서 보는 것과 같이 Red를 Cyan 쪽으로 조정됩니다. 그 결과 이미지에 전체적으로 Cyan 색상이 더해집니다.

Hue 기능을 이용하면 Red를 Yellow 쪽으로 조정하게 됩니다. 그 결과 Red 색상이 Yellow 색상으로 변합니다.
이렇게 두 기능은 색상을 조정하는 원리가 다릅니다. 잘 이해하고 상황에 따라 적합한 방법을 사용해야 합니다.

Selective Color 기능은 오프셋 인쇄 기기의 원리를 가지고 있습니다. 인쇄 기기의 원리란 간단히 말하면 잉크의 양으로 색상을 조정하는 방식입니다. 이미지의 특정한 색상을 지정하고 그 영역에 Cyan, Magenta, Yellow, Black 색상을 더하거나, 뺄 수 있습니다.

예제 파일 | DVD₩Part 02₩지윤_손가락.jpg　**완성 파일** | DVD₩Part 02₩지윤_손가락_sel.jpg

01. '지윤_손가락.jpg' 파일을 열고 Selective Color 기능을 사용하기 위해 [Image]-[Adjustments]-[Selective Color] 메뉴를 클릭합니다.

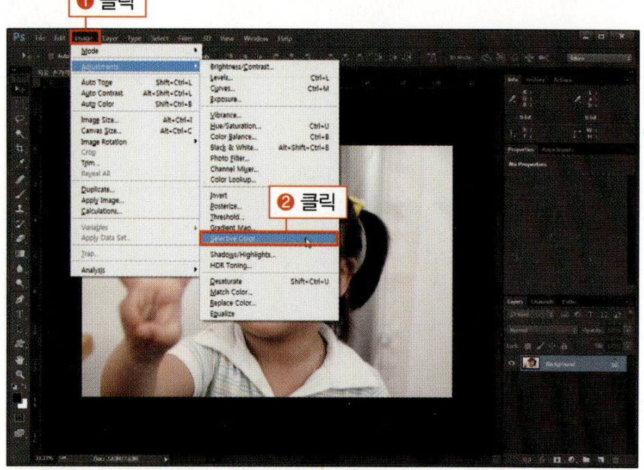

02. [Selective Color] 대화상자가 나타나면 이미지의 붉은색을 빼기 위해, [Colors]는 'Reds'로 설정하고 'Red'의 보색에 해당하는 [Cyan] 슬라이드 바를 '+48%'로 설정합니다. 이렇게 붉은색을 빼도 되지만 다른 방법이 있습니다. **Alt** 를 누른 상태에서 [Cancel] 단추가 [Reset] 단추로 바뀌면 클릭합니다.

03. 다시 영점에서 이번에는 [Magenta] 슬라이드 바를 '–27', [Yellow] 슬라이드 바를 '–23'으로 설정합니다.

방법 1 : 붉은색을 빼기 위해 [Red]의 보색인 [Cyan]의 잉크의 양을 더하기
방법 2 : 붉은색을 빼기 위해 [Magenta]와 [Yellow]의 잉크의 양을 줄이기

표를 보면 Red 색상은 Red = Magenta + Yellow입니다. 다시 말해 Red 색상을 조정하기 위해 보색을 더하는 방법을 사용할 수도 있고 Red를 만드는 Magenta, Yellow 색상을 빼주는 것입니다. 그리고 잉크를 더하면 방법으로 색상을 조정하면 이미지가 탁해집니다. 반대로 잉크를 빼는 방법으로 색상을 조정하면 이미지가 맑아집니다.

▲ 빛의 삼원색

▲ 색의 삼원색

04. 얼굴 부분의 붉은색이 빠졌습니다. [File]–[Save As] 메뉴를 클릭하고 '지윤_손가락_Sel.jpg' 파일로 저장합니다.

이처럼 Selective Color 기능은 이미지의 특정한 색을 더하거나 뺄 수 있습니다. Selective Color 기능은 앞에서 공부한 Color Balance, Hue 기능과는 전혀 다른 방법입니다.

Hue

Color Balance

Selective Color

앞에서도 얘기했지만 어떤 방법이 좋으냐 나쁘냐가 아닙니다. 각각의 기능은 다 다른 결과가 나타납니다. 각 기능의 원리와 결과를 잘 익혀서 사용합니다. 포토샵에서 이 3가지 색상 조정 방법만 알고 있다면 어떠한 색상 조정이라도 가능합니다.

앞선 내용에서 이미지 모드를 RGB 모드에서 그레이스케일 모드로 바꿔서 흑백으로 만드는 방법을 알아보았습니다. 이번 Step에서는 이미지 모드를 변경하기 않고 RGB 모드 상태에서 흑백으로 변경할 수 있는 Desaturate, Gradient Map, Channel Mixer 그리고 가장 강력한 흑백 전환 기능인 Black & White에 대해 알아보겠습니다.

예제 파일 | DVD₩Part 02₩툴립.jpg **완성 파일 |** DVD₩Part 02₩툴립_1Des.jpg, 툴립_2GM.jpg, 툴립_3CM.jpg, 툴립_4BnW.jpg

■ Desaturate 기능을 이용하여 흑백 이미지 만들기

01. '툴립.jpg' 파일을 열고, 이미지를 확인해 보면 노란색 꽃잎과 초록색 줄기로 되어 있는 툴립입니다. 이 사진을 흑백으로 만들기 위해 [Image]-[Adjustments]-[Desaturate](**Shift** + **Ctrl** + **U**) 메뉴를 클릭합니다.

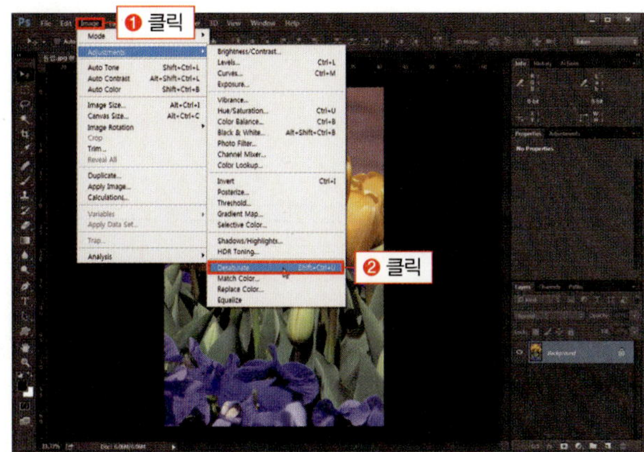

02. Desaturate 기능을 이용한 흑백으로 변환 결과입니다. 컬러일 때는 노란색 꽃잎, 초록색 줄기, 갈색의 배경, 보라색 꽃 등으로 이미지의 구분이 잘 되었는데, 흑백 이미지로 만들었더니 이러한 구분이 없어져 밋밋한 사진이 되었습니다. [File]-[Save As] 메뉴를 클릭하고 '툴립_1Des.jpg' 파일로 저장합니다.

연관 검색 Desaturate 기능은 [Hue/Saturation] 대화상자에서 [Saturation] 슬라이드 바를 '-100' 으로 설정한 것과 같습니다.

■ Gradient Map 기능을 이용하여 흑백 이미지 만들기

01. 이번에는 Gradient Map 기능을 이용하여 흑백 이미지로 만들기 위해 [Image]-[Adjustments]-[Gradient Map] 메뉴를 클릭합니다.

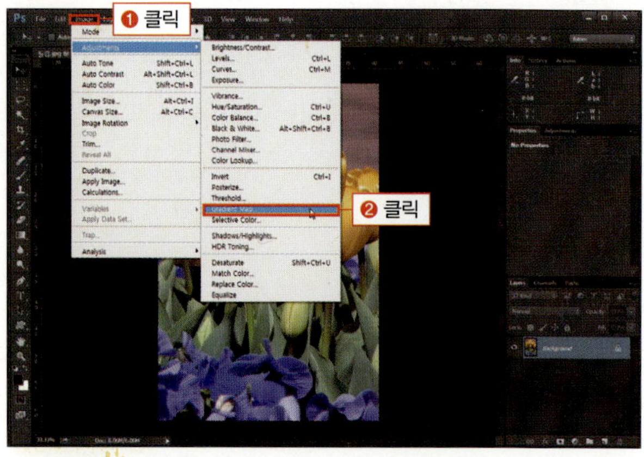

02. [Gradient Map] 대화상자가 나타나면 [Gradient Option]의 [Dither]를 체크하고 [OK] 단추를 클릭합니다.

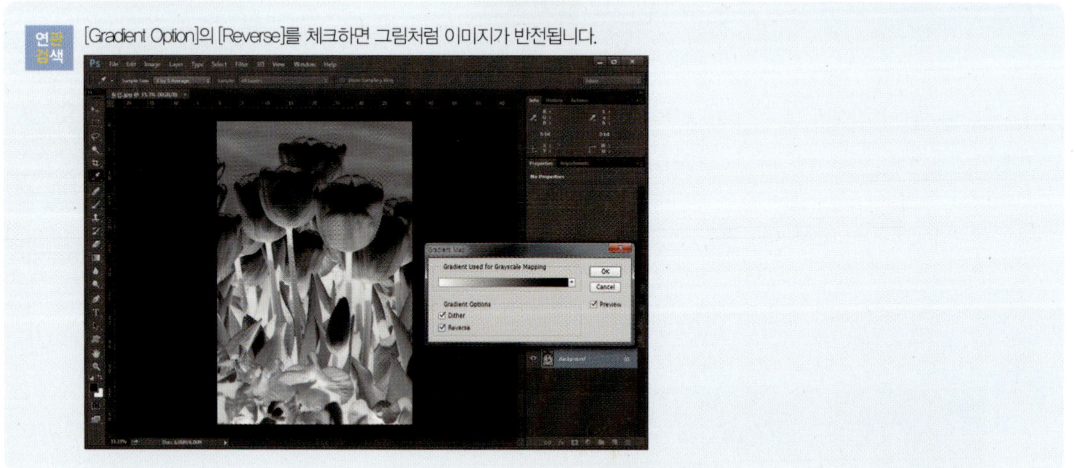

[Gradient Option]의 [Reverse]를 체크하면 그림처럼 이미지가 반전됩니다.

03. 앞선 Desaturate 기능을 이용한 흑백으로 변환 결과보다는 명암 대비가 강하고 이미지의 구분이 잘됩니다. [File]-[Save As] 메뉴를 클릭하고 '튤립_2GM.jpg' 파일로 저장합니다.

T I P : [Gradient Used for Grayscale Mapping]의 기본 값은 도구 패널의 전경색/배경색에 영향을 받습니다. 만약 다른 색으로 되어 있다면 [Default Foreground and Background Colors](기본 전경색과 배경색)를 클릭하여 검은색/흰색으로 설정합니다.

■ [Channel Mixer] 기능을 이용하여 흑백 이미지 만들기

01. 이번에는 Channel Mixer 기능을 이용하여 흑백 이미지를 만들기 위해 [Image]-[Adjustments]-[Channel Mixer] 메뉴를 클릭합니다.

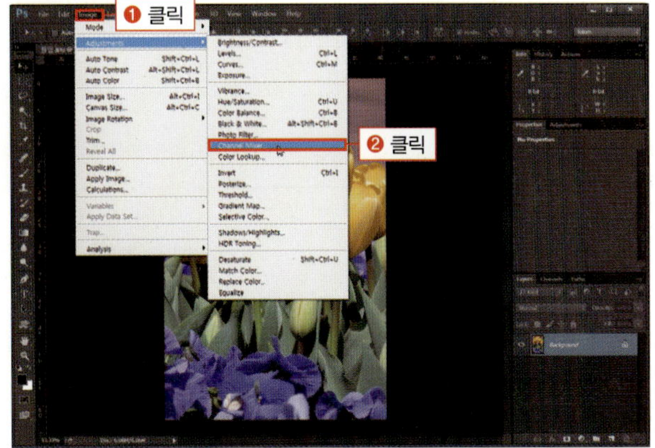

02. [Channel Mixer] 대화상자가 나타나면 [Monochrome]을 체크합니다. [Red]는 '+40', [Green]는 '+40', [Blue]는 '+20'으로 설정됩니다.

03. 컬러 이미지일 때 노란색 꽃잎 부분을 더 밝게 하기 위해 [Red]는 '+50', [Green]는 '+50', [Blue]는 '0'으로 설정합니다. [OK] 단추를 클릭합니다.

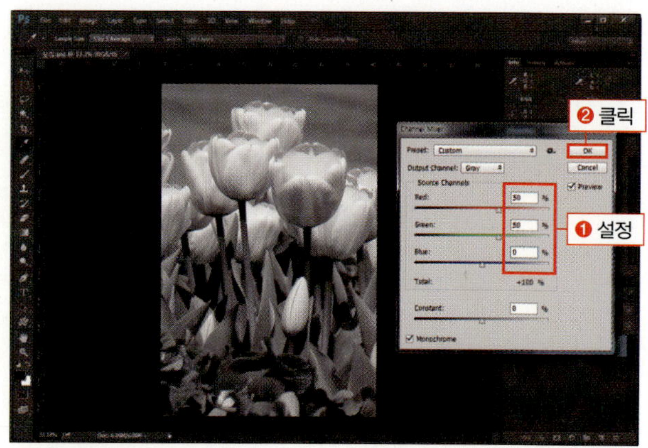

04. 앞선 [Desaturate]과 [Gradient Map] 기능을 이용한 흑백으로 변환 결과 보다는 노란색 꽃잎의 밝기가 더욱 밝게 흑백 이미지로 변화되었습니다. 저장을 위해 [File]-[Save As] 메뉴를 클릭하고 '튤립_3CM.jpg' 파일로 저장합니다.

TIP : 각 채널을 보기 위해 [Channels] 패널을 클릭하여 활성화합니다.

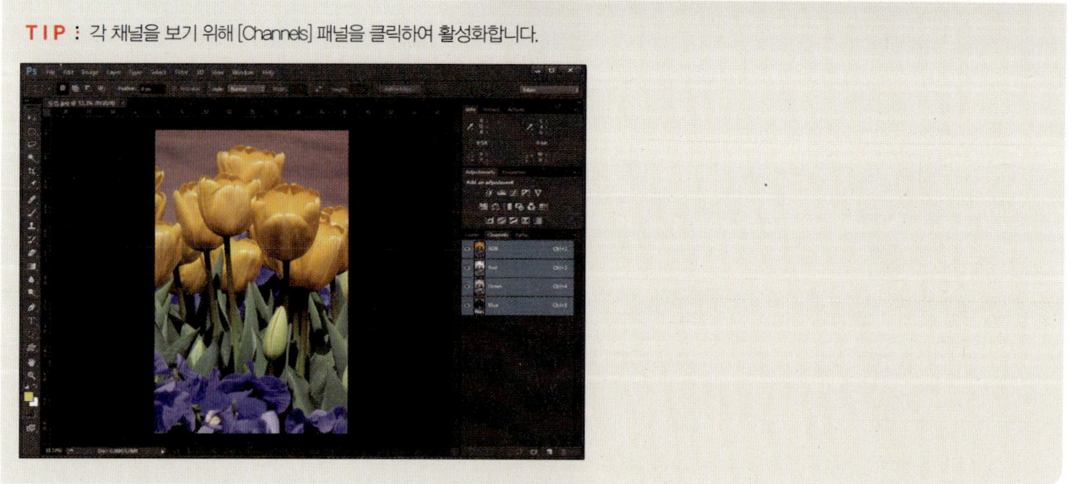

- 'Red' 채널을 클릭합니다. 컬러 이미지가 흑백 이미지로 보입니다. 전체적으로 밝게 보이며 특히 노란색 꽃잎 부분이 매우 밝게 보입니다.

- 'Green' 채널을 클릭합니다. 마찬가지로 흑백 이미지로 보입니다. 명암 대비는 약하지만 밝기는 적당합니다.

- 'Blue' 채널을 클릭합니다. 마찬가지로 흑백 이미지로 보입니다. 하지만 노란색 꽃잎 부분이 검은색으로 보입니다. 우리가 원하는 흑백 이미지는 아닙니다.

- 앞선 Channel Mix 설정인 [Red]는 '+50', [Green]는 '+50', [Blue]는 '0'이라는 설정은 '튤립.jpg' 파일의 'Red' 채널과 'Green' 채널을 반반씩 섞어서 만들어 낸 흑백 이미지인 것입니다.

■ Black & White 기능을 이용하여 흑백 이미지 만들기

앞의 Channel Mixer 기능을 이용한 '흑백 이미지 만들기' 방법이 포토샵 CS3 이전에까지는 흑백 이미지를 만드는 가장 이상적인 방법이었습니다. 이번에는 어려운 Channel Mixer 대신 직관적인 Black & White를 사용하여 흑백 이미지로 만드는 방법을 알아보겠습니다.

01. 흑백 이미지로 만들기 위해 [Image]-[Adjustments]-[Black & White](**Alt** + **Shift** + **Ctrl** + **B**) 메뉴를 클릭합니다.

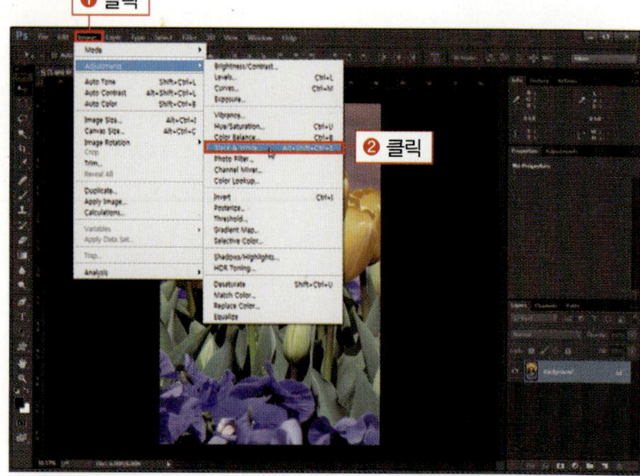

02. [Black & White] 대화상자가 나타나면 이미지가 흑백으로 바뀝니다. 아직까지는 Desaturate 기능과 비슷한 톤으로 보입니다.

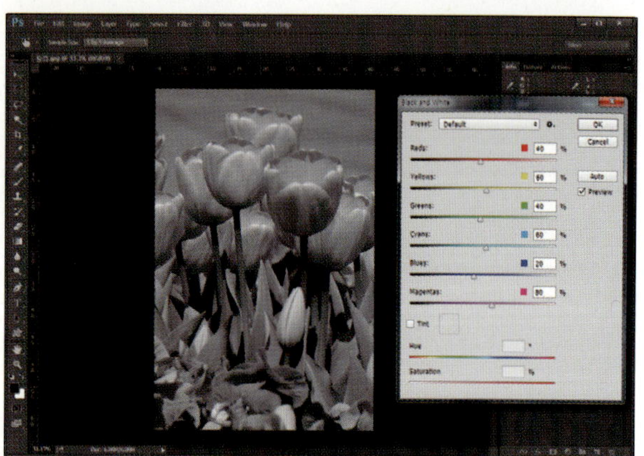

03. 마우스 포인터를 튤립으로 가져갑니다. 그러면 스포이트 모양으로 바뀝니다.

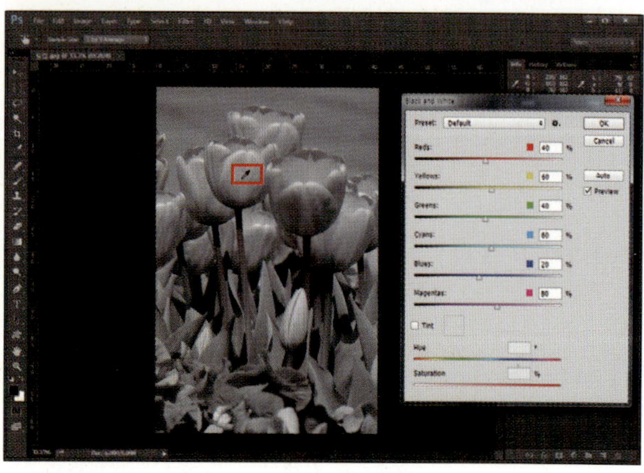

04. 대화상자가 열린 상태에서 마우스 버튼을
오른쪽으로 드래그하면 노란색 꽃잎 부분이 밝아
집니다. 이때 대화상자를 보면 [Yellows] 슬라이드
바가 오른쪽으로 움직입니다. [Yellows] 슬라이드
바가 '97%'가 될 때까지 움직입니다.

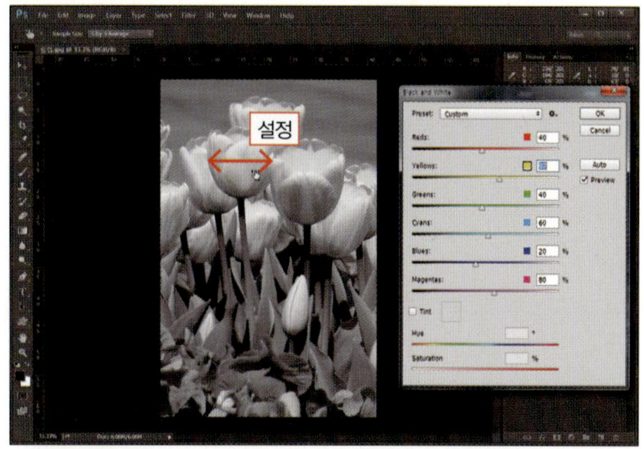

05. 계속해서 이번에는 이미지 아래쪽의 꽃
을 클릭한 상태에서 왼쪽으로 드래그하면 보라
색 꽃 부분이 어두워집니다. 이때 대화상자를 보
면 [Blues] 슬라이드 바가 왼쪽으로 움직입니다.
[Blues] 슬라이드 바가 '–74%'가 될 때까지 조정한
후 [OK] 단추를 클릭합니다.

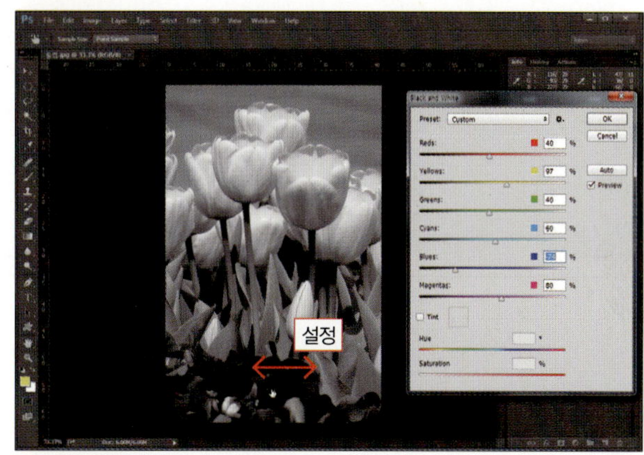

06. 이처럼 Black & White 기능을 이용하면 이미
지의 색상을 흑백의 원하는 밝기로 만들 수 있습
니다. 그 결과 다이내믹한 톤의 흑백 사진을 만들
수 있습니다. 저장을 위해 [File]–[Save As] 메뉴를
클릭하고 '튤립_3BnW.jpg' 파일로 저장합니다.

■ Desaturate, Gradient Map, Channel Mixer 그리고, Black & White를 이용한 흑백 이미지 비교

Desaturate

Gradient Map

Channel Mixer

Black & White

위의 흑백 이미지들을 비교해 보면 Desaturate 기능을 이용하여 만든 이미지가 가장 톤이 좋지 않습니다. 다시 말해 가장 어둡고 명암 대비도 좋지 않습니다. 그리고 Gradient Map을 이용한 방법과 Channel Mixer를 이용한 방법 그리고 Black & White는 비슷해 보입니다. 하지만 Black & White를 이용하여 흑백으로 만든 이미지는 이미지의 아래 부분이 다른 이미지들과 다르게 어둡게 만들어져 있습니다. 이처럼 Black & White를 이용하여 흑백 이미지를 만들면 특정 컬러를 원하는 밝기로 만들 수 있습니다. 현재 필자는 흑백 이미지를 만들 때 이 방법을 가장 많이 사용합니다.

앞선 내용에서 이미지 모드를 이용하여 듀오톤을 만드는 방법을 알아보았습니다. 이번 Step에서는 이미지 모드를 이용하지 않고 모노톤으로 만드는 두 가지 방법을 알아보겠습니다.

예제 파일 | DVD₩Part 02₩튤립.jpg **완성 파일** | DVD₩Part 02₩튤립_Toning1.jpg, 튤립_Toning2.jpg

01. '튤립.jpg' 파일을 불러온 후 모노톤 이미지를 만들기 위해 [Image]-[Adjustments]-[Black & White](**Alt** + **Shift** + **Ctrl** + **B**) 메뉴를 클릭합니다. [Black & White] 대화상자가 열렸습니다. 그런데 흑백 이미지입니다.

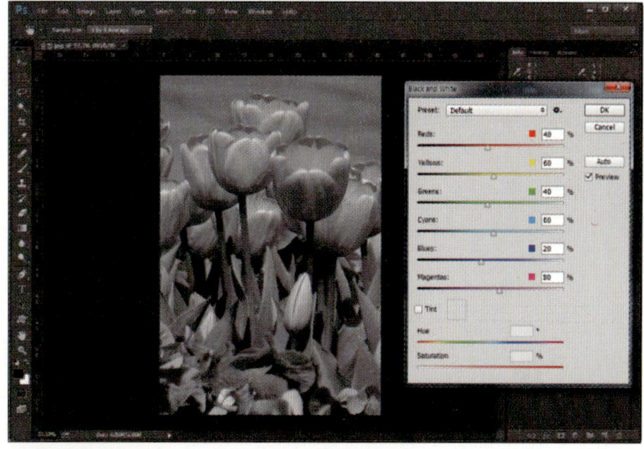

02. 흑백 이미지를 모노톤으로 변경하기 위해 [Tint]를 체크합니다. 이미지가 갈색으로 변하였습니다. [Hue]와 [Saturation]을 조정하여 다양한 색상과 채도의 모노톤을 만들 수 있습니다.

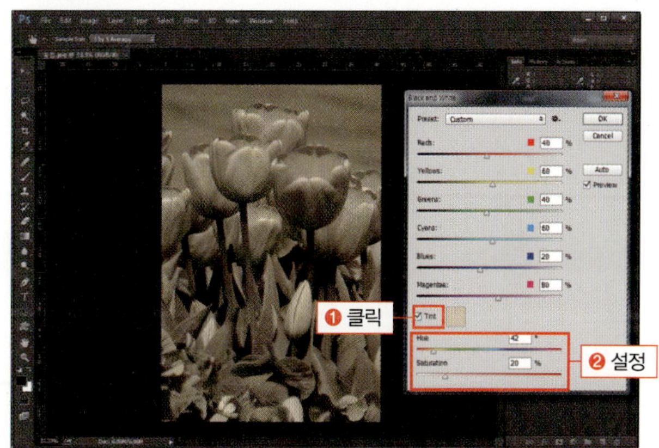

03. 노란색 꽃잎 부분을 밝게 하기 위해 이미지의 해당 부분을 드래그하여 오른쪽으로 움직입니다. [Yellow] 슬라이드 바가 '+94'가 되도록 설정한 후 [OK] 단추를 클릭합니다.

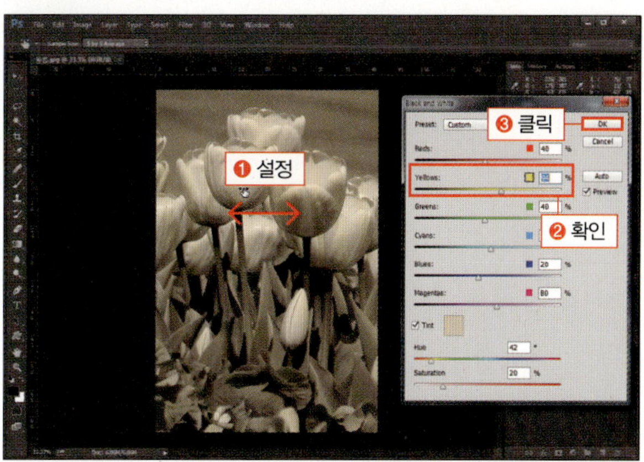

04. 컬러 이미지가 갈색의 모노톤 이미지가 되었습니다.

05. 이번에는 두 번째 방법을 알아보기 위해 '튤립.jpg' 파일을 다시 불러옵니다.

06. 모노톤 이미지를 만들기 위해서는 일단 흑백 이미지를 만들어야 합니다. Black & White 기능을 이용해 흑백 이미지를 만들기 위해 [Image]–[Adjustments]–[Black & White](**Alt** + **Shift** + **Ctrl** + **B**) 메뉴를 클릭합니다. [Black & White] 대화상자가 나타나면서 흑백 이미지로 바꿨습니다. 앞선 Step에서 했던 것처럼 마우스 포인터로 노란색 꽃잎을 밝게 하고 [OK] 단추를 클릭합니다.

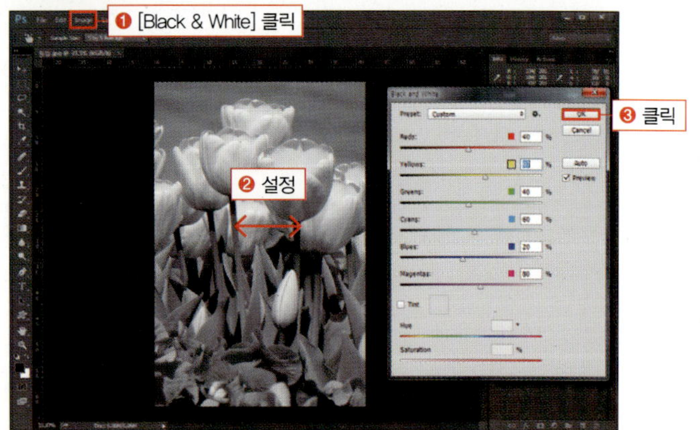

07. 흑백 이미지를 모노톤으로 만들기 위해 [Image]-[Adjustments]-[Color Balance] 메뉴를 클릭합니다. [Color Balance] 대화상자가 나타나면 [Tone Balance]의 [Shadows]를 체크하고, 갈색으로 만들기 위해 [Color Balance]의 [Magenta-Green]은 '-10', [Yellow-Blue]는 '-45'로 설정한 후 [OK] 단추를 클릭합니다.

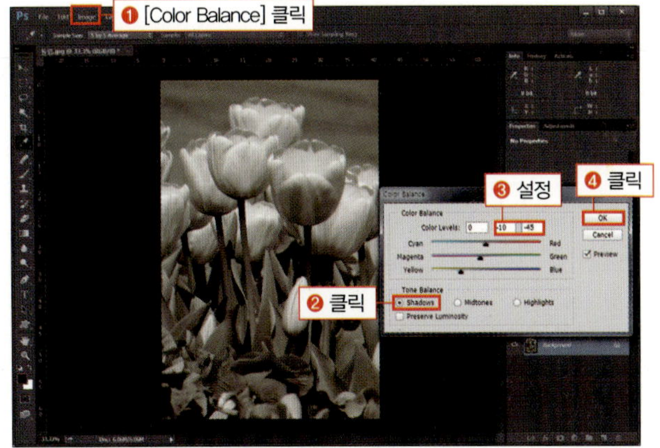

TIP : [Tone Balance]는 색상이 변경되는 영역을 선택하는 것입니다. 모노톤으로 만들 때 어두운 영역을 중심으로 색을 수정해야 하기 때문에 [Shadows]를 선택한 것입니다.

08. 갈색의 모노톤 이미지가 되었습니다.

자동 조정 기능과 그 외의 색상 조정

앞선 Lesson에서는 이미지 조정의 4가지 요소와 8가지 명령에 대해 알아보았습니다. 이번 Lesson에서는 간단하게 이미지를 자동으로 조정할 수 있는 Auto 기능들과 Photo Filter를 이용한 이미지의 색상 조정 방법에 대해 알아보겠습니다.

기초탄탄 ▶ [Photo Filter] 대화상자 이해하기

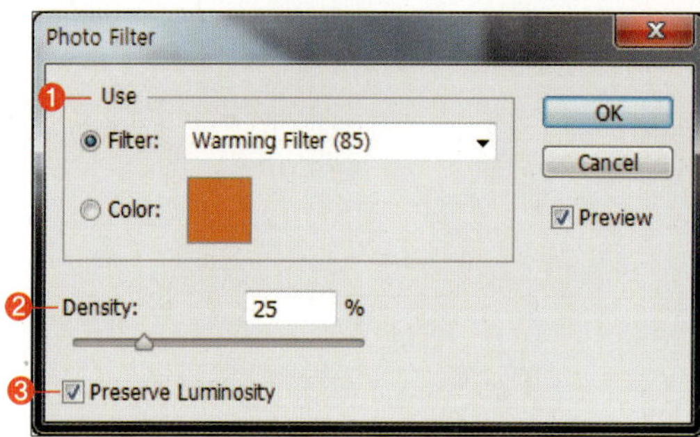

[Photo Fileter] 대화상자

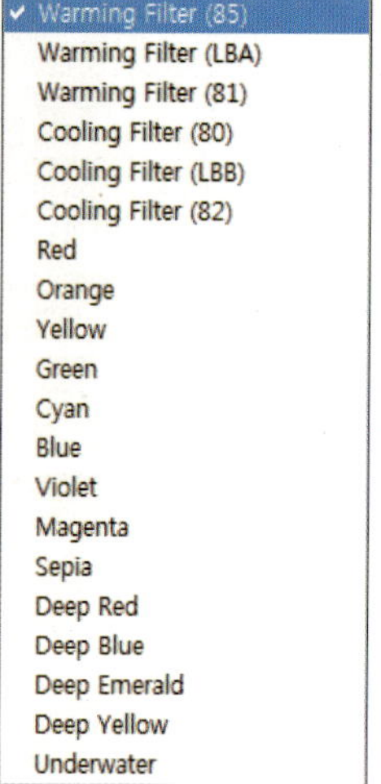

[Filter] 세부 메뉴

❶ Use : 이미지에 이미 설정된 [Filter]를 선택하여 적용할 것인지, [Color]를 설정할 것인지를 선택할 수 있습니다.

• Filter : 현재 'Warming Filter'를 누르면 세부 메뉴가 나타납니다. 이 메뉴들 중 'Warming Filter (85) ~ Cooling Filter (82)' 메뉴는 실제 필름 카메라에서 사용하던 색온도 보정용 필터의 이름들입니다. 원하는 필터를 선택합니다.

• Color : [Color Picker]를 이용해 원하는 색상을 선택할 수 있습니다.

❷ Density : [Filter] 또는, [Color]의 농도를 조절합니다.

❸ Preserve Luminosity : 체크하고 사용하면 이미지의 밝기는 변화시키지 않고 색상만 조정할 수 있습니다.

이미지의 밝기를 한방에 잡아주는 Auto Tone 기능에 대해서 알아보겠습니다. 앞의 Levels, Curves 기능 등은 포토샵 초보자가 사용하기에는 어려울 수 있습니다. 이럴 때 자동으로 밝기를 조정해주는 Auto Tone을 사용해 보세요. 생각보다 좋은 결과를 얻을 수 있습니다.

예제 파일 I DVD₩Part 02₩지윤_Auto.jpg　**완성 파일 I** DVD₩Part 02₩지윤_Auto_Tune.jpg

01. '지윤_Auto.jpg' 파일을 열면 이미지가 조금 어둡고 명암 대비가 약한 것을 확인할 수 있습니다.

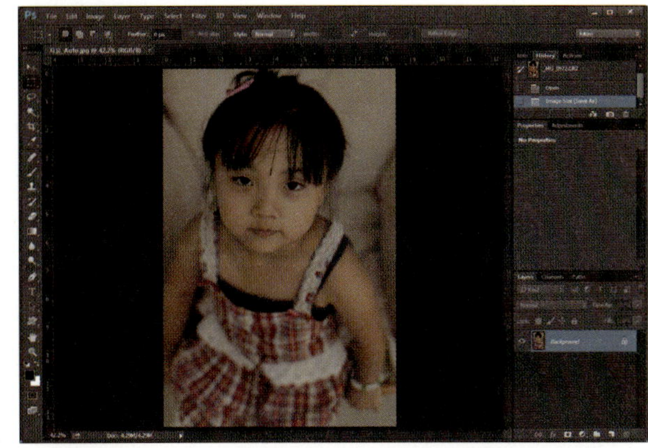

02. 이미지의 밝기를 자동으로 조정하기 위해 [Image]–[Auto Tone](Shift + Ctrl + L) 메뉴를 클릭합니다.

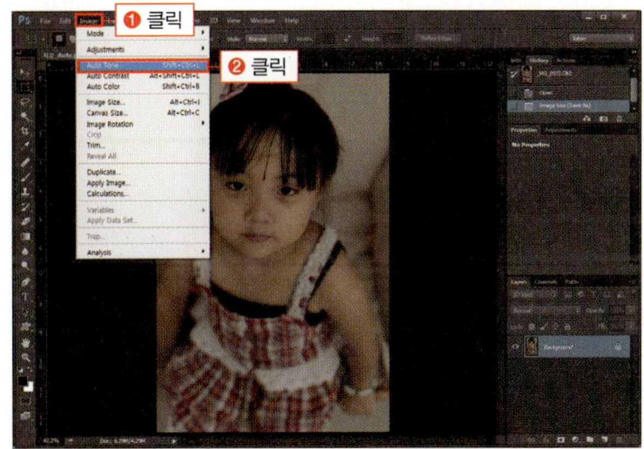

03. Auto Tone 기능을 사용한 결과입니다. 상당히 만족스러운 결과입니다.

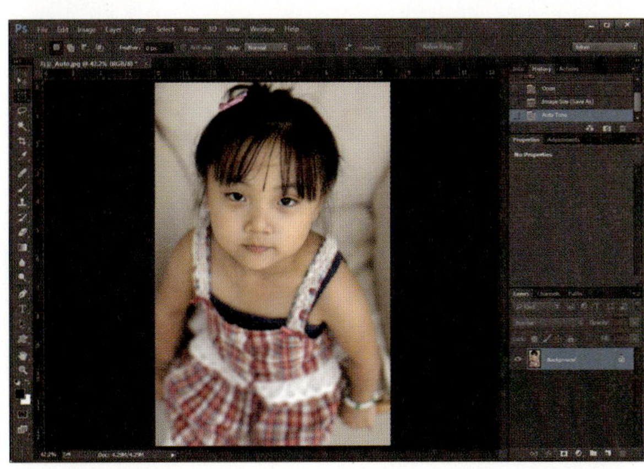

이번 Step에서는 이미지의 명암 대비를 한방에 잡아주는 Auto Contrast 기능에 대해서 알아보겠습니다.

예제 파일 | DVD₩Part 02₩시우_Auto.jpg   **완성 파일 |** DVD₩Part 02₩시우_Auto_Contrast.jpg

01. '시우_Auto.jpg' 파일을 열면, 이미지의 명암 대비가 약한 것을 확인할 수 있습니다.

02. 명암 대비를 강하게 하기 위해 [Image]– [Auto Contrast](**Alt** + **Shift** + **Ctrl** + **L**) 메뉴를 클릭합니다.

03. Auto Contrast 기능을 사용한 결과입니다. 명암 대비가 강해졌습니다.

초보자들이 이미지의 색상 조정을 하다 보면, 어떻게 색상을 수정해야 할지 모를 때가 있습니다. 이런 경우에 Auto Color 기능을 이용하면 의외로 손쉽게 색상을 조정할 수 있습니다.

예제 파일 | DVD₩Part 02₩지윤성운.jpg **완성 파일 |** DVD₩Part 02₩지윤성운_AutoColor.jpg

01. '지윤성운.jpg' 파일을 열면 백열등 아래에서 촬영했기 때문에 전체적으로 붉고 노란색이 많이 돕니다.

02. 자동으로 색을 조정하기 위해 [Image]–[Auto Color](**Shift** + **Ctrl** + **B**) 메뉴를 클릭합니다.

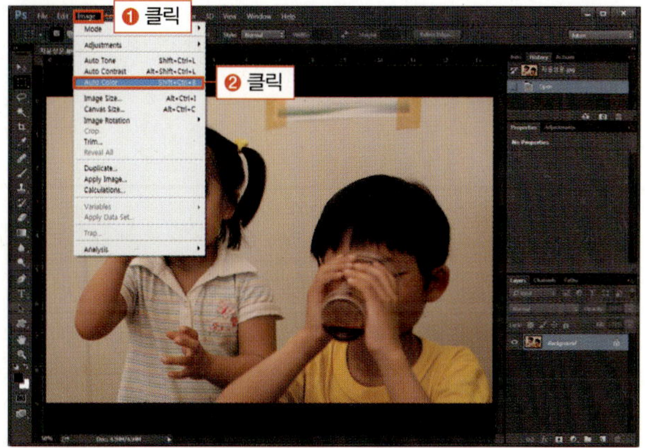

03. Auto Color 기능을 사용한 결과입니다. 전체적으로 붉고 노란색 기운이 제거된 것을 확인할 수 있습니다.

Photo Filter는 필름 카메라에서 사용하던 색온도 보정용 필터를 포토샵 기능으로 만들어 놓은 것입니다. 디지털 카메라와는 다르게 필름의 종류는 크게 텅스텐 타입(3400K, 3200K), 데일라이트 타입(5000K) 밖에 없습니다. 그래서 다양한 색온도 보정용 필터를 이용해 촬영 시 색온도를 조정했던 것입니다. 디지털 카메라에서는 조명의 색온도에 맞게 카메라에서 색온도를 조정할 수 있으니 실제 필터는 필요없습니다. 그러나 촬영 시 화이트 밸런스가 맞지 않은 특정한 색상이 도는 경우 Photo Filter 기능을 사용하여 조정할 수 있습니다.

예제 파일 | DVD₩Part 02₩지윤_브이.jpg **완성 파일 |** DVD₩Part 02₩지윤_브이_PF.jpg

01. '지윤_브이.jpg' 파일을 열면, 거실의 형광등 때문에 이미지 전체에 청록색이 돕니다. 이 청록색을 제거하기 위해 Photo Filter 기능을 사용해 보겠습니다.

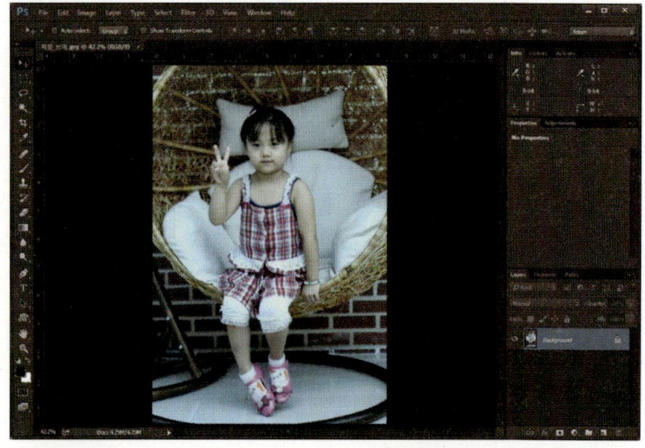

02. [Image]–[Adjustments]–[Photo Filter] 메뉴를 클릭합니다.

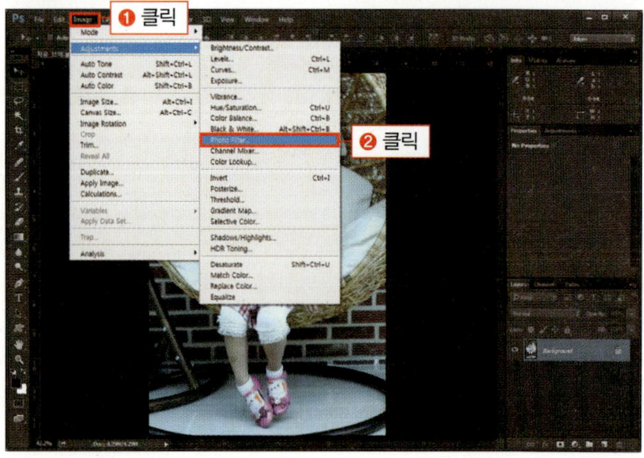

03. [Photo Filter] 대화상자가 나타나면, 청록색을 제거하기 위해 [Use]의 [Filter]의 'Warming Filter(85)'를 선택하고 [Density]를 '40%'로 설정한 후 [OK] 단추를 클릭합니다.

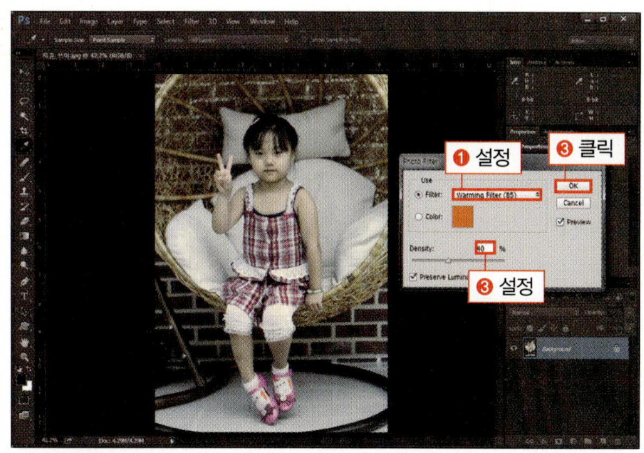

04. 전체적으로 청록색이 많아 차가웠던 느낌이 따뜻한 느낌으로 바뀐 것을 확인할 수 있습니다.

원본

보정 후

이번 Step에서는 Photo Filter를 이용하여 하늘의 파란색을 더 파랗게 만들어 보겠습니다.

예제 파일 | DVD₩Part 02₩파란하늘.jpg **완성 파일 |** DVD₩Part 02₩파란하늘_PF.jpg

01. '파란하늘.jpg' 파일을 열면 이미지에 파란 하늘이 보입니다. 이 이미지의 파란 하늘을 Photo Filter를 이용하여 더 파랗게 만들어 보겠습니다. 포토 필터를 사용하기 위해 [Image]−[Adjustments]−[Photo Filter] 메뉴를 클릭합니다.

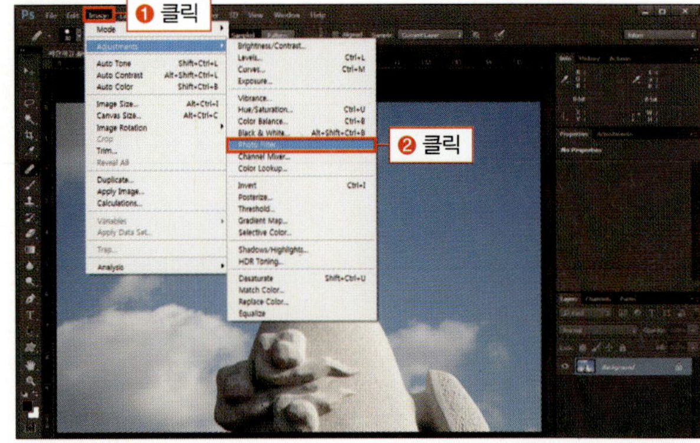

02. [Photo Filter] 대화상자가 나타나면 기본 [Filter]가 'Warming Filter(85)'로 설정되어 있습니다. 필터를 바꾸기 위해 'Warming Filter(85)' 부분을 클릭하고 차가운 파란색을 더하기 위해 'Cooling Filter(80)'을 선택한 후 [OK] 단추를 클릭합니다.

03. 이미지에 'Cooling Filter(80)'이 적용되어 파란 하늘이 더 파랗게 된 것을 알 수 있습니다.

연관검색 앞에서 배운 '이미지의 채도 조정하기'를 이용하여 파란 하늘을 더 파랗게 만들 수도 있습니다.

이미지의 디테일을 덜 손상시키면서 이미지의 어두운 영역을 밝게, 밝은 영역을 어둡게 하는 Shadows/ Highlights 기능과 회화적인 사진을 만들어 주는 HDR Toning 기능 그리고 다양한 컬러 이미지 효과인 Color Lookup 기능과 Invert, Posterize, Threshold, Equalize 기능에 대해 알아보겠습니다.

기초탄탄 ▶ [Shadows/Highlights] 대화상자와 [HDR Toning] 대화상자 알아보기

■ [Shadows/Highlights] 대화상자 152p

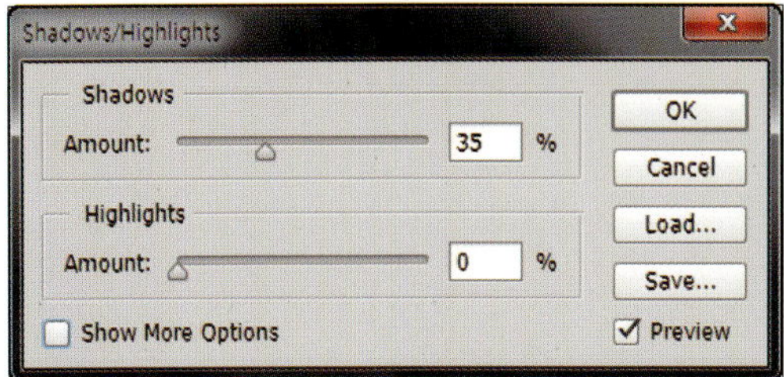

기본 상태

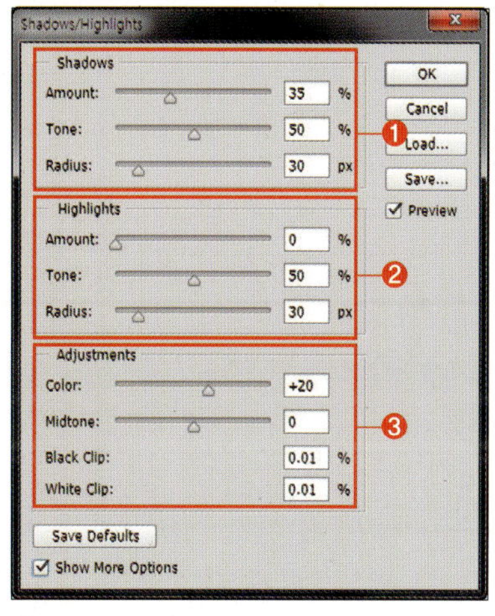

Show More Options 체크 시

❶ Shadows : 어두운 영역을 밝게 조정합니다.

❷ Highlights : 밝은 영역을 어둡게 설정합니다.

• Amount : 수치를 높일수록 어두운 영역이 밝아집니다. 반대로 밝은 영역은 어두워집니다.

> **TIP :** [Shadows]의 [Amount]는 '35'로 되어 있습니다. 필자는 [Shadows]의 기본 값을 '0'으로 설정하고 [Save As Defaults]를 클릭하여 기본 값으로 저장하여 사용합니다.

• Tone : [Amount]의 값이 미치는 영역을 조절합니다. 수치가 낮으면 어두운 영역 또는, 밝은 영역만, 수치를 높이면 중간 톤까지 영향을 줍니다.
• Radius : [Amount]의 값이 미치는 픽셀의 반경을 조절합니다. 명암 대비가 조정되는 것이라 생각하면 쉽습니다.

❸ Adjustments : 색 보정과 중간 톤의 명암 대비 그리고, [Black Clip]과 [White Clip]을 설정합니다.

• Color : [Shadows/Highlights]으로 보정을 하다 보면 색(채도)가 변화될 수 있습니다. 색(채도)을 보정해 줍니다.

• Midtone : [Shadows/Highlights]으로 보정을 하다 보면 중간 영역의 명암 대비가 떨어질 수 있습니다. 이를 보정해 줍니다.

• Black Clip/White Clip : 수치를 크게 설정할수록 적용 범위가 넓어집니다. 일반적으로 조정하지 않고 기본 값으로 사용합니다.

■ [HDR Toning] 대화상자 `154p`

[HDR Toning] 대화상자를 이용하면 1장의 이미지로 HDR 이미지를 만들 수 있습니다. 정확히 말하면 HDR 느낌이 나는 이미지를 만들 수 있는 것입니다.

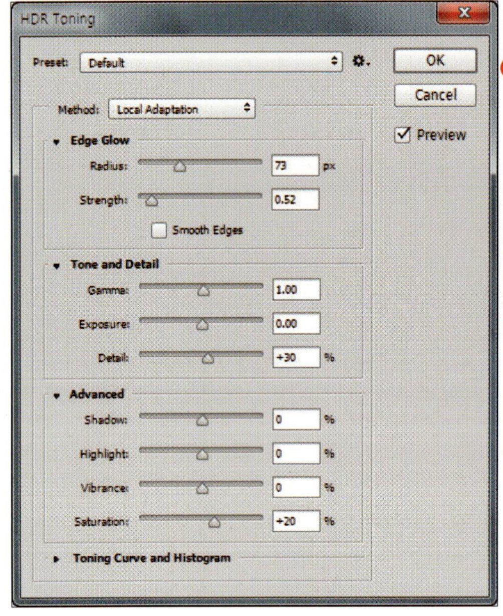

기본 상태

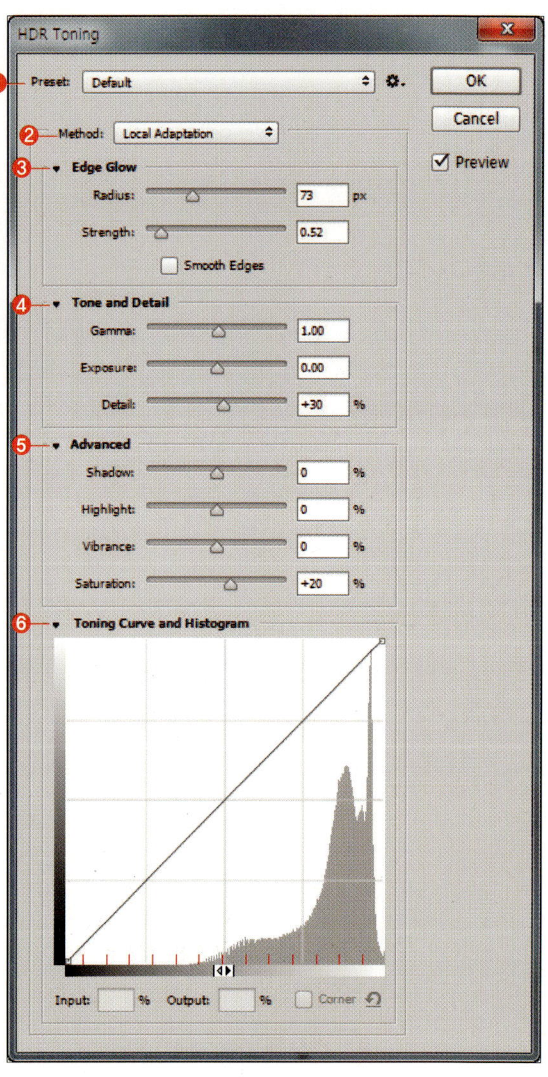

[Toning Curve and Histogram]을 활성화한 상태

❶ Preset : 미리 지정해 놓은 설정 값을 사용합니다.

❷ Method : HDR 이미지를 만드는 방법을 설정합니다.

• Exposure and Gamma : 이미지의 노출과 명암 대비 2가지 슬라이드 바를 조절하여 HDR 이미지를 만듭니다.

• Highlight Compression : 이미지의 밝은 영역을 압축하여 HDR 이미지를 만듭니다. 세부 조절 항목은 없습니다.

• Equalize Histogram : 히스토그램을 분석하여 적절한 톤의 HDR 이미지를 만듭니다. 세부 조절 항목은 없습니다.

• Local Adaption : 다양한 조절 슬라이드 바를 이용하거나 Curve 곡선을 이용하여 HDR 이미지를 만듭니다.

❸ Edge Glow : 가장자리의 광선 효과를 설정합니다.

• Radius : 광선 효과가 들어갈 반경을 설정합니다.

• Strength : 광선 효과의 강도를 설정합니다.

• Smooth Edges : 가장자리를 부드럽게 처리합니다.

❹ Tone and Detail : 톤과 세부 묘사를 설정합니다.

• Gamma : 이미지의 중간 톤에 명암 대비를 설정합니다.

• Exposure : 이미지의 노출 값을 설정합니다.

• Detail : 세부 묘사를 저장합니다.

❺ Advanced : 고급 조정을 말합니다.

• Shadow : 이미지의 어두운 영역의 밝기를 설정합니다.

• Highlight : 이미지의 밝은 영역의 밝기를 설정합니다.

• Vibrance : 이미지의 채도(향상된 채도)를 설정합니다.

• Saturation : 이미지의 채도를 설정합니다.

❻ Toning Curve and Histogram : 포토샵 이미지 조정의 Curves처럼 사용하며, 이미지의 밝기, 명암 대비를 조정할 수 있습니다.

눈으로는 모든 디테일이 다 보이는데 사진을 찍으면 어두운 영역 또는, 밝은 영역 둘 중에 한 영역 또는, 양쪽 영역 모두의 디테일이 없어지곤 합니다. 그 이유는 카메라가 표현할 수 있는 계조 범위가 우리의 눈보다 좁기 때문입니다. 이 문제를 해결하기 위해 촬영 시 Raw 파일로 촬영하거나, HDR 촬영 기법을 이용하기도 합니다. 이번 Step 에서는 JPG로 촬영한 이미지를 Shadows/Highlights를 이용하여 보정해 보겠습니다.

예제 파일 l DVD₩Part 02₩20101029_JEJU_073.jpg　**완성 파일** l DVD₩Part 02₩20101029_JEJU_073_SH.jpg

01. '20101029_JEJU_073.jpg' 파일을 불러옵니다. 이미지의 명암 대비가 강해서 밝은 영역인 하늘과 어두운 영역인 땅 부분의 디테일이 잘 보이지 않습니다.

02. [Image]–[Adjustments]–[Shadows/Highlights] 메뉴를 클릭합니다.

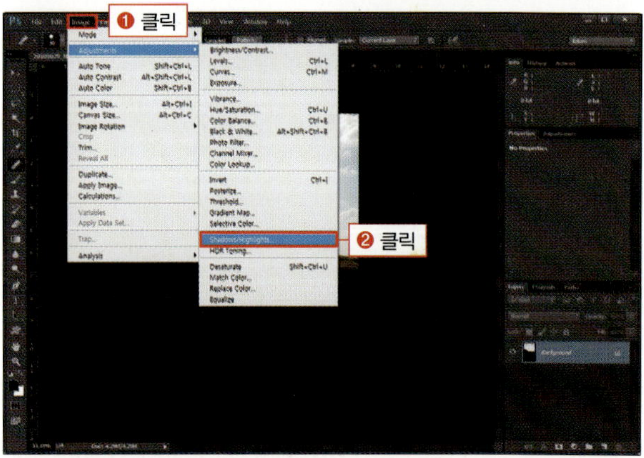

03. [Shadows/Highlights] 대화상자가 나타나면 하늘 부분을 어둡게 하기 위해 [Highlights]–[Amount]를 '+30'으로 설정합니다.

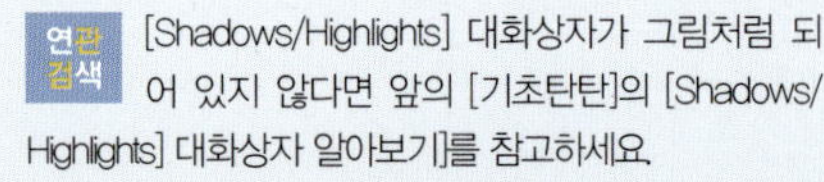
[Shadows/Highlights] 대화상자가 그림처럼 되어 있지 않다면 앞의 [기초탄탄]의 [Shadows/Highlights] 대화상자 알아보기를 참고하세요.

04. 이번에는 땅 부분을 밝게 하기 위해 [Shadows]-[Amount]를 '+30'으로 설정합니다. 땅 부분이 밝기가 밝아지면서 디테일이 살아났습니다.

05. 이미지의 어두운 영역과 밝은 영역의 디테일이 살아났습니다.

▲원본

▲디테일이 살아난 모습

이번 Step에서 말하는 회화적인 이미지란 정확히 말하면 HDR 이미지입니다. HDR 느낌의 이미지는 모든 계조의 디테일이 살아있고 나아가 좀 더 디테일이 과장되어 있는 것입니다. 이 과장된 느낌은 마치 사진을 회화처럼 보이게 합니다. 이번 Step에서는 HDR Toning을 이용하여 회화적인 느낌의 사진을 만들어 보겠습니다.

예제 파일 I DVD₩Part 02₩강화도_갯벌.jpg **완성 파일** I DVD₩Part 02₩강화도_갯벌_HDRtoning.jpg

01. '강화도_갯벌.jpg' 예제 파일을 불러옵니다. 강화도 갯벌을 찍은 평범한 풍경 사진입니다. HDR 이미지로 만들기 위해 [Image]–[Adjustments]–[HDR Toning] 메뉴를 클릭합니다.

02. [HDR Toning] 대화상자가 열림과 동시에 이미지에 조금의 변화가 생깁니다. 왜냐하면 [HDR Toning]의 값들이 '0'이 아닌 기본 값들이 설정되어 있기 때문입니다.

03. 미세한 변화를 보기 위해 Ctrl + + 를 여러 번 눌러 화면 배율이 100%가 되게 합니다.

04. 경계선의 명암 대비를 강하게 하기 위해 [Edge Glow]의 [Strength]를 '3'으로 설정하고 [Smooth Edges]를 체크합니다. 그리고 이미지의 계조와 디테일을 과장하기 위해 [Tone and Detail]에 [Gamma]는 '0.55', [Detail]은 '84%'로 설정합니다.

05. 계속해서 [Advanced]의 [Shadow]는 '50', [Saturation]은 '60'으로 설정하여 어두운 영역을 밝게 하고 채도를 올려 주었습니다. [OK] 단추를 클릭합니다.

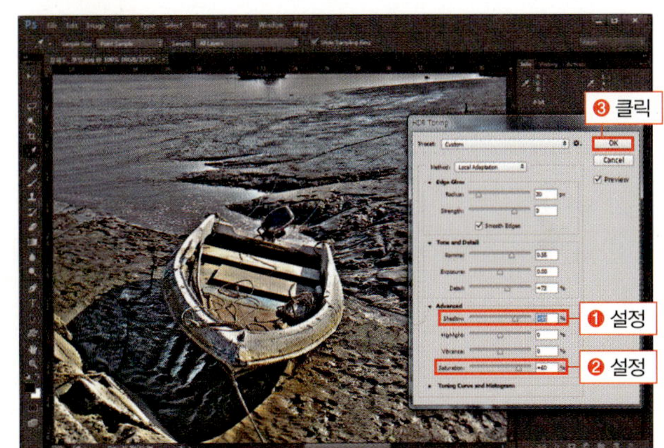

06. 완성된 결과물을 확인해 봅니다.

원본

보정 후

포토샵 CC 2015의 Color Lookup 기능을 보고 필자가 받은 느낌은 Google의 Nik 컬렉션 중 Color Efex Pro라는 필터가 떠올랐다. Color Efex Pro는 포토샵에 플러그인으로 사용하는 필터인데, 다양한 아날로그 필름 현상 기법과 암실기법 그리고 촬영 기법들을 시뮬레이션해 놓은 필터입니다. 이번 Step 에서는 Color Lookup을 이용한 다양한 컬러 이미지 효과를 알아보겠습니다.

예제 파일 | DVD\Part 02\순천만_성운.jpg

■ Color Lookup 적용하기

01. '순천만_성운.jpg' 파일을 열고 Color Lookup 기능을 실행하기 위해 [Image]–[Adjustment]– [Color Lookup] 메뉴를 클릭합니다.

02. [Color Lookup] 대화상자가 나타납니다. [Color Lookup]에 [3D LUT File], [Abstract], [Device Link]이 있습니다. 이 중에 하나를 선택하고 세부 항목에서 원하는 효과를 선택한 후 [OK] 단추를 클릭합니다.

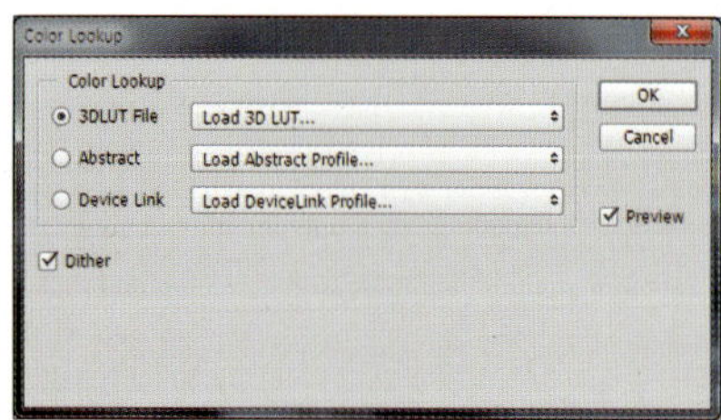

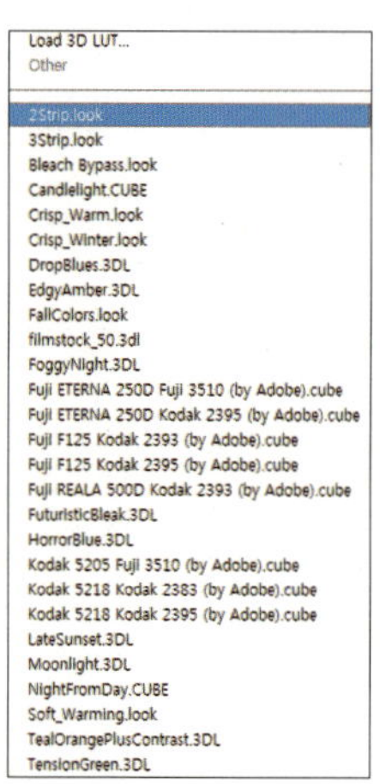
▲3DLUT File

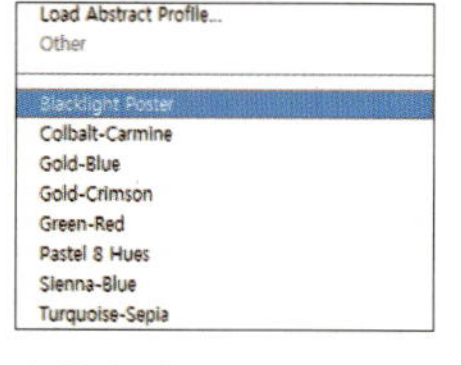
▲Abstract

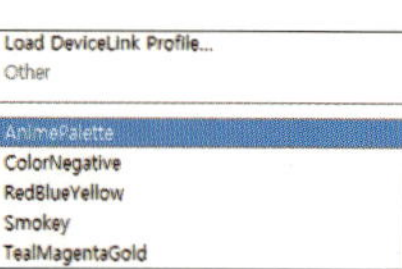
▲Device Link

■ Color Lookup의 다양한 효과들

• 3D LUT File

2strip.look

3strip.look

Bleach Bypass.look

Candle light CUBE

Crisp-Warm.look

Crisp-Winter.look

Drop BLUES.DL

EdgyAmber.3DL

FallColors.look

Flimstock_50.3DL

FoggyNight.3DL

FuturisticBleck.3DL

HorrorBLUE.3dl

LateSunset.3DL

Moonlight.3DL

NightFromDay.CUBE

Soft-Warming.look

TealOrangePlusContrast.3DL

TensionGreen.3DL

• Abstract

Blacklight Paster

Cobalt–Carmine

Gold–Blue

Gold–Crimson

Green–Red

Pastel 8 Hues

Siema—Blue

Turquoise—Sepia

• Device Link

Animepalette

ColorNagative

RedBlueYellow

Smokey

TealMagentaGold

160

Invert, Posterize, Threshold, Equalize 등의 기능들은 간단하게 이미지를 반전하거나 이미지의 색상 수를 줄여 포스터 느낌으로 만들거나, 판화 느낌의 이미지를 만들거나, 이미지의 밝기를 평균화하는 기능들입니다.

▲원본 사진

■ 이미지의 색상을 반전 – Invert

Invert 기능을 이용하면 이미지의 색상을 보색으로 반전시킬 수 있습니다. 이미지를 컬러 필름처럼 만들 때 사용합니다.

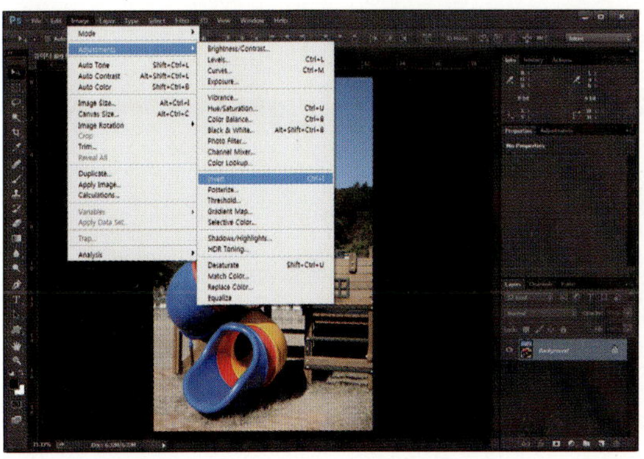

■ 포스터 이미지 만들기 – Posterize

Posterize 기능을 이용하면 이미지를 포스터처럼 만들 수 있습니다. [Posterize] 대화상자에서 [Levels]를 조정하여 이미지의 색상 수를 조정할 수 있습니다.

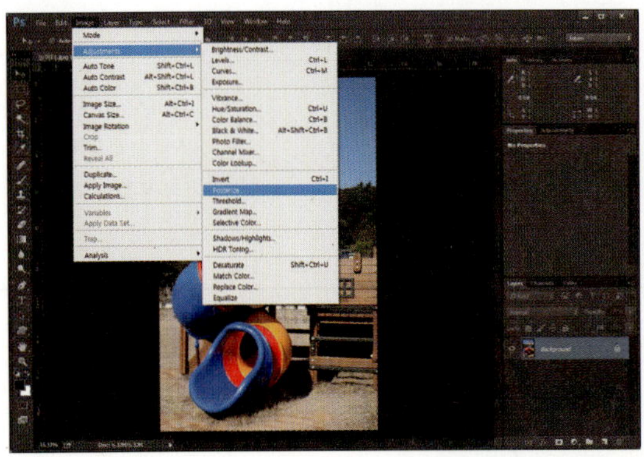 

■ 판화 느낌의 이미지 만들기 – Threshold

Threshold 기능을 사용하면 이미지를 흑과 백으로 변환할 수 있습니다. [Threshold] 대화상자에서 [Threshold Level]을 조정하면, 이미지의 밝기가 입력한 수치보다 크면 흰색, 작으면 검은색으로 변합니다.

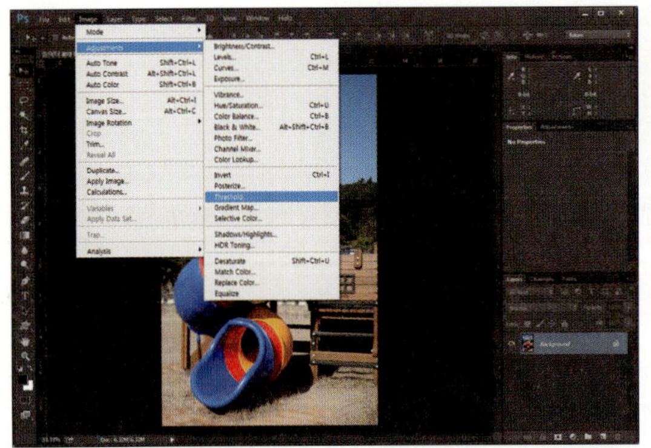 

■ 이미지의 밝기를 평균화 – Equalize

Equalize 기능을 이용하면 이미지의 밝기를 평균화시킬 수 있습니다. 이미지의 명암 대비가 약한 경우에 사용하면 효과적입니다.

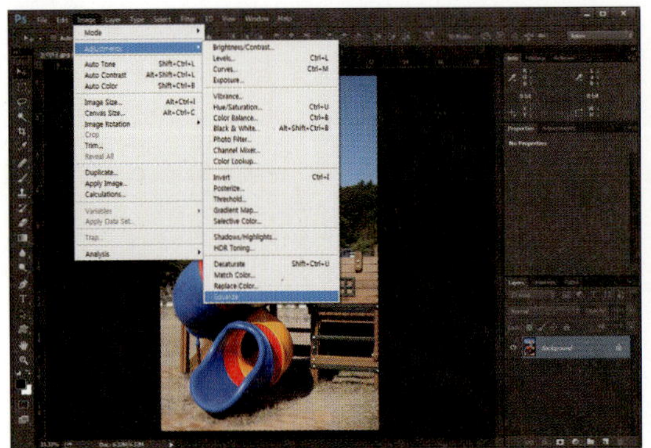 

조정 레이어를 이용한 이미지 조정
Adjustments Layer

조정 레이어(Adjustments Layer)는 이미지 조정 즉, [Image]–[Adjustments] 메뉴 안에 있는 명령들을 레이어의 방식으로 만들어 놓은 것입니다. 레이어 방식이라는 것은 이미지 원본을 직접 조정하는 것이 아니라 레이어를 만들어 이미지를 조정하는 것입니다. 조정 레이어를 이용하면 레이어 마스크를 이용하여 부분적인 이미지 조정이 가능합니다. 그리고 조정 레이어는 언제든지 다시 열어 수정이 가능합니다

기초탄탄 ▶ 조정 레이어(Adjustments Layer) 이해하기

■ [Adjustments] 패널 이해하기 `166p`

[Adjustments] 패널은 조정 레이어를 신속하게 추가하기 위한 패널로 각종 조정 레이어를 아이콘으로 만들어 두었습니다. 아이콘을 클릭하면 [Layers] 패널에 조정 레이어가 추가되고 [Properties] 패널이 나타납니다. [Properties] 패널은 [Adjustments] 패널의 대화상자와 같은 역할을 하는 패널입니다.

[Adjustments](조정) 패널

❶ Brightness/Contrast : 밝기와 명암 대비를 조정합니다.

❷ Levels : 밝기를 조정합니다. `166p`

❸ Curves : 명암 대비와 밝기를 조정합니다. `166p`

❹ Exposure : 노출을 조정합니다.

❺ Vibrance : 향상된 채도를 조정합니다. `167p`

❻ Hue/Saturation : 색상과 채도 그리고 밝기를 조정합니다.

❼ Color Balance : 색상의 균형을 조정합니다. `167p`

❽ Black & White : 컬러 이미지를 흑백으로 변경하고 톤을 조정합니다.

❾ Photo Filter : 이미지의 색온도를 조정합니다.

❿ Channel Mixer : 채널을 혼합하여 색상을 조정하거나 흑백으로 변경합니다.

⓫ Color Lookup : 다양한 아날로그의 컬러 프로세스를 시뮬레이션하여 특별한 색상을 만듭니다.

⓬ Invert : 이미지의 색상을 보색으로 바꿉니다. 즉, 양화(Positive) 이미지를 음화(Negative) 이미지로 반전시킵니다.

⓭ Posterize : 이미지의 색상을 줄여 포스터 이미지처럼 만듭니다.

⓮ Threshold : 이미지를 흑과 백으로 변환합니다. 이미지의 밝기가 입력한 수치보다 크면 흰색, 작으면 검은색으로 변화시킵니다.

⓯ Selective Color : 이미지의 색상을 C, M, Y, K 채널별로 설정합니다.

⓰ Gradient Map : 이미지의 색상을 원하는 그레이디언트 색상으로 변환합니다.

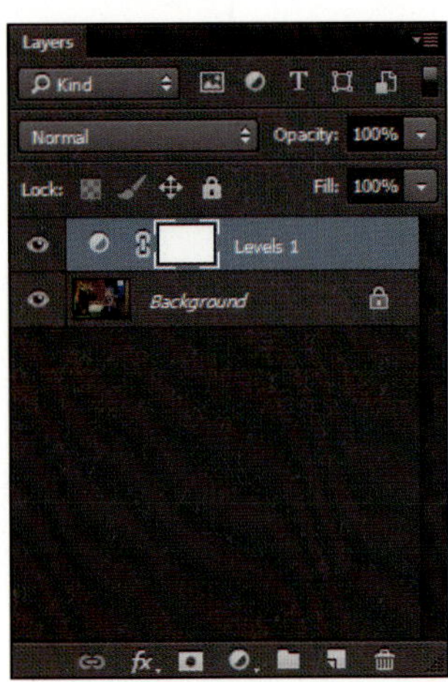

[Layers](레이어) 패널

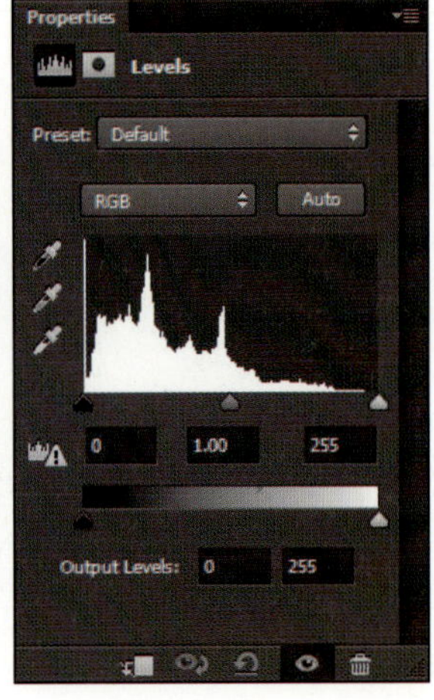

[Properties](속성) 패널

■ 조정 레이어를 추가하는 다른 방법 01

[Layers] 패널에서 [Create new fill or adjustment Layer] 아이콘을 클릭하면 팝업 메뉴가 나옵니다. 이곳에서 원하는 조정 레이어를 선택합니다.

■ 조정 레이어를 추가하는 다른 방법 02

• [Layer]−[New Adjustment Layer] 메뉴를 클릭한 후 원하는 조정 레이어를 선택합니다.

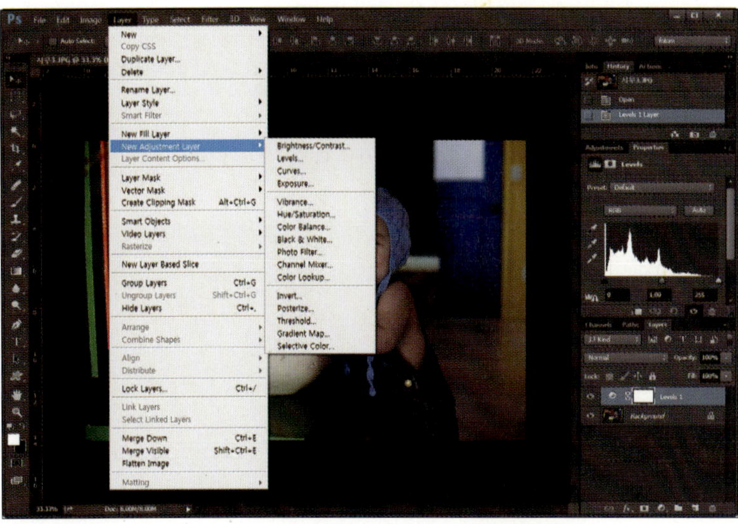

• [New Layer] 대화상자가 나타납니다. [OK] 단추를 클릭하면 조정 레이어가 추가됩니다.

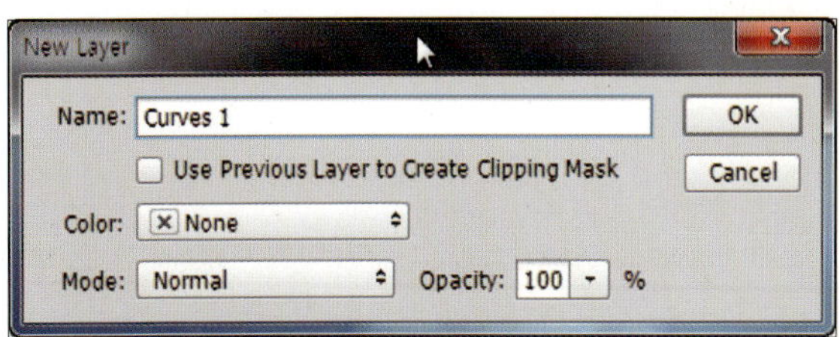

TIP : 포토샵 CC 2015에서 조정 레이어를 추가하는 방법은 3가지가 있습니다.

• [Adjustment] 패널을 이용하는 방법

• [Layers] 패널에서 [Create new fill or Adjustment Layer]를 클릭하는 방법

• [Layer]−[New Adjustment] 메뉴를 클릭하는 방법

이 중에 사용자가 편리한 방법을 사용하면 됩니다.

조정 레이어를 이용하여 이미지 조정의 4가지 요소인 밝기, 명암 대비, 채도 조정을 해보겠습니다.
Lesson 02-Step 01의 이미지 조정과 비교하기 위해 같은 예제를 사용하겠습니다. 그리고 조정 레이어
를 보관하기 위해 psd 파일로 저장해 보겠습니다.

예제 파일 | DVD\Part 02\시우3.jpg **완성 파일 |** DVD\Part 02\시우3_조정레이어.psd

01. '시우3.jpg' 예제 파일을 불러옵니다. 이미
지의 밝기를 올리기 위해, [Adjustments] 패널에
[Levels]를 클릭합니다. 그러면 [Layers] 패널에
'Levels 1' 조정 레이어가 생기고 [Properties] 패널
에 [Levels] 대화상자가 나타납니다.

02. 하이라이트 오른쪽 슬라이드 바를 '219', 중
간 슬라이드 바를 '1.30'으로 설정합니다.

03. 이번에는 이미지의 명암 대비를 올리기 위
해, 다시 [Adjustments] 패널에서 [Curves]를 클릭
합니다. 그러면 [Layers] 패널에 'Curves 1' 조정 레
이어가 생기고 [Properties] 패널에 [Curves] 대화
상자가 나타납니다. 앞서 학습한대로 S자 곡선으
로 설정합니다.

04. 이미지의 채도를 올리기 위해 이번에는 [Layers] 패널에서 [Create new fill or adjustment Layer]( )를 클릭한 후 팝업 메뉴가 나타나면 [Vibrance]를 선택합니다.

05. [Layers] 패널에 'Vibrance 1' 조정 레이어가 생기고 [Properties] 패널에 [Vibrance] 대화상자가 나타납니다. [Vibrance] 슬라이드 바를 '+30', [Saturation]은 '+10'으로 설정합니다.

06. 마지막으로 이미지의 색상 균형을 조정하기 위해 [Layers] 패널에서 [Create new fill or adjustment Layer]( )를 클릭하고 [Color Balance]를 선택합니다.

07. [Properties] 패널의 [Color Balance] 대화상자
에서 [Cyan]–[Red] 슬라이드 바를 '–10'으로 설정
합니다.

08. 작업한 파일을 저장하기 위해 [File]–[Save
As](**Shift**+**Ctrl**+**S**) 메뉴를 클릭합니다.

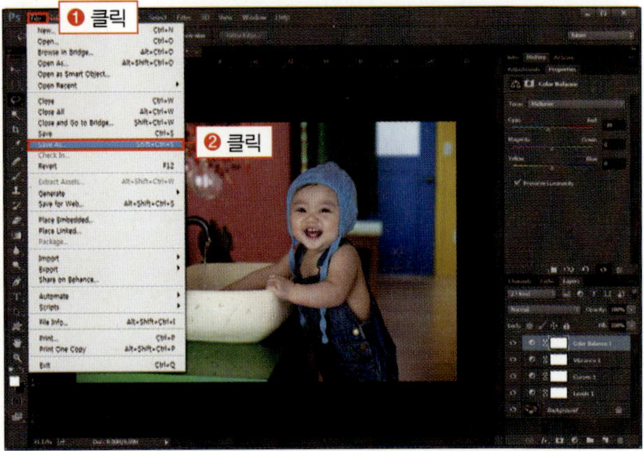

09. [다른 이름으로 저장] 대화상자가 나타납니
다. 포토샵의 레이어를 저장하기 위해서는 파일
형식을 'psd'로 저장해야 합니다. 레이어가 있는
이미지인 경우 자동으로 'psd' 파일로 설정됩니다.
'시우3_조정레이어.psd'라고 이름을 입력하고 [저
장] 단추를 클릭합니다.

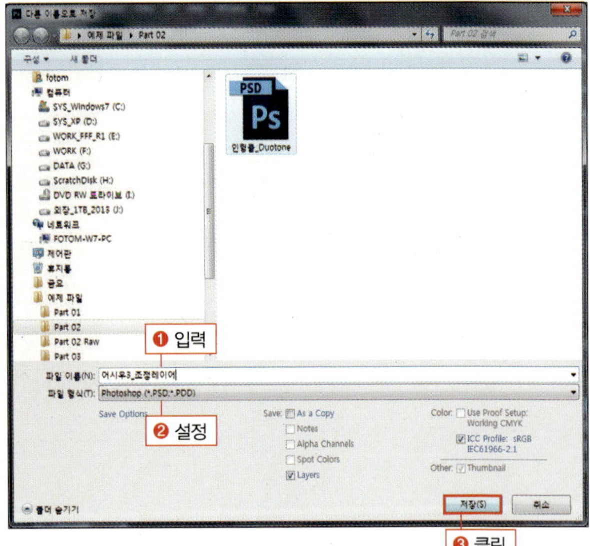

비슷한 상태로 촬영된 이미지를 작업할 때 조정 레이어를 이용하여 이미지 조정을 하면 작업한 조정 레이어를 이미지에 적용할 수 있습니다. 앞선 Step 01에서 작업한 조정 레이어를 이용하여 비슷한 이미지에 적용해 보겠습니다.

예제 파일 | DVD₩Part 02₩시우3_조정레이어.psd, 시우4.jpg　**완성 파일** | DVD₩Part 02₩시우4_조정레이어.psd

01. 어도비 브리지를 실행하고 예제 파일이 있는 'Part 02' 폴더를 선택합니다. **Ctrl** 을 누른 상태에서 앞선 Step에서 저장해 둔 '시우3_조정레이어.psd' 파일과 '시우4.jpg' 파일을 선택합니다. 마우스 오른쪽 버튼을 클릭하고 [Open]을 선택합니다.

02. 작업한 조정 레이어가 있는 '시우3_조정레이어.psd' 파일과 '시우4.jpg' 파일이 보입니다.

03. 도큐먼트 창을 배열하기 위해 [Window]-[Arrange]-[2-up Horizontal] 메뉴를 클릭합니다.

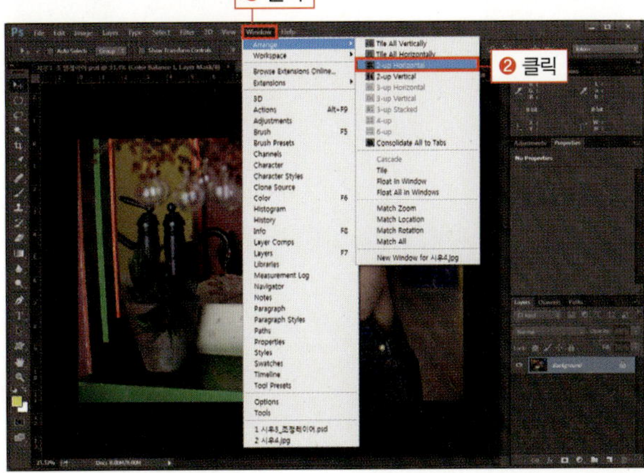

04. 도큐먼트 창이 [2-up Horizontal]로 배열되었습니다. [Shift]를 누른 상태로 [Layers] 패널에 있는 4개의 레이어를 모두 선택합니다.

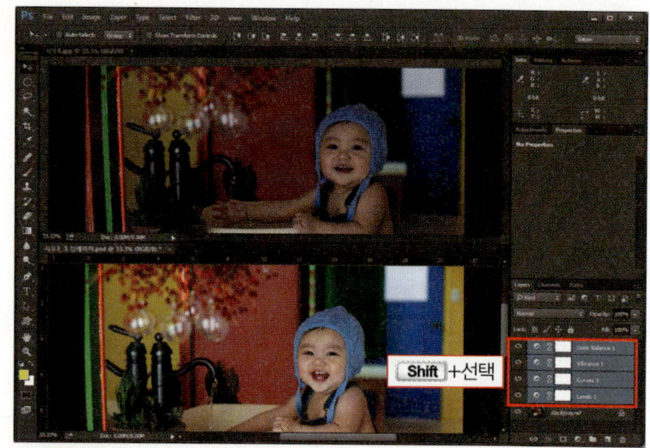

05. 선택한 레이어를 '시우4.jpg' 도큐먼트 창으로 드래그하여 가지고 옵니다.

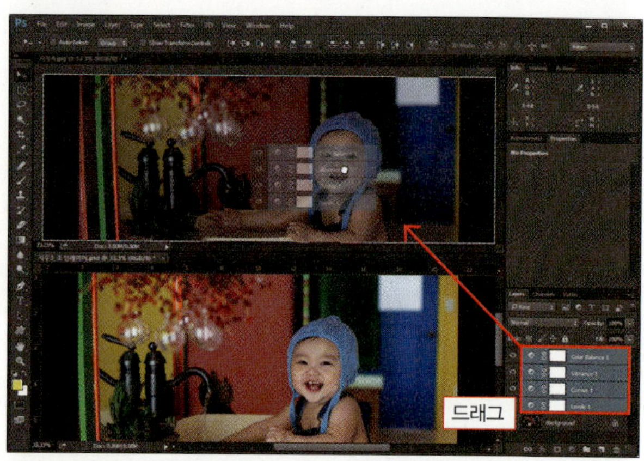

06. 이제 '시우4.jpg' 도큐먼트 창에도 조정 레이어가 적용되어 이미지가 조정되었습니다.

전체적으로 이미지를 조정한 후 특정 부분을 더 조정하고 싶을 때, 특정 부분을 선택하고 이미지를 조정하는 방법을 알아보겠습니다. 올가미 도구로 선택하고 조정 레이어를 이용하면 아주 쉽게 부분적으로 이미지를 조정할 수 있습니다.

예제 파일 I DVD₩Part 02₩제주.psd **완성 파일** I DVD₩Part 02₩제주_조정레이어.psd

01. '제주.psd' 파일을 불러옵니다. 이미 조정 레이어를 이용해 조정해 두었습니다. 올가미 도구(Loss Tool)를 선택하고 옵션 바의 [Feather]를 '200px'로 설정한 후 마우스를 이용하여 하늘 부분을 선택합니다.

02. [Layers] 패널의 [Create new fill or adjustment Layer] 아이콘을 클릭한 후 [Curves]를 선택합니다.

03. 하늘을 어둡게 하기 위해 [Properties] 패널의 [Curves] 대화상자에서 그림처럼 아래로 드래그합니다(Input 128, Output 95).

04. 'Curves 2' 조정 레이어에서 사용했던 선택 영역을 다시 불러오기 위해 **Ctrl** 을 누른 상태에서 'Curves 2' 조정 레이어의 레이어 마스크 아이콘을 클릭합니다.

05. 'Curves 2' 조정 레이어의 레이어 마스크가 다시 선택 영역으로 활성화되었습니다.

06. [Layers] 패널의 [Create new fill or adjustment Layer] 아이콘을 클릭하고 [Hue/Saturation]을 선택합니다.

07. [Properties] 패널의 [Hue/Saturation] 대화상자에서 [Saturation]을 '+35'로 설정합니다. 하늘의 채도가 높아졌습니다.

08. 이번에는 올가미 도구(Lasso Tool)로 이미지 아래의 땅 부분을 선택하고, [Layers] 패널에 [Create new fill or adjustment Layer] 아이콘을 클릭한 후 [Curves]를 선택합니다.

09. [Properties] 패널의 [Curves] 대화상자를 그림처럼 조정하여 이미지를 밝게 합니다(Input 128, Output 180).

10. 'Curves 3' 조정 레이어의 레이어 마스크를 선택 영역으로 만들기 위해 **Ctrl** 을 누른 상태에서 클릭합니다.

11. 땅 부분의 채도를 높이기 위해 [Layers] 패널에서 [Create new fill or adjustment Layer] 아이콘을 클릭하고 [Hue/Saturation]을 선택합니다.

12. [Properties] 패널의 [Hue/Saturation] 대화상자에서 [Saturation]을 '+47'로 설정합니다. 땅의 채도가 높아졌습니다. 올가미 도구(Lasso Tool)로 이미지 중앙을 선택하고 [Layers] 패널의 [Create new fill or adjustment Layer] 아이콘을 클릭한 후 [Curves]를 선택합니다.

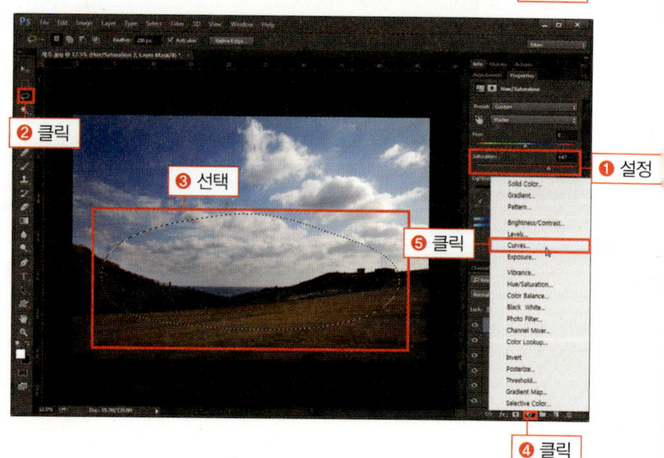

13. 이미지를 밝게 하기 위해 [Properties] 패널의 [Curves] 대화상자에서 그림과 같이 커브를 드래그하여 조정합니다(Input 128, Output 157).

14. 저장을 위해 [File]-[Save As] 메뉴를 클릭한 후 [다른 이름으로 저장] 대화상자가 나타나면 '제주_조정레이어.psd' 파일로 저장합니다.

15. 이미지의 하늘 부분이 진해지고 채도가 높아져 파란 하늘이 되었고, 땅은 밝아지고 채도가 높아졌습니다. 이렇게 선택 도구와 조정 레이어를 이용하면 부분적으로 이미지 조정이 가능합니다.

Raw 파일 컨버팅

디지털 카메라의 파일 형식 중 하나인 Raw 파일을 Camera Raw를 이용하여 컨버팅(Converting)하는 과정에 대해 알아보겠습니다.

기초탄탄 ▶ Raw 파일 이해하기

■ Raw 파일이란 무엇인가?

사전에서 'Raw'라는 단어를 찾아보면 '날 것, 가공하지 않은 것' 등의 의미로 정의되어 있습니다. 그렇다면 디지털 사진에서 말하는 Raw 파일이란 무엇을 얘기하는 걸까요?

아날로그 필름 사진을 예로 들면 촬영은 되었지만 아직 필름 현상을 하지 않은 상태를 말합니다. 다시 말해 촬영은 되어 정보로 기록은 되어있지만 아직 이미지는 아니어서 사용할 수 없는 상태를 말합니다.

■ Raw 파일 컨버팅(Converting)

위의 설명처럼 '촬영은 되었지만 아직 사용할 수 없는 상태'의 Raw 파일을 사용할 수 있는 이미지로 만드는 과정을 '컨버팅'이라고 합니다. 아날로그 필름 사진을 예로 들면, '촬영 → 현상(필름) → 인화(사진)'의 과정을 거칩니다. Raw 파일 컨버팅 과정은 (필름)현상 단계라고 생각하면 됩니다.

아날로그 필름 사진에서의 현상 과정은 이미지의 계조를 결정하므로 아주 중요한 과정입니다. 우리가 원판 불변의 법칙이라고 말할 때 이 '원판'이라는 것이 필름을 얘기하는 것입니다. 그러므로 디지털 사진에서는 Raw 파일 컨버팅 과정은 아주 중요합니다.

■ Raw 파일 변환 프로그램(Converter)

Raw 파일을 컨버팅하는 과정에서 사용하는 변환 프로그램을 말합니다. 아날로그 필름 사진에 현상(필름) 과정으로 얘기한다면 필름 현상을 위한 필름 현상액의 종류, 현상 온도, 현상 시간, 교반 방법 등을 말합니다.

> **TIP : 플러그인(Plug-in)**
> 일반 프로그램과 다르게 자체적으로는 실행 능력이 없는 부가 프로그램을 말합니다.

■ Raw vs JPG 파일 비교

아날로그 필름으로 설명하면 Raw 파일은 네가티브(Negative) 필름이고 JPG 파일은 포지티브 (Positive) 필름입니다. 네가티브 필름은 인화라는 과정을 통해 이미지를 조정하여 사진을 만들 수 있지만 포지티브 필름은 현상 과정에서 이미지의 상태가 결정됩니다. 즉 필름 현상 과정이 끝나면 더 이상 이미지를 조정하기가 힘듭니다. 이처럼 디지털에서도 Raw 파일은 이미지 조정의 범위가 JPG 파일 보다 넓습니다.

■ Raw 파일의 장단점

Raw 파일은 JPG 파일과 비교하면 촬영 시 카메라에서 저장될 때의 속도가 느리고, 용량이 크므로 저장할 수 있는 이미지 개수가 JPG 파일보다 적고, 촬영한 후에도 바로 볼 수 없고 컨버팅이라는 번거로운 과정을 거쳐야 하는 단점이 있습니다.

하지만 촬영 시 카메라에서만 조정이 가능한 화이트 밸런스(White Balance)와 노출(Exposure)을 Raw 컨버팅 과정에서 조정할 수 있는 장점과 압축 파일인 JPG 파일 보다 좋은 퀄리티를 만들어 낸다는 장점이 있습니다.

■ Camera Raw의 구조 이해하기 181p

❶ Camera Raw : 버전 정보와 카메라 정보 표시줄입니다.

❷ 도구들 : 포토샵의 도구 패널과 같이 다양한 도구들이 들어 있습니다.

❸ Toggle full screen mode : 클릭하면 Camera Raw을 화면 가득 채워줍니다.

❹ 이미지 창 : 이미지를 보여줍니다.

❺ 화면 배율 조절 : 이미지를 보는 화면 배율을 조절합니다.

❻ 도큐먼트 이름

❼ Cycles between Before/After views : 조정 전후를 보여줍니다.

❽ Tiggle between current setting and defaults for the visible Panel only : 현재의 조정 상태와 기본 설정을 교대로 보여줍니다. Preview와 같은 기능입니다.

❾ 히스토그램 창 : 이미지의 픽셀 분포를 그래프로 보여줍니다.

❿ 패널 : [Basic], [Tone Curve], [Detail], [Split Toning], [Lens Corrections], [Effects], [Camera Calibration], [Presets], [Snapshots] 등의 패널이 있습니다.

⓫ Save Image : Raw 파일을 다양한 포맷으로 저장할 때 사용합니다.

⓬ Workflow Option : 이미지의 색공간, 이미지 크기 등을 설정할 때 사용합니다.

⓭ Open Object : 조정이 끝난 Raw 파일을 포토샵으로 열어줍니다.

⓮ Cancel : Raw 파일의 이미지 조정을 취소하고 Camera Raw 플러그인을 닫습니다.

⓯ Done : Raw 파일의 이미지 조정 값을 저장하고 Camera Raw 플러그인을 닫습니다.

■ [Basic] 패널 알아보기

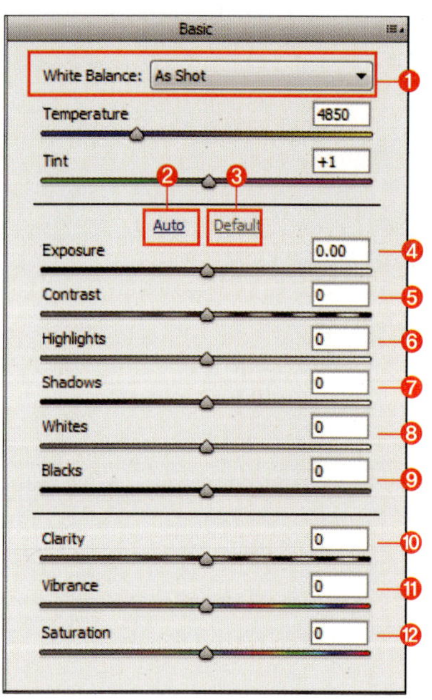

❶ White Balance : 이미지의 화이트 밸런스를 프리셋 또는, [Temperature]와 [Tint]를 이용하여 조절할 수 있습니다.

> **TIP : 화이트 밸런스**
> 광원의 색온도와 카메라의 색온도 설정의 관계를 말합니다.

❷ Auto : 이미지의 밝기, 명암 대비 등을 자동으로 설정합니다.

❸ Default : 이미지 조정을 기본 값으로 되돌립니다.

❹ Exposure : 이미지의 전체적인 밝기(노출)를 조절합니다.

❺ Contrast : 이미지의 명암 대비를 조절합니다.

❻ Highlights : 이미지의 밝은 영역의 밝기를 조절합니다.

❼ Shadows : 이미지의 어두운 영역의 밝기를 조절합니다.

❽ Whites : 이미지의 가장 밝은 영역의 밝기를 조절합니다.

❾ Blacks : 이미지의 가장 어두운 영역의 밝기를 조절합니다.

> **TIP : 영역별 밝기 조정의 4가지와 Exposure**
>
> 필자는 위의 6~9의 [Highlights], [Shadows], [Whites], [Blacks]를 영역별 밝기 조정 4가지라 부릅니다. 각각의 슬라이드 바를 이용하면 정해진 영역의 밝기를 조정할 수 있습니다. 여기에 [Exposure]까지 더해서 5가지의 영역의 밝기를 마음대로 조정할 수 있습니다.
> [Exposure] 영역은 히스토그램으로는 중간 영역만인 것 같지만 실제로는 중간 영역에서 [Highlights], [Whites] 영역까지 조정이 됩니다.
>
> 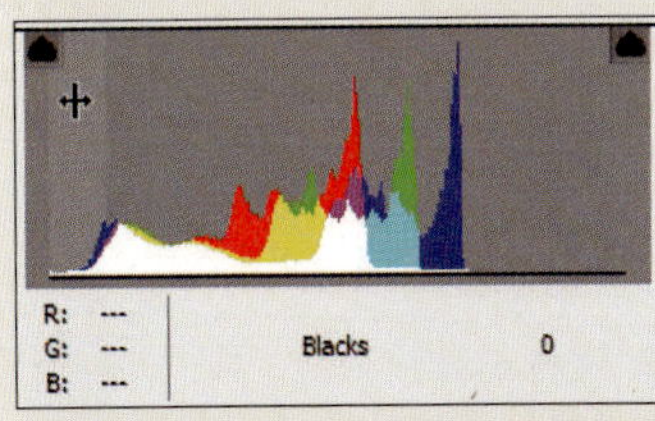 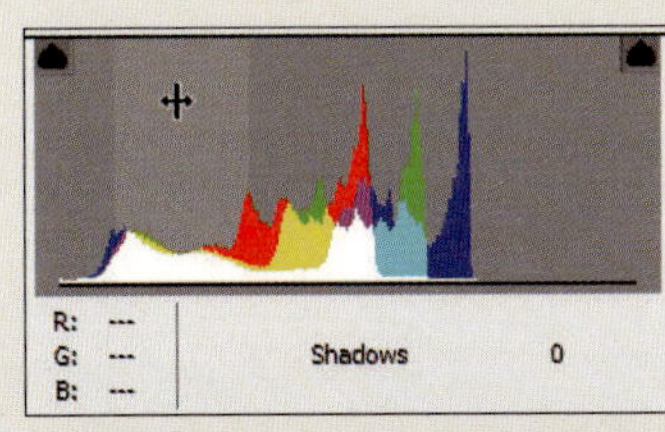
> 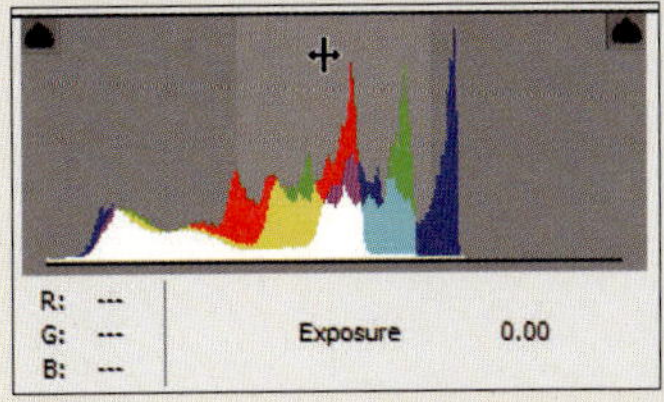 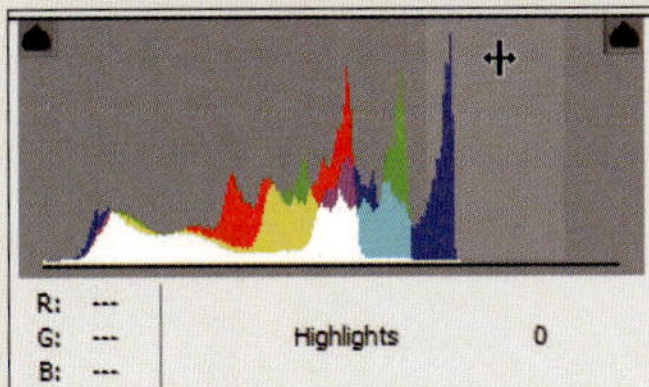 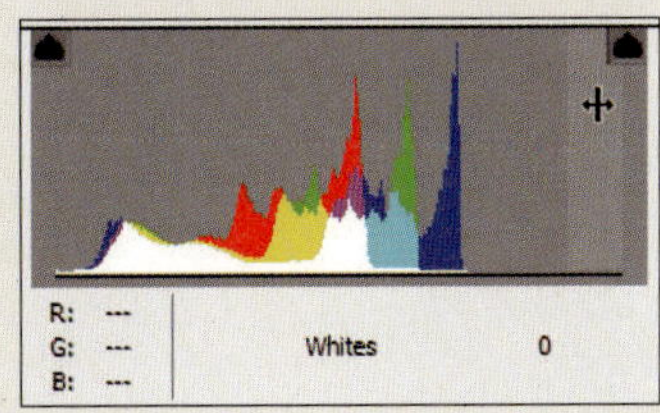
>
> 포토샵 CC 2015에서는 Camera Raw 오른쪽 위의 히스토그램에 마우스 포인터를 가져가면 해당되는 영역이 설정됩니다. 이때 드래그를 하면 해당되는 슬라이드 바가 움직입니다.

❿ Clarity : 이미지의 픽셀의 대비를 조절하여 선명하게 만들어 줍니다.

> **TIP : Contrast vs Clarity**
>
> • Contrast : 밝은 영역과 어두운 영역의 밝기의 차이를 조절하는 것. 즉 Contrast(명암 대비)를 높게 하는 것은 밝은 영역은 더 밝게 어두운 영역은 더 어둡게 하는 것을 말합니다. 밝은 영역과 어두운 영역의 기준이 '128'입니다.
> • Clarity : Contrast의 영역의 기준이 '128'이지만 Clarity는 영역의 기준이 없습니다. Clarity는 밝은 영역, 어두운 영역의 밝기 차이를 조절하는 것이 아니고 인접한 픽셀을 비교하여 밝은 픽셀은 더 밝게 어두운 픽셀은 더 어둡게 조절하는 것입니다. 이는 Shapen 필터의 원리와 비슷합니다. 그래서 Clarity를 조절하면 Sharpen 필터를 쓴 것처럼 선명해 보입니다.

⓫ Vibrance : 이미지의 채도(향상된 채도)를 조절합니다.

⓬ Saturation : 이미지의 채도를 조절합니다.

■ Raw 파일 미리 보기

Raw 파일은 그림처럼 [Windows] 탐색기에서는 미리 보기가 되지 않습니다. 그래서 어떤 이미지인지 파일명으로 밖에 찾을 수 없습니다.

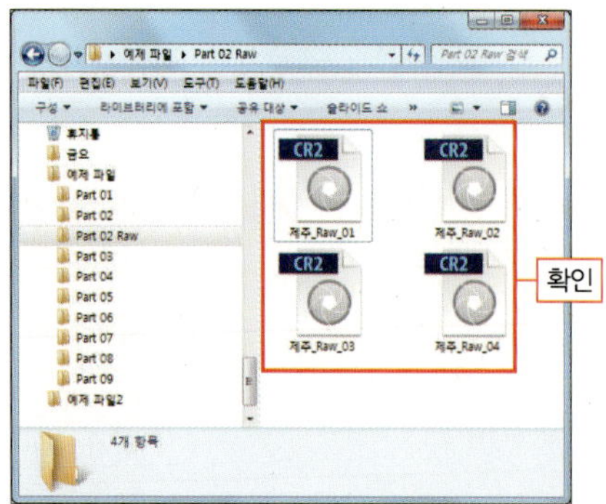

Raw 파일의 미리 보기 위해서는 어도비 브리지(어도비 브리지)를 이용해야 합니다.

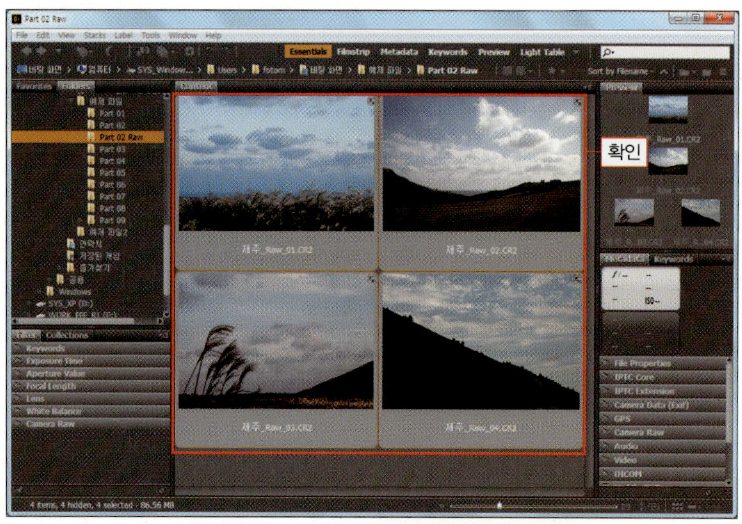

TIP : 필자는 Raw 파일뿐만 아니라 모든 이미지 파일을 어도비 브리지를 이용합니다. 이미지를 볼 때 어도비 브리지를 이용하면 좋은 점이 여러 가지 있지만, 설명하면 길어지므로 일단 정확한 색 재현을 위해서도 어도비 브리지를 이용해야 한다고 생각합니다.

Camera Raw를 이용한 Raw 파일의 컨버팅 과정과 [Basic] 패널을 이용하여 이미지 조정을 하고 포토샵으로 불러와 저장하는 작업 흐름을 알아보겠습니다(순서 : Bridge → Camera Raw → Photoshop).

예제 파일 | DVD\Part 02 Raw\제주_Raw_01.CR2 **완성 파일 |** DVD\Part 02\제주_Raw_01.psd

01. 어도비 브리지를 실행하기 위해 [File]– [Browse in Bridge] 메뉴를 클릭합니다.

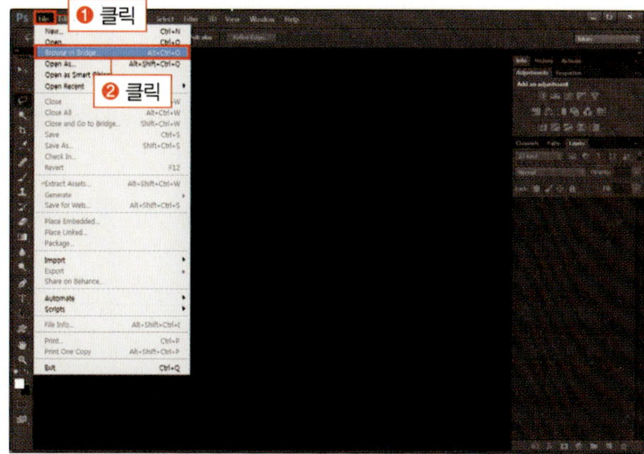

02. 어도비 브리지가 실행되면 [Folder] 패널에서 예제 파일이 들어 있는 폴더로 이동합니다. [Content] 패널에서 'JEJU_Raw_01.cr2' 파일을 마우스 오른쪽 버튼으로 클릭한 후 [Open]을 선택합니다.

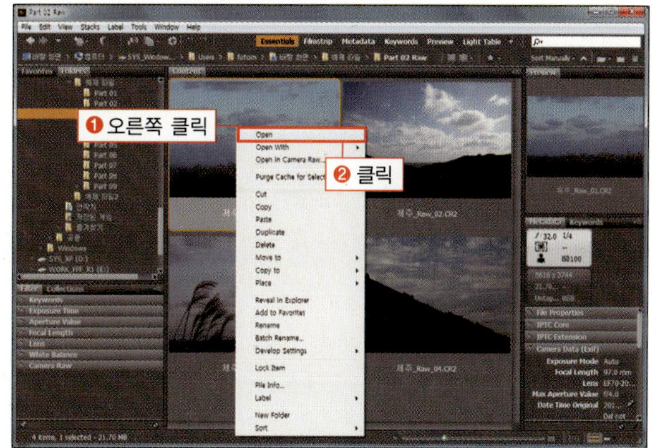

03. Camera Raw가 실행되면 [Basic] 패널의 이미지를 밝게 하기 위해 [Exposure] '+1.25', 명암 대비를 강하게 위해 [Contrast] '+54', 밝은 영역의 밝기를 어둡게 하기 위해 [Highlights] '–38', 가장 밝은 영역도 어둡게 하기 위해 [Whites] '–16', 이미지를 선명하게 하기 위해 [Clarity] '+30', 채도를 높이기 위해 [Vibrance] '+45'로 설정합니다. 포토샵 CC 2015로 가져오기 위해 [Open Image] 단추를 클릭합니다.

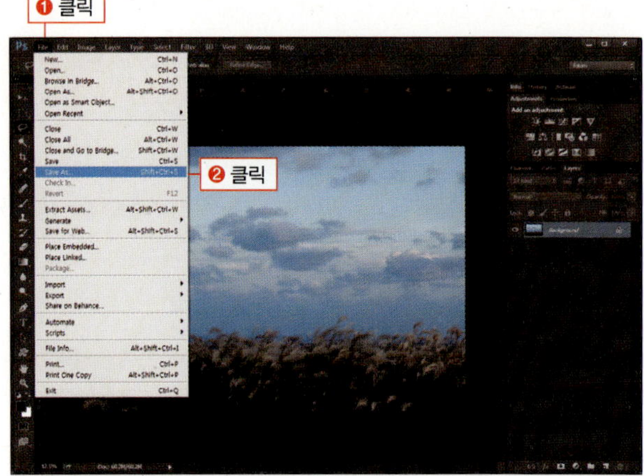

04. 포토샵 CC 2015로 열린 이미지를 저장하기 위해 [File]-[Save As] (Shift + Ctrl + S) 메뉴를 클릭합니다.

05. [다른 이름으로 저장] 대화상자가 나타납니다. 파일 형식을 Photoshop(*.psd;*.PDD)로 선택하고 파일 이름에 '_w'를 붙인 후 [저장] 단추를 클릭합니다.

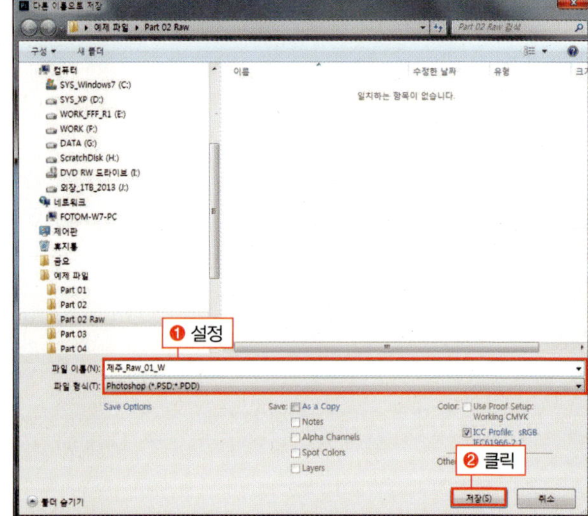

T I P : PSD 파일 형식으로 저장하는 이유는 Raw 파일의 좋은 품질을 그대로 유지할 수 있는 비압축 파일로 저장하기 위해서 있습니다. JPG 파일은 압축 파일로 이미지의 손실이 있습니다.

06. 어도비 브리지를 열어 보면 그림과 같이 방금 저장한 '제주_Raw_01_w.psd' 파일이 보입니다.

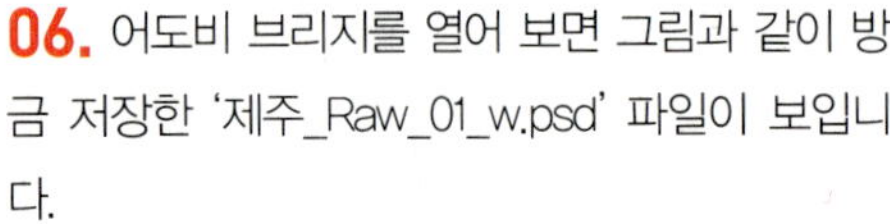

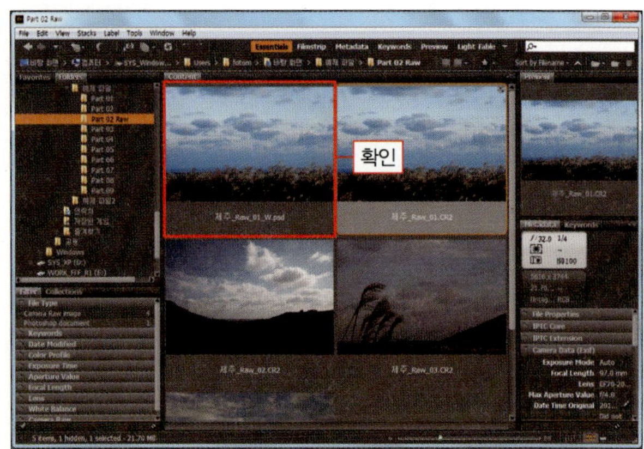

Camera Raw를 이용하여 여러 장의 Raw 파일을 컨버팅함과 동시에 바로 PSD 파일로 저장해 보겠습니다. Step 01처럼 포토샵으로 열어서 작업하는 것은 한계가 있습니다. 컴퓨터의 성능에 따라 다르겠지만 너무 많은 Raw 파일을 포토샵에서 열면 컴퓨터가 다운될 수도 있습니다.

예제 파일ㅣ DVD₩Part 02 Raw 폴더

01. 컨버팅할 Raw 파일을 보기 위해 어도비 브리지를 실행합니다. 그리고 Step 01에서 컨버팅한 파일을 제외한 모든 파일 선택하기 위해 처음 파일을 선택한 후 **Shift** 를 누른 상태에서 마지막 파일을 선택합니다. 그럼 그림처럼 파일들이 선택됩니다.

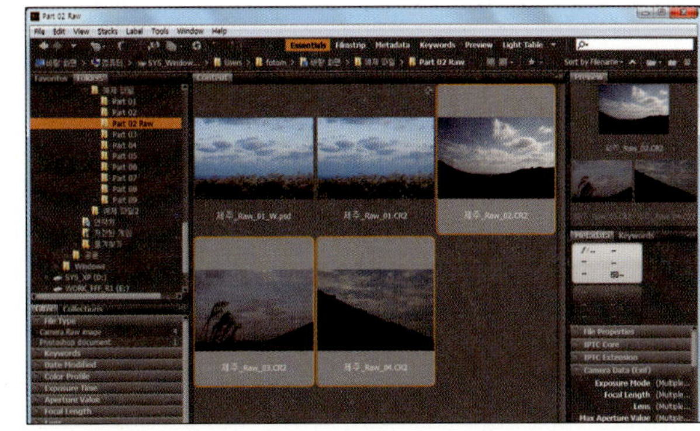

02. 마우스 오른쪽 버튼을 클릭한 후 [Open in Camera Raw]를 선택합니다.

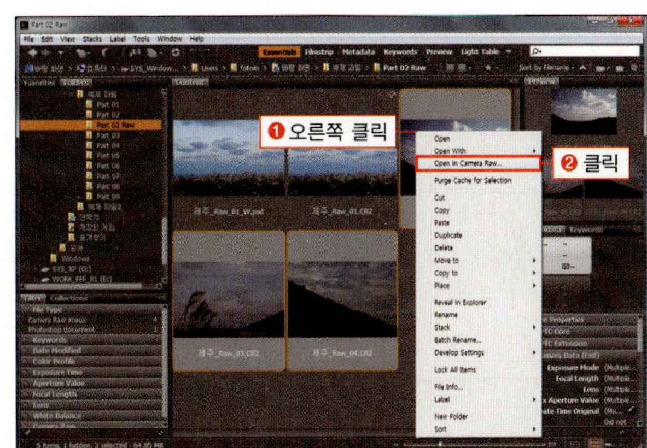

TIP : Open vs Open in Camera Raw
앞선 따라하기를 보면 Open과 Open in Camera Raw 명령이 있습니다. 두 명령 모두 Camera Raw를 실행하는 명령입니다. 하지만 차이점이 있습니다. Open 명령은 포토샵의 플러그인으로 실행되고 Open in Camera Raw 명령은 어도비 브리지의 플러그인으로 실행됩니다. 그래서 포토샵을 종료한 상태에서 Open 명령을 실행하면 먼저 포토샵이 실행되고 Camera Raw가 실행됩니다. 그러나 Open in Camera Raw 명령을 실행하면 포토샵 실행 없이 Camera Raw가 실행됩니다.

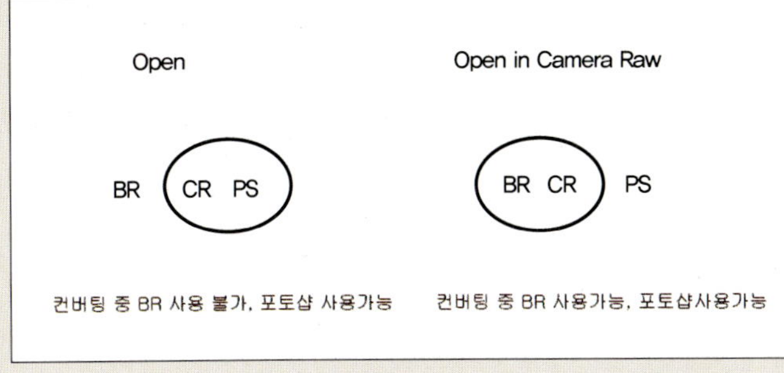

이렇게 설계한 이유는 작업의 효율성 때문입니다. 예를 들어 설명하면 촬영한 Raw 파일이 1000장 있다고 합시다. 그럼 1000장의 Raw 파일을 컨버팅하는 동안 작업자가 그냥 놀 수 있으면 좋겠지만 그 시간에 다른 일을 해야겠죠. 이때 어떤 일을 해야 하느냐에 따라 Open, Open in Camera Raw 명령을 선택해야 합니다. 컨버팅하는 동안 포토샵으로 작업을 해야 한다면 Open in Camera Raw 명령으로, 반대로 어도비 브리지로 사진을 보고, 고르는 일을 해야 한다면 Open 명령으로 Camera Raw를 실행해야 합니다.

03. Camera Raw가 실행됩니다. 한 장의 Raw 파일을 열었을 때와 다르게 왼쪽에 세로로 섬네일 창이 생겼습니다.

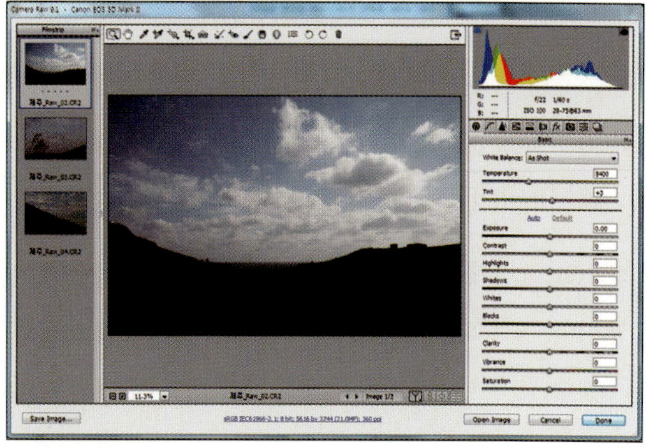

04. 왼쪽의 섬네일을 선택하고 이미지 조정을 하면 됩니다. 각 파일의 조정이 끝나면 모든 파일을 저장하기 위해 [Filmstrip] 오른쪽에 메뉴를 클릭하고 [Select All]을 선택한 후 [Save Image] 단추를 클릭합니다.

TIP : 원하는 파일만 컨버팅하고 싶으면 그 파일만 선택하면 됩니다.

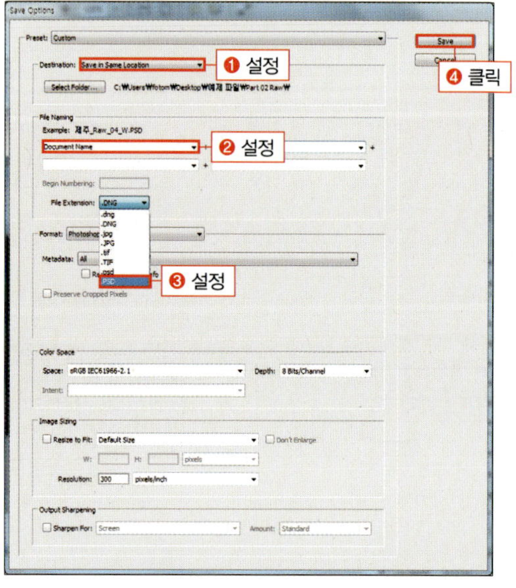

05. [Save Option] 대화상자가 나타납니다. [Destination](저장 위치)는 'Save in Same Location' (원본 파일과 같은 위치)을 선택하고, [File Naming] (파일 이름)은 'Document Name'을 선택하고 + 뒤에 빈 공간에 '_w'를 입력합니다, [File Extension] (파일 확장자)은 '.psd'를 선택한 후 [Save] 단추를 클릭합니다.

06. [Save Options] 대화상자가 닫히고 Camera Raw가 보입니다. [Save Image] 단추 오른쪽에 보이는 '3 remaining'이라는 파란색 글씨를 클릭합니다.

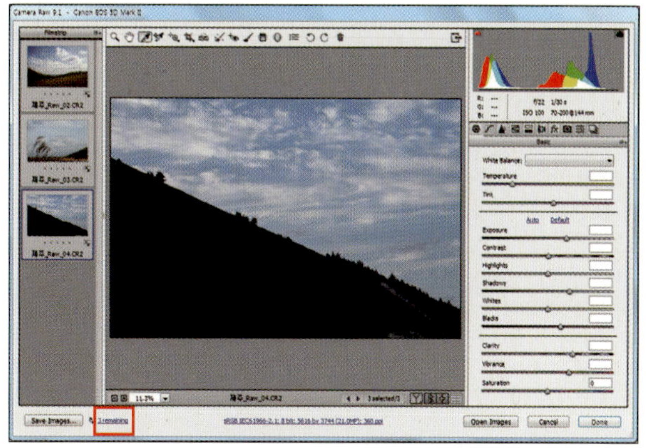

07. [Camera Raw Save Status](저장 진행 상황) 대화상자가 나타납니다. 이 대화상자는 Raw 파일이 PSD 파일로 컨버팅되고 있는 상태를 보여 주는 것입니다. [OK] 단추를 클릭합니다.

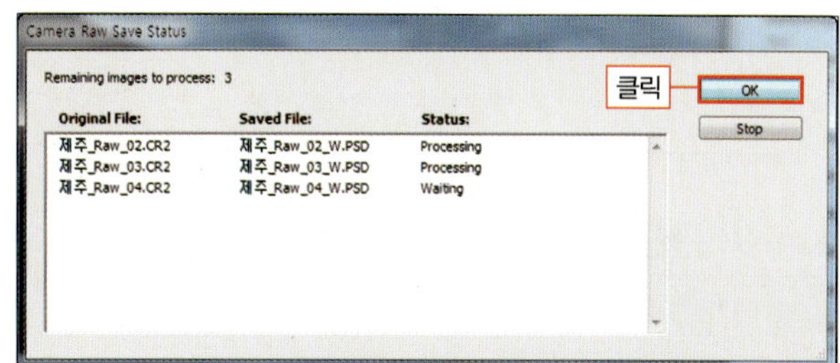

08. [Save Image] 옆의 파란색 글씨가 없어지면 컨버팅이 완료된 것입니다. [Done] 단추를 클릭하여 지금까지의 설정을 저장하고 종료합니다.

TIP : [Cancel] 단추를 클릭하면 Save Image는 되었지만 Raw 파일 컨버팅 즉, Camera Raw의 설정 값은 사라집니다.

09. 어도비 브리지를 열어 확인해 보면 그림과 같이 Raw 파일 옆에 PSD 파일들이 저장된 것을 볼 수 있습니다. 그리고 Raw 파일 오른쪽 위에 Camer Raw에서 조정했다는 표시가 보입니다.

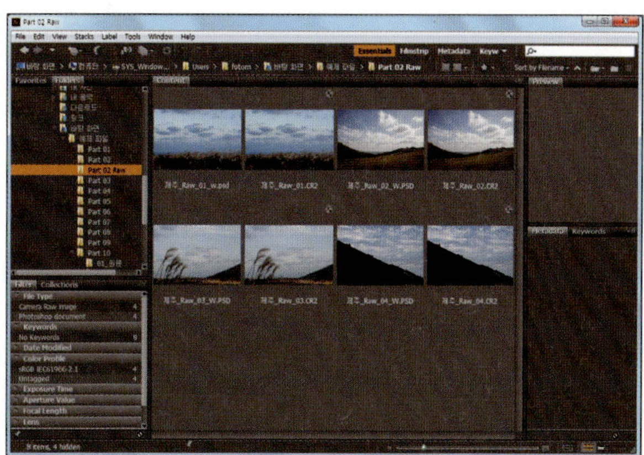

- 이미지 모드(Mode)란 이미지의 색상 정보를 어떤 방법으로 표현하느냐 하는 것입니다. 이미지 모드에는 비트맵 모드, 그레이스케일 모드, 듀오톤 모드, 인덱스 모드, RGB 모드, CMYK 모드, Lab 모드, 멀티 채널 모드 등이 있습니다. **88p**

- 이미지 모드를 이용하여 컬러 이미지를 흑백 이미지로 만들 수 있습니다. **92p**

- 이미지 조정의 4가지 요소에는 '밝기, 명암 대비, 채도, 색상'이 있습니다. **97p**

- 히스토그램을 보고 이미지의 노출을 판단할 수 있습니다. **102p**

- 이미지 조정을 할 때에는 'Levels, Curves, Vibrance, Color Balance' 순으로 조정합니다. **104p**

- 이미지의 전체적인 밝기를 조정하려면 Levels 기능으로 이미지의 중간 톤 부분을 밝게 하면서, 명암 대비까지 한 번에 조정하려면 Curves 기능을 사용합니다. **111p**

- Brightness/Contrast 기능을 이용하면 이미지의 밝기와 명암 대비를 한꺼번에 조정할 수 있습니다. **114p**

- 채도 조정에는 Vibrance와 Hue/Saturation의 Saturation이 있습니다. Vibrance는 이미지의 훼손을 최소화하며 상대적으로 채도를 올려줍니다. **116p**

- Color Balance 기능은 [Red-Cyan], [Green-Magenta], [Blue-Yellow] 슬라이드 바를 이용하여 색상의 균형을 조정합니다. **119p**

- Color Balance의 Tone Balance를 활용하면 어두운 부분, 중간 부분, 밝은 부분을 구분하여 색상을 조정할 수 있습니다.

- 이미지의 색상을 조정할 때 Color Balance와 Hue/Saturation의 Hue 그리고, Selective Color의 차이를 이해하고 사용합니다.

- Photo Filter를 이용하여 이미지의 색상을 조정할 수 있습니다. **146p**

- Shadows/Highlights 기능을 이용하면 어두운 부분과 밝은 부분의 디테일을 살릴 수 있습니다. **152p**

- HDR Toning 기능을 이용하면 사진 이미지를 회화적인 이미지로 만들 수 있습니다. **154p**

- Color Lookup 기능을 이용하면 다양한 색상의 이미지를 만들 수 있습니다. **156p**

- Invert 기능은 이미지를 반전, Posterize 기능은 이미지의 색상을 줄여 포스터 느낌을, Thresholde 기능은 판화 느낌을, Equalize 기능은 이미지의 밝기를 평균화시킬 수 있습니다. **161p**

- 이미지 조정의 다른 방법으로 조정 레이어를 이용할 수 있습니다. 조정 레이어를 이용하면 조정이 끝난 후에도 언제든지 다시 조정이 가능하고 조정 레이어를 다른 도큐먼트에 적용할 수 있고, 레이어 마스크를 이용하면 부분적으로 이미지 조정이 가능합니다. **163p**

- 디지털 사진의 중급, 고급 사용자가 되려면 Raw 파일 다루는 방법을 꼭 익혀야 합니다. **176p**

- Camera Raw를 이용한 Raw 파일 컨버팅 과정을 익힙니다. **181p**

01 조정 레이어를 이용한 이미지 조정하기

예제 파일 : DVD\Part 02\시우3.jpg   **동영상 해설** : DVD\Self Test\P02_01.wmv

HINT

[Adjustments] 패널이나 [Layers] 패널에서 Levels나 Curves와 같은 조정 레이어를 이용하여 이미지의 밝기나 명암 대비 등을 조정할 수 있습니다.

02 작업한 조정 레이어를 다른 이미지에 적용하기

예제 파일 : DVD\Part 02\시우3_조정레이어.psd, 시우4.jpg   **동영상 해설** : DVD\Self Test\P02_02.wmv

HINT

조정 레이어를 이용하여 작업한 PSD 파일의 경우 조정 레이어의 조정 값들을 드래그하는 방식으로 다른 이미지에 간단하게 적용할 수 있습니다.

03 | 조정 레이어를 이용하여 부분적으로 이미지 조정하기

예제 파일 : DVD\Part 02\제주.psd　　**동영상 해설 :** DVD\Self Test\P02_03.wmv

HINT

선택 도구들을 활용하면 이미지에서 조정이 필요한 부분들만 선택 영역으로 지정한 후 조정 레이어의 기능들을 부분적으로 적용할 수 있습니다.

04 | Camera Raw를 이용하여 여러 장의 Raw 파일 컨버팅하기

예제 파일 : DVD\Part 02 Raw 폴더　　**동영상 해설 :** DVD\Self Test\P02_04.wmv

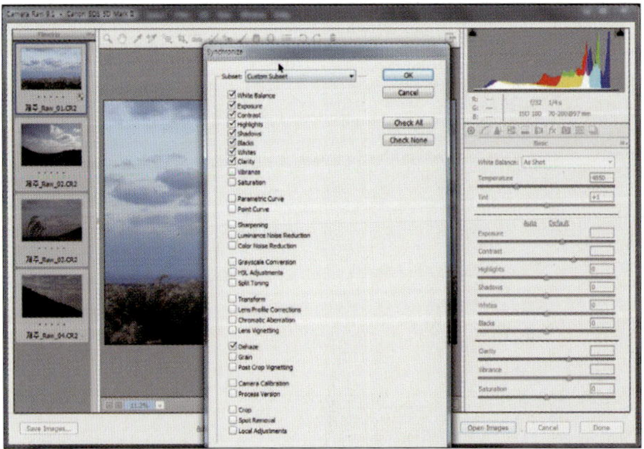

HINT

어도비 브리지의 [Filter] 탭을 이용하면 원하는 파일들만 정렬하여 확인이 가능하며, Camera Raw의 [Sync Settings] 메뉴를 이용하여 이미지를 일괄 보정한 후 컨버팅할 수 있습니다.

03

이미지 크기와 자르기
그리고, 가이드 선

이미지의 크기를 사용 목적에 맞게 조정하고, 이
미지를 자르고, 캔버스 크기를 이용하여 여백을
만드는 방법에 대해 알아보고, 가이드 선을 이용
하여 정확한 크기의 사각형을 그리고 레이어들
을 배열하는 방법도 알아보겠습니다.

이미지의 크기를 사용 목적에 맞게 조정하고, 이미지를 자르고 그리고 캔버스 크기를 이용하여 여백을 만드는 방법에 대해 알아보겠습니다.

기초탄탄 ▸ 이미지 크기(Image Size)와 캔버스 크기(Canvas Size)의 대화상자

이미지 크기란 '가로 pixel의 개수' x '세로 pixel의 개수'를 말한다. 예를 들어 가로, 세로가 6,000pixel x 4,000pixel의 이미지는 24,000,000 화소의 이미지인 것이다. [Image Size] 대화상자를 이용하여 우리가 이해하기 쉬운 Cm, Inch 단위로 변경해 볼 수 있으며, 출력 장비에 적합하게 해상도(PPI)를 조정하여 볼 수도 있습니다.

캔버스 크기는 이미지를 그려놓은 종이 크기라고 생각하면 됩니다. 이미지를 처음 열었을 때 이미지 크기와 캔버스 크기는 같습니다. 다시 말해 그림과 종이의 크기가 같다는 것입니다. 그러나 [Image]-[Canvas Size] 메뉴를 이용하여 캔버스 크기를 현재 이미지 크기 보다 큰 값으로 변경하면 여백이 생기고(종이가 늘어나고) 작은 값으로 변경하면 종이가 작아지므로 이미지가 잘립니다.

자르기 도구(Crop Tool)는 이미지를 자유롭게 또는 특정한 비율 또는 특정한 크기에 맞추어 자를 수 있습니다.

■ [Image Size] 대화상자의 이해 196p

포토샵 CC의 [Image Size] 대화상자에 변화가 있습니다. 포토샵 CS6까지의 [Image Size] 대화상자는 오른쪽 그림과 같이 [Pixel Dimensions], [Document Size] 그리고 3가지 체크 사항으로 구성되어 있었습니다. 포토샵 CC의 대화상자는 [Pixel Dimensions], [Document Size] 부분이 통합되었습니다.

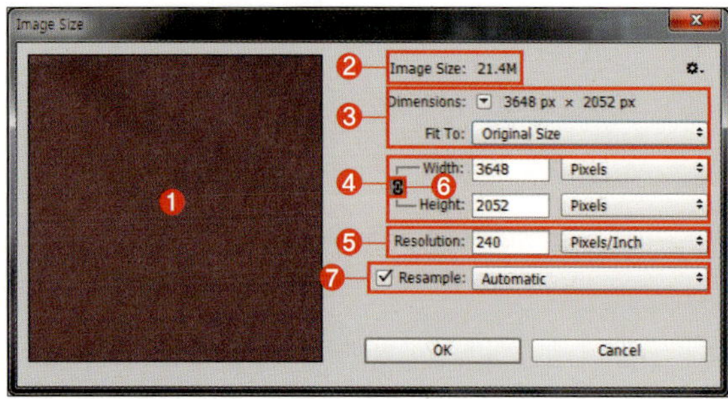

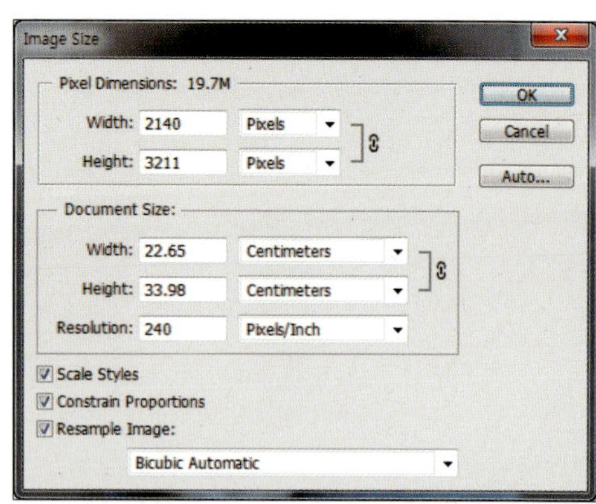

❶ 미리 보기 창 : 이미지의 확대하여 보여줍니다. [Image Size] 대화상자를 늘리면 더 넓게 이미지를 볼 수 있습니다.

❷ Image Size : 이미지 크기를 파일 크기로 보여줍니다.

❸ Dimensions : 이미지의 가로(Width), 세로(Height)의 크기를 Pixel로 표시합니다.

• Fit To : 미리 설정된 다양한 크기와 해상도 메뉴가 있습니다.

❹ Document Size : 이미지 크기를 Cm나 Inch로 환산해서 보여주며, 출력 해상도(Resolution)를 같이 보여줍니다.

❺ Resolution : 이미지의 출력 해상도를 말합니다. 보통 해상도의 단위는 Pixels/Inch(PPI)를 사용합니다. 이 단위의 의미는 1inch 당 몇 개의 Pixel로 이루어졌느냐 하는 것입니다. 예를 들어 300PPI는 1inch 당 300개의 Pixel로 이루어진 이미지를 말합니다. 모니터 또는, 인터넷용 이미지는 72PPI, 디지털 은염 사진(Digital C-Print), 잉크젯 프린트, 인쇄는 보통 150PPI ~ 360PPI입니다.

❻ Constrain Proportions : 아이콘을 클릭하고 있으면 가로, 세로 비율을 유지합니다. 아이콘을 클릭하면 아이콘이 흐려지면서 가로/세로 링크가 풀립니다. 이 상태에서 가로, 세로를 자유롭게 조정할 수 있습니다. 하지만 이렇게 하면 이미지가 변형됩니다.

❼ Resample : 체크하면 이미지 크기를 크게 또는, 작게 조정할 수 있습니다. 체크를 해제하면 크기와 해상도가 서로 반비례 관계로 움직이며 크기는 변하지 않습니다. [Automatic]을 클릭하면 다운 메뉴가 열립니다. 다양한 Resample Image 기술들이 있습니다. 이 기술은 이미지의 픽셀 수를 늘리거나 줄일 때 모자라거나 많은 픽셀을 어떠한 방법으로 처리할 것인가 하는 것입니다. [Automatic]을 설정하면 현재 이미지에 적합한 방법으로 처리됩니다.

■ [Canvas Size] 대화상자의 이해 `204p`

[Canvas Size] 대화상자는 [Current Size], [New Size] 그리고, [Canvas Extension Color]로 구성되어 있습니다.

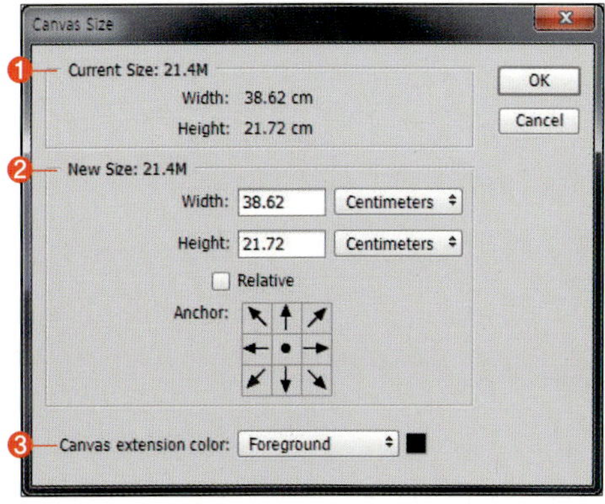

❶ Current Size : 현재 캔버스 크기입니다. 크기를 변경하지 않으면 이미지 크기와 캔버스 크기는 같습니다.

❷ New Size : 캔버스 크기를 크게 하거나 작게 할 수 있습니다. 현재 크기보다 큰 값으로 입력하면 여백이 생기고, 현재 크기보다 작은 값을 입력하면 이미지는 잘리게 됩니다.

• Relative : 체크하면 여백의 크기만을 설정할 수 있습니다.

• Anchor : 기준점입니다. 캔버스가 늘어나는 방향을 지정합니다.

❸ Canvas extension color : 이미지 크기보다 큰 크기를 입력하여 여백을 늘릴 때, 여백의 색상을 지정합니다.

■ 자르기 도구의 옵션 바 이해하기

❶ Tool Preset : 미리 정해진 비율과 해상도 프리셋 항목이 있습니다. 원하는 항목을 선택할 수 있습니다.

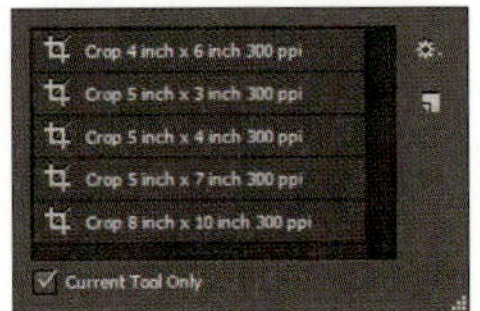

❷ Original Radio : 이 부분을 클릭하면 그림처럼 세부 항목이 열립니다.

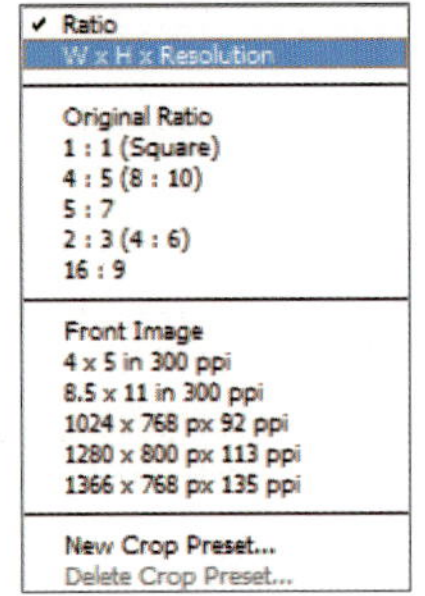

• Ratio : 자르기 도구(Crop Tool)를 자유롭게 사용할 수 있습니다. 옵션 바의 가로, 세로를 입력하면 입력한 비율대로 자르기 도구를 사용할 수 있습니다.

• W x H x Resolution : 아래 그림과 같이 가로 x 세로 x 해상도를 옵션 바에서 입력할 수 있습니다.

• Original Ratio : 원본 비율을 유지하면서 자르기 도구(Crop Tool)를 사용할 수 있습니다.

• 1 x 1 (Square) ~ 16 x 9 : 미리 정해 놓은 비율들입니다. 이 중 원하는 비율을 선택하면 선택한 비율대로 자를 수 있습니다.

• Front Image : 바로 전에 사용한 자르기 설정을 사용합니다.

• 4x5 in 300 ppi ~ 1366 x 768 px 135 ppi : 미리 정해 놓은 자르기 가로 x 세로 x 해상도를 선택할 수 있습니다.

• New Crop Preset : 새로운 비율을 저장할 수 있습니다. 자유롭게 자르기를 한 후 [New Crop Preset]을 선택하면 그 비율을 저장할 수 있습니다.

• Delete Crop Preset : 이 항목을 선택하여 저장되어 있는 항목을 지울 수 있습니다.

❸ Swaps height and width : 입력된 가로, 세로의 값을 바꿉니다.

❹ Clear : 이 버튼을 클릭하면 입력한 값을 지웁니다.

❺ Straighten : 이 도구를 클릭하고 이미지에 수직 또는 수평으로 드래그하면, 이미지가 똑바르게 회전됩니다. 207p

❻ Set the overlay options for the Crop Tool : 클릭하면 아래와 같이 세부 항목이 열립니다. 자르기 도구(Crop Tool)를 사용할 때 이미지를 분할하는 다양한 가이드 선을 선택할 수 있습니다. 예를 들어 황금 분할을 볼 수 있는 [Golden Ratio] 등이 있습니다.

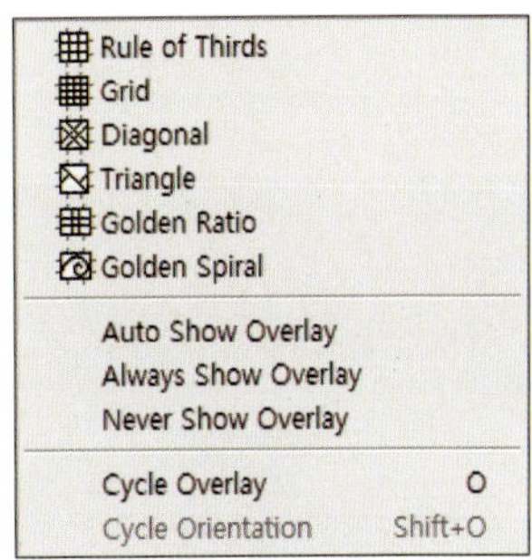

❼ Set additional Crop Option : 자르기 도구(Crop Tool)의 옵션을 조절할 수 있습니다. [Use Classic Mode]를 체크하면 포토샵 CS6 이전 버전으로 되돌릴 수 있습니다.

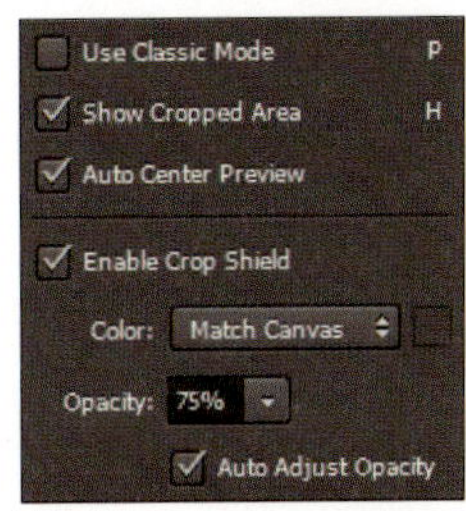

❽ Delete Cropped Pixels : 체크를 해제하면 자르기 도구(Crop Tool)를 이용하여 이미지를 잘라도 이미지가 잘려나가지 않고 잘려나간 부분이 캔버스 밖에 남아있습니다. 그리고 [Layers] 패널을 보면 'Background' 레이어가 'Layer.0'으로 바뀝니다. 일반적으로 이 항목은 항상 체크하고 사용하는 것이 좋습니다.

❾ Reset the crop box : 자르기 도구(Crop Tool)의 박스를 원점으로 재설정합니다.

❿ Cancel current crop operation : 자르기를 취소합니다.

⓫ Commit current crop operation : 자르기를 실행합니다.

디지털 카메라의 화소수가 높아지면서 촬영한 이미지 크기가 인터넷용으로 쓰기에는 너무 큰 경우가 많습니다. 블로그, 카페, 클럽 등에 이미지를 올릴 때 크기가 너무 크면 용량 제한으로 올라가지 않거나, 올라가는 데 시간이 많이 걸리게 됩니다. 그렇기 때문에 이미지 크기 조절을 이용하여 인터넷에 적합한 크기로 변경이 필요합니다.

예제 파일 | DVD₩Part 03₩북한산노을.jpg **완성 파일** | DVD₩Part 03₩북한산노을_web.jpg

01. 이미지 크기를 조절하기 해기 '북한산노을.jpg' 파일을 엽니다. 제목 표시줄을 보면 파일명 옆에 '16.7%'라고 화면 배율이 표시되어 있습니다.

> **TIP :** 화면 배율이란, 이미지 크기를 화면 해상도인 72PPI로 환산하여 모니터로 보여줄 때의 배율을 의미합니다. 예를 들어 모니터의 해상도가 1024 x 768 이라고 했을 때 2048 x 1536 크기의 이미지를 화면에 맞게 보여주려면 50%로 줄여야 화면에 맞게 보일 수 있습니다. 그러므로 화면 배율은 모니터 해상도와 이미지 크기에 따라 달라집니다.

02. 이미지의 크기를 조절하기 위해 [Image]–[Image Size](**Alt** + **Ctrl** + **I**) 메뉴를 클릭합니다.

03. [Image Size] 대화상자가 나타나면, 가장 먼저 [Width]의 단위를 'Pixels'로 바꿉니다.

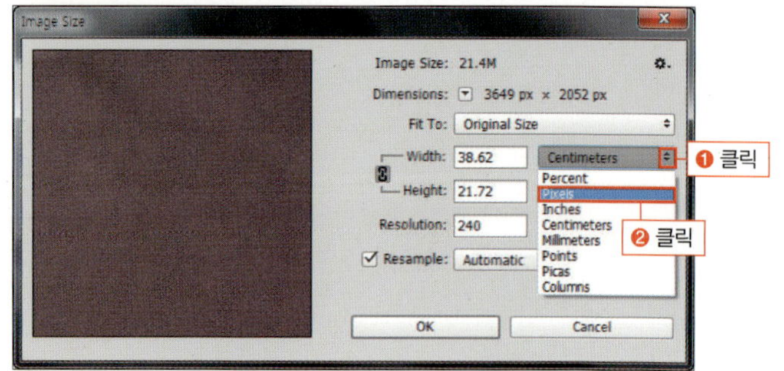

04. 이제 [Width]를 '1000'으로 변경합니다. 대화 상자 위에 'Image Size : 1.61M(was 21.4M)'을 보면 알 수 있듯이 이미지 크기가 1.61M로 줄어들었습니다. [OK] 단추를 클릭합니다.

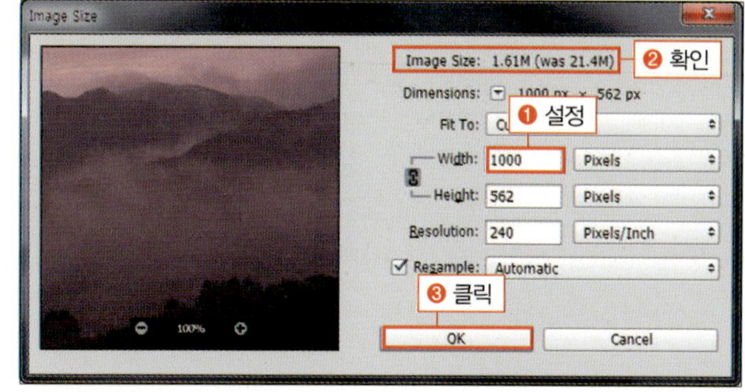

05. 제목 표시줄을 보면 '16.7%'로 같은데 보이는 크기는 작아졌습니다. 다시 말해 실제 이미지 크기가 작아졌으므로 보이는 크기도 작아진 것입니다.

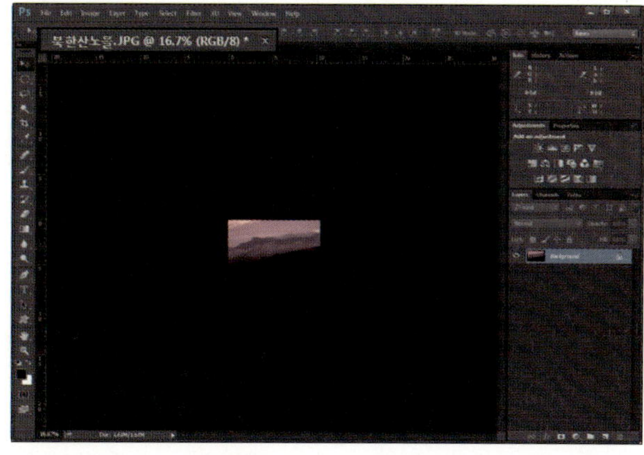

06. 이번에는 화면을 가득 채우기 위해 [View]−[Fit on Screen](**Ctrl** + **0**) 메뉴를 클릭합니다.

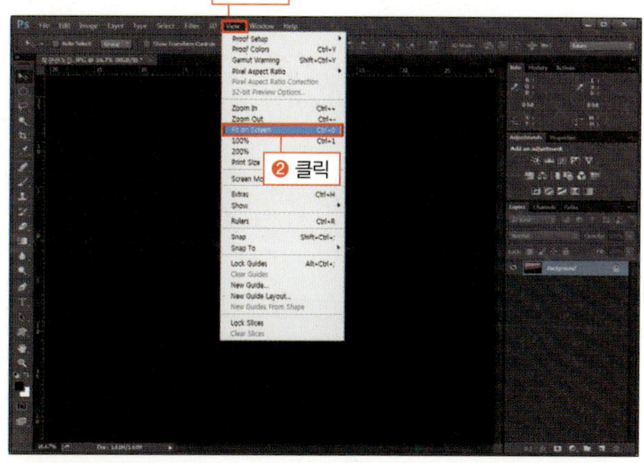

07. 제목 표시줄을 보면 화면 배율이 80.5%로 바뀐 것을 확인할 수 있습니다.

08. 작업한 파일을 다른 이름으로 저장하기 위
해 [File]-[Save As](**Shift** + **Ctrl** + **S**) 메뉴를
클릭합니다.

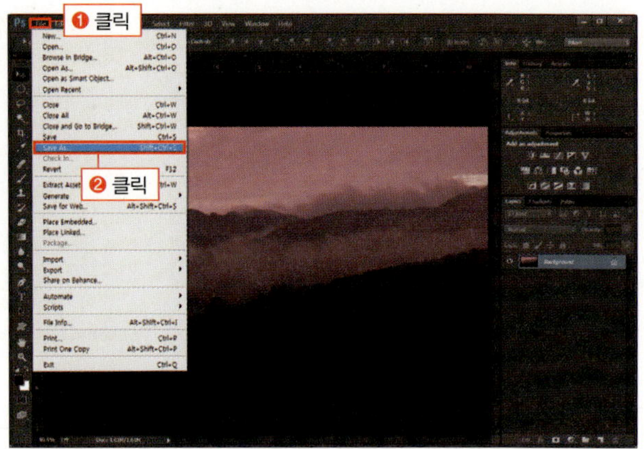

09. [Save As] 대화상자에서 원래 파일 이름인
'북한산노을' 뒤에 '_web'을 입력하고 [저장] 단추
를 클릭합니다.

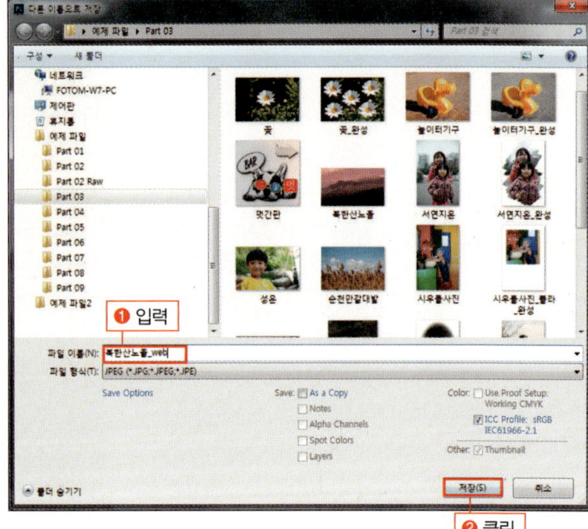

> **T I P** : '북한산노을_web.jpg' 파일을 블로그나 카페
> 에 빠르게 업로드를 할 수 있습니다. 그리고 원본 유출
> 을 방지할 수도 있습니다.

> **T I P** : 필자는 위의 파일 이름 '북한산노을_web.jpg' 처럼 나중에 알아볼 수 있도록 약자를 붙여놓습니다. 예를 들어 인터넷용 이미지는
> 파일이름 뒤에 'web'을, 작업 중인 파일은 'w', 작업 완료된 이미지는 'wf' 등을 붙여 저장을 합니다. 이렇게 하면 파일 이름만 보고 어떤 파
> 일인지 쉽게 확인할 수 있습니다.

[Image Size] 대화상자를 이용해 이미지를 얼마나 크게 프린트할 수 있는지 알아보고, [Image Size] 대화상자의 [Resample]을 이용하여 이미지 크기를 크게 변경해 보겠습니다.

예제 파일 I DVD₩Part 03₩강화도_일몰.jpg **완성 파일 I** DVD₩Part 03₩강화도_일몰_180PPI_80x120cm.jpg

01. '강화도_일몰.jpg' 파일을 열고, 이미지 크기를 알아보기 위해 [Image]-[Image Size](**Alt** + **Ctrl** + **I**) 메뉴를 클릭합니다.

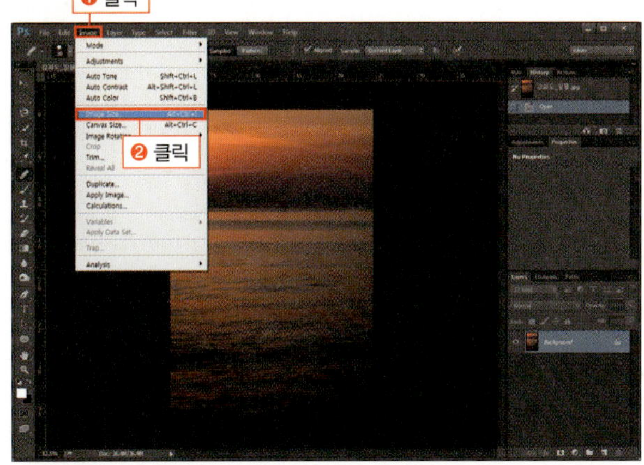

02. [Image Size] 대화상자가 나타나면, [Resample] 체크를 해제하고 단위를 'Centimeters'로 변경합니다. 그리고 [Resolution]을 '360 Pixels/Inch'로 설정합니다. [Width]는 '20.55 Centimeters', [Height]는 '30.82 Centimeters'로 변경되었습니다. 다시 말하면, 파인아트 잉크젯 프린트의 해상도인 360PPI로 약 20 × 30 cm 프린트가 가능하다는 얘기입니다.

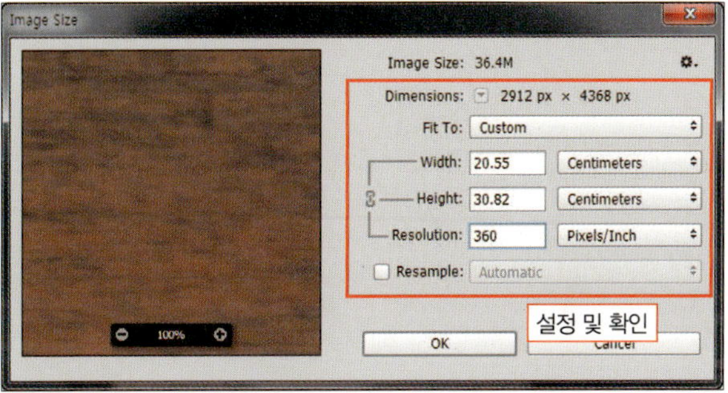

03. 해상도를 180PPI로 낮추어 보면 약 41 × 61 cm까지 프린트가 가능합니다. 해상도를 360PPI일 때 보다 더 큰 크기로 프린트가 가능한 것을 알 수 있습니다.

04. 크기를 변경하기 위해 [Resample]을 체크합니다. 그러면 [Width], [Height], [Resolution] 왼쪽에 링크가 풀리고, [Width]와 [Height]만 링크됩니다.

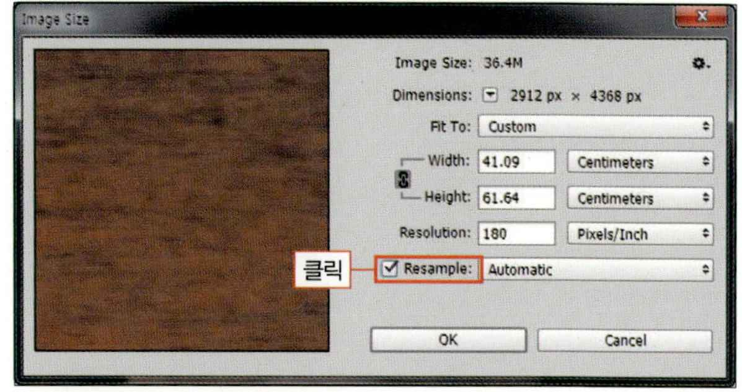

05. 그림처럼 포토샵 CC에서는 [Image Size] 대화상자의 크기를 늘릴 수 있습니다. 이미지의 디테일 확인을 위하여 드래그하여 대화상자를 늘립니다.

06. 이미지 크기를 변경하기 위해 단위를 'Percent'로 변경하고 '200'으로 변경합니다. 'Image Size : 145.6M(was 36.4M)'으로 변경된 것을 알 수 있습니다.

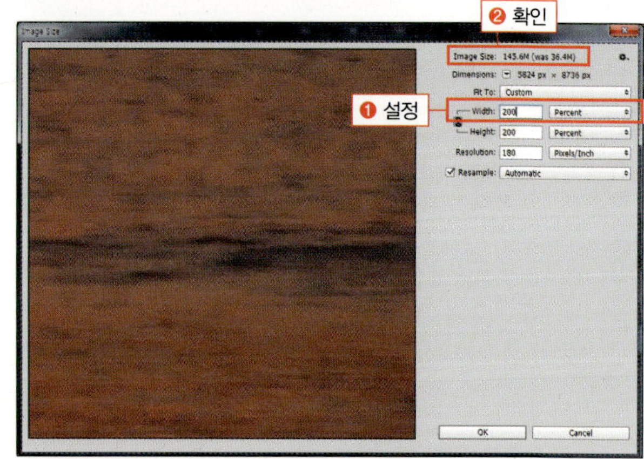

07. 프린트 크기를 확인하기 위해 단위를 'Centimeters'로 변경하면 [Width]는 '82.18 Centimeters', [Height]는 '123.27 Centimeters'로 변경된 것을 확인할 수 있습니다.

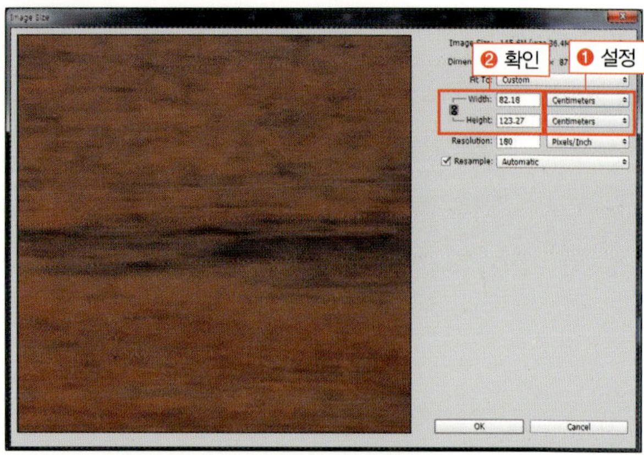

08. 크기를 [Width]는 '80 Centimeters', [Height]는 '120 Centimeters'로 변경합니다.

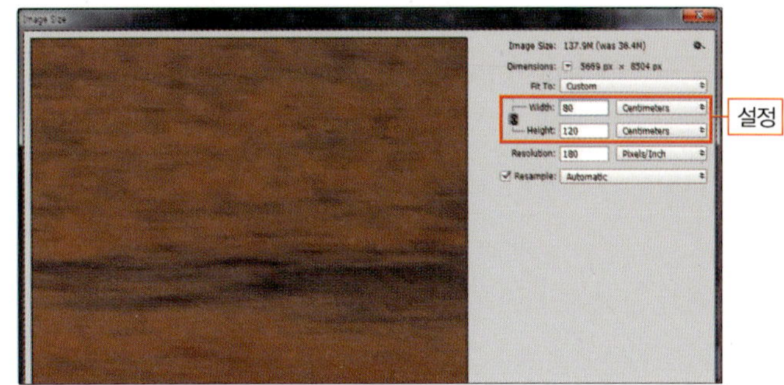

09. 이미지 크기를 크게 변경하기 위해 포토샵 CC에 새롭게 개발된 엔진인 'Preserve Details (enlargement)'를 선택하고 [OK] 단추를 클릭합니다.

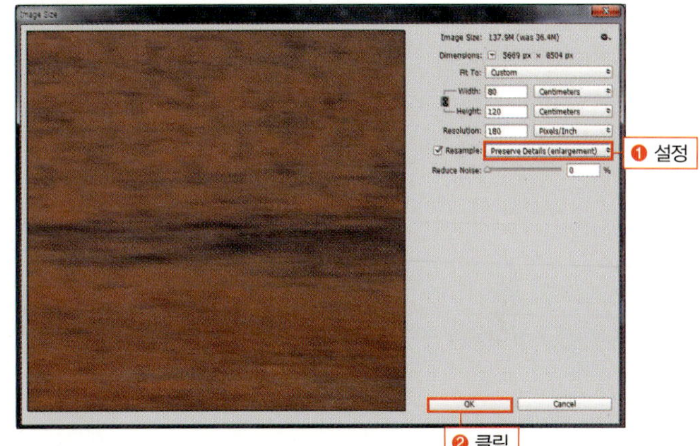

10. 이미지를 저장하기 위해 [File]-[Save As] (Shift + Ctrl + S) 메뉴를 클릭합니다.

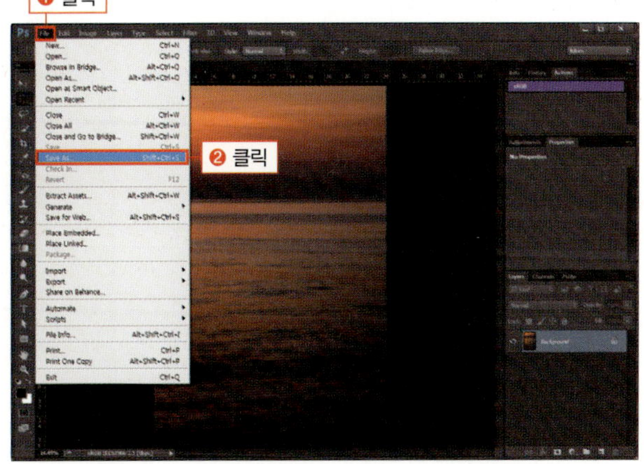

11. [다른 이름으로 저장] 대화상자가 열립니다. 파일 이름을 '강화도_일몰_180PPI_80x120cm'라고 입력한 후 [저장] 단추를 클릭합니다.

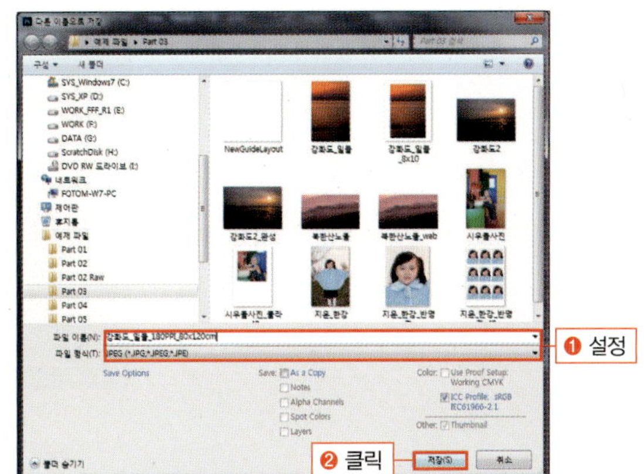

Image Size를 이용하여 6x9 inch로 변경하고, Canvas Size를 이용하여 8x10 inch 크기로 변경해 보겠습니다.

예제 파일 I DVD₩Part 03₩강화도_일몰.jpg　**완성 파일** I DVD₩Part 03₩강화도_일몰_8x10

01. 예제 파일을 열고 [Image]–[Image Size]([Alt]+[Ctrl]+[I]) 메뉴를 클릭합니다.

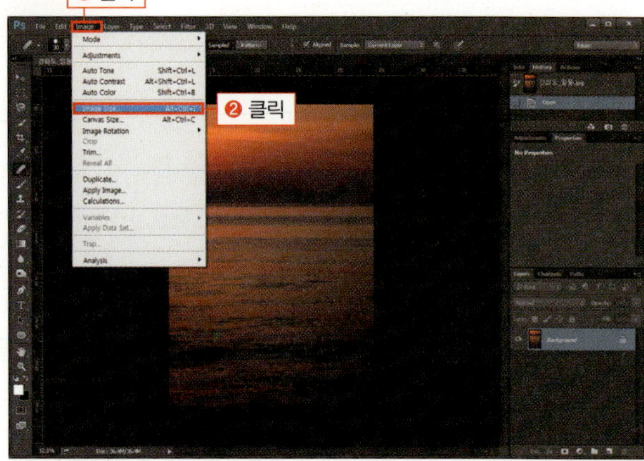

02. 이미지 크기를 변경하기 위해 [Image Size] 대화상자에서 [Resample]을 체크하고 [Resolution]은 '360 Pixels/Inch', [Width]는 '6 Inches', [Height]는 '9 Inches'로 설정한 후 [OK] 단추를 클릭합니다.

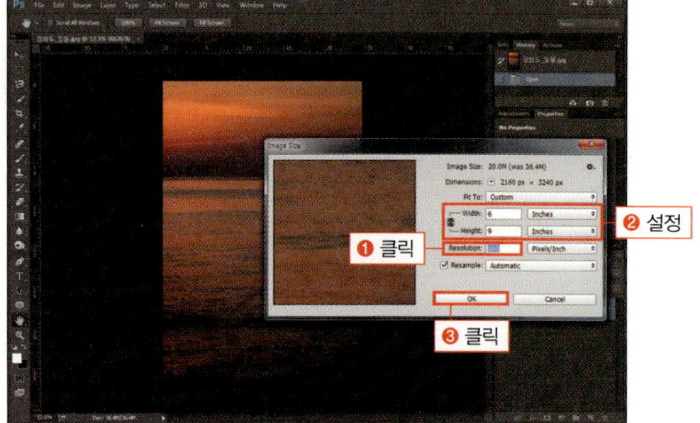

TIP : 이때 'Width : 6 Inches' 만 입력하면 Heights는 비율 때문에 9가 자동으로 됩니다.

03. 이번에는 캔버스 크기를 변경하기 위해 [Image]–[Canvas Size]([Alt]+[Ctrl]+[C]) 메뉴를 클릭합니다.

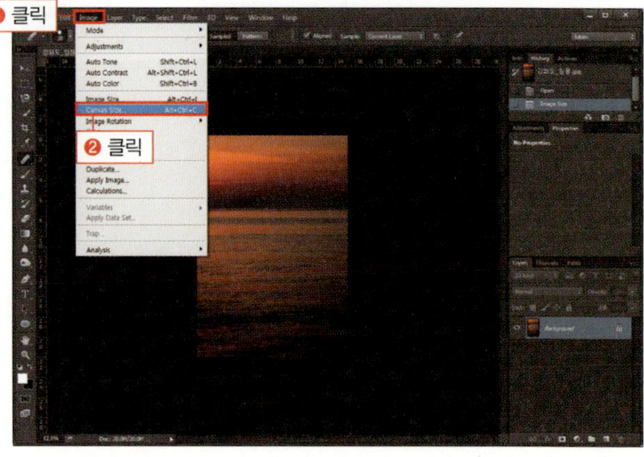

04. [Canvas Size] 대화상자가 나타나면 [Width]는 '8 Inches', [Height]는 '10 Inches'로 설정하고, [Canvas extension color]를 'White'로 설정한 후 [OK] 단추를 클릭합니다.

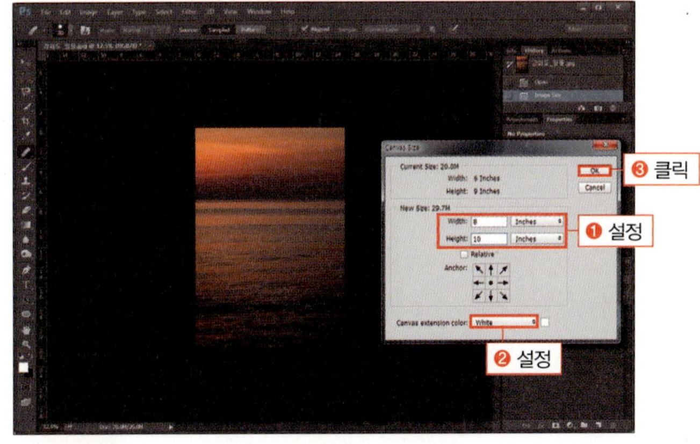

05. 용지 크기는 8x10 inch, 사진 이미지는 6x9 inch인 도큐먼트 창이 만들어졌습니다. 저장을 위해 [File]-[Save As](**Shift** + **Ctrl** + **S**) 메뉴를 클릭합니다.

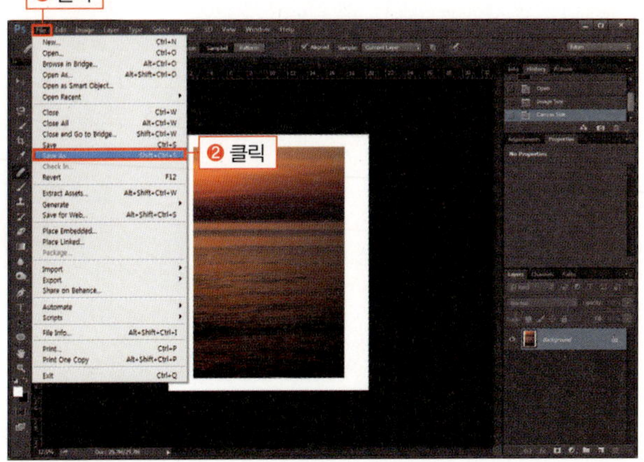

06. [다른 이름으로 저장] 대화상자가 나타나면 '강화도_일몰_8x10.jpg' 파일로 저장합니다.

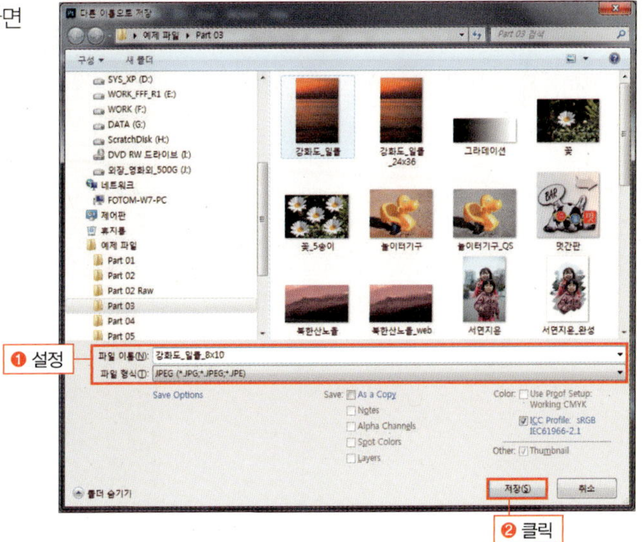

자르기 도구와 캔버스 크기 조절 기능을 이용하여 일반 디지털 카메라로 촬영한 사진을 폴라로이드 사진처럼 만들어 보겠습니다. 사진 크기는 인터넷 사진 인화 업체에서 인화가 가능한 4x6 inch로 만들겠습니다.

예제 파일 I DVD₩Part 03₩시우돌사진.jpg　**완성 파일 I** DVD₩Part 03₩시우돌사진_폴라_4R.jpg

01. '시우돌사진.jpg' 파일을 불러온 후 불필요한 부분을 잘라내기 위해 도구 패널에서 자르기 도구(Crop Tool)를 선택합니다. 옵션 바에서 'Ratio'를 클릭하고 세부 항목이 나타나면 그 중에 'W x H x Resolution'을 선택합니다.

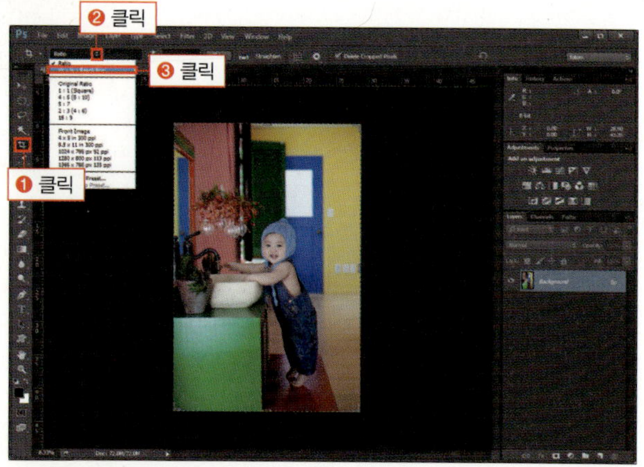

02. 옵션 바에서 '3 in x 3 in, 300 px/in'으로 설정합니다.

03. 자르기 도구(Crop Tool)의 박스를 드래그하여 원하는 크기로 조절한 후 Enter 를 누릅니다.

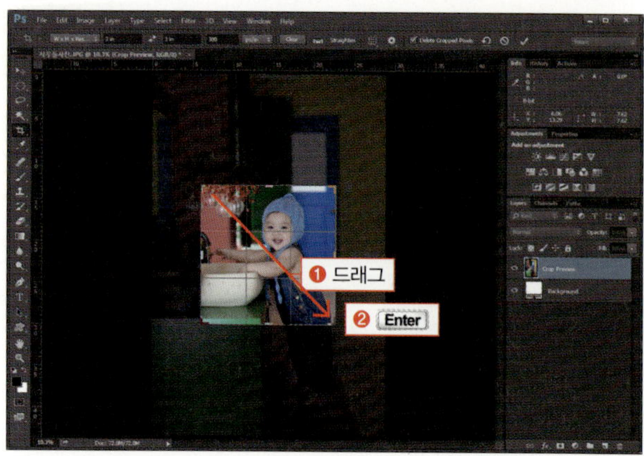

04. 자르기 도구(Crop Tool)로 선택한 이미지만 남고 주변부가 잘려나갔습니다.

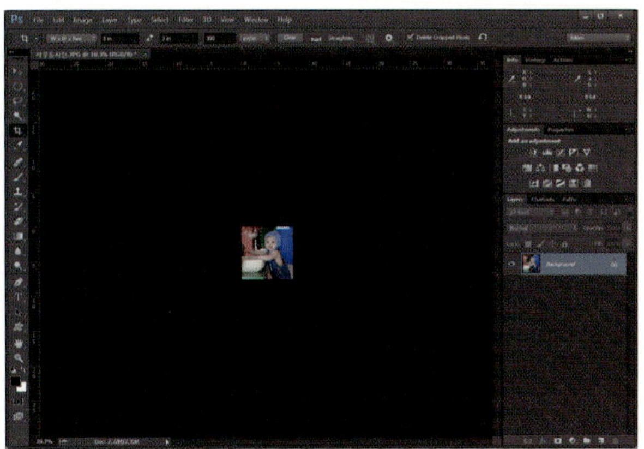

05. 이미지의 여백을 늘려 폴라로이드 사진처럼 만들기 위해 [Image]–[Canvas Size](**Alt** + **Ctrl** + **C**) 메뉴를 클릭합니다.

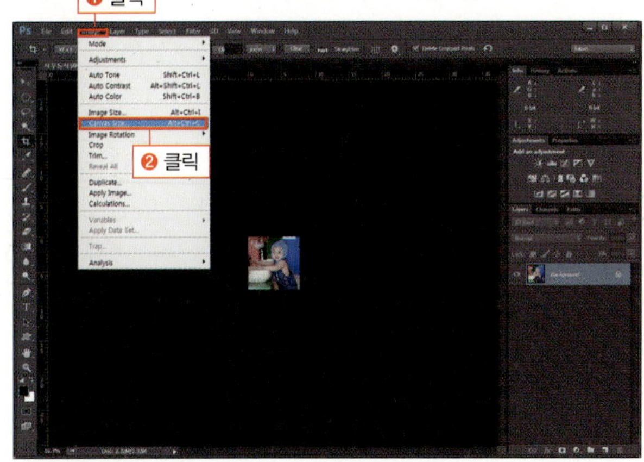

06. [Canvas Size] 대화상가 나타나면 [New Size]의 단위를 'Inches'로 설정하고, [Width]와 [Height]에 각각 '4'를 입력하고, [Canvas extension color]를 'White'로 설정한 후 [OK] 단추를 클릭합니다.

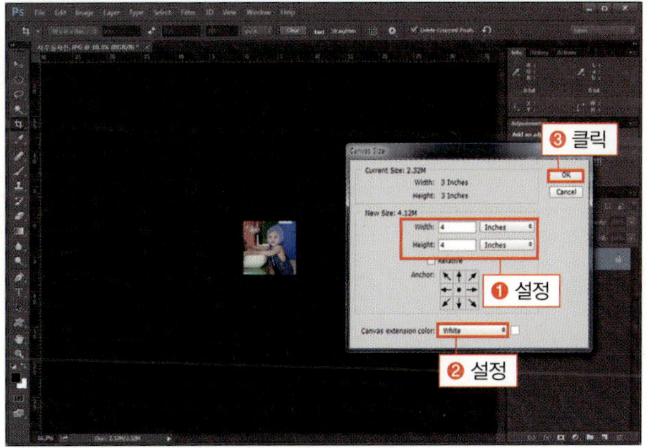

07. 캔버스 크기가 4x4 inch로 커져서 이미지의 사방으로 0.5 Inch씩 흰색 여백이 생긴 것을 확인할 수 있습니다.

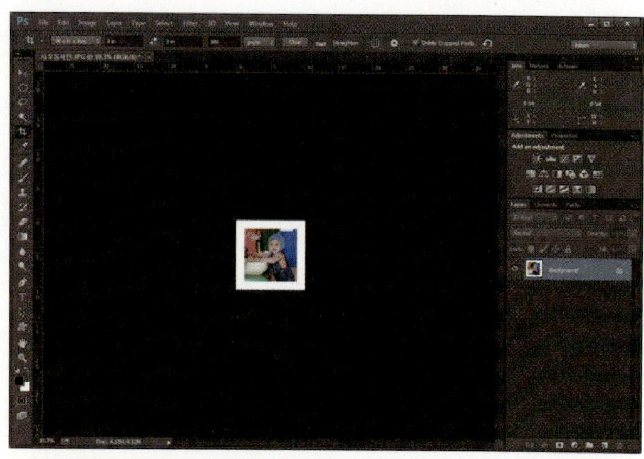

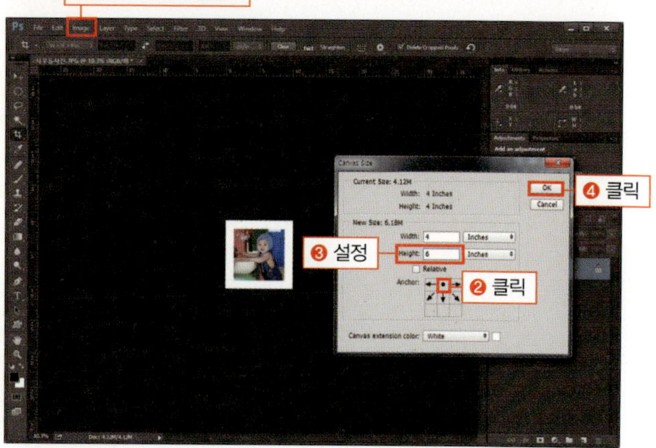

08. 폴라로이드 사진처럼 아래쪽으로 여백을 더 늘리기 위해 [Image]-[Canvas Size] 메뉴를 클릭합니다. [Canvas Size] 대화상자가 나타나면 [Anchor]를 상단 중간으로 설정하고 [Height]만 '6 inch'로 설정하고, [Canvas extension color] : White 로 설정되어 있는지 확인한 후 [OK] 단추를 클릭합니다.

09. 폴라로이드 사진처럼 이미지의 여백이 생겼습니다.

TIP : 사진을 인화한 후 아래쪽 여백에 손글씨로 날짜, 장소, 그리고 메모 등을 써보세요.

풍경 사진을 찍다 보면 수평이 맞지 않을 수 있습니다. 이럴 때 자르기 도구의 옵션 바에 있는 [Straighten]을 이용하여 쉽게 수평을 맞출 수 있습니다.

예제 파일 I DVD₩Part 03₩강화도2.jpg **완성 파일** I DVD₩Part 03₩강화도2_완성.jpg

01. 예제 파일을 열면, 오른쪽이 위로 조금 올라와 수평 맞지 않는 것을 확인할 수 있습니다.

02. 도구 패널에서 자르기 도구(Crop Tool)를 선택하고 옵션 바에서 [Straighten]을 클릭한 후 이미지의 비뚤어진 수평선에 맞춰서 그대로 드래그합니다.

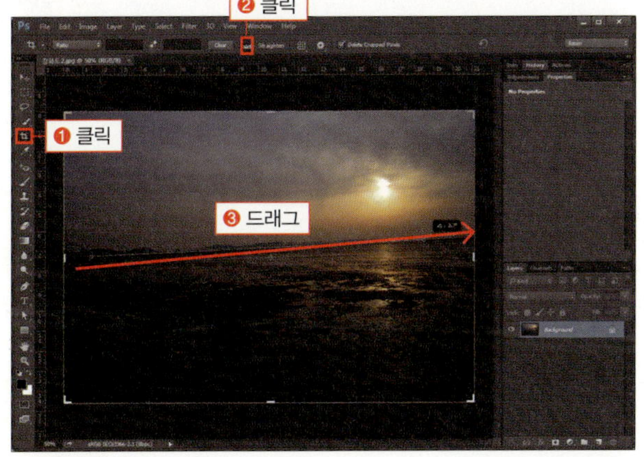

03. 그림처럼 이미지가 회전하며 수평이 맞게 되면 Enter 를 누릅니다.

04. 그림처럼 수평이 정확하게 맞은 이미지가
되었습니다.

▲ 원본

▲ 보정

정확한 작업을 위해 눈금자와 가이드 선 사용하기

정확한 크기의 사진 작업을 하거나 다양한 디자인 작업을 할 때 정확한 수치가 필요한 경우 눈금자와 가이드 선을 이용해야 합니다. 그럼 눈금자와 가이드 선의 사용법에 대해 알아보겠습니다.

기초탄탄 ▶ 눈금자와 가이드 선 이해하기

■ 눈금자 보이기와 감추기 `213p`

• [View]-[Rulers](`Ctrl` + `R`) 메뉴를 클릭하면 이미지 창 위와 왼쪽에 눈금자가 나타납니다.

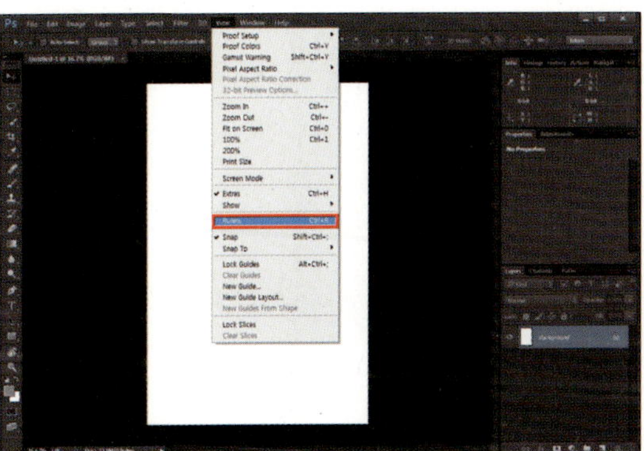 

• 눈금자가 보이는 상태에서 [View] 메뉴를 보면 [Rulers] 메뉴에 체크가 되어 있습니다. 다시 클릭하면 눈금자를 감출 수 있습니다.

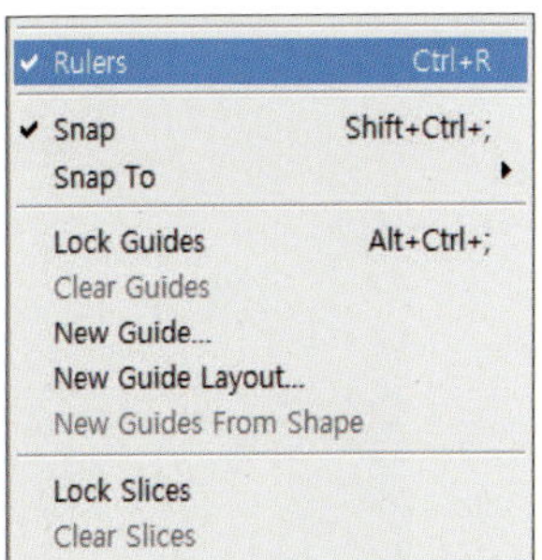

• [View]-[New Guide] 메뉴를 클릭합니다.

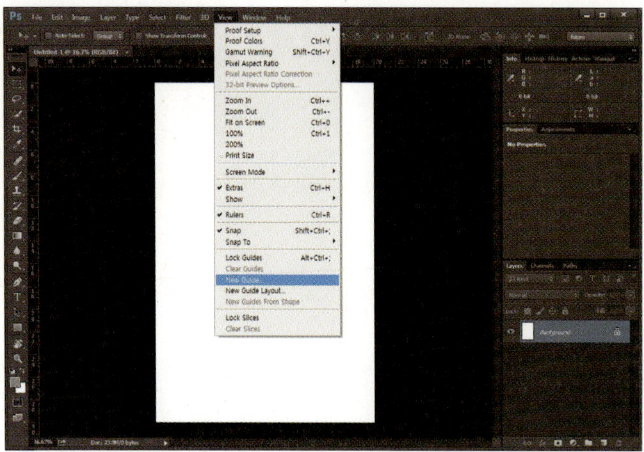

• [New Guide] 대화상자가 나타나면 [Vertical](수직), [Position] : '2 cm'로 설정하고 [OK] 단추를 클릭합니다. 그러면 2cm 지점에 수직 가이드 선이 생깁니다.

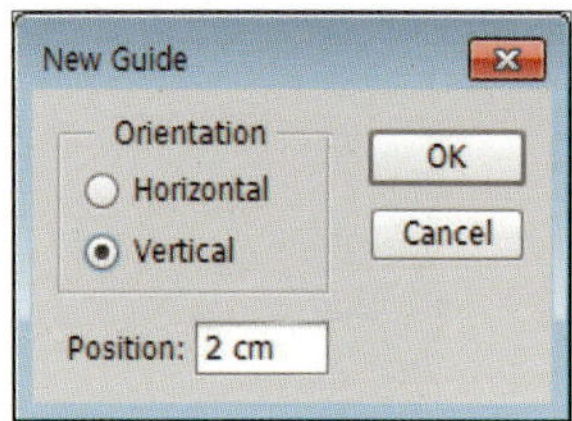

• [View]-[Show]-[Guides] 메뉴를 클릭하면 가이드 선을 보이지 않게 할 수 있습니다.

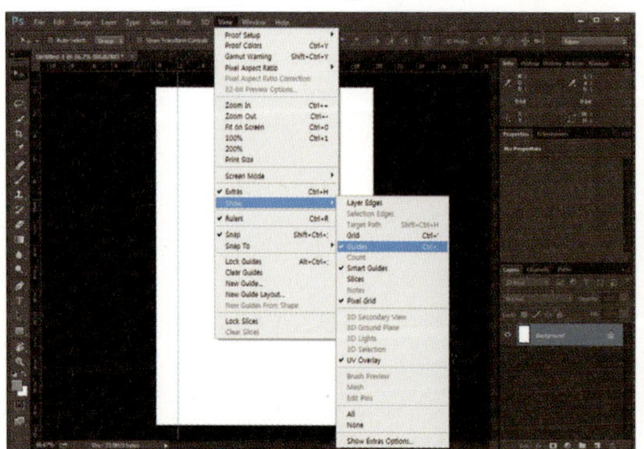

TIP : [View]-[Show]-[Guides] 메뉴를 클릭하면 가이드 선이 다시 보이게 됩니다. 이렇게 [View]-[Show]의 메뉴들은 한번 선택하면 ON 이 되고 다시 선택하면 OFF가 되는 스위치 방식입니다.

• 가이드 선을 지우기 위해서는 [View]−[Clear Guides] 메뉴를 클릭합니다.

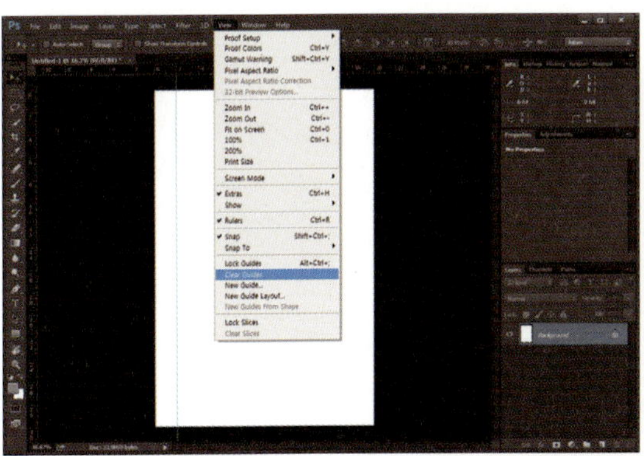

■ 스마트 가이드 선 이해하기

• 도구 패널에서 사각형 모양 도구(Rectangle Tool)를 선택하고 **Shift** +클릭 드래그하여 정사각형을 만듭니다.

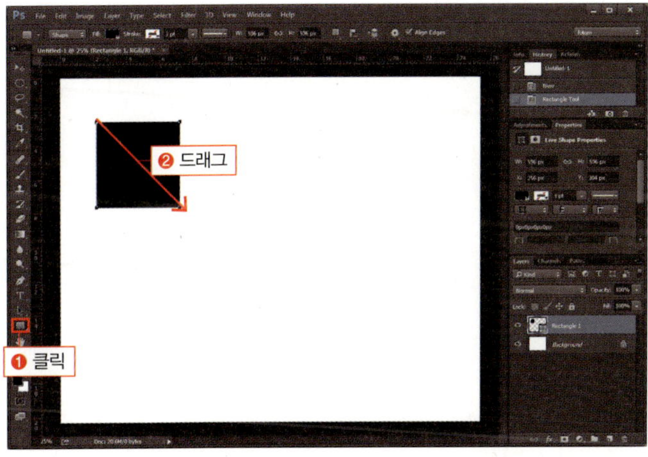

• 도구 패널에서 이동 도구(Move Tool)를 선택하고 사각형을 드래그해서 중앙으로 가져가면 가이드 선이 나타납니다. 이 가이드 선은 내가 만든 가이드 선이 아니라, 스마트 가이드 선입니다.

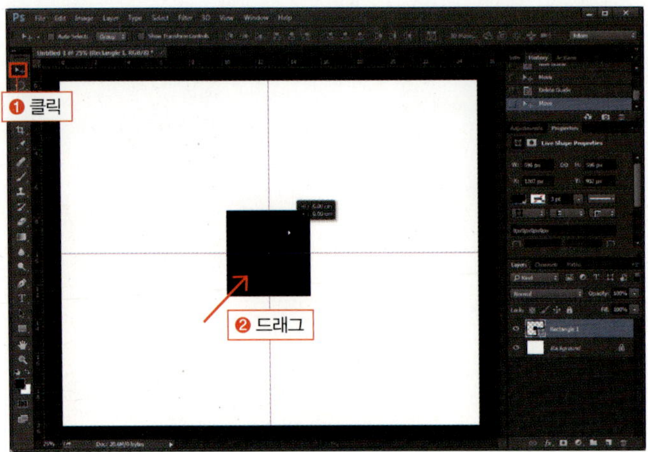

• [View]-[Show]-[Smart Guides] 메뉴에 체크가 되어있는 것을 확인할 수 있습니다. 포토샵 CS6 에도 있는 기능이었지만 꺼져 있었습니다.

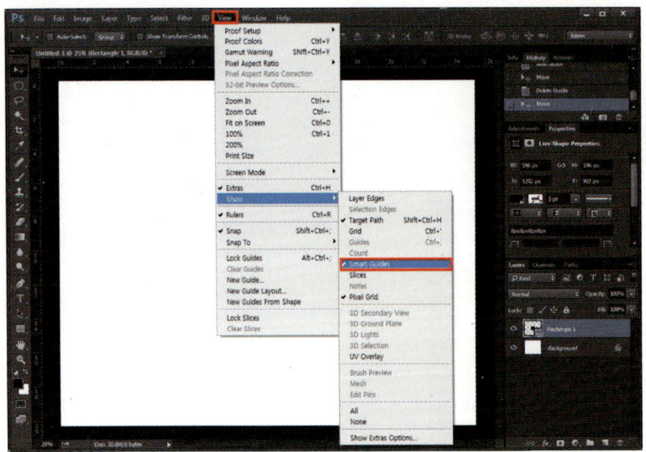

• 이동 도구(Move Tool)로 Alt +드래그하면 아래와 같이 마젠타 색의 스마트 가이드 선이 나타납니다. 그리고 사각형 레이어 사이의 거리를 수치로 보여줍니다.

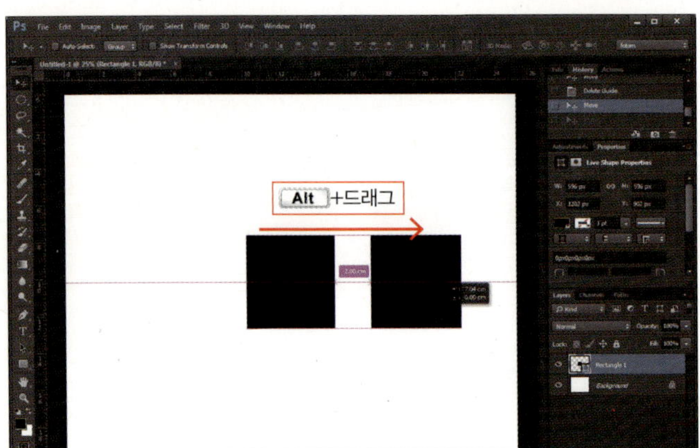

이동 도구를 이용하여 가이드 선을 만들고, 가이드 선을 이용하여 사방 2cm 여백의 사각형을 그려 보겠습니다.

완성 파일 I DVD₩Part 03₩눈금자_사각형.psd

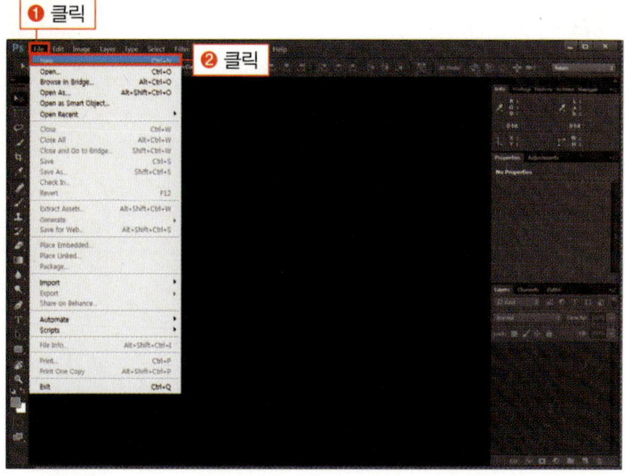

01. 새로운 도큐먼트 창을 만들기 위해 [File]–[New]([Ctrl]+[N]) 메뉴를 클릭합니다.

02. [New] 대화상자가 나타나면 [Width]는 '16 Centimeters', [Height]는 '20 Centimeters', [Resolution]는 '300 Pixel/Inch'로 설정합니다.

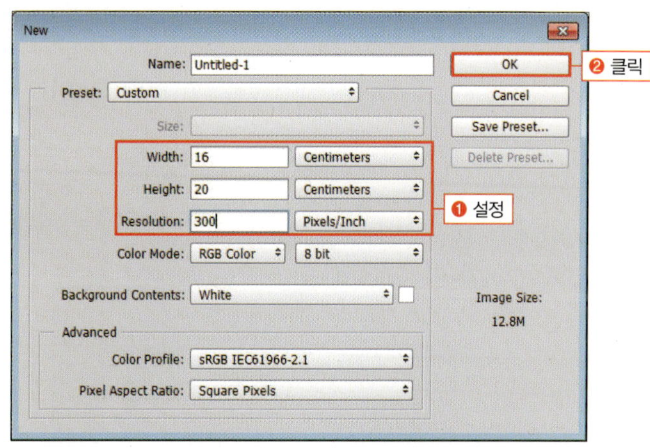

03. 새로운 도큐먼트 창이 열리면 눈금자를 보이게 하기 위해 [View]–[Rulers]([Ctrl]+[R]) 메뉴를 클릭합니다.

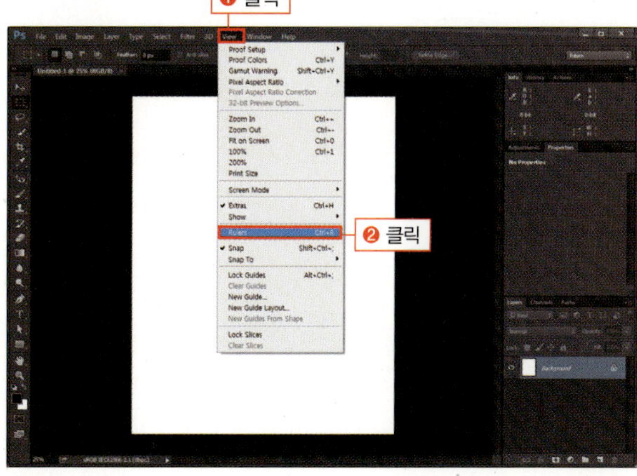

04. 도큐먼트 창 가장가리에 눈금자가 생겼습니다. 눈금자에 마우스 포인터를 위치하고 마우스 오른쪽 버튼을 클릭하여 단위를 [Centimeter]로 설정합니다.

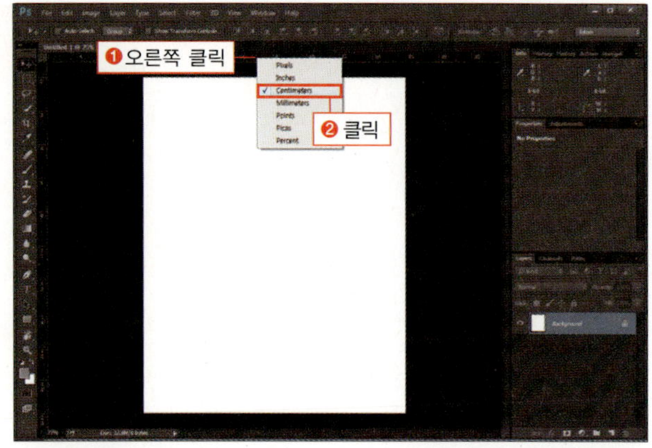

05. 정교한 작업을 위해 화면을 확대합니다. Ctrl + + 를 눌러 화면 비율을 50%로 확대합니다. 그리고 키보드의 Back Space 를 누르면 손바닥 도구(Hand Tool)로 바뀝니다. 이 상태에서 도큐먼트 창의 윗부분이 보이도록 드래그합니다.

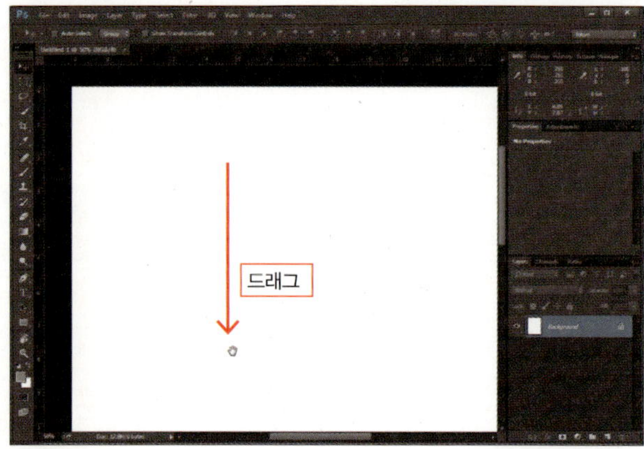

06. 마우스 포인터를 왼쪽의 눈금자에 위치시키고 클릭한 상태에서 오른쪽으로 드래그하면 도큐먼트 창에 가이드 선이 생깁니다. 마우스 포인터를 보면 현재 위치가 나타나는 것을 확인할 수 있습니다. '2.00cm'의 위치에서 드롭합니다.

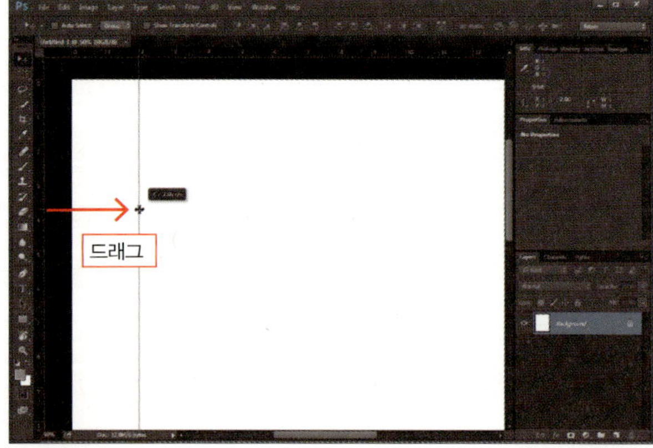

07. 같은 방법으로 위쪽 눈금자에서 드래그하여 '2.00cm' 위치에 가이드 선을 만듭니다.

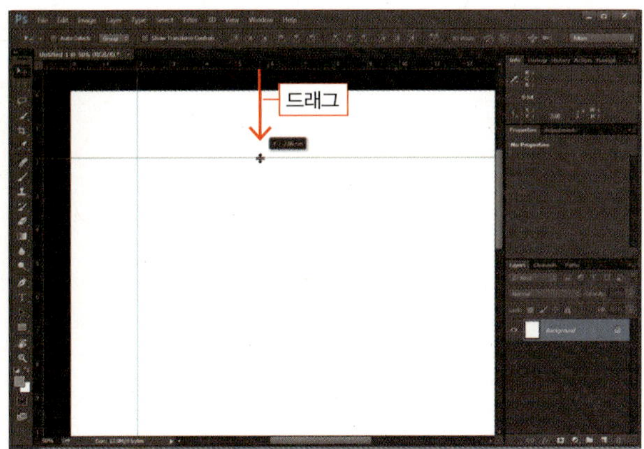

08. [Back Space]를 눌러 손바닥 도구(Hand Tool) 상태에서 드래그하여 화면을 오른쪽 아래로 이동시킵니다.

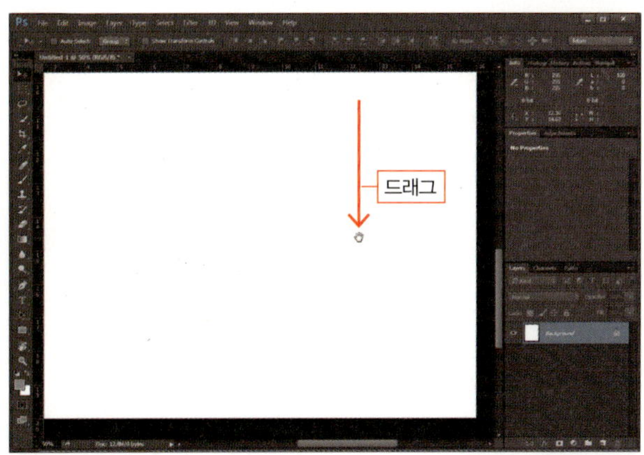

09. 06번~07번 따라하기의 방법대로 '14.00cm', '18.00cm'에도 가이드 선을 만듭니다.

10. 도큐먼트 창 사방 2cm 안쪽으로 가이드 선을 만들었습니다.

11. 사각형 모양 도구(Rectangle Tool)를 이용하여 왼쪽 상단의 가이드 선 교차점에서 오른쪽 아래 가이드 선 교차점까지 드래그하여 그려줍니다.

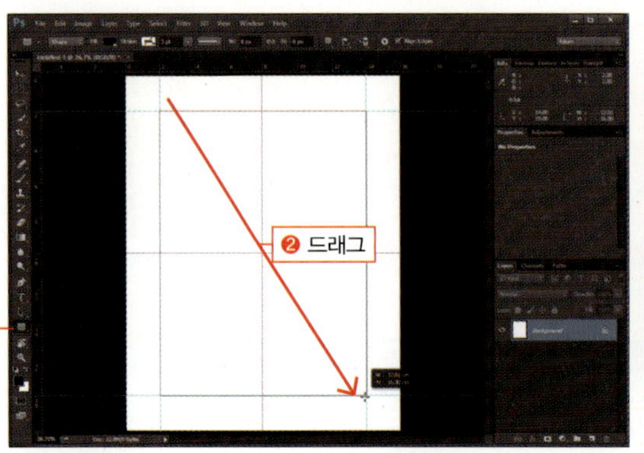

TIP : 마우스 포인터를 가이드 선 근처에 가져가면 자석처럼 당기는 느낌이 있습니다. 이 기능을 스냅(Snap)이라고 합니다. [View] 메뉴를 클릭하면 [Snap]에 체크가 되어 있는 것을 확인할 수 있습니다. 스냅의 세부 항목을 조절하려면 [Snap To]에서 설정 가능합니다.

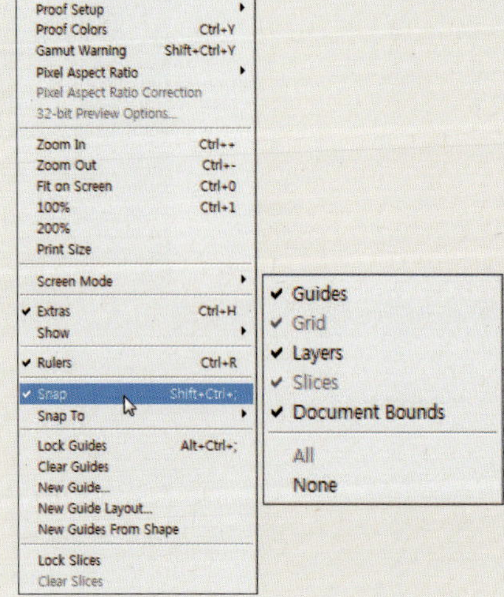

포토샵 CC에 새로운 기능인 New Guide Layout을 이용하면 규칙적인 가이드 선을 만들 수 있습니다.
이 가이드 선을 이용하여 규칙적인 사각형을 그릴 수 있습니다.

완성 파일 | DVD₩Part 03₩NewGuideLayout.psd

01. 새로운 도큐먼트 창을 만들기 위해 [File]–
[New](Ctrl + N) 메뉴를 클릭합니다.

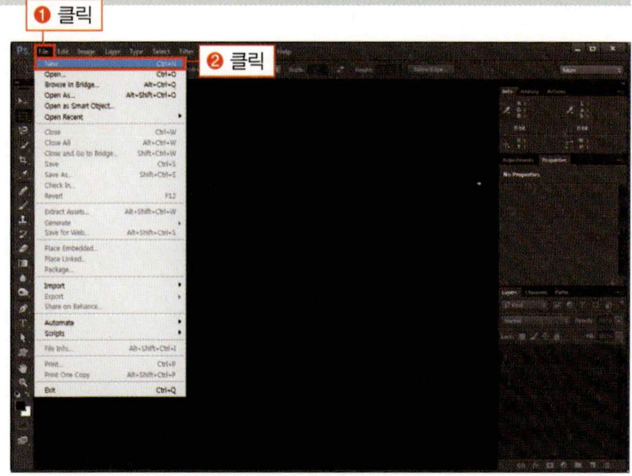

02. [New] 대화상자가 나타나면 [Width]
는 '8 Centimeters', [Height]는 '8 Centimeters',
[Resolution]는 '300 Pixel/Inch'로 설정합니다.

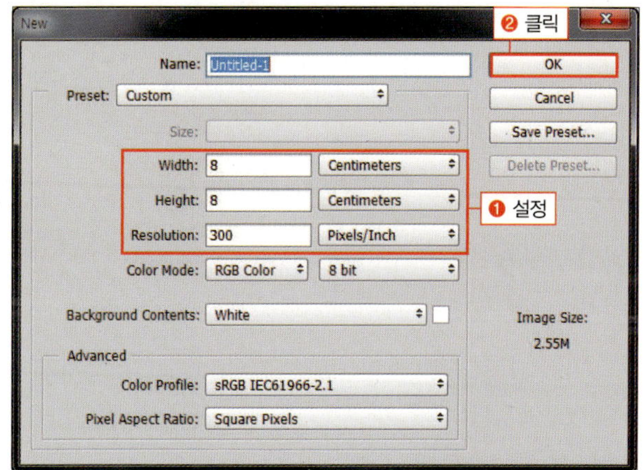

03. 가이드 선 레이아웃을 실행하기 위해
[View]–[New Guide Layout] 메뉴를 클릭합니다.

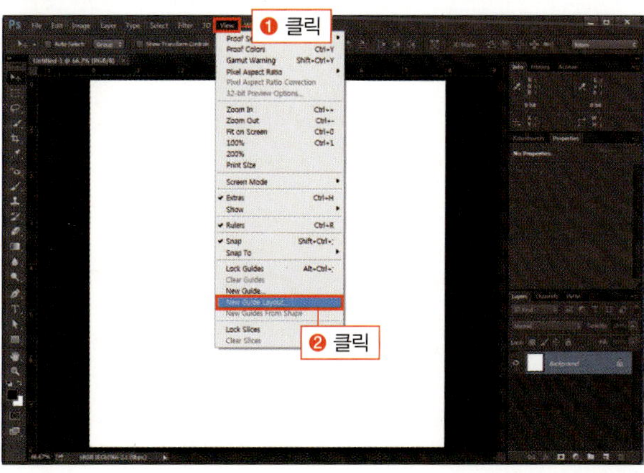

217

04. [New Guide Layout] 대화상자가 나타나면, [Columns](세로) 체크를 하고 [Number](개수)는 '4', [Gutter](홈)는 '0.2cm' 설정하고, [Rows](가로) 체크하고 [Number](개수)는 '4', [Gutter](홈)는 '0.2cm' 설정하고, [Margin] 체크를 하고 [Top]는 '0.4cm', [Left]는 '0.4cm', [Bottom]는 '0.4cm', [Right]는 '0.4cm' 설정한 후 [OK] 단추를 클릭합니다.

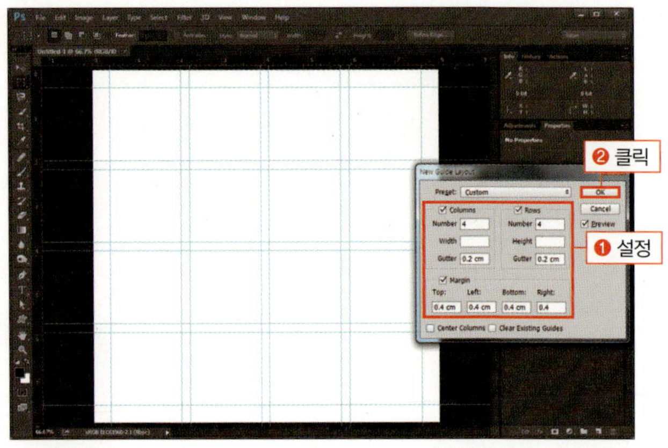

05. 그림처럼 가이드 선이 생깁니다.

06. 사각형 모양 도구(Rectangle Tool)를 이용하여 그림처럼 도형을 그릴 수 있습니다.

아이들이 유치원에 입학할 때 3x4cm 크기의 반명함판 사진을 2~4장 제출하라고 합니다. 스튜디오에 가서 촬영하면 가장 편리하겠지만 요즘 대부분 가정에는 디지털 카메라 한 대씩은 가지고 있고, 스마트폰의 성능도 좋아져 직접 촬영할 수 있습니다. 직접 촬영한 사진을 포토샵을 이용하여 자르고, 자른 이미지를 4x6 inch 크기에 반명함 9장을 배열해 보겠습니다.

예제 파일 I DVD₩Part 03₩지윤_한강.jpg　**완성 파일** I DVD₩Part 03₩지윤_반명함_4R.jpg

01. '지윤_한강.jpg' 파일을 열고 불필요한 부분을 잘라내기 위해 도구 패널에서 자르기 도구(Crop Tool)를 선택합니다. 옵션 바의 [Ratio]를 클릭한 후 [W x H x Resolution]을 선택합니다.

02. 옵션 바에서 [Width]는 '3 cm', [Height]는 '4 Cm', [Resolution]는 '300 px/in'로 설정하고 자르기 박스의 모서리를 드래그하여 그림처럼 줄인 후 Enter 를 누릅니다.

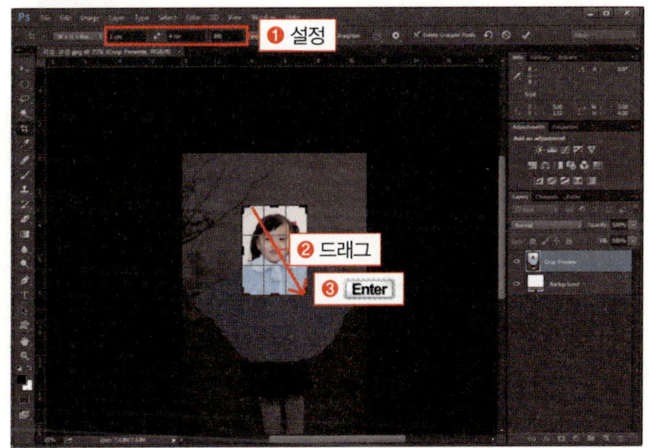

03. 이미지가 잘린 것을 확인한 후 [View]-[Fit on Screen](Ctrl + 0) 메뉴를 클릭하여 화면에 맞추어 보기를 합니다.

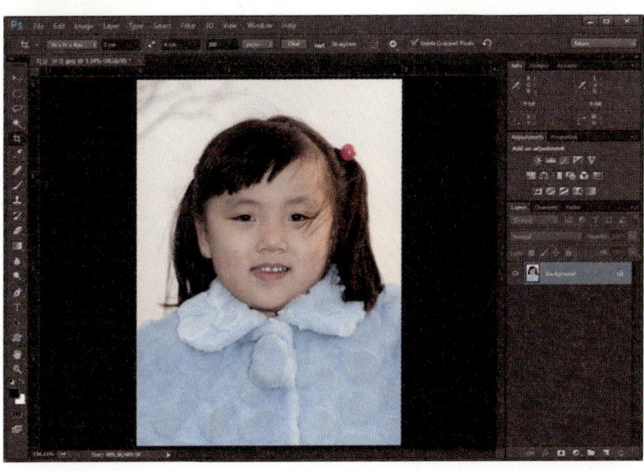

04. 단색 배경에서 촬영했으면 좋았겠지만, 이미지 왼쪽 뒤를 보면 나뭇가지가 보입니다. 나뭇가지를 지우기 위해 도구 패널에서 브러시 도구(Brush Tool)를 선택하고 옵션 바에서 [Brush Preset]를 클릭한 후 [Size]는 '40px', [Hardness]는 '0%'로 설정합니다.

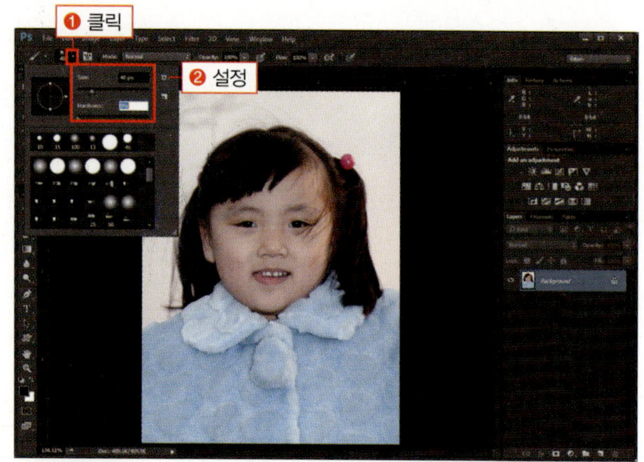

05. 브러시의 전경색을 이미지의 배경색에서 추출하기 위해 브러시 도구(Brush Tool)로 Alt 를 누른 상태에서 나뭇가지 옆의 단색 부분을 클릭합니다.

06. 그림과 같이 브러시 도구(Brush Tool)로 나뭇가지를 칠해줍니다.

07. 브러시 작업을 끝난 후 저장을 하기 위해 [File]-[Save As](**Shift** + **Ctrl** + **S**) 메뉴를 클릭합니다.

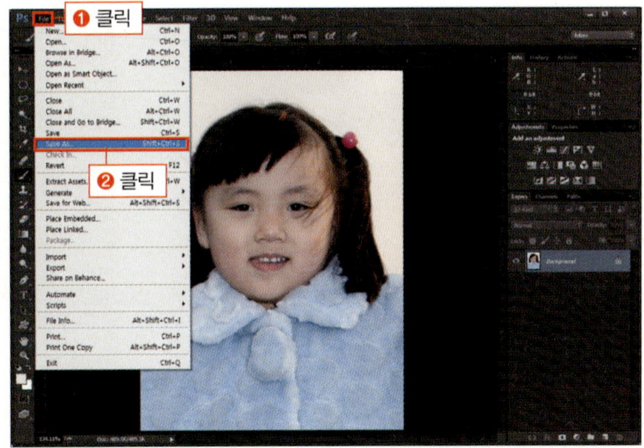

08. [다른 이름으로 저장] 대화상자가 나타나면 '지윤_한강_반명함.jpg' 이름으로 저장합니다.

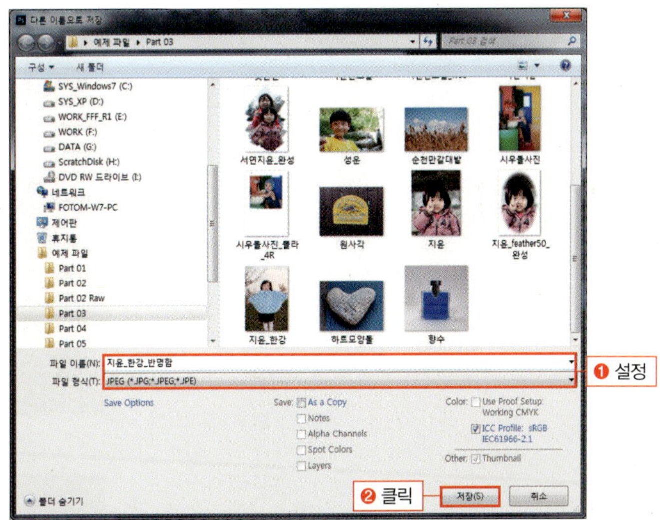

09. 4x6 inch 크기의 도큐먼트 창을 새로 만들기 위해 [File]-[New](**Ctrl** + **N**) 메뉴를 클릭합니다.

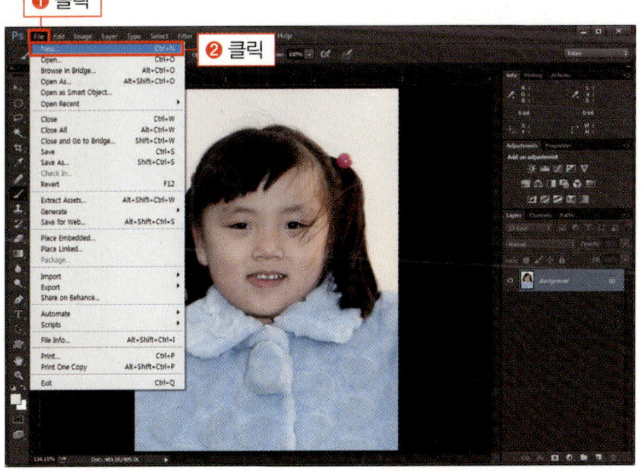

10. [New] 대화상자가 나타나면 [Width]는 '4 Inch', [Height]는 '6 Inch', [Resolution]는 '300 Pixel/Inch'로 설정하고 [OK] 단추를 클릭합니다.

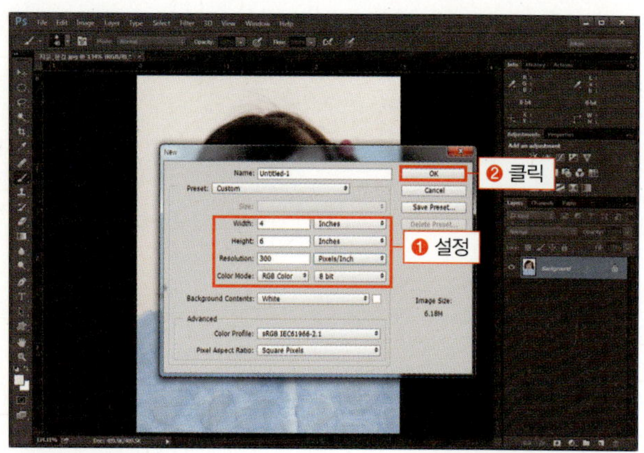

11. 새로운 도큐먼트 창이 열리면 새로운 도큐먼트 창과 '지윤_한강_반명함.jpg' 도큐먼트 창을 다 보이게 하기 위해 [Window]-[Arrange]-[2-up Vertical] 메뉴를 클릭합니다.

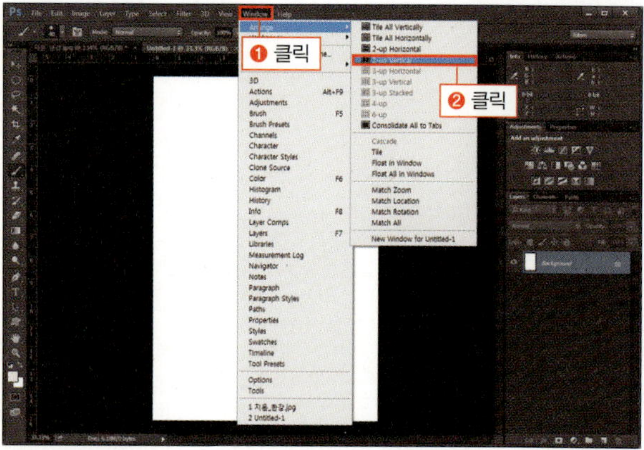

12. 그림처럼 도큐먼트 창이 배열되면 이동 도구(Move Tool)를 선택하고 Shift 를 누른 상태에서 반명함 이미지를 드래그하여 새로운 도큐먼트 창으로 이동합니다. 이동되면 '지윤_한강_반명함.jpg' 도큐먼트 창 이름 옆에 [x]를 클릭하여 닫습니다.

13. 그림처럼 이동 도구(Move Tool)로 Alt 를 누른 상태에서 왼쪽으로 드래그하여 복사합니다. 스마트 가이드 선의 정보를 보고 이미지의 간격을 '0.25cm'에서 맞춥니다.

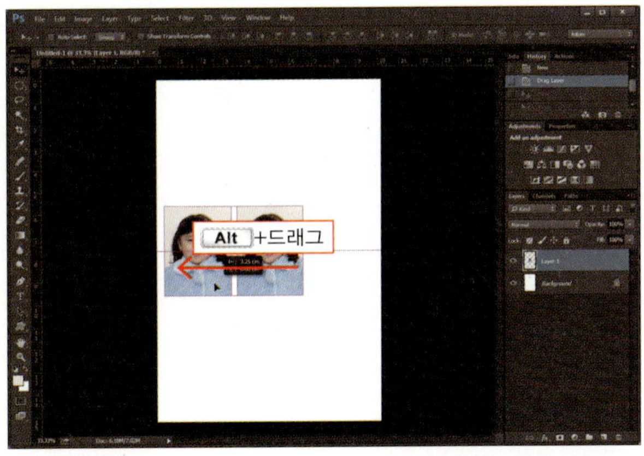

14. [Layers] 패널에서 'Layer 1' 레이어를 선택하고, Alt 를 누른 상태에서 오른쪽으로 드래그하여 복사합니다.

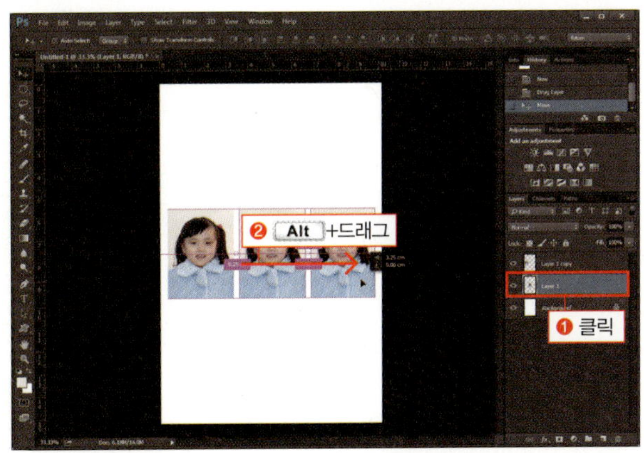

15. 복사된 3개의 레이어를 하나로 합치기 위해, [Layers] 패널에 레이어 3개를 Shift 를 누른 상태에서 선택합니다.

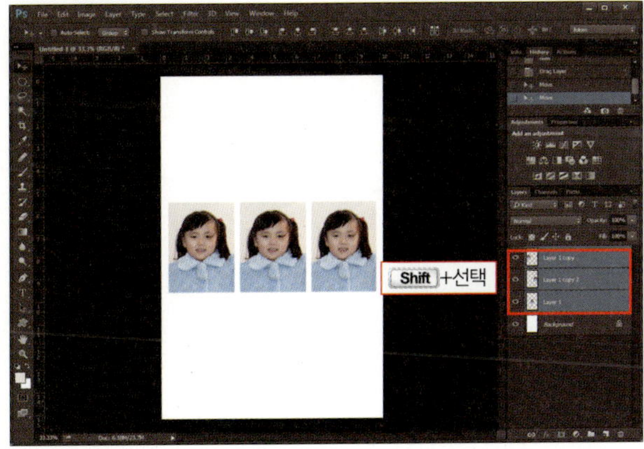

16. [Layers] 패널의 메뉴에서 [Merge Layer]를
선택합니다.

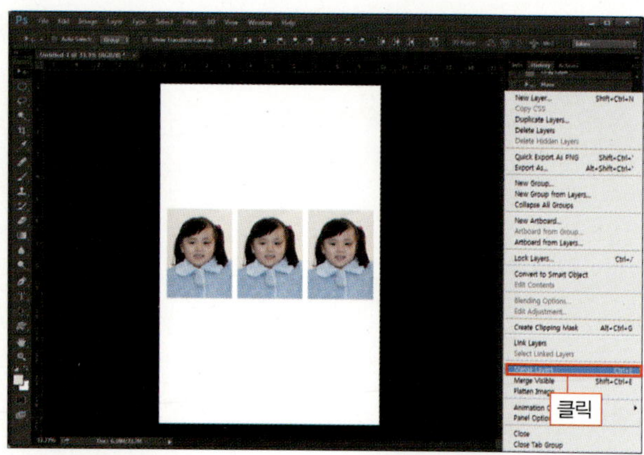

17. 이동 도구(Move Tool)로 합쳐진 레이어를 드
래그하여 위쪽으로 이동합니다.

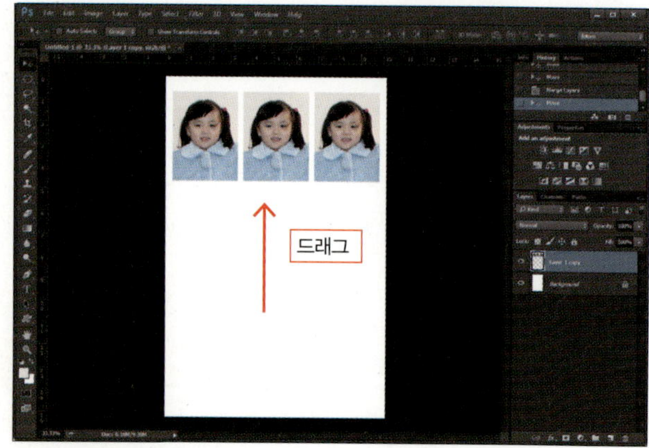

18. 이동 도구(Move Tool) 상태에서 Shift
+ Alt 를 동시에 누른 상태로 아래 방향으로
드래그합니다. 스마트 가이드 선의 정보를 보고
이미지의 간격을 '0.50 cm'로 맞춥니다.

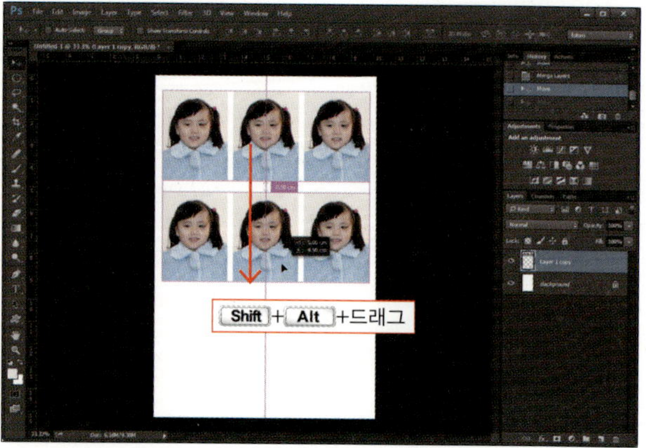

19. 한 번 더 이동 도구(Move Tool) 상태에서 Shift + Alt 를 동시에 누른 상태에서 아래 방향으로 드래그합니다. 스마트 가이드 선의 정보를 보고 이미지의 간격을 '0.50 cm'로 맞춥니다.

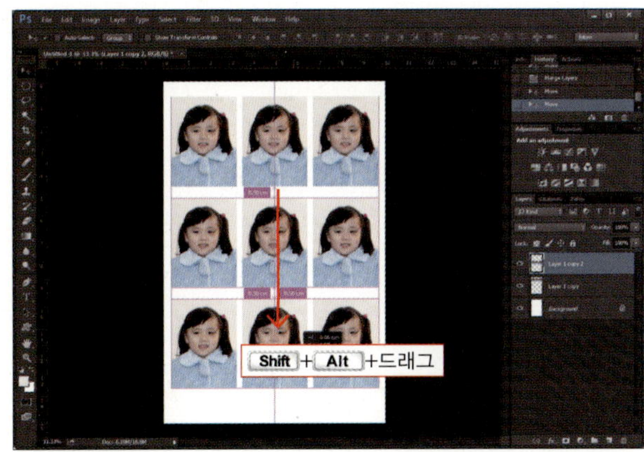

20. 그림과 같이 완성 되었으면 [Layers] 패널의 메뉴에서 [Flatten Image]를 선택하여 'Background' 레이어로 합칩니다.

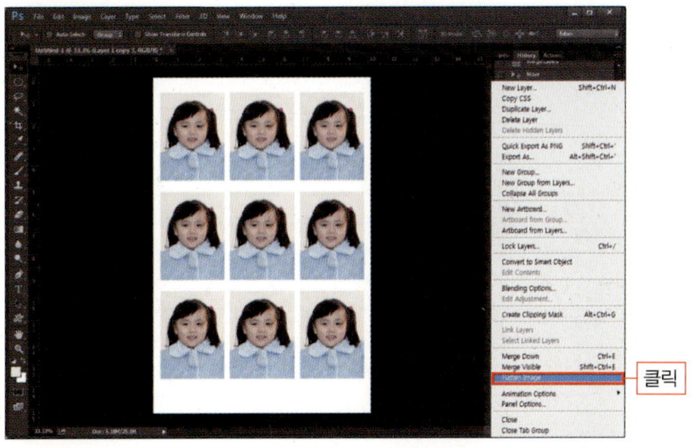

21. 지금까지 작업한 파일을 저장하기 위해 [File]-[Save As](Shift + Ctrl + S) 메뉴를 클릭합니다.

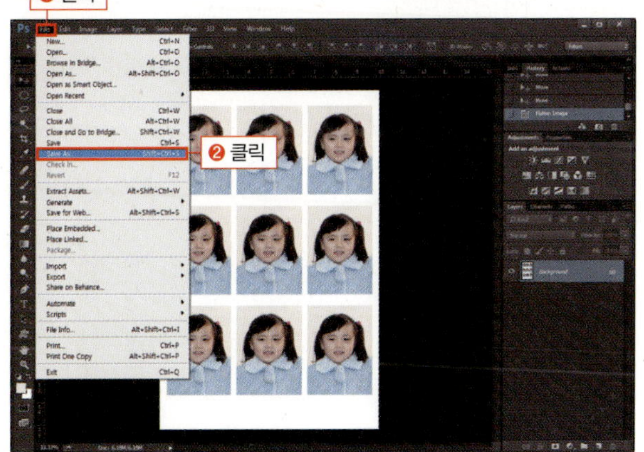

22. [다른 이름으로 저장] 대화상자가 나타나면
'지윤_한강_반명함_4R.jpg' 이름으로 저장합니다.

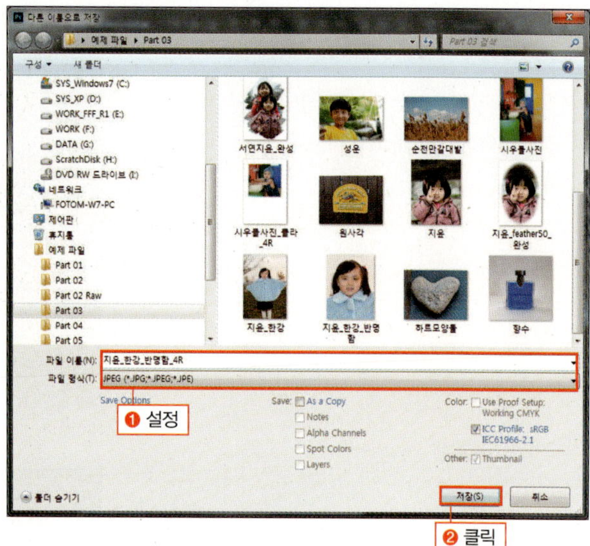

T I P : 사진 사이즈

가로X세로(단위　inch)	
3R	3X5(실제로 3.5X5)
4R	4X6
5R	5X7
8R	8X10
11R	11X14
16R	16X20
20R	20X24
24R	24X30
30R	30X40

위의 표처럼 사진 규격 사이즈들은 사이즈의 짧은 길이만을 적고 R을 붙여 사용합니다. 위의 사이즈들을 보면 4R을 제외한 모든 사이즈들은 비율이 3:4 또는 4:5 비율입니다. 그런데 우리가 사용하는 디지털 카메라의 이미지 비율을 대부분 2:3입니다. 이렇게 이미지와 사진 사이즈의 비율이 맞지 않기 때문에 사진 인화 시 주의해야 합니다.

인화 시 페이퍼 풀(Paper Full)과 이미지 풀(Image Full)의 차이

위의 그림처럼 페이퍼 풀은 페이퍼 즉 용지를 꽉 채운다는 뜻입니다. 그 결과 이미지의 긴 쪽이 잘려 나갑니다. 반대로 이미지 풀은 이미지를 꽉 채우기 때문에 용지의 양쪽이 여백으로 남게 되는 것입니다.

결론적으로 페이퍼 풀은 이미지를 잘리게 하고, 이미지 풀은 양쪽에만 여백이 남게 되므로 보기에 좋지 않습니다. 앞선 Step 03의 Image Size와 Canvas Size를 이용하여 포트폴리오 사진 만들기를 익혀두면 사방에 여백을 만들 수 있습니다.

- [Image Size] 대화상자를 이용하여 이미지의 크기를 줄여 인터넷용 이미지를 만들 수 있습니다. `196p`

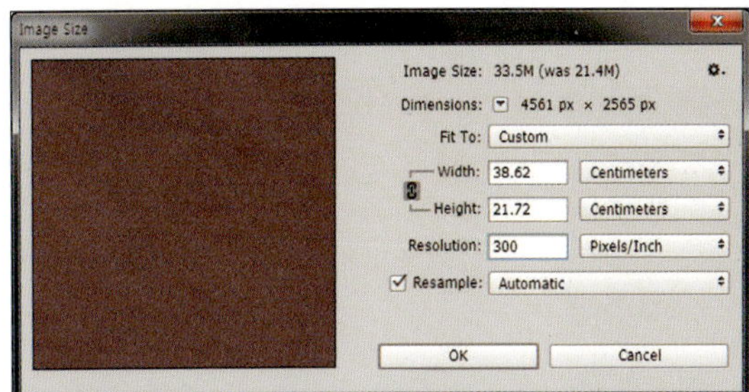 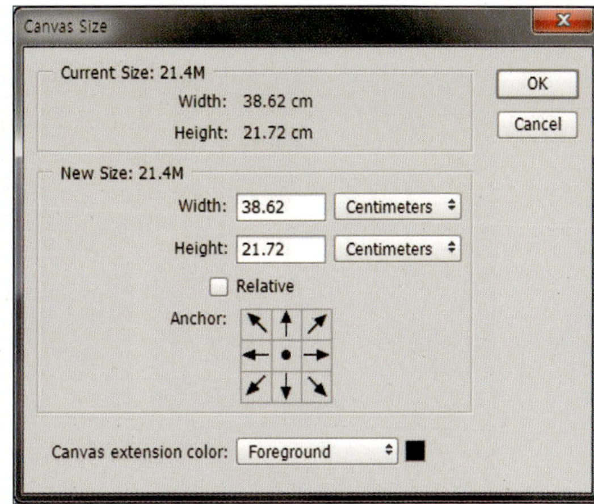

- [Image Size] 대화상자의 [Resample]을 이용하여 이미지 크기 변경할 수 있습니다. `199p`

- Image Size와 Canvas Size를 이용하여 이미지 풀 사진을 만들 수 있습니다. `202p`

- Image Size와 Canvas Size를 이용하여 폴라로이드 사진을 만들 수 있습니다. `204p`

- 자르기 도구의 옵션 [Straighten]을 이용하여 이미지의 수평을 쉽게 맞출 수 있습니다. `207p`

- 눈금자와 가이드 선을 이용하면 정확한 수치의 이미지를 만들 수 있습니다. `213p`

- New Guide Layout 기능을 이용하여 규칙적인 가이드 선을 만들 수 있습니다. `217p`

- 집에서 촬영한 사진을 자르기 도구를 이용하여 자르고, 레이어를 이용하여 4x6 inch 용지에 배열하여 9장의 반명함판 사진을 만들 수 있습니다. `219p`

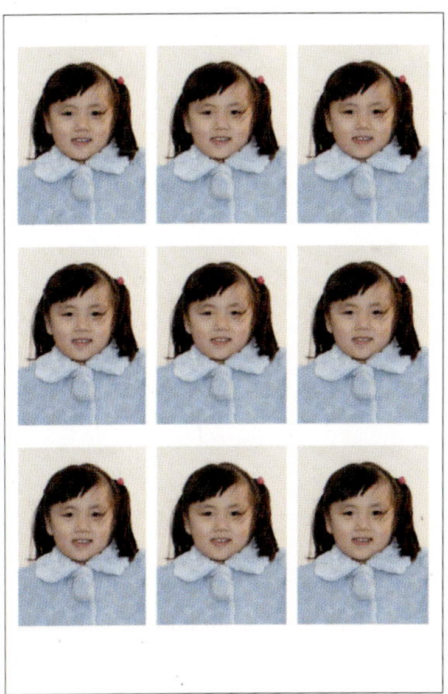

01 Image Size와 Canvas Size를 이용하여 포트폴리오 사진 만들기

예제 파일 : DVD₩Part 03₩강화도_일몰.jpg　　　**동영상 해설 :** DVD₩Self Test₩P03_01.wmv

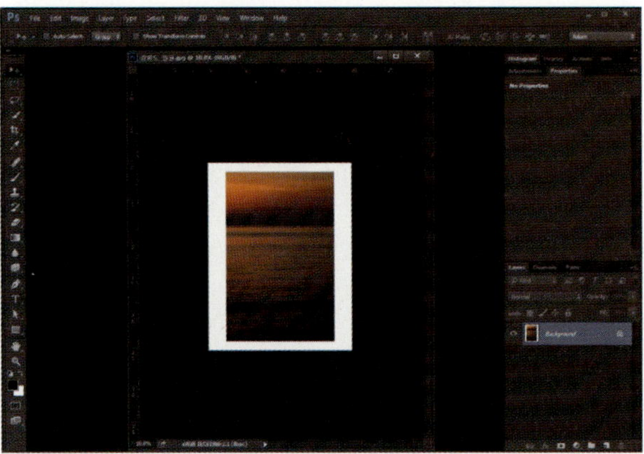

HINT

Image Size와 Canvas Size 기능을 이용하면 4X3 비율의 인화지 크기에 맞는 포트폴리오 사진을 만들 수 있습니다.

02 집에서 촬영한 사진으로 반명함 사진 만들기

예제 파일 : DVD₩Part 03₩지윤_한강.jpg　　　**동영상 해설 :** DVD₩Self Test₩P03_02.wmv

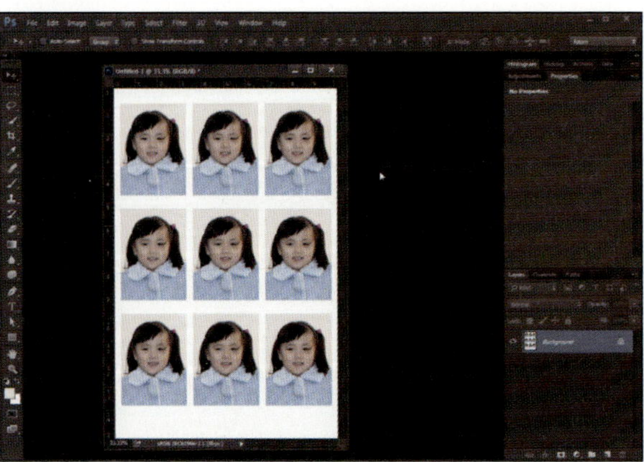

HINT

자르기 도구를 이용하여 이미지를 적당한 크기로 자르고, 브러시 도구를 이용하여 배경을 정리합니다. 그리고 새로운 도큐먼트 창을 만들어 그림과 같이 배열합니다.

04

이미지 리터칭
(Image Retouching)

Lesson 01에서는 이미지 리터칭의 기본인 도장 도구, 힐링 브러시 도구, 스폿 힐링 브러시 도구에 대해 알아보고, Lesson 02에서는 이미지의 내용을 인식하여 좀 더 쉽게 이미지를 복사하고 옮길 수 있는 Content-Aware 기능에 대해 알아보겠습니다. 그리고 Lesson 03에서는 닷지/번/스펀지 도구를 이용한 이미지의 노출 보정 그리고, 적목 현상 제거 도구를 이용하는 방법도 소개합니다.

이미지 리터칭의
기본 이해하기

도장 도구, 힐링 브러시 도구, 스폿 힐링 브러시 도구는 포토샵의 대표적인 리터칭 도구입니다. 도장 도구를 이용하면 이미지를 그대로 복사할 수 있고, 힐링 브러시 도구 또는, 스폿 힐링 브러시 도구를 이용하면 이미지의 디테일을 손상시키지 않고 먼지, 흠, 잡티 등을 지울 수 있습니다.

기초탄탄 ▶ 이미지 리터칭의 핵심 도구들

■ 도장 도구의 옵션 바 이해하기 234p

❶ **Tool Preset Picker** : 도구들의 사전 설정이 들어 있습니다.

❷ **Brush Preset** : 브러시 크기와 경도를 설정할 수 있습니다.

❸ **Brush Panel** : [Brush] 패널을 활성화시킵니다.

❹ **Clone Source Panel** : [Clone Source] 패널을 활성화시킵니다.

❺ **Mode** : 이미지를 복사할 때 아래 이미지와 섞이는 방식을 정할 수 있습니다. [Layers] 패널의 블렌딩 모드와 같습니다. 일반적으로 'Normal'을 사용합니다.

❻ **Opacity** : 브러시의 불투명도를 조절합니다.

❼ **Pressure for Opacity** : 펜 태블릿을 사용할 때 이 기능을 선택하고, 사용하면 펜을 누르는 압력으로 불투명도를 조절할 수 있습니다.

❽ **Flow** : 브러시의 강도입니다. [Opacity]와 비교하면 [Opacity]는 빈 레이어에 100%의 칠을 하고 레이어의 투명도를 조절했을 때의 값과 같습니다. 하지만 [Flow]는 물감을 진하게 또는, 흐리게 칠하는 것과 같습니다.

❾ **Enable airbrush-style** : 이 기능을 선택하면 에어브러시로 칠하는 것처럼 점점 번지면서 칠해집니다.

❿ **Aligned** : 이 옵션을 체크하고 마우스를 드래그하면 처음 복사한 위치와 같은 간격을 유지합니다.

⓫ **Sample** : 도장 도구(Clone Stamp Tool)로 복사할 곳을 지정합니다. 클릭하면 세부 항목이 나옵니다.

```
Current Layer
Current & Below
All Layers
```

• Current Layer : 현재 레이어만을 복사의 대상으로 사용합니다.

• Current & Below : 현재 레이어와 그 아래의 레이어를 복사 대상으로 사용합니다(빈 레이어를 추가하고 복사할 때 이 옵션을 사용해야 합니다).

• All Layers : 모든 레이어를 복사 대상으로 사용합니다.

⓬ Ignore Adjustment Layer : [Sample]을 'Current Layer' 또는, 'Current & Below'를 선택했을 때 활성화 되며, 클릭하면 조정 레이어의 값은 무시하고 복사합니다. 일반적으로 사용하지 않습니다.

⓭ Pressure for Size : 펜 태블릿을 사용할 때 펜의 압력으로 브러시 크기를 조절할 수 있습니다.

■ 힐링 브러시 도구의 옵션 바 이해하기 `236p`

❶ Source : 복사한 이미지 또는 패턴을 붙일 수 있습니다. [Sampled]를 클릭하면 복사한 이미지를, [Pattern]을 클릭하면 사전 설정된 패턴을 붙일 수 있습니다.

> **TIP** : 나머지 옵션은 도장 도구와 동일합니다.

■ 스폿 힐링 브러시 도구의 옵션 바 이해하기 `236p`

❶ Type : 이미지를 복구하는 3가지 방법이 있습니다.

• Proximity Match : 스폿 힐링 브러시 도구(Spot Healing Brush Tool)로 칠한 부분의 주변 색상과 밝기를 일치시킵니다.

• Create Texture : 질감을 만들면서 복구합니다.

• Content-Aware : 이미지를 분석하여 복구합니다.

> **TIP** : 나머지 옵션은 도장 도구와 동일합니다.

이미지의 불필요한 먼지, 흠, 인물의 잡티 등을 지우는데 가장 기본적인 도구는 도장 도구입니다. 우리가 보통 이미지의 먼지를 지운다고 하지만 사실은 정상적인 이미지를 복사해서 먼지 위에 붙이는 것입니다. 도장 도구는 완전 수동으로 옵션 바에서 설정한대로 복사됩니다.

예제 파일 I DVD₩Part 04₩담벼락.jpg   **완성 파일** I DVD₩Part 04₩담벼락_완성.jpg

01. 예제 파일을 열고 Ctrl + + 를 눌러 이미지를 50%로 확대합니다.

02. 도구 패널에서 도장 도구(Clone Stamp Tool)를 선택하고, 마우스 포인터를 이미지 위에 올린 상태에서 마우스 오른쪽 버튼을 클릭하면 [Brush Preset] 메뉴가 나타납니다. [Size]는 '100px', [Hardness]는 '80%'로 설정하고 Enter 를 누릅니다.

03. 마우스 포인터의 위치를 정확하게 보기 위해 Caps Lock 을 누르면 ╬ 모양으로 마우스 포인터가 바뀝니다. 그림과 같이 붉은색 사람 이미지의 발 부분부터 도장 도구로 복사하기 위해 벽과 바닥의 경계면에 위치한 오른쪽 발 부분에서 Alt 를 누른 상태로 클릭합니다.

04. 이미지를 복사할 위치로 마우스 포인터를 이동시킨 후 아래에서 위쪽으로 드래그하여 그려 줍니다.

TIP : 도장 도구를 찍는다고 하지 않고 그린다고 하는 이유는 도장 도구를 이용하여 찍어주는 경우보다는 그려주어야 할 때가 더 많습니다. 도장 도구로 클릭, 클릭하여 찍어서 사용하면 경우에 따라 이미지의 픽셀이 뭉개질 수 있습니다. 일부러 이미지의 픽셀을 뭉갤 이유가 아니라면 드래그하여 그려 주어야 합니다.

05. 붉은색 사람 모양의 그림이 복사되었습니다.

도장 도구와 다르게 자동으로 이미지를 복제하는 힐링 브러시 도구와 스폿 힐링 브러시 도구가 있습니다. 힐링 브러시 도구는 Alt 를 누르고 복제할 지점을 먼저 선택하고 사용해야 합니다. 스폿 힐링 브러시 도구는 힐링 브러시 도구와는 다르게 그냥 수정할 부분을 일반 브러시 도구처럼 칠해주면 수정이 됩니다. 스폿 힐링 브러시 도구는 수정해야 하는 부분의 주변이 비교적 단순하고 넓을 때 좋은 결과를 냅니다.

예제 파일 I DVD₩Part 04₩바닥_껌.jp **완성 파일** I DVD₩Part 04₩바닥_껌_완성.jpg

01. 예제 파일을 열면 바닥에 껌 자국이 있는 이미지입니다. 껌 자국을 지우기 위해 도구 패널에서 힐링 브러시 도구(Healing Brush Tool)를 선택합니다.

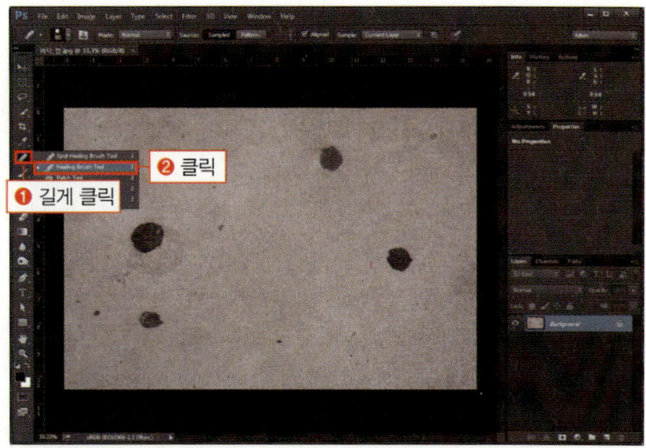

02. 키보드 [ ] 를 눌러 그림처럼 브러시의 크기를 껌 자국 크기 정도로 변경합니다.

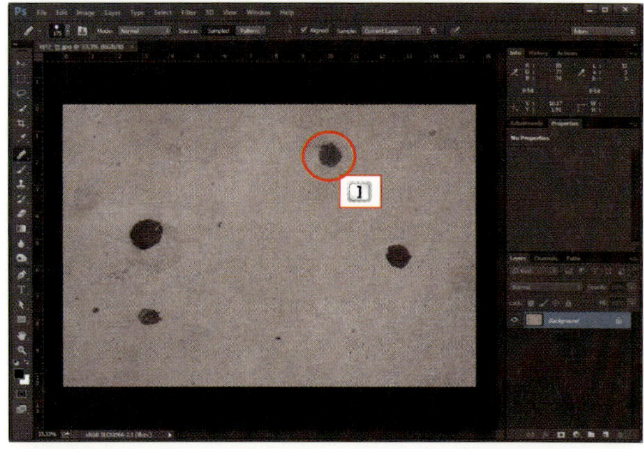

03. 껌 자국 바로 옆에 깨끗한 바닥을 Alt 를 누른 상태로 클릭하고 껌 자국을 드래그하여 그려줍니다.

TIP : 도장 도구와 마찬가지로 스폿 힐링 브러시 도구, 힐링 브러시 도구를 사용할 때도 클릭, 클릭 찍어서 사용하는 것이 아니라 드래그로 그려주어야 합니다. 그리고 자동으로 복구가 되는 스폿 힐링 브러시, 힐링 브러시 도구들은 특히 더 한 번에 드래그하여 복구할 부분을 그려주어야 합니다.

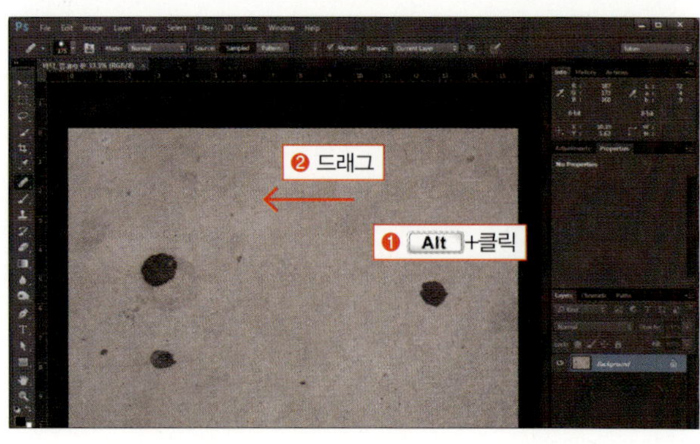

04. 오른쪽 아래에 있는 껌 자국도 2~3번 따라
하기와 같은 방법으로 지워줍니다.

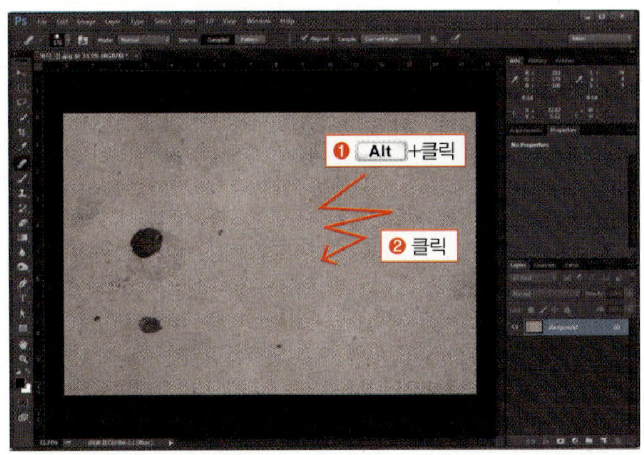

05. 이번에는 도구 패널에서 스폿 힐링 브러시
도구(Spot Healing Brush Tool)를 선택합니다.

06. 마우스로 왼쪽 아래에 있는 껌 자국을 그림
처럼 드래그하여 그려줍니다. 이때 마우스를 클
릭, 클릭, 클릭하는 방법으로 찍으면 안됩니다. 꼭
드래그로 그려주어야 합니다. 그래야 한 번에 영
역을 분석하여 지워줍니다.

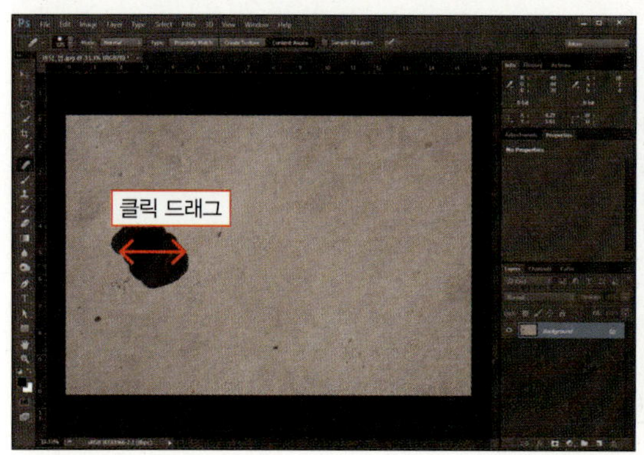

TIP : 도장 도구 vs 힐링 브러시 도구 vs 스폿 힐링 브러시 도구

- 도장 도구 : 도장 도구는 완전 수동입니다. Alt 를 누르고 지정한 곳을 그대로 복사해서 붙여줍니다. 이때 옵션 바에서 [Opacity, Flow] 등을 조절할 수 있습니다.
- 힐링 브러시 도구 : 반자동이라고 생각하면 됩니다. Alt 를 누르고 지정한 곳을 기초로 목적지의 주변에서 복사하여 덮고 최종적으로 이미지의 디테일을 살려줍니다.
- 스폿 힐링 브러시 도구 : 완전 자동입니다. Alt 를 누를 필요도 없이 그냥 드래그하여 복구할 곳을 그려주면 됩니다. 각각의 특징들을 잘 이해하고 경우에 따라 사용하는 것이 좋습니다.

이번 Step에서는 앞에서 배운 도장 도구와 스폿 힐링 브러시 도구 그리고, 힐링 브러시 도구를 이용하여 수두를 앓고 있어 약을 바르고 있는 얼굴에 약 자국을 지워보겠습니다.

예제 파일 | DVD₩Part 04₩지윤_수두.jpg **완성 파일 |** DVD₩Part 04₩지윤_수두_완성.jpg

01. 예제 파일을 엽니다. 얼굴에 약 자국이 많이 있는 것을 확인할 수 있습니다.

02. 정교한 작업을 위해 Ctrl + + 를 여러 번 눌러 화면을 200%로 확대합니다.

03. 도구 패널에서 스폿 힐링 브러시 도구(Spot Healing Brush Tool)를 선택하고 이마 중앙의 약 자국을 드래그하여 그려줍니다.

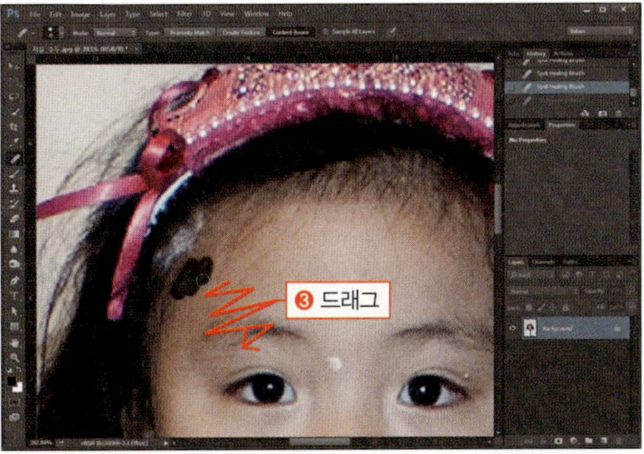

04. 2번~3번 따라하기와 같은 방법으로 드래그하여 그려줍니다.

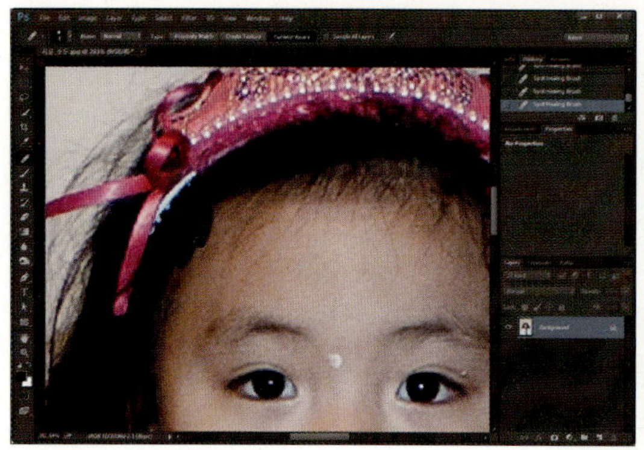

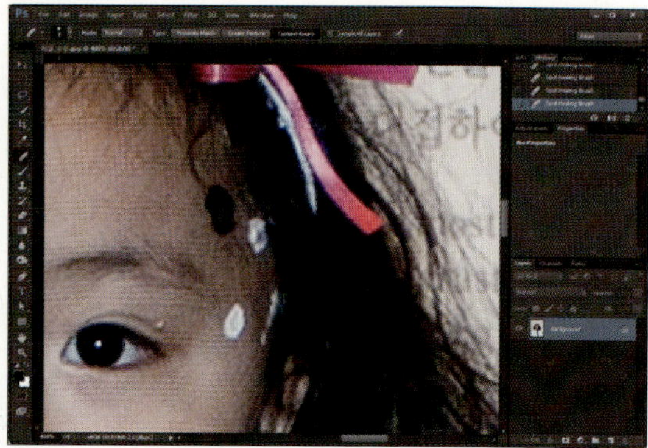

05. 도구 패널에서 힐링 브러시 도구(Healing Brush Tool)를 선택합니다.

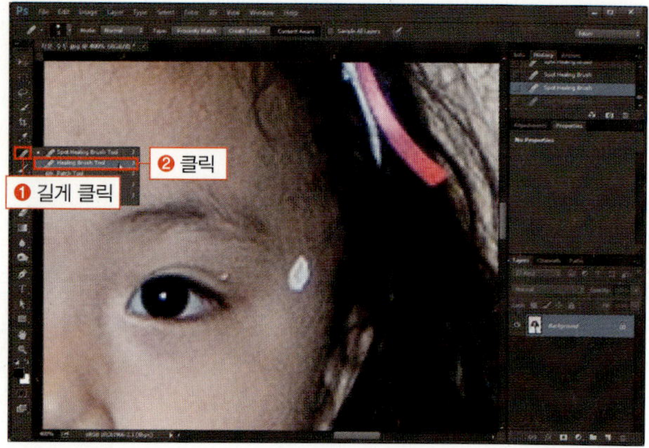

06. Alt 를 누른 상태에서 그림의 눈썹 아래쪽 큰 약 자국 아래쪽을 클릭하고, 약 자국이 있는 곳을 드래그하여 그려줍니다.

TIP : + 모양의 마우스 포인터가 브러시 아래에 따라 다닙니다. +표시의 부분을 이용한다는 의미입니다.

07. 쌍꺼풀 위에 있는 약 자국을 지우기 위해 `Ctrl`+`+`를 눌러 확대하고 쌍꺼풀 라인을 따라 클릭. `Alt`를 누른 상태에서 드래그하여 그려줍니다.

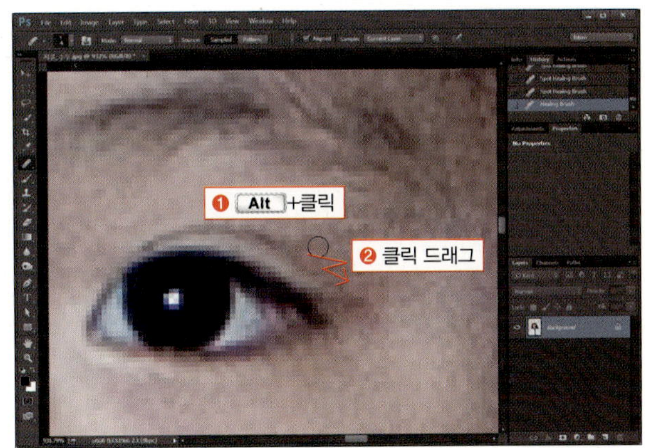

08. 중간 점검을 위해 `Ctrl`+`-`를 여러 번 눌러 화면을 축소하여 얼굴 전체가 보이게 합니다. 얼굴에 있는 약 자국은 깨끗하게 다 지워진 것을 확인할 수 있습니다.

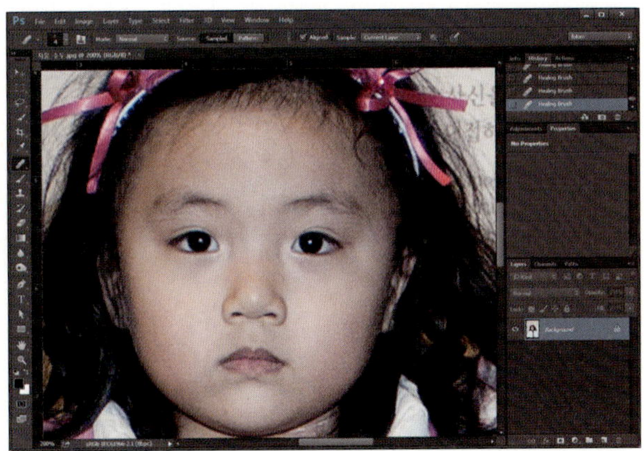

09. 목 부분의 약 자국을 지우기 위해 `Ctrl`+`+`를 눌러 확대하고, 손바닥 도구(Hand Tool)를 이용하여 목 부분으로 화면을 이동합니다. 그리고 힐링 브러시 도구(Healing Brush Tool)로 먼저 옷과 목 사이 깨끗한 부분을 `Alt`를 누른 상태로 클릭하여 약 자국을 지워줍니다.

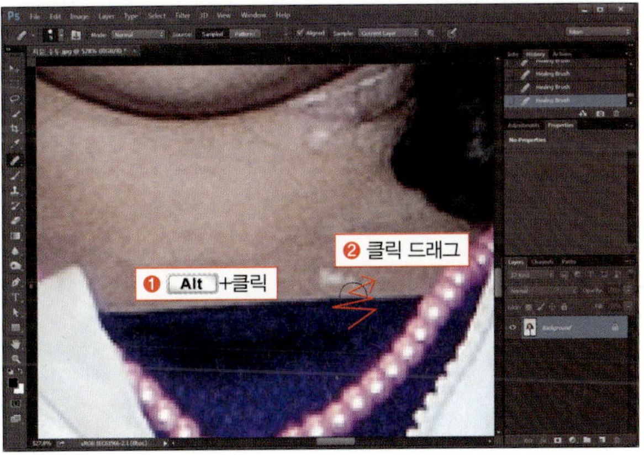

10. 턱 아래의 약 자국을 지우기 위해 깨끗한 $\boxed{\text{Alt}}$ 를 누른 상태에서 목 부분을 클릭하고, 약 자국이 있는 부분을 드래그합니다.

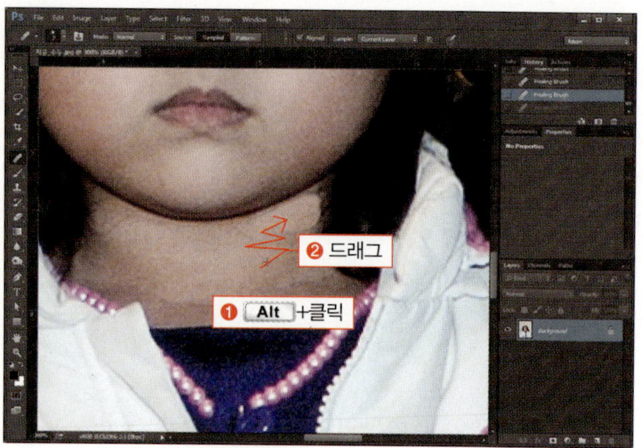

11. 이미지 전체를 보기 위해 $\boxed{\text{Ctrl}}$ + $\boxed{0}$ 을 누르고 이미지를 보면 머리 위에 '관계', '의', '리' 라는 글씨가 머리 바로 위 배경에 있어 보기가 좋지 않습니다.

12. 힐링 브러시 도구(Healing Brush Tool)로 지우려고 하면 그림처럼 이미지가 번집니다. 힐링 브러시 도구를 사용하면 사방에서 이미지를 가져와 복구하므로 아래에 빨간 보석 장식이 번진 것입니다. $\boxed{\text{Ctrl}}$ + $\boxed{\text{Z}}$ 를 눌러 실행을 취소합니다.

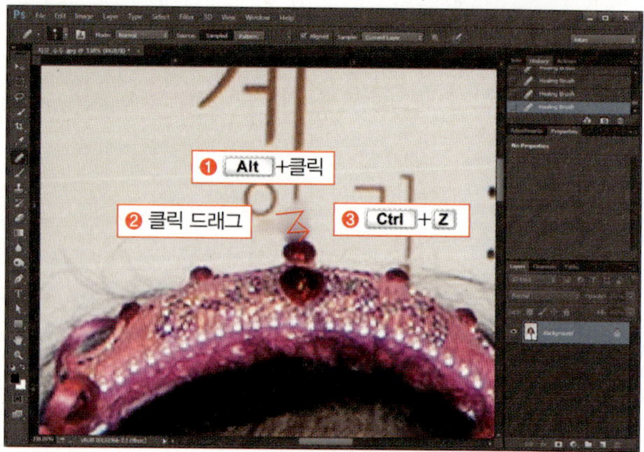

13. 도구 패널에서 도장 도구(Clone Stamp Tool)를 선택하고 깨끗한 배경을 Alt 를 누른 상태에서 클릭하고 머리띠의 글씨를 클릭 드래그하여 지워줍니다.

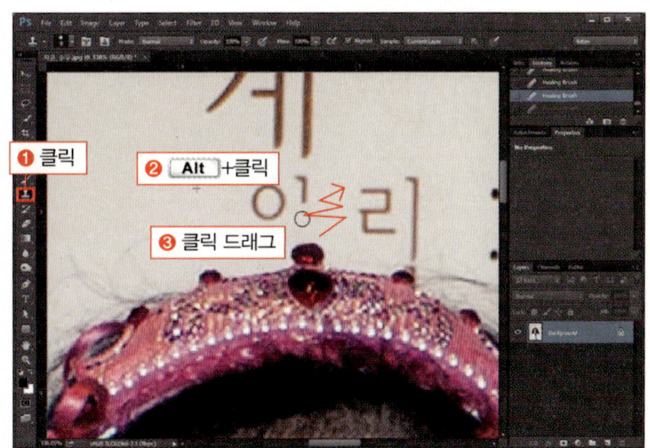

14. 같은 방법으로 '리' 자도 지워줍니다. 이렇게 머리띠에 붙어 있는 글씨는 도장 도구(Clone Stamp Tool)로 지워줍니다.

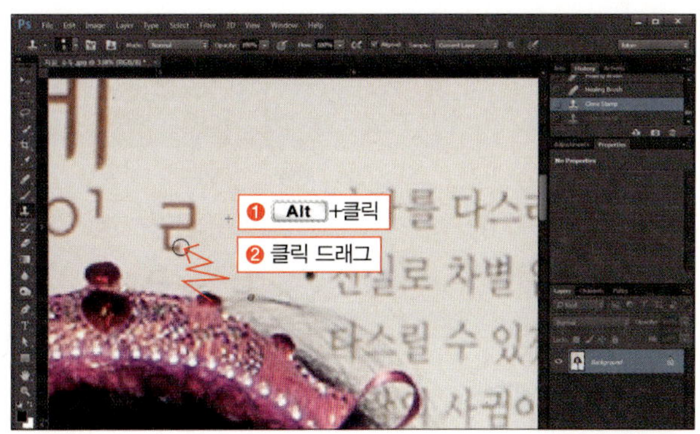

15. 다시 도구 패널에서 힐링 브러시 도구(Healing Brush Tool)를 선택하고 남아 있는 글씨를 지워줍니다.

연관
검색 스폿 힐링 브러시 도구를 사용해도 됩니다.

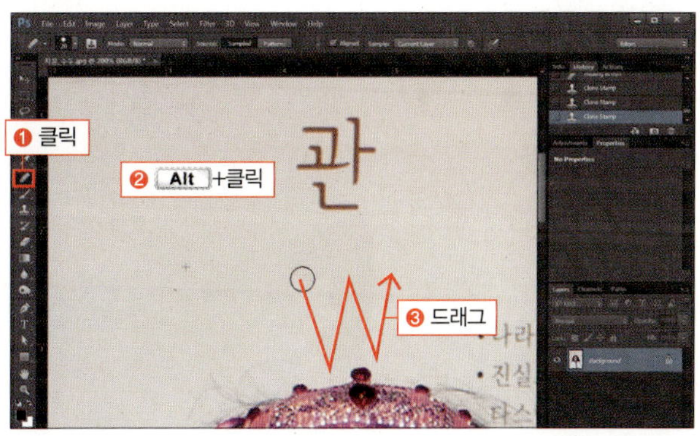

16. 완성된 결과물을 확인합니다.

Content-Aware 기능 활용하기

레벨 ● ● ●

Content-Aware 기능은 향상된 이미지 리터칭 기능으로 이미지의 내용을 인식하여 자동으로 채워주거나 없애주는 기능으로 포토샵 CS6에서부터 이 기능을 패치 도구, 이동 도구 그리고 이미지 크기 조절과 결합하여 기능을 향상시켰습니다.

기초탄탄 ▶ 패치 도구와 내용 인식 이동 도구의 옵션 바 이해하기

■ 패치 도구의 옵션 바 이해하기 246p

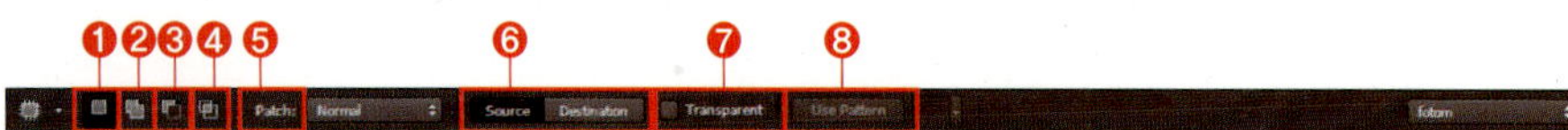

❶ New selection : 올가미 도구처럼 선택을 합니다.

❷ Add to selection : 선택 영역을 더합니다.

❸ Subtract from selection : 선택 영역을 뺍니다.

❹ Interest with selection : 교차 영역을 만듭니다.

❺ Patch : Normal(표준)과 Content-Aware를 선택할 수 있습니다.

❻ Source/Destination : 'Source'를 선택하고, 영역을 선택하고 선택한 영역을 드래그하면 선택된 영역의 이미지가 복구됩니다. 반대로 'Destination'을 선택하고 영역을 선택한 후 드래그하면 선택된 이미지가 복제됩니다.

❼ Transparent : 'Destination'을 사용할 때 이 항목을 체크하면 복제되는 이미지의 배경이 투명으로 합성되어 더욱 자연스럽게 복제됩니다.

❽ Use Pattern : 선택한 영역을 패턴으로 채웁니다.

■ 내용 인식 이동 도구의 옵션 바 이해하기 `248p`

❶ Mode : [Move]와 [Expend] 두 가지 방식이 있습니다. [Move]를 선택하고 이미지를 선택한 후 드래그하면 선택된 이미지가 옮겨집니다. [Expend]를 선택하고 이미지를 선택한 후 드래그하면 선택된 이미지가 복제됩니다.

❷ Structure : 1 ~ 7까지 지정할 수 있으며 높을 수치를 사용할수록 선택한 이미지가 변형 없이 이동됩니다. 낮은 수치를 사용하면 선택한 이미지가 이동하면서 배경에 흡수되어 변형이 생깁니다. 보통 중간 값인 '4'를 사용합니다.

❸ Color : 0 ~ 10까지 지정할 수 있으며 높은 수치를 사용할수록 선택된 이미지와 목적지 이미지의 색상 혼합이 최대로 이루어집니다.

❹ Sample All Layers : 레이어가 여러 장일 때 레이어가 합쳐진 것처럼 작업됩니다.

패치 도구는 올가미 도구처럼 선택하여 선택한 이미지를 원하는 곳으로 옮기면 수정됩니다. 일반적으로 먼지, 흠, 잡티는 힐링 브러시 도구, 또는 스폿 힐링 브러시 도구가 유리하고, 넓은 범위의 자국이나 불규칙한 모양의 자국은 패치 도구가 유리합니다. 이번 Step에서는 패치 도구의 옵션 기능인 Content-Aware 기능을 이용하여 이미지의 갈라진 틈을 없애보겠습니다.

예제 파일 I DVD\Part 04\아스팔트.jpg   **완성 파일** I DVD\Part 04\아스팔트_완성.jpg

01. 예제 파일을 열어보면 아스팔트 바닥이 깨져 틈이 생긴 것을 확인할 수 있습니다. 도구 패널에서 패치 도구(Patch Tool)를 선택합니다.

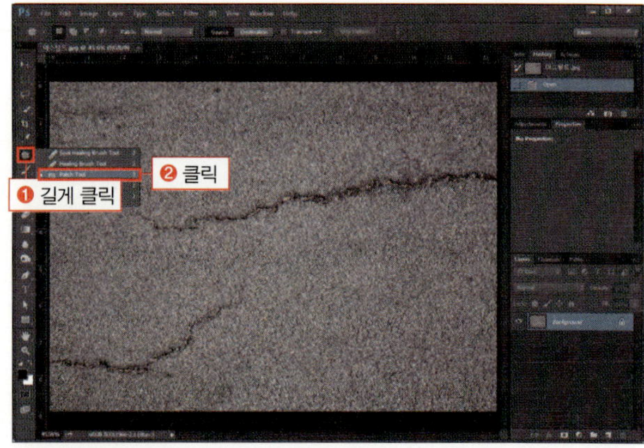

02. 옵션 바에서 'Nomal'을 'Content-Aware'로 설정합니다. 이미지의 아스팔트 틈을 패치 도구(Patch Tool)로 선택하면 선택 영역으로 지정됩니다.

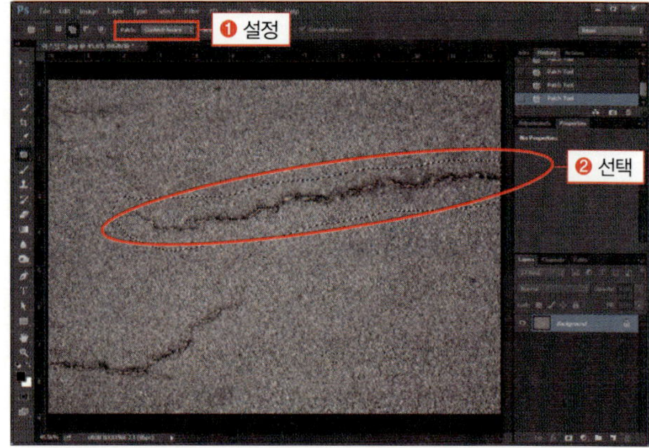

03. 선택 영역 안으로 마우스 포인터를 위치시킨 후 드래그하여 틈이 없는 아스팔트 부분으로 이동시킵니다.

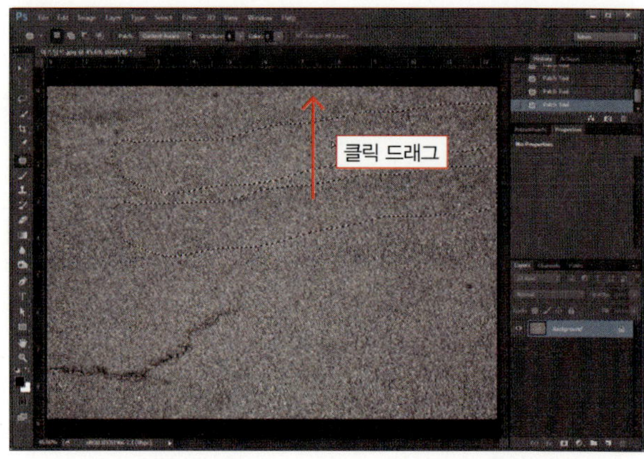

04. 이동이 끝났으면 마우스 버튼을 드롭합니다.

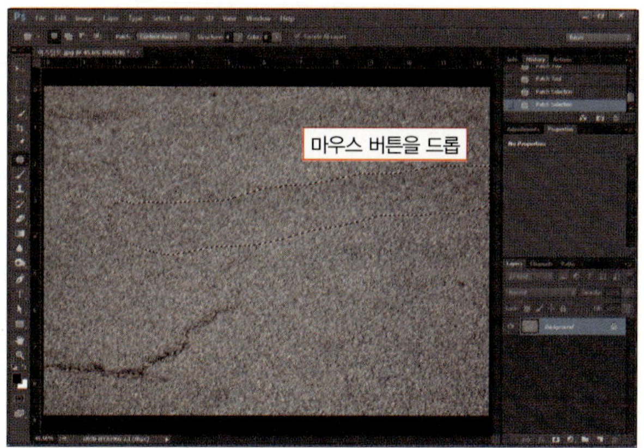

05. 이미지 왼쪽 아래의 다른 틈도 같은 방법으로 수정합니다.

06. 수정이 끝났으면 선택 영역을 해제하기 위해 [Select]-[Deselect](Ctrl + D) 메뉴를 클릭한 후 완성된 이미지를 확인합니다.

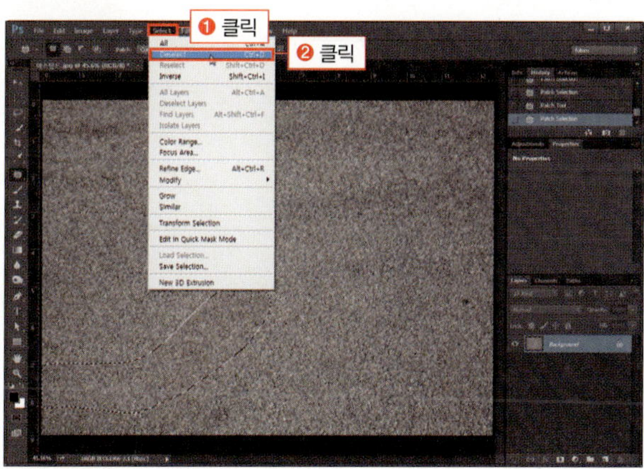

내용 인식 이동 도구는 포토샵 CS6에서 선보였던 기능으로 패치 도구의 이동 기능에 Content-Aware 기술을 적용하여 발전시킨 도구입니다. 사용 방법은 패치 도구처럼 이미지를 선택한 후 선택한 영역을 드래그하여 원하는 위치로 이동시키면 됩니다.

예제 파일 I DVD₩Part 04₩모래밭.jpg　　**완성 파일** I DVD₩Part 04₩모래밭_완성.jpg

01. 예제 파일을 열어 보면 모래밭에 삽과 물통 같은 장난감들이 있습니다. 이 중에 있는 삽과 물통을 옆으로 이동시켜 보겠습니다. 도구 패널에서 내용 인식 이동 도구(Content Aware Move)를 선택합니다.

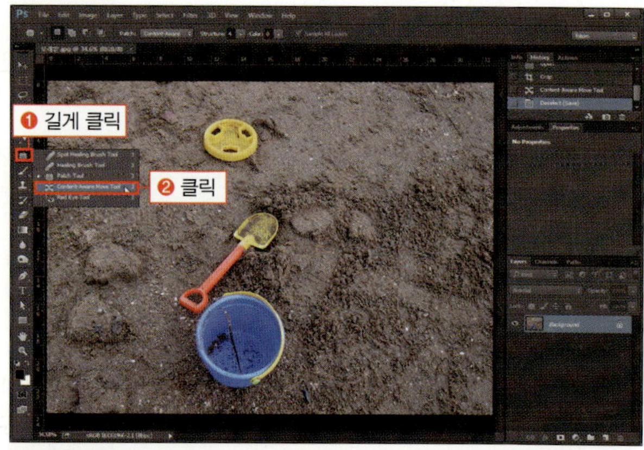

02. 내용 인식 이동 도구(Content Aware Move)로 삽과 물통을 선택하면 선택 영역이 만들어집니다.

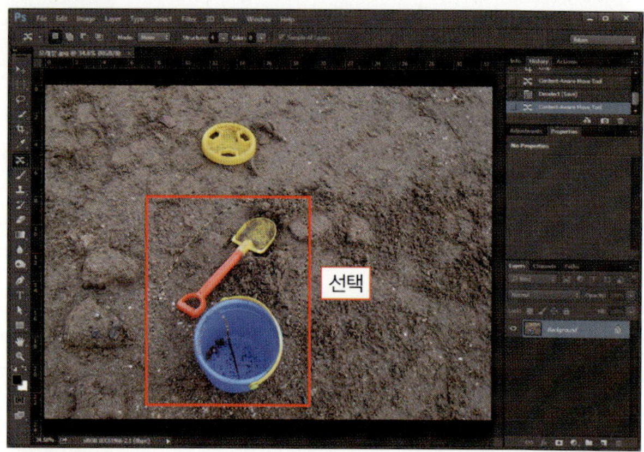

03. 선택한 영역을 드래그하여 오른쪽으로 이동시킵니다.

04. 마우스 버튼은 드롭하면 선택된 이미지가 이동됩니다.

05. 사용이 끝난 선택 영역을 해제하기 위해 [Select]–[Deselect](Ctrl + D) 메뉴를 클릭합니다.

06. 완성된 결과물을 확인합니다.

Content-Aware Scale 기능을 이용하면 이미지의 크기를 조절할 때 인물을 인식하여 인물은 늘어나지 않고 배경만 늘릴 수 있습니다. 그럼 따라하기를 통해 Free Transform 기능과 Content-Aware Scale 기능을 비교해 보겠습니다.

예제 파일 I DVD₩Part 04₩지윤성운_벤치.jpg **완성 파일** I DVD₩Part04₩지윤성운_벤치_FT.jpg, 지윤성운_벤치_CA_Scale.jpg

01. 예제 파일을 열고 확인해 보면 이미지의 왼쪽에 벽이 조금 모자랍니다. 자르기 도구(Crop Tool)를 이용하여 이미지를 잘라도 되지만 모자라는 벽을 늘려보겠습니다.

02. 이미지 전체를 선택하기 위해 [Select]-[All](Ctrl + A) 메뉴를 클릭합니다.

03. 이미지를 늘리기 위해 [Edit]-[Free Transform](Ctrl + T) 메뉴를 클릭합니다.

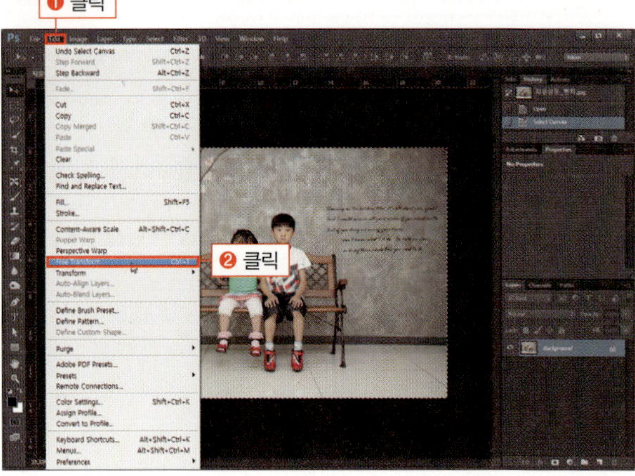

04. 바운딩 박스의 왼쪽을 마우스로 드래그하여 왼쪽 방향으로 원하는 만큼 늘리고 **Enter**를 누릅니다. 그리고 선택 영역을 해제하기 위해 **Ctrl** + **D**를 누릅니다.

> **TIP :** 이미지 전체가 늘어나 가운데 있는 아이들도 좌우로 늘어나 뚱뚱해 보입니다. 비교를 위해 **Shift** + **Ctrl** + **S**를 눌러 '지윤성운_벤치_FT.jpg' 파일로 저장을 합니다.

05. '지윤성운_벤치.jpg' 예제 파일을 다시 열기 위해 [File]–[Open Recent]–[지윤성운_벤치.jpg] 메뉴를 선택합니다.

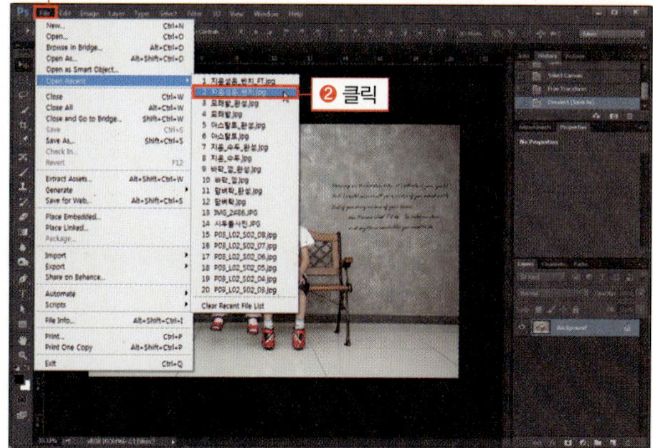

06. 예제 파일이 다시 열리면 **Ctrl** + **A**를 눌러 이미지 전체를 선택합니다.

07. 이번에는 이미지의 배경만 늘리기 위해 [Edit]-[Content-Aware Scale](Alt + Shift + Ctrl + C) 메뉴를 클릭합니다.

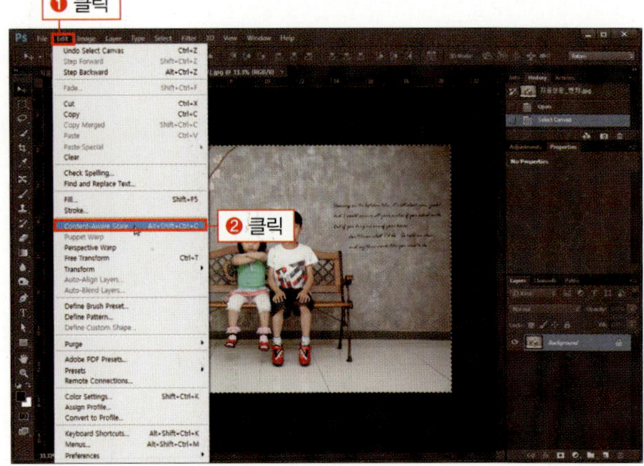

08. 바운딩 박스가 나타나면 왼쪽 방향으로 그림처럼 늘리고 Enter 를 누릅니다. 그리고 선택 영역을 해제하기 위해 Ctrl + D 를 누릅니다. 저장을 위해 Shift + Ctrl + S 를 눌러 '지윤성운_벤치_CA_scale.jpg' 파일로 저장을 합니다.

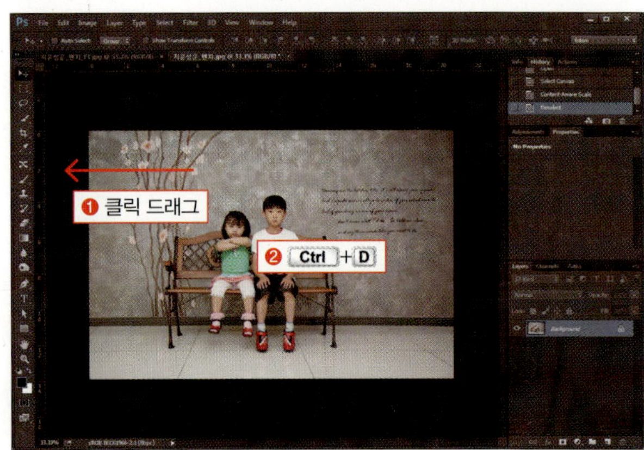

09. 결과물을 비교해 봅니다.

Transform Scale 완성

Content-Aware Scale 완성

닷지, 번, 스펀지 도구를 이용하여 이미지의 부분적인 밝기와 채도를 조정해 보겠습니다. 그리고 어두운 실내에서 스트로보를 이용한 인물 사진 촬영 시 발생할 수 있는 적목 현상을 적목 현상 제거 도구를 이용하여 제거해 보겠습니다.

기초탄탄 ▶ 이미지의 노출 보정하기

■ 닷지, 번 도구의 옵션 바 이해하기 254p

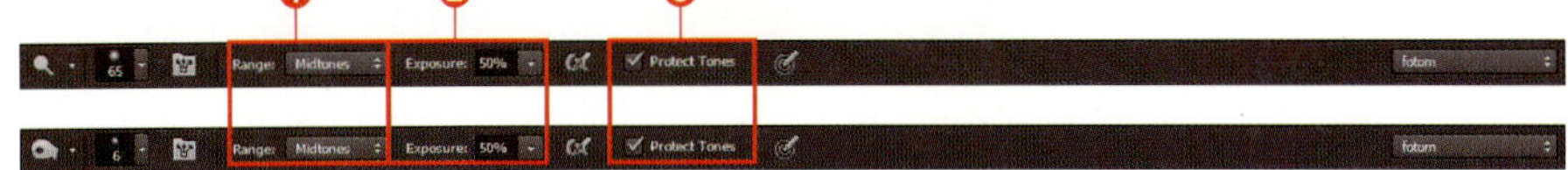

❶ **Range** : 닷지 도구로 수정한 이미지의 범위를 'Shadow(어두운 영역)', 'Midtones(중간 영역)', 'Highlight(밝은 영역)' 중에서 선택합니다. 일반적으로 'Midtones'를 사용합니다.

❷ **Exposure** : 닷지 도구의 노출의 정도를 정합니다.

❸ **Protect Tones** : 이미지의 계조를 보호합니다. 항상 선택합니다.

> **TIP :** 닷지 도구와 번 도구의 아이콘을 보면 '왜 이렇게 생겼을까?' 하는 의문이 듭니다. 이 두 도구의 모양은 흑백 암실에서 인화 작업을 할 때 사용하던 도구의 모습입니다. 닷지 도구는 철사에 하드보드를 동그랗게 오려붙여서 만든 도구로써 인화 시 확대기에서 인화지로 내려오는 빛을 막는데 사용하였습니다. 그리고 번 도구는 확대기에서 인화지로 내려오는 빛을 특정한 부분에 더 주기 위해 손을 이용하여 동그란 구멍을 만들어 사용한 것을 표현한 것입니다.

■ 스펀지 도구의 옵션 바 이해하기 257p

❶ **Mode** : 'Desaturation'을 선택하면 채도를 감소시키고, 'Saturation'을 선택하면 채도를 올려줍니다.

❷ **Vibrance** : 이미지 조정에서 설명한 바와 같이 체크하면 향상된 채도 조정인 'Vibrance'로 조정합니다.

■ 적목 현상 제거 도구의 옵션 바 이해하기 259p

❶ **Pupil Size** : 눈동자 사이즈를 설정합니다.

❷ **Darken Amount** : 눈동자를 검게 하는 양을 조절합니다.

이번 Step에서는 닷지/번 도구를 이용하여 이미지의 특정 부분을 밝게 또는 어둡게 하여 명암 대비를 조정해 보겠습니다.

예제 파일 | DVD₩Part 04₩얼굴조각.jpg   **완성 파일** | DVD₩Part 04₩얼굴조각_버닝닷징.jpg

01. '얼굴조각.jpg' 파일을 불러오고 도구 패널에서 닷지 도구(Dodge Tool)를 선택합니다.

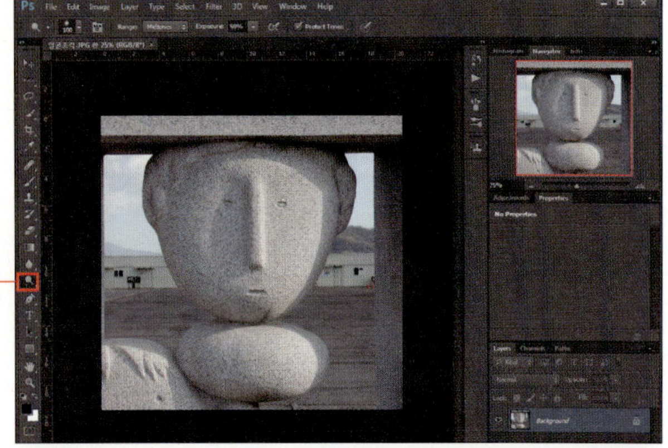

02. 옵션 바에서 [Brush Preset Picker]를 클릭하고 그림과 같이 브러시 크기(Size)를 '400 px', [Hardness]를 '0%'로 설정합니다. 설정이 끝났으면 **Enter**를 누릅니다.

03. 다시 옵션 바에서 [Range]는 'Highlight', [Exposure]는 '3%'로 설정하고 [Protect Tones]를 체크합니다.

04. 이미지 얼굴 조각의 오른쪽 밝은 부분을 더욱 밝게 하기 위해 드래그하여 여러 번 칠해줍니다.

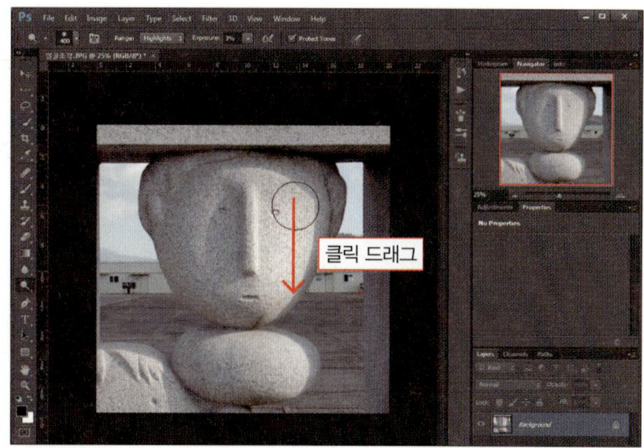

05. 이미지 얼굴 조각 아래쪽 목 부분의 밝은 부분도 드래그하여 여러 번 칠해줍니다.

06. 이번에는 번 도구(Burn Tool)를 선택하고 옵션 바에서 브러시 크기(Size)를 '400 px', [Hardness]를 '0%', [Range]는 'Shadow', [Exposure]는 '3%'로 설정하고, [Protect Tones]를 체크합니다.

07. 이미지 얼굴 조각의 어두운 부분인 오른쪽 부분을 드래그하여 여러 번 칠해줍니다. 얼굴 조각의 목 부분에서 어두운 부분도 여러 번 칠해줍니다.

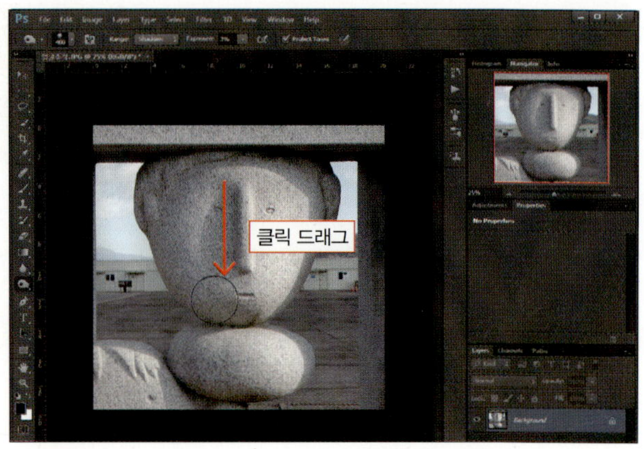

08. 작업이 끝나면 원본과 결과물을 비교해 봅니다.

이번 Step에서는 이미지 조정에서 배운 내용과 같이 전체적으로 흑백 이미지를 만드는 것이 아니라 스펀지 도구를 이용하여 원하는 부분의 채도를 낮춰서 흑백 이미지를 만드는 방법에 대하여 알아보겠습니다.

예제 파일 I DVD\Part 04\낙엽하트.jpg   **완성 파일** I DVD\Part 04\낙엽하트_스펀지.jpg

01. '낙엽하트.jpg' 파일을 불러온 후 도구 패널에서 스펀지 도구(Sponge Tool)를 선택합니다.

02. 옵션 바에서 [Brush Preset Picker]를 클릭하고 그림과 같이 설정한 후 Enter 를 누릅니다.

03. 다시 옵션 바에서 [Mode]는 'Desaturation', [Flow]는 '100%' 그리고 [Vibrance]를 체크합니다.

04. 이미지에서 하트를 제외한 바닥 부분을 드래그하여 칠해줍니다.

05. 그림과 같이 이미지의 바닥 부분을 전부 칠해서 채도를 없애줍니다.

06. 이미지의 낙엽 하트 부분과 바닥 부분을 좀 더 정교하게 다듬기 위해, 옵션 바에서 브러시의 크기를 '150 px'로 줄입니다.

TIP : [를 여러 번 눌러도 브러시의 크기를 줄일 수 있습니다.

07. 낙엽 하트 부분을 한 바퀴 돌면서 채도가 없어지지 않은 부분을 꼼꼼히 칠해줍니다.

적목 현상이란 붉은 눈이 되는 것을 말합니다. 우리의 눈은 어두운 곳에 있으면 빛을 많이 받아들이기 위해 동공이 열립니다. 그런데 이렇게 동공이 크게 열려 있을 때 카메라 플래시와 같은 광선을 받게 되면 동공에 들어가 붉은 눈이 되는 것입니다. 이러한 적목 현상의 경우 적목 현상 제거 도구를 이용하면 쉽게 보정할 수 있습니다.

예제 파일 ㅣ CD\Part 04\담희_적목.jpg

01. '담희_적목.jpg' 파일을 불러온 후 눈동자를 잘 보기 위해 `Ctrl` + `+` 를 여러 번 눌러 화면을 200%로 확대합니다. 동공이 붉은 색으로 찍혔는데 특히 오른쪽 눈이 더욱 심합니다.

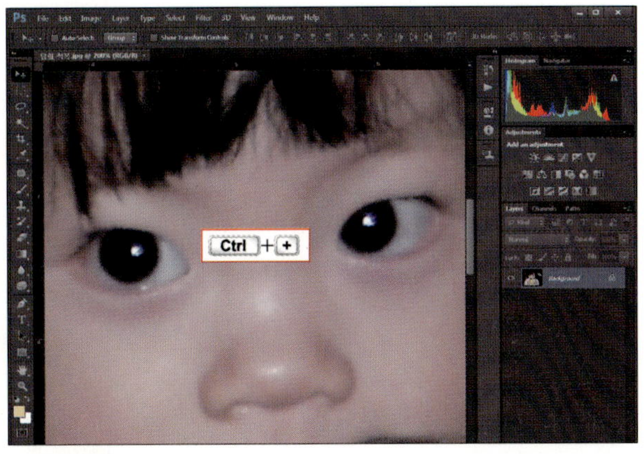

02. 도구 패널에서 적목 현상 제거 도구(Red Eye Tool)를 선택합니다.

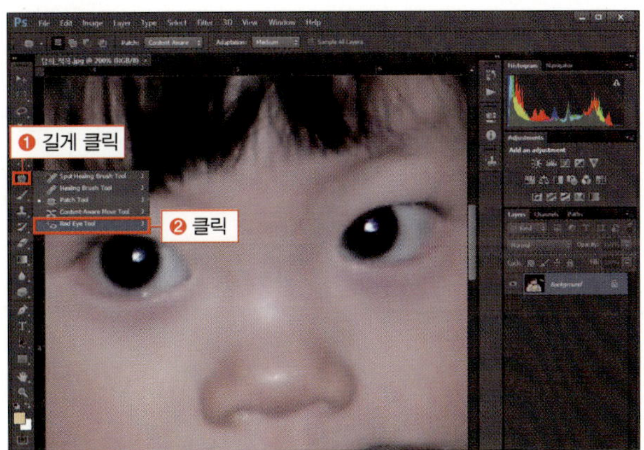

03. 그림과 같이 눈동자를 선택합니다.

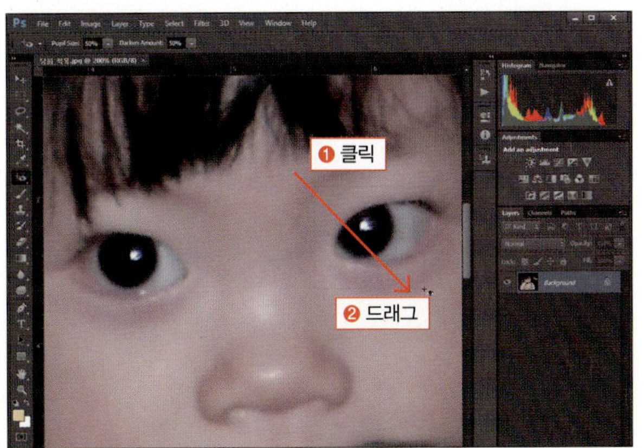

04. 왼쪽 눈도 앞선 따라하기와 같이 선택합니다.

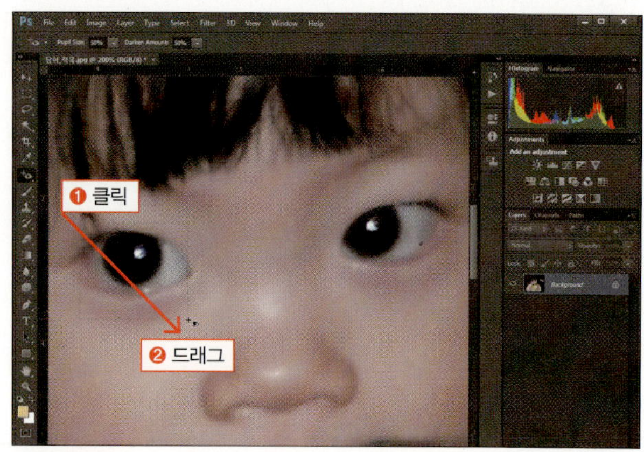

05. 왼쪽, 오른쪽 눈의 적목 현상이 제거된 것을 확인할 수 있습니다.

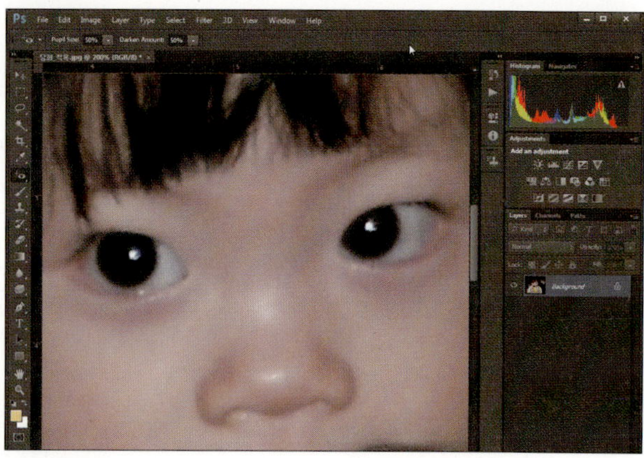

- 도장 도구를 이용하여 이미지를 복사할 수 있습니다. 234p

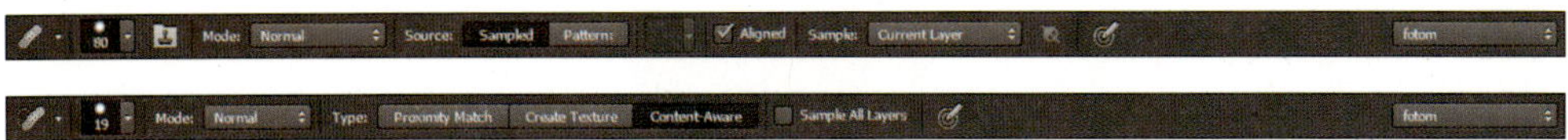

- 힐링 브러시 도구와 스폿 힐링 브러시 도구를 이용하면 먼지, 흠, 인물의 잡티 같은 이미지에서 불필요한 부분을 지울 수 있습니다. 236p

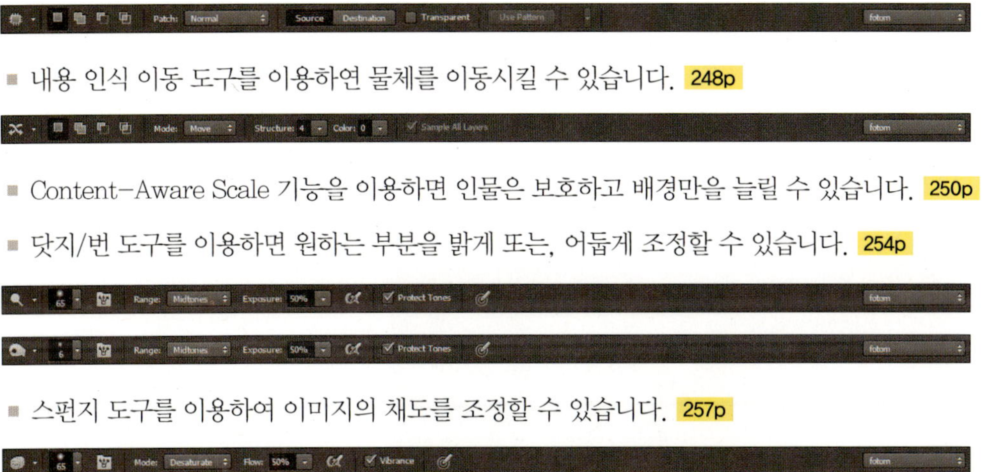

- 도장 도구, 힐링 브러시 도구, 스폿 힐링 브러시 도구의 특징을 잘 이해하고 사용하면 더 나은 결과를 얻을 수 있습니다.

- 인물 사진에서 얼굴의 약 자국을 힐링 브러시 도구와 스폿 힐링 브러시 도구를 이용하면 쉽게 제거할 수 있습니다. 239p

- 패치 도구를 이용하면 넓고 긴 모양의 흠을 제거할 때 유리합니다. 246p

- 내용 인식 이동 도구를 이용하연 물체를 이동시킬 수 있습니다. 248p

- Content-Aware Scale 기능을 이용하면 인물은 보호하고 배경만을 늘릴 수 있습니다. 250p

- 닷지/번 도구를 이용하면 원하는 부분을 밝게 또는, 어둡게 조정할 수 있습니다. 254p

- 스펀지 도구를 이용하여 이미지의 채도를 조정할 수 있습니다. 257p

- 적목 현상 제거 도구를 이용하여 적목 현상을 제거할 수 있습니다. 259p

01 도장 도구를 이용하여 이미지 복사하기

예제 파일 : DVD\Part 04\담벼락.jpg　　**동영상 해설 :** DVD\Self Test\P04_01.wmv

HINT

도구 패널에서 도장 도구를 선택하고 **Alt** 를 누른 상태에서 복사할 영역을 클릭하고, 원하는 영역을 드래그하면 이미지를 복사할 수 있습니다.

02 스폿 힐링 브러시 도구와 힐링 브러시 도구 그리고, 도장 도구를 이용하여 얼굴 수정하기

예제 파일 : DVD\Part 04\지윤_수두.jpg　　**동영상 해설 :** DVD\Self Test\P04_02.wmv

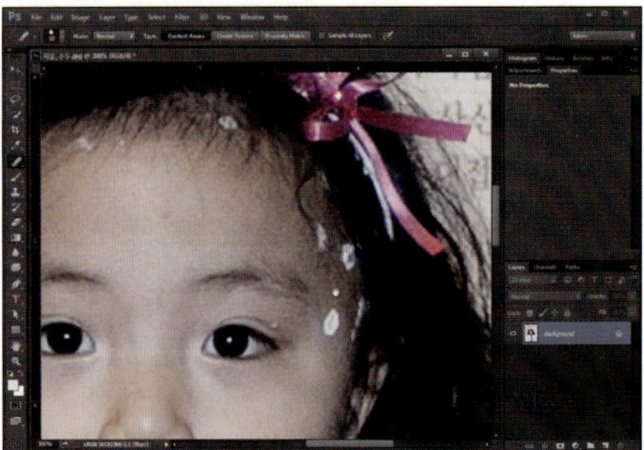

HINT

스폿 힐링 브러시 도구, 힐링 브러시 도구 그리고, 도장 도구를 이용하면 이미지의 디테일을 손상시키지 않고 먼지, 흠, 잡티 등을 지울 수 있습니다.

05

이미지 선택과 수정
(Image Select & Modify)

선택 윤곽 도구, 올가미 도구, 빠른 선택 도구 등 다양한 선택 도구의 사용법과 선택한 영역을 수정하는 방법, 그리고 다양한 옵션에 대해 알아보겠습니다. 나아가 전문가들이 많이 사용하는 펜 도구를 이용한 선택과 활용에 대해서도 알아보겠습니다.

01 선택 윤곽 도구를 이용하여 선택 영역 만들기

레 벨 ● ● ●

선택 윤곽 도구, 올가미 도구 같은 선택 도구와 빠른 마스크 등을 이용하여 이미지에 선택 영역을 만들고 [Select]–[Modify] 메뉴의 [Smooth]와 [Feather]를 이용하여 선택 영역을 부드럽게 수정하는 방법에 대해서도 알아보겠습니다.

기초탄탄 ▶ 선택 윤곽 도구의 종류와 [Select] 메뉴

선택은 이미지를 복사하거나 이동, 변형 또는 선택한 부분에만 특별한 효과를 적용하기 위해 사용합니다. 이미지에 선택 영역을 만들 수 있는 도구는 여러 가지가 있습니다. 그럼 선택 도구의 종류와 [Select] 메뉴에 대해 알아보겠습니다.

■ 선택 도구의 종류

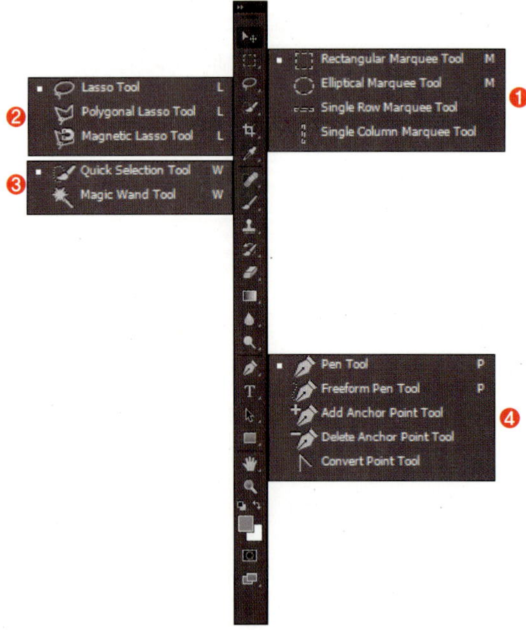

❶ 도형 모양의 선택 도구들
- 사각형 선택 윤곽 도구(Rectangular Marquee Tool) : 사각형 모양으로 선택할 때 사용합니다.
- 원형 선택 윤곽 도구(Elliptical Marquee Tool) : 원형 또는 타원형 모양으로 선택할 때 사용합니다.

• 단일 행 선택 윤곽 도구(Single Row Marquee Tool) : 세로로 1 pixel을 선택할 때 사용합니다.

• 단일 열 선택 윤곽 도구(Single Column Marquee Tool) : 가로로 1 pixel을 선택할 때 사용합니다.

❷ 자유롭게 그려서 선택이 가능한 올가미 선택 도구

• 올가미 도구(Lasso Tool) : 올가미 도구는 이미지 위에 자유롭게 그려서 선택할 수 있습니다.

• 다각형 올가미 도구(Polygonal Lasso Tool) : 한땀 한땀 바느질 하듯이 선택할 수 있습니다.

• 자석 올가미 도구(Magnetic Lasso Tool) : 이미지 위에 그리면 경계를 자동으로 인식해 선택해 줍니다.

❸ 마술처럼 선택이 가능한 빠른 선택 도구와 자동 선택 도구

• 빠른 선택 도구(Quick Selection Tool) : 브러시처럼 사용하며 브러시로 그린 부분을 기준으로 자동으로 이미지의 경계를 찾아 선택해 줍니다. 브러시의 크기 조절로 선택 영역의 크기를 조절할 수 있습니다.

• 자동 선택 도구(Magic Wand Tool) : 자동 선택 도구는 마술봉처럼 이미지를 클릭하면 클릭한 부분과 동일한 색상이 연속적으로 선택됩니다.

❹ 정교한 선택을 위한 펜 도구

• 펜 도구(Pen Tool) : 직선 또는 곡선을 클릭, 드래그 방법으로 패스를 만들고 그 패스를 선택 영역으로 바꿀 수 있습니다.

■ [Select] 메뉴 이해하기

[Select] 메뉴는 선택에 관한 모든 기능들이 모여 있습니다. 이미지 전체를 선택 영역으로 만들거나 선택 영역을 해제 하거나 선택 영역을 반전시킬 수 있으며, 선택 도구들로 선택한 영역을 [Modify] 메뉴를 이용하여 확장, 축소하거나 더할 수 있습니다. 그리고 선택 영역을 저장하고 저장한 선택 영역을 불러올 수 있습니다.

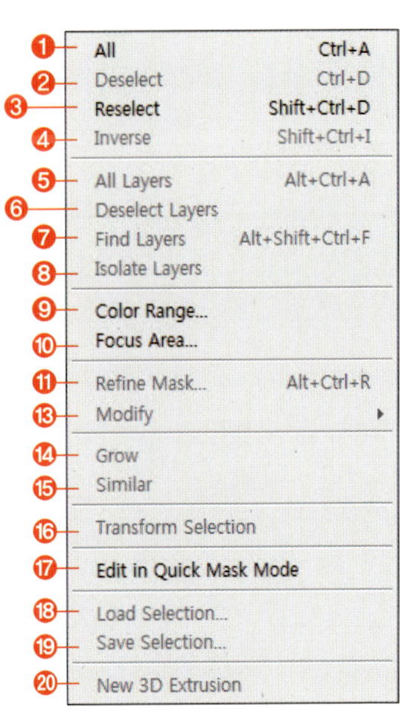

선택 영역이 없을 때   선택 영역이 있을 때

* 아무것도 선택하지 않았을 때는 [Refine Mask]로 선택을 하였을 때는 [Refine Edge]로 메뉴가 바뀝니다.

❶ All : 이미지 전체를 선택할 때 사용합니다.

❷ Deselect : 선택을 해제할 때 사용합니다.

❸ Reselect : [Deselect]로 해제한 선택을 다시 선택합니다.

❹ Inverse : 선택 영역을 반전시킵니다.

❺ All Layers : [Layers] 패널의 모든 레이어를 선택합니다.

❻ Deselect Layers : 선택한 레이어를 해제합니다.

❼ Find Layers : 특정 레이어를 검색으로 찾습니다. 레이어 패널의 검색 창이 활성화됩니다.

❽ Isolate Layers : 선택한 레이어만 남기고 나머지 레이어는 감추어 줍니다(CC의 새로운 기능).

❾ Color Range : 이미지의 색을 이용하여 선택할 수 있습니다.

❿ Focus Area : 이미지에 초점이 맞은 부분을 선택하여 줍니다(CC의 새로운 기능).

⓫ Refine Mask : 레이어 마스크를 수정할 수 있습니다.

⓬ Refine Edge : 선택한 영역을 수정할 수 있습니다.

⓭ Modify

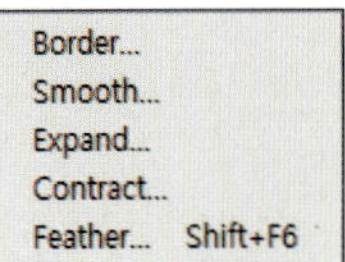

• Border : 선택 영역을 경계 영역으로 바꾸어 줍니다.
• Smooth : 각진 선택 영역을 둥글게 만들어 줍니다.
• Expand : 선택 영역을 확장하여 줍니다.
• Contract : 선택 영역을 축소하여 줍니다.
• Feather : 선택 영역을 부드럽게 만듭니다.

⓮ Grow : 선택 영역을 비슷한 톤의 인접한 영역으로 확장합니다.

⓯ Similar : 선택 영역을 비슷한 톤으로 확장합니다. 이때 [Grow] 기능과 다르게 인접하지 않고 떨어져 있어도 선택이 확장됩니다.

⓰ Transform Selection : 선택 영역의 크기, 모양을 변형할 수 있습니다.

⓱ Edit in Quick Mask Mode : 빠른 마스크 모드로 변경됩니다. 도구 패널의 ▣ 아이콘을 클릭해도 됩니다.

⓲ Load Selection : 선택 영역을 알파 채널에 저장합니다.

⓳ Save Selection : 알파 채널에 저장한 선택 영역을 불러옵니다.

⓴ New 3D Extrusion : 3D 효과를 만들 수 있습니다.

■ 선택 도구의 옵션 바 이해하기 270p

❶ **Tool Preset** : 도구 옵션의 사전 설정을 불러옵니다.

❷ **선택 영역 더하기, 빼기, 교차 범위** : 자세한 설명은 Step 04에서 하겠습니다.

❸ **Feather** : 입력한 수치만큼 선택 영역을 부드럽게 만듭니다.

❹ **Anti-alias** : 비트맵 이미지를 확대해서 보면 대각선 또는, 곡선 부분이 계단처럼 보입니다. 이 계단 모양을 'alias'라고 합니다. 딱딱한 계단 모양을 완화하기 위해서 계단 사이사이에 중간 톤의 픽셀을 채워 부드럽게 만드는 것을 'Anti-alias'라고 합니다. 일반적으로 [Anti-alias]는 체크하고 사용합니다.

❺ **Style** : 사각형 선택 도구, 원형 선택 도구 사용 시 형태를 설정할 수 있습니다.

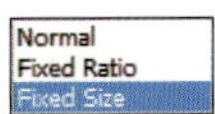

• **Normal** : 자유롭게 선택합니다. 일반적으로 이 설정을 사용합니다.

• **Fixed Ratio** : 옵션 바에 [Width]와 [Height]에 입력한 수치의 비율로 선택됩니다.

• **Fixed Size** : 옵션 바에 [Width]와 [Height]에 입력한 수치로 선택됩니다.

선택 도구는 이미지를 선택하여 복사하거나 이동, 변형 또는 선택한 부분에만 특별한 효과를 주는데 사용합니다. 선택하려는 이미지의 모양이 사각형이라면 사각형 선택 도구를 사용하면 편리합니다. 그럼 선택 도구로 선택한 이미지를 새로운 도큐먼트 창에 붙여 파일로 저장해 보겠습니다.

예제 파일 ㅣ DVD₩Part 05₩멋간판.jpg　　**완성 파일** ㅣ DVD₩Part 05₩멋간판_선택.psd

01. 예제 파일을 열고 멋 부분을 확대해서 보기 위해 도구 패널에서 돋보기 도구(Zoom Tool)를 선택하고 이미지의 멋 부분을 드래그하여 확대합니다.

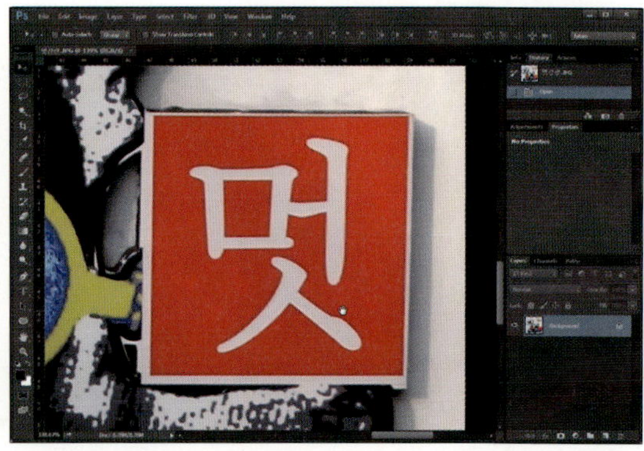

02. 도구 패널에서 사각형 선택 도구(Rectangular Marquee Tool)를 선택하고 확대된 이미지에서 멋이라고 쓰여 있는 빨간 사각형의 왼쪽 상단 꼭짓점에서 오른쪽 아래 꼭짓점으로 드래그합니다.

TIP : [Shift]를 누르고 드래그하면 정사각형으로 선택할 수 있습니다.

03. 선택한 영역을 복사하기 위해 [Edit]-[Copy]([Ctrl]+[C]) 메뉴를 클릭합니다.

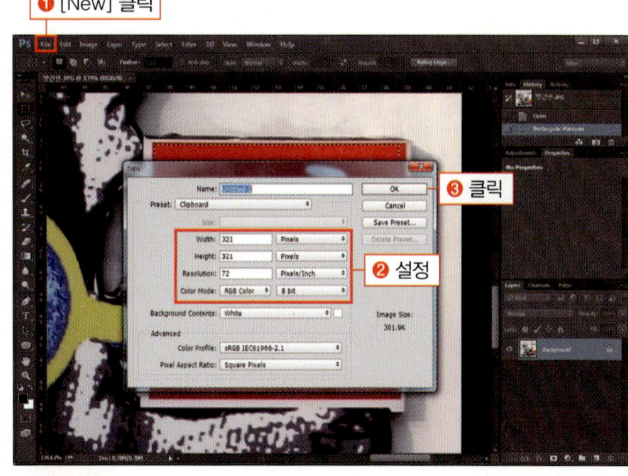

04. 새로운 도큐먼트 창을 만들기 위해 [File]–[New](Ctrl+N) 메뉴를 클릭합니다. [New] 대화상자가 나타납니다. [Width]는 '321 pixel', [Height]는 '321 pixel', [Resolution]는 '72 Pixels/Inch'로 설정되어 있습니다. [OK] 단추를 클릭합니다.

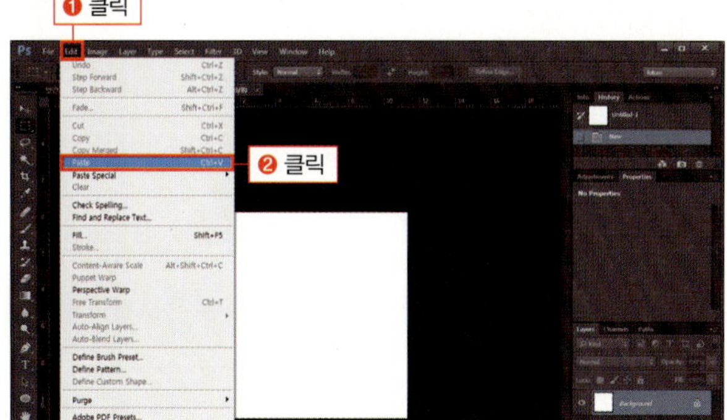

05. 복사한 이미지를 붙이기 위해, [Edit]–[Paste](Ctrl+V) 메뉴를 클릭합니다.

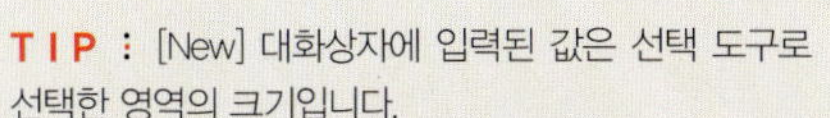

TIP : [New] 대화상자에 입력된 값은 선택 도구로 선택한 영역의 크기입니다.

06. 새로운 도큐먼트 창에 복사한 이미지가 붙었습니다. 저장을 위해 [File]–[Save As](Shift+Ctrl+S) 메뉴를 클릭합니다. [다른 이름으로 저장] 대화상자가 나타나면 '멋간판_선택.psd' 이름으로 저장합니다.

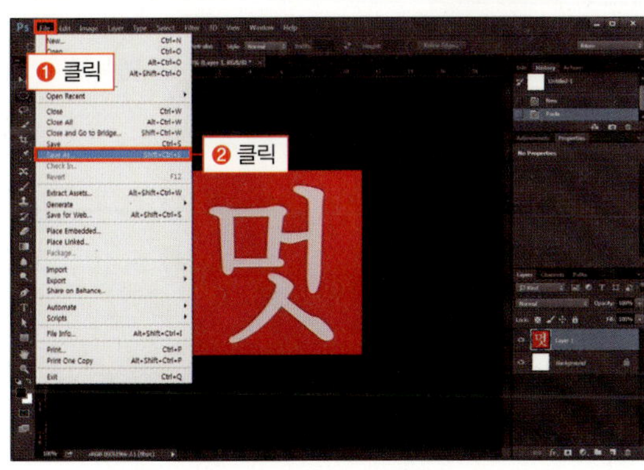

Step 01에서는 사각형 선택 도구를 이용하여 사각형 모양의 이미지를 선택했습니다. 이번 Step에서는 원형 이미지를 선택해 보겠습니다. 사각형은 이미지의 꼭짓점이 존재하지만 원형은 그렇지 않습니다. 그런 원형을 원형 선택 도구로 선택할 때에는 이미지의 시작점을 찾기가 어렵습니다. 그래서 원형 선택 도구를 사용할 때는 가이드 선을 이용하면 편리합니다.

예제 파일 | DVD₩Part 05₩멋간판.jpg **완성 파일** | DVD₩Part 05₩성운_안경.psd

01. 예제 파일을 열고 도구 패널에서 돋보기 도구(Zoom Tool)를 선택한 후 빨간 안경알 부분을 드래그하여 확대합니다.

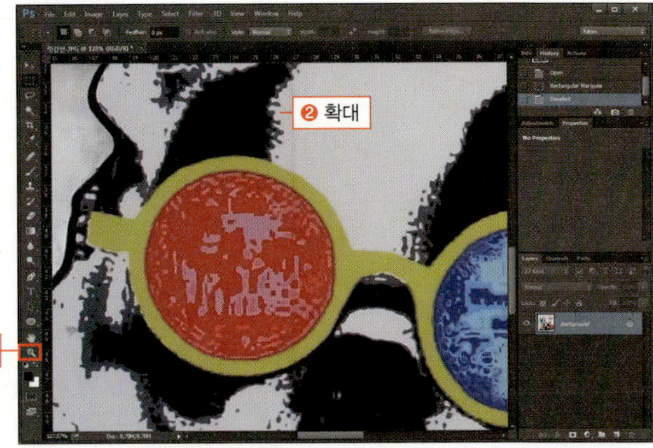

02. 눈금자에서 마우스 포인터를 위치시키고 드래그하여 빨간 안경알 윗부분에 위치시킵니다.

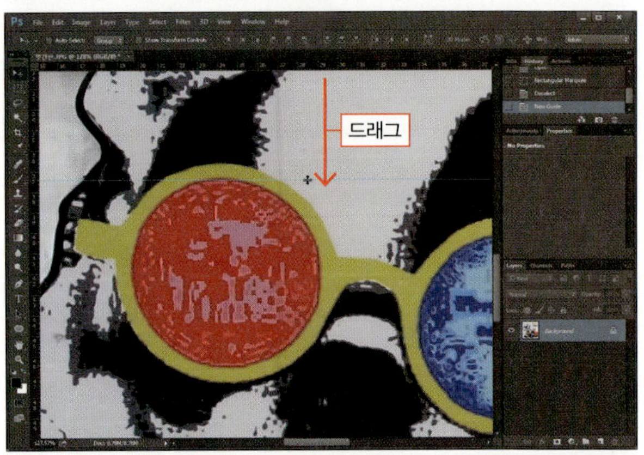

03. 위의 방법으로 빨간 안경알 사방에 가이드 선을 위치시킵니다.

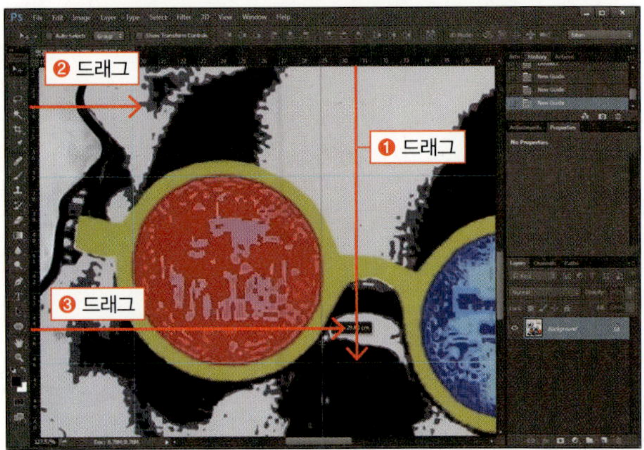

04. 도구 패널에서 원형 선택 도구(Elliptical Marquee Tool)를 선택합니다.

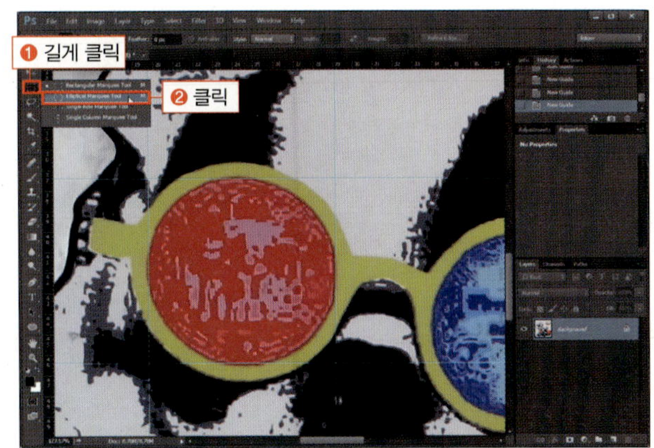

05. 원형 모양의 왼쪽 상단에 교차한 가이드 선에서 오른쪽 아래의 교차점까지 드래그합니다.

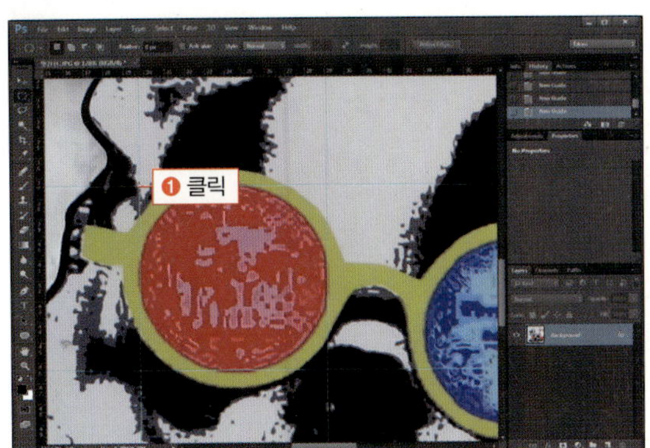

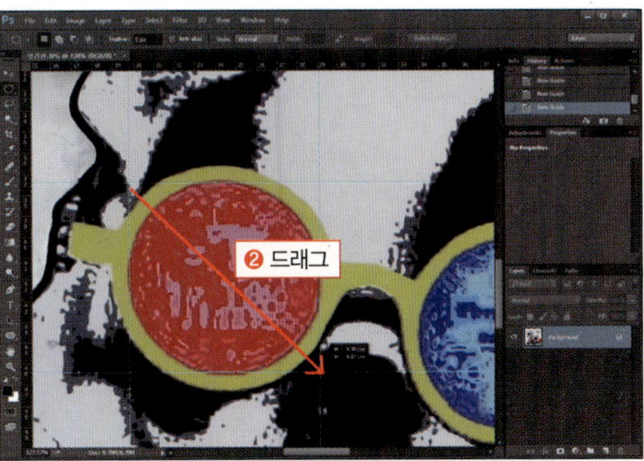

TIP : 이때 Snap이라는 기능을 이용하면 원형 도구가 가이드 선 근처로 가면 자동으로 붙는 것을 느낄 수 있을 것입니다.

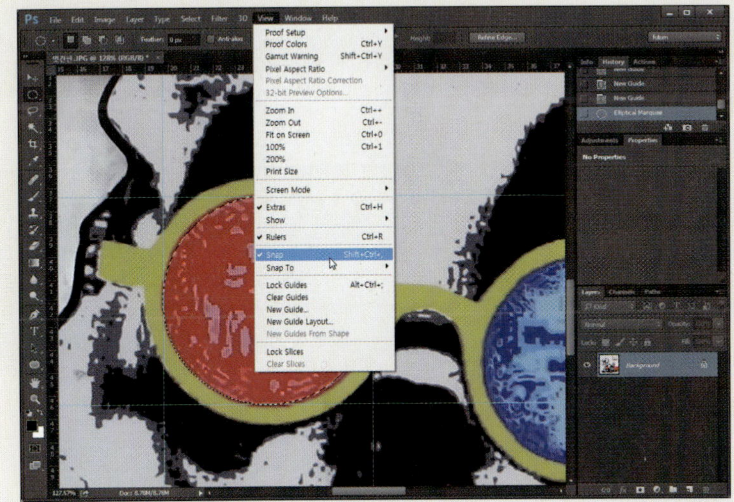

06. 선택한 영역을 복사하기 위해 [Edit]–[Copy]
(Ctrl + C) 메뉴를 클릭합니다.

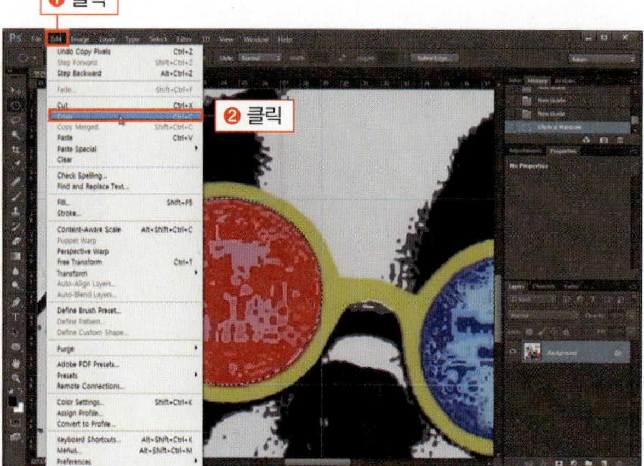

07. 예제 파일 '성운.jpg' 파일을 열고 [Edit]–
[Paste](Ctrl + V) 메뉴를 클릭합니다.

08. 그림처럼 '성운.jpg' 이미지에 빨간 안경알이
붙었습니다.

09. 도구 패널에서 이동 도구(Move Tool)를 선택한 후 빨간 안경알을 드래그하여 오른쪽 눈 위치로 이동시킵니다.

10. 빨간 안경알을 하나 더 복사하기 위해 Alt 를 누른 상태에서 드래그하여 왼쪽으로 이동하면 복사가 되면서 이동됩니다.

11. 빨간 안경을 쓴 것 같은 재미있는 이미지가 만들어 졌습니다. [File]-[Save As](Shift + Ctrl + S) 메뉴를 클릭한 후 [다른 이름으로 저장] 대화상자가 나타나면 '성운_안경.psd' 이름으로 저장합니다.

사각형 선택 도구, 원형 선택 도구, 올가미 도구 등과 같은 모든 선택 도구는 옵션 바를 이용하여 선택 영역을 더하고, 빼고 그리고 교차 범위를 선택할 수 있습니다.

01. 새로운 영역 선택하기 – New Selection

처음 영역을 선택할 때 사용합니다. 이미 선택된 영역을 드래그하면 선택 영역을 이동할 수 있습니다.

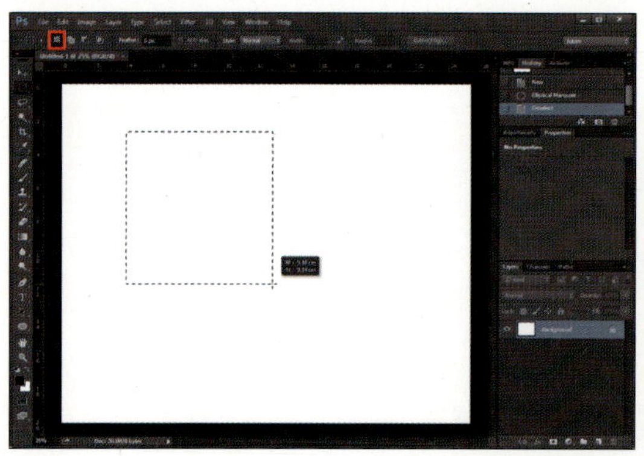
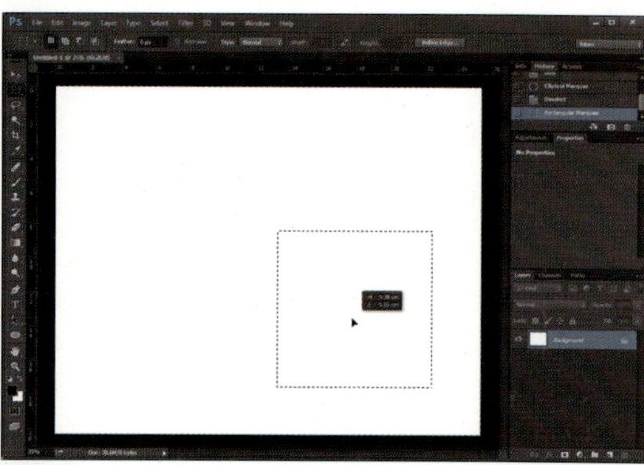

02. 선택 영역 더하기 – Add Selection

이 옵션을 선택하면 선택 영역을 계속 더할 수 있습니다. 옵션 바에서 [Add Selection] 선택하면 마우스 포인터에 + 표시가 생깁니다. [Subtract From Selection]에서 **Shift**를 누르면 [Add Selection]으로 변합니다.

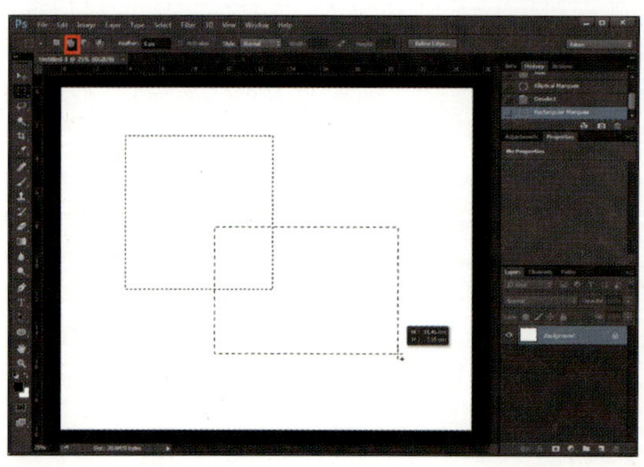

TIP : 포토샵은 도구와 기능마다 커서의 모양이 바뀝니다. 커서의 모양을 보고 현재 도구의 옵션이 무엇인지 알 수 있습니다.

03. 선택 영역 빼기 – Subtract from selection

이 옵션을 클릭하면 선택된 영역을 뺄 수 있습니다. [Subtract from selection] 선택하면 커서의 모양에 – 표시가 생깁니다. [Add Selection]에서 **Alt** 를 누르면 [Subtract from selection]으로 변합니다.

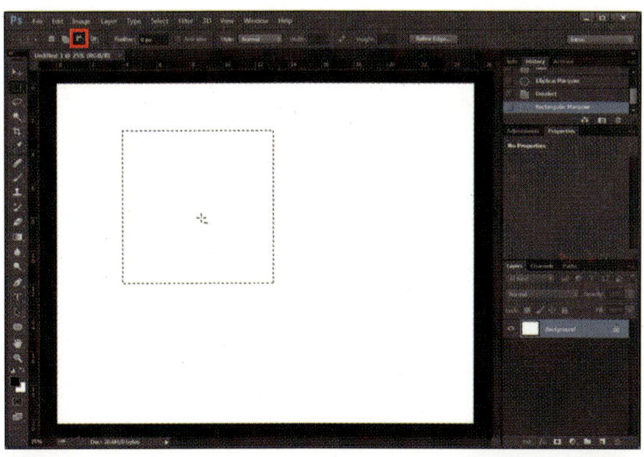
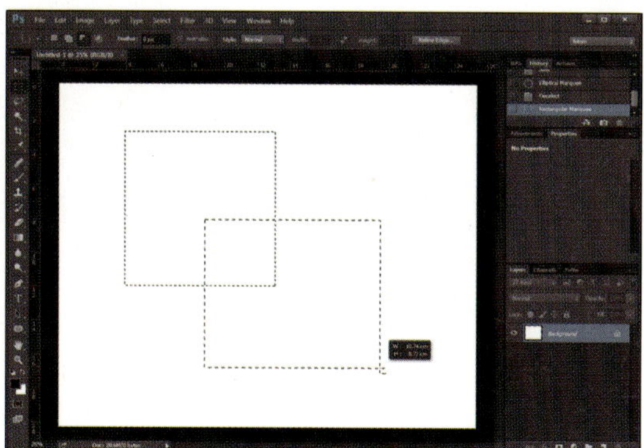

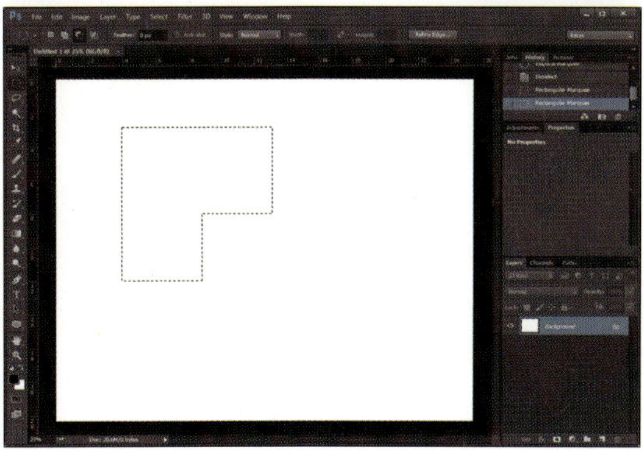

04. 교차 범위 선택 – Intersect with selection

이 옵션을 선택하면 이미 선택된 영역과 교차된 범위가 선택합니다. [Intersect with selection]을 선택하면 커서의 모양에 x 표시가 생깁니다. **Shift** + **Alt** 를 누르면 [Intersect with selection]으로 변합니다.

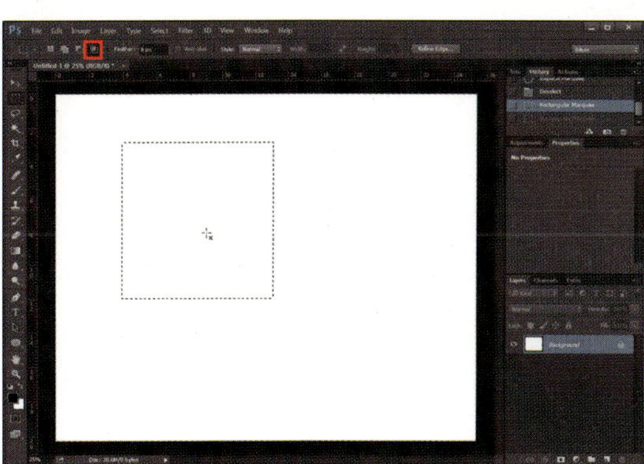
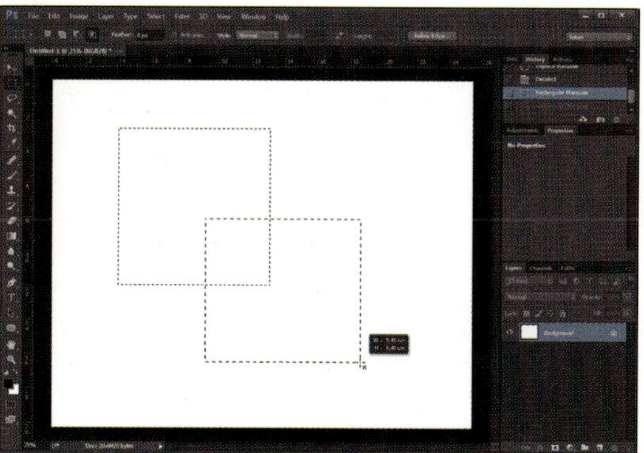

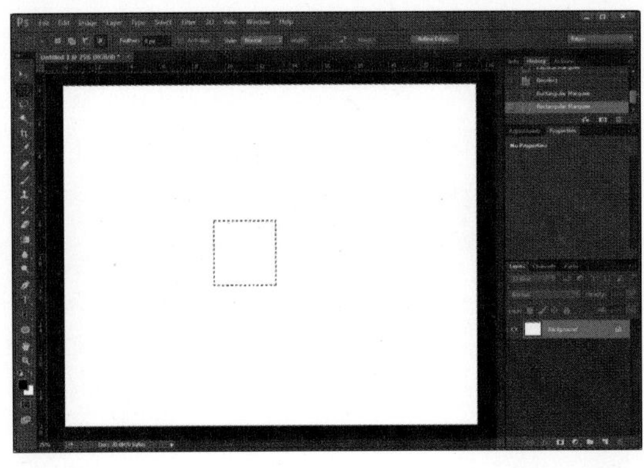

사각형 선택 도구(Rectangular Marquee Tool)만 더하기, 빼기, 교차 범위 선택하기가 되는 것은 아닙니다. 그림처럼 사각형으로 선택하고 원형 선택 도구(Elliptical Marquee Tool)로 더할 수도 있습니다.

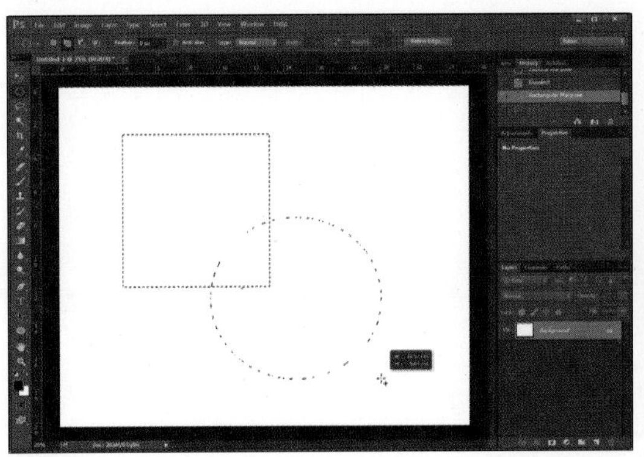
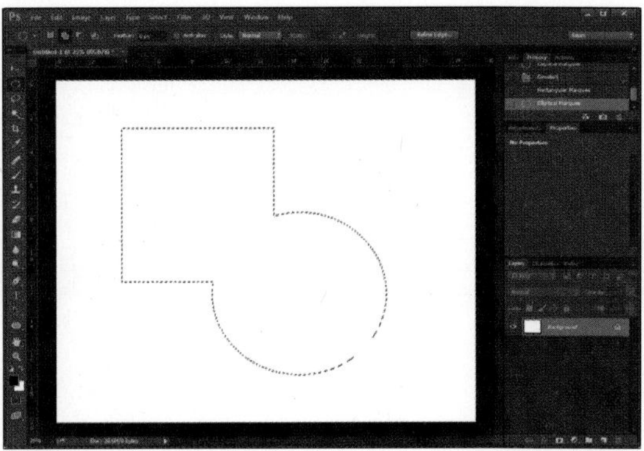

나아가 사각형 선택 도구(Rectangular Marquee Tool)로 선택하고 올가미 도구(Lasso Tool)로도 더할 수 있습니다.

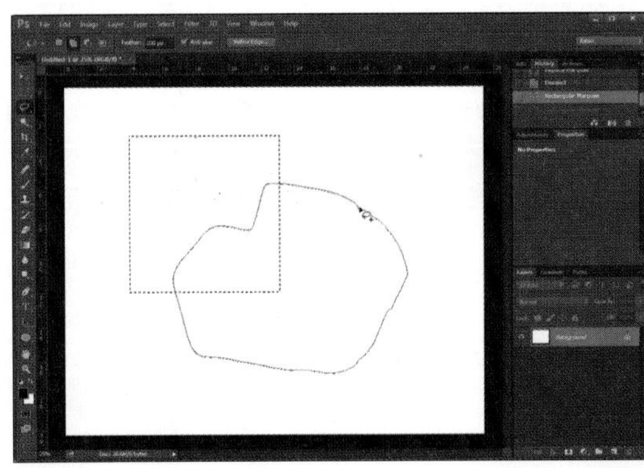

원형 선택 도구로 이미지를 선택할 때 가위나 칼로 오린 것처럼 날카롭게 선택할 수 도 있고, 가장자리를 깃털처럼 부드럽게 선택할 수도 있습니다. [Feather]의 수치를 높이면 가장자리를 부드럽게 만들 수 있습니다.

예제 파일 I DVD\Part 05\지윤_브이.jpg   **완성 파일** I DVD\Part 05\지윤_브이_Feather.jpg

01. 부드러운 가장자리 선택을 하기 전에 비교를 위해 먼저 날카롭게 선택해서 붙이기를 해보겠습니다. 예제 파일을 열고 도구 패널에서 원형 선택 도구(Elliptical Marquee Tool)를 선택합니다. 이미지에 왼쪽 머리 위에서 드래그하여 그림과 같이 선택합니다.

02. 원형으로 선택한 이미지를 복사하기 위해 [Edit]-[Copy](**Ctrl** + **C**) 메뉴를 클릭합니다.

03. 새로운 도큐먼트 창을 열기 위해 [File]-[New](**Ctrl** + **N**) 메뉴를 클릭합니다.

04. [New] 대화상자가 나타나면 방금 전에 복사한 이미지의 크기대로 설정 값이 설정된 것을 확인할 수 있습니다. 설정 값을 확인한 후 [OK] 단추를 클릭합니다.

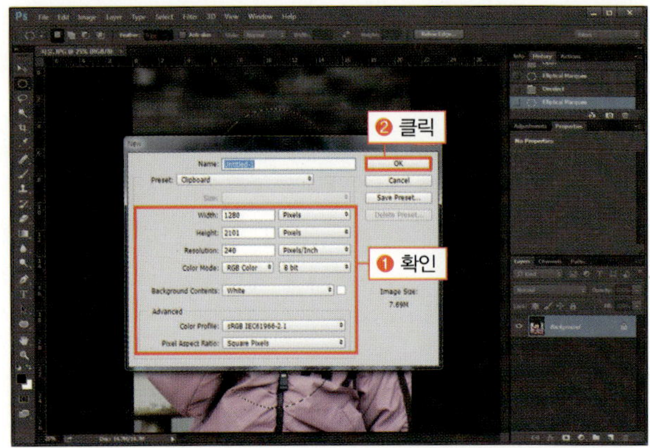

05. 새로운 도큐먼트 창이 열리면 [Edit]-[Paste] 메뉴를 클릭합니다. 그림과 같이 이미지가 붙었습니다. 이미지의 경계 부분을 보면 가위로 오린 것처럼 날카로운 것을 확인할 수 있습니다. 도큐먼트 창을 닫기 위해 Ctrl + W 를 누릅니다.

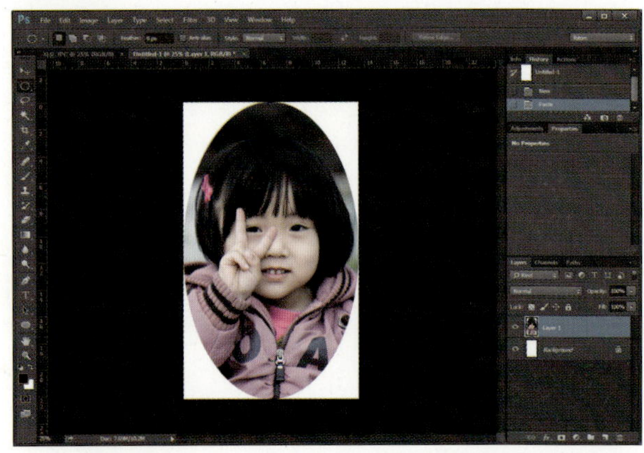

06. 그럼 다시 우리가 만들려고 했던 부드러운 가장자리를 만들기 위해 다시 '지윤.jpg' 도큐먼트 창을 선택합니다. [Feather]를 적용하기 위해 [Select]-[Modify]-[Feather] 메뉴를 클릭합니다 (Shift + F6).

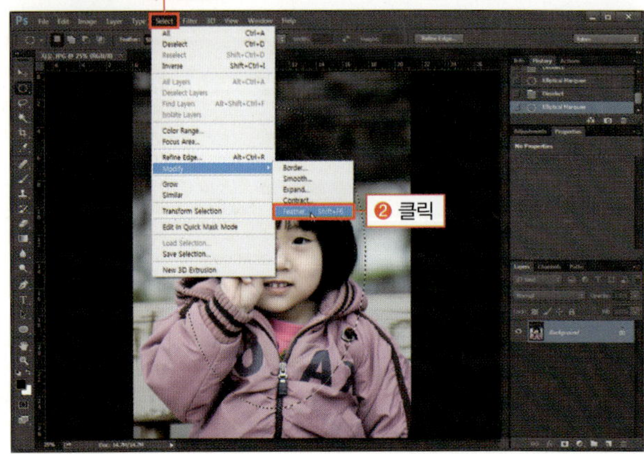

07. [Feather] 대화상자가 나타나면 [Feather Radius]를 '50' pixels로 설정합니다.

> **TIP : [Apply effect at canvas bounds]**
>
> 포토샵 CC 2015의 새로운 기능으로 [Apply effect at canvas bounds] 체크를 하면 캔버스 경계까지 Feather가 적용됩니다.

> **TIP : Feather를 설정하는 방법 두 가지**
>
> • 선택 도구들의 옵션 바에서 설정하는 방법
> • [Select]–[Modify]–[Feather] 메뉴를 이용하는 방법
>
> 이 두 가지 방법은 차이가 있습니다. 1번 방법은 선택 도구로 선택하기 전에 설정해야 합니다. 2번 방법은 선택 도구로 선택 영역을 만들고 난 후에 설정할 수 있습니다.

08. [Feather]의 설정을 눈으로 보기 위해 도구 패널에서 [Quick Mask Mode](빠른 마스크 모드)를 클릭하면 그림과 같이 마스크의 영역을 눈으로 볼 수 있습니다.

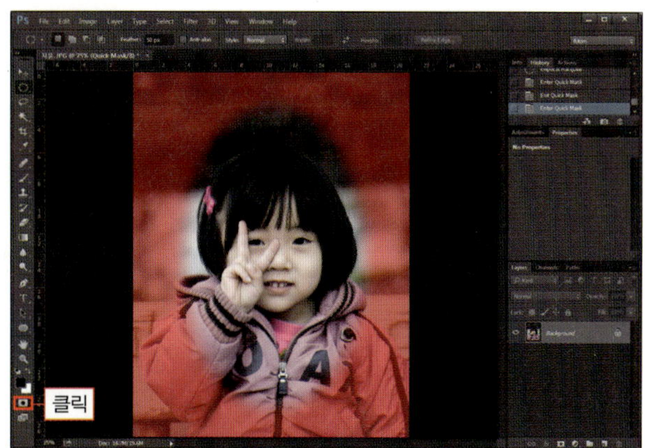

09. 위의 그림 상태는 [Masked Areas] 상태입니다. 도구 패널의 [Quick Mask Mode]를 더블클릭하면 [Quick Mask Options] 대화상자가 나타납니다. 현재 [Masked Areas]로 선택되어 있습니다. [Selected Areas]를 체크한 후 [OK] 단추를 클릭합니다.

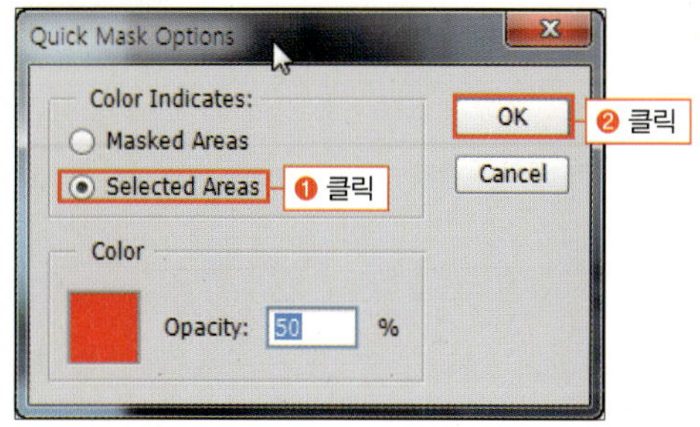

> **TIP :**
>
> • Masked Areas : 브러시로 칠한 부분이 마스크가 됩니다. 다시 말해 Selected Areas에서 선택한 부분을 반전한 것과 같은 결과가 나타납니다.
> • Selected Areas : 브러시로 칠한 부분이 선택 영역이 됩니다.

10. 그림은 [Selected Areas] 상태입니다.

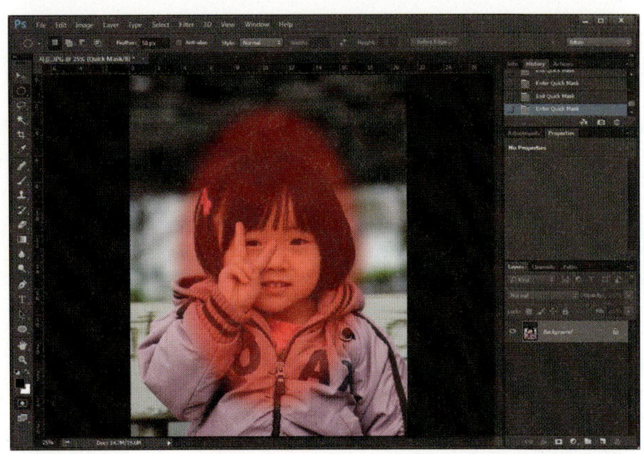

11. [Quick Mask Mode]를 다시 클릭해 일반 모
드로 되돌립니다. 선택한 이미지를 복사를 위해
[Edit]–[Copy](**Ctrl** + **C**) 메뉴를 클릭합니다.

12. 새로운 도큐먼트 창을 열기 위해 [File]–
[New](**Ctrl** + **N**) 메뉴를 클릭하고, [New] 대화
상자의 설정 값을 확인한 후 [OK] 단추를 클릭합
니다.

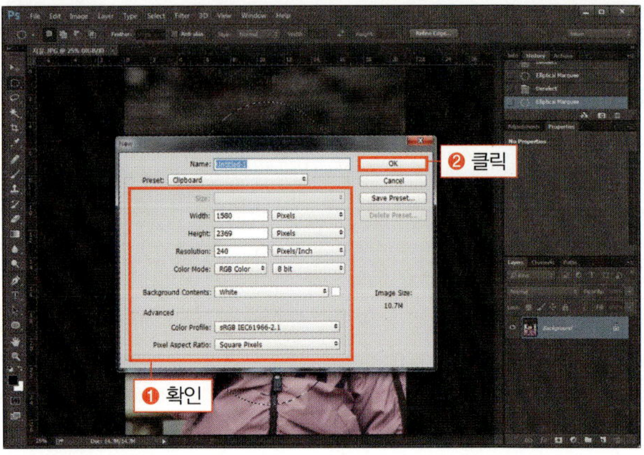

13. 새로운 도큐먼트 창이 열리면 [Edit]–[Paste](Ctrl + V) 메뉴를 클릭하여 복사한 이미지를 붙여 넣습니다.

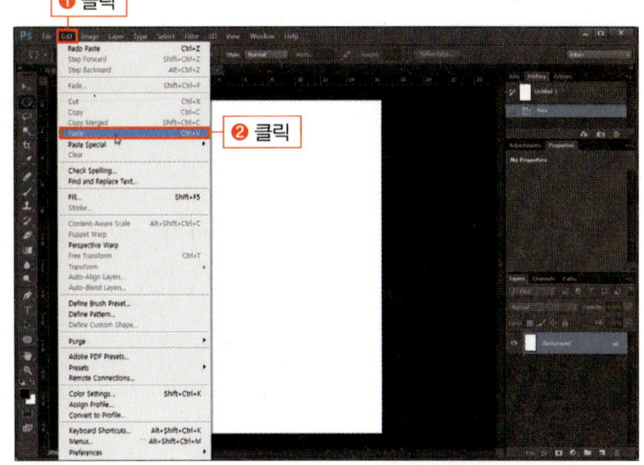

14. 새로운 도큐먼트 창에 가장자리가 부드러운 이미지가 들어간 것을 확인할 수 있습니다.

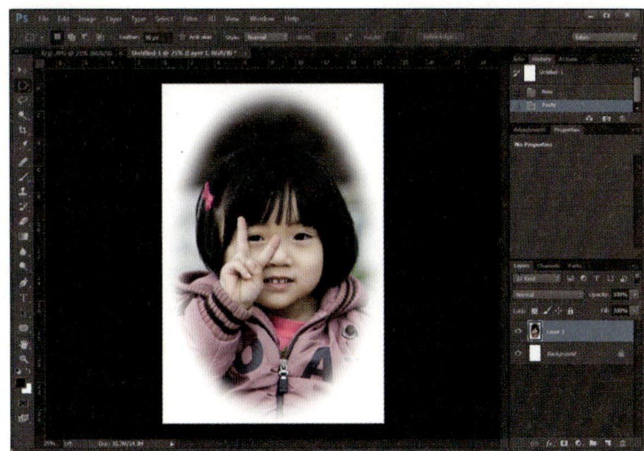

TIP : [Feather]의 설정 값이 높을수록 이미지의 가장자리가 더 부드러워 집니다.

빠른 마스크 모드를 이용한 선택은 브러시를 이용하여 이미지를 선택하는 방법입니다. 이 방법은 브러시 사용의 숙달에 따라 정교한 선택도 가능합니다. 다시 말해 이미지를 확대해서 브러시로 선택하려는 이미지를 잘 색칠하면 됩니다. 하지만 이번 작업에서는 정교한 작업 말고 특이한 브러시를 이용하여 이미지를 재미있는 모양으로 선택해 보겠습니다.

예제 파일 | DVD₩Part 05₩서연지윤.jpg **완성 파일 |** DVD₩Part05₩서연지윤_완성.jpg

01. 예제 파일을 열고 빠른 마스크 모드로 변환하기 위해 도구 패널에서 [Edit in Quick Mask Mode]를 클릭합니다. 빠른 마스크 모드로 변환되면 도큐먼트 창의 제목 표시줄에 '(Quick Mask)'라고 표시됩니다.

02. 빠른 마스크 모드를 설정하기 위해서 [Edit in Quick Mask Mode]를 더블클릭합니다. [Edit in Quick Mask Mode] 대화상자가 나타나면 [Color Indicates]에서 [Selected Areas]를 선택하고 [OK] 단추를 클릭합니다.

> **TIP :** Masked Areas : 브러시로 칠한 부분이 마스크가 됩니다.
> Selected Areas : 브러시로 칠한 부분이 선택 영역이 됩니다.

03. 도구 패널에서 브러시 도구(Brush Tool)를 선택하고 마우스 오른쪽 버튼을 클릭하면 나타나는 팝업 메뉴에서 [Chalk 60 pixels]를 선택한 후 **Enter** 를 누릅니다.

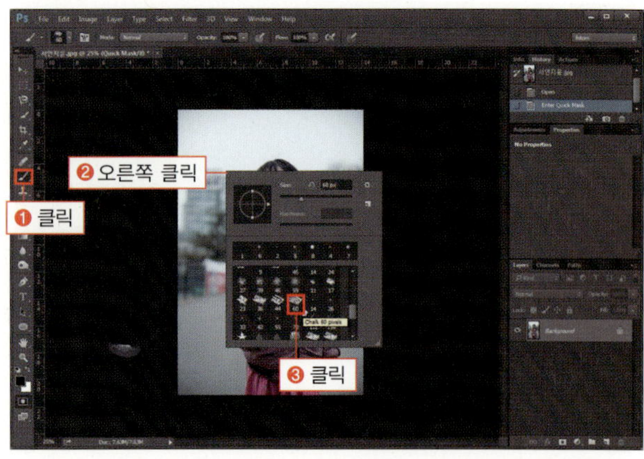

04. 브러시를 이용하여 그림과 같이 칠해줍니다.

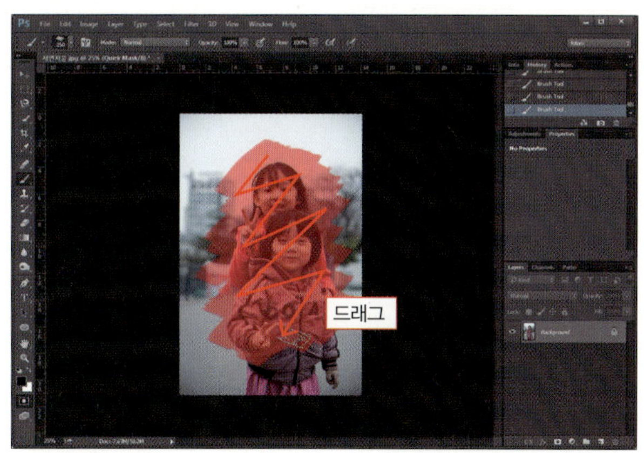

05. 도구 패널에서 [Edit in Standard Mode]를 클릭합니다. 브러시로 칠한 영역이 선택 영역이 됩니다.

> **TIP** : Edit in Quick Mask Mode/Edit in Standard Mode : 빠른 마스크 도구/일반 모드는 같은 버튼입니다.

06. 선택된 영역을 반전시키기 위해 [Select]–[Inverse](Shift + Ctrl + I) 메뉴를 클릭합니다.

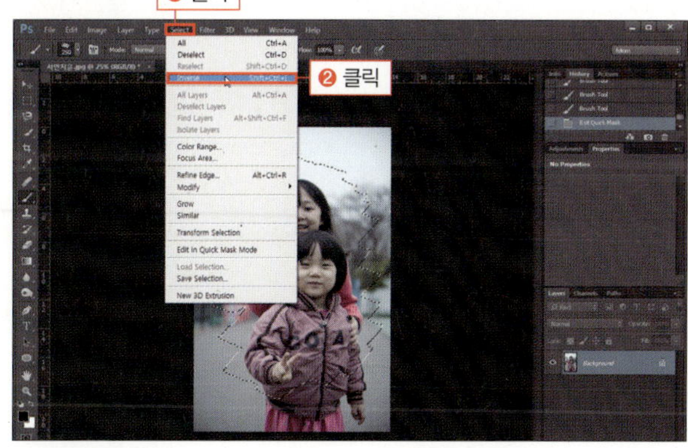

07. 선택 영역이 반전되면 이미지 외곽에 선택 영역이 나타납니다.

08. 흰색을 칠하기 위해 [Edit]-[Fill](**Shift** + **F5**) 메뉴를 클릭합니다.

09. [Fill] 대화상자가 나타나면 [Contents]를 'White'로 설정한 후 [OK] 단추를 클릭합니다.

10. 그림처럼 흰색으로 칠해집니다.

11. 선택 영역을 해제하기 위해 [Select]- [Deselect](**Ctrl** + **D**) 메뉴를 클릭합니다.

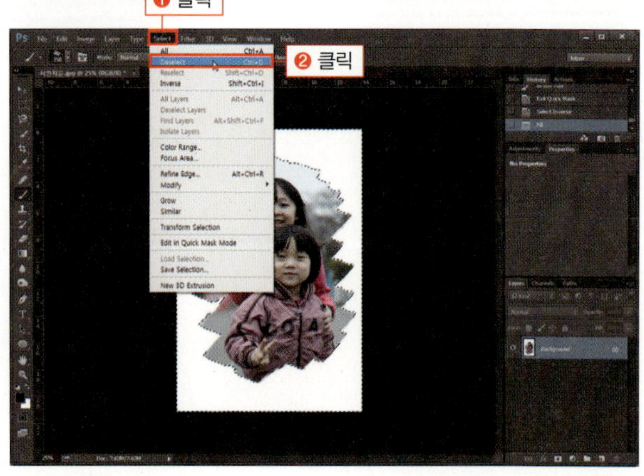

올가미 도구는 이미지를 자유롭게 그려서 선택할 수 있는 도구입니다. 불규칙한 모양의 이미지를 선택할 때 매우 유리합니다. 이번 Step에서는 올가미 도구를 이용하여 하트 모양의 돌을 선택해 보겠습니다.

예제 파일 I DVD₩Part 05₩하트모양돌.jpg **완성 파일** I DVD₩Part 05₩지윤_한강_하트.psd

01. '하트모양돌.jpg' 파일을 불러온 후 도구 패널에서 올가미 도구(Lasso Tool)를 선택합니다. 그리고 하트 모양의 돌의 경계를 드래그하여 그려 줍니다.

TIP : 포토샵 CC 2015에서는 올가미 도구의 커서에 변화가 있습니다. 커서의 왼쪽 상단에 화살 모양(🏹)이 추가 되었습니다 끝이 포인트 지점입니다.

02. 올가미 도구(Lasso Tool)로 클릭한 상태에서 시작점까지 한 바퀴 돌려서 그린 후 마우스 버튼을 놓습니다.

TIP : 선택 영역의 위치를 조금 변경하고 싶으면 마우스 포인터의 위치를 선택 영역 안으로 넣고 키보드의 방향키를 누르면 선택 영역이 움직입니다.

03. 선택 영역을 부드럽게 하기 위해서 [Select]–[Modify]–[Feather] 메뉴를 클릭합니다. [Feather Selection] 대화상자가 나타나면 [Feather Radius]를 '3 pixels'로 설정한 후 [OK] 단추를 클릭합니다.

04. 선택한 영역의 이미지를 복사하기 위해 [Edit]—[Copy](Ctrl + C) 메뉴를 클릭합니다.

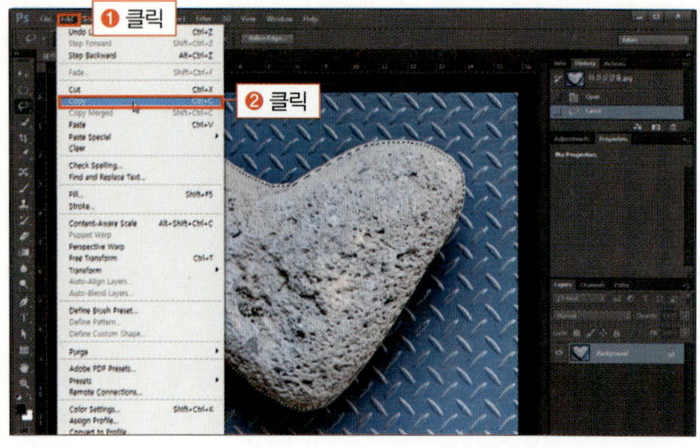

05. '지윤_한강.jpg' 파일을 불러온 후 복사한 이 미지를 붙이기 위해 [Edit]—[Paste](Ctrl + V) 메뉴를 클릭합니다.

06. '지윤_한강.jpg' 이미지에 복사한 하트 모양 돌이 붙었습니다. Ctrl + T 를 누른 상태에서 Shift 를 누르고 오른쪽 상단의 꼭짓점을 드래그 하여 이미지의 크기를 줄입니다.

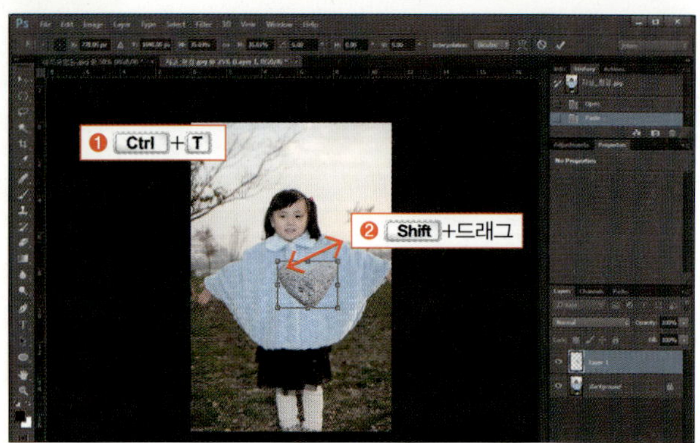

07. 완성된 이미지를 확인할 수 있습니다.

다각형 올가미 도구는 바느질 하듯이 한땀 한땀 이미지를 선택할 수 있습니다. 다각형 올가미 도구는 올가미 도구에 비해 직선 또는 각이 진 이미지를 선택하는 데 유리합니다. 하지만 곡선 이미지일 때도 짧게, 짧게 선택하면 잘 선택할 수 있습니다.

예제 파일 I DVD₩Part 05₩하트모양돌.jpg　**완성 파일 I** DVD₩Part 05₩하트모양돌_완성.psd

01. 예제 파일을 열고 도구 패널에서 올가미 도구(Lasso Tool)를 길게 누르고 있으면 3가지 올가미 도구(Polygonal Lasso Tool)가 나옵니다. 그 중 다각형 올가미 도구를 선택합니다.

02. 좀 더 정확한 선택을 위해 `Ctrl` + `+` 를 눌러 이미지를 확대합니다. 시작점을 클릭하고 마우스를 조금 옆으로 이동하면 실처럼 나옵니다. 바느질하는 것처럼 클릭, 이동, 다시 클릭, 이동하면서 선택합니다.

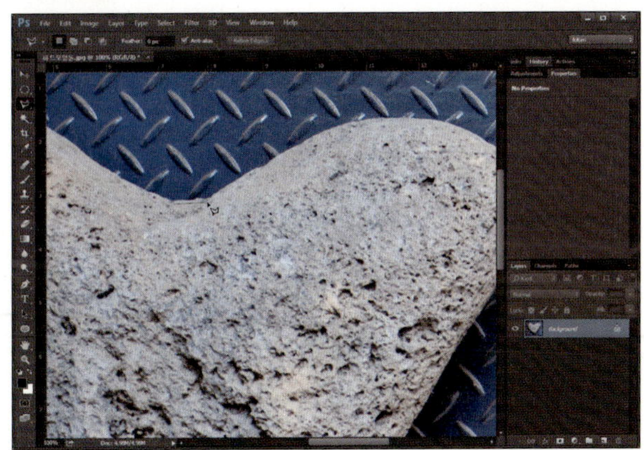

03. 화면을 옆으로 이동하고 싶으면 `Space Bar` 를 누른 상태에서 드래그하여 화면을 움직일 수 있습니다.

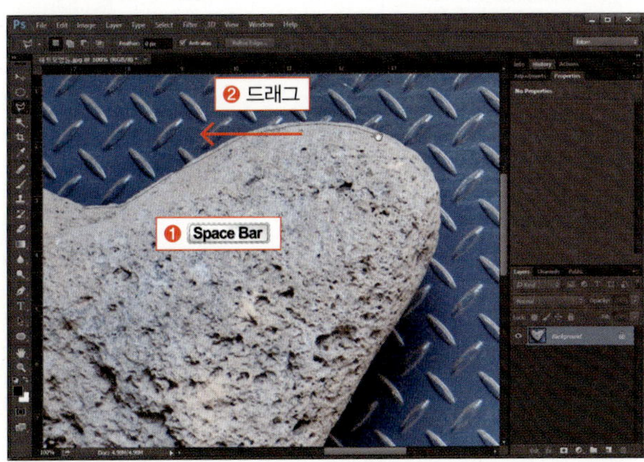

04. 2~3번 따라하기처럼 한땀 한땀 선택을 해 시작점까지 돌아오면 다각형 올가미 도구(Lasso Tool)의 커서에 o 표시가 나타납니다. 이때 클릭하면 선택이 마무리됩니다.

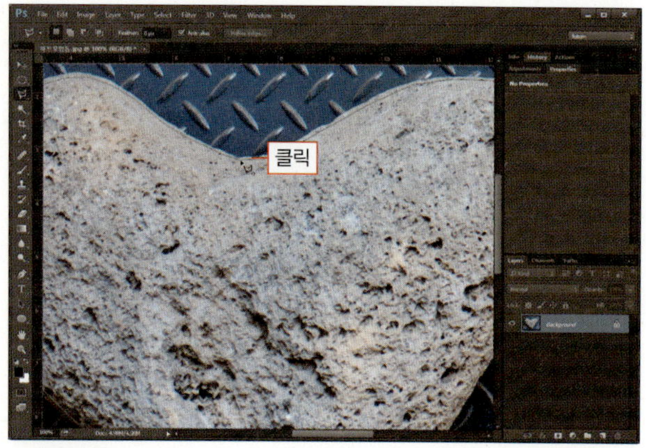

05. 다각형 올가미 도구(Polygonal Lasso Tool)로 선택 영역을 만들면 각이 집니다. 각진 선택 영역을 둥글게 하기 위해 [Select]-[Modify]-[Smooth] 메뉴를 클릭합니다.

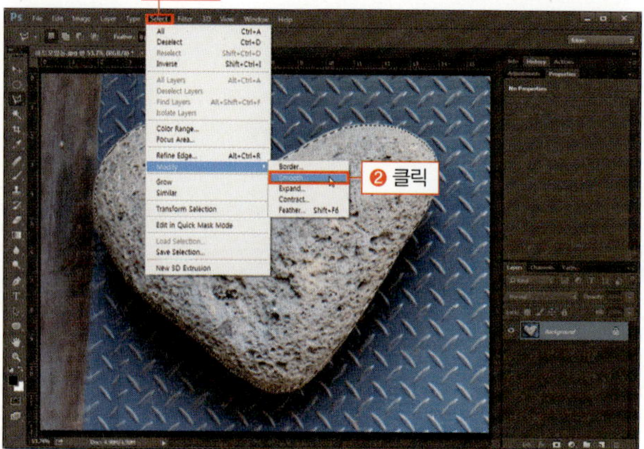

06. [Smooth Selection] 대화상자가 나타나면 [DVD Radius]는 '2 pixels'로 설정하고 [OK] 단추를 클릭합니다.

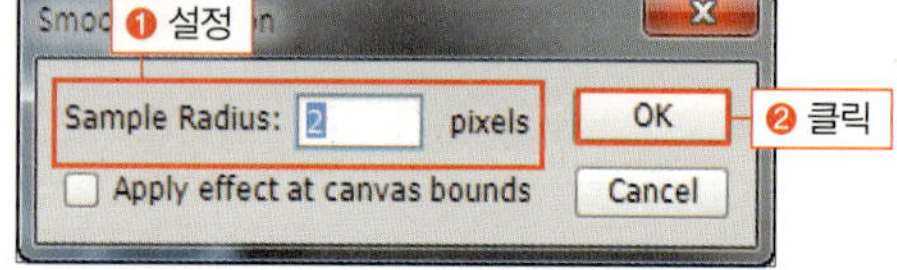

07. 선택 영역을 부드럽게 하기 위해 [Select]-[Modify]-[Feather](**Shift** + **F6**) 메뉴를 클릭합니다.

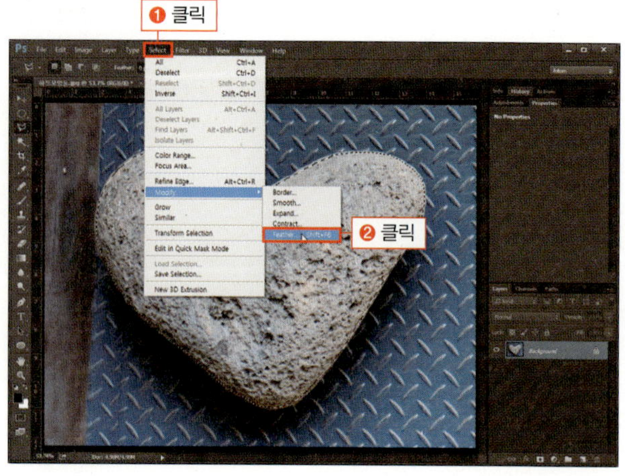

08. 선택 영역을 채널로 저장하기 위해 [Select]–
[Save Selection] 메뉴를 클릭합니다.

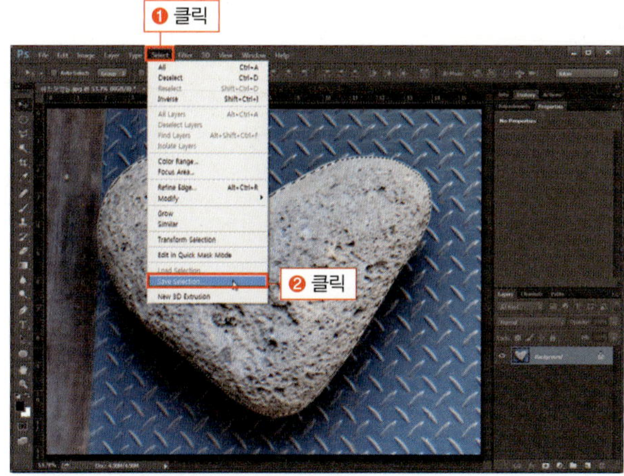

09. [Save Selection] 대화상자에서 [Name]을 '하
트선택'이라고 입력하고 [OK] 단추를 클릭합니다.

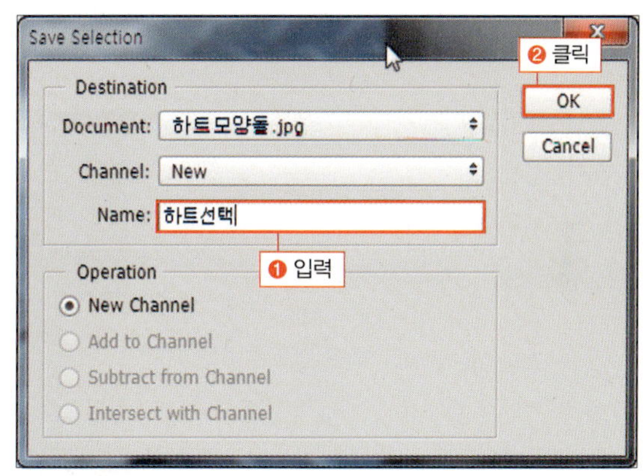

10. 선택 영역을 해제하기 위해 [Select]–
[Deselect](**Ctrl** + **D**) 메뉴를 클릭합니다.

11. 저장을 위해 [File]–[Save as] 메뉴를 클릭합
니다. 대화상자가 나타나면 '하트모양돌_채널저
장.psd'이라고 입력하고 [저장] 단추를 클릭합니
다.

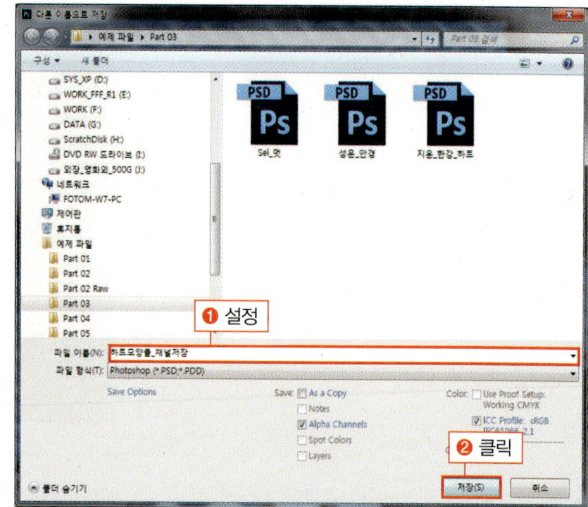

12. [Channels] 패널을 선택하면 10번 따라하
기에서 저장한 '하트선택' 알파 채널이 보입니다.
Ctrl 을 누르고 마우스로 '하트선택' 알파 채널
을 클릭하면 저장한 선태 영역을 다시 불러올 수
있습니다.

13. 선택 영역을 복사하기 위해 [Edit]–[Copy]
(Ctrl + C) 메뉴를 클릭합니다.

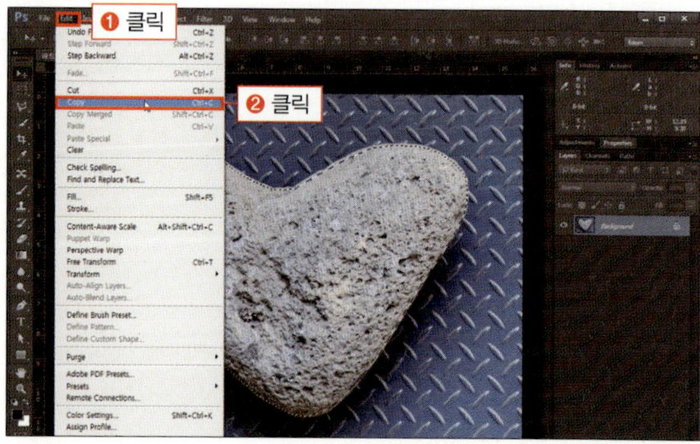

14. 새로운 도큐먼트 창을 만들기 위해 [File]–
[New](Ctrl + N) 메뉴를 클릭합니다.

15. [New] 대화상자가 나타나면 [OK] 단추를 클릭합니다.

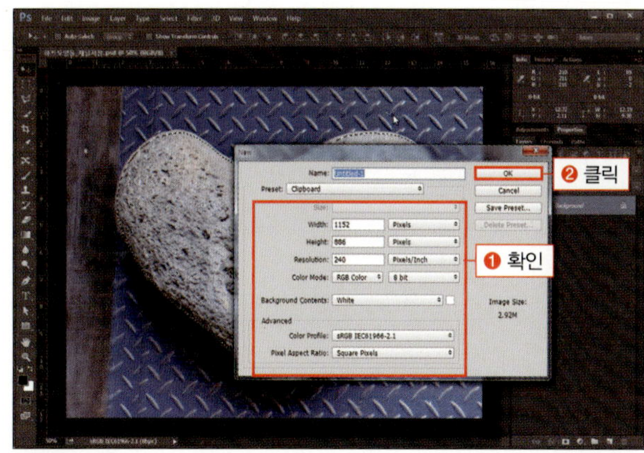

16. 복사한 이미지를 붙이기 위해 [Edit]-[Paste](Ctrl + V) 메뉴를 클릭합니다.

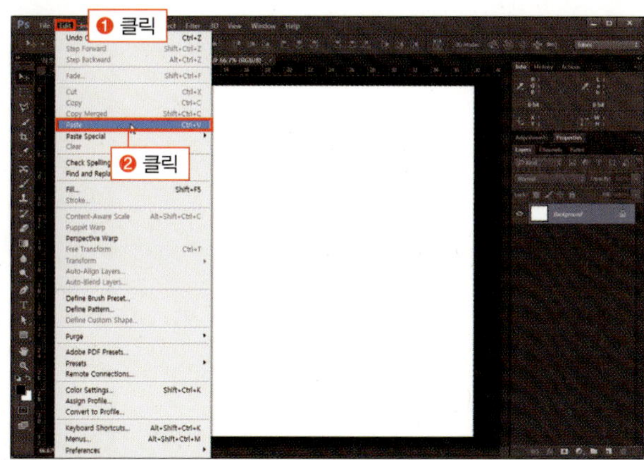

17. 완성된 이미지입니다.

자석 올가미 도구는 이미지의 경계를 자동으로 인식하여 선택해 주는 도구입니다. 선택할 이미지의 경계를 그리기만 하면 됩니다. 이미지의 콘트라스트나 색상의 차이가 크면 클수록 더 잘 선택됩니다. 이번 작업에서는 하나의 꽃을 선택하여 총 5개의 꽃을 만들어 보겠습니다.

예제 파일 | DVD₩Part 05₩꽃.jpg　**완성 파일 |** DVD₩Part 05₩꽃_5송이.jpg

01. 예제 파일을 엽니다. 도구 패널에서 올가미 도구(Lasso Tool)를 길게 누른 후 자석 올가미 도구(Magnetic Lasso Tool)를 선택합니다.

02. 이미지를 확대를 위해 **Ctrl** + **+** 를 눌러 확대합니다.

03. 흰색 꽃잎 경계선에 클릭합니다. 그리고 마우스를 커서를 꽃의 경계에 따라 움직여 주면 자동으로 패스가 만들어 집니다.

04. 처음 시작점으로 돌아오면 패스가 자동으로 선택 영역으로 만들어 집니다.

05. 올가미 작업을 위해 확대했던 이미지를 다시 전체로 보기 위해 [View]–[Fit on Screen] (**Ctrl** + **0**) 메뉴를 클릭합니다.

06. 선택한 영역을 레이어로 만들기 위해 [Layer]–[New]–[Layer Via Copy](**Ctrl** + **J**) 메뉴를 클릭합니다.

07. 도구 패널에서 이동 도구(Move Tool)를 선택하고, 마우스로 드래그하여 왼쪽 상단으로 이동합니다.

08. 이번에는 Alt 를 누르고 드래그하여 레이어를 복사합니다.

09. 앞선 따라하기와 같은 방법으로 Alt 를 누른 상태에서 드래그하여 그림처럼 5개의 꽃을 만듭니다.

10. 레이어를 합치기 위해 [Layer]–[Flatten Image] 메뉴를 클릭하고 결과물을 확인합니다.

이미지 자동 선택하기

이번 Lesson에서는 앞선 Lesson 01에서와는 다르게 한 번 클릭 또는, 몇 번의 드래그로 이미지를 빠르게 선택할 수 있는 자동 선택 도구와 빠른 선택 도구 그리고, 선택 영역을 쉽게 수정할 수 있는 [Refine Edge]에 대해 알아보겠습니다.

기초 탄탄 ▶ 자동 선택 도구와 빠른 선택 도구의 옵션 바와 [Refine Edge] 대화상자

자동 선택 도구와 빠른 선택 도구의 옵션 바에 대해 자세히 알아보고 [Refine Edge] 대화상자의 기능에 대해서도 알아보겠습니다.

■ 자동 선택 도구의 옵션 바 이해하기 299p

❶ Sample Size : 자동 선택 도구로 선택할 이미지의 색상 영역의 크기를 정합니다.

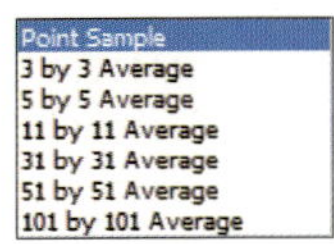

❷ Tolerance : 자동 선택 도구(Magic Wand Tool)로 선택했을 때 한 번에 선택되는 계조 범위를 정합니다. 0~255 값을 입력할 수 있으며 높은 수치를 지정하면 넓은 범위의 색상이 선택됩니다.

❸ Anti-alias : 선택 영역에 Anti-alias가 적용되어 매끄러운 가장자리로 선택합니다.

❹ Contiguous : 동일한 색상을 사용하는 인접 영역만을 선택합니다. 이 옵션을 체크하지 않으면 이미지 전체에서 동일한 색상을 모두 선택합니다.

❺ Sample All Layers : 모든 레이어가 합쳐진 것처럼 선택합니다.

❻ Refine Edge : 클릭하면 [Refine Edge] 대화상자가 나타나며, 선택 영역을 다듬을 수 있습니다.

❶ Brush Picker : [Brush Picker] 대화상자가 나타나면 브러시 크기 등을 지정할 수 있습니다.

❷ Auto-Enhance : 선택 기능을 향상시킵니다.

■ [Refine Edge] 대화상자 이해하기

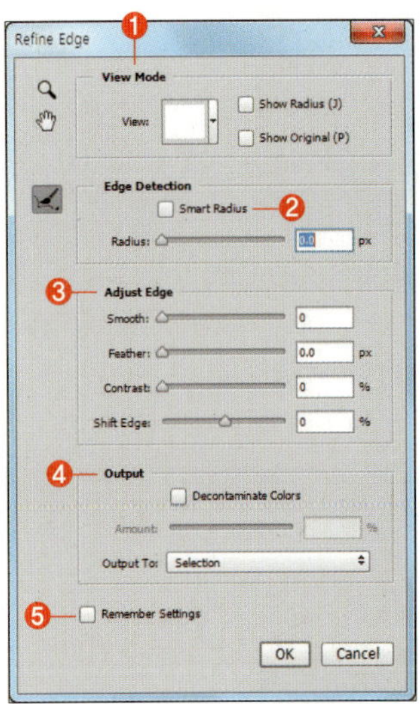

❶ View Mode : 보기 모드로 검은색 바탕, 흰색 바탕 등의 다양한 미리 보기를 제공합니다.

• Show Radius : 가장자리의 반경을 보여줍니다. [Edge Detection]–[Radius] 메뉴에서 큰 값을 설정하면 가장자리 영역이 넓어집니다.

• Show Original : Refine Edge의 조정하기 전 원본 상태를 보여줍니다.

❷ Edge Detection : 가장자리를 감지합니다.

• Smart Radius : 가장자리 감지 성능을 높입니다. 보통 체크하고 사용합니다.

• Radius : 가장자리 다듬기의 감지 범위를 결정합니다.

❸ Adjust Edge : [Select]–[Modify] 메뉴의 기능과 비슷한 기능입니다.

• Smooth : 각진 선택 영역을 둥글게 만듭니다.

• Feather : 선택 영역을 부드럽게 처리합니다.

• Contrast : 부드럽게 처리된 선택 영역을 딱딱하게 만듭니다. [Feather]와 반대 기능입니다.

• Shift Edge : 선택 영역을 축소/확대합니다.

❹ Output : [Output To]를 이용하여 가장자리 조정을 어디에 적용할지 결정합니다.

• Decontaminate Colors : 가장자리에 남아 있는 색상을 제거해 줍니다. [Decontaminate Colors] 체크하면 [Amount] 슬라이드 바가 활성화됩니다.

• Output To : 레이어 마스크, 새로운 레이어 등을 선택할 수 있습니다.

❺ Remember Settings : 체크하면 현재 설정한 값을 기억합니다.

자동 선택 도구(Magic Wand Tool)로 이미지를 클릭하면 클릭한 부분과 동일한 색상을 선택할 수 있습니다. [Tolerance]의 값을 조정하면 얼마나 비슷한 밝기의 색상을 선택할 것인가를 정할 수 있습니다. 수치가 높을 수로 넓은 계조가 선택됩니다.

예제 파일 I DVD₩Part 05₩쌈지길간판.jpg **완성 파일** I DVD₩Part 05₩쌈지길간판_선택.psd

01. 예제 파일을 불러온 후 도구 패널에서 자동 선택 도구(Magic Wand Tool)를 선택하고, 흰색 '쌈지길' 글자에서 'ㅅ'을 클릭합니다.

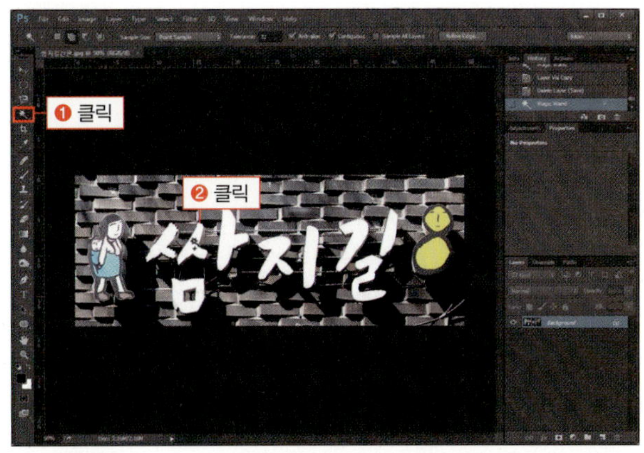

02. 옵션 바에서 [Add to selection]을 선택하고 나머지 '쌈지길' 글씨를 차례대로 클릭합니다.

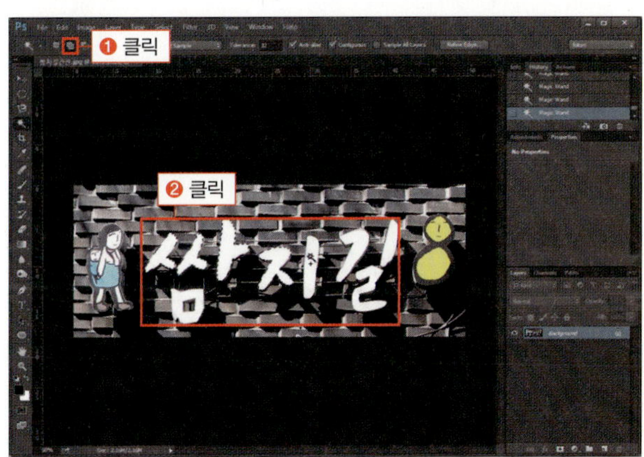

03. 선택한 영역을 레이어로 만들기 위해 [Layer]-[New]-[Layer Via Copy](**Ctrl** + **J**) 메뉴를 클릭합니다.

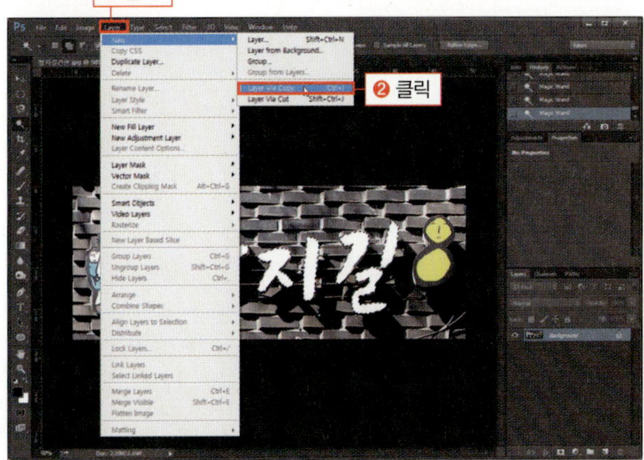

04. [Layers] 패널을 보면 'Layer 1' 레이어가 생겼습니다.

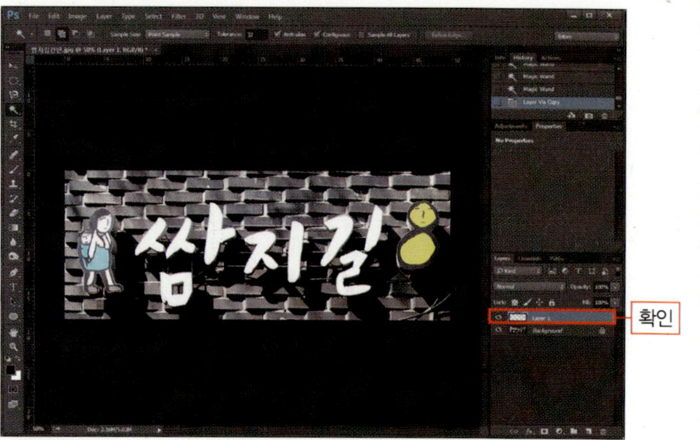

05. 배경에 색상을 칠하기 위해 [Layers] 패널에서 'Background' 레이어를 선택하고 [Edit]–[Fill] (**Shift** + **F5**) 메뉴를 클릭합니다.

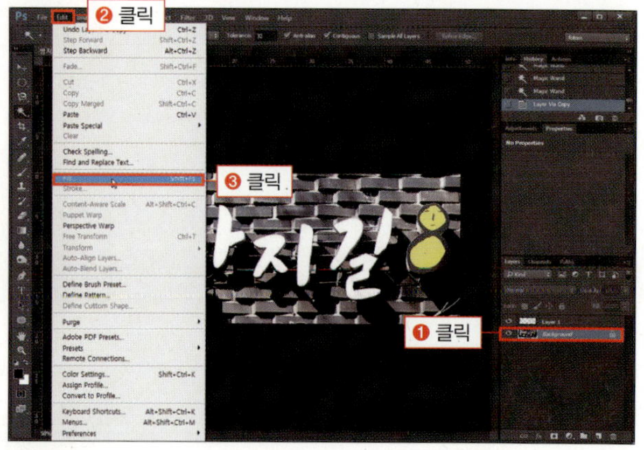

06. [Fill] 대화상자가 나타나면 [Contents]를 'Black'으로 설정하고 [OK] 단추를 클릭합니다.

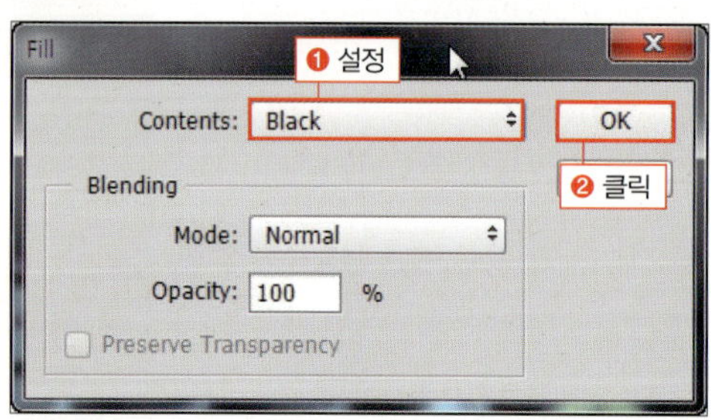

07. 완성된 이미지입니다.

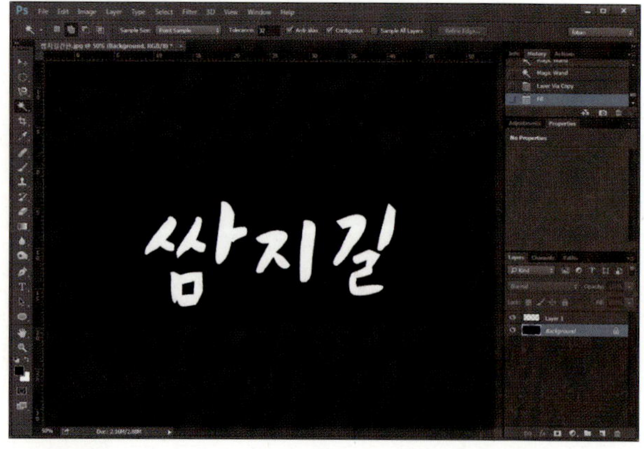

빠른 선택 도구는 자동 선택 도구의 기능을 발전시킨 도구입니다. 자동 선택 도구는 브러시처럼 칠한 부분을 기준으로 빠르게 경계를 찾아 선택해 줍니다. 포토샵 CS6 이후로 가장 강력한 선택 도구라고 할 수 있습니다. 브러시를 크게 설정하면 선택 영역도 크게 선택할 수 있습니다. 반대로 브러시를 작게 하면 미세한 선택이 가능합니다.

예제 파일 I DVD₩Part 05₩놀이터기구.jpg 완성 파일 I DVD₩Part 05₩놀이터기구_QS.jpg

01. 예제 파일을 불러온 후 도구 패널에서 빠른 선택 도구(Quick Selection Tool)를 클릭합니다. 그리고, 옵션 바에서 브러시 크기는 '128'로 설정하고, [Auto-Enhanced]를 체크합니다.

02. 노란색 강아지 놀이기구의 머리 쪽부터 클릭한 상태에서 몸통 쪽으로 드래그합니다.

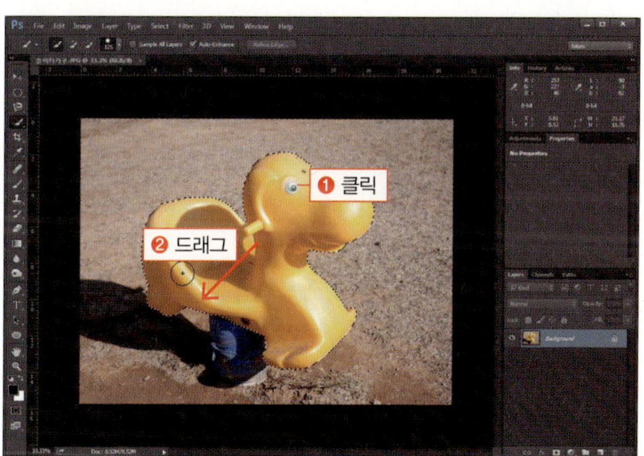

03. 그림처럼 선택이 되었습니다. 선택이 잘 되었는지 살펴보기 위해 Ctrl + Space Bar 를 누른 상태에서 오른쪽으로 드래그하여 화면을 확대합니다.

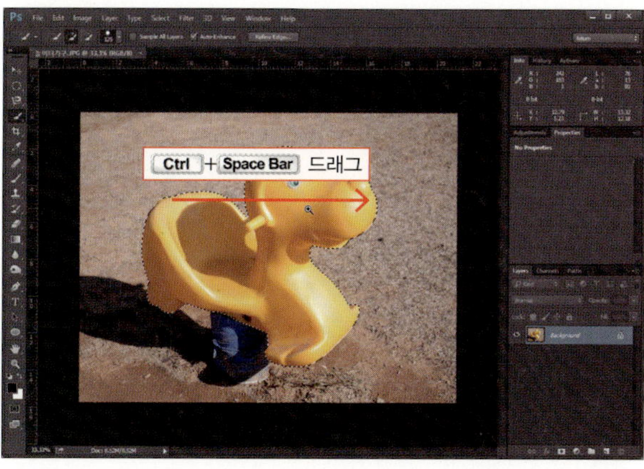

04. Space Bar 를 누른 상태에서 드래그하여 선택 영역을 살펴보면 눈 부분의 선택이 덜 된 것을 확인할 수 있습니다. 빠른 선택 도구(Quick Selection Tool)는 선택하고 나면 [Add to selection] 옵션이 자동으로 설정됩니다. 이 옵션 상태에서 선택 도구로 눈 부분을 드래그하면 추가로 선택할 수 있습니다.

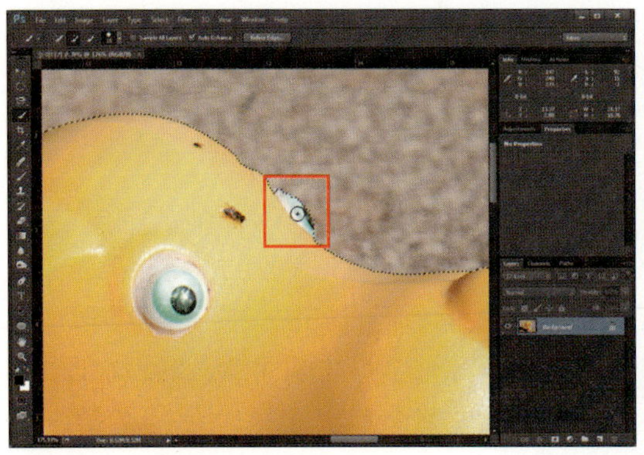

05. 다시 Space Bar 를 누른 상태에서 드래그하며 선택 영역을 따라 살펴보면 앞쪽 발판 쪽 선택 영역이 배경까지 넘어간 것을 확인할 수 있습니다. 이번에는 Alt 를 누른 상태에서 드래그하여 선택 영역을 빼줍니다.

> **T I P :** 빠른 선택 도구를 사용할 때 옵션 바에서 더하기, 빼기를 선택하지 않고 키보드의 Shift / Alt 를 누르면 더하기/빼기가 됩니다.

06. 다시 Space Bar 를 누른 상태에서 드래그하며 선택 영역을 따라 살펴보면 목 뒤쪽의 선택 영역 또한 배경까지 넘어간 것을 확인할 수 있습니다. [를 눌러 브러시 크기를 작게 만들고, Alt 를 누른 상태에서 드래그하여 선택 영역을 빼줍니다.

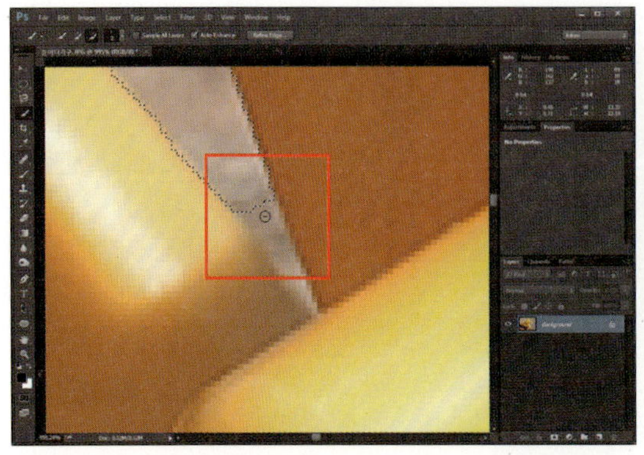
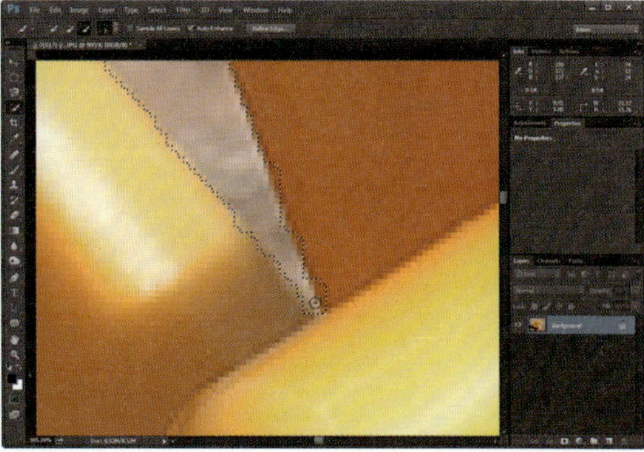

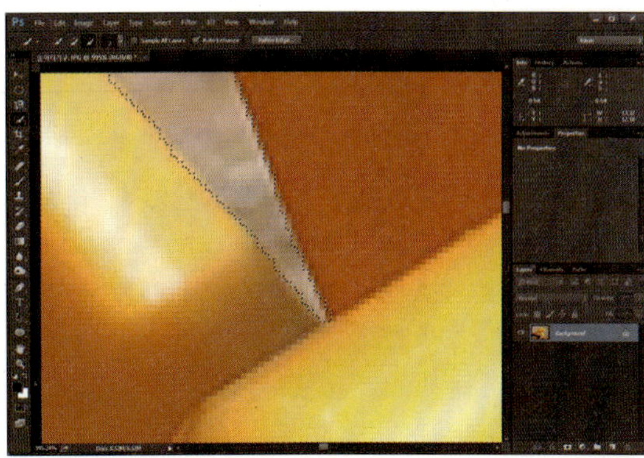

07. 선택이 완료되었습니다. 선택 영역을 반전시키기 위해 [Select]-[Inverse](**Shift** + **Ctrl** + **I**) 메뉴를 클릭합니다.

08. 반전된 선택 영역을 흑백으로 만들기 위해 [Image]-[Adjustments]-[Desaturae](**Shift** + **Ctrl** + **U**) 메뉴를 클릭합니다.

09. 노란색 강아지 모양만 빼고 배경은 흑백인 이미지가 되었습니다. 선택 영역을 해제하기 위해 [Select]-[Deselect](**Ctrl** + **D**) 메뉴를 클릭한 후 결과물을 확인합니다.

이번 Step에서는 Refine Edge 기능과 빠른 선택 도구를 이용한 선택 영역을 수정해 보겠습니다.

예제 파일 I DVD₩Part 05₩놀이터기구.jpg　**완성 파일** I DVD₩Part 05₩놀이터기구_그라데이션.psd

01. 앞선 Step 02의 방법으로 노란색 강아지 모양의 놀이 기구를 선택합니다. 그리고 옵션 바에서 [Refine Edge]를 클릭합니다.

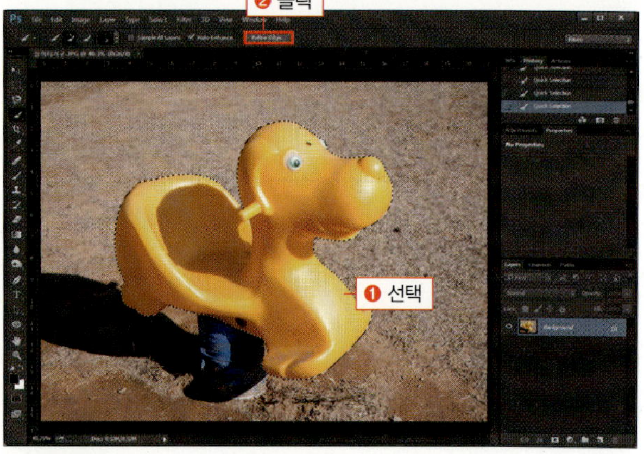

02. [Refine Edge] 대화상자가 나타나면, [View Mode]의 [View]를 클릭하고 'On Layer'를 선택한 후 Ctrl + + 를 눌러 화면을 확대합니다.

03. [Adjust Edge]의 [Smooth]은 '1', [Feather]는 '1', [Contrast]는 '22' [Shift Edge]는 '–30'으로 설정하고 [OK] 단추를 클릭합니다.

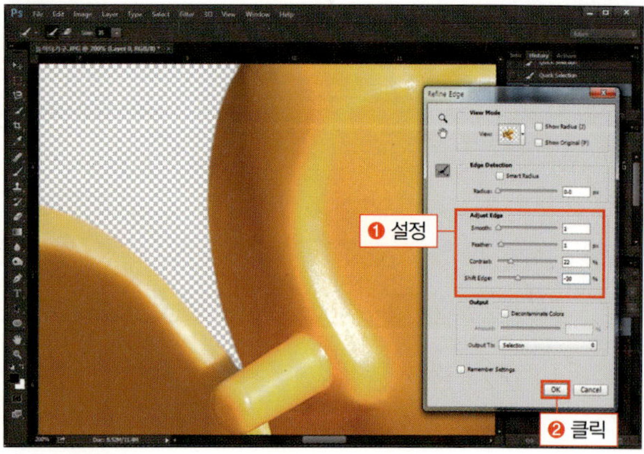

04. 선택 영역이 수정된 것을 확인한 후 `Ctrl` +`0`을 누릅니다.

05. 선택 영역을 레이어로 만들기 위해 [Layer]–[New]–[Layer Via Copy](`Ctrl`+`J`) 메뉴를 클릭합니다.

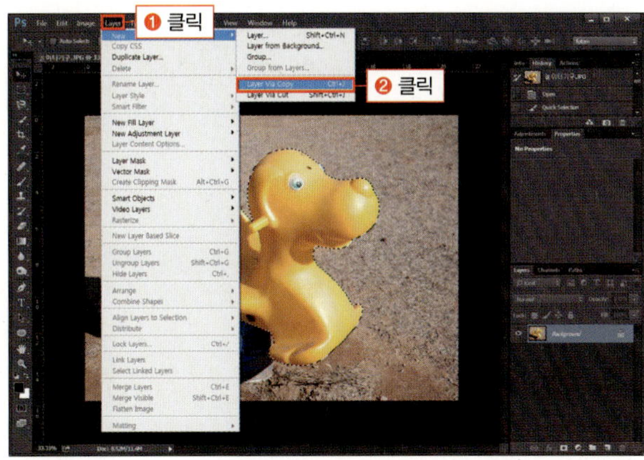

06. [Layers] 패널을 보면 'Layer 1' 레이어가 생긴 것을 확인할 수 있습니다.

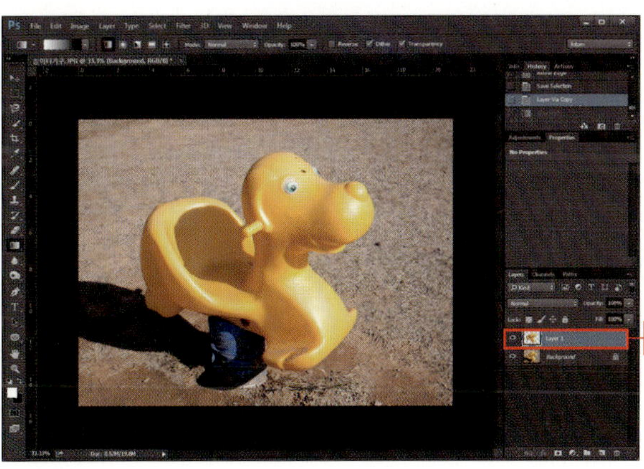

07. 그레이디언트 배경을 만들기 위해 도구 패널에서 그레이디언트 도구(Gradient Tool)를 선택합니다. 옵션 바에서 [Gradient picker]를 클릭하고 'Foreground to Background'를 클릭합니다.

08. 도구 패널에서 [Switch Foreground and Background Colors] 아이콘을 클릭하여 전경색과 배경색을 바꾸어 줍니다. [Layers] 패널에서 'Background' 레이어를 선택하고 이미지 위쪽에서 아래쪽으로 드래그합니다.

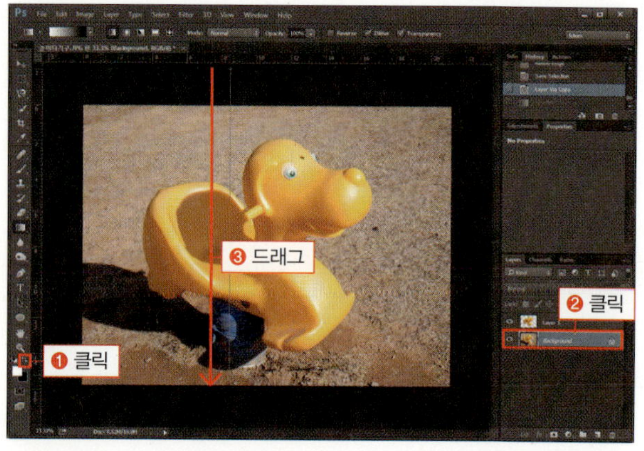

09. 배경이 흰색에서 검은색으로 그레이디언트 배경이 되었습니다.

문제 해결 [Layers] 패널의 'Background' 레이어 선택이 중요합니다. 'Layer 1' 레이어가 선택된 상태에서 08번 따라하기를 진행하면 'Layer 1' 레이어의 이미지가 지워지고 그레이디언트 배경이 생깁니다.

Refine Edge 기능은 선택 영역을 Smooth, Feather, Contrast, Shift Edge뿐만 아니라 더 쉽고 정교하게 수정해 줍니다. 이번 작업에서는 빠른 선택 도구를 이용하여 인물을 선택한 후 머리카락 부분을 자연스럽게 수정하고 인물 이미지를 다른 배경으로 합성해 보겠습니다.

예제 파일 I DVDPart 05₩성운.jpg **완성 파일** I DVD₩Part 05₩ 순천민갈대밭–성운합성.psd

01. 예제 파일을 불러온 후 도구 패널에서 빠른 선택 도구(Quick Selection Tool)를 선택합니다. 옵션 바에서 [Add to Selection]을 선택하고 [Auto-Enhance]를 체크한 후 드래그하여 선택 영역을 만듭니다.

02. 선택 영역이 만들어 졌습니다. 그러나 자세히 보면 귀 부분이 선택되질 않았습니다. 옵션 바에서 [Add to Selection]을 선택하고 귀 부분을 클릭, 드래그하여 선택 영역에 추가합니다.

03. `Ctrl` + `+` 를 눌러 머리 부분을 확대해 보면 선택이 덜 되었습니다. 선택 영역을 추가합니다.

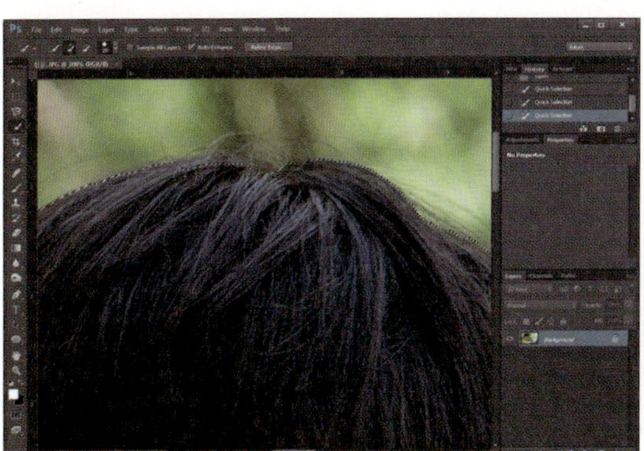

04. 선택 영역을 축소하기 위해 [Select]–[Modify]–[Contract] 메뉴를 클릭합니다.

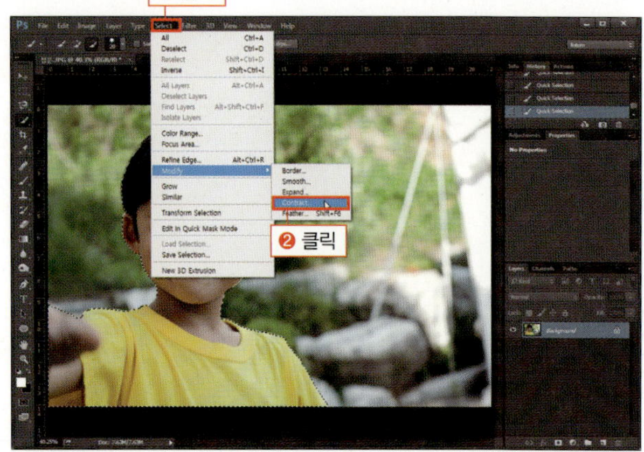

05. [Contract Selection] 대화상자가 나타나면 [Contract By]를 '2'로 설정하고 [OK] 단추를 클릭합니다.

06. Ctrl + + 를 눌러 귀 부분을 확대합니다. 선택 영역이 안쪽으로 축소된 것을 확인할 수 있습니다. 옵션 바에서 [Refine Edge]를 클릭합니다.

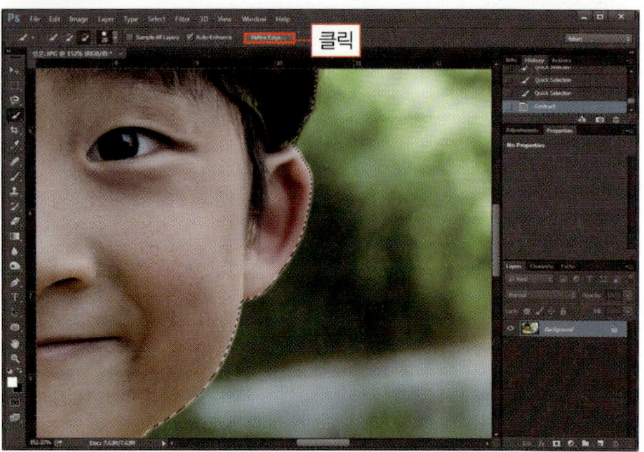

07. [Refine Edge] 대화상자가 나타나면 [Refine Radius Tool]이 선택되어 있습니다. 대화상자가 열린 상태에서 마우스 포인터를 이미지로 가져와서 머리카락 경계 부분을 그림처럼 드래그하여 그려줍니다.

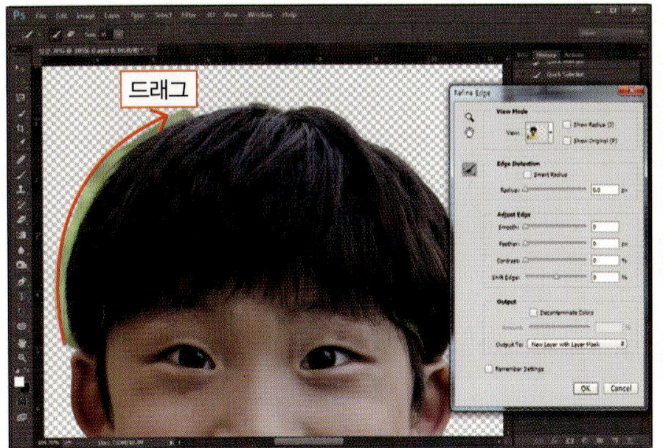

08. [View Mode]의 [View]를 클릭하고 'On White'를 선택합니다.

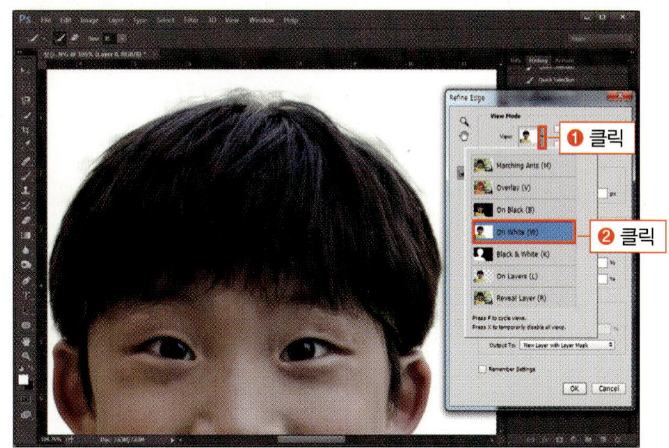

09. [Adjust Edge]의 [Feather]는 '1', [Contrast]는 '12', [Shift Edge]는 '−18'로 설정하고 [OK] 단추를 클릭합니다.

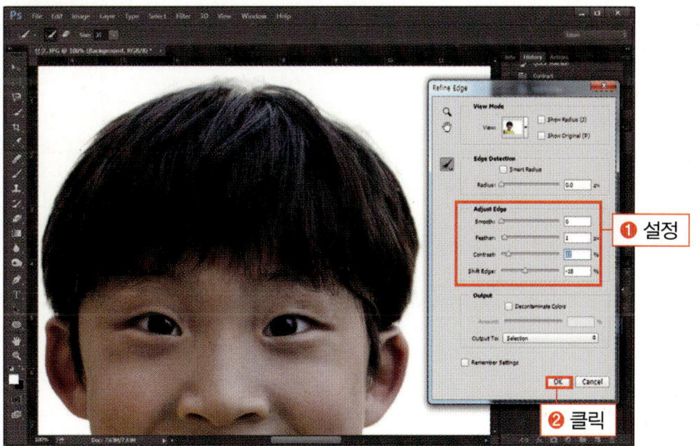

10. 선택 영역을 저장하기 위해 [Select]–[Save Selection] 메뉴를 클릭합니다.

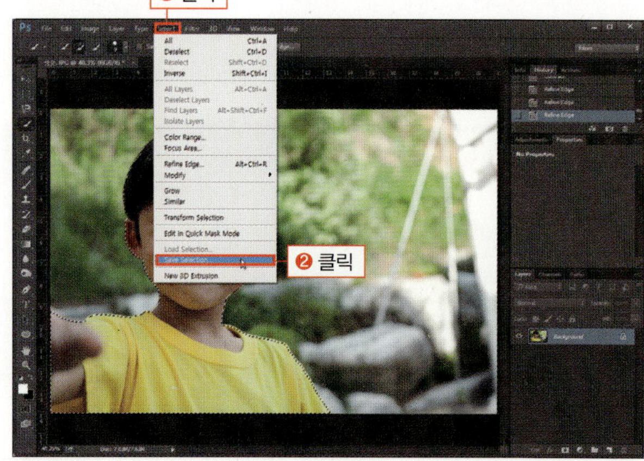

11. [Save Selection] 대화상자가 나타나면 [Name]에 '인물선택'이라고 입력하고 [OK] 단추를 클릭합니다.

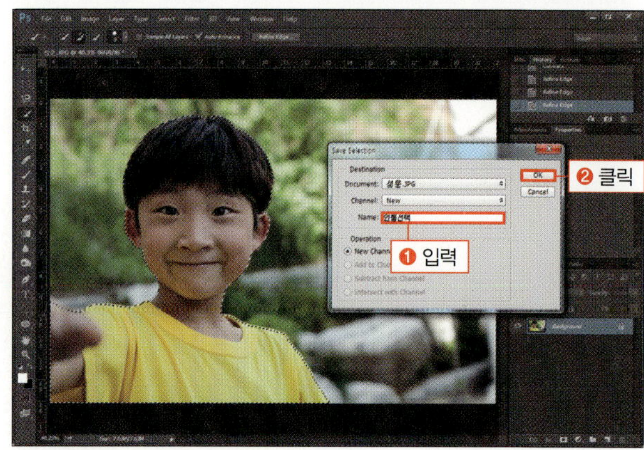

12. [Channels] 패널을 선택하면 가장 아래에 '인물선택'이라는 채널이 생겼습니다.

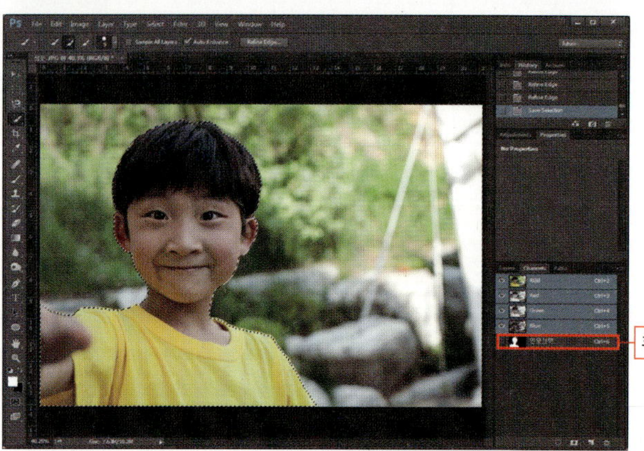

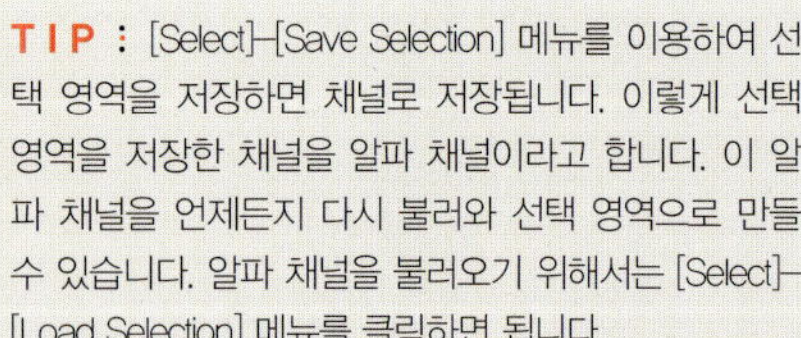

TIP : [Select]–[Save Selection] 메뉴를 이용하여 선택 영역을 저장하면 채널로 저장됩니다. 이렇게 선택 영역을 저장한 채널을 알파 채널이라고 합니다. 이 알파 채널을 언제든지 다시 불러와 선택 영역으로 만들 수 있습니다. 알파 채널을 불러오기 위해서는 [Select]– [Load Selection] 메뉴를 클릭하면 됩니다.

13. [File]–[Save As] 메뉴를 클릭합니다. [다른
이름으로 저장] 대화상자가 나타나면 '성운_인물
선택.psd'로 입력하고 [저장] 단추를 클릭합니다.

14 선택한 인물 이미지를 복사하기 위해 [Edit]–
[Copy](**Ctrl** + **C**) 메뉴를 클릭합니다.

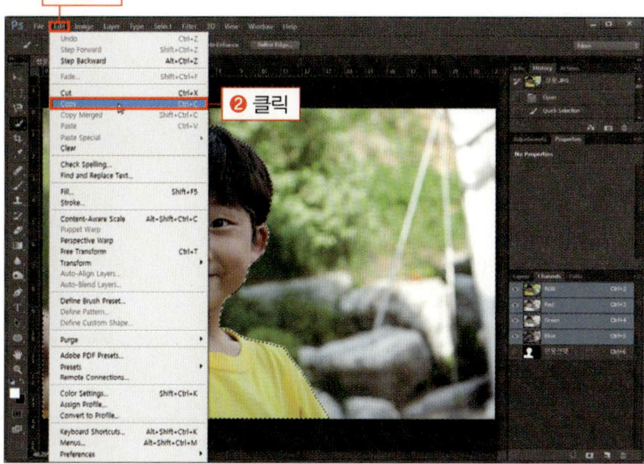

15. '순천만갈대밭.jpg' 파일을 불러온 후 [Edit]–
[Paste](**Ctrl** + **V**) 메뉴를 클릭합니다.

16. 선택한 인물 이미지가 갈대밭 이미지에 복사되었습니다.

17. 도구 패널에서 이동 도구(Move Tool)를 선택하고 드래그하여 이미지의 위치를 왼쪽 하단으로 이동시킵니다.

18. 이미지의 크기를 줄이기 위해 Ctrl + T 를 누릅니다. Shift 를 누른 상태에서 오른쪽 상단 꼭짓점을 드래그하여 크기를 줄인 후 Enter 를 누릅니다.

TIP : Shift 를 누르지 않고 드래그하면 이미지의 비율이 바뀝니다. 다시 말해 이미지가 찌그러집니다.

19. 이미지 합성이 완성되었습니다.

20. [Ctrl]+[+]를 눌러 이미지를 확대해 보면 머리카락 부분이 자연스럽게 합성된 것을 확인할 수 있습니다.

21. [File]–[Save As] 메뉴를 클릭합니다. [다른 이름으로 저장] 대화상자가 나타나면 '순천만갈대밭_성운합성.psd'로 입력하고 [저장] 단추를 클릭합니다.

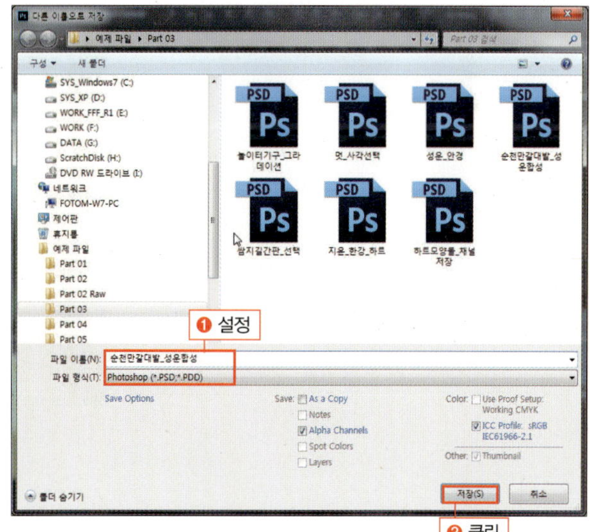

22. 다시 '성운_인물선택.psd' 파일을 활성화한 후 [Channels] 패널을 선택합니다. **Ctrl**을 누른 상태에서 '인물선택' 채널을 선택합니다.

> 문제
해결 만약 '성운_인물선택.psd' 파일을 닫았다면 [File]–[Open] 메뉴를 클릭합니다. [열기] 대화 상자에서 앞에서 저장했던 '성운_인물선택.psd' 파일을 선택하고 [열기] 단추를 클릭합니다.

23. 저장했던 선택 영역이 활성화되는 것을 확인할 수 있습니다. 복사를 하기 위해 [Edit]–[Copy] (**Ctrl**+**C**) 메뉴를 클릭합니다.

24. '북한산노을.jpg' 파일을 불러온 후 [Edit]–[Paste](**Ctrl**+**V**) 메뉴를 클릭합니다.

25. 인물 이미지가 복사되었습니다. 이동 도구
(Move Tool)를 이용하여 그림과 같이 왼쪽 하단으
로 이동시킵니다.

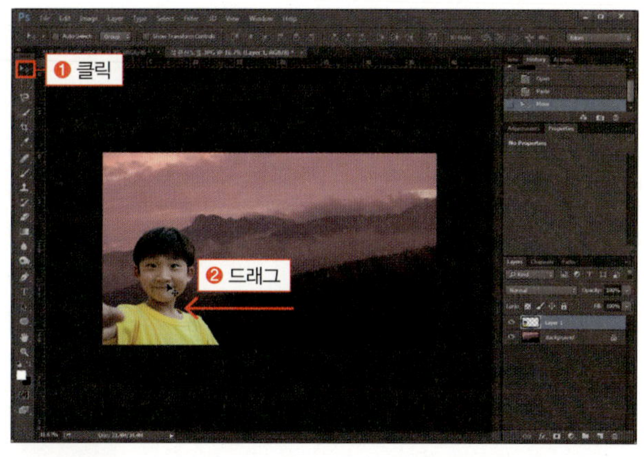

26. 이미지를 키우기 위해 Ctrl + T 를 누르
고, Shift 를 누른 상태에서 오른쪽 상단 꼭짓점
을 드래그하여 크기를 키웁니다. 그리고 Enter
를 누릅니다.

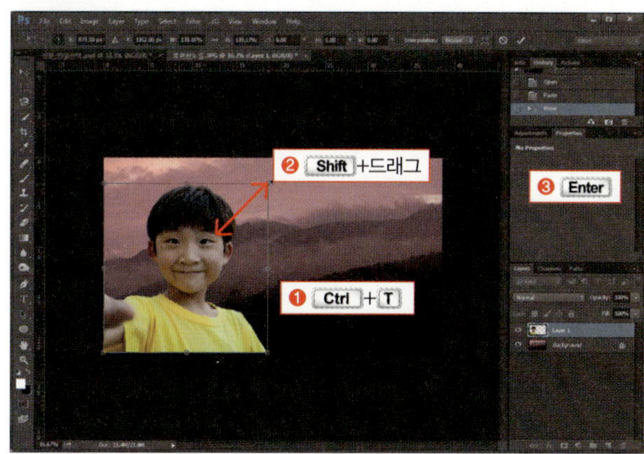

27. [File]-[Save As] 메뉴를 클릭합니다. [다른 이름으로 저장] 대화상자가 나타나면 '북한산노을_성운.psd'로 입력한
후 [저장] 단추를 클릭합니다.

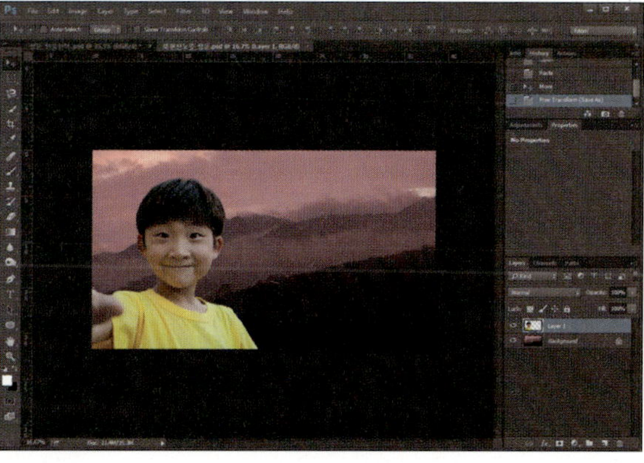

사진을 찍을 때 주 피사체에 초점을 맞추고 그 뒤를 흐릿하게 만드는 기술을 아웃포커스라고 합니다. 이렇게 아웃포커스로 촬영한 이미지는 Focus Area 기능을 이용하면 초점이 맞은 부분만 쉽게 선택할 수 있습니다.

예제 파일 l DVD₩Part 05₩돼끼인형.jpg　**완성 파일 l** DVD₩Part 05₩돼끼인형–완성.JPG

01. 예제 파일을 불러온 후 확인해 보면, '돼끼인형'에 초점이 맞아 있고 그 뒤는 흐릿한 것을 알 수 있습니다. [Select]–[Focus Area] 메뉴를 클릭합니다.

02. [Focus Area] 대화상자가 나타나면 자동으로 초점이 맞은 부분을 찾아줍니다. 돼끼인형에 점선으로 선택된 것을 볼 수 있습니다. 하지만 아직 원하는 대로 선택이 되질 않았습니다.

03. [Ctrl]+[+]를 여러 번 눌러 이미지를 확대하고, 마우스 포인터를 귀 부분에 가져가면 모양이 원형의 + 표시가 나타납니다. 이때 추가 선택할 부분을 드래그합니다.

04. Space Bar 를 누르고 추가할 부분을 찾기 위해 화면을 이동합니다. 그림처럼 왼쪽 발 윗부분을 드래그하여 선택하고, 오른쪽으로 이동하여 오른쪽 발 위도 추가로 선택합니다.

05. 이번에는 잘못 선택된 부분을 빼기 위해 [Focus Area] 대화상자에서 [Focus Area Subtract Tool]을 선택하고 이미지에서 선택 영역을 뺄 부분을 드래그합니다.

06. 이미지 왼쪽에 불필요한 선택 영역도 드래그하여 빼줍니다. 이미지 오른쪽의 불필요한 선택 영역도 드래그하여 빼줍니다.

07. 전체 이미지를 보기 위해 [Ctrl]+[0]을 누르고 이미지를 확인해 보면 돼끼인형만 선택이 잘된 것을 확인할 수 있습니다.

08. 선택 영역을 반전시키기 위해 [Select]-[Inverse]([Shift]+[Ctrl]+[I]) 메뉴를 클릭합니다.

09. 도구 패널에서 스포이트 도구(Eyedropper Tool)를 선택하고 이미지의 위쪽 파란색 배경을 클릭합니다. 그러면 도구 패널 아래의 전경색이 파란색으로 설정됩니다.

10. [Alt]를 누른 상태에서 이번에는 이미지 아래쪽 돌 부분을 클릭합니다. 그러면 도구 패널 아래의 배경색으로 설정됩니다.

11. 도구 패널에서 그레이디언트 도구(Gradient Tool)를 선택하고 이미지 위쪽에서 클릭한 상태에서 아래쪽으로 드래그합니다. 이때 [Shift]를 누르고 드래그하면 수직으로 드래그할 수 있습니다. 적당한 위치에서 마우스 버튼을 드롭합니다.

12. 선택 영역을 해제하기 위해 [Select]-[Deselect] 메뉴를 클릭하고, 완성된 이미지를 확인합니다.

03 펜 도구와 [Paths] 패널 활용하기

레 벨 ● ● ●

펜 도구를 이용하여 직선, 곡선 패스를 만들고 수정하는 방법을 알아보겠습니다. 또한 자석 올가미 도구와 비슷한 자유 형태 펜 도구와 자석 옵션에 대해서도 알아보겠습니다.

기초탄탄 ▶ 펜 도구의 옵션 바와 [Paths] 패널 이해하기

■ 펜 도구의 옵션 바 이해하기 `322p`

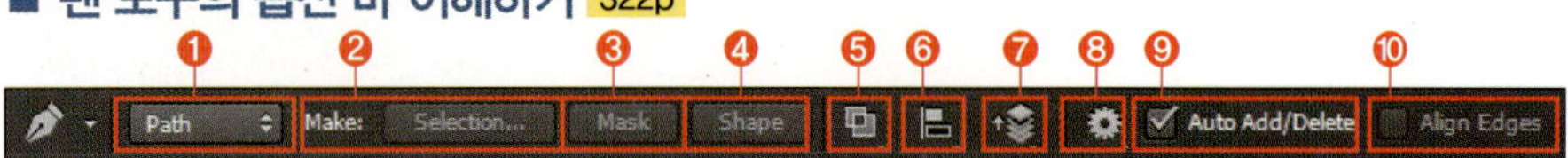

❶ Pick Tool Mode

• Shape : 이 옵션을 선택하고 패스를 그리면 모양 레이어가 만들어 집니다. 모양 레이어는 일러스트레이터와 같이 벡터 방식으로 그려집니다.

• Path : 펜 도구의 기본 옵션으로 패스를 그리면 [Paths] 패널에 Work Path가 만들어 집니다.

• Pixels : 모양 레이어를 선택하면 활성화됩니다. 모양 레이어를 이용하여 원하는 모양으로 바로 칠할 수 있습니다. 별도의 레이어가 만들어지지는 않습니다.

❷ Make Selection : 이 단추를 클릭하면 만들어진 패스를 채널로 저장합니다.

❸ Make new Vector Mask : 이 단추를 클릭하면 벡터 마스크가 만들어 집니다.

❹ Make new Shape Layer : [Paths] 패널에서 만들어진 패스를 모양 레이어로 만듭니다.

❺ Path Operations : 패스의 연산, 즉 기존의 패스와 새로운 패스의 더하기, 빼기, 교집합 남기기, 교집합 제외 중에서 선택할 수 있습니다.

❻ Path alignment : 패스들의 정렬을 맞춥니다.

❼ Path arrangement : 패스들의 위, 아래를 조절합니다. 레이어 개념을 생각하면 됩니다.

❽ Rubber Bend : 펜 도구(Pen Tool)를 이용하여 패스를 만들 때 다음 지점을 클릭하기 전에 만들어질 패스를 미리 보여줍니다.

❾ Auto Add/Delete : 체크하고 이미 만들어진 패스 위에 마우스 포인터를 위치시키면 패스의 연결 고리인 앵커 포인트가 자동으로 생기고 앵커 포인트에 마우스 포인터를 위치시키고 클릭하면 자동으로 앵커 포인트가 없어집니다.

❿ Align Edges : 세이프 모드를 사용할 때 활성화되며 체크하면 그리드에 벡터 셰이프 가장자리를 맞춰 줍니다.

■ [Paths] 패널 이해하기 `330p`

[Paths] 패널에서는 펜 도구(Pen Tool)로 만든 패스를 관리하고 선택 영역으로 전환할 수 있습니다.

❶ Fill path with foreground color(패스에 전경색 채우기) : 패스를 선택하고 클릭하면 패스대로 전경색을 채웁니다.

❷ Stroke path with brush(패스에 선 만들기) : 패스를 선택하고 클릭하면 패스 모양대로 선을 그립니다.

❸ Load path as a selection(패스를 선택 영역으로 만들기) : 패스를 선택하고 클릭하면 패스를 선택 영역으로 만들 수 있습니다.

❹ Make work path from selection(선택 영역을 패스로 만들기) : 다른 선택 도구들로 만든 선택 영역을 패스로 만들 수 있습니다.

❺ Add layer mask(레이어 마스크 추가) : 레이어에 마스크를 추가합니다.

❻ Create new path(새 패스 추가) : 기존의 패스와 구분하여 패스를 만들고 싶을 때 사용합니다. 또 만들어진 패스를 [Create new path](▣)로 드래그하면 패스를 복사할 수 있습니다.

❼ Delete current path(휴지통) : 패스를 선태하고 클릭하거나 패스를 [Delete current path](🗑)로 드래그하면 삭제할 수 있습니다.

■ 패스의 구성 요소 이해하기

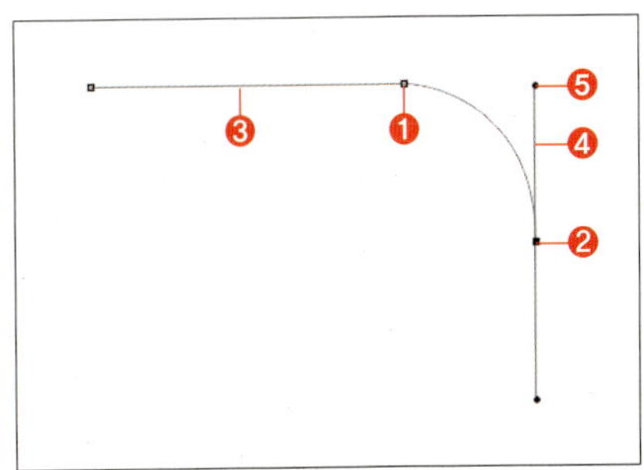

❶ 앵커 포인트 : 패스를 연결해 주는 점, 즉 관절과 같은 역할을 합니다.

❷ 곡선 앵커 포인트 : 펜 도구로 드래그하면 핸들이 생기는데 이 핸들의 중심점이 곡선 앵커 포인트입니다.

❸ 세그먼트 : 두 앵커 포인트의 연결선을 세그먼트라고 합니다. 종류에는 직선과 곡선이 있습니다.

❹ 곡선 조절선 : 곡선 앵커 포인트에서 양쪽으로 나온 선을 말합니다. 곡선의 방향과 각도를 나타냅니다.

❺ 곡선 조절점 : 곡선 조절선 끝에 있는 점을 말하며, 이 점을 조정하여 곡선의 방향과 각도를 조절할 수 있습니다.

펜 도구로 패스를 만들 때, 마우스를 클릭, 클릭하면 직선 패스를 만들고, 마우스를 클릭한 상태에서 드래그하면 앵커 포인트에 핸들(곡선 조절점)이 생깁니다. 이 핸들의 방향과 길이를 조절하여 원하는 곡선을 만들 수 있습니다. 이렇게 펜 도구를 이용하여 직선과 곡선 패스를 만들고 선택 영역으로 만들어 검은색으로 채워보겠습니다.

예제 파일 I DVD₩Part 05₩패스연습.jpg **완성 파일** I DVD₩Part 05₩패스연습_완성.jpg

01. 예제 파일을 불러온 후 확인해 보면, 이미지에 1~9번까지 번호를 적어 놓았습니다. 순서대로 패스를 만들면 됩니다.

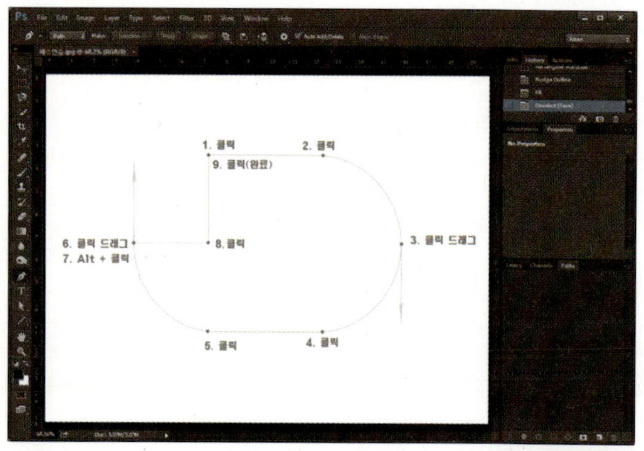

02. 도구 패널에서 펜 도구(Pen Tool)를 선택하고, 먼저 '1. 클릭' 지점을 클릭하고 '2. 클릭' 지점을 클릭합니다.

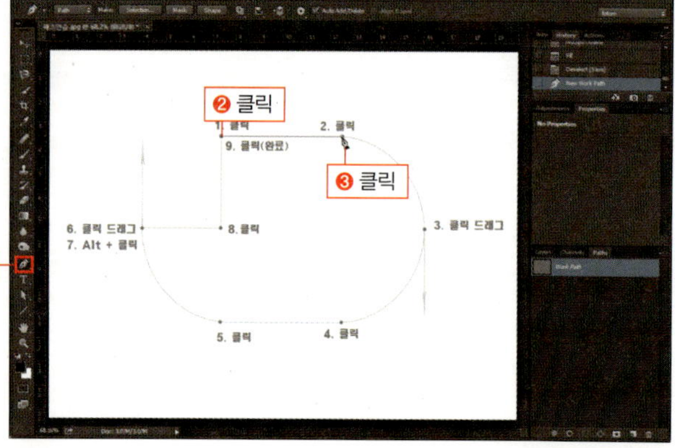

03. '3. 클릭' 지점을 클릭한 상태에서 아래로 드래그합니다. 이때 Shift 를 누른 상태에서 아래로 드래그하면 정확히 수직 방향으로 드래그됩니다. 원하는 곡선이 만들어졌으면 드롭(마우스 버튼을 놓음)합니다.

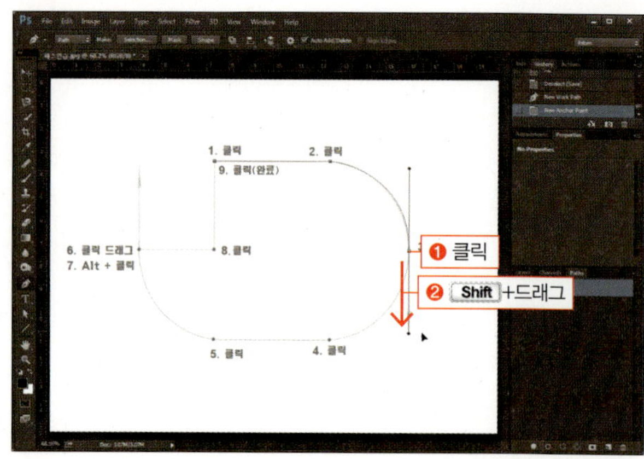

04. '4. 클릭' 지점을 클릭합니다. 이어서 '5. 클릭' 지점을 클릭합니다.

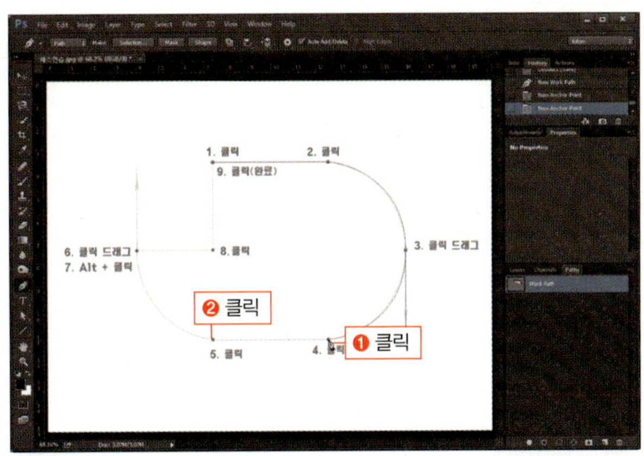

05. Shift 를 누른 상태로 '6 지점'을 클릭하고 위쪽으로 드래그하여 곡선을 만듭니다. 원하는 곡선이 만들어지면 드롭합니다.

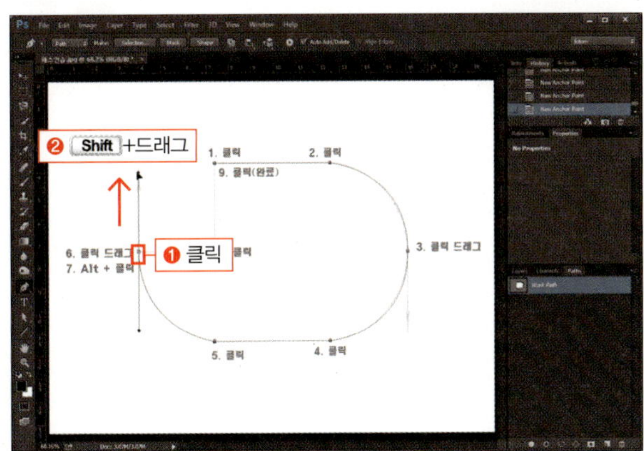

06. 이번에는 '6. 클릭' 지점을 Alt 를 누른 상태에서 클릭합니다. 이렇게 하면 진행 방향의 핸들이 없어집니다.

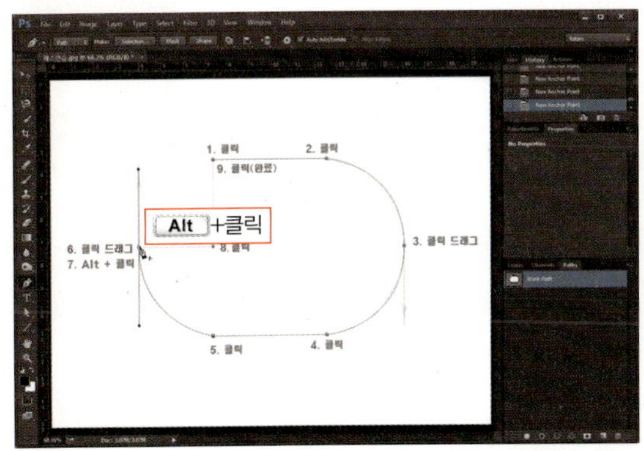
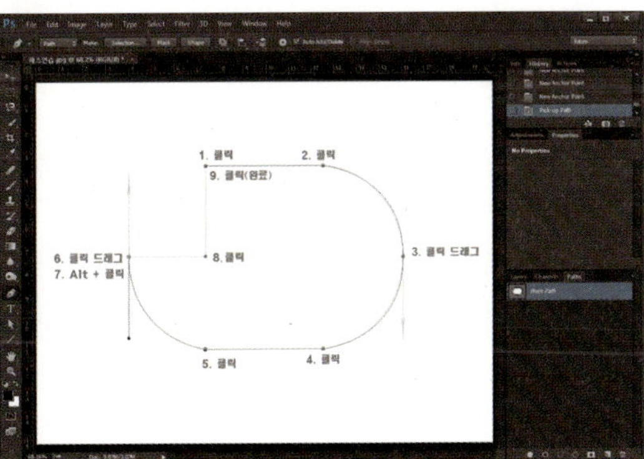

07. '8. 클릭'과 '9. 클릭(완료)' 지점을 클릭합니다. 처음 시작점인 '1. 클릭' 지점에 마우스 포인터를 위치시키면 'o' 표시가 생깁니다. 이때 클릭하면 패스가 완성됩니다.

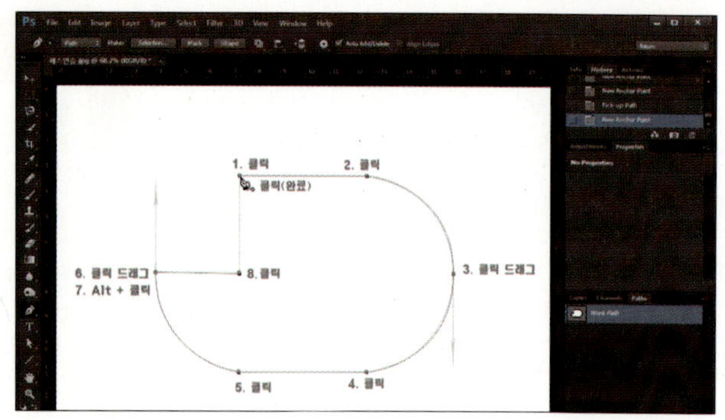

08. 임시 패스인 'Work Path'를 저장하기 위해 더블클릭을 하면 [Save Path] 대화상자가 나타납니다. '패스연습'이라고 입력하고 [OK] 단추를 클릭합니다.

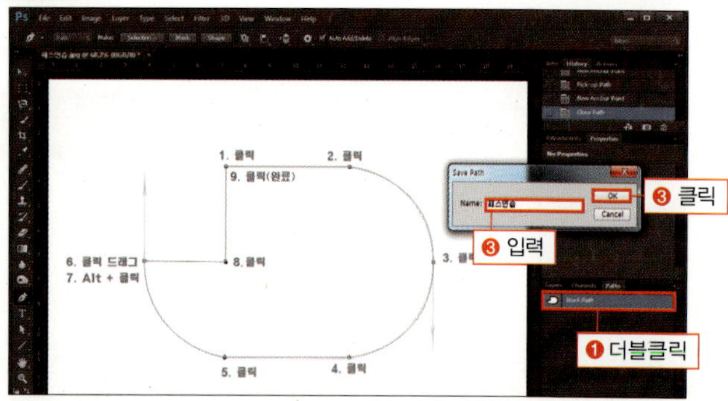

09. 패스를 선택 영역으로 만들기 위해 [Paths] 패널에 '패스연습' 패스를 **Ctrl** 을 누른 상태에서 클릭합니다.

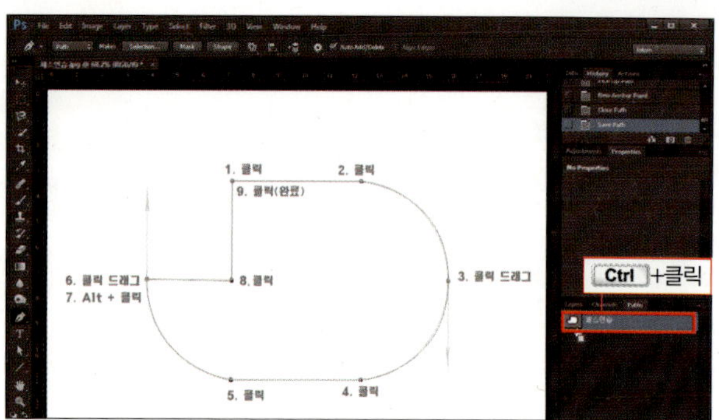

10. 선택 영역이 활성화됩니다. 선택 영역을 검은색으로 채우기 위해 [Edit]-[Fill](**Shift**+**F5**) 메뉴를 클릭합니다.

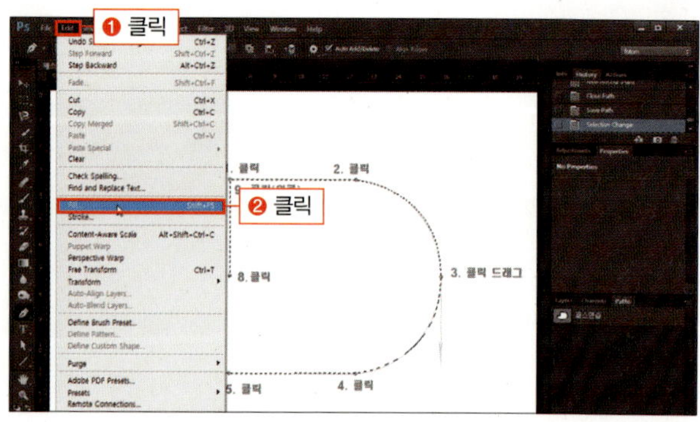

11. [Fill] 대화상자가 나타나면 [Contens]를 'Black'으로 설정하고 [OK] 단추를 클릭합니다.

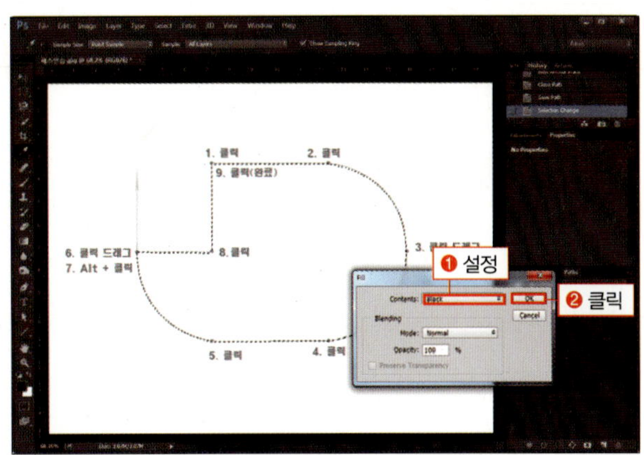

12. 선택 영역이 검은색으로 채워진 것을 확인한 후 [Select]-[Deselect] 메뉴를 클릭해 선택 영역을 해제합니다.

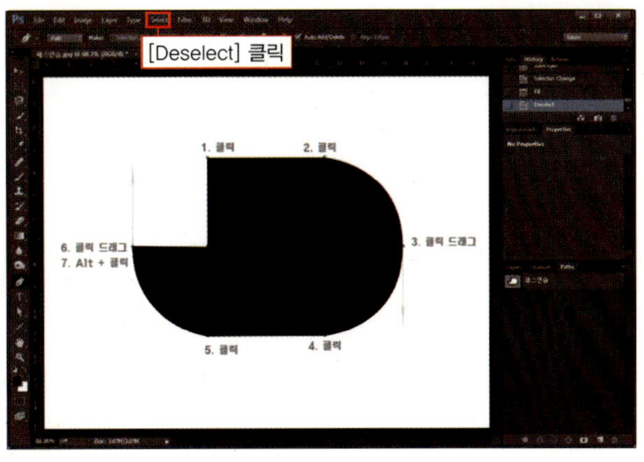

TIP 펜 도구는 직선과 곡선이 함께 있는 이미지를 선택할 때 가장 효과적인 도구입니다.

- 직선을 그릴 때는 클릭, 이동 그리고 클릭
- 곡선을 그릴 때는 클릭 드래그하여 곡선의 방향과 모양을 조절

펜 도구로 만든 패스를 수정할 수도 있습니다. 패스를 수정할 때 패스 선택 도구와 직접 선택 도구 등을 사용합니다. 이러한 도구들을 이용하여 패스의 위치, 크기, 앵커 포인트, 핸들, 그리고 패스의 일부를 수정할 수 있습니다.

예제 파일 I DVD₩Part 05₩패스수정.jpg　**완성 파일 I** DVD₩Part 05₩패스수정_완성.jpg

01. 예제 파일을 불러온 후 확인해 보면 회색 Blob 모양이 있습니다. [Paths] 패널에서 '패스수정연습' 패스를 선택하면 패스가 보입니다. 도구 패널에서 패스 선택 도구(Path Selection Tool)를 선택하고, 이미지의 패스를 클릭하면 앵커 포인트가 나타납니다.

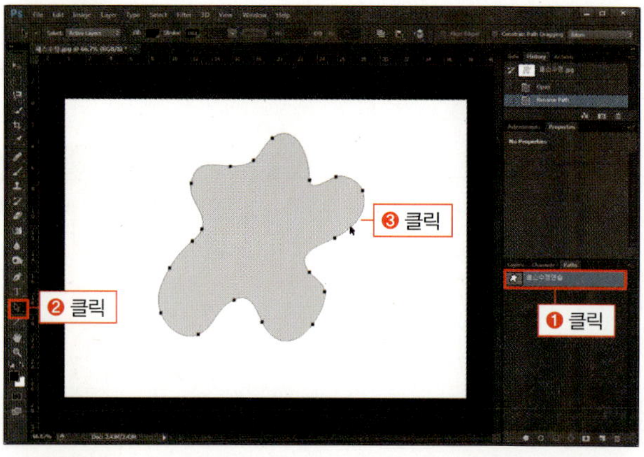

02. 클릭한 상태에서 오른쪽으로 드래그하면 패스 전체가 이동됩니다.

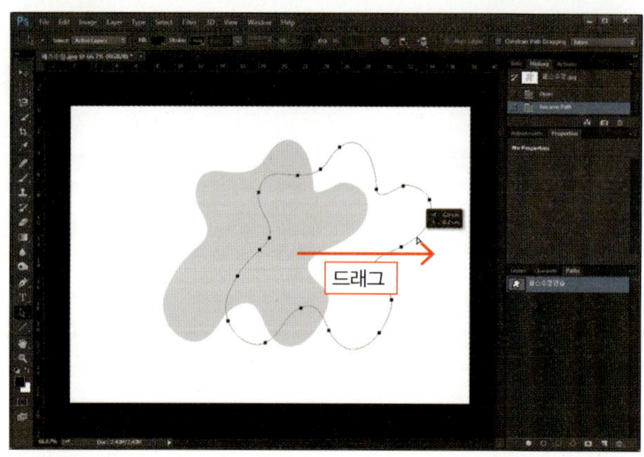

03. 이번에는 패스의 일부분을 수정해 보겠습니다. 도구 패널에서 직접 선택 도구(Direct Selection Tool)를 선택합니다. 그림과 같이 패스 외부에서 드래그하면 가상의 선택 영역이 생깁니다.

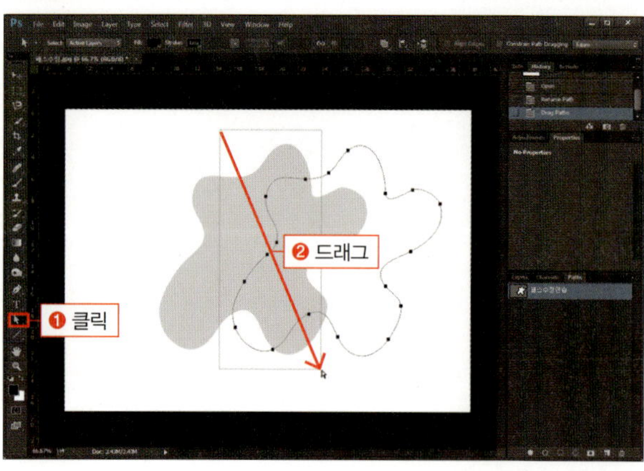

04. 선택된 앵커 포인트는 검은색으로 변합니다. 이 상태에서 드래그하면 선택된 부분만 패스가 수정됩니다.

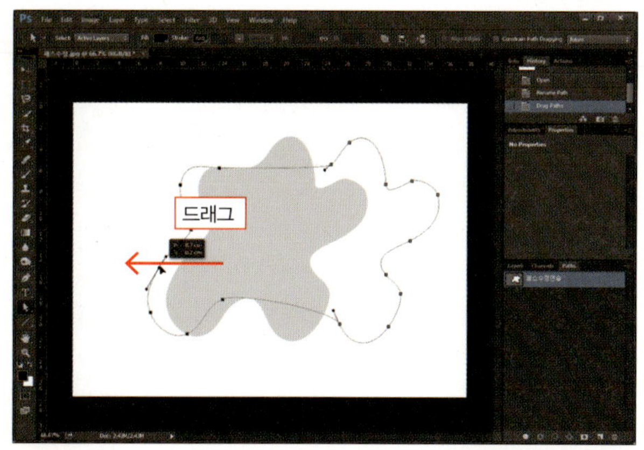

05. 그림과 같이 드래그하여 패스를 선택합니다.

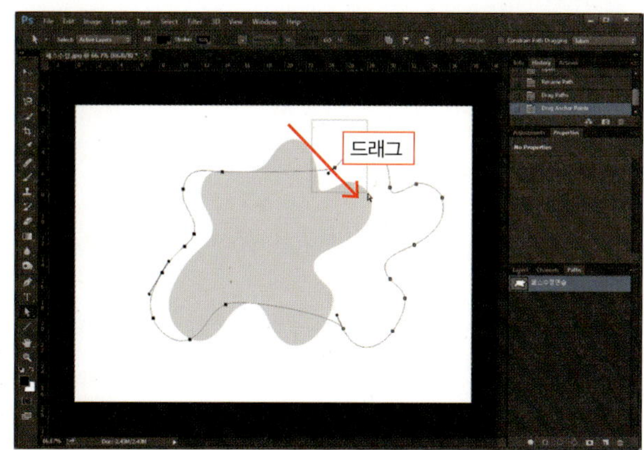

06. 선택된 앵커 포인트는 검은색으로 변합니다. 이 상태에서 드래그하여 그림처럼 수정합니다.

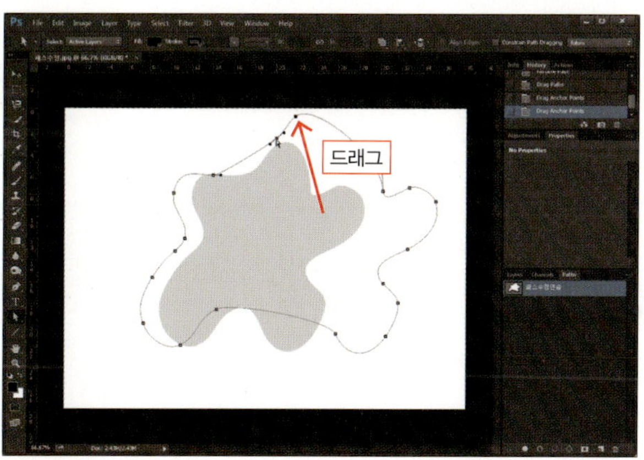

07. 이번에는 그림처럼 앵커 포인트를 클릭합니다.

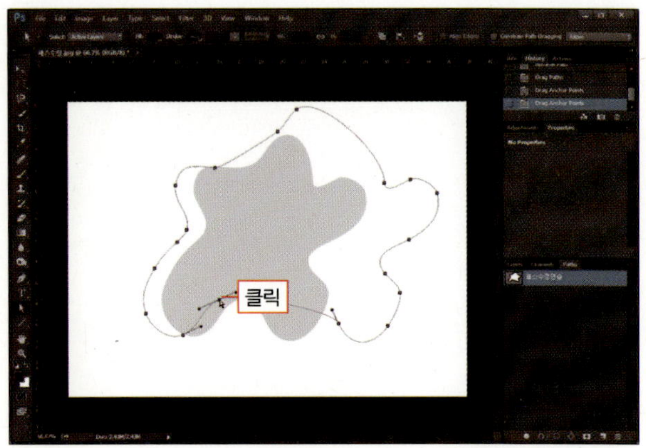

08. 오른쪽 위쪽의 핸들을 드래그하여 아래쪽 곡선을 수정합니다.

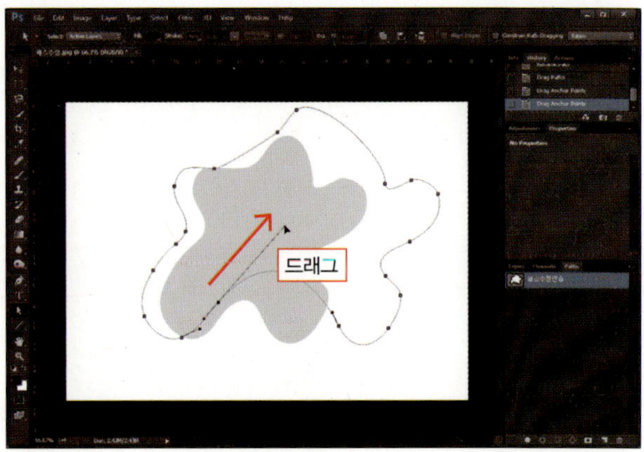

09. 그림처럼 앵커 포인트를 클릭하고 드래그하여 아래쪽으로 수정합니다.

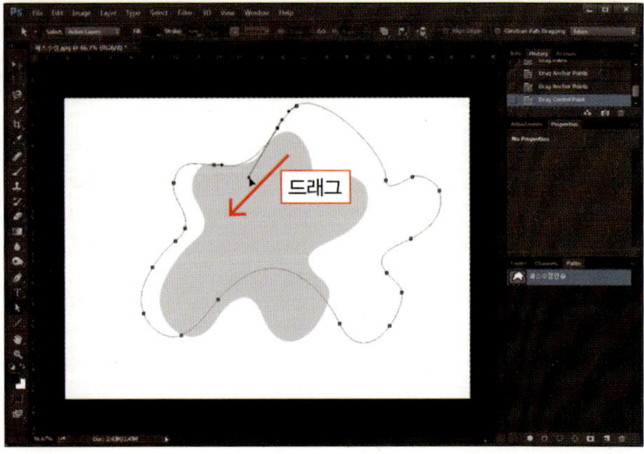

10. 패스 위의 앵커 포인트에 마우스 포인터를 가져가면 펜의 아이콘에 '–' 표시가 나타납니다. 이때 클릭하면 앵커 포인트가 없어집니다.

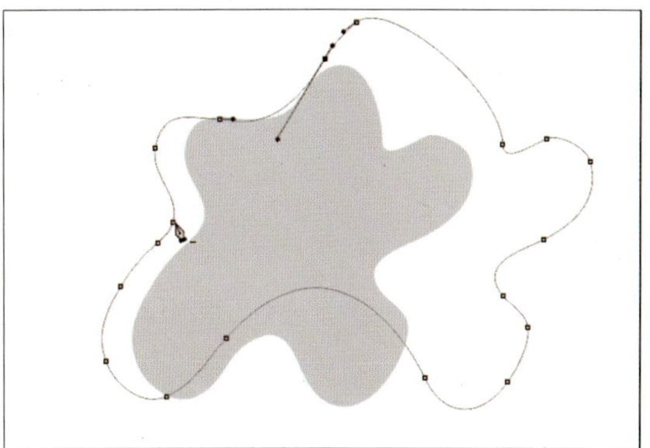 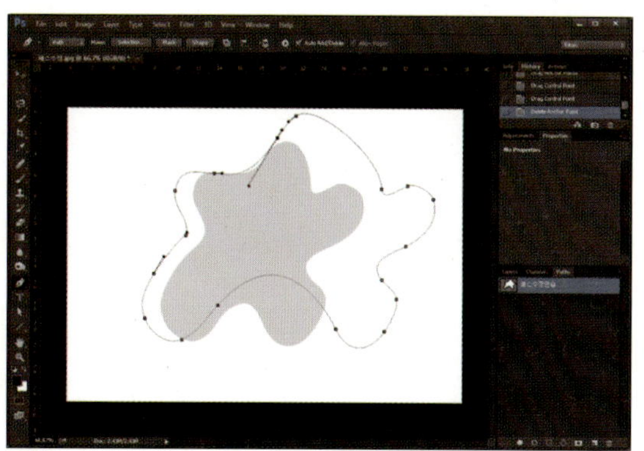

11. 반대로 앵커 포인트가 없는 세그먼트에 마우스 포인터를 가져가면 펜의 아이콘에 '+' 표시가 나타납니다. 이때 클릭하면 앵커 포인트가 추가됩니다.

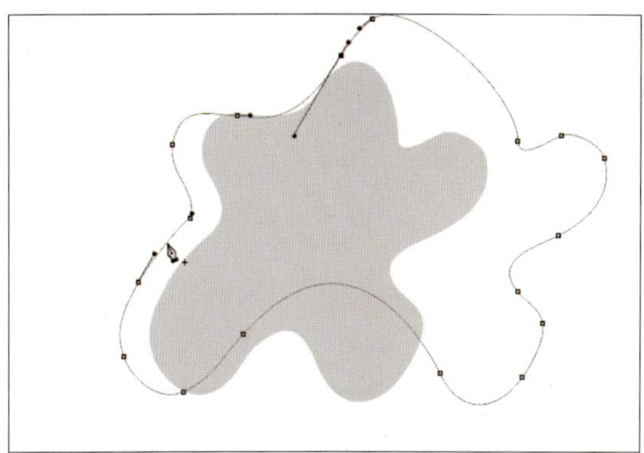 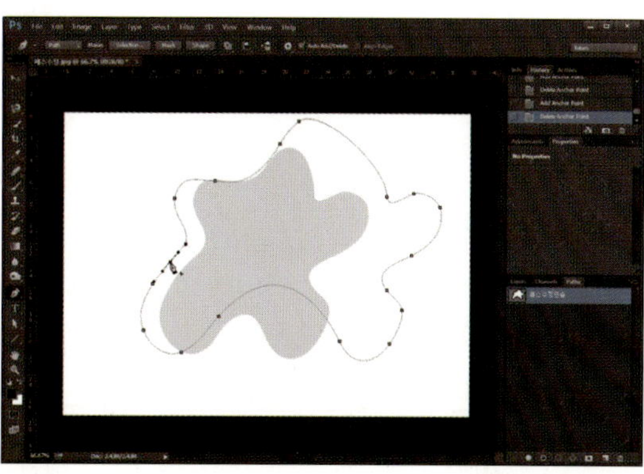

TIP : 도구 패널의 펜 도구를 누르고 있으면 그림과 같이 도구들이 나타납니다.

- Add Anchor Point Tool : 앵커 포인트 추가 도구입니다.
- Delete Anchor Point Tool : 앵커 포인트 삭제 도구입니다.
- Convert Point Tool : 앵커 포인트를 변환합니다.

펜 도구의 옵션 바의 [Auto Add/Delete]를 체크하면 자동으로 앵커 포인트를 추가/삭제 가능합니다.

앞에서 배운 직선 패스와 곡선 패스를 이용하여 실전 연습을 해보겠습니다. 그리고 이번 Step에서는 곡선 패스를 만들 때 패스를 좀 더 자유롭게 움직이기 위해 진행 방향의 핸들을 지우면서 작업하는 방법도 연습해 보겠습니다.

예제 파일 | DVD₩Part 05₩해치.jpg　**완성 파일** | DVD₩Part 05₩해치_완성.psd

01. 예제 파일을 불러온 후 정교한 작업을 위해 Ctrl + + 를 눌러 화면을 확대합니다. 해치 머리의 상단부터 클릭하고, 마우스 포인터를 이동 후 드래그하면 핸들이 나옵니다. 이미지의 형태에 맞게 각도를 잘 조절하고 드롭합니다. 진행 방향의 핸들을 없애기 위해 Alt 를 누른 상태에서 앵커 포인트를 클릭합니다.

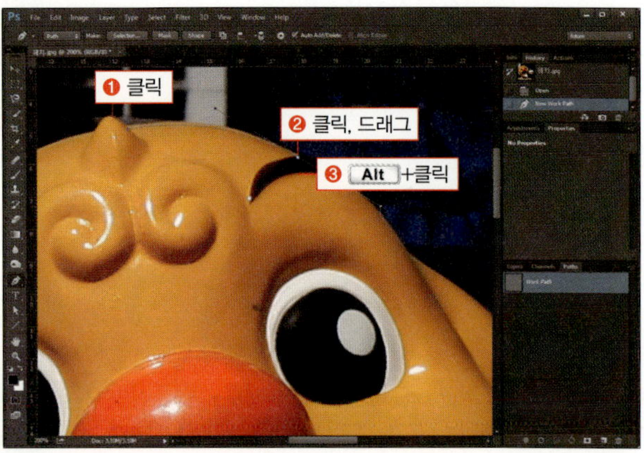

TIP : 이미지를 선택할 때 실제 이미지 보다 안쪽으로 패스를 만드는 것이 좋습니다.
진행 방향의 핸들을 없애는 이유는 진행 방향의 핸들이 있으며 패스의 곡선을 제한하게 됩니다. 좀 더 자유로운 곡선 패스를 위해 진행 방향의 핸들을 없애는 것입니다.

02. Space Bar 를 누른 상태에서 이동하면서, 계속해서 패스를 만듭니다.

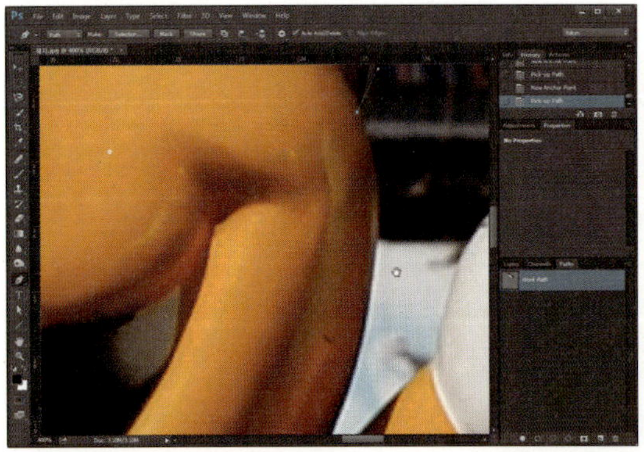
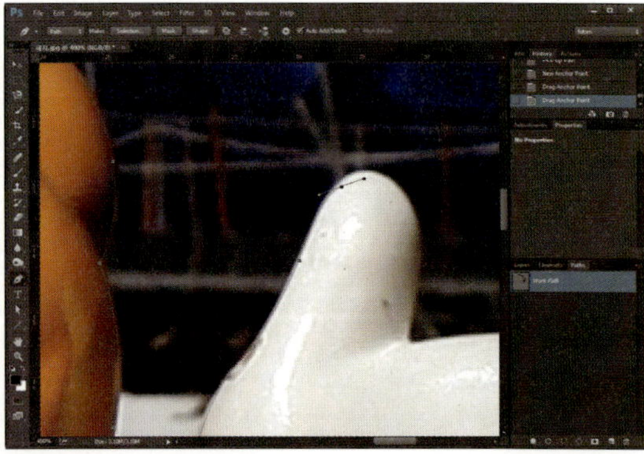

TIP : 펜 도구를 이용하여 패스를 만들 때 왼손을 키보드의 Space Bar 에 올려두고 화면을 이동하면 빠르게 누르면서 작업할 수 있습니다.

03. 패스의 시작점으로 돌아오면 펜 도구에 'o' 표시가 나타납니다. 이때 클릭하면 패스가 완성됩니다.

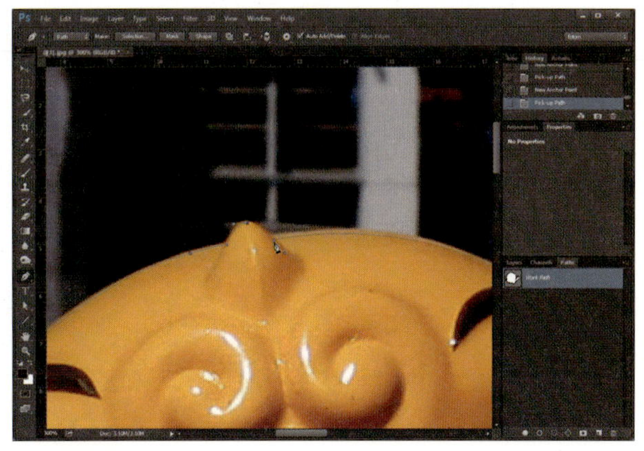

04. Ctrl + 0 을 눌러 전체 화면이 보이게 합니다. 그리고 [Paths] 패널에서 'Work Path'를 더블클릭합니다. [Save Path] 대화상자에서 [Name]에 '해치선택'을 입력하고 [OK] 단추를 클릭합니다.

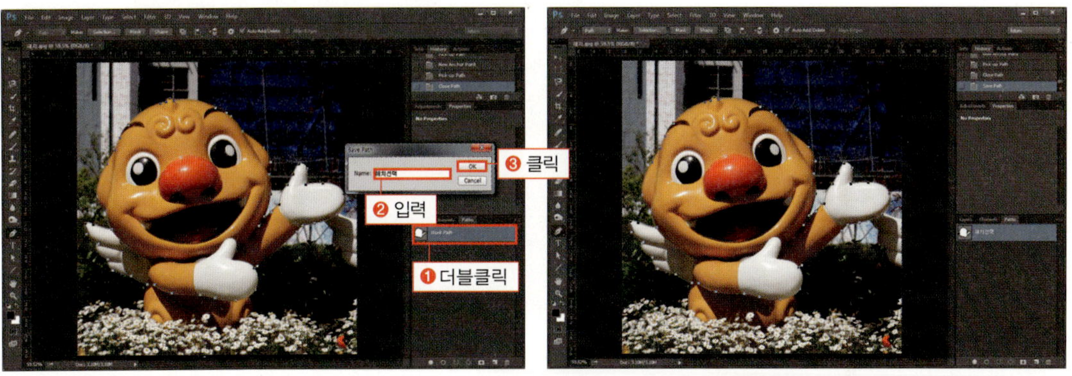

05. 패스를 선택 영역으로 만들기 위해 [Paths] 패널에서 Ctrl 을 누른 상태로 '해치선택' 패스를 클릭합니다.

06. 선택한 이미지를 레이어로 만들기 위해
Ctrl + J 를 누릅니다. 도구 패널에서 그레이
디언트 도구(Gradient Tool)를 선택하고 옵션 바
에서 [Gradient Picker]를 클릭한 후 'Blue, Red,
Yellow'를 선택합니다.

07. [Layers] 패널에서 'Background' 레이어를
선택하고 그림과 같이 이미지 위쪽에서 아래쪽으
로 드래그합니다.

08. 'Blue, Red, Yellow' 그레이디언트 칠이 완성
된 결과물을 확인합니다.

펜 도구 중에 자유 형태 펜 도구와 자석 옵션을 사용하여 패스를 만들어 보겠습니다. 이 도구의 사용 방법은 자석 올가미 도구와 비슷하지만 [Paths] 패널에 패스가 만들어 진다는 점이 다릅니다.

예제 파일 ㅣ DVD₩Part 05₩물고기.jpg   **완성 파일** ㅣ DVD₩Part 05₩물고기_완성.jpg

01. 예제 파일을 불러온 후 도구 패널에서 자유 펜 도구(Freeform Pen Tool)를 선택합니다. 옵션 바의 [Magnetic]을 체크하고 물고기 모양의 경계를 한번 클릭합니다. 그리고 물고기 모양의 경계를 따라 마우스를 이동시킵니다.

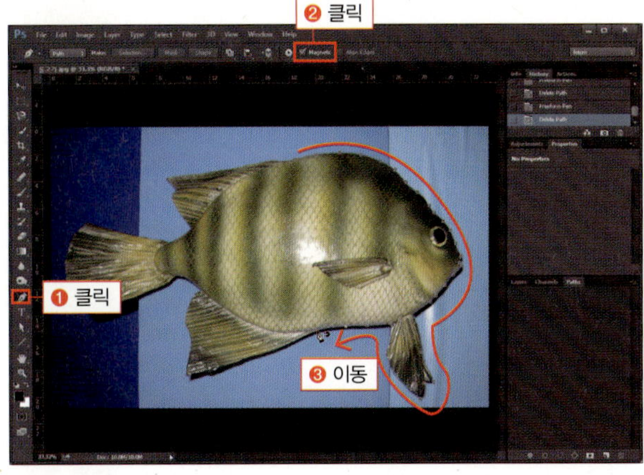

02. 그림처럼 패스와 앵커 포인트가 자동으로 만들어 집니다. 필요에 따라 클릭하며 앵커 포인트를 추가할 수 있습니다. 처음 시작한 점으로 돌아오면 커서에 'O' 표시가 나타납니다. 이때 클릭하면 패스가 완성됩니다.

03. [Paths] 패널에서 'Work Path' 패스를 더블클릭합니다. [Save Path] 대화상자에 '물고기'라고 입력하고 [OK] 단추를 클릭합니다.

04. 선택 영역을 수정하기 위해 [Select]–[Refine Edge](Alt + Ctrl + R) 메뉴를 클릭합니다.

05. [Refine Edge] 대화상자가 나타나면 [Smooth]는 '2', [Feather] '0.5', [Shift Edge]는 '-30'을 입력한 후 [OK] 단추를 클릭합니다.

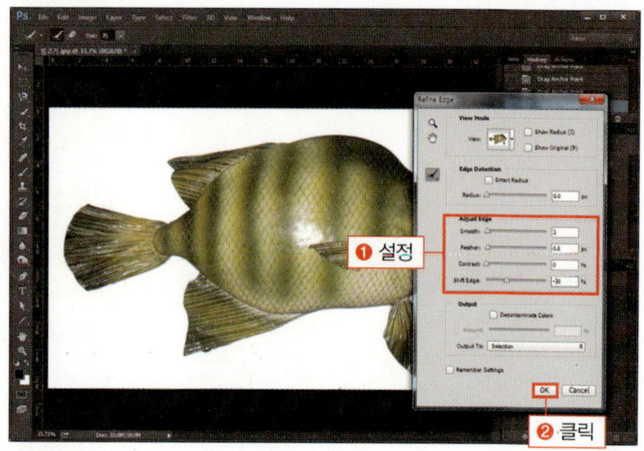

06. Ctrl + J 를 눌러 레이어로 만들고, [Layers] 패널에서 'Background' 레이어를 선택한 후 [Edit]–[Fill](Shift + F5) 메뉴를 클릭합니다.

07. [Fill] 대화상자가 나타나면 [Contents]를 'Color'로 설정합니다.

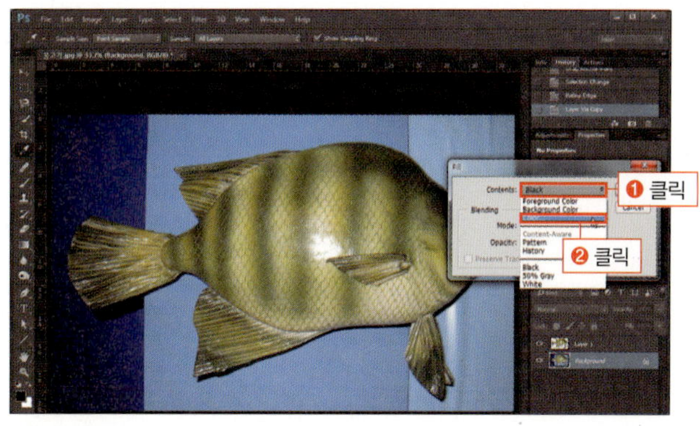

08. [Color Picker] 대화상자가 열린 상태에서 그림처럼 마우스 포인터를 이미지의 파란색을 클릭합니다. 그러면 [Color Picker]의 색상이 설정됩니다. [OK] 단추를 클릭합니다.

09. 다시 [Fill] 대화상자에서 [OK] 단추를 클릭합니다.

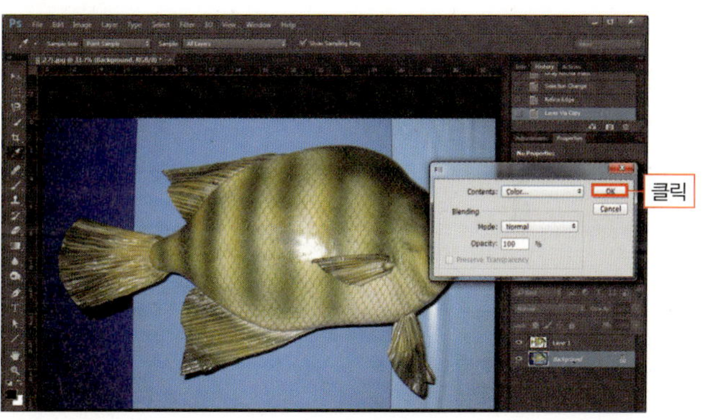

10. 배경이 파란색의 단색으로 칠해지는 것을 확인할 수 있습니다.

- 도구 모양의 선택 도구에는 '사각형 윤관 선택 도구, 원형 선택 윤곽 도구, 단일 행 선택 윤곽 도구, 단일 열 선택 윤곽 도구'가 있습니다. **266p**

- 사각형 선택 도구, 원형 선택 도구, 올가미 도구 등과 같은 선택 도구는 옵션을 이용하여 선택 영역을 더하고, 빼고, 교차 부분을 선택할 수 있습니다. **276p**

- 선택 영역을 부드럽게 하기 위해서는 Feather와 Anti-Alias 기능을 이용합니다. **279p**

- 빠른 선택 모드를 이용하여 이미지를 선택할 수 있습니다. **284p**

- 자유롭게 그려서 선택이 가능한 자유 선택 도구에는 '올가미 도구, 다각형 올가미 도구, 자석 올가미 도구'가 있습니다.

- 마술처럼 이미지를 자동으로 선택할 수 있는 도구에는 '자동 선택 도구, 빠른 선택 도구'가 있습니다.

- 머리카락과 같이 복잡한 부분을 선택하기 위해 Refine Edge 기능을 이용합니다. **307p**

- 초점이 맞은 부분만을 쉽게 선택하기 위해 Focus Area 기능을 이용합니다. **316p**

- 직선과 곡선이 섞여 있는 이미지의 경우 펜 도구를 이용하여 선택하면 편리합니다. **320p**

- 펜 도구를 이용하여 만든 패스는 언제든지 다시 원하는 형태로 수정할 수 있습니다.

- 포토샵 CC 2015에서 레이어나 채널을 이용했을 경우에는 PSD 파일 형식으로 저장해야만 작업한 상태를 그대로 저장할 수 있습니다. 그러나 펜 도구로 만든 패스는 JPG 형식으로 저장해도 [Paths] 패널에 그대로 저장됩니다.

- 펜 도구에 익숙하지 않는 사용자는 자유 형태 펜 도구의 자석 옵션을 이용하면 쉽게 이미지를 선택할 수 있습니다. **333p**

01 빠른 선택 도구와 Refine Edge를 이용하여 인물 선택과 배경 합성하기

예제 파일 : DVD₩Part 05₩성운.jpg, 순천만갈대밭.jpg, 북한산노을.jpg　　**동영상 해설 :** DVD₩Self Test₩P05_01.wmv

HINT

빠른 선택 도구로 선택 영역을 지정한 후 [Refine Edge] 기능을 이용하면 머리카락과 같이 선택이 어려운 부분도 간단하게 기존 선택 영역에 합칠 수 있습니다. 그리고 [Save Selection] 기능을 이용하면 선택 영역을 저장하여 언제든지 다시 사용할 수 있습니다.

02 자유 형태 펜 도구의 자석 옵션을 이용하여 이미지 선택하기

예제 파일 : DVD₩Part 05₩해치.jpg　　**동영상 해설 :** DVD₩Self Test₩P05_02.wmv

HINT

펜 도구를 이용하여 영역을 지정하고 [Paths] 패널을 이용하여 저장하면 자유롭게 선택 영역을 지정할 수 있습니다.

06

포토샵 CC 2015의 레이어 제대로 활용하기

이번 Part에서는 포토샵 작업의 핵심인 레이어에 대해 알아보겠습니다. Lesson 01에서는 레이어의 개념, 만드는 방법, 이동과 변형 그리고 레이어 합치기 등의 기초 사용법을 알아보고, Lesson 02에서는 레이어 스타일의 다양한 효과들과 블렌딩 모드를 이용한 이미지 보정 방법을 따라하기로 익혀보겠습니다. 마지막으로 Lesson 03에서는 레이어 마스크를 이용하여 이미지를 합성해 보겠습니다.

레이어를 만들어 작업하기

레이어라는 것이 처음에는 복잡해 보이지만 사용 방법을 익히면 레이어 없이 작업하는 것은 상상도 할 수 없을 것입니다. 이번 Lesson에서는 레이어를 만드는 여러 가지 방법을 알아보고 레이어의 이동, 변형, 그리고 합치기 등의 기본 사용법을 소개하며, 마지막 Step에서는 레이어를 이용하여 물에 비친 이미지 만들어 보겠습니다.

기초탄탄 ▶ 레이어 따라잡기

■ 레이어(Layer)란 무엇인가?

레이어란 아래 그림처럼 이미지를 투명한 비닐에 그려서 층층이 쌓아 놓은 것입니다. 이렇게 하는 이유는 이미지를 자유롭게 이동하고 수정하기 위해서 입니다. 셀 애니메이션을 제작할 때 배경만 그려놓고 움직이는 인물 또는, 물체들은 투명한 비닐 위에 따로 그려서 그것들을 움직이게 합니다. 포토샵에서 배경, 이미지, 그리고 문자 등을 레이어로 따로 만들면 효과적으로 관리할 수 있습니다.

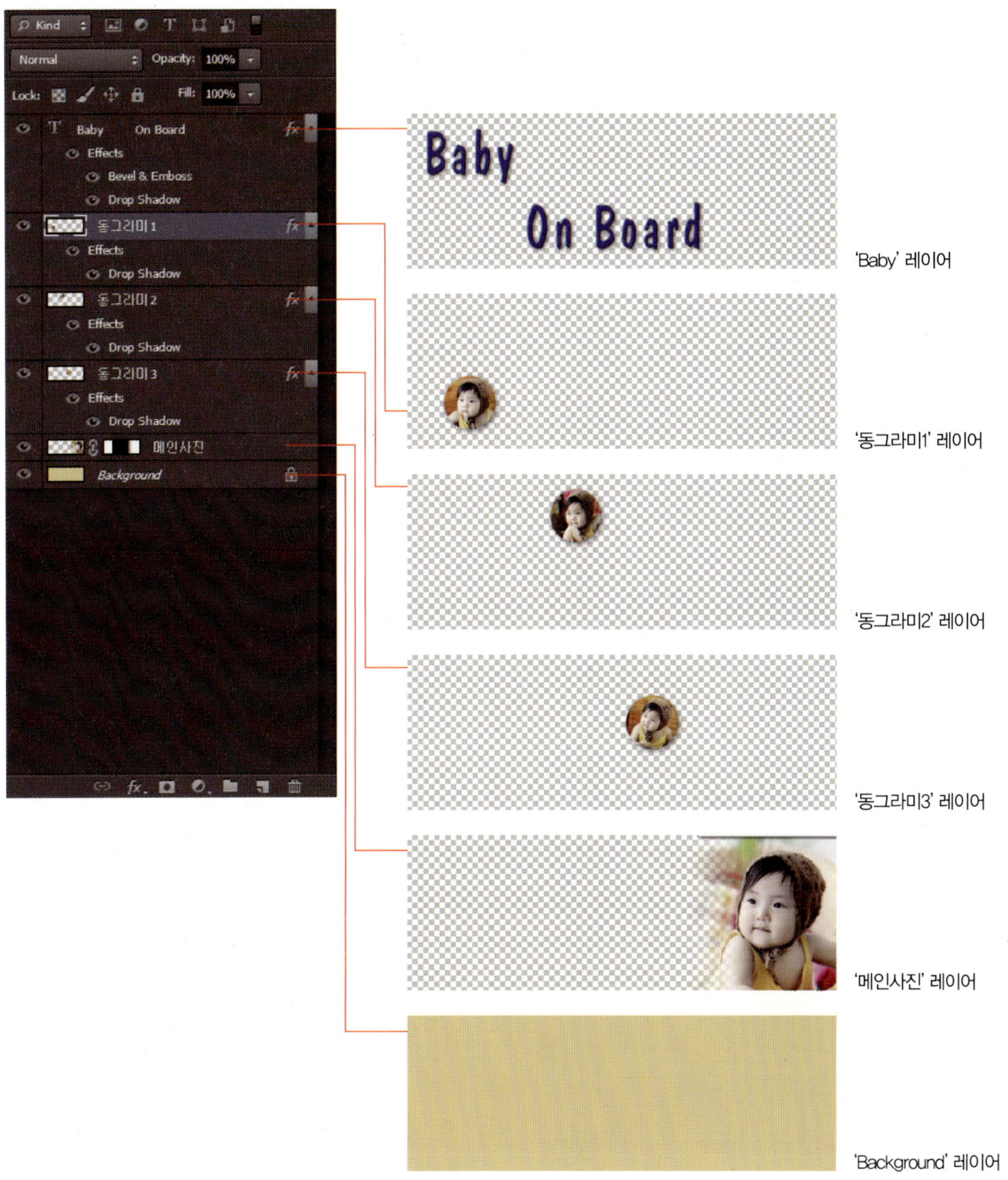

'Baby' 레이어

'동그라미1' 레이어

'동그라미2' 레이어

'동그라미3' 레이어

'메인사진' 레이어

'Background' 레이어

■ [Layers] 패널 알아보기

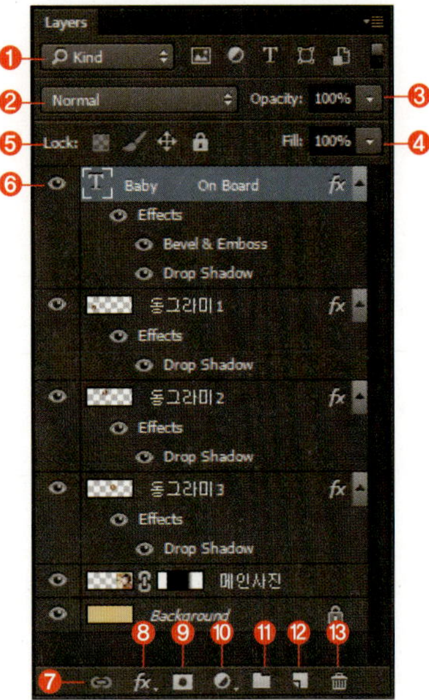

❶ **분류(Sort) 기능과 검색(Search) 기능 추가** : 포토샵 CS6에 새롭게 추가된 기능으로 레이어를 분류하고 검색할 수 있습니다.

❷ **Blending Mode(블렌딩 모드)** : 선택한 레이어와 아래 레이어를 어떻게 합성할 것인가를 선택할 수 있습니다. 다양한 합성 방법이 있습니다.

❸ **Opacity(불투명도)** : 선택한 레이어의 불투명도를 조절합니다. 수치가 낮을수록 투명해집니다.

❹ **Fill** : 일반적인 상황에서는 [Opacity]와 같은 역할을 합니다. 단, 레이어 스타일을 적용하면 레이어 스타일의 불투명도는 조절되지 않고 이미지의 불투명도가 적용됩니다.

❺ **Lock(잠금)** : 선택한 레이어를 이동, 수정, 색칠하지 못하도록 잠그는 기능입니다.

❻ **눈(Indicates layer visibility)** : 해당 레이어의 [눈](👁)이 켜져 있으면 레이어가 보이고, 꺼져 있으면 레이어가 보이지 않습니다.

❼ **Link Layers(레이어 연결)** : Shift 또는, Ctrl 을 누르고 두 개 이상의 레이어를 선택하면 활성화됩니다. 이 아이콘을 클릭하면 레이어들이 묶여서 이동, 변형 등을 같이 할 수 있습니다.

❽ **Add a layer style(레이어 스타일 추가)** : 레이어의 그림자, 외각선, 입체 효과 등을 추가할 수 있습니다.

❾ **Add layer mask(레이어 마스크 추가)** : 레이어의 마스크를 추가합니다. 레이어 마스크는 레이어 전체 또는 부분적으로 가리는 역할을 합니다.

❿ **Create new fill or new adjustments layer(칠 레이어 또는 조정 레이어 추가)** : 칠 레이어와 조정 레이어를 만들 수 있습니다.

⓫ **Create a new group(레이어 그룹)** : 윈도우즈의 폴더와 같은 역할을 합니다. 그룹을 만들어 레이어들을 위치시키거나, 그룹을 먼저 만들고 레이어를 추가하면 자동으로 그룹 안으로 들어갑니다.

⓬ **Create a new layer(새 레이어)** : 빈 레이어를 만들 수 있습니다. 특정 레이어를 선택하고 이 아이콘을 클

릭하면 레이어가 복사됩니다. 레이어를 드래그하여 이 아이콘에 드롭해도 레이어 복사가 됩니다.

⓭ **Delete layer(휴지통)** : 레이어를 삭제할 수 있습니다. 레이어를 드래그하여 이 아이콘으로 드롭하면 바로 삭제됩니다.

■ 레이어의 종류

포토샵의 레이어는 크게 이미지, 문자, 조정, 모양 레이어 등이 있습니다.

- **이미지 레이어(Image Layer)** : 픽셀 레이어라고도 부르며 이미지로 되어 있는 가장 기본적인 레이어입니다. [Layers] 패널의 '동그라미', '동그라미2', '동그라미3', '메인사진' 레이어가 여기에 속합니다.
- **문자 레이어(Text Layer)** : 문자 도구(Type Tool)를 이용하여 문자를 입력하면 생성되는 레이어로 벡터의 속성을 가지는 레이어입니다. [Layers] 패널의 'Baby' 레이어가 여기에 속합니다. 문자 레이어의 아이콘은 이미지 레이어와 다르게 "T"자가 있는 이런 모양(T)입니다(자세한 내용은 Part 08 문자 도구 활용하기 참고).
- **조정 레이어(Adjustment Layer)** : 조정 레이어는 [Image]-[Adjustment] 메뉴 안의 이미지 조정 기능을 레이어로 만들어 놓은 것입니다(자세한 내용은 Part 02의 Lesson 05 참고).

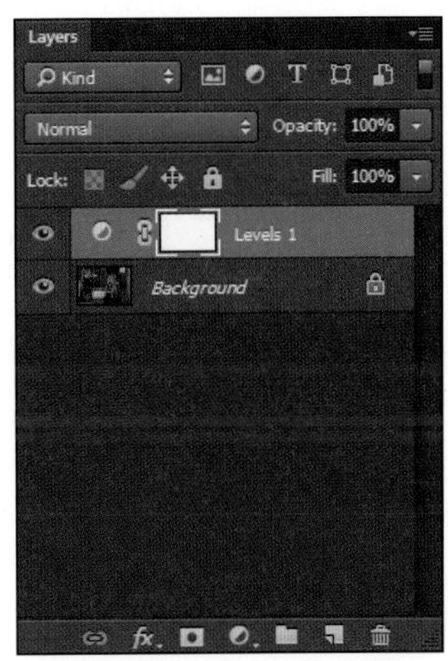

- **모양 레이어(Shape Layer)** : 모양 레이어는 도구 패널에서 모양 도구(Shape Tool)를 이용하여 이미지를 그리면 생성되는 레이어입니다. 모양 레이어 또는, 벡터의 속성을 가지는 레이어입니다(자세한 내용은 Part 07의 Lesson 04 참조).

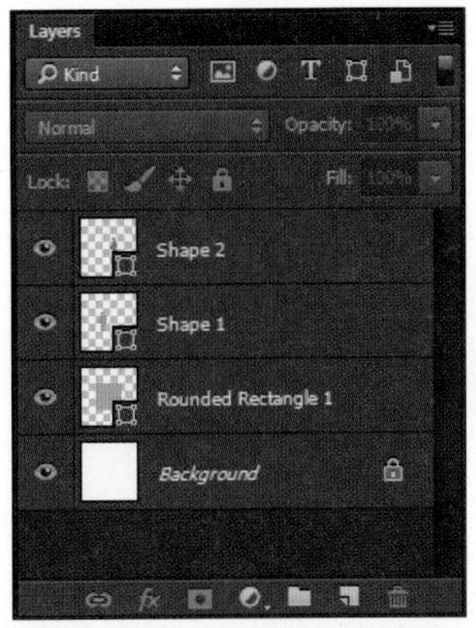

Part 03에서 만들어본 '폴라로이드 사진처럼 만들기' 내용을 이번 Step에서는 레이어를 이용하여 만들어 보겠습니다.

예제 파일 | DVD₩Part 06₩시우_파란모자.jpg **완성 파일** | DVD₩Part 06₩시우_파란모자_완성.psd

01. 예제 파일을 불러온 후 도구 패널에서 자르기 도구(Crop Tool)를 선택합니다. 옵션 바에서 [W x H x Resolution]을 선택하고 '3in x 3in, 300'으로 설정합니다.

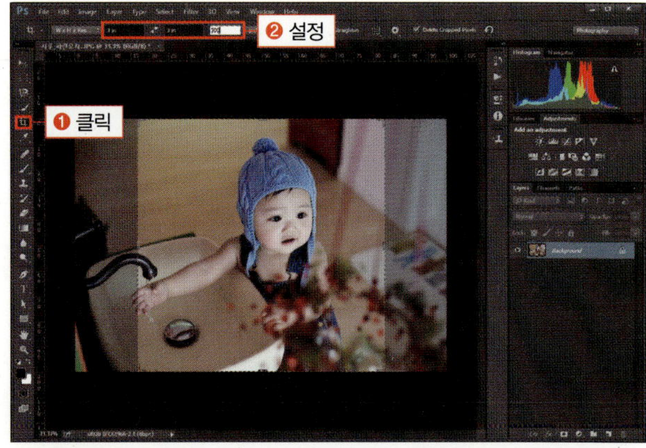

02. 자르기 도구의 박스를 드래그하여 그림처럼 얼굴 부분을 선택합니다.

03. Enter 를 눌러 자르기를 실행합니다. 이미지를 복사하기 위해 Ctrl + A 와 Ctrl + C 를 누릅니다.

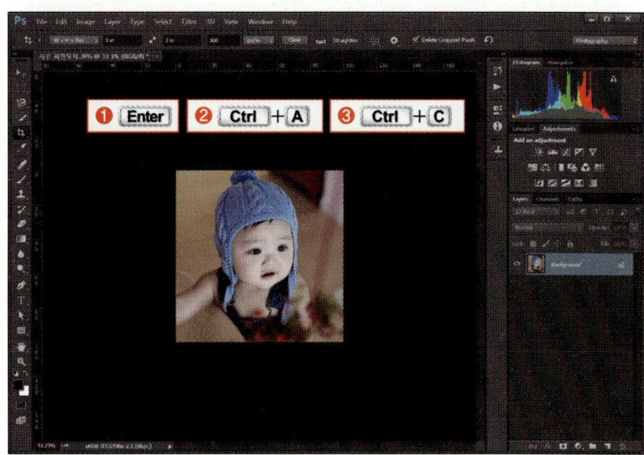

04. 새로운 도큐먼트 창을 만들기 위해 [File]–
[New] 메뉴를 클릭합니다. [New] 대화상자가
나타나면 [Width]는 '4 inch', [Height]는 '6 inch',
[Resolution]은 '300 Pixels/Inch'로 설정하고 [OK]
단추를 클릭합니다.

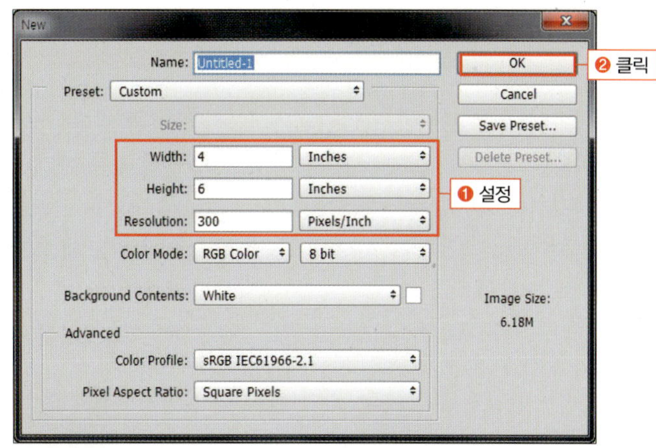

05. 새로운 도큐먼트 창이 나타나면 Ctrl
+V를 눌러 새로운 도큐먼트 창에 자르기한 이
미지를 붙입니다.

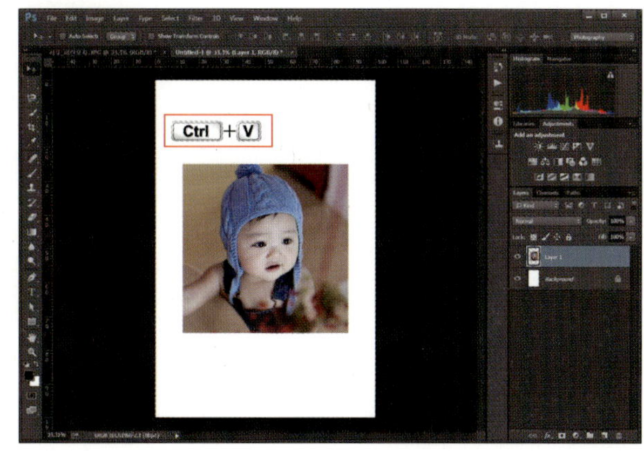

TIP : 이렇게 Ctrl +V로 이미지를 붙이면 자동으
로 중앙에 위치합니다.

06. 이미지를 그림처럼 위로 조금 올리기 위해 이동 도구(Move Tool)를 선택하고 드래그하여 위로 이동시킵니다. 이
렇게 이미지를 위로 조금 올리는 것은 시각적으로 이미지가 아래로 내려가 보입니다. 위, 아래의 빈 공간을 1:2 정도로
만드는 것이 더욱 안정감을 줍니다.

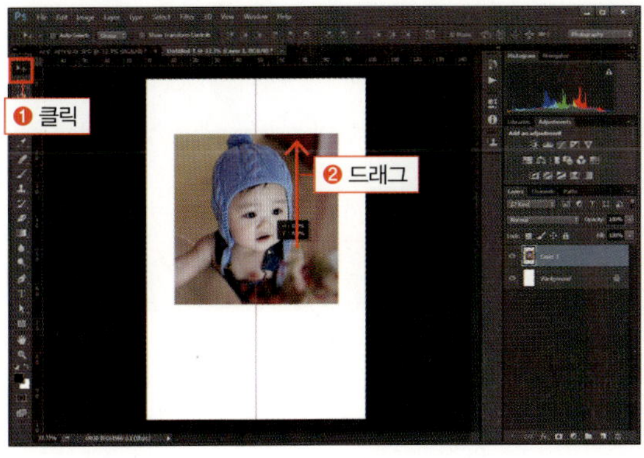

TIP : 이때 Shift 를 누르고 올리면 좌우로 움직이는 것을 방지할 수 있습니다.

레이어란 겹쳐 놓은 투명한 비닐입니다. 이 투명한 비닐이 'Backgroud'(배경 레이어) 레이어 위에 층층이 쌓이게 됩니다. 레이어 하나하나에 이미지를 담고 있으며 그 레이어가 쌓여 하나의 이미지를 만드는 것입니다. 레이어들은 각각 따로 움직일 수 있고, 크기도 변경할 수 있으며 다양한 효과들을 적용할 수도 있습니다.

예제 파일 I DVD₩Part 06₩BabyOnBoard_지윤.psd **완성 파일 I** DVD₩Part 06₩BabyOnBoard_지윤_완성.psd

01. 'BabyOnBoard_지윤.psd' 파일을 불러오면, 한 장의 이미지로 보이지만 [Layers] 패널을 보면 여러 개의 레이어로 되어있는 것을 알 수 있습니다.

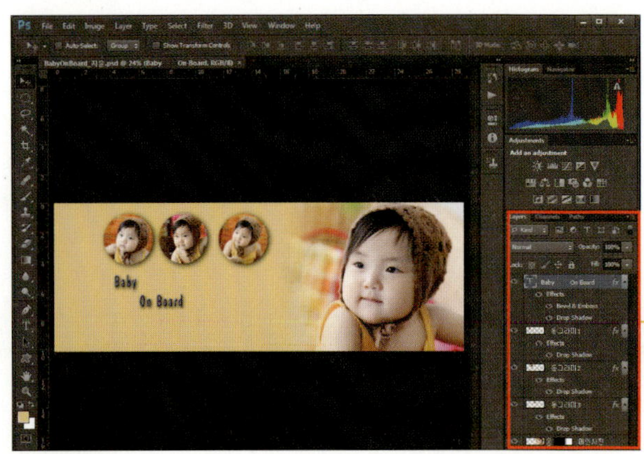
확인

02. 레이어와 실제 이미지를 찾는 방법은 여러 가지가 있습니다. [Layers] 패널에서 각 레이어 앞의 [눈]( )을 클릭하면 해당 레이어가 보이지 않으며, 다시 클릭하며 보입니다. 이 처럼 [눈]( )을 이용하여 레이어를 찾을 수 있습니다.

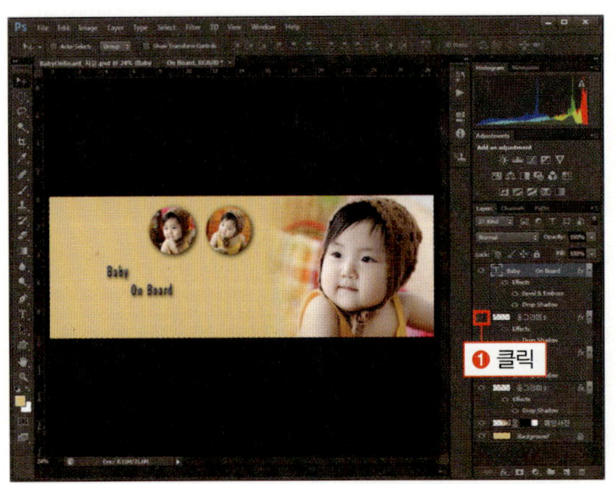

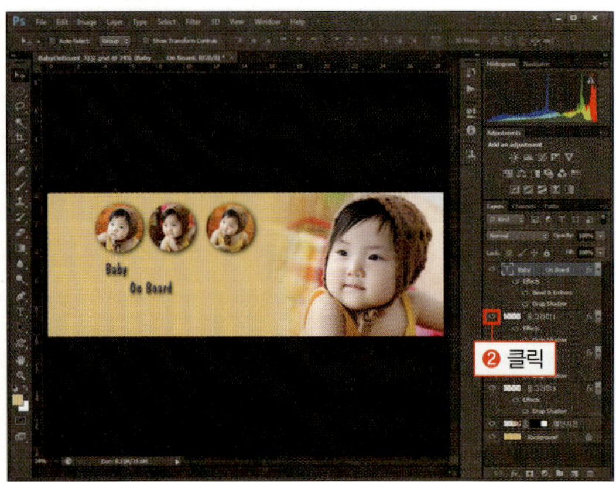

03. 또 다른 방법은 이미지에서 마우스 오른쪽 버튼을 클릭하면 현재 마우스 포인터가 위치한 곳의 레이어를 확인할 수 있습니다. 그림과 같이 '동그라미1'과 'Background' 레이어가 메뉴에 나옵니다. 그 중 '동그라미1'을 선택하면 [Layers] 패널에서도 '동그라미1' 레이어가 선택됩니다.

04. 3번 따라하기의 방법으로 마우스 오른쪽 버튼을 클릭하고 '메인사진' 레이어를 선택합니다.

05. 레이어의 크기를 조절하기 위해 [Edit]-[Free Transform](**Ctrl** + **T**) 메뉴를 클릭합니다.

06. 자유 변형 도구의 바운딩 박스가 나타납니다.

07. 바운딩 박스의 꼭짓점을 드래그하여 이미지를 줄여줍니다. 이때 Shift 를 꼭 누른 상태로 조절해야 합니다. Shift 를 누른 상태로 조절해야 이미지의 비율을 유지할 수 있습니다. 조절이 끝났으면 옵션 바에서 [V]를 클릭합니다.

연관검색 또는 키보드의 Enter 를 누릅니다.

08. 5~7번 따라하기과 같은 방법으로 'Baby On Board' 문자 레이어의 크기를 조절합니다.

T I P : 자유 변형 시 Shift 를 누르면 비율이 고정되고, Alt 를 누르면 가운데를 중심으로 확대/축소가 됩니다. Shift + Alt 를 누르고 조절을 하면 가운데를 중심으로 비율이 고정되어 조정됩니다.

09. 문자 레이어의 크기를 조절하다 보니 '동그라미 1' 레이어가 문자 레이어에 가렸습니다.

10. [Layers] 패널에서 '동그라미1' 레이어를 선택하고, 이동 도구(Move Tool)를 이용하여 이미지를 하단으로 이동 시켜줍니다.

11. Ctrl + T 를 누릅니다. 자유 변형 도구의 바운딩 박스가 나타납니다. 마우스 포인터를 바운딩 박스 꼭짓점 밖으로 가져가면 모양으로 바뀝니다. 이때 드래그하여 이미지를 회전시키고 Enter 를 누릅니다.

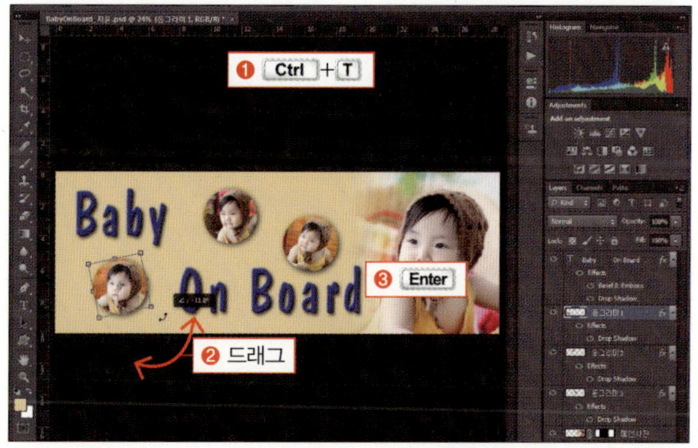

12. 앞선 작업으로 완성된 결과물을 확인합니다.

레이어를 이용하여 작업을 하다 보면 레이어의 개수가 너무 많아져 필요한 레이어를 찾기도 어려워지고 관리하기도 힘든 경우가 있습니다. 그리고 어떤 작업들은 꼭 레이어를 합친 상태에서 작업을 진행해야 할 때도 있습니다. 이번 Step에서는 레이어를 합치는 다양한 방법에 대해 알아보겠습니다.

■ Merge Down

[Layers] 패널에서 선택한 레이어와 그 아래 있는 레이어를 하나의 레이어로 합칠 수 있습니다(**Ctrl** + **E**).

■ Merge Layers

[Layers] 패널에서 **Shift** 또는, **Ctrl** 을 누른 상태로 합치려는 레이어를 선택합니다. 그리고 [Layers] 패널의 메뉴를 클릭하면 [Merge Down]이 [Merge Layers]로 바뀐 것을 확인할 수 있습니다(**Ctrl** + **E**).

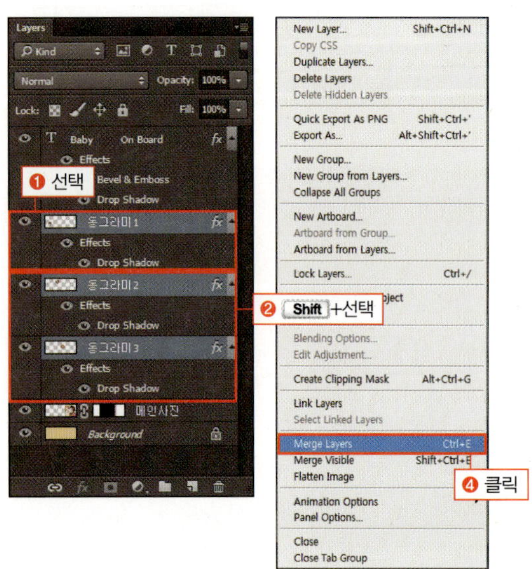

■ Merge Visible

[Layers] 패널에서 [눈]( )이 켜져 있는 레이어들을 합칠 수 있습니다(**Shift** + **Ctrl** + **E**).

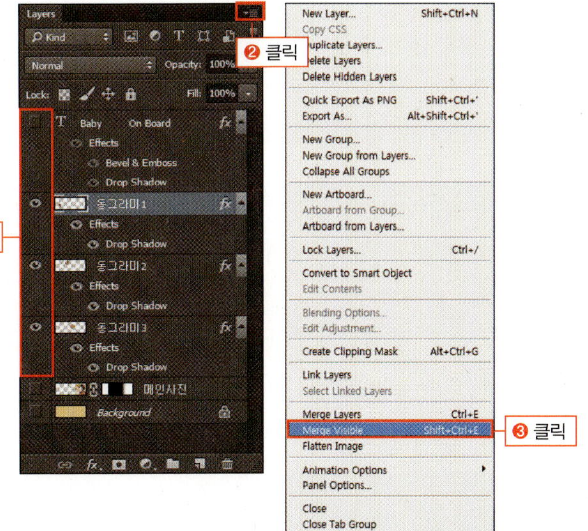

■ Flatten Imagen

레이어 전체를 합쳐서 'Background' 레이어로 만듭니다.

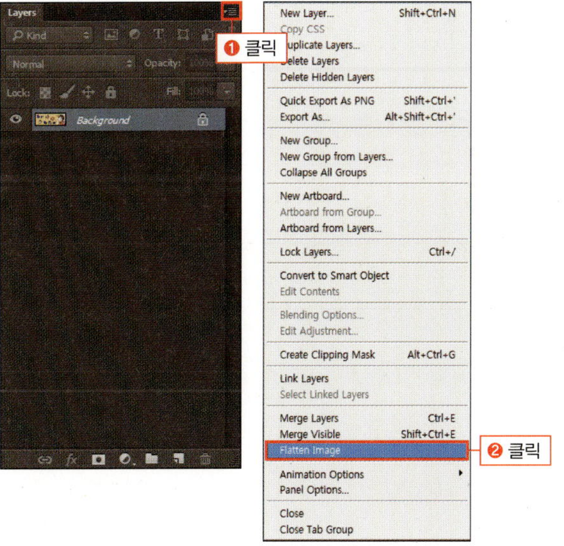

포토샵 CC 2015의 [Layers] 패널에는 레이어를 분류하고 검색할 수 있는 기능을 지원합니다. 이 기능을 이용하면 많은 레이어가 있을 때 쉽고, 빠르게 레이어를 분류하고 검색할 수 있습니다.

예제 파일 | DVD₩Part 06₩BabyOnBoard_지윤_완성.psd

01. 예제 파일을 불러온 후 [Layers] 패널을 활성화합니다.

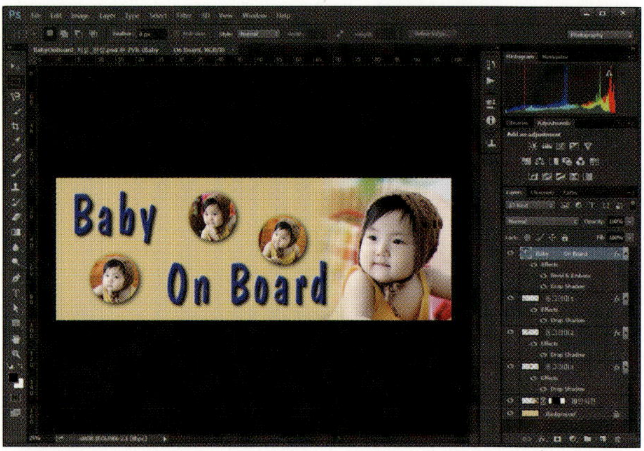

02. 필터의 유형이 'Kind'로 선택 되어있으면, 레이어를 종류별로 분류할 수 있습니다. 순서대로 이미지 레이어, 조정 레이어, 문자 레이어, 모양 레이어, 스마트 오브젝트 등으로 분류하여 볼 수 있습니다. 아이콘을 누르면 해당되는 레이어만 확인할 수 있습니다. 토글 스위치 방식이며 중복 선택도 가능합니다.

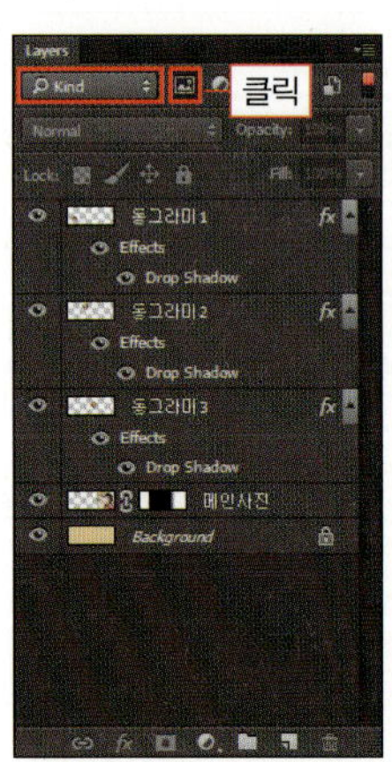
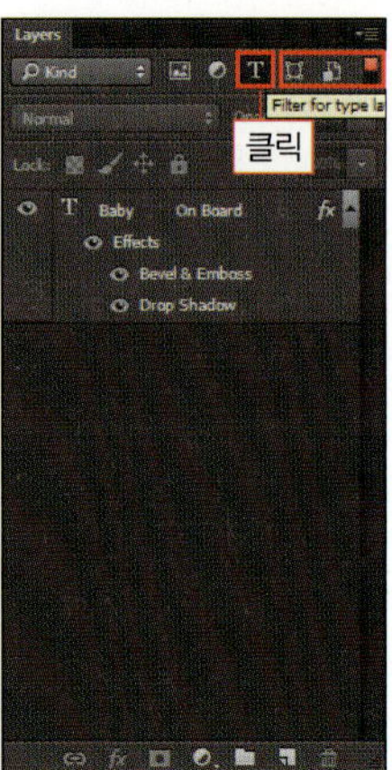

03. 필터 유형 선택 아이콘을 클릭하면 Kind(종류), Name(이름), Effect(효과), Mode(모드), Attribute(속성), Color(색상), Smart Object(스마트 오브젝트), Selected(선택된) 등의 분류들을 확인할 수 있습니다.

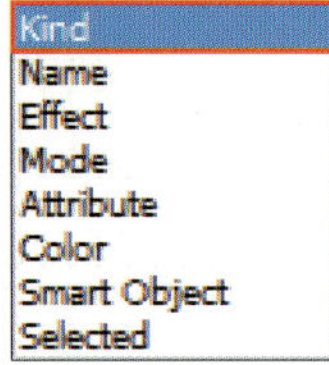

04. 필터 유형에서 'Name'을 선택하고 오른쪽 빈칸에 '동그라미'를 입력합니다. 그러면 레이어의 이름에 '동그라미'가 포함된 레이어가 검색됩니다.

05. 필터 유형에서 'Effect'를 선택하고 'Bevel & Emboss'를 선택합니다. 다양한 레이어 이펙트로 분류할 수 있습니다.

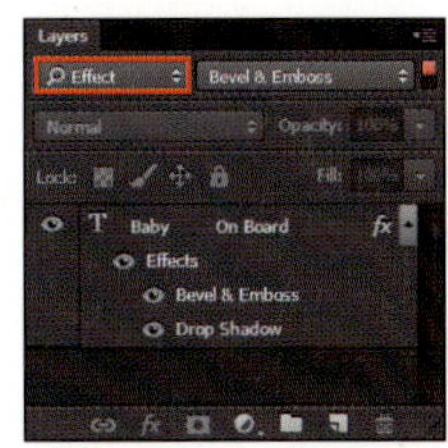

06. 필터 유형에서 'Mode'을 선택하고 'Normal'을 선택합니다. 그 외 'Darken, Lighten, Overlay' 등의 레이어 블렌딩 모드로 분류할 수 있습니다.

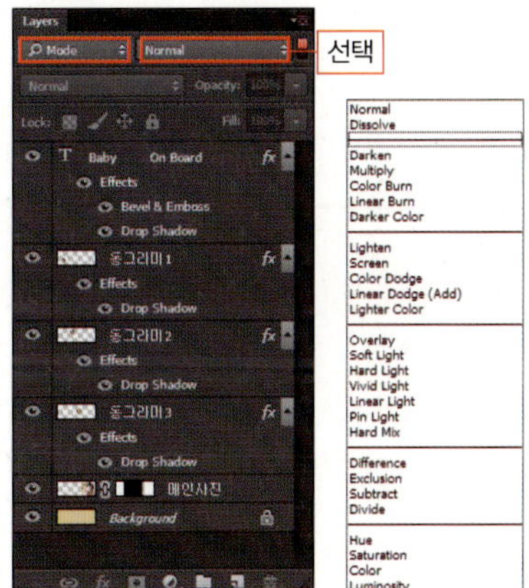

07. 필터 유형에서 'Attribute'를 선택합니다. 'Locked, Visible' 등의 레이어 특징으로 분류할 수 있습니다.

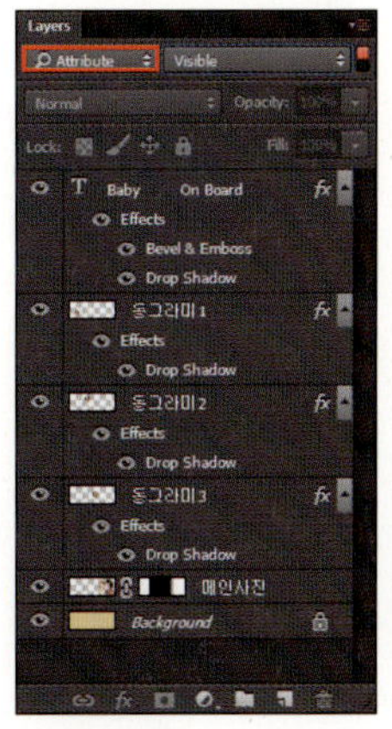

08. 필터 유형에서 'Color'를 선택합니다. [Layers] 패널의 메뉴에서 레이어에 색상 레이블을 지정할 수 있습니다. 이렇게 지정한 색상 레이블을 이용하여 레이어를 분류할 수 있습니다.

09. 필터 유형에서 'Smart Object'를 선택합니다. 링크되어 있는 스마트 오브젝트 레이어(Filter for up to date linked Smart Objects), 링크된지 오래된 스마트 오브젝트 레이어(Filter for out of date linked Smart Objects), 링크가 실종된 스마트 오브젝트(Filter for missing linked Smart Objects), 포함된 스마트 오브젝트(Filter for embedded Smart Objects) 등의 분류가 있습니다.

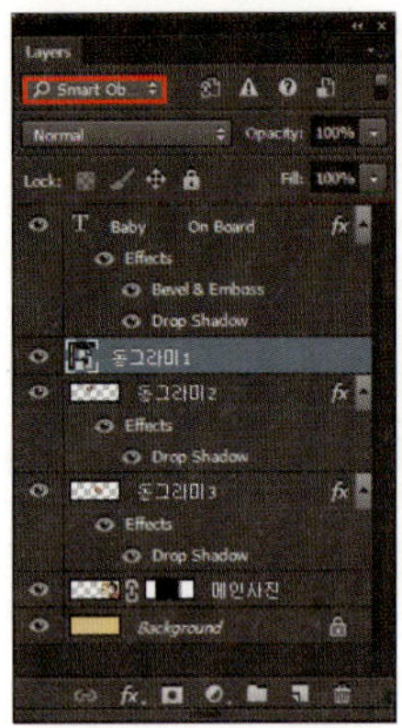

Filter for up to date linked Smart Objects

Filter for embedded Smart Objects

TIP : 스마트 오브젝트 레이어는 외부의 파일과 연결이 되어있는 스마트 오브젝트 레이어(linked Smart Objects)와 외부 파일과 연결되어 있지 않는 스마트 오브젝트 레이어(Embedded Smart Objects)가 있습니다.

10. 필터 유형에서 'Selected'를 선택하면 현재 선택된 레이어만을 보여줍니다.

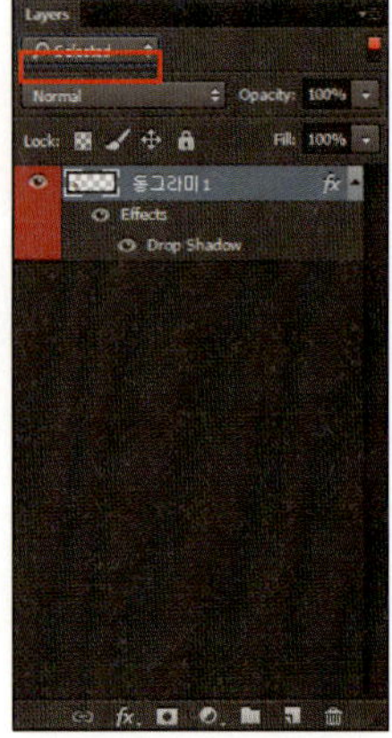

이번 Step에서는 'Background' 레이어 이미지의 일부를 선택하여 새로운 레이어로 만들고, 그 레이어를 변형하고 필터로 물에 비친 이미지 효과를 표현해 봅니다. 조정 레이어를 이용하여 이미지를 조정하고, 그 조정 레이어의 이미지 조정이 바로 아래 레이어에만 적용되도록 클리핑 마스크를 적용해 보겠습니다.

예제 파일 I DVD₩Part 06₩돌배.jpg **완성 파일** I DVD₩Part 06₩돌배_완성.psd

01. '돌배.jpg' 파일을 불러온 후 사각형 선택 도구(Rectangular Marquee Tool)를 이용하여 그림처럼 이미지의 일부를 선택합니다.

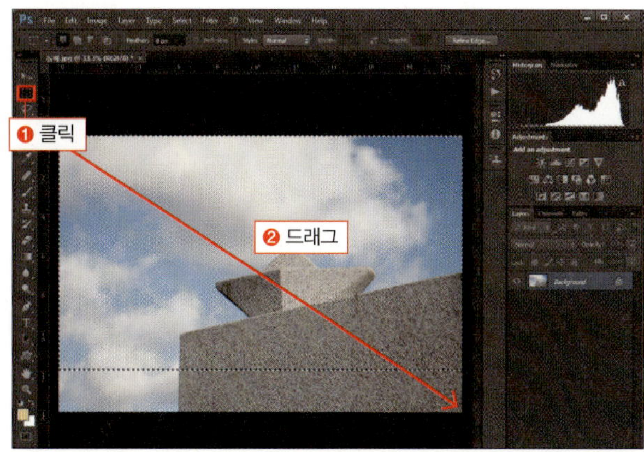

02. 선택한 부분을 레이어로 만들기 위해 [Layer]-[New]-[Layer Via Copy](Ctrl + J) 메뉴를 클릭합니다.

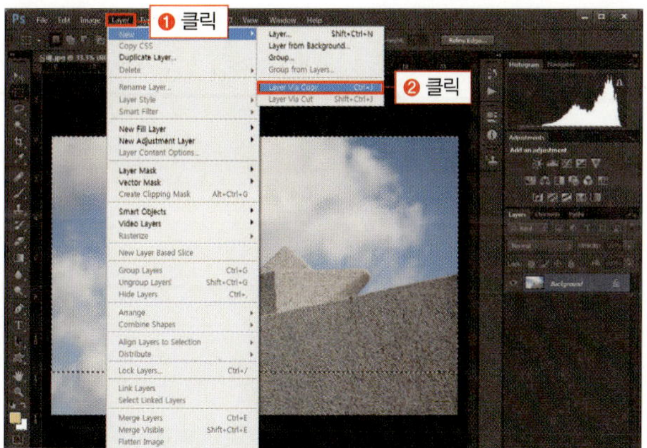

03. [Layers] 패널을 보면 'Layer 1' 레이어가 생겼습니다. 'Layer 1' 레이어만 보기 위해 'Background' 레이어의 [눈](◉)을 클릭하여 꺼줍니다.

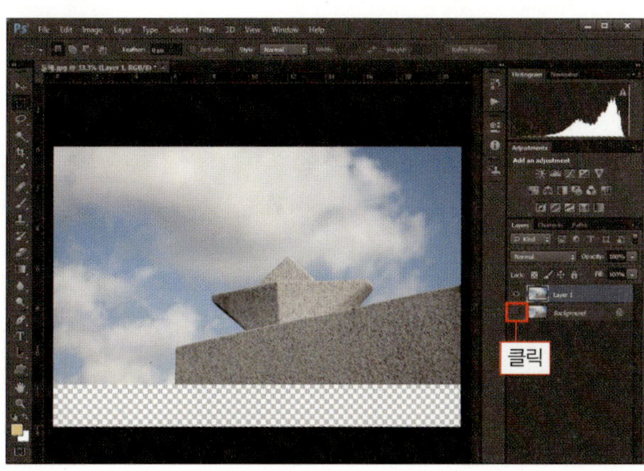

04. 이동 도구(Move Tool)를 이용하여 'Layer 1' 레이어를 이미지 상단으로 조금 이동시킵니다.

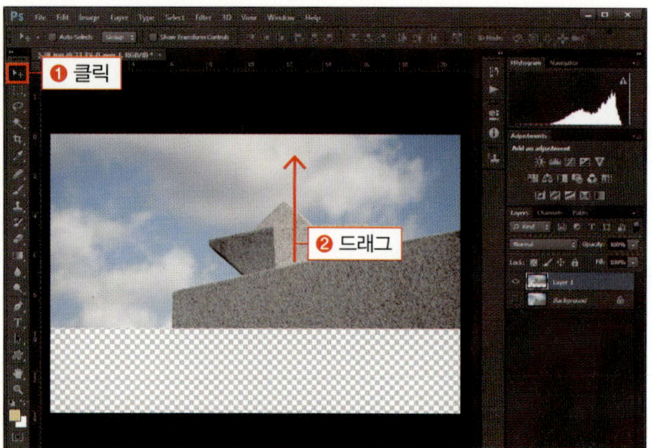

> **TIP :** 이때 Shift 를 누르고 이동하면 평행하게 이동시킬 수 있습니다.

05. 'Layer 1' 레이어를 복사하기 위해 'Layer 1' 레이어를 드래그하여 [Layers] 패널의 [Create a new layer]( ) 위로 이동시킵니다.

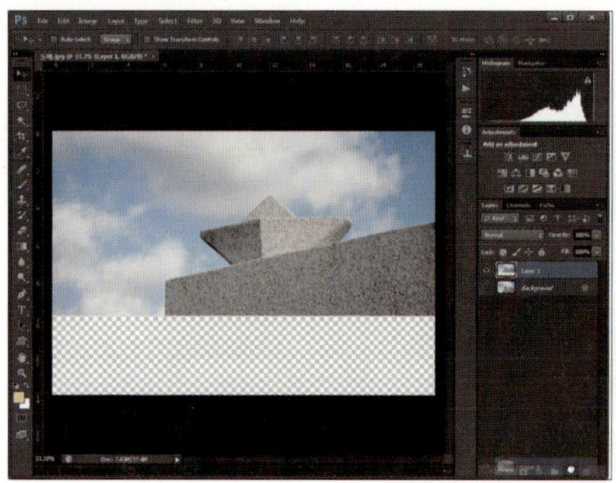

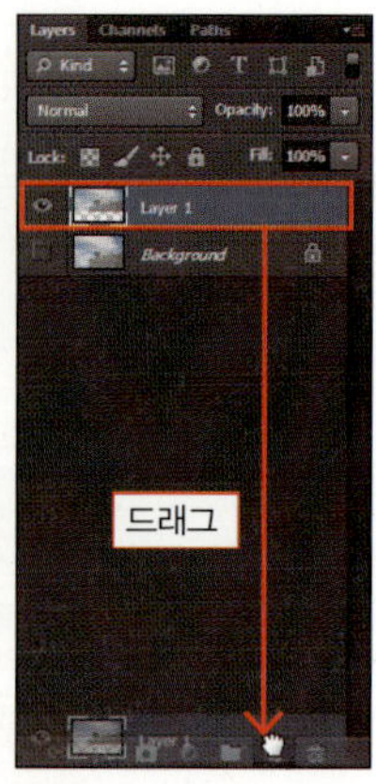

06. 이미지를 상하로 뒤집기 위해 [Edit]–[Free Transform](Ctrl + T) 메뉴를 클릭합니다. 자유 변형 도구의 바운딩 박스가 나타납니다. 마우스 포인터를 바운딩 박스 안으로 이동시키고 마우스 오른쪽 버튼을 클릭한 후 [Flip Vertical]을 선택합니다.

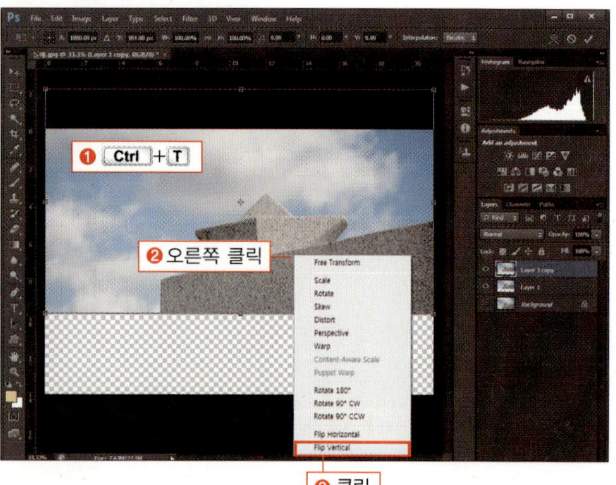

07. 그림과 같이 이미지의 상하가 뒤집힌 것을 확인할 수 있습니다.

08. 이동 도구(Move Tool)를 이용하여 마우스 포인터를 바운딩 박스 안으로 위치시키고 드래그하여 'Layer 1' 레이어의 아래 경계와 맞도록 이동시킵니다. 이동이 끝났으면 **Enter**를 누릅니다.

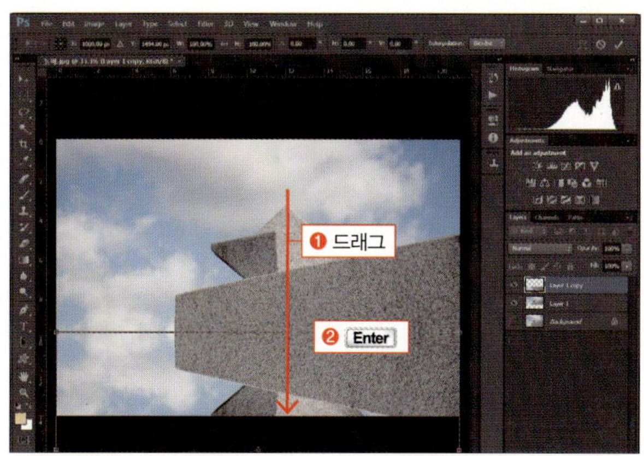

09. 'Layer 1 copy' 레이어를 물에 비춘 느낌으로 만들기 위해 메뉴 [Filter]-[Distort]-[Ripple] 메뉴를 클릭합니다.

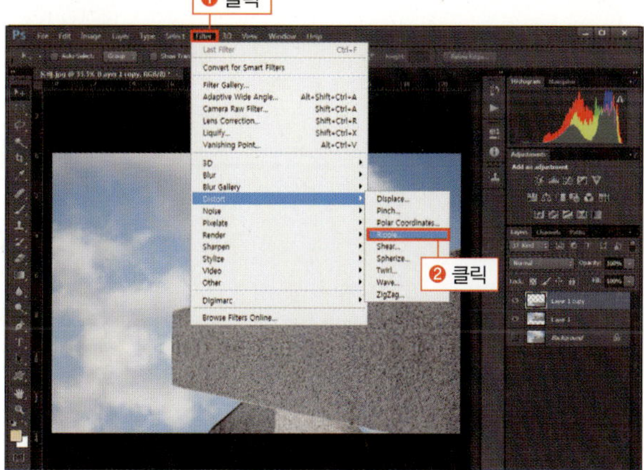

10. [Ripple] 대화상자에서 [Amount]는 '180%', [Size]는 'Large'로 설정하고 [OK] 단추를 클릭합니다.

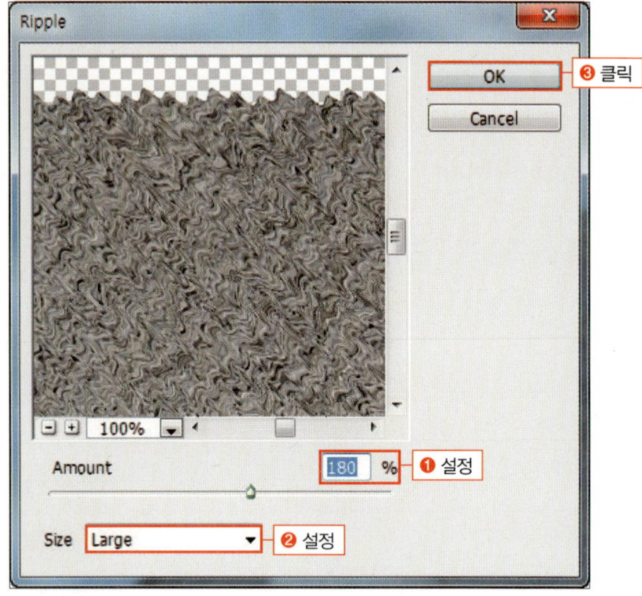

11. 'Layer 1 copy' 레이어에 필터가 적용됐습니다. 'Layer 1'과 'Layer 1 copy' 레이어 경계가 울퉁불퉁 비어 보입니다.

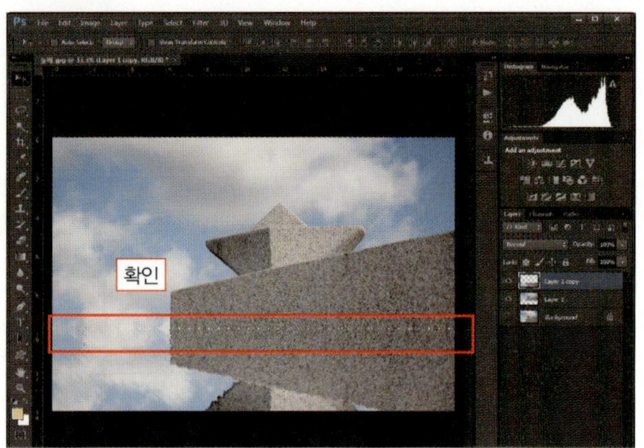

12. 'Layer 1'과 'Layer 1 copy' 레이어 경계가 울퉁불퉁 비어 보이는 것을 없애기 위해 꺼두었던 'Background' 레이어의 [눈](👁)을 다시 클릭하여 켜줍니다.

13. 조정 레이어(Adjustments Layer)를 사용하기 위해 [Layers] 패널에서 [Create New Fill Adjustment Layer]를 클릭하고 [Curves]를 선택합니다.

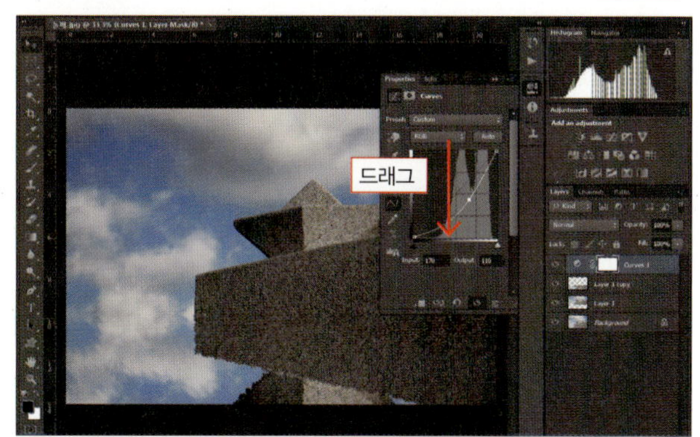

14. [Properties] 패널의 [Curves] 대화상자에서 이미지의 밝기를 어둡게 하기 위해 곡선을 아래로 조정합니다.

15. 곡선 조정으로 이미지 전체가 어두워졌습니다. 'Layer 1 copy' 레이어에만 Curves 기능을 적용하기 위해 [Layers] 패널의 메뉴를 클릭하고 [Create Clipping Mask](Alt + Ctrl + G)를 선택합니다.

16. 전체에 적용되었던 Curves 조정이 'Layer 1 copy' 레이어에만 적용되었습니다.

[Edit]–[Transform] 메뉴를 이용하면 도큐먼트 창의 선택 영역이나 레이어의 크기, 방향, 모양 등을 변경할 수 있습니다. 이번 Step에서는 Transform 명령을 이용하여 레이어를 다양하게 변형해 보겠습니다.

예제 파일 | DVD₩Part 06₩Transform.psd   완성 파일 | DVD₩Part 06₩Free Transform_완성.psd

■ Perspective를 이용하여 이미지 변형하기

01. Transform의 Perspective 명령을 실행하는 방법은 두 가지가 있습니다. 첫 번째 방법은 변형시키려는 레이어를 선택하고 [Edit]–[Transform]–[Perspective] 메뉴를 클릭합니다.

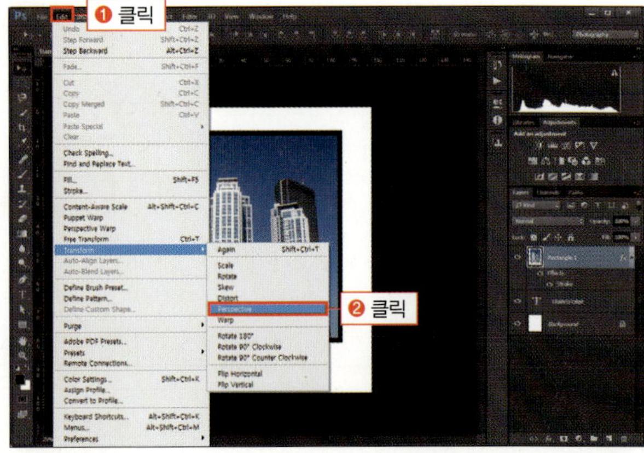

02. 두 번째 방법은 레이어를 선택하고 **Ctrl**+**T**를 누릅니다. 바운딩 박스가 나타나면 박스 안으로 마우스 포인터를 위치시키고 마우스 오른쪽 버튼을 클릭한 후 [Perspective]를 선택합니다.

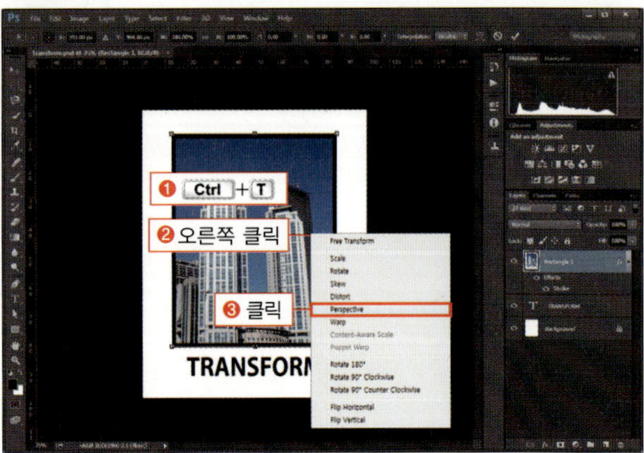

03. [Perspective]를 실행한 상태에서 바운딩 박스의 모서리 꼭짓점을 드래그하여 레이어의 원근감을 조절할 수 있습니다.

■ Warp를 이용한 글자 변형하기

01. [Layers] 패널에서 이미지 레이어의 [눈](👁)
은 끄고 문자 레이어를 선택합니다.

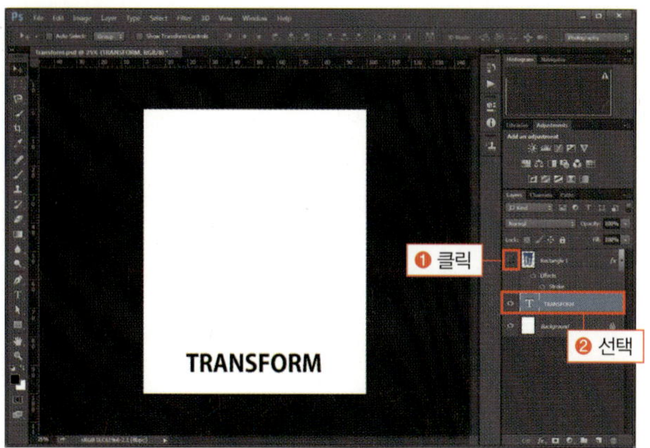

02. Ctrl + T 를 누르고 바운딩 박스 안으로
마우스 포인터를 위치시킨 후 마우스 오른쪽 버
튼을 클릭하고 [Warp]를 선택합니다.

03. [Wrap] 명령이 실행되면 옵션 바에 [Wrap]
항목이 생깁니다. 세부 항목을 클릭하고 'Arc'를
선택합니다.

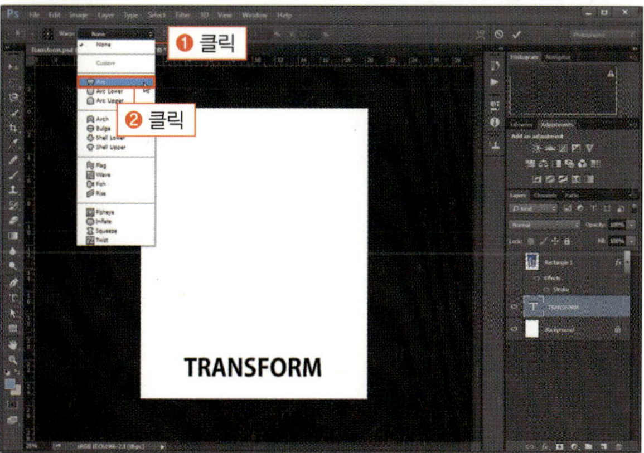

04. Arc 모양으로 문자 레이어가 변형되는 것을
확인할 수 있습니다.

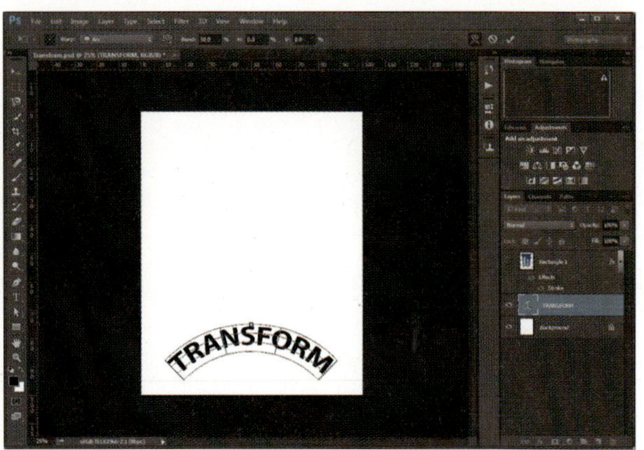

05. 이때 S 위의 앵커 포인트를 드래그하면 Arc 모양을 조정할 수 있습니다.

06. 원하는 모양으로 변형되었으면 Enter 를
눌러 작업을 마무리합니다.

TIP : Transform 메뉴 알아보기

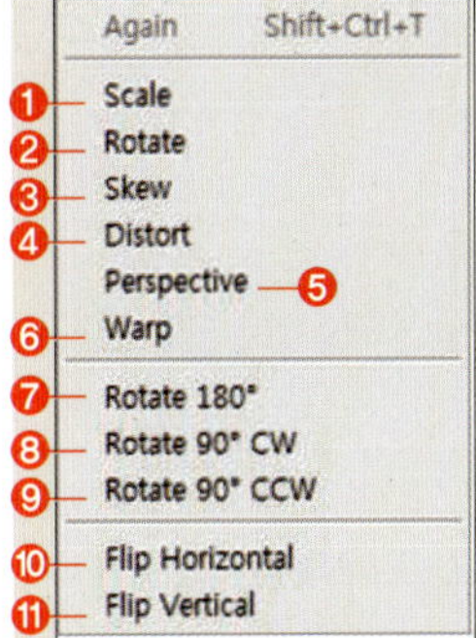

❶ Scale : 이미지의 크기를 조절합니다.

❷ Rotate : 이미지를 회전합니다.

❸ Skew : 이미지의 기울기를 조절합니다. 모서리를 클릭해서 조절하면 Distort를 조절합니다.

❹ Distort : 각 모서리를 드래그하여 자유롭게 찌그러트릴 수 있습니다.

❺ Perspective : 각 모서리를 드래그하여 원근감을 조절합니다. 즉, 사다리꼴 모양으로 변형됩니다.

❻ Warp : 이미지의 모양을 이미 등록되어 있는 Arc, Arch, Flag 등으로 변형이 가능합니다.

❼ Rotate 180 : 이미지를 180도로 회전합니다.

❽ Rotate 90 CW : 이미지를 시계 방향으로 90도 회전합니다.

❾ Rotate 90 CCW : 이미지를 반시계 방향으로 90도 회전합니다.

❿ Flip Horizontal : 이미지를 수평으로 뒤집습니다.

⓫ Flip Vertical : 이미지를 수직으로 뒤집습니다.

이번 Lesson에서는 레이어 스타일을 이용한 문자 꾸미기를 통해 레이어에 그림자 효과, 후광 효과 등의 다양한 효과를 적용해 보겠습니다. 그리고 레이어 블렌딩 모드를 이용하여 뽀샤시한 이미지를 만드는 방법도 알아보겠습니다.

기초탄탄 ▶ 레이어 스타일과 블렌딩 모드

■ 레이어 스타일(Layer Style) 이해하기 `376p`

레이어 스타일은 [Layers] 패널 하단에 있는 [Add a layer style](fx)을 클릭합니다. 그러면 팝업 메뉴가 나옵니다. 이곳에서 원하는 스타일(Style)을 선택하면 나타나는 [Layer Styles] 대화상자에서 세부 항목을 조정할 수 있습니다. 그럼 [Layer Style] 메뉴의 각 명령에 대해서 알아보겠습니다.

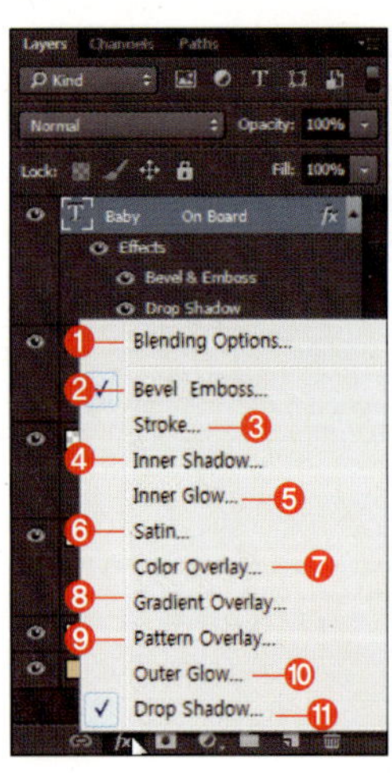
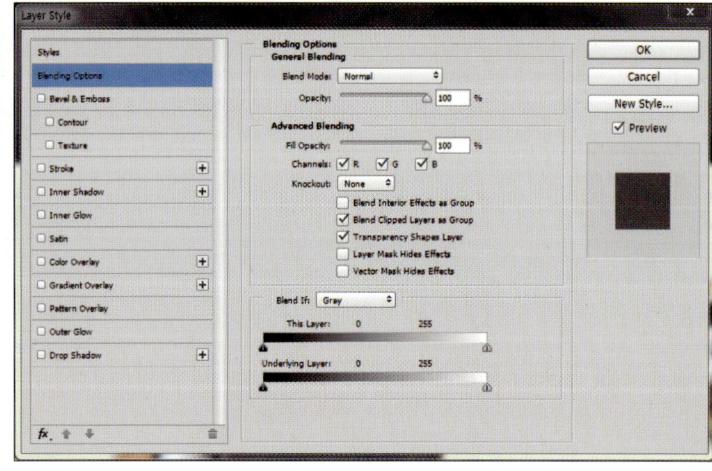

❶ Blending Options : 레이어의 블렌딩 모드와 [Opacity](불투명도) 그리고 [Fill]을 조절할 수 있습니다.

❷ Bevel & Emboss : 레이어의 그림자를 만듭니다.

❸ Stroke : 레이어 외각에 선을 만듭니다.

❹ Inner Shadow : 레이어 안쪽에 그림자를 만듭니다.

❺ Inner Glow : 레이어 안쪽으로 퍼지는 후광을 만듭니다.

❻ Satin : 레이어에 금속 광택을 만듭니다.

❼ Color Overlay : 레이어에 선택한 색상을 채워줍니다.

❽ Gradient Overlay : 레이어를 그레이디언트로 채워줍니다.

❾ Pattern Overlay : 레이어에 패턴으로 채워줍니다.

❿ Outer Glow : 레이어 바깥쪽으로 퍼지는 후광을 만듭니다.

⓫ Drop Shadow : 레이어에 그림자를 만듭니다.

■ 레이어 블렌딩 모드(Blending Mode) 알아보기 `378p`

레이어 블렌딩 모드란 선택된 레이어(상위 레이어)와 베이스 레이어(하위 레이어)의 합성 또는 혼합 방식을 말합니다.

레이어 블렌딩 모드에 2개의 이미지가 필요합니다.

이동 도구(Move Tool)를 이용하여 이미지를 이동시키면 레이어를 만들 수 있습니다. [Layers] 패널을 보면 이동한 이미지가 'Layer 1' 레이어가 됩니다. 이때 **Shift** 를 누른 상태로 이동하면 이미지를 정중앙에 위치시킬 수 있습니다. 위의 이미지들은 크기가 같으므로 정확히 일치합니다.

아래 그림은 '갈대.jpg' 파일을 '지윤_클로즈업.jpg' 파일 위로 이동시킨 상태입니다(Nomal 상태).

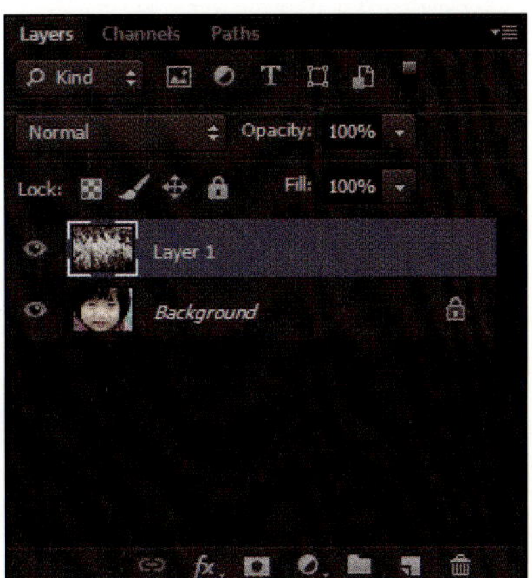

아래 그림은 '지윤_클로즈업.jpg' 파일을 '갈대.jpg' 파일 위로 이동시킨 상태입니다(Nomal 상태).

 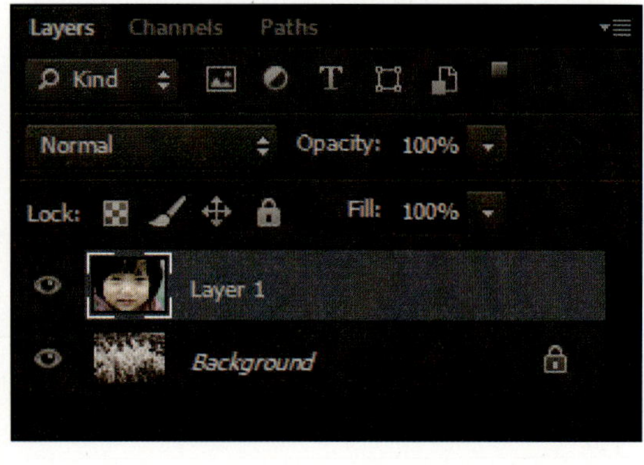

[Layers] 패널의 블렌딩 모드를 클릭하면 팝업 메뉴가 나타납니다. 블렌딩 모드를 보면 몇 개씩 구분이
되어 있습니다. 원리가 비슷하거나 결과가 비슷한 것들을 구분하여 놓은 것입니다.

블렌딩 모드의 결과를 정리해 보았습니다. 어느 이미지가 위로 가느냐에 따라 혼합 결과가 다른 모드들
도 있습니다. 그래서 2가지 상황을 비교 정리하였습니다.

❶ Normal : 표준 모드로 불투명도(Opacity)가 100%일 때는 아무른 변화가 없습니다. 그림은 70%로 설정한 상태입니다.

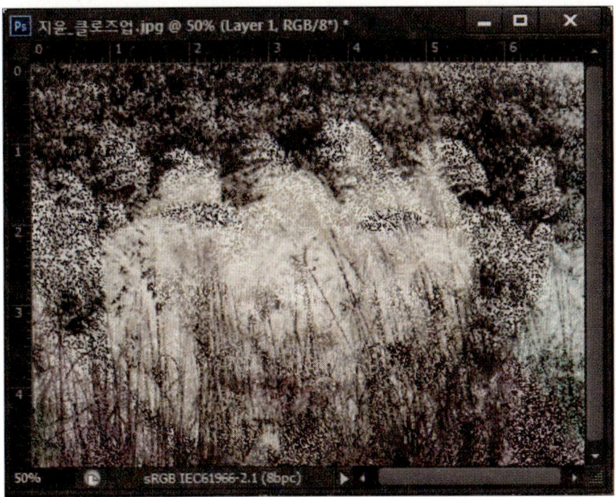

'갈대'가 위에 있는 상황

'지윤_클로즈업'이 위에 있는 상태

❷ Dissolve : 무작위로 픽셀을 흩어 놓은 듯 합성합니다. 이 모드도 불투명도가 100%일 때는 아무른 변화가 없습니다. 70%로 설정하였습니다.

❸ Darken : 상위 레이어의 컬러가 하위 레이어의 색상보다 어두울 때만, 이미지의 색상이 어두워집니다.

TIP : Darken 모드 아래에 같은 군의 Multiply, Color Burn, Linear Burn, Darker Color 모드들도 조금씩 차이는 있지만 이미지를 어둡게 만듭니다(불투명도는 100%).

❹ Multiply : 두 레이어를 겹쳐 어둡게 만들고 어두운 색상의 이미지가 보입니다.

❺ Color Burn : Multiply와 비슷하지만 명암 대비를 높여 색상이 더 진하게 혼합됩니다.

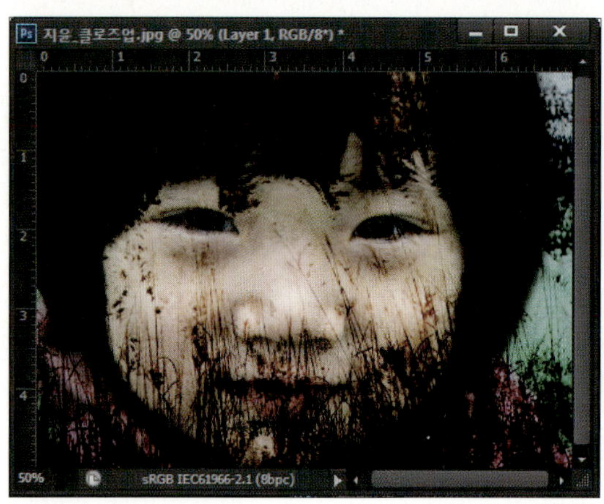
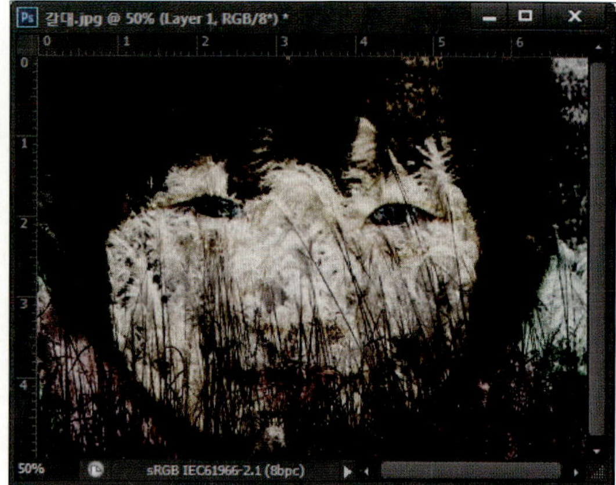

❻ Linear Burn : Color Burn보다 더 진하게 혼합됩니다.

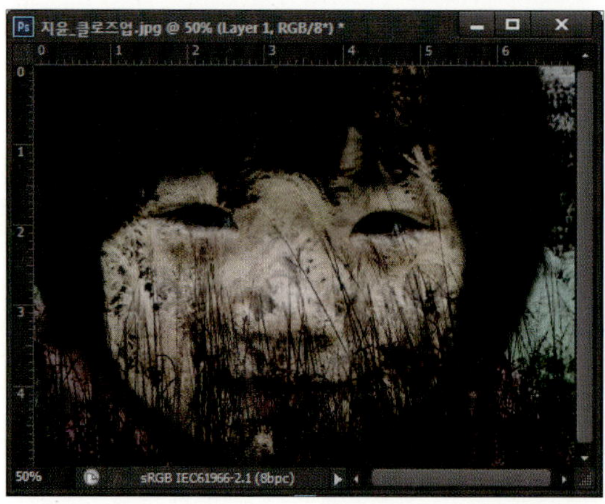
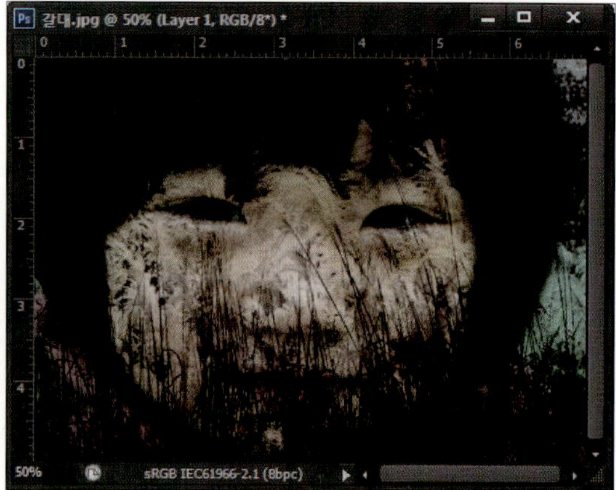

❼ Darker Color : Darken 모드와 비슷한 결과를 만듭니다.

❽ Lighten : 위에 레이어의 색상이 아래 레이어의 색상보다 밝은 부분을 밝게 만듭니다.

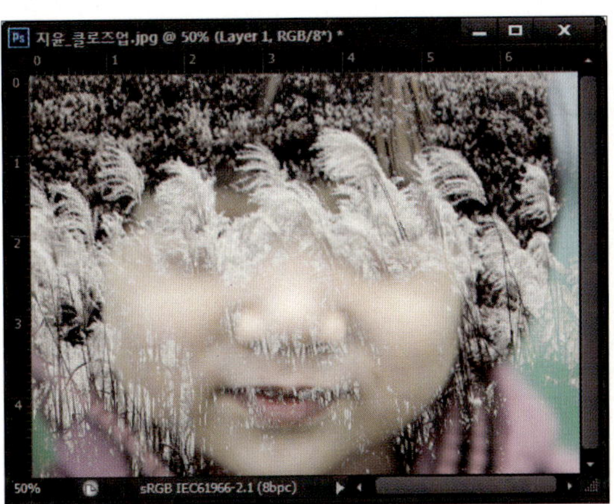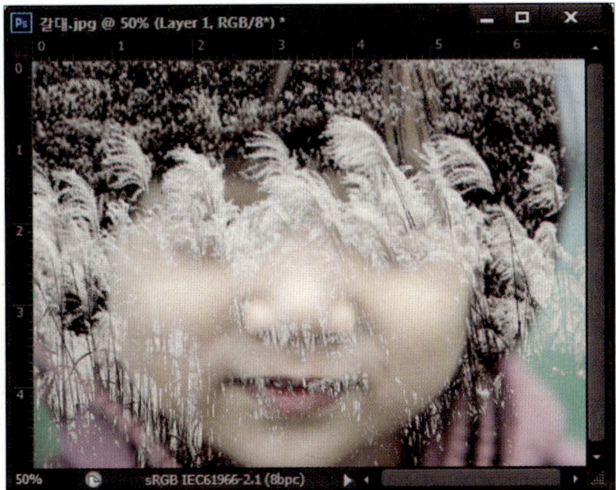

T I P : Lighten 모드 아래에 같은 군인 Screen, Color Dodge, Lineaer Dodge(add), Lighter Color 모드들도 조금씩 차이는 있지만 이미지를 밝게 만듭니다(불투명도는 100%).

❾ Screen : Lighten과 비슷하지만, 명암 대비를 낮춰줌으로써 이미지를 밝게 만듭니다.

❿ Color Dodge : 색상을 혼합하여 이미지를 밝게 만듭니다. 밝을수록 효과가 더 극대화됩니다.

⓫ Lineaer Dodge(add) : Color Dodge와 비슷하지만 이미지의 모든 부분을 밝게 만듭니다.

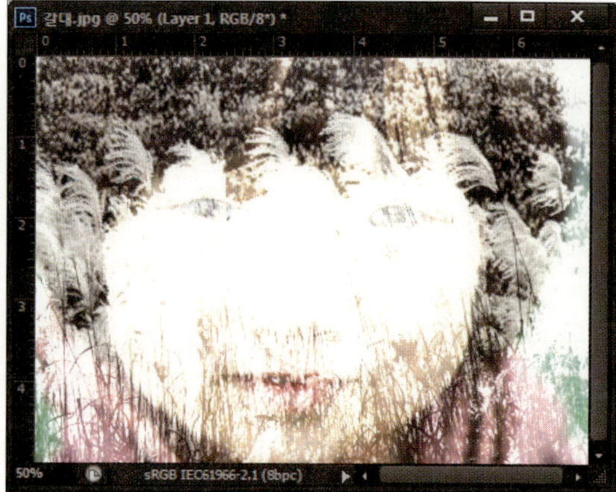

⓬ Lighter Color : Lighten 모드와 비슷합니다.

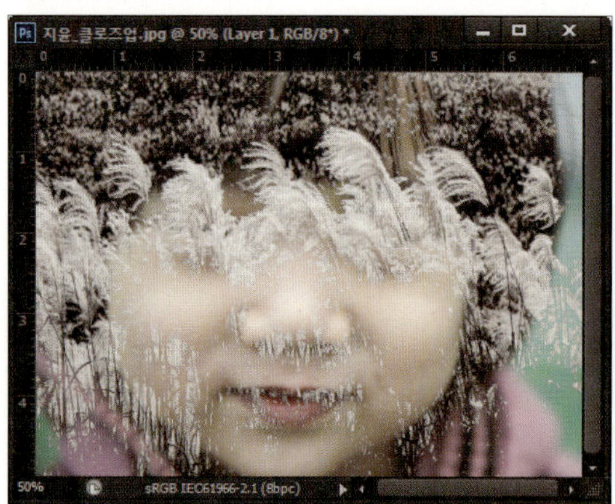

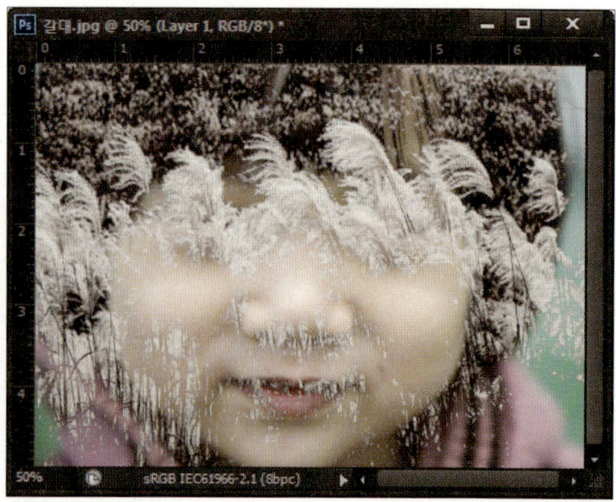

TIP : 위의 Darken과 Lighten의 모드들은 레이어의 위치가 그리 중요하지 않습니다. 하지만 Overlay의 모드들은 레이어의 위치에 따라 결과가 다릅니다.

❸ Overlay : 어두운 부분에는 Multiply 효과를 주고 밝은 부분에는 Screen 효과를 줍니다.

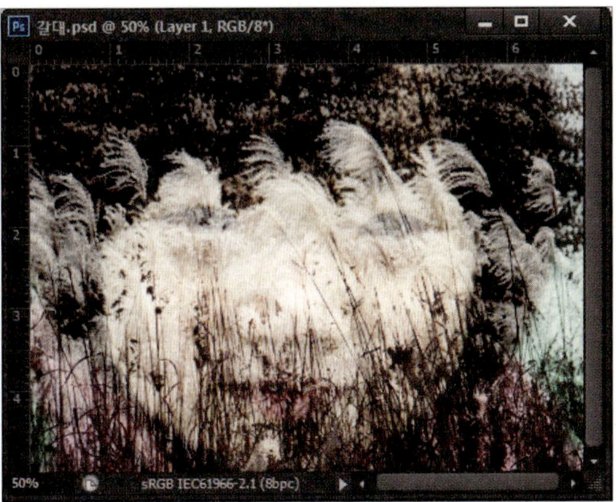

❹ Soft Light : Overlay 모드와 비슷하지만, 부드러운 조명을 비춘 것처럼 이미지가 부드럽게 혼합됩니다. 아래 그림처럼 레이어의 상하 위치에 따라 이미지의 혼합 결과가 달라집니다.

❺ Hard Light : Soft Light 모드 보다 이미지가 강하게 혼합됩니다. 이 또한 아래 그림처럼 레이어의 상하 위치에 따라 이미지의 혼합 결과가 달라집니다.

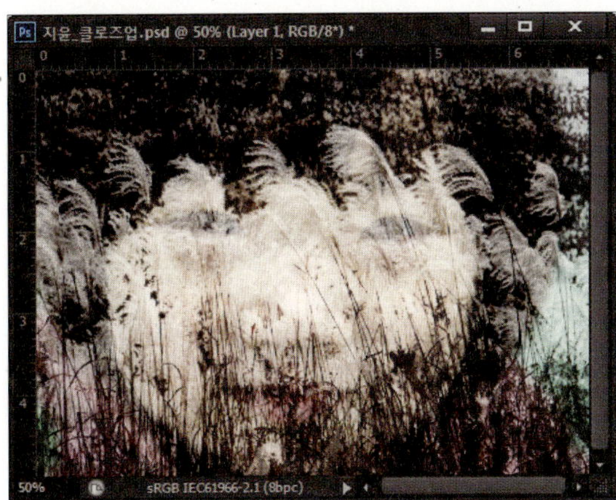

⓰ **Vivid Light** : 아래 레이어의 색상에 따라 Color Dodge나 Color Burn 모드의 효과가 적용됩니다. 밝은 부분은 명암 대비가 낮아지고, 어두운 부분은 명암 대비가 높아집니다.

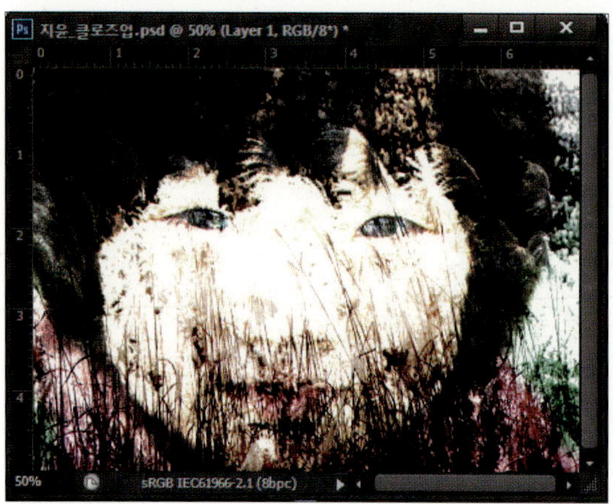 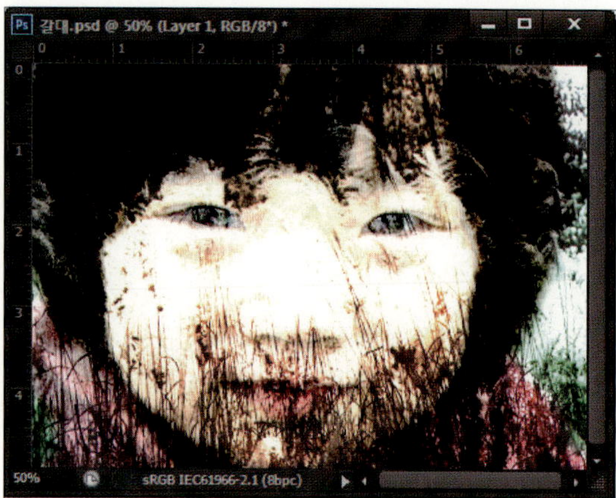

⓱ **Linear Light** : 아래 레이어의 색상에 따라 Linear Dodge나 Linear Burn Burn 모드의 효과가 나타납니다. Vivid Light보다 강한 효과가 나타납니다.

 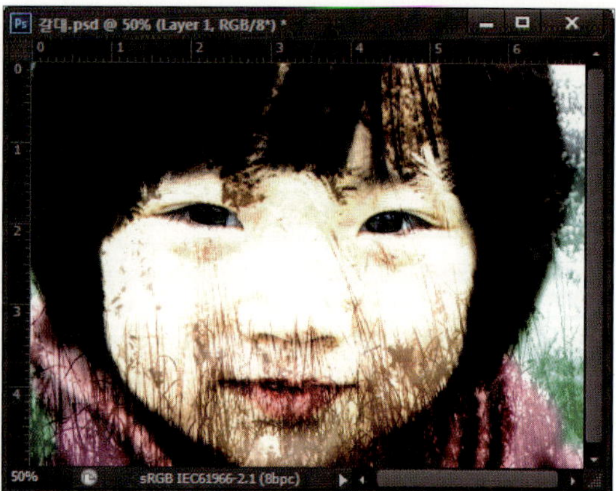

⓲ **Pin Light** : 밝은 색상에는 Lighten 모드를, 어두운 색상에는 Darken 모드의 효과가 나타납니다.

❶⑲ **Hard Mix** : Red, Green, Blue, Cyan, Magenta, Yellow, White, Black 8가지 색상으로 포스터리제이션 효과를 만듭니다.

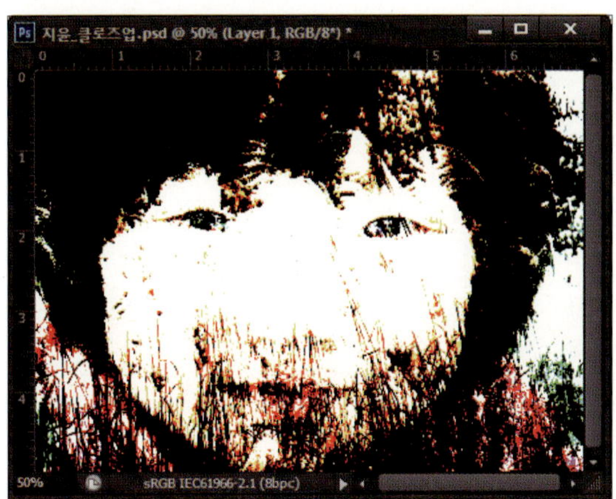 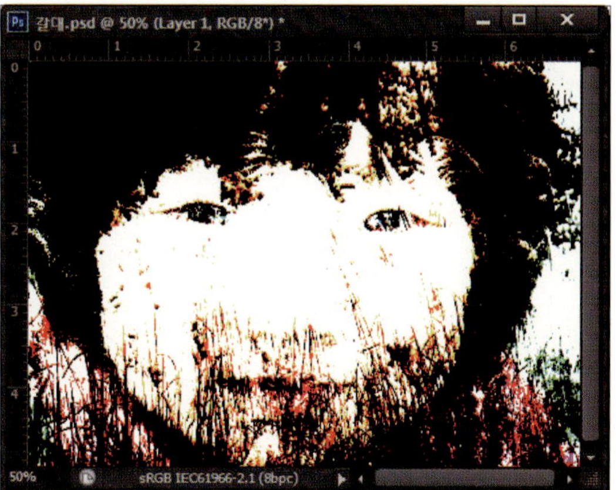

⑳ **Difference** : 두 레이어를 비교하여 같은 색은 검은색으로 바꾸고, 다른 색은 반전시킵니다.

㉑ **Exclusion** : Difference 모드와 비슷하지만 명암 대비가 낮습니다.

㉒ Subtract : 같은 색상은 어둡게 표현하고 나머지는 혼합합니다.

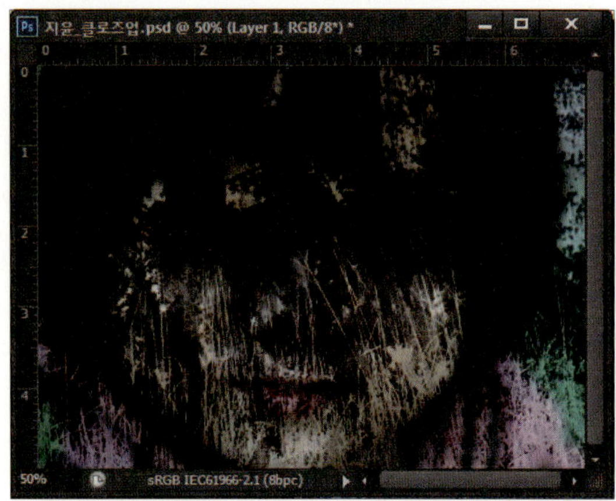 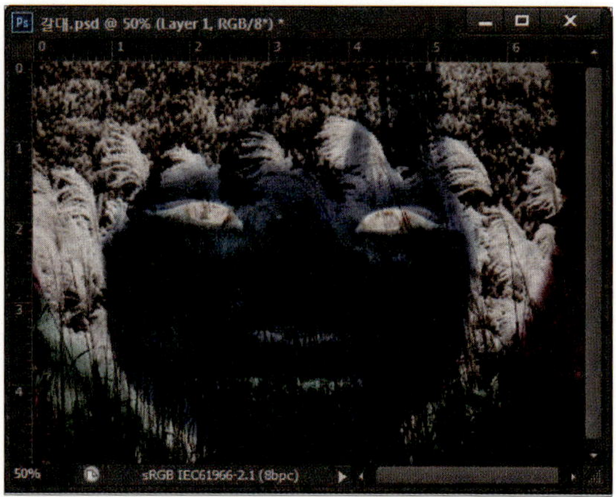

㉓ Divide : 같은 색상은 밝게 표현하고 나머지는 혼합합니다.

㉔ Hue : 하위 레이어의 밝기와 채도를 유지하면서 상위 레이어의 색상을 혼합합니다.

㉕ Saturation : 하위 레이어의 밝기와 채도를 유지하면서 상위 레이어의 채도를 혼합합니다. 100% 검은색 레이어와 혼합하면 흑백 이미지가 됩니다.

㉖ Color : 하위 레이어 이미지의 밝기를 유지하며 상위 레이어의 색상과 채도를 혼합합니다. 단일 색상의 상위 레이어를 사용하면 모노톤 이미지를 만들 수 있습니다.

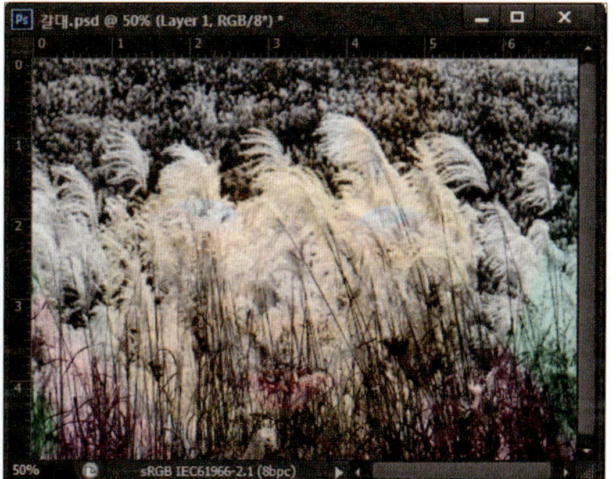

㉗ Luminosity : 하위 레이어의 채도와 색상은 유지하고 상위 레이어의 밝기만을 혼합합니다.

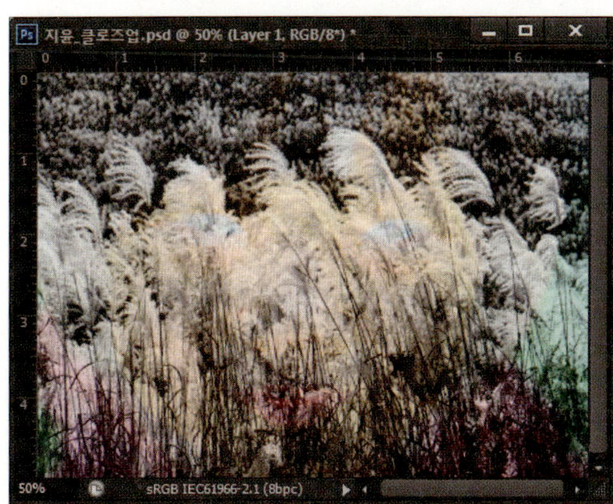

레이어 스타일을 이용하면 레이어에 여러 가지 효과들을 적용할 수 있습니다. 대표적인 효과들로 그림자 효과(Drop Shadow), 후광 효과(Inner Glow, Outer Glow), 엠보싱 효과(Bevel & Emboss), 컬러 오버레이(Color Overlay) 그리고 외곽선(Stroke) 효과 등이있습니다. 이번 Step에서는 이 효과들을 이용하여 문자 레이어를 꾸며보겠습니다.

예제 파일 I DVD₩Part 06₩무지개빛.psd **완성 파일** I DVD₩Part 06₩무지개빛_완성.psd

01. '무지개빛.psd' 파일을 불러온 후 [Layers] 패널을 확인해 보면 'Background', 'RAINBOW' 문자 레이어가 있습니다.

02. [Layers] 패널에서 'RAINBOW' 문자 레이어를 선택하고 [Add a layer style](fx)을 클릭한 후 [Blending Options]를 선택합니다.

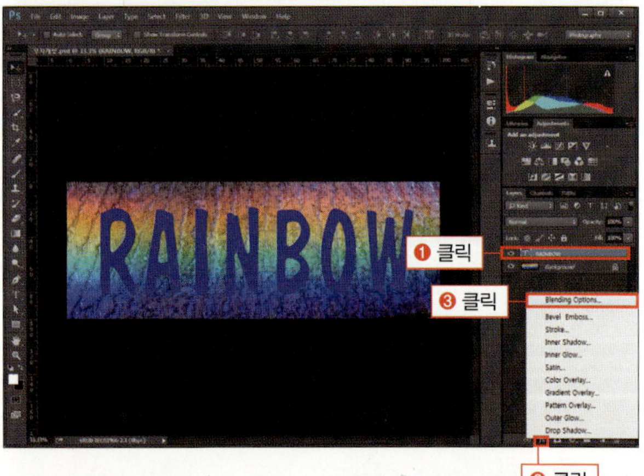

03. 문자 레이어를 보이지 않게 하기 위해 [Layer Style] 대화상자가 열립니다. [Advanced Blending]의 [Fill Opacity]를 '0%'로 설정합니다.

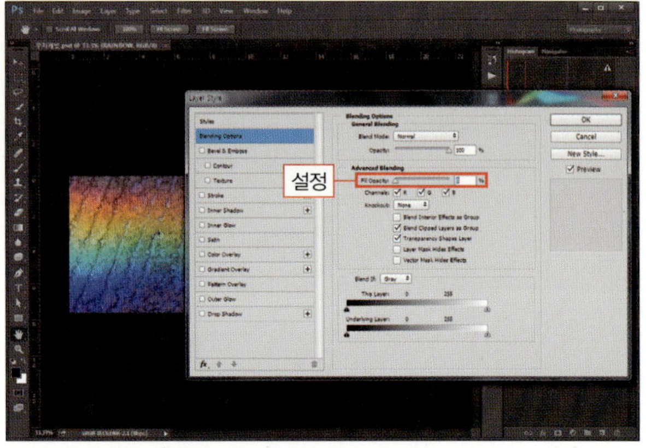

04. 그림자 효과를 주기 위해 [Styles]에서
[Drop Shadow]를 선택합니다. 그리고 [Structure]
의 [Angles]를 '135'로 설정하고, [Distance]는 '14',
[Speed]는 '0' , [Size]는 '16' 으로 설정합니다.

> **문제
> 해결** [Layer Style] 대화상자에서 [Styles]를 선택할 때
> 글씨 부분을 클릭해야 합니다. 글씨 앞에 체크
> 박스만 선택하면 오른쪽에 세부 항목이 나타나지 않습
> 니다.

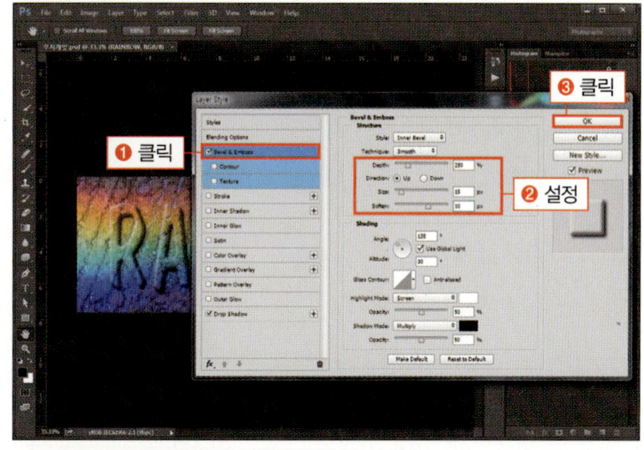

05. 이번에는 엠보싱 효과를 주기 위해 [Styles]
에서 [Bevel & Emboss]를 선택합니다. 그리고
[Structure]의 [Depth]는 '250%', [Size]는 '15 px',
[Soften]은 '10 px'로 설정하고 [OK] 단추를 클릭합
니다.

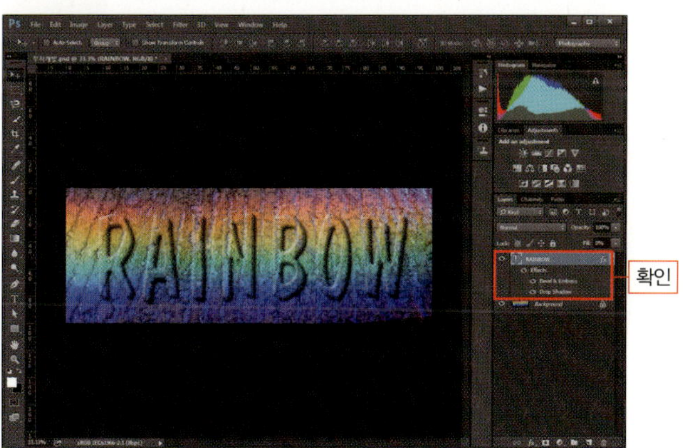

06. 그림자 효과, 엠보싱 효과를 적용한 문자
레이어가 만들어졌습니다. [Layers] 패널을 보면
[Effect] 아래에 [Bevel & Emboss], [Drop. Shadow]
가 있습니다.

레이어 블렌딩 모드는 아래 레이어와 레이어를 합성할 때 두 레이어를 혼합해 주는 다양한 방법을 제공합니다. 다른 이미지의 레이어일 때 블렌딩 모드를 이용한 합성은 다양한 느낌을 표현할 수 있습니다. 그러나 이번 Step에서는 같은 이미지를 복사하여 레이어 블렌딩 모드 명령을 주었을 때 나오는 느낌을 소개하려고 합니다. Screen(스크린)이라는 블렌딩 모드는 이미지를 밝게 만들어 줍니다. 이렇게 밝게 만든 이미지에 가우시안 블러(Gaussian Blur)를 이용해 뽀샤시한 이미지를 만들어 보겠습니다.

예제 파일 I DVD₩Part 06₩시우_5.jpg **완성 파일** I DVD₩Part 06₩시우_5_완성.jpg

01. '시우_5.jpg' 파일을 불러옵니다. 일반적인 스튜디오에서 촬영한 돌사진으로 'Background' 레이어를 복사하기 위해 [Layers] 패널에서 'Background' 레이어를 [Create a New Layer](⬛)로 드래그합니다.

02. 레이어 블렌딩 모드를 변경하기 위해 [Layers] 패널의 'Normal'을 클릭하고 'Screen'을 선택합니다.

03. 레이어 블렌딩 모드 'Screen'이 적용되어 이미지가 밝아진 것을 확인할 수 있습니다.

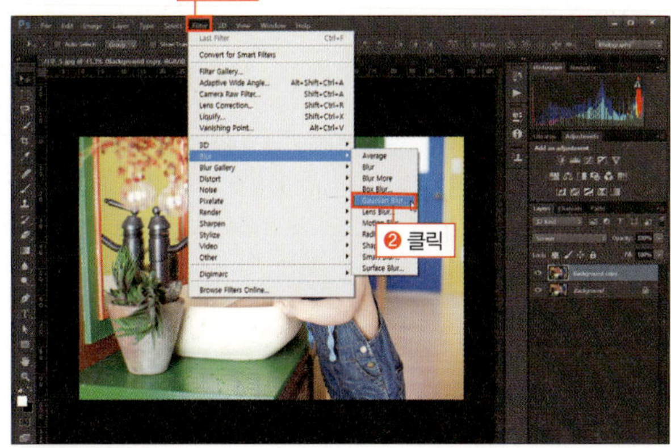

04. 블러 효과를 이미지에 적용하기 위해 [Filter]-[Blur]-[Gaussian Blur] 메뉴를 클릭합니다.

05. [Gaussian Blur] 대화상자에서 [Radius]를 '10 pixels'로 설정합니다.

> **TIP :** [Radius]는 Blur 필터의 양을 의미합니다. 수치가 클수록 더욱 더 블러 효과가 커집니다.

06. 블렌딩 모드 'Screen'과 'Gaussian Blur'가 적용되어 이미지가 더욱 환해졌습니다. 이미지를 자연스럽게 하기 위해 'Background Copy' 레이어의 [Opacity]를 '80%'로 설정합니다.

07. 'Background Copy' 레이어에 Curves 기능을 이용하여 명암 대비를 높여주기 위해 [Layers] 패널에서 [Create new fill or new adjustments layer](   )를 클릭하고 [Curves]를 선택합니다.

08. [Properties] 패널의 [Curves] 대화상자에서 밝기를 조정하기 위해 곡선의 정중앙을 클릭합니다.

09. 곡선 모양을 S자로 만들어 명암 대비를 높여줍니다.

10. 완성된 결과물을 확인합니다.

레이어 마스크를 이용한 이미지 합성

레이어 마스크와 브러시 도구로만 이미지를 합성하는 방법을 알아보겠습니다. 그리고 빠른 선택 도구와 레이어 마스크를 이용하여 이미지를 합성해보겠습니다.

기초탄탄 ▶ 레이어 마스크 이해하기

마스크(Mask)란 얼굴을 가리거나 보호하기 위한 '마스크', 다른 얼굴 모습이 그려진 가면 등의 뜻을 가지고 있습니다. 그러므로 레이어 마스크란 레이어를 가린다고 생각하면 됩니다. 레이어 마스크에는 기본 원리가 있습니다. 레이어 마스크에 흰색을 칠하면 아무런 효과가 없습니다. 그러나 회색이나 검은색으로 채우면 효과가 나타납니다. 회색은 마스크가 있는 레이어를 불투명하게 만듭니다. 검은색은 마스크가 있는 레이어를 보이지 않게 합니다. 보통 검은색을 채우거나 칠하면 마스크가 있는 레이어가 지워진다고 볼 수도 있습니다.

레이어 마스크가 적용된 이미지

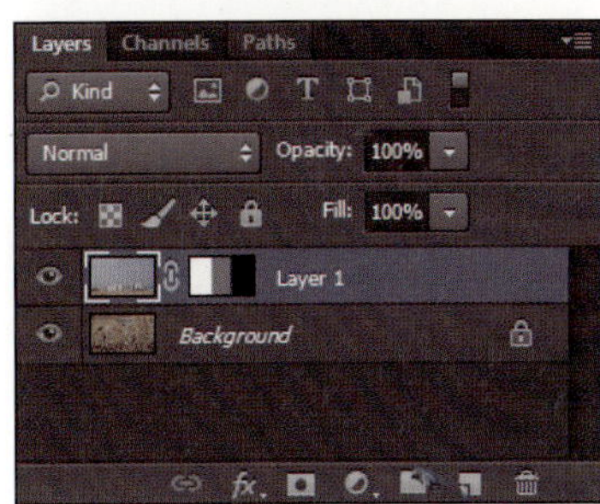

레이어 마스크의 모습

원형 선택 도구와 레이어 마스크를 이용하여 타원 모양의 레이어를 만들고 레이어 이펙트의 그림자 효과를 넣어 보겠습니다.

예제 파일 I DVD₩Part 06₩지윤_빨간모자.jpg　**완성 파일** I DVD₩Part 06₩지윤_빨간모자_완성.psd

01. 예제 파일을 엽니다. 도구 패널에서 원형 선택 도구(Elliptical Marquee Tool)를 선택하고 얼굴 중심으로 드래그하여 선택해 줍니다. 선택 영역이 만들어진 후 위치를 옮기고 싶으면 마우스 포인터를 선택 영역 안에 위치시키고 드래그하면 움직일 수 있습니다.

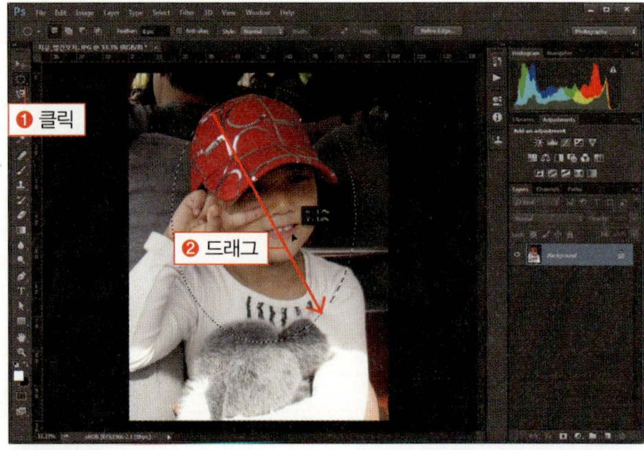

02. 선택 영역을 레이어로 만들기 위해 [Layer]–[New]–[Layer Via Copy](Ctrl + J) 메뉴를 클릭합니다.

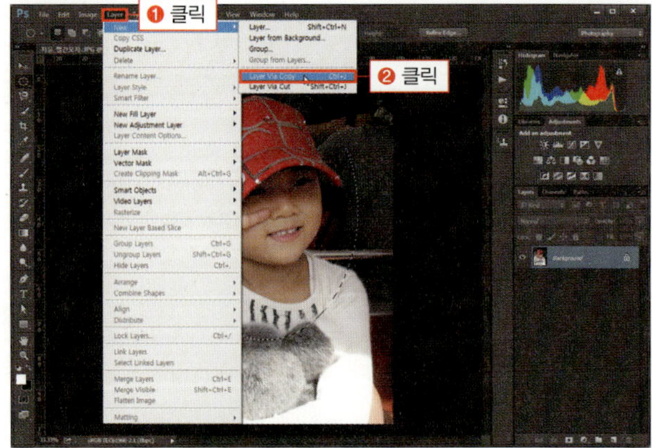

03. [Layers] 패널을 보면 'Layer 1' 레이어가 생긴 것을 확인할 수 있습니다. 'Background' 레이어를 흰색으로 채우기 위해 [Edit]–[Fill](Shift + F5) 메뉴를 클릭합니다.

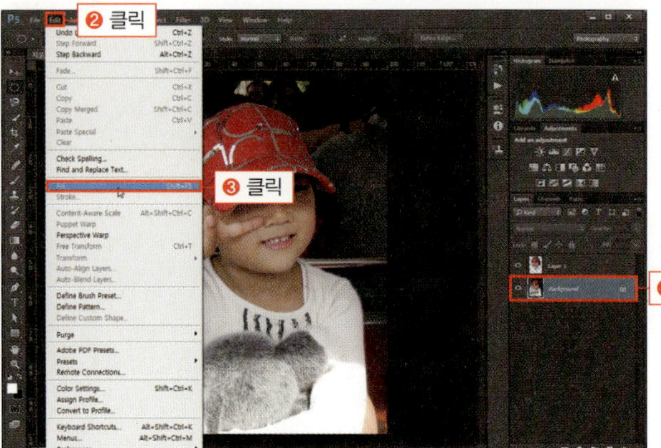

04. [Fill] 대화상자가 나타나면 [Contents]를 'White'로 설정하고 [OK] 단추를 클릭합니다.

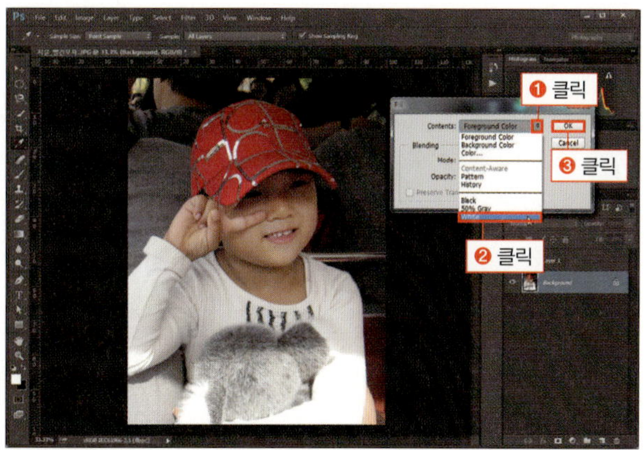

05. 'Background' 레이어에 흰색이 채워졌습니다.

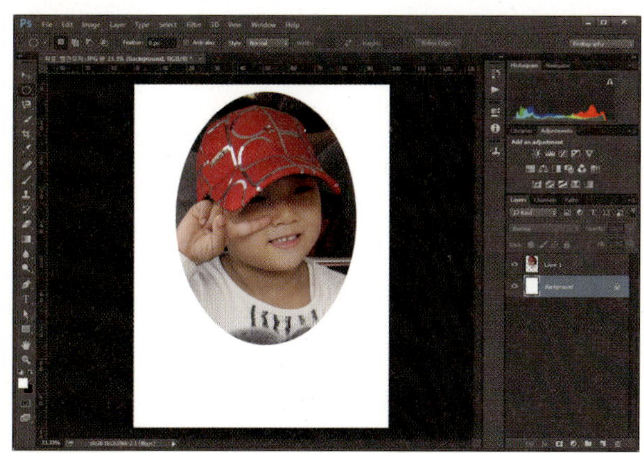

06. [Layers] 패널에서 'Layer 1' 레이어를 선택하고, 도구 패널에서 이동 도구(Move Tool)를 선택합니다. 드래그하여 타원형의 이미지(Layer 1)를 중앙으로 이동시킵니다.

TIP : 레이어를 드래그하여 이미지 중앙으로 이동시키면 스마트 가이드 선이 나타나 위치를 정확히 알려줍니다.

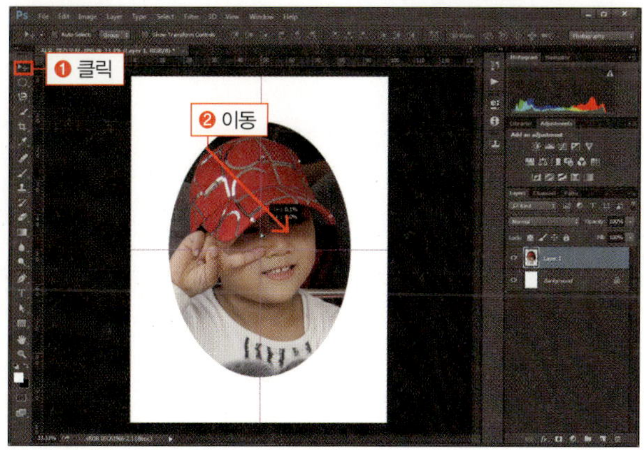

07. 'Layer 1' 레이어에 그림자 효과를 주기 위기 [Add a layer style]([fx])을 클릭한 후 [Drop Shadow]를 선택합니다.

08. [Layer Style] 대화상자가 열기고 [Style]의 [Drop Shadow]가 선택되어 있습니다. [Opacity]는 '68', [Angles]는 '135', [Distance]는 '15', [Size]는 '50'으로 설정하고 [OK] 단추를 클릭합니다.

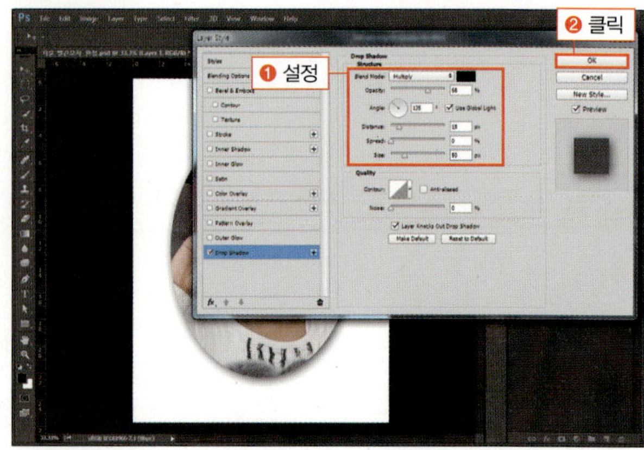

09. 완성된 결과물을 확인해 봅니다.

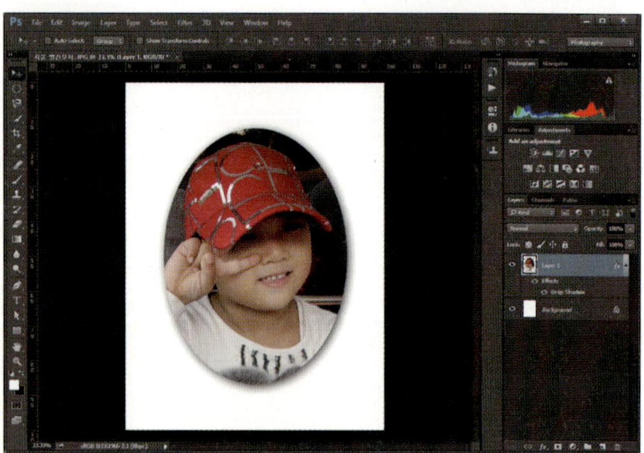

이번에는 레이어 마스크와 브러시 도구만으로 이미지를 합성해 보겠습니다. 이 방법은 어찌 보면 참으로 무식한 방법이지만 잘 사용하면 좋은 결과를 낼 수 있습니다. 그리고 다른 선택 도구로 선택하고 보조로 사용할 수도 있습니다. 좀 힘들더라도 한땀 한땀 지워봅시다.

예제 파일 | DVD₩Part 06₩지윤_한복.jpg, 초가집.jpg **완성 파일 |** DVD₩Part 06₩초가집_지윤완성.psd

01. '지윤_한복.jpg', '초가집.jpg' 파일을 불러옵니다. 두 개의 도큐먼트 창이 열린 것을 확인할 수 있습니다.

02. 도큐먼트 탭에서 '지윤_한복.jpg'를 선택하고, 도구 패널에서 다각형 올가미 도구(Polygonal Lasso Tool)를 선택합니다. 이미지를 선택하는데 이때 이미지에서 조금 여유를 두고 선택합니다.

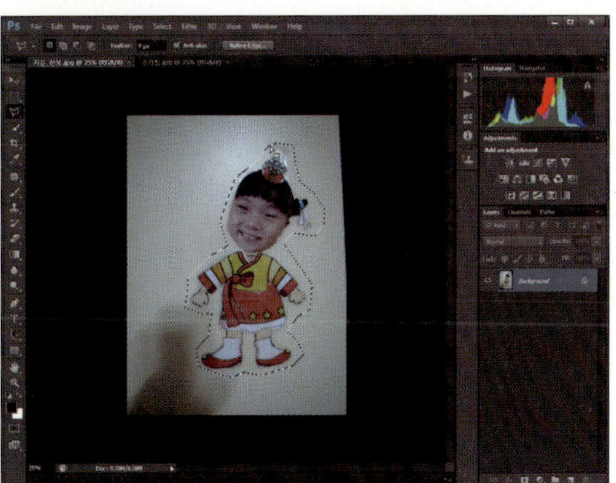

▲ 선택된 상태

03. 이미지 합성을 위해 두 개의 도큐먼트 창이 화면에 다 보이도록 [Window]−[Arrange]−[2−up Vertical] 메뉴를 클릭합니다.

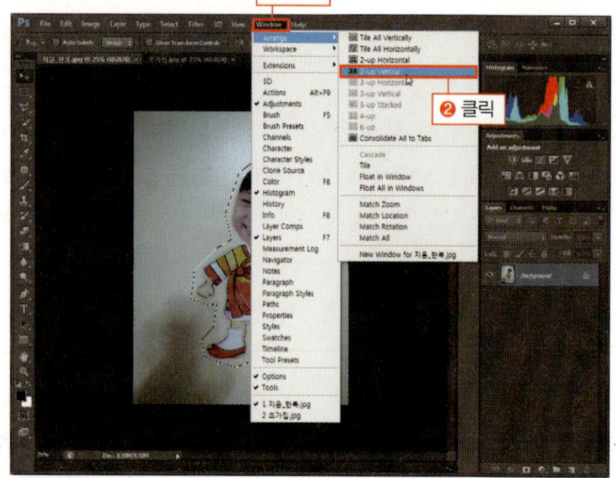

04. 이동 도구(Move Tool)로 '지윤_한복.jpg' 도큐먼트 창에서 선택한 이미지를 '초가집.jpg' 도큐먼트 창으로 드래그하여 이동시킵니다.

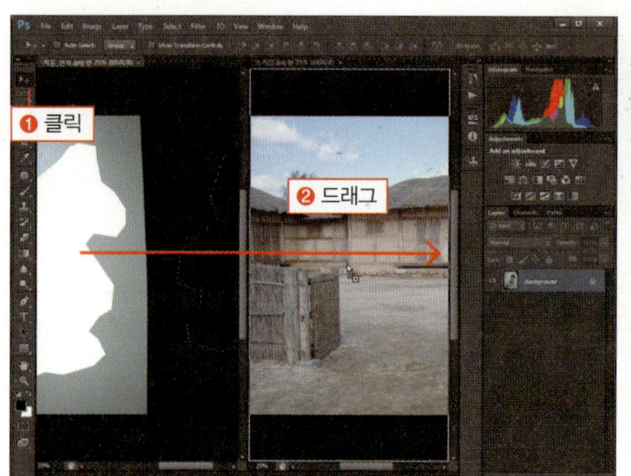

▲ 이동된 상태

05. '지윤_한복.jpg' 도큐먼트 창을 닫아줍니다.

06. [Layers] 패널에서 [Add layer mask] 를
클릭하여 레이어 마스크를 추가합니다.

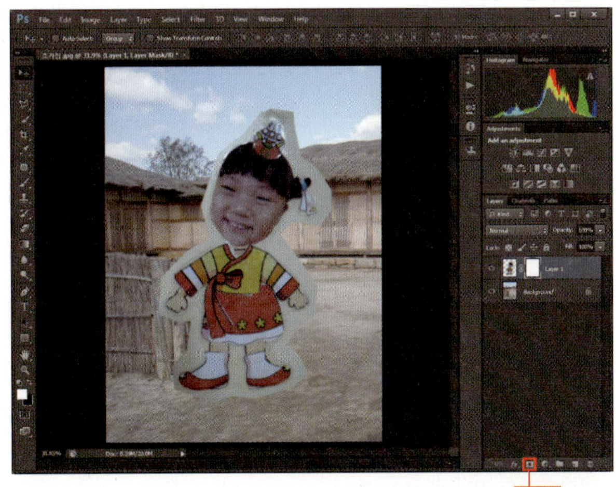

07. 도구 패널에서 브러시 도구(Brush Tool)를 선
택하고 마우스 오른쪽 버튼을 클릭한 후 [Size]는
'40 px', [Hardness]는 '90%'로 설정하고 **Enter** 를
누릅니다.

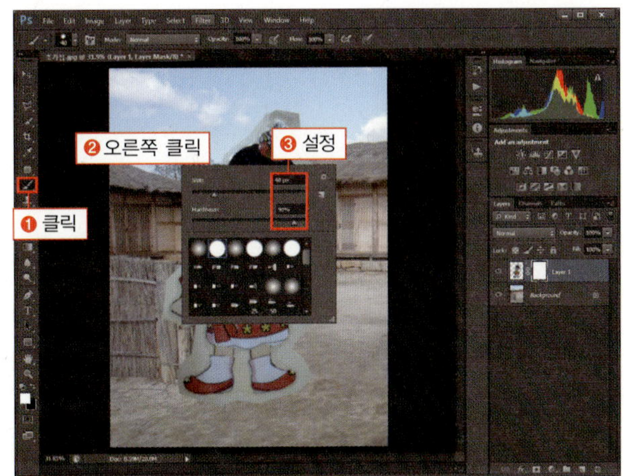

08. **Ctrl** + **+** 를 여러 번 눌러 화면을 200%
까지 확대합니다. 그리고 도구 패널에서 [Switch
foreground and Background colors] 를 클릭하
여 전경색/배경색을 '검은색/흰색'으로 변경합니
다.

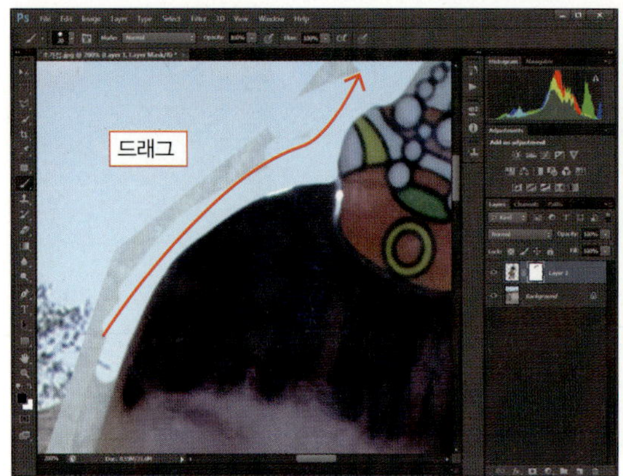
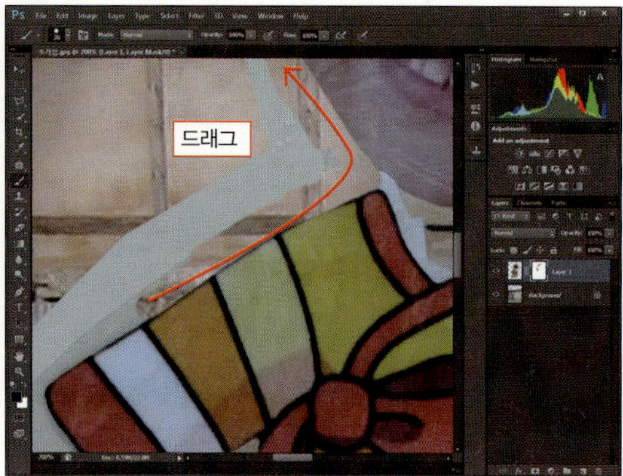

09. 전경색이 검은색인 브러시로 이미지의 경계를 그려줍니다. 그러면 레이어가 지워집니다.

TIP : 정확히 말하면 레이어가 가려지는 것입니다. 하지만 표현은 지워진다고 하겠습니다.

10. 이렇게 레이어를 지우다 보면 실수로 이미지 안까지 지워질 때가 있습니다. 이때는 전경색을 '흰색'으로 설정하고 지워진 부분을 칠해주면 다시 이미지가 살아납니다.

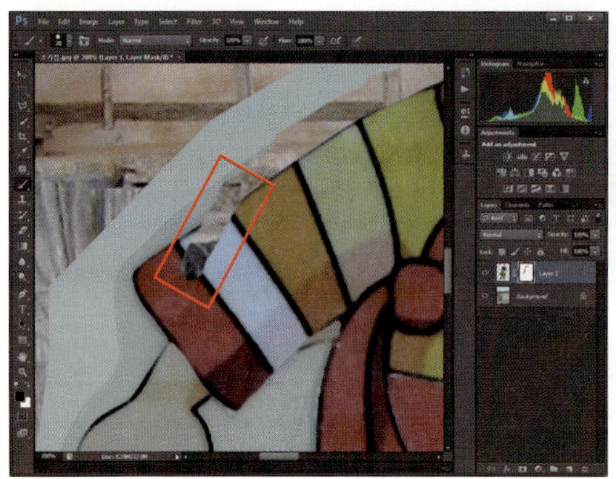
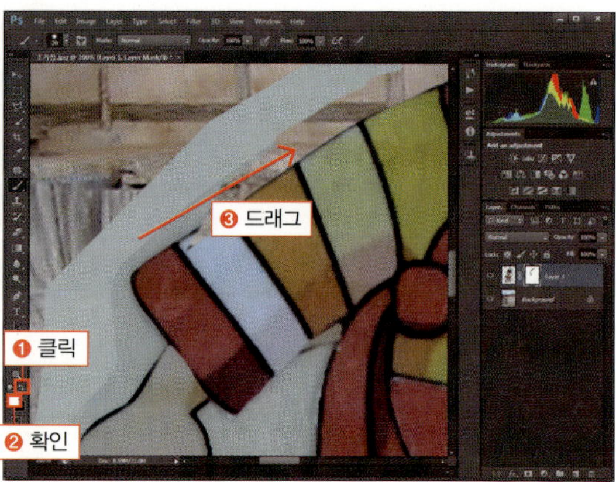

TIP : 다시 말해 레이어 마스크에 검은색을 칠하면 가려지고(지워지고) 흰색을 칠하면 가려진 것이 다시 보이게 되는 것입니다.

11. 그림과 같이 좁은 공간을 지울 때는 [를 눌러서 브러시 크기를 작게 만든 후 지워줍니다.

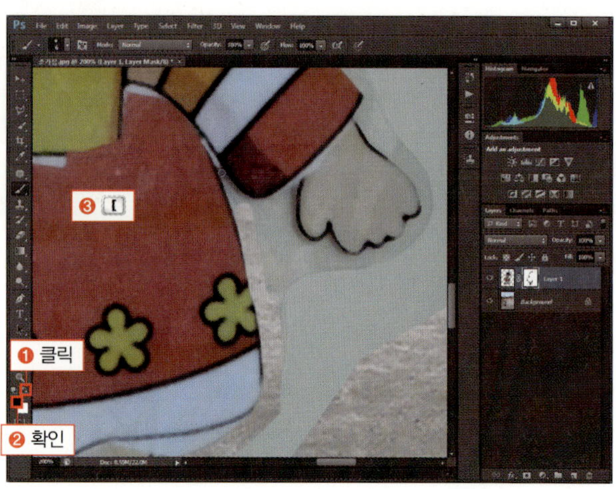

TIP : 반대로 브러시 크기를 크게 하려면] 를 클릭하면 됩니다.

12. 한땀 한땀 지우다 보니 이미지를 한 바퀴 다 돌았네요. 그런데 지저분한 찌꺼기가 아직 남아있습니다.

13. 마우스 오른쪽 버튼을 클릭하고 [Size]는 '81 px', [Hardness]는 '100%'로 설정한 후 Enter 를 누릅니다.

14. 브러시로 나머지 찌꺼기들을 지워줍니다.

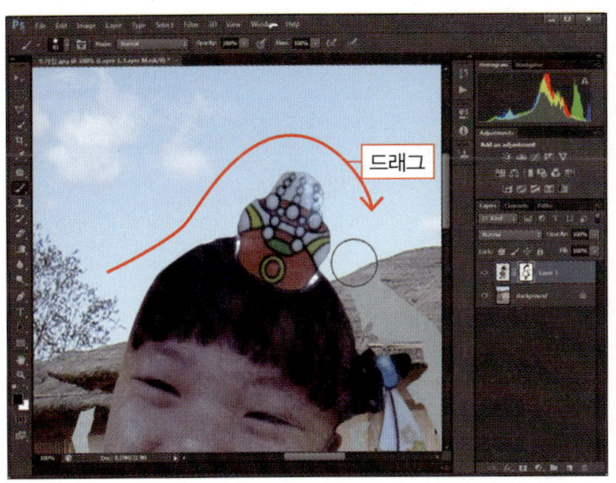

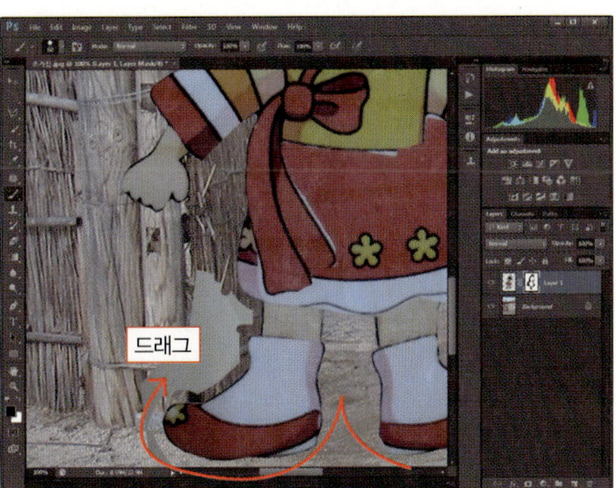

15. 화면에 맞추어 보기를 하기 위해 **Ctrl** +**0**을 누릅니다.

> **연관 검색** [View]-[Fit on Screen] 메뉴를 클릭해도 됩니다.

16. 마지막으로 이미지를 이동시키고 크기를 작게 하기 위해 **Ctrl** +**T**를 누릅니다. 마우스 포인터를 바운딩 박스 안에 위치시키고 드래그하여 오른쪽으로 이동시킵니다. 그리고 바운딩 박스 꼭짓점을 드래그하여 크기를 줄여줍니다. 조정이 끝나면 **Enter**를 누릅니다.

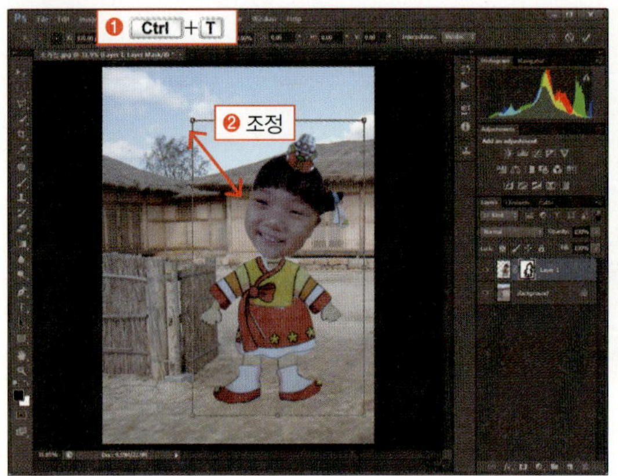

이번에는 빠른 선택 도구와 레이어 마스크를 이용하여 건물 사진에 구름을 합성해 보겠습니다.

예제 파일 | DVD₩Part 06₩건물.jpg, 구름.jpg   **완성 파일 |** DVD₩Part 06₩건물_구름_완성.psd

01. 예제 파일을 불러온 후 허전한 파란색 하늘에 구름을 합성해 보겠습니다. 도구 패널에서 빠른 선택 도구(Quick Selection Tool)를 선택하고 옵션 바에서 브러시 크기는 '45'로 설정한 후 이미지의 파란 하늘 부분을 드래그합니다.

02. 건물 오른쪽 하늘 부분도 드래그해 선택 영역에 추가합니다.

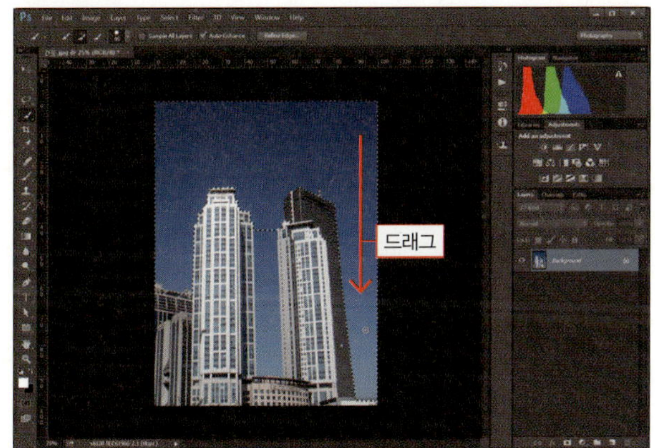

03. 건물과 건물 사이 파란색 하늘 부분도 드래그합니다.

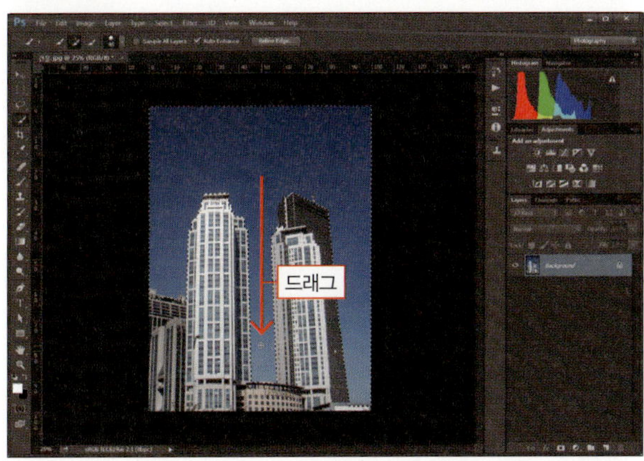

04. `Ctrl` + `+`를 여러 번 눌러 이미지를 확대
합니다. 이미지를 작게 볼 때는 선택이 잘된 것처
럼 보였지만 이렇게 확대해 보면 부분 부분의 선
택이 잘못된 것을 확인할 수 있습니다.

05. 빠른 선택 도구(Quick Selection Tool)의 옵션
바에서 [Subtract from selection]()을 선택하고 브
러시 크기는 '20'으로 설정한 후 선택된 영역에서
뺄 부분을 드래그합니다.

06. 더 정교한 작업을 위해 `Ctrl` + `+`를 눌러
이미지를 확대하고 키보드 `[`를 눌러 브러시 크
기를 작게 만든 후 작업을 진행합니다.

07. [Space Bar]를 누른 상태에서 드래그하여 화면을 이동합니다. 건물과 하늘 경계를 확인하면서 추가할 부분은 추가하고 뺄 부분은 빼는 작업을 계속합니다. 이미지의 선택 영역이 완성된 모습을 확인합니다.

08. Feather 기능을 적용하기 위해 옵션 바에서 [Refine Edge]를 클릭합니다. [Refine Edge] 대화상자가 나타나면 [Adjust Edge]의 [Feather]를 '1'로 설정하고 [Output to]를 'Layre Mask'로 설정한 후 [OK] 단추를 클릭합니다.

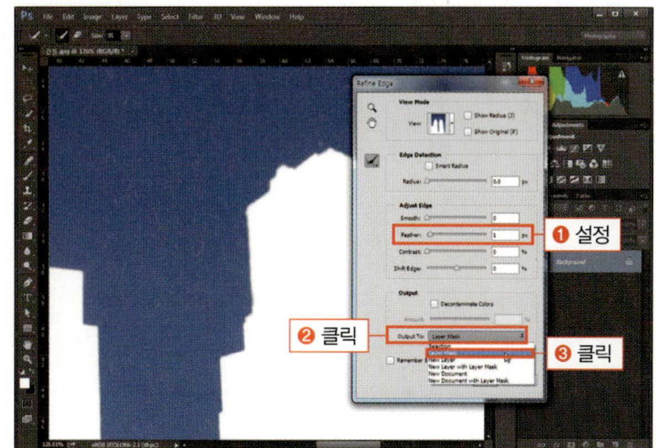

09. Feather 1이 적용된 레이어 마스크가 생겼습니다.

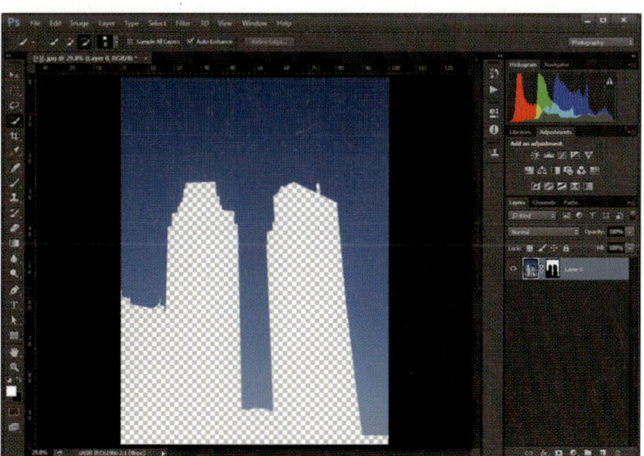

10. 레이어 마스크를 반전시키기 위해 레이어 마스크 부분을 더블클릭하면 [Properties] 패널이 나타납니다. [Invert] 단추를 클릭하면 마스크가 반전되어 건물이 보입니다.

TIP : 처음부터 건물을 선택하여 마스크 작업을 하지 않고, 하늘 부분을 선택하여 마스크를 만든 이유는 하늘 부분이 단색(파란색)으로 되어 있어 선택하기가 수월하기 때문입니다.

11. '구름2.jpg' 파일을 불러온 후 2개의 도큐먼트 창을 다 보이게 하기 위해 [Window]-[Arrange]-[2-up Vertical] 메뉴를 클릭합니다.

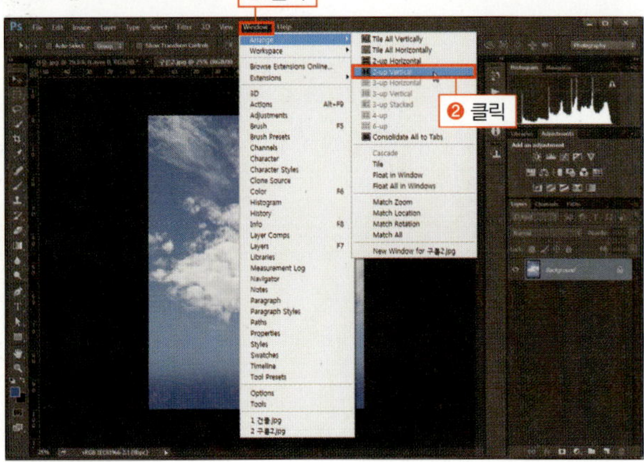

12. 구름 이미지를 드래그하여 건물 이미지에 드롭합니다.

13. [Layers] 패널에서 구름 이미지인 'Layer 1' 레이어를 드래그하여 'Layer 0' 레이어 아래로 이동시킵니다.

14. 구름 이미지가 건물이지 뒤로 배치됩니다. 구름 이미지의 크기를 조금 더 키우기 위해 Ctrl+T를 누르고 Shift 와 Alt 를 동시에 누른 상태로 바운딩 박스의 모서리를 드래그하여 확대한 후 Enter 를 누릅니다.

15. 완성된 결과물을 확인합니다.

- 레이어란 이미지를 투명한 비닐에 그려서 층층이 쌓아 놓은 것입니다. 이렇게 하면 이미지를 자유롭게 이동, 수정 그리고 삭제할 수 있습니다. `340p`

- 레이어의 종류에는 크게 이미지 레이어, 문자 레이어, 조정 레이어, 모양 레이어 등이 있습니다. `343p`

- Merge Down : 선택한 레이어와 아래의 레이어를 하나의 레이어로 합칠 수 있습니다. `350p`

- Merge Visible : [Layers] 패널에서 활성화되어 있는 레이어들을 합칠 수 있습니다. `350p`

- Flatten Image : [Layers] 패널에서 모든 레이어를 합쳐 'Background' 레이어로 만듭니다. `351p`

- [Layers] 패널에서 레이어를 분류하고 검색할 수 있는 기능이 있습니다. `352p`

- [Edit]-[Transform] 메뉴를 이용하면 레이어의 모양을 자유롭게 변형할 수 있습니다. `355p`

- Warp를 이용하면 문자 레이어의 모양을 자유롭게 변형할 수 있습니다. `360p`

- 레이어 스타일을 이용하면 이미지에 그림자 효과, 후광 효과, 엠보싱 효과, 컬러 오버레이 효과 등을 손쉽게 적용할 수 있습니다.

- 레이어 블렌딩 모드는 선택한 레이어와 하위 레이어의 합성 또는, 혼합 방식을 지원합니다. `364p`

- 레이어 마스크와 브러시 등을 이용하여 다양한 이미지 합성이 가능합니다.

01 레이어 스타일을 이용한 문자 꾸미기

예제 파일 : DVD₩Part 06₩무지개빛.psd　　**동영상 해설** : DVD₩Self Test₩P06_01.wmv

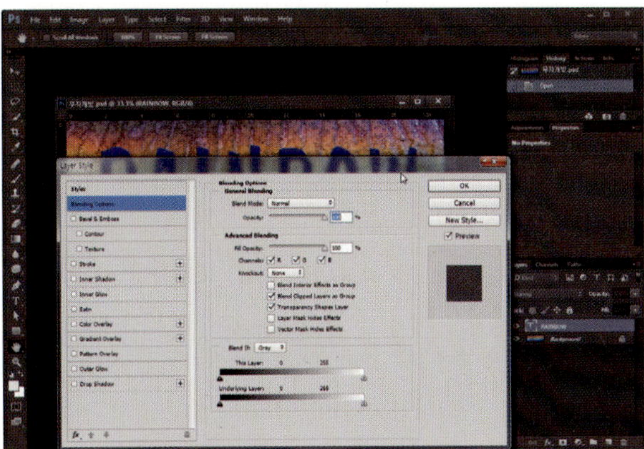

HINT

레이어 스타일을 이용하면 이미지에 그림자 효과, 후광 효과, 엠보싱 효과 등을 쉽게 적용하고 수정할 수도 있습니다.

02 레이어 블렌딩 모드를 이용하여 뽀샤시 이미지 만들기

예제 파일 : DVD₩Part 06₩시우_5.jpg　　**동영상 해설** : DVD₩Self Test₩P06_02.wmv

HINT

블렌딩 모드를 활용하기 위해서는 [Layers] 패널에 두 개의 레이어가 있어야 합니다. 블렌딩 모드를 이용하면 선택한 레이어와 하위 레이어를 합성하여 극적인 효과를 표현할 수 있습니다.

07

포토샵 CC 2015로
제대로 칠하고, 제대로 그리기

이번 Part의 Lesson 01에서는 채우기 명령과
페인트 통 도구, 그레이디언트 도구로 칠하기,
Lesson 02에서는 연필 도구로 그림 그리기, 브
러시 도구로 눈 내리는 효과 만들기, 빗방울 효
과, 불규칙한 모양의 테두리 효과 등을 표현해
보겠습니다. Lesson 03에서는 히스토리 브러시
도구를 이용한 효과에 대해서 알아보겠습니다.
마지막 Lesson 04에서는 셰이프 도구를 이용한
도형 그리기에 대해서 알아보겠습니다.

칠(Fill) 명령과 페인트 통 도구, 그레이디언트 도구로 칠하기

[Edit]-[Fill] 메뉴를 이용하여 단색 또는 패턴을 적용하고, 페인트 통 도구와 [Swatches] 패널을 이용하여 다양한 색을 칠해보겠습니다. 그리고 그레이디언트 도구를 이용하여 배경에 그레이디언트를 적용해 보겠습니다.

기초탄탄 ▶ 포토샵 CC 2015의 색상 채우기

■ [Fill] 대화상자 이해하기 `406p`

[Fill] 대화상자에서는 채울 색, 패턴 등을 선택할 수 있고, 블렌딩 모드와 불투명도를 조절할 수도 있습니다.

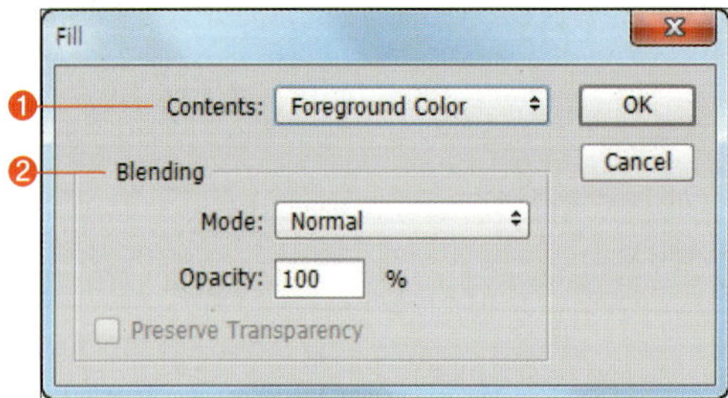

❶ Contents : 기본 설정은 'Foreground Color'입니다. 다양한 채우기 방법을 선택할 수 있습니다.

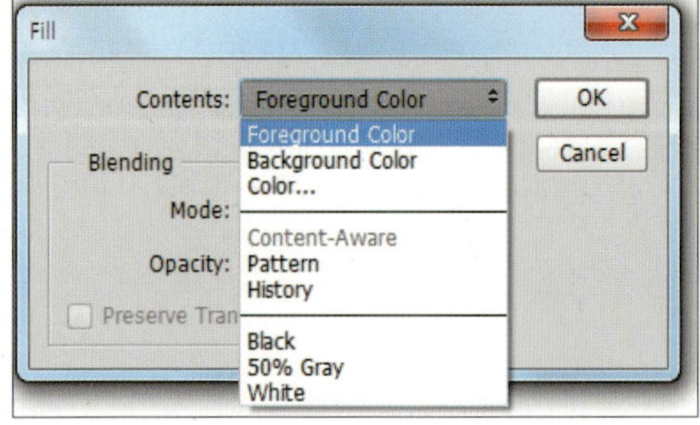

• Foreground Color : 도구 패널에 지정한 전경색으로 채웁니다.

• Background Color : 도구 패널에 지정한 배경색으로 채웁니다.

• Color : 'Color'를 선택하면 [Color Picker] 대화상자가 나타납니다. 원하는 색상을 선택하고 [OK] 단추를 클릭하면 색상이 적용됩니다.

• Content-Aware : 선택 도구를 이용하여 이미지의 지우고 싶은 부분을 선택하고, [Fill] 대화상자에서

'Content-Aware'를 선택하면 패치 도구의 'Content-Aware'와 같이 이미지가 수정됩니다.

- Pattern : 'Pattern'을 선택하면 'Custom Pattern'이 활성화됩니다. 이곳에서 그림과 같이 저장된 패턴들을 적용할 수 있습니다.

- History : 원본 이미지로 채워줍니다. 다시 말해 도큐먼트 창을 처음 열었을 때로 이미지를 되돌려 줍니다.

- Black : 검은색으로 채워줍니다.

- 50% Gray : 중간 회색으로 채워줍니다.

- White : 흰색으로 채워줍니다.

❷ Blending : [Contents]-[Use]에서 선택한 색이나 패턴을 채울 때 [Blending Mode]와 [Opacity]를 조절할 수 있습니다.

- Mode : 레이어의 블렌딩 모드(Blending Mode)와 같이 원본과 채우는 색, 패턴에 블렌딩 모드를 적용할 수 있습니다.

- Opacity : 레이어로 되어 있는 것처럼 불투명도를 조절합니다.

- Preserve Transparency : 레이에에 칠할 때, 체크하면 레이어의 투명 부분에는 칠해지지 않습니다.

■ Pattern 추가 설명

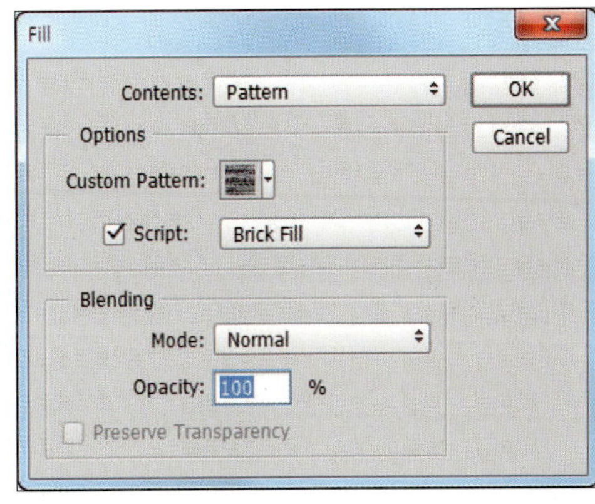

- Scrip : 'Scrip Patterns'의 약자로 포토샵 CS6 버전에서 처음 등장했으며 기하학적 무늬로 패턴을 채울 수 있습니다. 포토샵 CC 2015에서 추가 대화상자를 통해 설정을 할 수 있게 발전하였습니다. 각 항목을 선택하고 [OK] 단추를 클릭하면 추가 대화상자가 나타납니다.

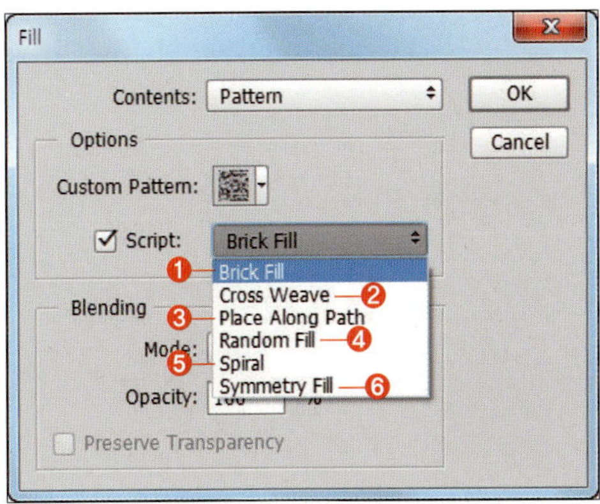

❶ Brick Fill : 벽돌 칠 패턴

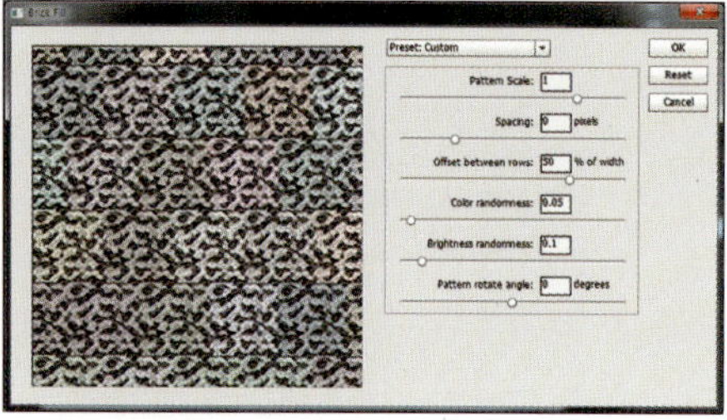

❷ Cross Weave : 그물 직물 패턴

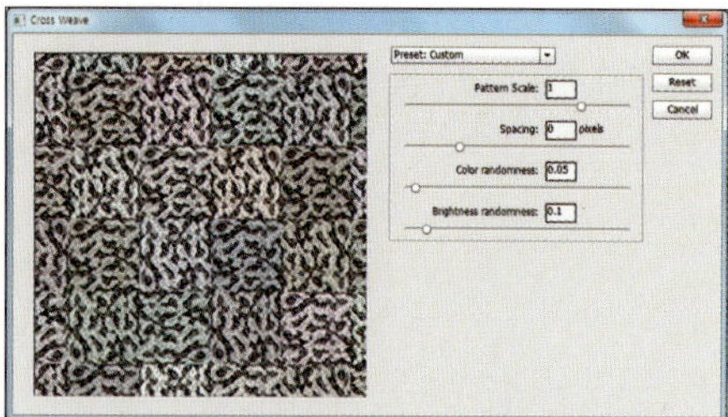

❸ Place Along Path : 패스를 따라 가져오기 패턴

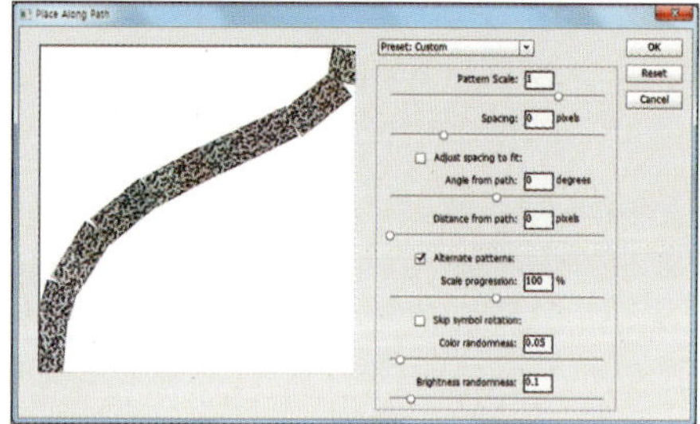

• 펜 도구를 이용하여 패스를 그리고 'Place Along Path'를 선택하면 그림과 같이 칠해집니다.

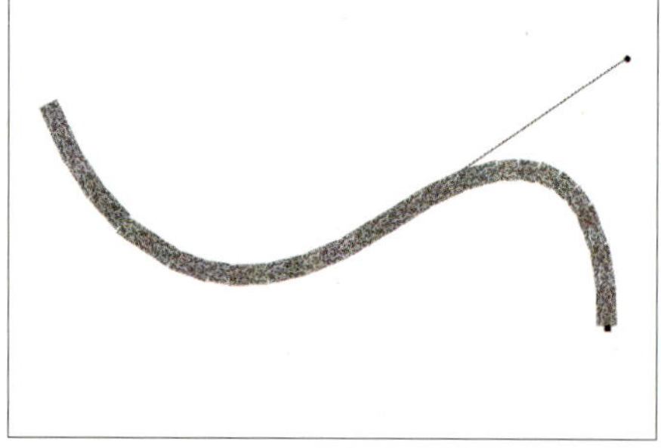

❹ Random Fill : 임의 칠 패턴

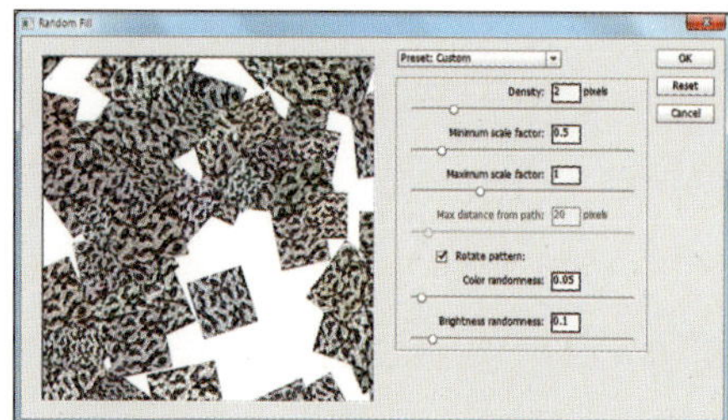

❺ Spiral : 나선형 패턴

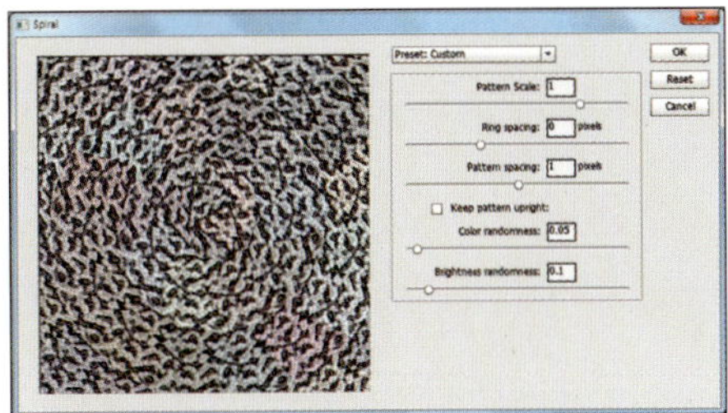

❻ Symmetry Fill : 대칭 칠하기 패턴

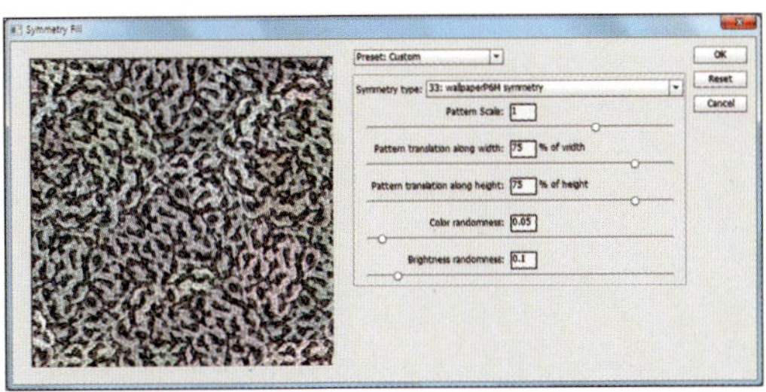

■ 도구 패널의 전경색/배경색 이해하기

- 기본 전경색과 배경색(Default Foreground Color and Background Colors , 단축키 : D) : 아이콘을 클릭하면 전경색은 '검은색', 배경색은 '흰색'으로 설정됩니다.

- 전경색/배경색 전환(Switch Foreground Color and Background Colors , 단축키 : X) : 아이콘을 클릭하면 현재 설정되어 있는 전경색과 배경색이 바뀝니다.

- 전경색(Foreground Color) : 브러시 도구, 페인트 통 도구와 같은 드로잉 도구로 칠할 때 사용되는 색입니다.
- 배경색(Background Color) : 배경 레이어(Background)에 지우개 도구를 이용하여 지울 때 사용되는 색입니다.

■ 전경색(Foreground Color), 배경색(Background Color) 바꾸기

• [Color Picker](색상 픽커) 대화상자 이용하기

도구 패널의 전경색 또는, 배경색 아이콘을 클릭하면 [Color Picker] 대화상자가 나타납니다. [Color Picker] 대화상자에서 원하는 색상을 지정할 수 있습니다.

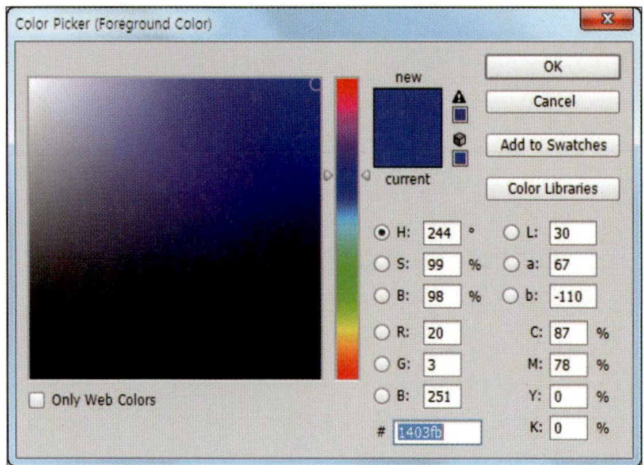

• [Color](색상) 패널 이용하기

전경색 또는, 배경색을 R, G, B 슬라이드 바로 조정하여 색을 만들 수 있습니다. 포토샵 CC 2015의 [Color] 패널에서 기본 설정은 'Hue Cube'(색상 육면체)입니다. 설정을 바꾸고 싶다면 패널의 메뉴 버튼을 클릭한 후 세부 항목에서 선택하면 됩니다.

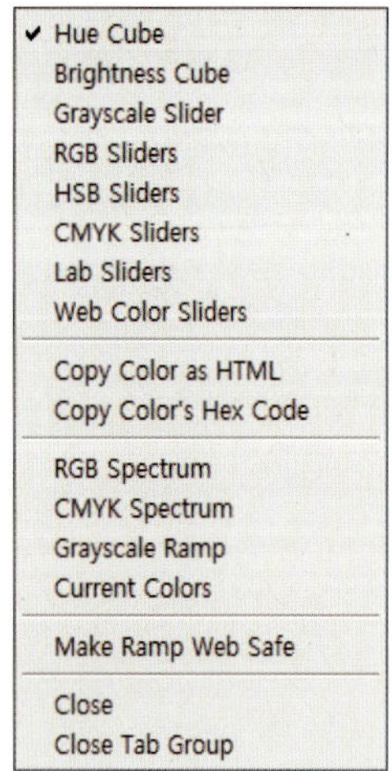

• [Swatches](색상 견본) 패널

포토샵 CC 2015의 색상 견본을 모아 놓은 패널입니다. 원하는 색상을 선택하면 전경색으로 지정할 수 있습니다.

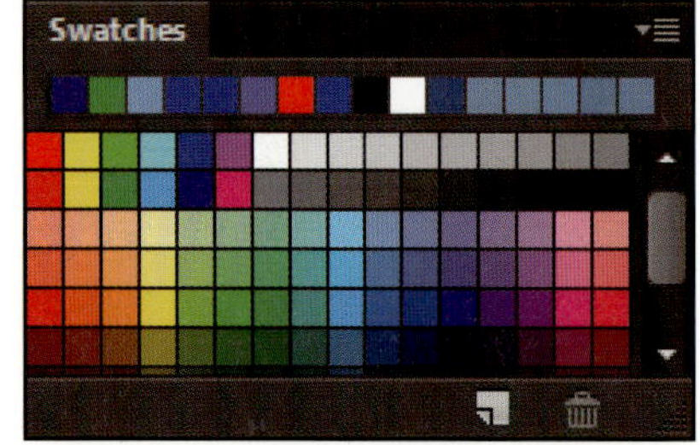

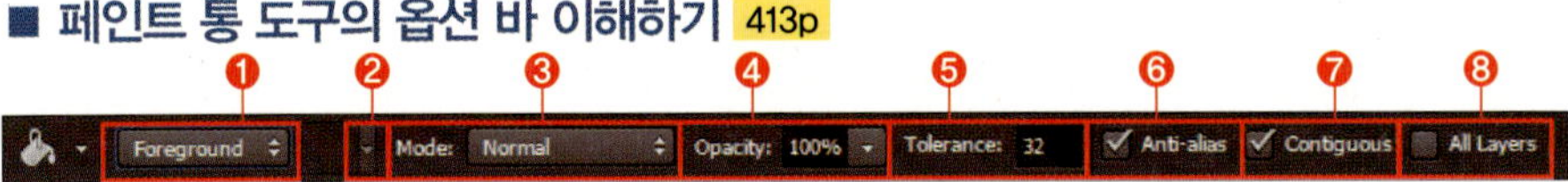

❶ Set Source for fill area : 전경색으로 채울지 패턴으로 채울지를 선택합니다.

❷ Pattern Picker : Set Source for fill area에서 'Pattern'을 선택하면 활성화되며 저장된 패턴을 선택합니다.

❸ Mode : 블렌딩 모드를 선택합니다.

❹ Opacity : 불투명도를 조정합니다.

❺ Tolerance : 색상이 칠해지는 범위를 정합니다. 수치가 넓을수록 범위가 넓어집니다. 기본은 '32'입니다.

❻ Anti-alias : 체크하고 페인트 통 도구(Paint Bucket Tool)를 사용하여 칠하면 경계가 부드럽게 채워집니다. 항상 체크하고 사용합니다.

❼ Contiguous : 체크하지 않으면 이미지 전체에 채워집니다.

❽ All Layers : 이미지가 여러 개의 레이어로 되어 있을 때 체크를 하면 레이어가 합쳐진 것으로 인식하고 채워집니다.

■ 그레이디언트 도구의 옵션 바 이해하기 413p

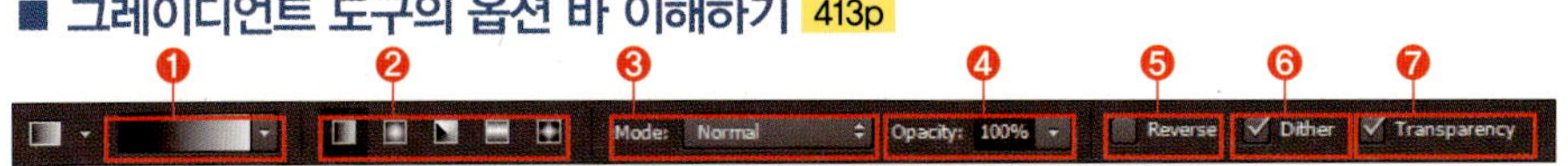

❶ Edit the gradient : 현재 선택된 그레이디언트를 보여주며, 클릭하면 나타나는 [Gradient Editor] 대화상자에서 그레이디언트를 편집할 수 있습니다.

❷ Line, Radial, Angle, Reflected, Diamond gradient : 선형, 방사형, 각진, 반사, 다이아몬드 모양의 그레이디언트를 선택합니다.

❸ Mode : 블렌딩 모드를 선택합니다.

❹ Opacity : 불투명도를 조정합니다.

❺ Reverse : 체크하면 그레이디언트의 처음과 끝이 바뀝니다.

❻ Dither : 체크하면 그레이디언트의 벤딩(줄무늬 현상)이 감소합니다. 항상 체크하고 사용합니다.

❼ Transparency : '전경색에서 투명으로' 그레이디언트를 사용하려면 꼭 체크해야 합니다. 체크를 해제하면 '전경색에서 투명으로' 그레이디언트를 선택해도 전경색만 칠해집니다. 항상 체크하고 사용합니다.

[Edit]-[Fill] 메뉴를 이용하면 이미지 전체나 선택 영역 안에 단색 또는, 패턴 등을 칠할 수 있습니다. 이번 Step에서는 자동 선택 도구와 Fill 기능을 이용하여 흑백으로 그려진 꽃과 나비 이미지에 색을 칠해보고 배경에는 패턴을 채워보겠습니다.

예제 파일 ┃ DVD₩Part 07₩꽃과나비.jpg   **완성 파일** ┃ DVD₩Part 07₩꽃과나비_완성.jpg

01. 예제 파일을 불러옵니다. 흰색 배경에 검은색으로 그려진 꽃과 나비 도안입니다. 도구 패널에서 자동 선택 도구(Magic Wand Tool)를 선택하고 검은색 꽃잎 하나를 클릭합니다.

02. 선택 영역을 추가하기 위해 Shift 를 누른 상태에서 나머지 꽃잎도 클릭합니다.

03. 선택한 꽃잎에 색을 칠하기 위해 [Edit]-[Fill] (Shift + F5) 메뉴를 클릭합니다.

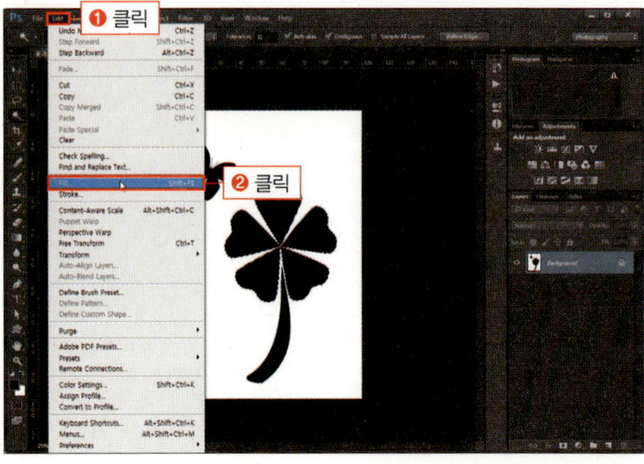

04. [Fill] 대화상자가 나타나면 [Content]에서 'Color'를 선택합니다. 'Color'를 선택하면 [Color Picker] 대화상자가 나타납니다. 마우스 포인터로 초록색을 선택한 후 [OK] 단추를 클릭합니다.

연관검색 R:2, G:252, B:8을 직접 입력해도 됩니다.

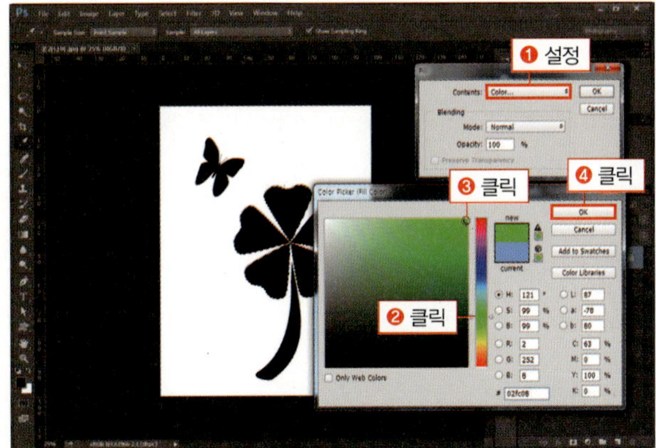

05. [Color Picker] 대화상자가 닫히면, [Fill] 대화상자의 [OK] 단추를 클릭합니다.

06. 꽃잎이 초록색으로 칠해졌습니다. 선택 영역을 해제하기 위해 [Select]−[Deselect](**Ctrl**+**D**) 메뉴를 클릭합니다.

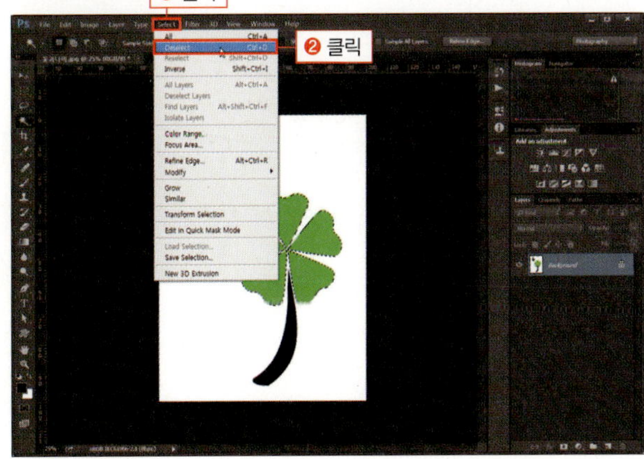

07. 이번에는 줄기 부분을 자동 선택 도구(Magic Wand Tool)로 클릭하여 선택합니다.

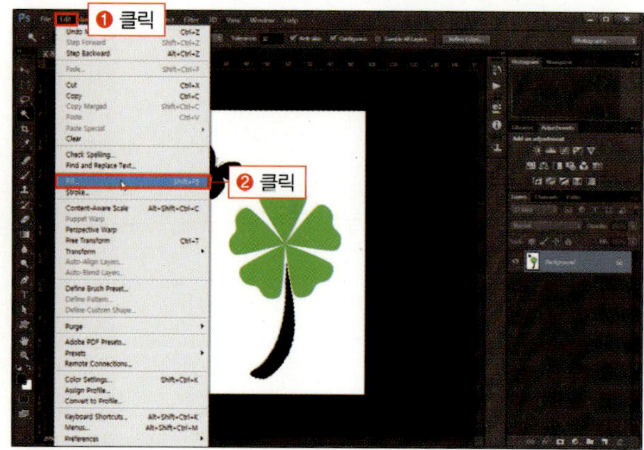

08. [Edit]–[Fill](Shift + F5) 메뉴를 클릭합니다.

09. [Fill] 대화상자가 나타나면 [Content]에서 'Color'를 선택하여 [Color Picker] 대화상자를 불러옵니다. 마우스 포인터로 꽃잎을 클릭하면 초록색으로 설정됩니다. 조금 어두운 색상으로 선택한 후 [OK] 단추를 클릭합니다. [Color Picker] 대화상자가 닫히면 [Fill] 대화상자에서도 [OK] 단추를 클릭합니다.

10. 줄기 부분에 색이 칠해진 것을 확인한 후
Ctrl+**D**를 눌러 선택 영역을 해제합니다.

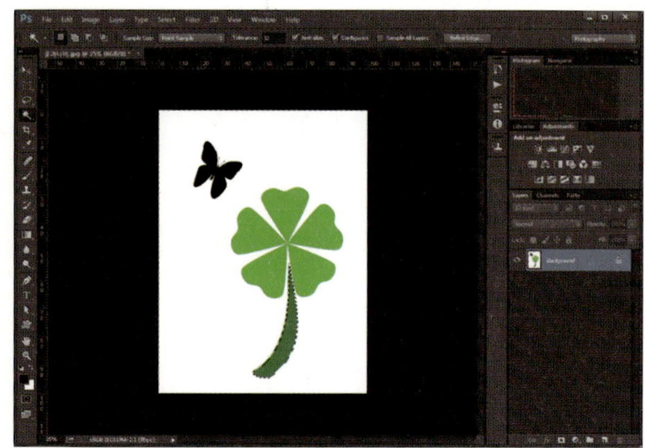

11. 이번에는 자동 선택 도구(Magic Wand Tool)
로 나비를 선택합니다.

12. [Edit]—[Fill](**Shift**+**F5**) 메뉴를 클릭합니다.

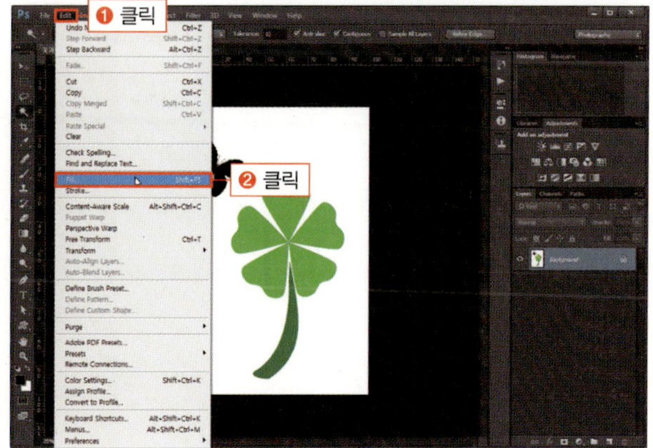

13. [Fill] 대화상자가 나타나면 [Content]에서 'Color'를 선택하여 [Color Picker] 대화상자를 불러 옵니다. [Color Picker] 대화상자에서 'R: 250, G : 253, B : 3'으로 설정하고 [OK] 단추를 클릭합니다. [Color Picker] 대화상자가 닫히면 [Fill] 대화상자에 서도 [OK] 단추를 클릭한 후 Ctrl + D 를 눌러 선택 영역을 해제합니다.

14. 이번에는 자동 선택 도구(Magic Wand Tool) 로 흰색 배경을 클릭하여 선택합니다.

> **TIP : 꽃이 선택된 상태 vs 배경이 선택된 상태 비교**
> 이미지가 선택된 상태는 이미지에만 선택 영역이 나타 나고, 배경이 선택된 상태일 때는 이미지 외각에도 사 각형으로 선택 영역이 나타납니다. 선택 영역을 영어로 'marching ants' 즉, 번역하면 개미들의 행진이라고 부 릅니다.

15. [Edit]–[Fill] 메뉴를 클릭하고 [Fill] 대화상자 가 나타나면 [Content]에서 'Pattern'을 선택합니 다. [Custom Pattern]의 [Open pattern picker]를 클 릭하고 메뉴 버튼을 클릭한 후 [Artists Brushes Canvas]를 선택합니다.

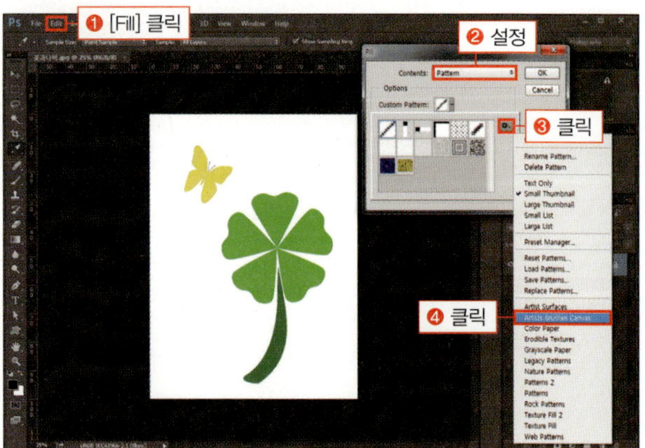

16. 새로운 패턴을 추가하기 위해 [Append] 단추를 클릭합니다.

17. 'Italian Canvas(400 by 400 pixels, RGB mode)'를 더블클릭합니다.

18. [Script]를 체크하고 'Cross Weave'를 선택한 후 [OK] 단추를 클릭합니다.

19. [Fill] 대화상자는 닫히고 [Cross Weave] 대화 상자가 나타나면 [OK] 단추를 클릭합니다.

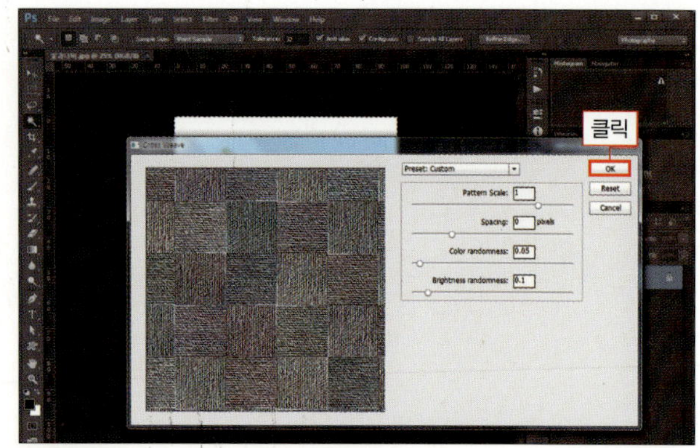

20. 배경에 패턴이 채워진 것을 확인할 수 있습니다.

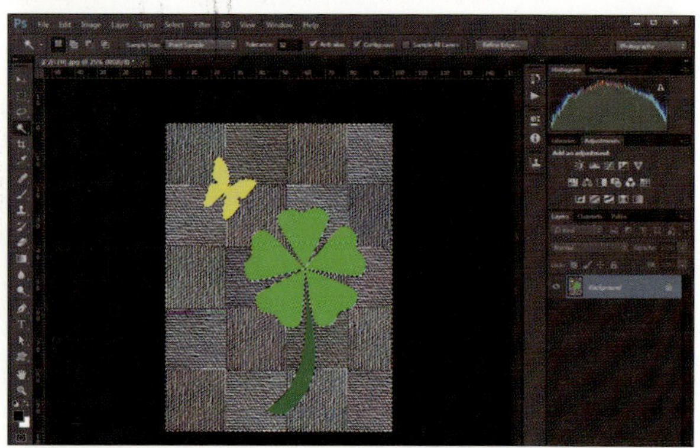

21. 선택 영역을 해제하기 위해 [Select]–[Deselect](Ctrl+D) 메뉴를 클릭합니다.

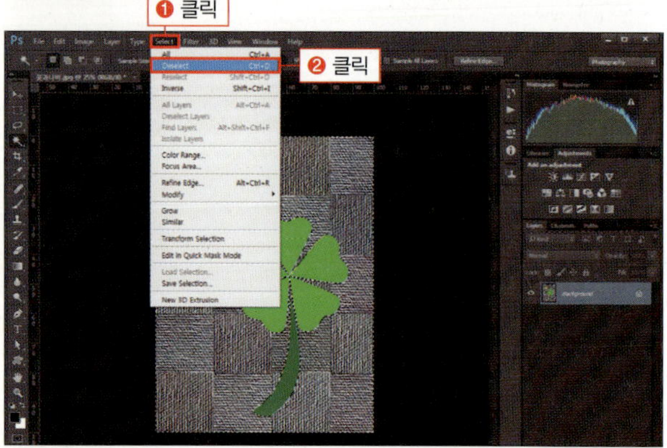

22. 완성된 결과물을 확인해 봅니다.

종이에 펜으로 라인만 그린 그림을 스캔하면 페인트 통 도구와 [Swatches](색상 견본) 패널을 이용하여 색을 칠할 수 있습니다.

예제 파일 | DVD₩Part 07₩꽃밭_밑그림1.jpg　**완성 파일** | DVD₩Part 07₩꽃밭_밑그림1_완성.jpg

01. 예제 파일을 열고 작업 공간을 칠하기에 유리한 Painting으로 변경하기 위해 [Window]-[Workspace]-[Painting] 메뉴를 클릭합니다.

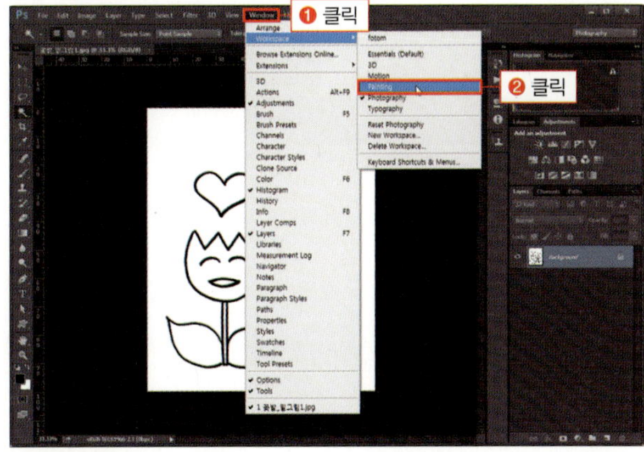

02. 도구 패널에서 페인트 통 도구(Paint Bucket Tool)를 선택합니다.

03. [Swatches] 패널에서 핑크색을 선택합니다. 도구 패널 아래 전경색 아이콘이 핑크색으로 설정된 것을 확인할 수 있습니다.

04. 마우스 포인터를 왼쪽 꽃잎에 위치시키고 클릭합니다.

05. 이번에는 마우스 포인터를 오른쪽 작은 하트에 위치시키고 클릭합니다.

06. [Swatches] 패널에서 노란색을 선택합니다. 전경색 아이콘이 노란색으로 설정된 것을 확인할 수 있습니다. 오른쪽 꽃잎과 왼쪽 하트를 차례로 클릭합니다.

07. 이번에는 [Swatches] 패널에서 초록색을 선택합니다. 전경색 아이콘이 초록색으로 변경된 것을 확인한 후 왼쪽 오른쪽 잎과 줄기를 차례대로 클릭합니다.

08. 배경을 선택하기 위해 도구 패널에서 마술봉 도구(Magic Wand Tool)를 선택하고 흰색 배경을 클릭합니다.

09. 선택 영역을 반전시키기 위해 [Select]-[Inverse](**Shift**+**Ctrl**+**I**) 메뉴를 클릭합니다.

10. 꽃과 하트가 선택되었습니다. 선택한 영역을 레이어로 만들기 위해 [Layer]-[New]-[Layer via cut](Shift + Ctrl + J) 메뉴를 클릭합니다.

11. [Layers] 패널을 보면 'Layer 1' 레이어가 생긴 것을 확인할 수 있습니다.

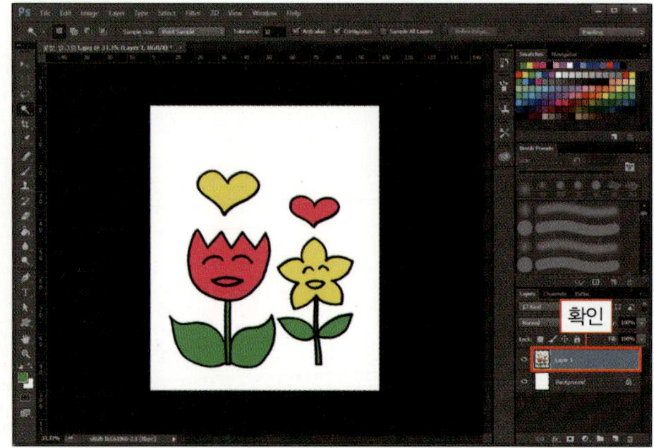

12. [Layers] 패널의 'Background' 레이어를 선택하고 도구 패널에서 그레이디언트 도구(Gradient Tool)를 선택합니다.

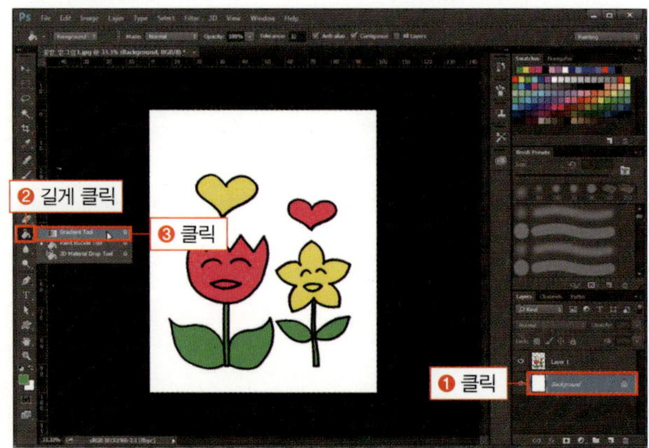

13. 먼저 [Swatches] 패널에서 하늘색을 선택합
니다. 그리고 옵션 바에서 [Open Gradient Picker]
를 클릭하고 'Diamond gradient'를 선택합니다.

14. 마우스 포인터를 이미지 중심에서 아래로
클릭한 후 드래그합니다.

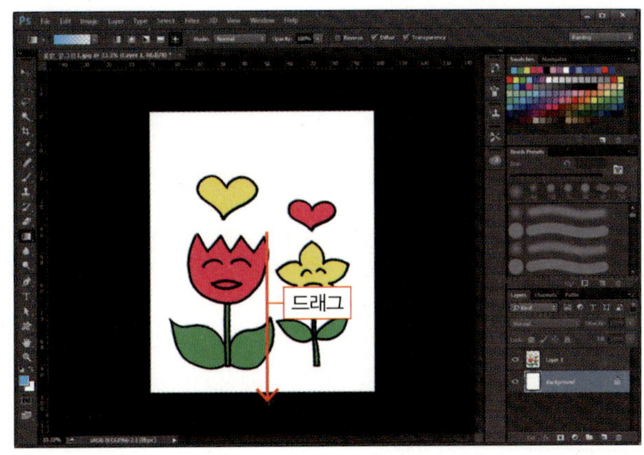

15. 배경에 다이아몬드 모양의 그레이디언트가
칠해진 완성 이미지입니다.

이번 Lesson에서는 연필 도구를 이용하여 그림을 그리고, [Brush] 패널을 이용하여 브러시에 다양한 효과를 설정해 눈 내리는 풍경, 빛방울 추가하기, 그리고 불규칙한 모양의 테두리를 만들어 보겠습니다.

기초탄탄 ▶ 연필 도구, 브러시 도구의 옵션 바와 [Brush], [Brush Preset] 패널 알아보기

■ 연필 도구의 옵션 바 이해하기 `420p`

❶ **Brush Preset picker** : 현재 설정된 연필의 굵기를 보여주며, 클릭하면 [Brush Preset Picker]가 열립니다. 연필 이외의 브러시의 종류와 크기 그리고 경도를 조절할 수 있습니다.

❷ **Toggle the Brush panel** : [Brush] 패널의 열었다, 닫았다 할 수 있는 토글 스위치입니다.

❸ **Mode** : 블렌딩 모드를 선택합니다.

❹ **Opacity** : 불투명도를 조정합니다.

❺ **Pressure for opacity** : 펜 태블릿을 사용할 때 압력으로 불투명도를 조절할 수 있습니다.

❻ **Auto Erase** : 체크를 하면 자동 지우개 기능이 켜집니다. 처음에 그리면 연필로 인식하고, 연필로 그린 곳에 다시 그리면 지우개가 됩니다.

❼ **Pressure for Size** : 펜 태블릿을 사용할 때 펜의 압력으로 브러시 크기를 조절할 수 있습니다.

■ 브러시 도구의 옵션 바 이해하기 `425p`

❶ **Brush Preset picker** : 현재 설정된 브러시의 크기를 보여주며, 클릭하면 [Brush Preset Picker]가 열립니다. 브러시의 종류와 크기 그리고 경도를 조절할 수 있습니다.

❷ **Toggle the brush panel** : [Brush] 패널 토글 스위치입니다.

❸ **Mode** : 블렌딩 모드를 선택합니다.

❹ **Opacity** : 불투명도를 조정합니다.

❺ Pressure for opacity : 펜 태블릿을 사용할 때 압력으로 불투명도를 조절할 수 있습니다.

❻ Flow : 브러시의 강도를 조정합니다. [Opacity]와 비교하면 [Opacity]는 빈 레이어에 100%의 칠을 하고 레이어의 [Opacity]를 조절했을 때의 값과 같습니다. 하지만 [Flow]는 물감을 진하게 또는, 흐리게 칠하는 것과 같습니다. [Enable airbrush-style]을 선택하고, 마우스로 칠하면 에어 브러시로 칠하는 것처럼 점점 퍼집니다.

❼ Pressure for Size : 펜 태블릿을 사용할 때 펜의 압력으로 브러시 크기를 조절할 수 있습니다.

■ [Brush] 패널

브러시의 모든 것을 수정, 편집할 수 있는 패널입니다. 브러시 촉 모양, 모양, 산란, 질감, 이중 브러시, 색상, 전송, 브러시 포즈, 노이즈, 젖은 가장자리 효과, 강화, 매끄럽게 하기, 텍스처 보호 등을 조정할 수 있습니다.

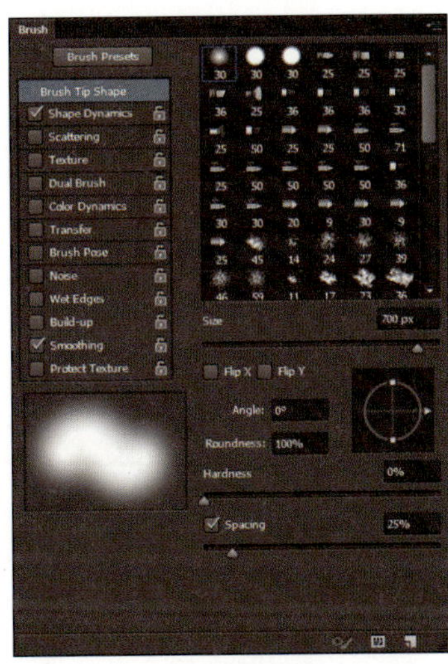

■ [Brush Preset] 패널

[Brush Preset] 패널은 [Brush] 패널의 많은 기능 중 브러시 크기와 사전 설정 브러시들을 따로 모아놓은 패널입니다. 브러시 도구 옵션의 브러시 사전 설정(Brush Preset Picker)과 비슷합니다.

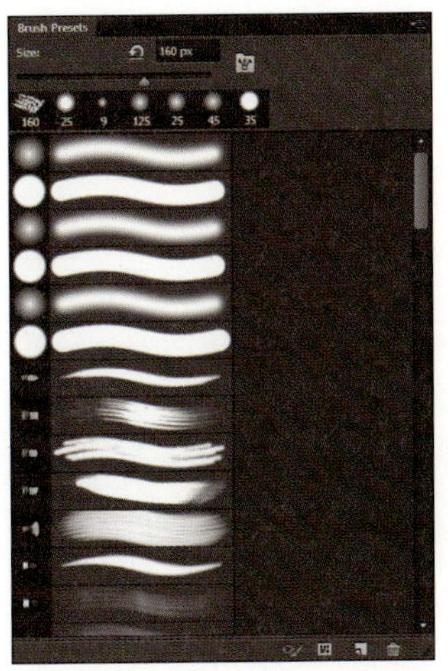

필자는 그림 그리기에 정말 소질이 없습니다. 그래서 필자는 포토샵을 이용해 사진을 'Background' 레이어 위에 올리고 불투명도를 조절하여 흐리게 해 놓고 그림을 그리곤 합니다.

예제 파일 | DVD₩Part 07₩서연사진.jpg   **완성 파일** | DVD₩Part 07₩서연사진_완성.psd

01. 예제 파일을 불러온 후 이미지 전체를 선택하기 위해 [Select]–[All](**Ctrl** + **A**) 메뉴를 클릭합니다.

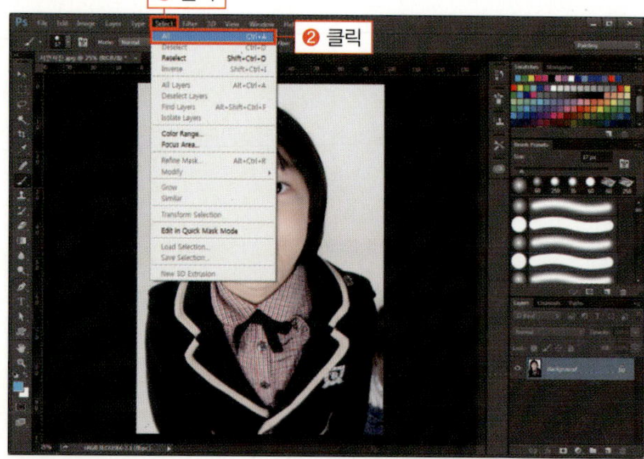

02. 그리고 [Layer]–[New]–[Layer via cut](**Shift** + **Ctrl** + **J**) 메뉴를 클릭합니다.

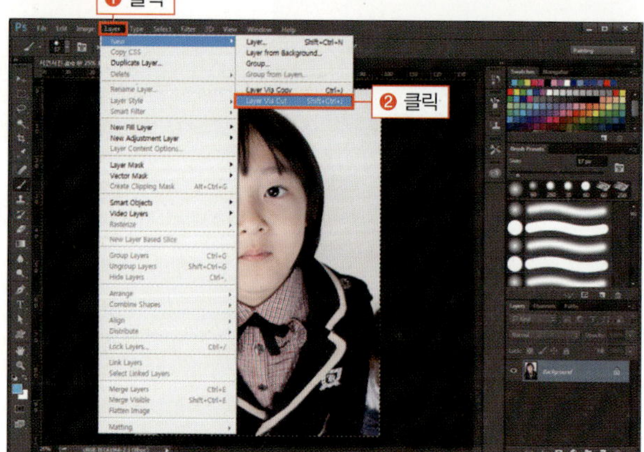

03. [Layers] 패널을 보면 'Background' 레이어와 'Layer 1' 레이어로 나누어진 것을 확인할 수 있습니다.

04. 흑백 이미지로 만들기 위해 [Image]–
[Adjustment]–[Desaturate] 메뉴를 클릭합니다.

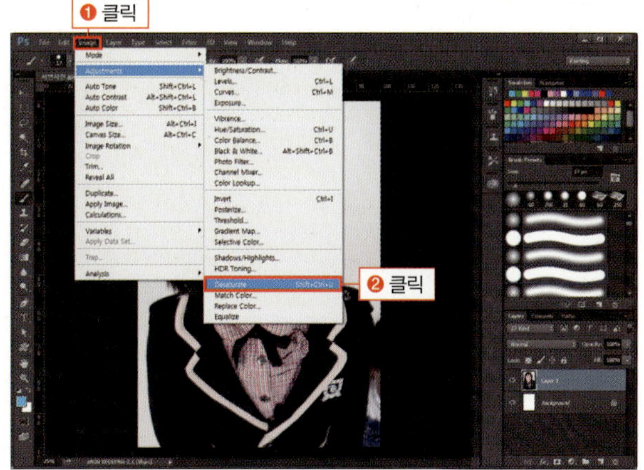

05. 이미지의 명암 대비를 올리기 위해 Ctrl
+M 을 누르고, S자 곡선으로 조정합니다.

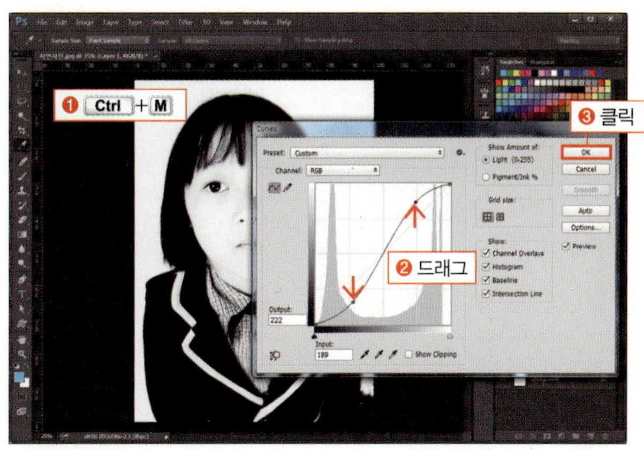

06. [Layers] 패널에서 'Layer 1' 레이어의
[Opacity]를 '40%'로 설정합니다.

07. [Layers] 패널의 [Create a new layer](⬜)를 클릭하여 빈 레이어를 하나 추가하고, 도구 패널에서 연필 도구(Pencil Tool)를 선택합니다.

08. 옵션 바의 [Brush Preset picker]를 클릭하고 [Size]는 '10px', [Hardness]는 '0%'로 설정합니다. 그리고 '기본 전경색/배경색' 아이콘을 눌러 전경색을 검은색으로 만듭니다.

09. Ctrl + + 를 여러 번 눌러 얼굴 부분을 확대하고 흐리게 보이는 사진을 보면서 머리카락 부분과 얼굴 목 부분을 그립니다.

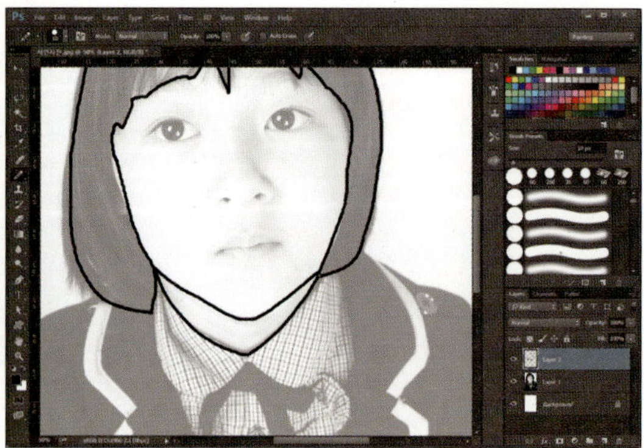

> **문제 해결** 연필 도구를 이용하여 그림을 그릴 때 연결이 끊어져 있으면 나중에 색을 칠할 때 영역을 선택하기가 어렵습니다. 연필선이 끊어지지 않게 그립니다.

10. 옷 부분도 아래 그림처럼 그립니다. 캐릭터를 그리는 것이니 조금 생략하면서 그려도 됩니다. 너무 사진과 똑같이 그릴 필요는 없습니다.

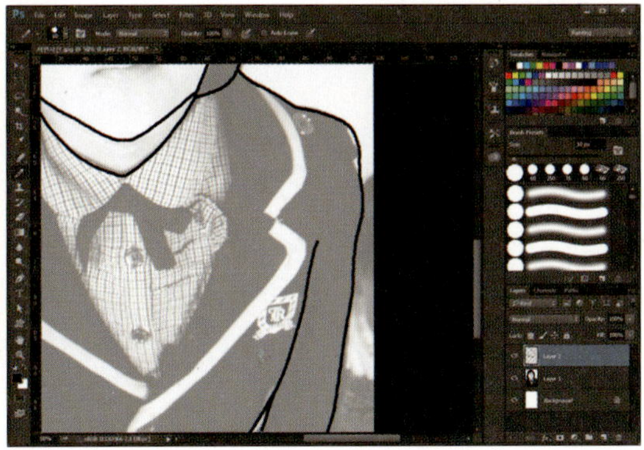

11. 전체 화면을 보기 위해 [View]-[Fit on Screen] 메뉴를 클릭합니다. 연필 선만 확인하기 위해 [Layers] 패널의 'Layer 1' 레이어의 [눈](◉)을 클릭하여 꺼줍니다.

12. 'Layer 1' 레이어의 눈을 다시 켜주고 `Ctrl`
+`+`를 여러 번 눌러 눈 부분을 확대합니다. 그리
고 그림처럼 눈 부분을 그려줍니다.

13. 코와 입도 같은 방법으로 그린 후 `Ctrl`
+`0`을 눌러 이미지를 화면에 맞게 축소하고
[Layers] 패널의 'Layer 1' 레이어의 [눈]()을 클
릭합니다. 그리고 앞선 따라하기와 같은 방법으로
색상을 칠합니다.

TIP : 포토샵을 이용하여 그림을 그릴 때 마우스로
그리는 것은 매우 어렵습니다. 보통 웹툰 작가들은 컴
퓨터에 연결해서 사용하는 태블릿을 이용하거나, 태블
릿 PC와 같은 디바이스들을 활용합니다.

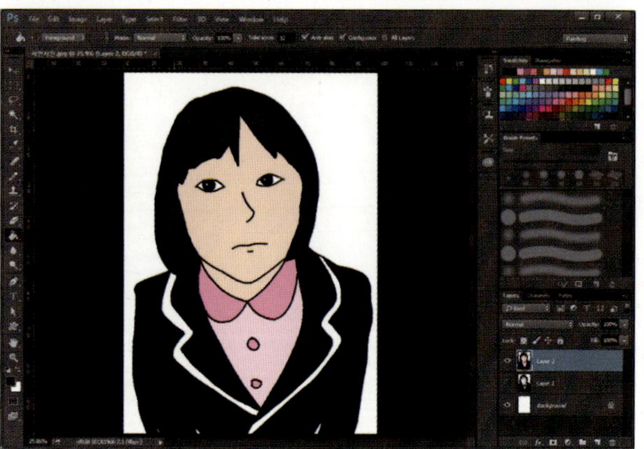

브러시 도구와 [Brush] 패널을 이용하여 다양한 브러시를 만들 수 있습니다. 이번 Step에서는 [Brush] 패널의 다양한 옵션을 이용하여 눈 내리는 풍경을 만들어 보겠습니다.

예제 파일 I DVD₩Part 07₩골목길_BW.jpg **완성 파일 I** DVD₩Part 07₩골목길_BW_눈완성.psd

01. 예제 파일을 불러옵니다. 도구 패널에서 브러시 도구(Brush Tool)를 선택하고 옵션 바에서 [Size]는 '60px', [Hardness]는 '0%'로 설정합니다.

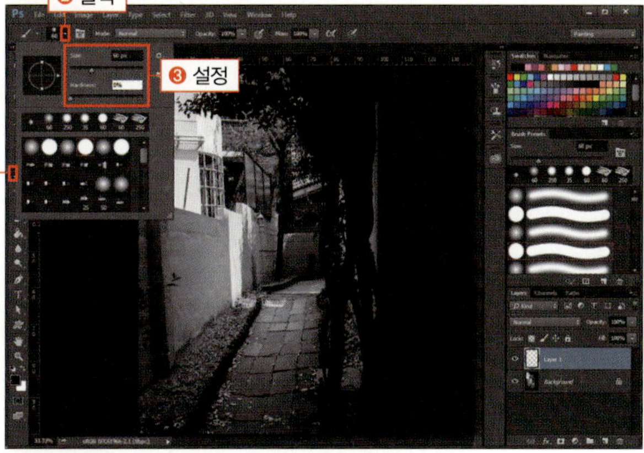

02. [Brush] 패널을 열고 [Shape Dynamics](모양)를 선택합니다. [Size Jitter](크기 흩트림)를 '100%'로 설정합니다.

> **문제해결** [Shape Dynamics] 부분을 선택할 때, 체크 박스 부분을 클릭하면 안 되고, 꼭 글씨 부분을 클릭하여 선택해야 합니다.

03. 이번에는 [Scattering](분산)을 선택하고 [Scatter](산란)을 '1000%'로 설정합니다.

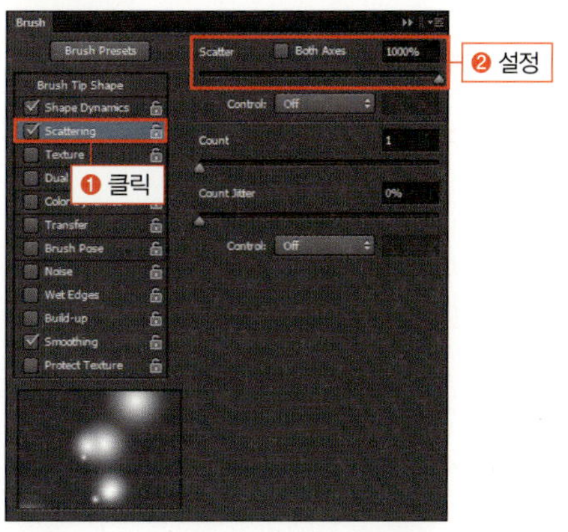

04. [Brush] 패널을 닫고 [Layers] 패널에서 [Create a new layer](🔲)를 클릭하여 빈 레이어 하나를 추가합니다.

05. 그림과 같이 브러시 도구(Brush Tool)로 위에서 아래로 드래그하여 그려줍니다. 불규칙한 브러시의 모양이 눈이 내리는 것 같습니다.

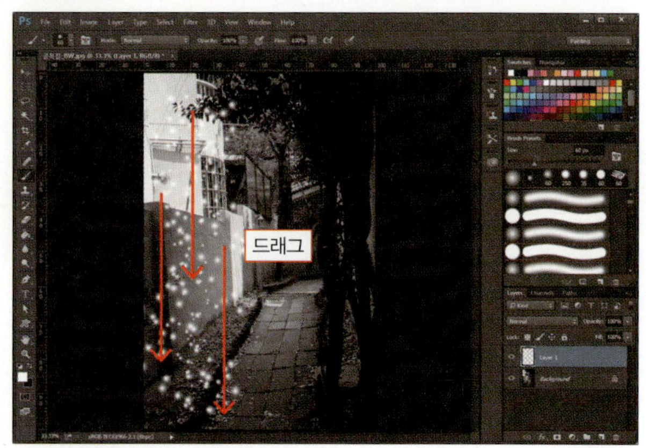

06. 앞선 따라하기와 같은 방법으로 나머지 부분도 그려줍니다.

07. 눈을 조금 자연스럽게 하기 위해 [Layers] 패널에서 'Layer 1' 레이어의 [Opacity]를 '80%'로 설정합니다.

08. 눈이 날리는 레이어에 원근감을 주기 위해 [Edit]—[Free Transform](**Ctrl** + **T**) 메뉴를 클릭합니다.

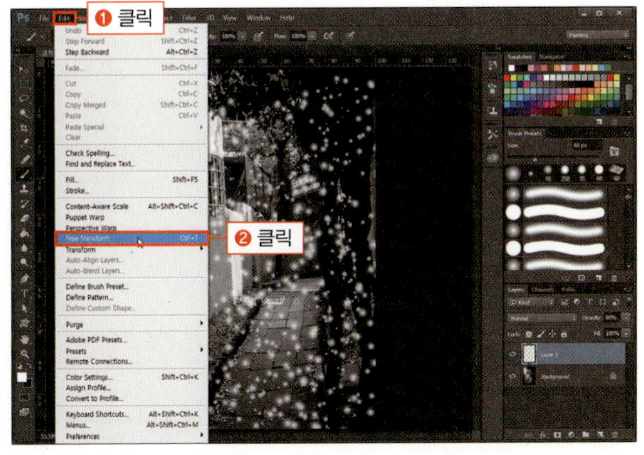

09. 바운딩 박스 안으로 마우스 포인터를 위치시키고 마우스 오른쪽 버튼을 클릭한 후 [Perspective]를 선택합니다.

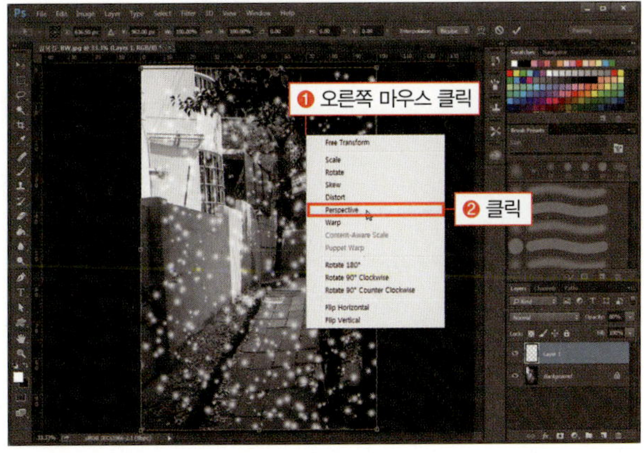

10. 그림처럼 오른쪽 하단의 꼭짓점을 클릭한 상태에서 바깥쪽 방향으로 드래그합니다. 변형을 완료하기 위해 **Enter** 를 누릅니다.

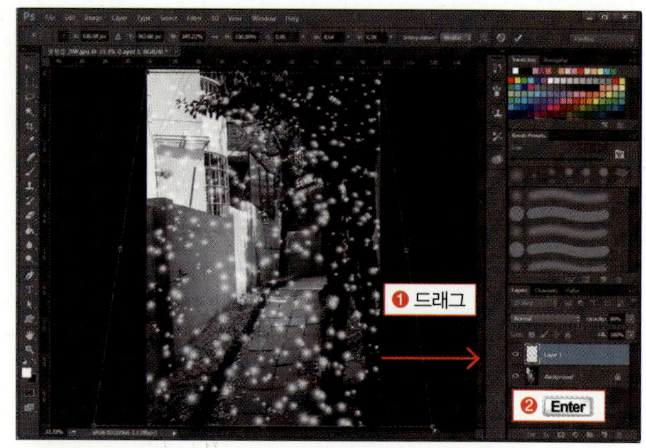

11. 눈 내리는 풍경이 완성되었습니다.

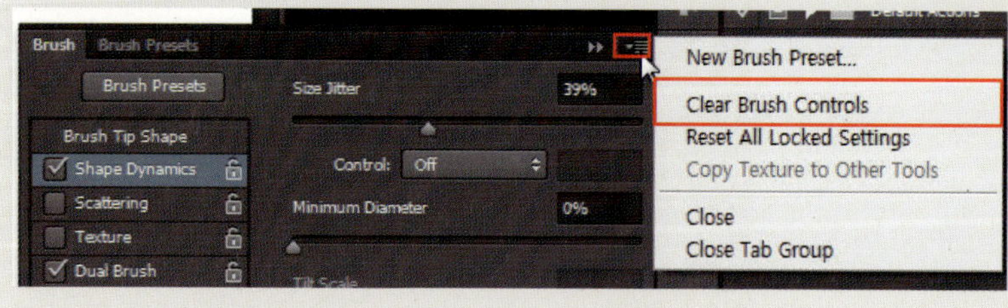

배경이 단색이여서 전체적으로 밋밋해 보이는 사진에 [Brush] 패널의 다양한 옵션을 이용하여 색색의 동그라미 모양의 빛방울이 맺힌 이미지를 만들어 보겠습니다.

예제 파일 | DVD₩Part 07₩지윤_브이.jpg **완성 파일 |** DVD₩Part 07₩지윤_브이_빗방울완성.psd

01. 예제 파일을 불러옵니다. 색상을 추출하기 위해 도구 패널에서 스포이트 도구(Eyedropper Tool)를 선택합니다.

02. 마우스 포인터를 이미지의 티셔츠 부분의 분홍색 나비 무늬 부분을 클릭합니다. 그러면 선택한 색이 도구 패널 아래 전경색으로 설정됩니다.

03. 이번에는 마우스 포인터를 반팔 소매 부분을 Alt 를 누른 상태에서 클릭합니다. 그러면 배경색으로 설정됩니다.

04. [Brush] 패널을 열고 [Brush Tip Shape](브러시 촉 모양)에서 [Size]는 '250px', [Hardness]는 '80%', [Spacing](간격)은 '300%'로 설정합니다.

05. [Shape Dynamics](모양)를 선택하고, [Size Jitter](크기 흩트림)는 '90%', [Minimum Diameter](최소 직경) 는 '20%'로 설정합니다.

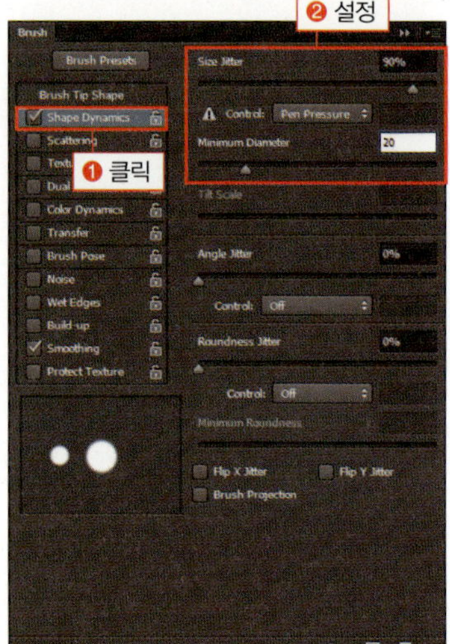

06. [Scattering](산란)을 선택하고 [Scatter]는 '500%', [Count](계산)는 '2'로 설정합니다.

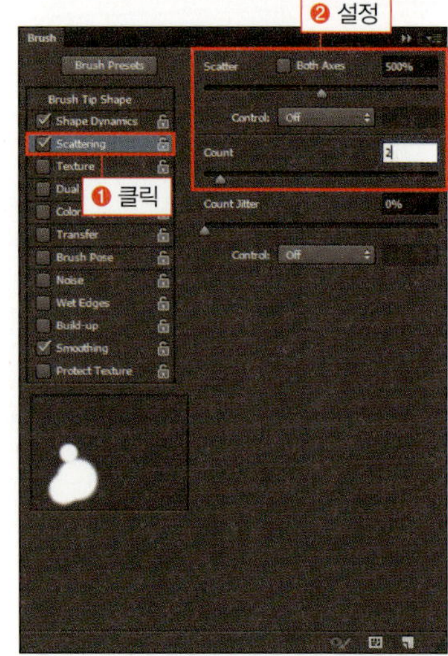

07. [Color Dynamics]를 선택하고 [Foreground/Background](전경색/배경색 흘트림)는 '100%', [Hue Jitter](색상 흘트림)는 '25%'로 설정합니다.

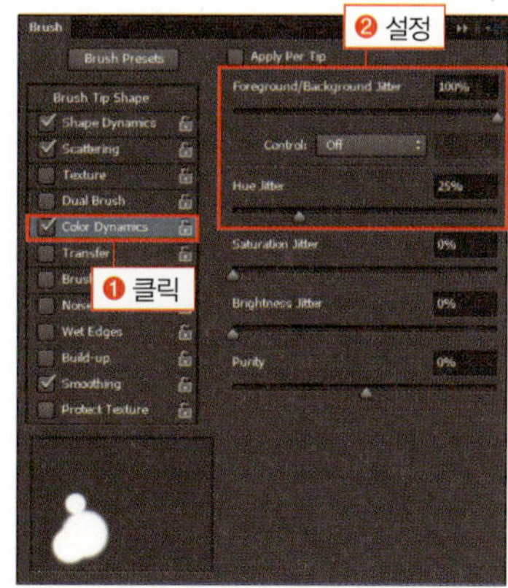

08. [Layers] 패널에서 [Create a new layer](🗔)를 클릭하여 빈 레이어를 추가합니다.

09. 브러시 도구(Brush Tool)를 이용하여 이미지의 얼굴을 피해 클릭 드래그해 그려줍니다. 그리다가 마음에 들지 않으면 Ctrl + Z 또는 [History] 패널을 이용해 원하는 단계로 되돌리고 다시 그리면 됩니다.

10. 자연스럽게 하기 위해 [Layers] 패널에서 'Layer 1' 레이어의 [Opacity]를 '60%'로 설정합니다.

이번 Step에서는 [Brush] 패널의 거친 모양의 브러시를 이용하여 네모 반듯한 사진 테두리에 거친 느낌의 테두리를 그려서 만들어 보겠습니다.

예제 파일 | DVD₩Part 07₩성운지윤6.jpg   **완성 파일** | DVD₩Part 07₩성운지윤6_테두리완성.psd

01. 새로운 도큐먼트 창을 만들기 위해 [File]–[New] 메뉴를 클릭합니다. [New] 대화상자가 나타나면 [Preset]의 'Photo'를 선택합니다.

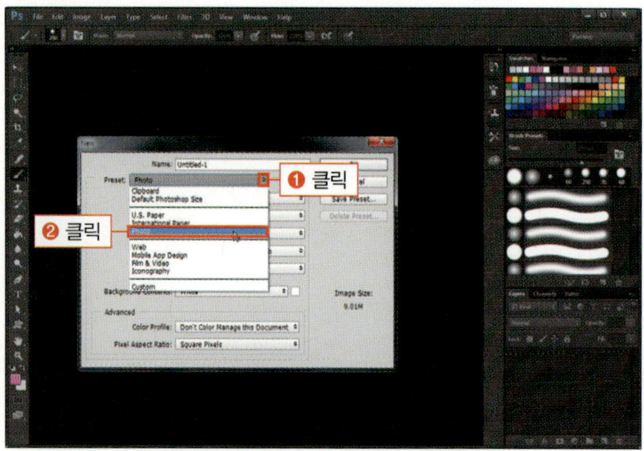

02. [Size]는 'Portrait, 5x7'을 선택하고 [OK] 단추를 클릭합니다.

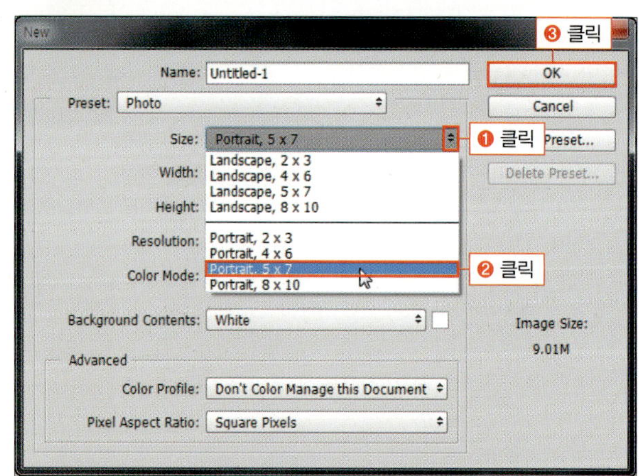

03. 도구 패널에서 사각형 선택 도구(Rectangle Marquee Tool)를 선택하고 그림과 같이 왼쪽 상단에서 오른쪽 하단으로 드래그하여 선택 영역을 만듭니다. 그리고 [Layers] 패널에서 [Create a new layer](🔲)를 클릭하여 빈 레이어를 만듭니다. **Alt** + **Delete** 를 눌러서 선택 영역을 전경색으로 채웁니다.

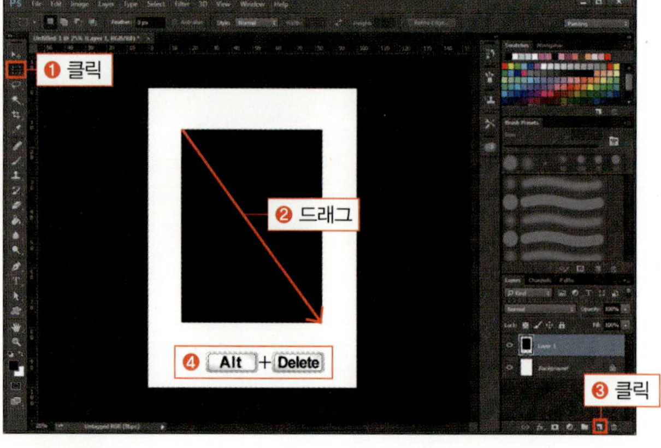

04. 앞선 따라하기의 설정을 지우기 위해 [Brush] 패널에서 메뉴를 클릭하고 [Reset All Locked Settings]를 선택합니다. 도구 패널에서 브러시 도구(Brush Tool)를 선택합니다.

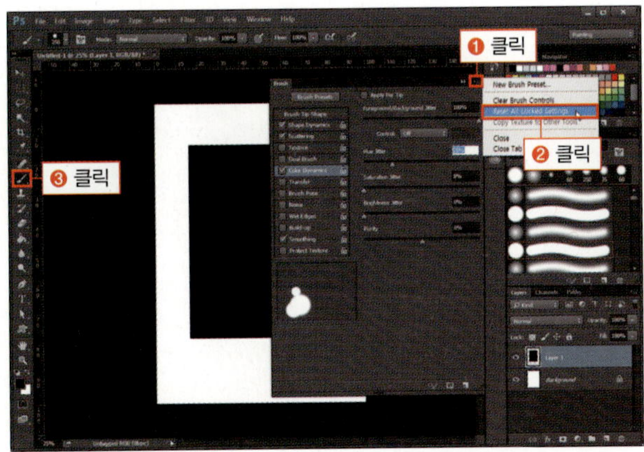

05. 브러시 종류 중에 [Brush Tip Shape]–[Spatter 46 pixels]를 선택합니다.

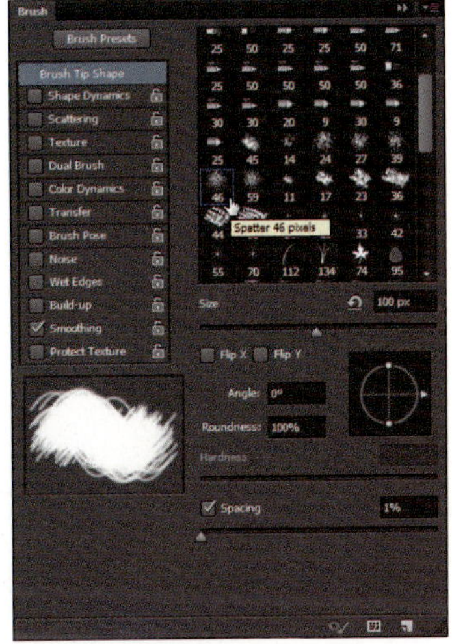

06. 마우스 포인터를 검은색 사각형 경계에 그림처럼 추가로 덧칠해 줍니다. 한 번에 그리려 하지 말고 짧게 짧게 그려주면 됩니다. 또한 깨끗하게 칠하려 하지 말고 마음대로 자유롭게 칠하면 됩니다.

07. 사각형 네 면을 차례대로 전부 칠해줍니다.

08. 완성된 결과물을 확인해 봅니다.

09. '성운지윤6.jpg' 파일을 불러온 후 [Window]–
[Arrange]–[2–up Vertical] 메뉴를 클릭합니다.

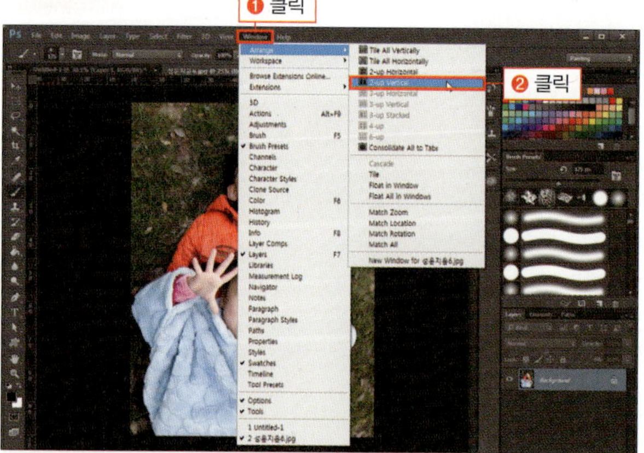

10. 이동 도구(Move Tool)를 이용하여 '성운지윤
6.jpg' 도큐먼트 창을 검은색 테두리를 만들어 놓
은 도큐먼트 창으로 이동시킵니다.

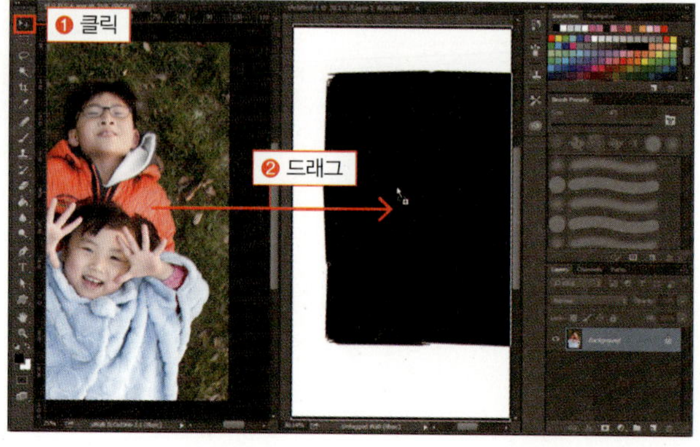

11. [Layers] 패널을 보면 레이어가 3개가 있습니다.

12. 'Layer 1' 레이어를 마스크로 사용하기 위해 [Layers] 패널의 메뉴에서 [Create Clipping Mask]를 선택합니다(**Ctrl** + **Alt** + **G**).

13. 클리핑 마스크가 적용된 상태입니다. 'Layer 1' 레이어의 테두리 모양대로 이미지가 잘린 것처럼 보입니다.

14. 앞에서 배운 레이어 스타일을 추가해 보겠습니다. 먼저 [Layers] 패널에서 'Layer 1' 레이어를 선택하고 [Add a layer style]을 클릭한 후 [Drop Shadow]를 선택합니다.

15. [Drop Shadow]의 [Opacity]는 '79', [Angle]은 '135', [Distance]는 '15', [Size]는 '45'로 설정하고 [OK] 단추를 클릭합니다.

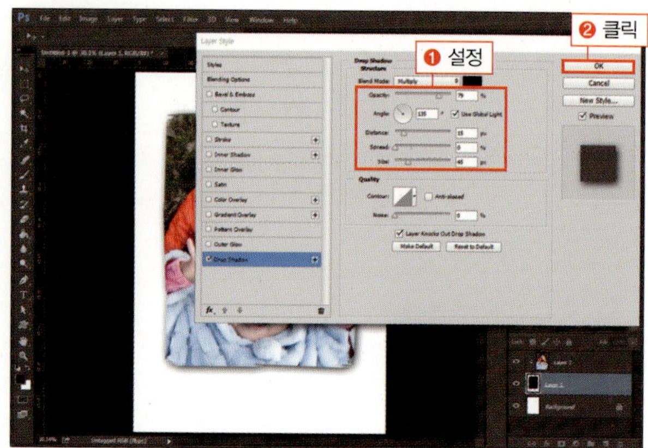

16. 그림자 효과까지 적용된 완성 이미지입니다.

히스토리 브러시 도구와 아트 히스토리 브러시 도구를 이용한 효과

이번 Lesson에서는 히스토리 브러시 도구를 이용하여 특정 부분만 다시 컬러로 만드는 방법과 아트 히스토리 브러시 도구를 이용하여 사진을 회화처럼 만드는 방법을 알아보겠습니다.

기초탄탄 ▶ 히스토리 브러시 도구의 옵션 이해하기

■ 히스토리 브러시 도구의 옵션 바 `439p`

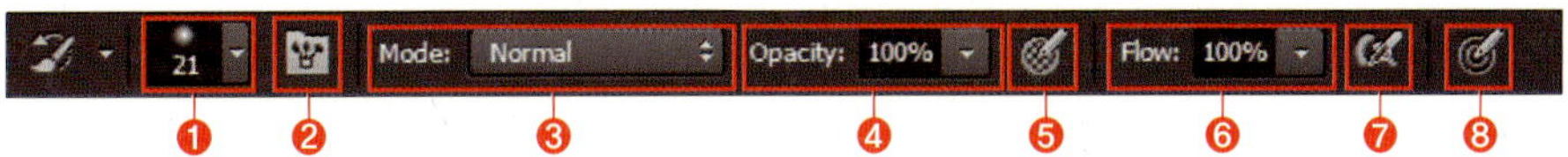

❶ **Brush Preset picker** : 현재 브러시 크기를 보여주며, 클릭하면 브러시 사전 설정(Brush Preset Picker)이 열립니다. 브러시의 종류와 크기 그리고 경도를 조절할 수 있습니다.

❷ **Toggle the Brush panel** : [Brush] 패널 토글 스위치로 [Brush] 패널을 열었다/닫았다 할 수 있습니다.

❸ **Mode** : 블렌딩 모드를 선택합니다.

❹ **Opacity** : 불투명도를 조정합니다.

❺ **Pressure for Opacity** : 펜 태블릿을 사용할 때 압력으로 불투명도를 조절할 수 있습니다.

❻ **Flow** : 브러시의 강도입니다.

❼ **Enable airbrush-style build-up effects** : 누르고 마우스를 클릭하면 에어 브러시로 칠하는 것처럼 점점 퍼집니다.

❽ **Pressure for Size** : 펜 태블릿을 사용할 때 펜의 압력으로 브러시 크기를 조절할 수 있습니다.

■ 아트 히스토리 브러시 도구의 옵션 바 이해하기 441p

❶ Brush Preset picker : 현재 브러시 크기를 보여주며, 클릭하면 브러시 사전 설정(Brush Preset Picker) 이 열립니다. 브러시의 종류와 크기 그리고 경도를 조절할 수 있습니다.

❷ Toggle the Brush panel : [Brush] 패널 토글 스위치입니다.

❸ Mode : 블렌딩 모드를 선택합니다.

❹ Opacity : 불투명도를 조정합니다.

❺ Pressure for Opacity : 펜 타블렛을 사용할 때 압력으로 불투명도를 조절할 수 있습니다.

❻ Style : 아트 히스토리 브러시 도구(Art History Brush Tool)의 질감과 필치를 정합니다.

❼ Area : 아트 히스토리 브러시 도구(Art History Brush Tool)의 퍼지는 범위를 정합니다.

❽ Tolerance : 아트 히스토리 브러시 도구(Art History Brush Tool)가 적용되는 범위입니다.

❾ Pressure for Size : 펜 타블렛을 사용할 때 펜의 압력으로 브러시 크기를 조절할 수 있습니다.

히스토리 브러시 도구를 이용하면 이미지를 처음 불러온(Open) 상태로 돌릴 수 있습니다. 이미지 조정, 필터 등을 적용한 후 처음 상태로 돌리고 싶은 부분을 히스토리 브러시 도구로 칠하면 됩니다.

예제 파일 | DVD₩Part 07₩시우6.jpg   **완성 파일 |** DVD₩Part07₩시우6_완성.jpg

01. 예제 파일을 불러옵니다. 흑백 사진으로 만들기 위해 [Image]-[Adjustments]-[Black&White] (**Alt** + **Shift** + **Ctrl** + **B**) 메뉴를 클릭합니다.

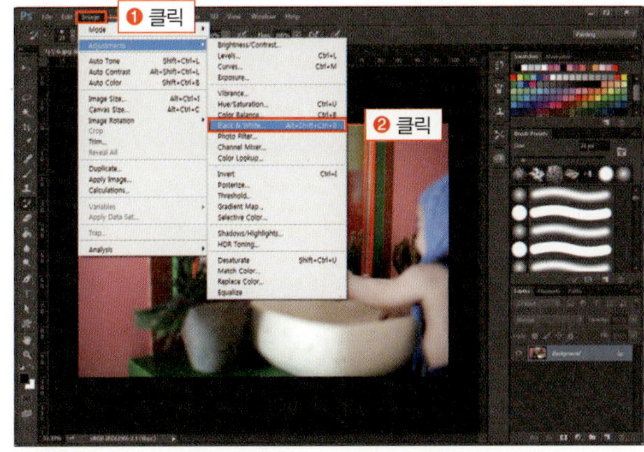

02. [Black and White] 대화상자가 나타나면 [OK] 단추를 클릭합니다.

03. 도구 패널에서 히스토리 브러시 도구(History Brush Tool)를 선택하고 옵션 바에서 [Size]는 '80px', [Hardness]는 '0%'로 설정합니다.

04. `Ctrl`+`+`를 눌러 화면을 확대하고 히스토리 브러시 도구(History Brush Tool)로 인물만 드래그하여 칠해줍니다.

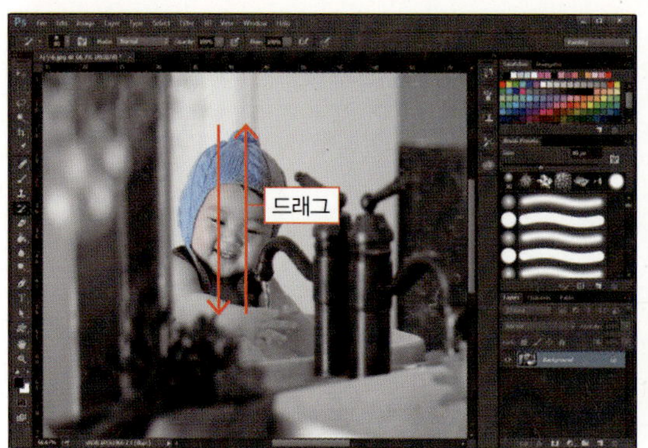

05. `Ctrl`+`0`을 눌러 이미지를 화면에 맞추고 이미지를 확인합니다.

▲ 보정 전

▲ 보정 후

440

아트 히스토리 브러시 도구는 회화적인 느낌으로 만드는 브러시입니다. 회화적인 느낌으로 만들고 싶은 부분만 칠해주면 됩니다.

예제 파일 I DVD₩Part 07₩갈대밭.jpg **완성 파일** I DVD₩Part 07₩갈대밭_완성.jpg

01. 예제 파일을 열고 [Layers] 패널에서 [Create a new Layer](□)를 클릭하여 빈 레이어를 추가합니다.

02. 도구 패널에서 아트 히스토리 브러시 도구 (Art History Brush Tool)를 선택하고 옵션 바에서 [Brush Preset picker]를 클릭한 후 [Size]는 '15px', [Hardness]는 '0%'로 설정합니다.

03. 그림과 같이 갈대를 드래그하여 칠해줍니다. 칠하는 곳이 회화처럼 변하는 것을 확인할 수 있습니다.

04. 오른쪽의 나무도 아트 히스토리 브러시 도구(Art History Brush Tool)로 칠해줍니다.

05. 하늘 부분도 칠해줍니다.

06. 아트 히스토리 브러시 도구(Art History Brush Tool)로 만든 'Layer1' 레이어와 원본 이미지인 'Background' 레이어를 살짝 섞어서 자연스럽게 만들기 위해, [Layers] 패널에서 'Layer1' 레이어의 [Opacity]를 '80%'로 설정합니다.

셰이프 펜 도구와 셰이프 도구

로고나 그림을 그릴 때 사용하는 셰이프 펜 도구에 대해서 알아보고 나아가 셰이프 도구로 밑그림 없이 간단하게 화장실 로고를 만드는 방법을 알아보겠습니다.

기초탄탄 ▶ 비트맵 이미지와 벡터 이미지

■ 비트맵 이미지

비트맵은 'Pixel'이라고 하는 네모난 점으로 만들어진 이미지입니다. 사선 부분을 확대해 보면 네모난 점들이 보입니다. 대표적인 프로그램은 어도비 포토샵입니다.

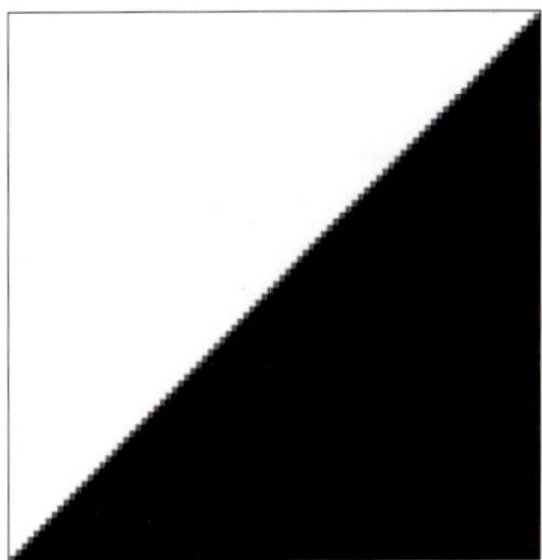

■ 벡터 이미지

벡터 이미지는 수학적 공식에 의해 처리되는 이미지입니다. 벡터 이미지는 확대해도 격자가 보이지 않습니다. 벡터 이미지의 대표 프로그램은 어도비 일러스트레이터입니다.

포토샵의 벡터 이미지는 정확하게 말하면 벡터 개념의 이미지라고 말하는 것이 맞습니다. 포토샵에서 벡터 개념의 이미지는 문자 레이어, 셰이프 레이어, 그리고 셰이프 패스 도구 등으로 만든 것들을 말합니다.

아래의 이미지는 포토샵의 셰이프 도구를 이용하여 만든 이미지입니다. 셰이프 도구를 이용하여 그림을 그리면 벡터 이미지를 만들 수 있다고 합니다. 하지만 포토샵에서 그린 벡터 이미지는 사선 부분에 격자가 보입니다. 그 이유는 포토샵 자체는 비트맵 프로그램이기 때문에 비트맵으로 표현되는 것입니다. 아래의 이미지에 사선에 그려진 검은 선 자체는 벡터입니다. 결과적으로 말하면 검은 선 벡터 기반에 비트맵으로 그려지는 것입니다. 검은 선은 가이드라인 같은 것입니다. 이미지를 저장하거나 프린트하면 나오지 않습니다.

또, 포토샵의 벡터 개념 이미지는 일러스트레이터의 벡터 이미지처럼 이미지를 확대 축소해도 이미지가 깨지지 않는 속성을 가집니다.

로고나 그림을 그릴 때 우리는 보통 일러스트레이터를 생각합니다. 그러나 셰이프 펜 도구를 이용하면 일러스트레이터를 사용하지 않고도 로고나 그림을 그릴 수 있습니다.

예제 파일 l DVD₩Part 07₩해치.jpg　**완성 파일 l** DVD₩Part 07₩해치_셰이프완성.psd

01. 예제 파일을 불러온 후 도구 패널에서 펜 도구(Pen Tool)를 선택하고 옵션 바에서 [Mode]를 'Shape'로 설정한 후 [Fill]은 'No Color'로 설정합니다.

02. [Stroke]는 검은색으로 설정합니다.

03. 펜 도구(Pen Tool)로 캐릭터 얼굴의 경계선을 선택합니다.

04. 시작점으로 돌아오면 마우스 포인터에 'O' 표시가 생깁니다. 이때 클릭하면 패스가 완성됩니다.

05. [Layers] 패널에 'Shape 1' 이라는 셰이프 레이어가 자동으로 생겼습니다.

06. 패스에 칠을 하기 위해 옵션 바에서 [Fill]의 'No Color'를 'Solid Color'로 설정하고 [Color Picker]를 클릭합니다. [Color Picker] 대화상자가 나타나면 이미지의 주황색 팔 부분을 클릭하고 [OK] 단추를 클릭한 후 Enter 를 누릅니다.

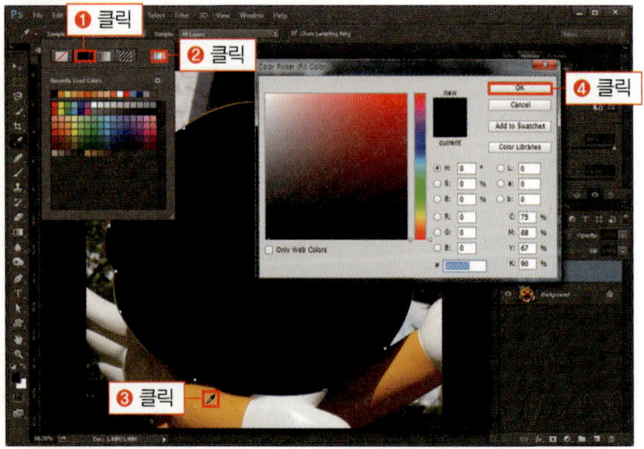

07. 해치 얼굴에 주황색으로 칠해진 것을 확인
한 후 옵션 바에서 [Stroke]를 클릭하고 'No Color'
를 선택해 검은색 선을 없애줍니다.

08. 다음 작업을 위해 [Layers] 패널의 'Shape 1'
셰이프 레이어의 [눈](◉)을 꺼줍니다.

09. 옵션 바의 [Fill]을 클릭하고 검은색을 선택하
고, 왼쪽 눈썹과 오른쪽 눈썹을 그려줍니다.

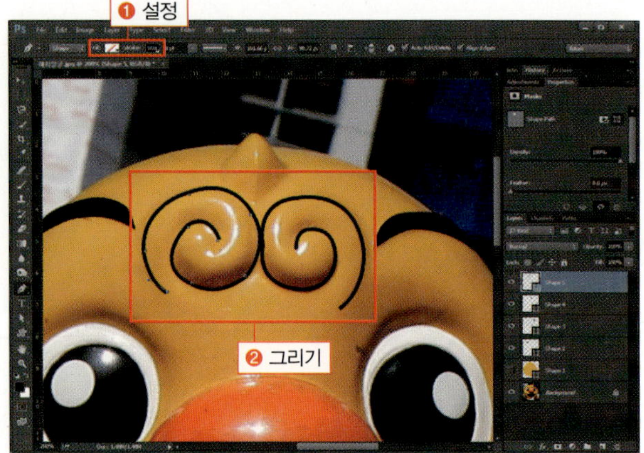

10. 옵션 바에서 [Fill]은 'No Color', [Stroke]는 '검은색'으로 설정하고 미간 사이에 주름을 그려 줍니다.

11. 옵션에서 [Fill]은 '흰색'으로, [Stroke]는 '검은색'으로 설정하여 눈의 흰자 부분을 그립니다.

12. 눈 흰자 부분을 그리고 나서 옵션 바에서 [Stroke]를 'No color'로 설정합니다.

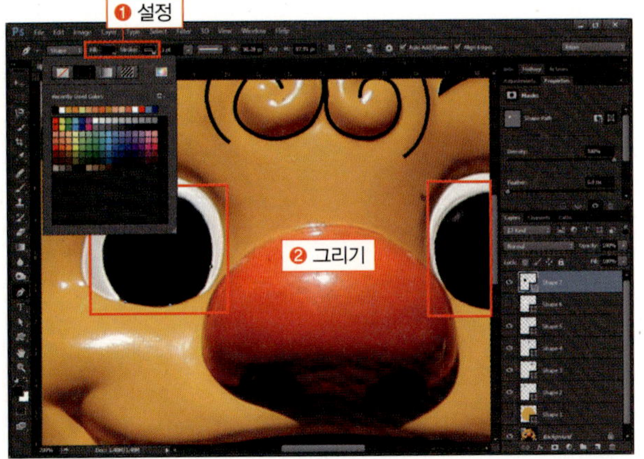

13. 흰자 부분의 레이어의 눈을 꺼주고, 옵션 바에서 [Fill]은 '검은색', [Stroke]도 '검은색'으로 설정하고 검은색 눈동자를 그려줍니다.

14. 검은색 눈동자 레이어의 눈을 끄고, 옵션 바에서 [Fill]은 '흰색', [Stroke]는 '흰색'으로 설정한 후 검은색 눈동자 안의 하이라이트 부분을 그려줍니다. 그리고 11~14 따라하기와 같은 방법으로 오른쪽 눈도 그려줍니다.

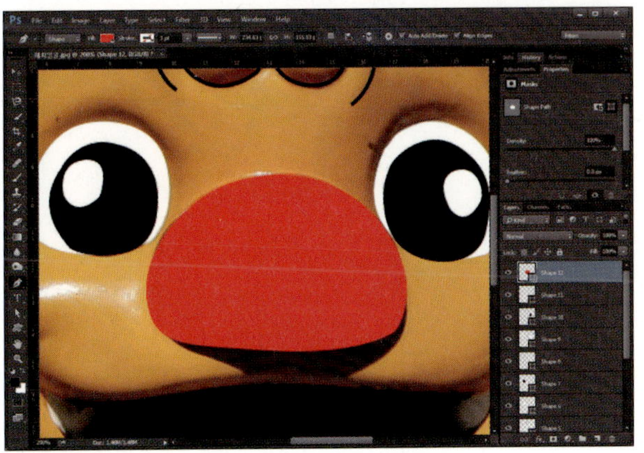

15. 옵션 바에서 [Fill]은 '빨간색', [Stroke]는 'No Color'로 설정하고 코를 그려줍니다.

16. 이번에는 옵션 바에서 [Fill]은 '검은색', [Stroke]는 'No Color'로 설정하고 콧구멍과 입을 그려줍니다.

17. [Layers] 패널에 꺼두었던 [눈](◉)을 모두 킨 후 완성된 이미지를 확인합니다.

이번 Step에서는 벡터 이미지를 만들 수 있는 셰이프 도구를 이용하여 밑그림 없이 화장실 로고 그리기에 도전해 보겠습니다.

완성 파일 I DVD₩Part 07₩화장실로고_완성.psd

01. 새로운 도큐먼트 창을 만들기 위해 [File]–[New] 메뉴를 클릭하면 [New] 대화상자가 나타납니다. [Name]에 '화장실로고'라고 입력한 후 [Width]는 '10 Centimeters', [Height]는 '10 Centimeters'로 설정하고 [OK] 단추를 클릭합니다.

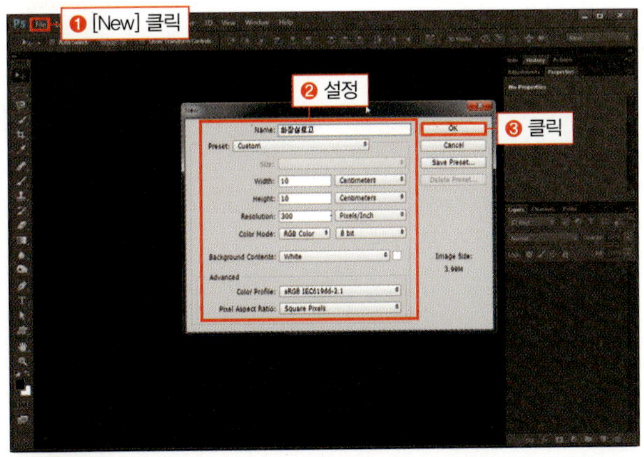

02. 가로 세로가 10x10 cm짜리 도큐먼트 창이 만들어진 것을 확인한 후 도구 패널에서 모서리가 둥근 직사각형 도구(Rounded Rectangle Tool)를 선택합니다.

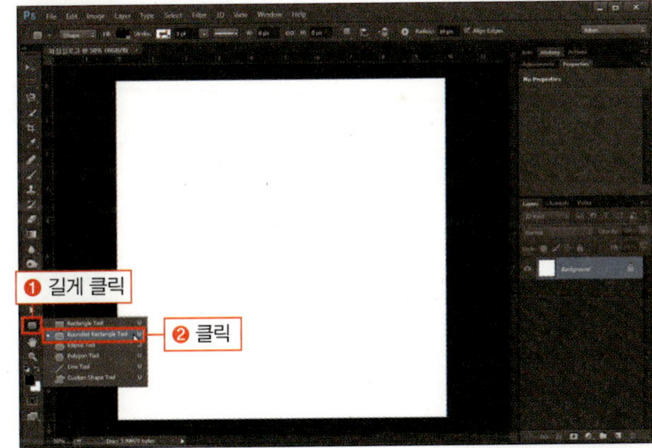

03. 옵션 바에서 [Fill]은 'No Color', [Stroke]는 '검은색', [Stroke Width]는 '3 px'로 설정하고 Shift 를 누른 상태에서 정사각형을 그려줍니다.

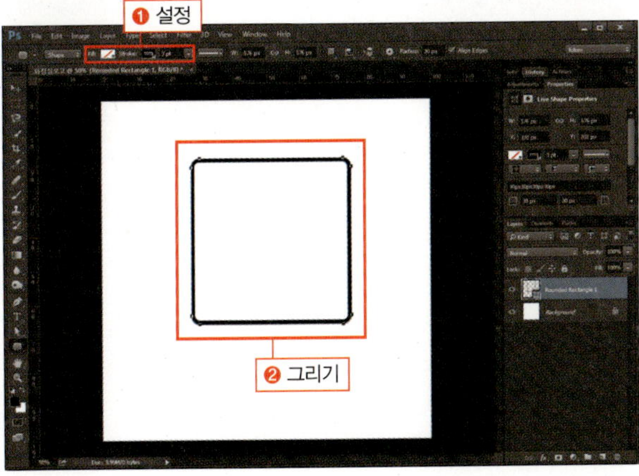

04. 그림처럼 가이드 선을 정중앙에 하나 그려
줍니다.

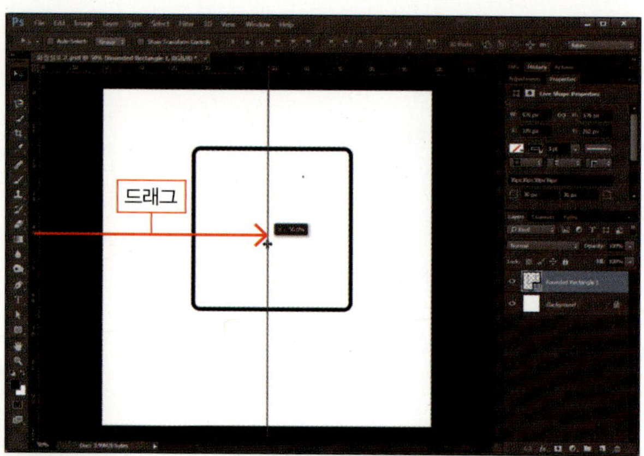

05. 이동 도구(Move Tool)로 사각형 레이어를 정
중앙으로 이동시킵니다.

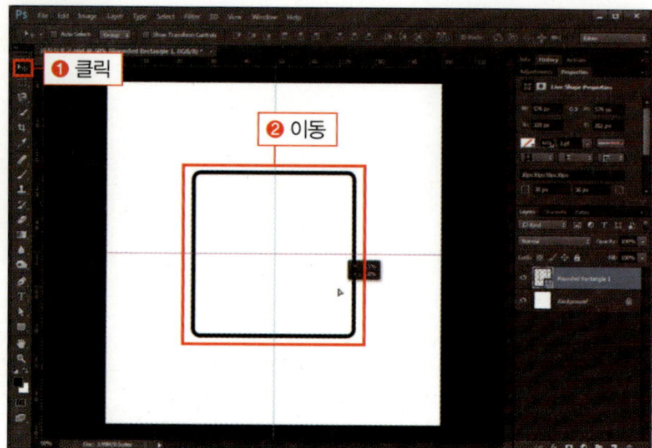

TIP : 가이드 선의 색상 : 청록색 가이드 선은 사용
자가 만든 가이드 선이고, 분홍색 가이드 선은 스마트
가이드 선입니다.

06. 도구 패널에서 사용자 정의 모양 도구
(Custom Shape Tool)를 선택합니다.

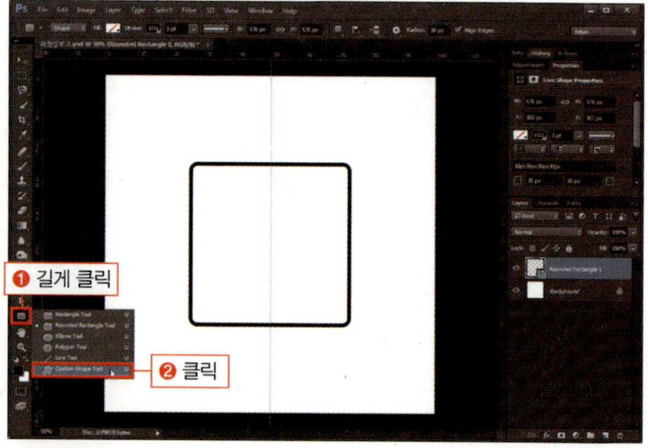

07. 옵션 바에서 [Custom Shape Picker]를 클릭
합니다. 그리고 메뉴를 클릭한 후 [Symbols]를 선
택합니다.

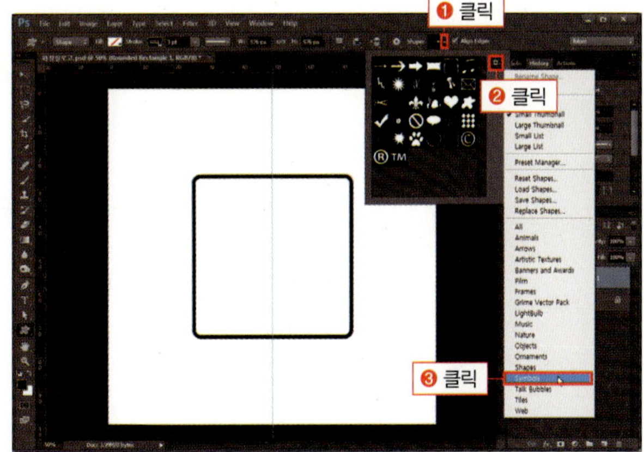

08. 대화상자가 나타나면 [Symbols] 모양을 추
가하기 위해 [Append] 단추를 클릭합니다.

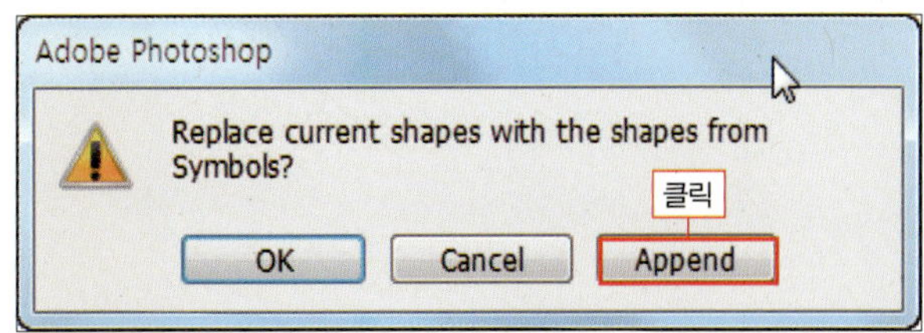

09. [Symbols] 모양이 추가된 것을 확인할 수 있
습니다. [Man]을 선택합니다.

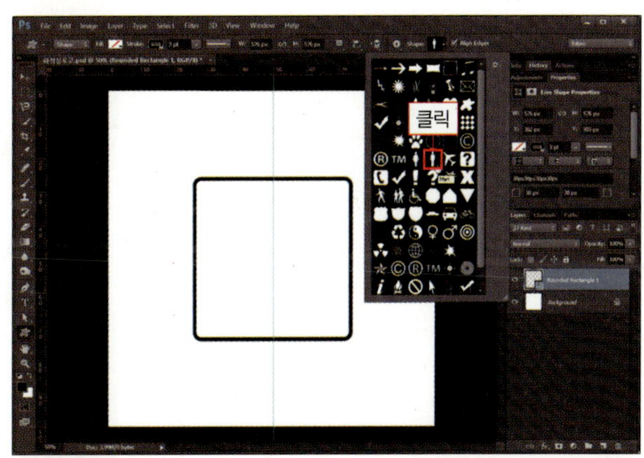

10. 그림처럼 드래그하여 남자 심벌을 그려줍니
다.

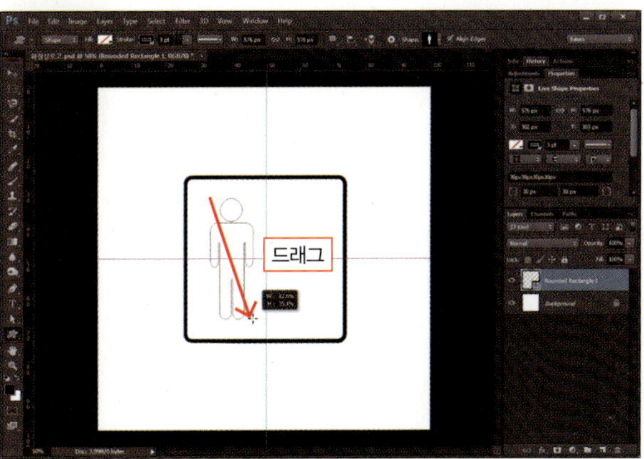

11. 옵션 바에서 [Fill]는 'Pure Cyan', [Stroke]는 'No Color'를 선택합니다.

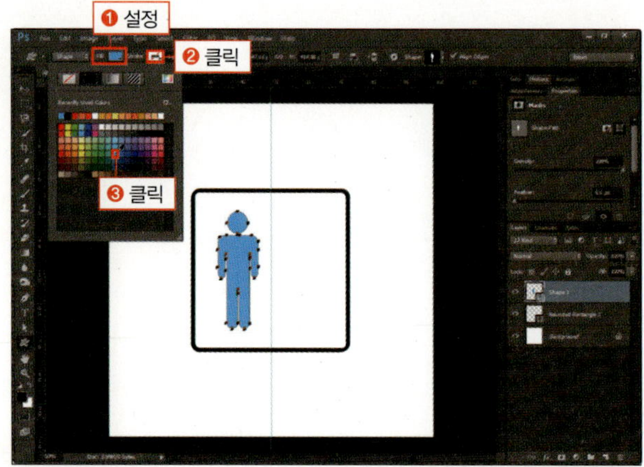

12. 심벌의 위아래에 안내선을 그려줍니다.

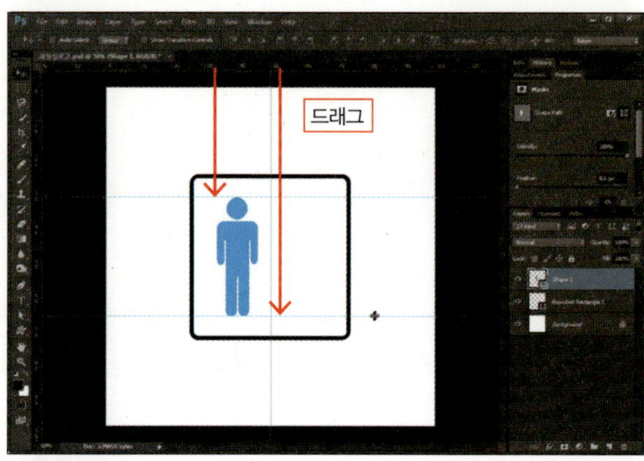

13. 옵션 바에서 [Custom Shape Picker]를 클릭하여 'Woman'을 선택합니다.

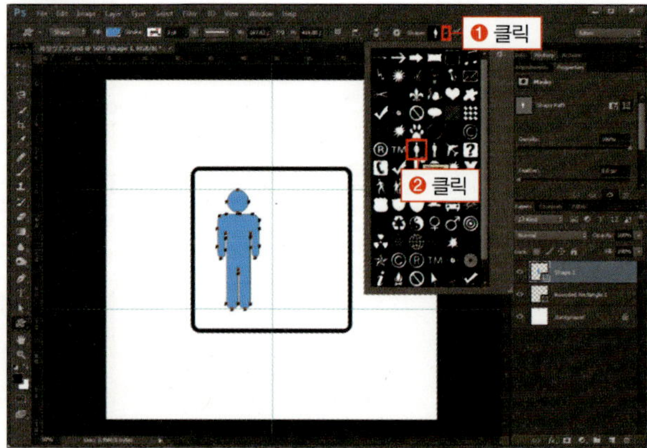

14. 안내선에 맞추어서 드래그하여 그려줍니다. 그리고 옵션 바에서 [Fill]는 'Light Magenta', [Stroke]는 'No Color'를 선택합니다.

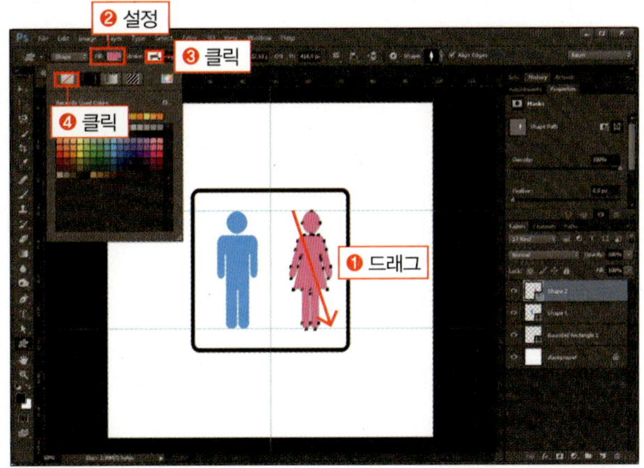

15. 처음 그렸던 사각 박스인 'Rounded Rectangle 1' 레이어를 선택하고 옵션 바에서 [Fill]는 '35% Gray', [Stroke]는 '15% Gray'로 설정합니다.

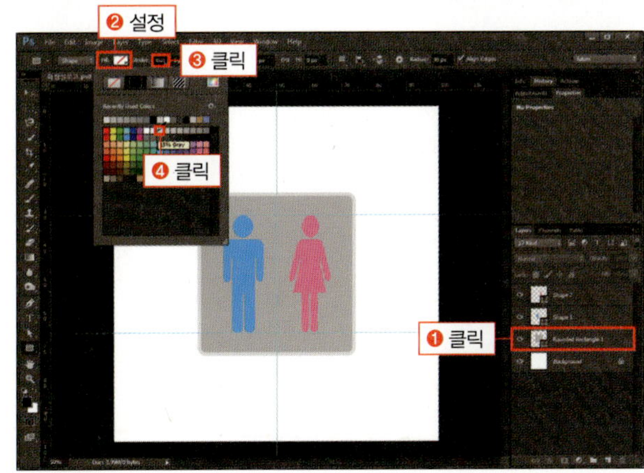

16. 완성된 결과물을 확인합니다.

- [Edit]–[Fill] 메뉴를 이용하면 이미지 전체나 선택 영역 안에 단색 또는, 패턴을 채울 수 있습니다. **400p**

- 종이에 펜으로 그린 그림을 스캔한 후 페인트 통 도구와 [Swatches] 패널을 이용하면 채색을 할 수 있습니다. **413p**

- 사진 이미지를 밑그림으로 놓고 연필 도구를 이용하여 캐릭터를 그릴 수 있습니다. **420p**

- [Brush] 패널을 이용하여 눈 내리는 풍경을 만들 수 있습니다. **425p**

- [Brush] 패널을 이용하여 밋밋한 사진에 빛방울을 추가할 수 있습니다. **429p**

- [Brush] 패널을 이용하여 거친 테두리 만들기를 할 수 있습니다. **432p**

- 히스토리 브러시 도구를 이용하여 이미지의 일부분만 색상 표현하기를 할 수 있습니다. **439p**

- 아트 히스토리 브러시 도구를 이용하여 회화적인 이미지를 만들 수 있습니다. **441p**

- 포토샵에서도 셰이프 펜 도구를 이용하면 일러스트레이터처럼 벡터 이미지를 그릴 수 있습니다. **443p**

- 셰이프 도구를 이용하여 일러스트레이터처럼 벡터 이미지 로고를 만들 수 있습니다. **451p**

01 [Fill] 메뉴를 이용한 단색 칠하기

예제 파일 : DVD₩Part 07₩꽃과나비.jpg   **동영상 해설 :** DVD₩Self Test₩P07_01.wmvv

HINT

자동 선택 도구나 선택 도구를 이용하여 선택 영역을 지정하고, [Edit]–[Fill] 메뉴를 이용하면 이미지 전체나 선택 영역에 원하는 색상으로 채울 수 있습니다.

02 브러시 도구를 이용하여 거친 테두리 만들기

예제 파일 : DVD₩Part 07₩성운지윤6.jpg   **동영상 해설 :** DVD₩Self Test₩P07_02.wmv

HINT

브러시 도구를 이용하면 액자로 활용할 수 있는 거친 테두리 효과를 쉽게 표현할 수 있습니다.

08

문자 도구 활용하기

이번 Part에서는 포토샵 CC 2015의 문자 도구 사용법에 대해 알아보겠습니다. 문자 도구를 이용하여 문자를 쓰고, 글꼴을 변경하고, 문자의 크기를 변경해 보겠습니다. 또한 [Character] 패널과 [Paragraph] 패널을 이용하여 문자, 문단의 서식을 설정하는 방법도 알아보겠습니다. 마지막으로 타이포그래피의 고급 기능인 [Warp Text] 대화상자를 이용하여 문자를 멋지게 왜곡해 보고, 패스로 그린 곡선을 타고 흐르는 문자를 표현해 보겠습니다.

문자 도구를 이용하여 이미지에 문자를 쓰고, 글꼴을 변경해 보고, 문자의 크기도 조절해 보고 [Character] 패널과 [Paragraph] 패널을 이용하여 문자, 문단을 조정해 보겠습니다.

기초탄탄 문자 도구의 옵션과 [Character] 패널과 [Paragraph] 패널 이해하기

■ 문자 도구의 옵션 바 이해하기 `463p`

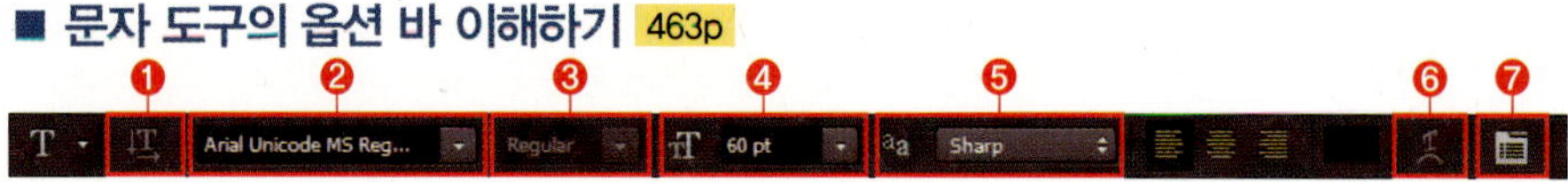

❶ **Toggle text orientation(문자 방향 토글)** : 문자 도구(Type Tool)를 이용하여 문자 입력 중에 문자의 방향을 세로 또는, 가로로 변경할 수 있습니다.

❷ **Set the font family** : 문자의 글꼴을 설정할 수 있습니다.

❸ **Set the font style** : 글꼴의 스타일 즉 글꼴의 굵기, 기울기 등을 설정할 수 있습니다. 문자 스타일은 모든 글꼴에 적용되는 것은 아닙니다.

❹ **Set the font size** : 문자의 크기를 지정합니다. 단위는 'pt(point)'를 사용합니다.

❺ **Set the anti-aliasing method** : 안티-에일리어싱이란 문자의 경계를 그레이디언트로 처리하여 부드럽게 표현하는 것입니다.

• **None** : 안티-에일리어싱을 사용하지 않습니다.

• **Sharp** : 문자의 경계를 날카로우면서 부드럽게 표현합니다.

• **Crisp** : Sharp 보다 더 부드럽게 표현합니다.

• **Strong** : 문자의 경계를 강하게 합니다.

• **Smooth** : 문자의 경계를 전체적으로 부드럽게 표현합니다. Crisp 보다 조금 더 부드럽게 표현합니다.

❻ **Create warped text** : 문자를 왜곡할 수 있습니다. 자세한 내용은 469P에서 알아보겠습니다.

❼ **Toggle the character and paragraph panels** : [Character], [Paragraph] 패널을 열거나 닫을 수 있습니다.

■ [Character] 패널 이해하기 468p

[Character] 패널은 문자 도구(Type Tool)의 옵션 바와 같이 글꼴, 문자 형식, 크기 조정과 줄 간격, 단어 간격, 문자 간격 등을 설정할 수 있습니다.

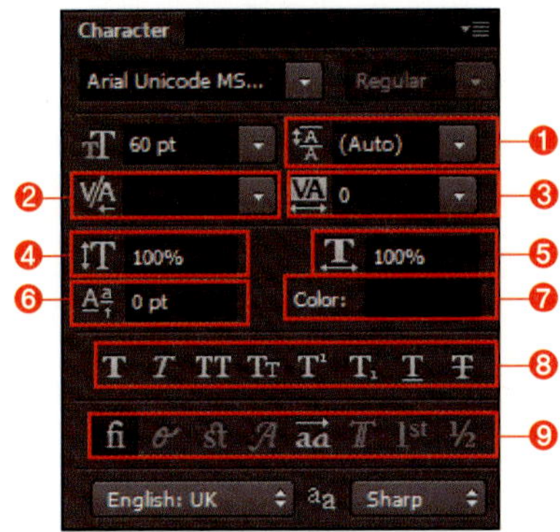

❶ Set the leading(줄 간격) : 줄과 줄 사이의 간격을 조정합니다. 일반적으로 'Auto'를 사용하면 글꼴에 맞게 자동으로 조종됩니다.

❷ Set the kerning(문자 간격) : 커서가 놓인 좌우의 문자 간격을 조절합니다. 커서를 문자와 문자 사이에 놓으면 활성화됩니다.

❸ Set the tracking(문자 간격) : 커서를 이용하여 문자를 블록을 선택하면 활성화됩니다. 블록으로 지정된 문자들의 간격을 조정합니다.

❹ Vertically scale(세로 확대/축소) : 블록으로 지정한 문자의 세로 길이를 확대 또는, 축소합니다.

❺ Horizontally scale(가로 확대/축소) : 블록으로 지정한 문자의 가로 길이를 확대 또는, 축소합니다.

❻ Set the baseline shift(문자 기준선 조정) : 블록으로 지정한 문자를 위 또는, 아래로 이동시킬 수 있습니다.

❼ Color : 클릭하면 [Color Picker] 대화상자가 열립니다. 문자의 색상을 바꿀 수 있습니다.

❽ 글꼴 스타일 : 굵게, 기울기 등의 스타일을 변경할 수 있습니다.

❾ 철자 체크 언어 선택 : 문자의 철자를 체크할 때 사용할 언어를 선택합니다. [Edit]-[Check Spelling] 메뉴를 사용할 때 적용됩니다.

■ **[Paragraph] 패널 이해하기** `468p`

[Paragraph] 패널에서는 문단의 정렬, 여백, 들여쓰기 등을 설정합니다.

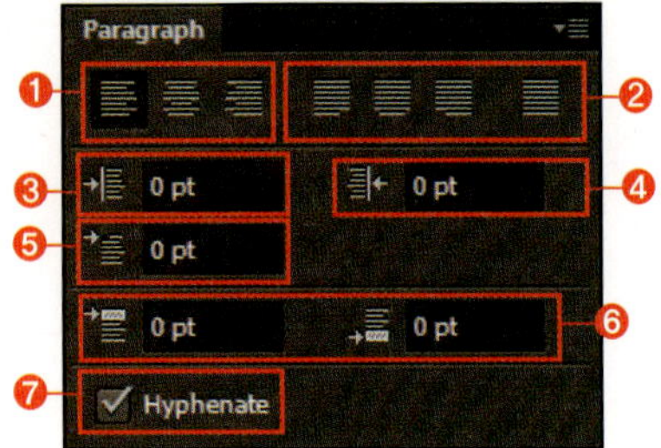

❶ **문단 정렬** : 문단을 [Left align text](왼쪽 정렬), [Center text](가운데 정렬), [Right align text](오른쪽 정렬) 중에서 선택합니다.

❷ **마지막 행 정렬** : 글상자를 만들어 문자를 쓸 때 마지막 행의 정렬을 조정합니다. [Justify last left](마지막 행 왼쪽 정렬), [Justify last centered](중앙 정렬), [Justify last right](오른쪽 정렬), [Justify all](전체 정렬) 중에서 선택합니다.

❸ **Indent left margin(왼쪽 여백)** : 문단의 왼쪽 여백을 설정합니다.

❹ **Indent right margin(오른쪽 여백)** : 문단의 오른쪽 여백을 설정합니다.

❺ **Indent first line(들여쓰기)** : 문단의 첫 문자 앞에 여백을 설정합니다.

❻ **Add space before/after paragraph(문단 앞 여백, 문단 뒤 여백)** : 문단의 앞, 뒤의 여백을 늘리거나 줄일 수 있습니다.

❼ **Hyphenate** : 하이픈으로 연결하기. 체크하면 영문의 경우 한 단어가 두 줄에 걸쳐 있을 때 하이픈으로 연결합니다. 체크를 해지하면, 한 단어는 같은 줄에 표시됩니다.

한컴오피스 한글이나 MS 워드처럼 포토샵 CC 2015에서도 문자를 쓸 수 있습니다. 문자 도구를 선택하고 마우스 포인터를 이미지 위에서 클릭하면 커서가 깜빡입니다. 이때 키보드를 이용하여 문자를 입력합니다. 그리고 원하는 부분을 지정하고 글꼴을 변경할 수도 있습니다.

예제 파일 I DVD₩Part 08₩돌조각배8.jpg **완성 파일** I DVD₩Part 08₩돌조각배8_문자완성.psd

01. 예제 파일을 불러온 후 이미지를 확인해 보면, 문자를 입력하기 위해 이미지의 왼쪽 공간을 비워두었습니다.

02. 도구 패널에서 문자 도구(Type Tool)를 선택하고 마우스 포인터를 이미지 왼쪽 상단에 위치하고 클릭합니다. 일자로 된 커서가 깜박거립니다. 그리고 [Layers] 패널을 보면 문자 레이어를 나타내는 T자 모양의 아이콘이 있는 'Layer 1' 레이어가 생긴 것을 확인할 수 있습니다.

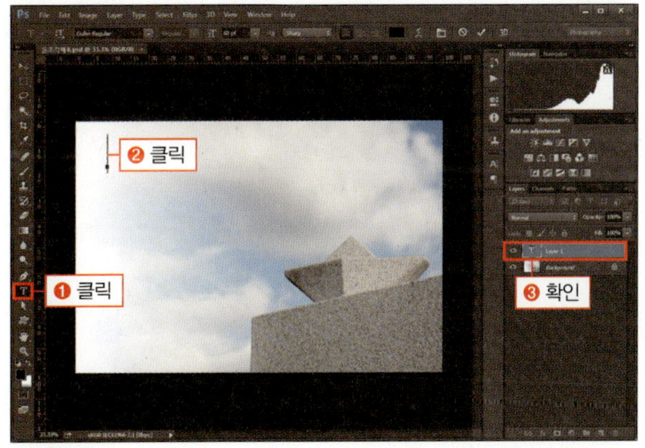

03. 문자를 입력하기 전에 글꼴을 변경하기 위해 옵션 바의 [Search for and Select fonts]를 클릭하고 'Gulm Regula'를 선택한 후 크기는 '24 pt'로 선택합니다.

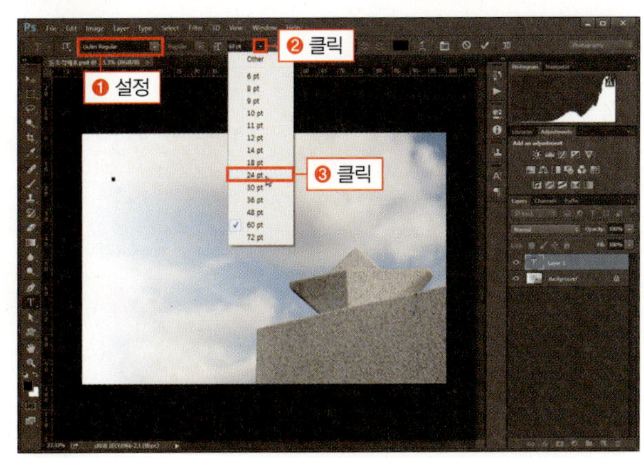

04. 이제 키보드를 이용하여 문자를 입력합니다. 첫 줄을 입력하고 Enter 를 누르면 다음 줄로 이동합니다. 문자를 입력하는 방식은 일반적인 워드 프로그램과 같습니다.

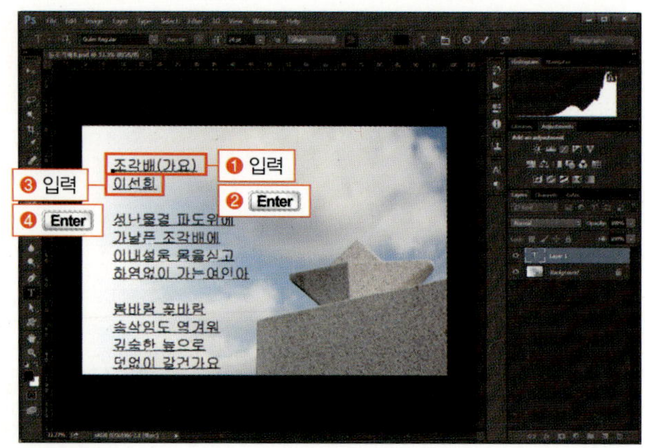

05. 문자를 다 입력했으면 이제 글꼴을 바꾸어 보겠습니다. 글꼴을 바꾸려면 문자를 선택해야 합니다. 입력한 문자 전체를 선택하기 위해 [Layers] 패널에서 'Layer 1' 레이어의 T 아이콘 부분을 더블클릭합니다.

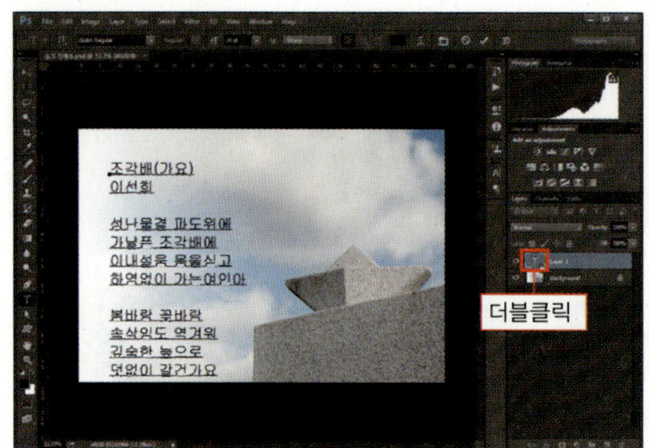

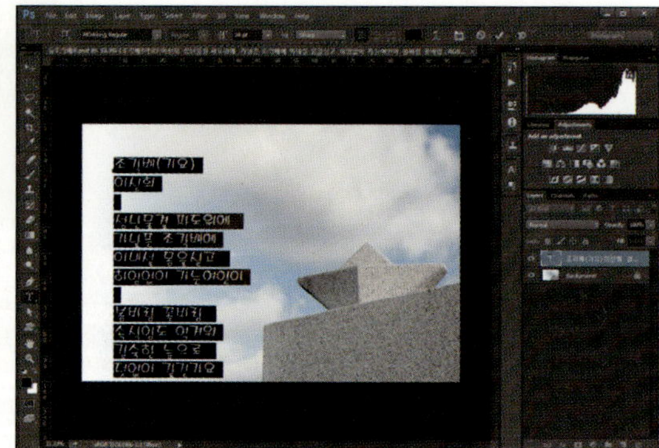

▲ 문자가 선택된 상태

TIP : 마우스를 이용하여 문자 도구 상태에서 입력한 문자를 드래그하면 문자의 일부를 선택할 수 있습니다. 문자가 선택되면 검은색 블록으로 지정됩니다.

06. 문자 종류를 'MDAlong Regula'로 설정합니다.

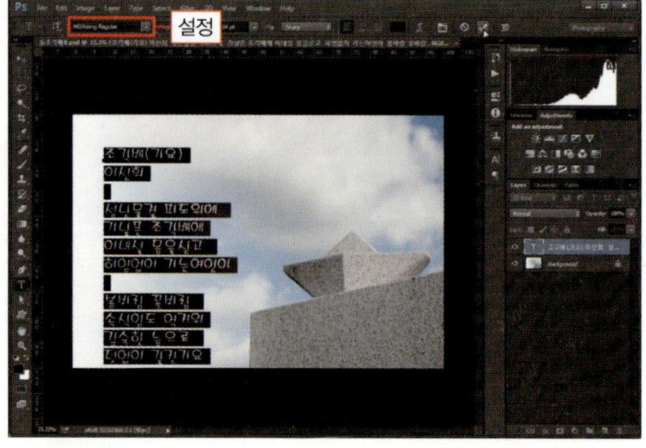

07. 문자 변경이 끝났으면 옵션 바의 [Commit any current edits](✔)를 클릭합니다.

클릭

> **문제 해결** 보통 포토샵에서 어떤 명령을 실행하고 [Enter]를 누르면 완료 또는, 실행이 됩니다. 그러나 문자 도구를 이용하여 문자를 입력하고 [Enter]를 누르면 줄 바꾸기가 됩니다. 문자 입력을 마무리하려면 [Alt]+[Enter]를 누르거나 옵션 바의 [Commit any current edits](✔)를 클릭해야 합니다. 취소하려면 [Esc] 또는, [Cancel any current edits](⊘)를 클릭합니다.

TIP : 한글 폰트 이름 한글로 보기

위의 따라하기에서 보면 한글 폰트인대 영문으로 이름이 되어있습니다. 영문으로 되어있어 이름만으로 어떤 폰트인지 알기가 쉽지 않습니다. 한글 글꼴의 이름을 한글로 나오도록 설정하는 방법을 알아보겠습니다.

• [Edit]—[Preferences]—[Type] 메뉴를 클릭합니다.

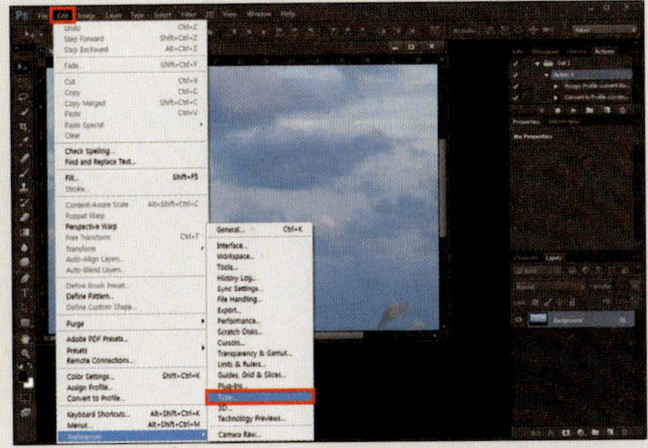

• [Preferences] 대화상자가 나타납니다. [Type Options]에서 [Show Font Names in English] 앞의 체크를 해제한 후 [OK] 단추를 클릭합니다.

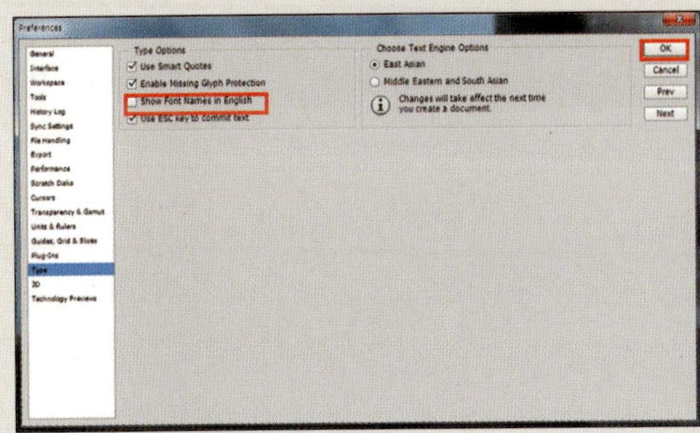

• 옵션 바에서 [Search for and Select fonts]를 클릭하면 아래와 같이 한글 글꼴이 한글 이름으로 설정된 것을 볼 수 있습니다.

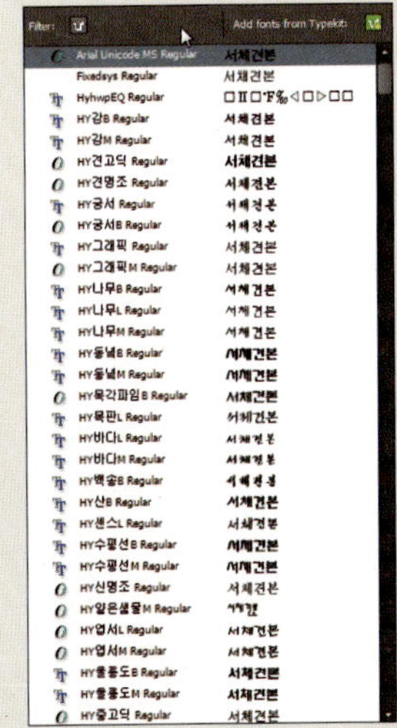

08. 이동 도구(Move Tool)를 이용하여 문자 전체를 위로 이동시킵니다.

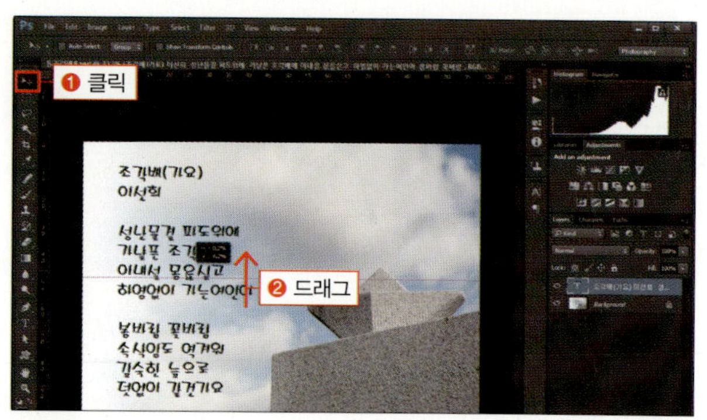

09. 다시 문자 도구(Type Tool)를 선택합니다. 마우스를 이용하여 '조각배(가요)' 부분을 드래그하여 선택합니다. 그리고 옵션 바의 [Set the font size]를 클릭한 후 '36 px'로 설정합니다. [Commit any current edits]( )를 클릭하여 설정을 완료합니다.

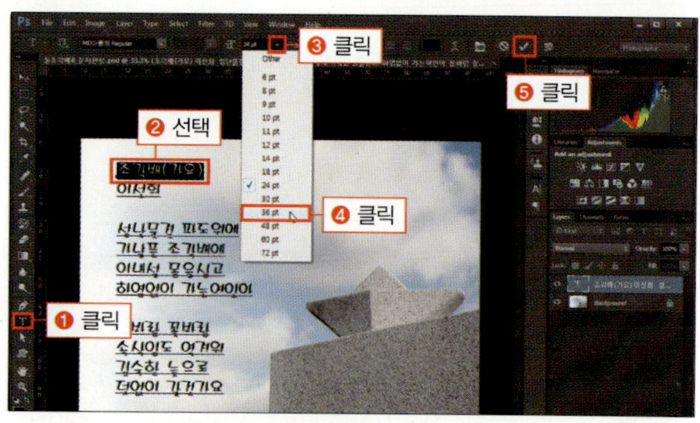

10. 선택된 문자가 해제되고 문자 크기가 '36 px'로 변경되었습니다. 두 번째 줄에 있는 '이선희' 문자 앞에 마우스 포인터를 위치시키고 클릭합니다. **Space Bar** 를 여러 번 눌러 뒤로 이동시킵니다.

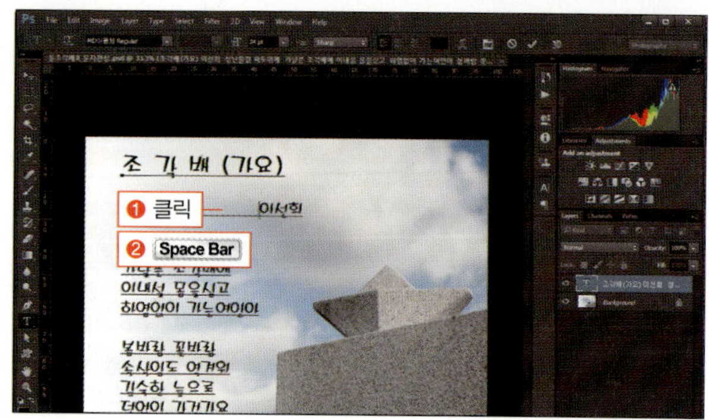

11. 아래쪽의 가사 부분을 마우스를 이용하여 선택하고 옵션 바의 [Set the font size]를 클릭하고 키보드를 이용하여 직접 '20'을 입력합니다. 그리고 [Commit any current edits]( )를 클릭합니다. [Edit]-[Save As] 메뉴를 클릭하여 '돌조각배8_문자완성.psd' 파일로 저장합니다.

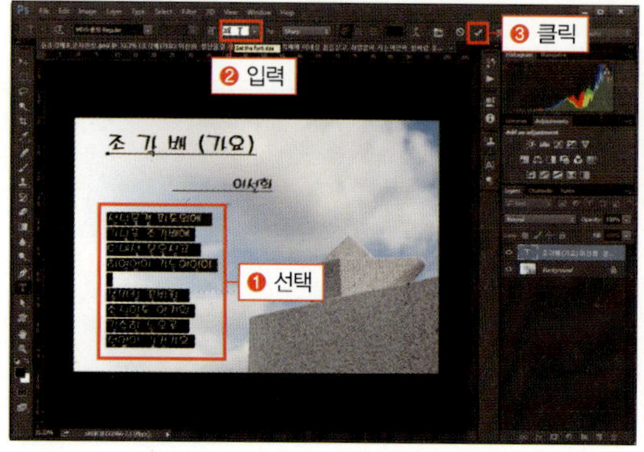

문자 도구로 문자를 입력하면 [Layers] 패널에 문자 레이어가 생깁니다. 문자 레이어도 다른 레이어처럼 이동, 삭제, 변형이 가능합니다. 이번 Step에서는 Free Transform(자유 변형) 기능을 이용하여 문자의 전체 크기를 변경하고 문자의 위치 그리고 블록을 지정하여 특정 문자의 크기를 조정해 보겠습니다.

예제 파일 | DVD₩Part 08₩돌조각배8_문자완성.psd

01. 예제 파일을 불러옵니다. 문자의 크기를 조절하기 위해 **Ctrl**+**T**를 누릅니다. **Shift**를 누르고 바운딩 박스의 꼭짓점을 드래그하여 문자 레이어를 작게 조정합니다.

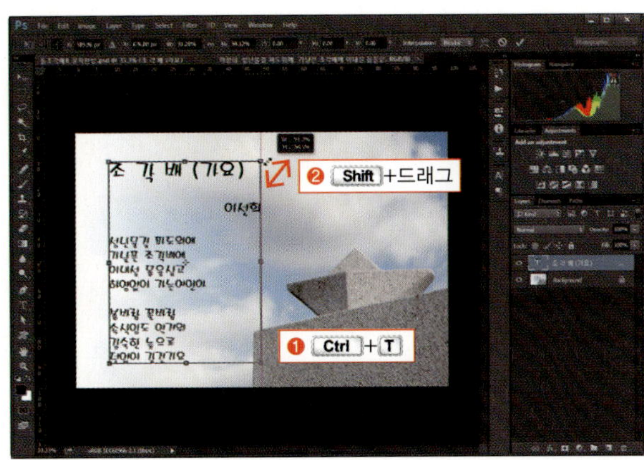

02. 마우스 포인터를 바운딩 박스 안에 위치시키고 드래그하여 문자 레이어를 이동시킬 수 있습니다. 왼쪽 상단으로 조금 이동시킨 후 작업을 종료하기 위해 **Enter**을 누릅니다.

03. 완성된 결과물을 확인합니다.

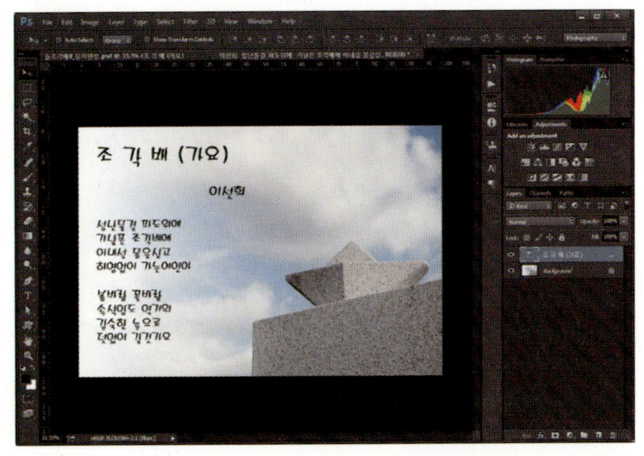

문자 도구를 이용하여 문자를 입력하고, 입력한 문자의 글꼴, 크기, 문자 간격, 줄 간격 등은 [Character], [Paragraph] 패널을 이용하여 수정이 가능합니다. 이번 Step에서는 문자 크기, 줄 간격, 가로 확대/축소, 들여쓰기를 조정해 보겠습니다.

예제 파일 I DVD₩Part08₩돌조각배8_문자완성.psd **완성 파일** I DVD₩Part08₩돌조각배8_문자완성3.psd

01. 예제 파일을 불러온 후 문자 도구(Type Tool)를 선택하고 마우스를 이용하여 '성남 물결~'을 드래그하여 선택합니다. [Character] 패널에서 문자 크기는 '19pt', 줄 간격은 '25pt', 가로 크기는 '90%'로 설정합니다.

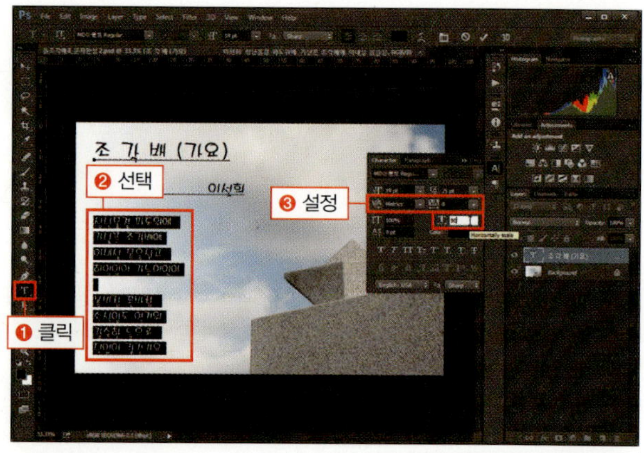

02. 이번에는 [Paragraph] 패널을 열고 왼쪽 여백을 '15pt'로 설정합니다.

> **TIP :** 마우스 포인터를 [Indent left margin] 아이콘 위에 위치시키면 마우스 포인터 모양이 화살표 모양으로 바뀝니다. 이때 좌우로 드래그하면 슬라이더 바를 조정하듯 수치가 조절됩니다.

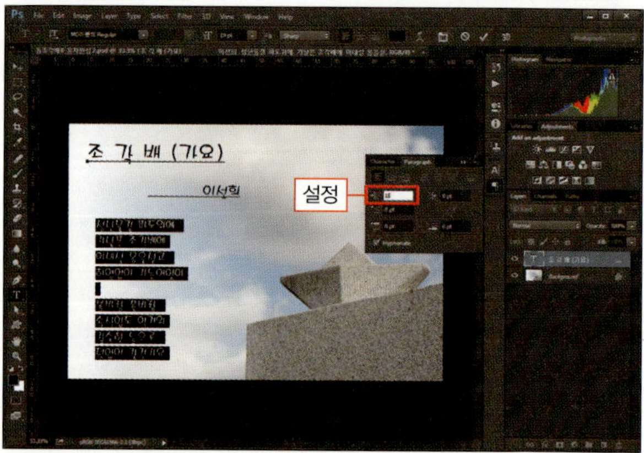

03. '성난 물결' 문자 앞에서 클릭하여 커서가 나타나면 [Paragraph] 패널에서 [Indent first line](들여쓰기)를 '15pt'로 설정합니다. 같은 방법으로 '봄바람' 문자 앞을 클릭하여 커서가 나타나면 [Paragraph] 패널에서 [Indent first line](들여쓰기)를 '15pt'로 설정합니다. 설정이 끝났으면 [Commit any current edits](✔)를 클릭한 후 완성된 결과물을 확인합니다.

LESSON 02 타이포그래피 응용하기

레 벨 ● ● ○

레이어 마스크와 브러시 도구로만 이미지를 합성하는 방법을 알아보겠습니다. 그리고 빠른 선택 도구와 레이어 마스크를 이용하여 이미지를 합성해보겠습니다.

기초 탄탄 ● [Wrap Text] 대화상자를 이용하여 문자 변형하기

이번 Lesson에서는 [Warp Text] 대화상자를 이용하여 문자를 멋있게 변형해보고, 패스로 그린 곡선 위에 문자를 입력하여 흐르는 문자처럼 만들어 보겠습니다.

■ [Warp Text] 대화상자 이해하기

[Warp Text] 대화상자는 문자 도구로 입력한 문자에 [Bend], [Horizontal Distortion], [Vertical Distortion] 슬라이더 바를 움직여 다양한 왜곡을 만들 수 있습니다.

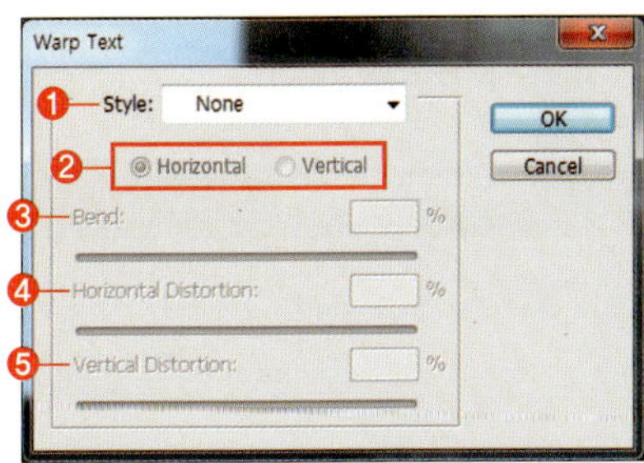

❶ Style : 문자 왜곡 모양을 설정합니다.

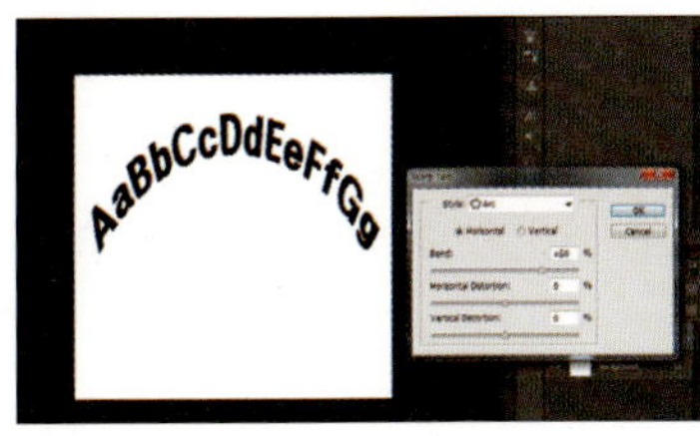

Arc

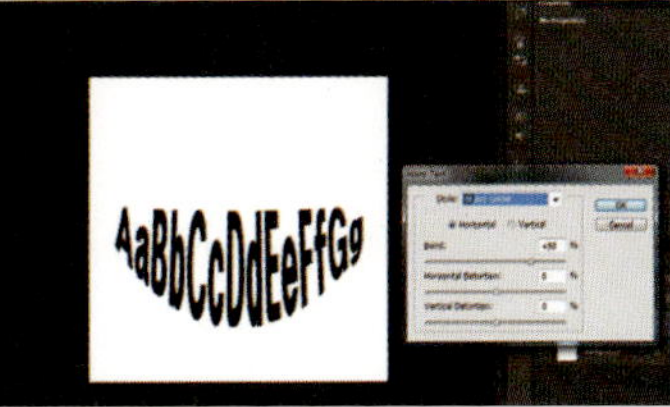

Arc Lower

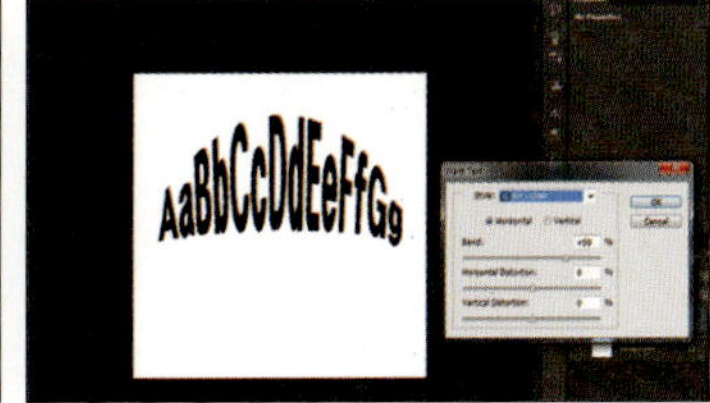

Arc Upper

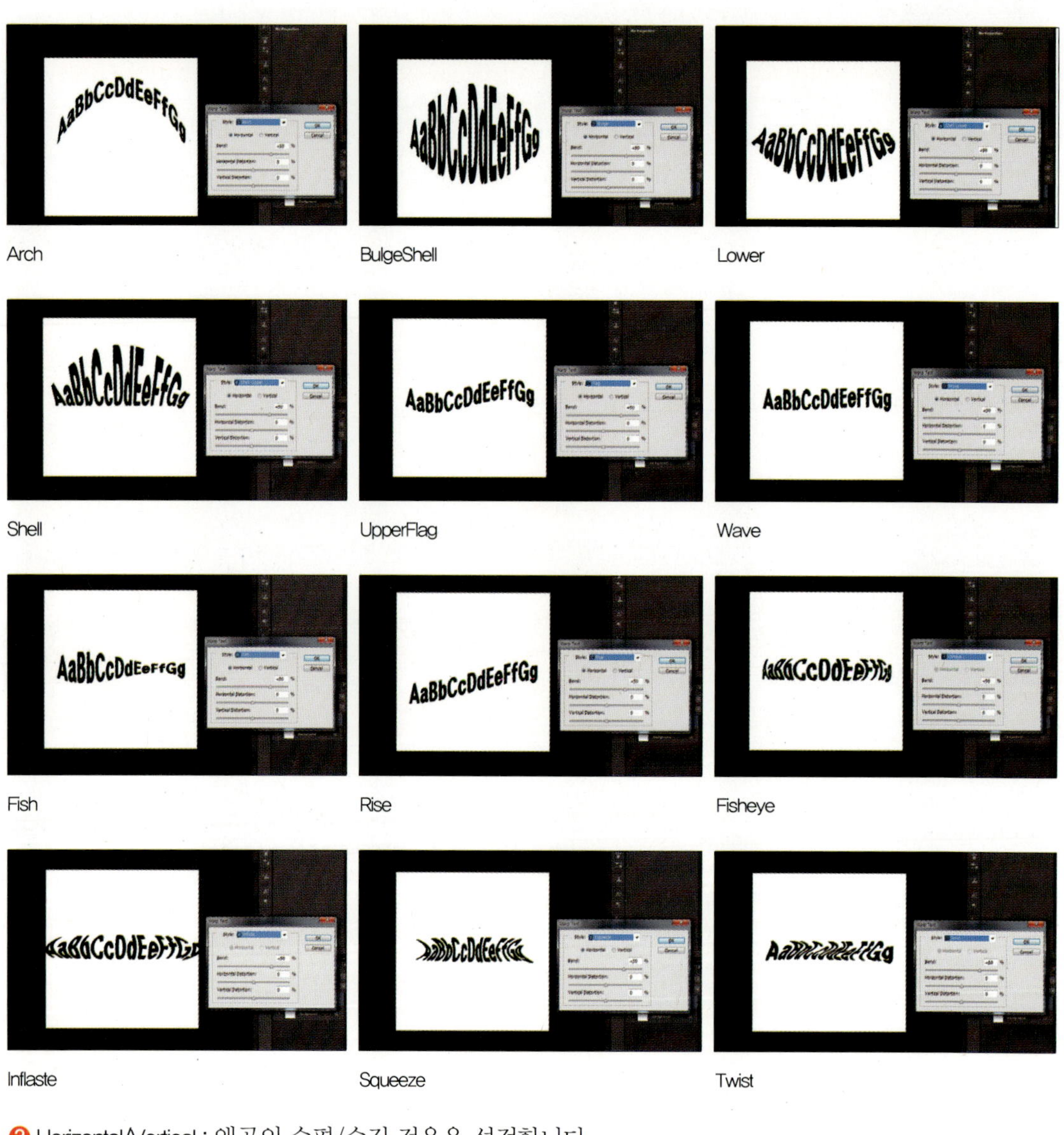

Arch	BulgeShell	Lower
Shell	UpperFlag	Wave
Fish	Rise	Fisheye
Inflaste	Squeeze	Twist

❷ Horizontal/Vertical : 왜곡의 수평/수직 적용을 설정합니다.

❸ Bend : 왜곡의 강도(휨)를 조정합니다.

❹ Horizontal Distortion : 수평으로 왜곡되는 양을 조절합니다.

❺ Vertical Distortion : 수직으로 왜곡되는 양을 조절합니다.

문자 변형 옵션은 문자 도구로 입력한 문자를 미리 설정된 여러 가지 모양으로 변형이 가능합니다. 이번 Step에서는 '문자 왜곡'을 이용하여 변형할 수 있는 다양한 모양을 알아보겠습니다.

예제 파일 I DVD\Part 08\abc.psd

01. 'abc.jpg' 파일을 불러옵니다. 도구 패널에서 문자 도구(Type Tool)를 선택하고 옵션 바에서 [Create warped text]( )를 클릭합니다.

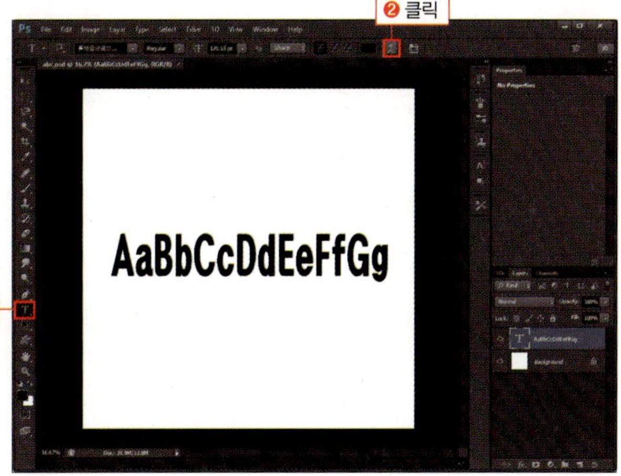

02. [Warp Text] 대화상자가 나타나면 [Style]에서 'Arc'를 선택합니다. 원호 모양으로 문자가 왜곡되는 것을 확인할 수 있습니다. 아래의 그림들은 [Warp Text] 대화상자의 [Style]에서 'Arc'를 선택하고, 각 슬라이드 바를 조절했을 때 나오는 다양한 왜곡 효과들입니다.

Bend : +50 설정

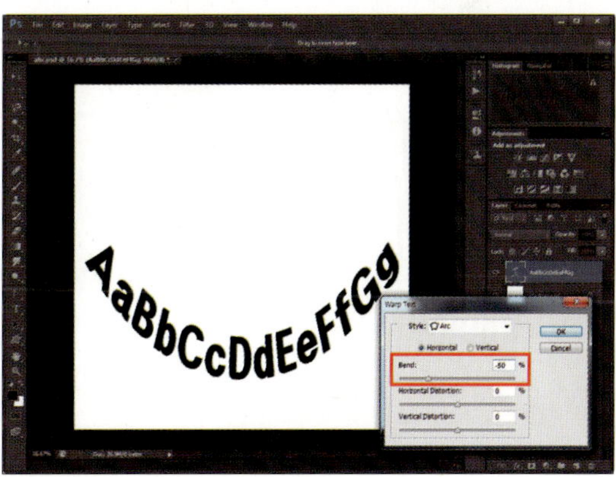

Bend : −50% 설정

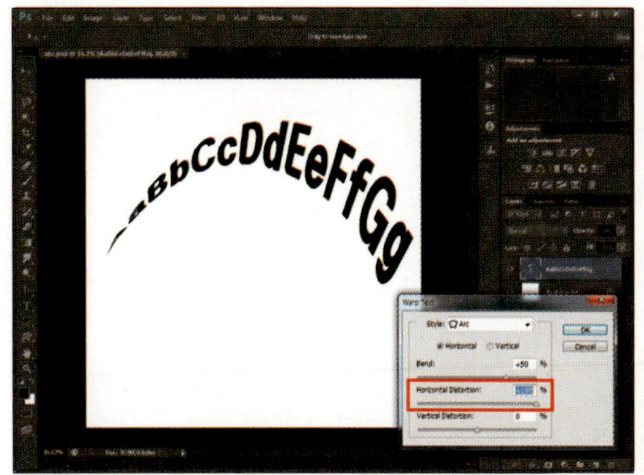

Horizontal Distortion : +100% 설정

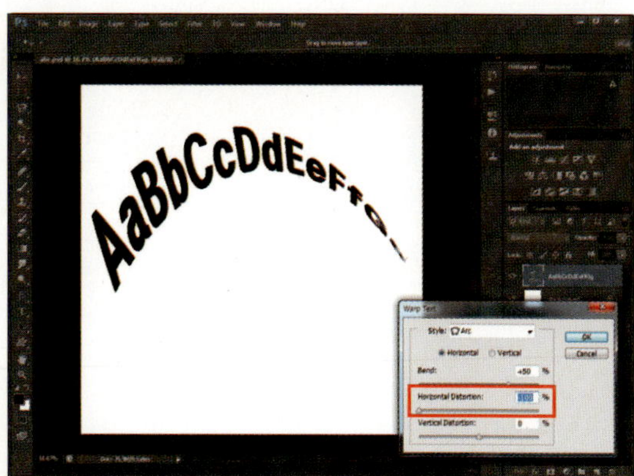

Horizontal Distortion : −100% 설정

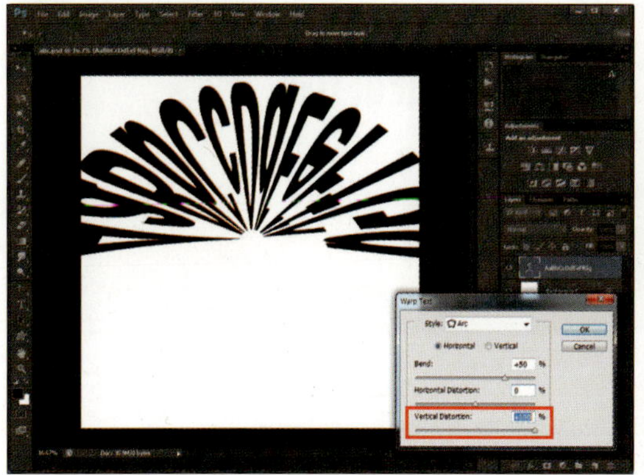

Vertical Distortion : +100% 설정

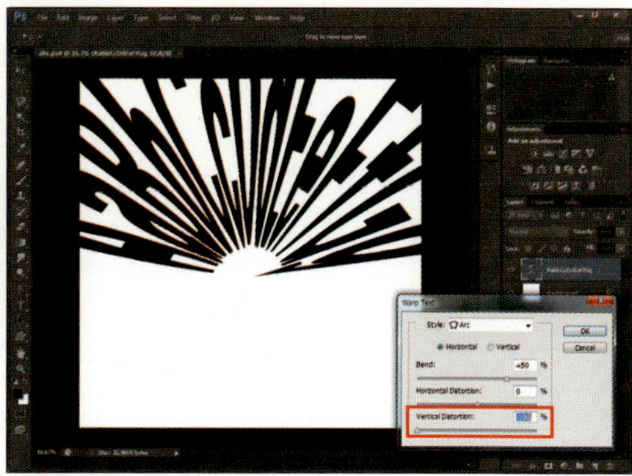

Vertical Distortion : −100% 설정

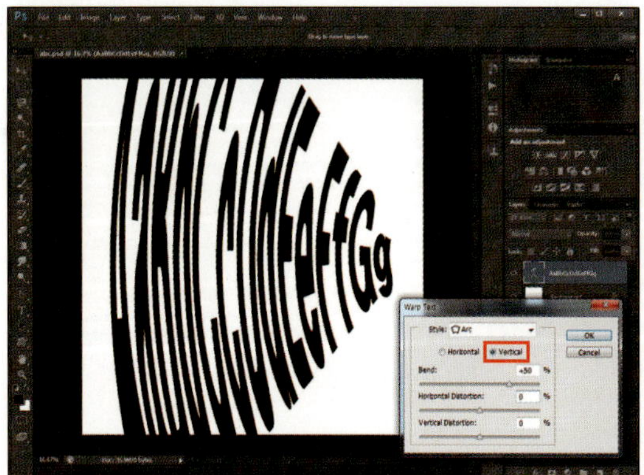

Vertical 설정

문자 툴은 일반적으로 가로, 세로 방향으로 입력할 수 있습니다. 이번에는 펜 도구로 패스를 그리고 그 위에 문자를 입력하는 방법을 알아보겠습니다.

예제 파일 ㅣ DVD₩Part 07₩커피.jpg

01. '커피.jpg' 파일을 불러오고 도구 패널에서 펜 도구(Pen Tool)를 선택합니다.

> **연관검색** 펜 도구의 자세한 사용법은 320P에서 알아봅니다.

02. 펜 도구(Pen Tool)로 첫 번째 클릭, 두 번째 클릭한 후 드래그하여 곡선을 만듭니다. 그리고 세 번째로 클릭한 후 드래그하여 또 곡선을 만듭니다.

03. 도구 패널에서 문자 도구(Type Tool)를 선택하고, 마우스 포인터를 펜 도구(Pen Tool)로 그려 놓은 패스를 클릭합니다.

04. 커서가 깜박이면 키보드를 이용하여 그림과 같이 문자를 입력합니다. 입력이 끝나면 옵션 바의 [Commit any current edits](✔)를 클릭합니다.

> **연관검색** 키보드의 [Ctrl] + [Enter] 를 눌러도 됩니다.

05. 패스 곡선 위에 패스 모양대로 문자가 입력된 것을 확인할 수 있습니다.

> **연관검색** 패스 위에 문자를 입력한 후 PART 05 〉 Lesson 03 〉 Step 02에 나오는 직접 선택 도구를 이용하여 패스를 수정하면 문자의 곡선도 같이 수정됩니다.

PART SUMMARY

- 문자 도구를 이용하여 이미지에 문자를 쓰고, 글꼴을 변경할 수 있습니다. `460p`

- 문자 도구로 문자를 입력하면 [Layers] 패널에 문자 레이어가 생깁니다. 이러한 문자 레이어는 이미지 레이어와 동일하게 자유롭게 변형이 가능합니다. `463p`

- 문자 도구로 입력한 문자는 [Character] 패널과 [Paragraph] 패널에서 언제든지 문자와 문단을 조정할 수 있습니다.

- [Warp Text] 대화상자를 이용하면 입력한 문자를 멋지게 변형할 수 있습니다. `471p`

- 펜 도구를 이용하여 패스를 그린 후 패스의 모양대로 문자를 입력할 수 있습니다. `473p`

01 | 문자 도구를 이용하여 이미지에 문자를 쓰고 글꼴 변경하기

예제 파일 : DVD\Part 08\돌조각배8.jpg　　**동영상 해설 :** DVD\Self Test\P08_01.wmv

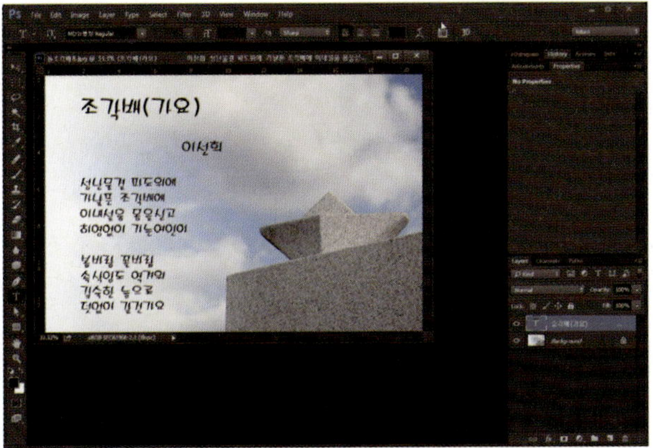

HINT

문자 도구를 이용하면 워드 프로그램과 같이 이미지에 문자를 입력할 수 있으며, [Character]/[Paragraph] 패널로 문자의 속성을 수정할 수 있습니다.

02 | 펜 도구로 그린 패스 위에 문자 입력하기

예제 파일 : DVD\Part 08\커피.jpg　　**동영상 해설 :** DVD\Self Test\P08_02.wmv

HINT

펜 도구를 이용하여 패스를 그린 후 문자 도구를 이용하면, 패스의 모양대로 문자를 입력할 수 있습니다.

09

포토샵 CC 2015의
다양한 필터들 활용하기

PhotoshopCC 2015

포토샵 CC 2015의 필터들을 크게 분류하면 사진
이미지 입자(픽셀)를 조정하는 필터인 Shapen,
Noise, Blur 필터와 렌즈의 왜곡 수정을 위한
Lens Correction, Adaptive Wide Angle 필터, 사진
을 회화적으로 만들어 주는 필터, 그리고 인물이
나 이미지를 자유롭게 수정할 수 있는 Liquify 등
이 있습니다. 이번 Part에서는 이러한 필터들의
다양한 활용법을 소개합니다.

사진 이미지의 입자(픽셀)를 조절하는 사진적 필터

필자는 Sharpen, Noise, Blur 필터들을 사진 이미지의 입자(픽셀)를 조절하는 '사진적 필터'라고 부릅니다. 이 필터들은 이미지를 선명하게 하고, 픽셀을 뭉개기도 하고, 거칠게도 그리고 노이즈가 생겨 거칠어진 이미지를 매끄럽게 만들기도 합니다.

기초탄탄 ▶ [Unsharp Mask] 대화상자 이해하기

대부분의 포토샵 필터들에는 Amount, Radius, Threshold 등의 항목들이 있습니다. 이 항목들에 대해 알아보겠습니다.

❶ **Amount** : 샤프닝을 적용시킬 강도를 조절합니다. 수치가 커질수록 샤프닝 효과가 커집니다. 필자의 경우 작업 시에는 50%~100%정도, 출력 시에는 출력기기, 크기, 용지에 따라 다르지만 80%~200%로 설정합니다.

❷ **Radius** : 샤프닝 효과의 범위를 조절합니다. 수치를 높게 할수록 효과가 커집니다. 수치를 너무 크게 하면 가장자리에 마치 후광 효과처럼 흰 테두리가 생깁니다. 필자는 1.0 ~ 2.0 정도로 설정합니다.

❸ **Threshold** : 주변 픽셀의 명암를 비교하여 선명하게 할 범위를 조절합니다. 수치를 높게 하면 명암 차이가 심한 경계 부분에만 필터가 적용되고, 수치를 낮게 하면 명암 차이가 심하지 않은 부분까지 필터가 적용됩니다. 필자는 0~5 정도로 설정합니다.

Unsharp Mask 필터는 이미지를 선명하게 만들 때 사용하는 대표적인 필터입니다. Unsharp Mask 필터는 다른 샤픈 필터들 즉, Sharpen, Sharpen Edges, Sharpen More 필터 보다 더 정교한 조정이 가능합니다. 샤픈(Sharpen)의 원리를 쉽게 설명하면 이미지의 경계선에 인접한 픽셀의 명암을 조절하는 것입니다. 즉, 인접한 픽셀의 명암 대비를 강하게 하면 선명해 보이고 명암 대비를 약하게 하면 흐리게 보이는 것입니다.

예제 파일 I DVD₩Part 09₩돌새동지.jpg　**완성 파일 I** DVD₩Part 09₩돌새동지_USM.jpg

01. 예제 파일을 불러온 후 이미지를 100%로 확대하기 위해 [View]–[100%] 메뉴를 클릭합니다. 100%로 확대하는 이유는 이미지에 필터가 적용되는 것을 잘 관찰하기 위해서입니다.

> **TIP :** 필터를 적용할 때는 이미지를 100% 상태에서 확인하는 것이 중요합니다.

02. Unsharp Mask 필터를 적용하기 위해 [Filter]–[Shapen]–[Unsharp Mask] 메뉴를 클릭합니다.

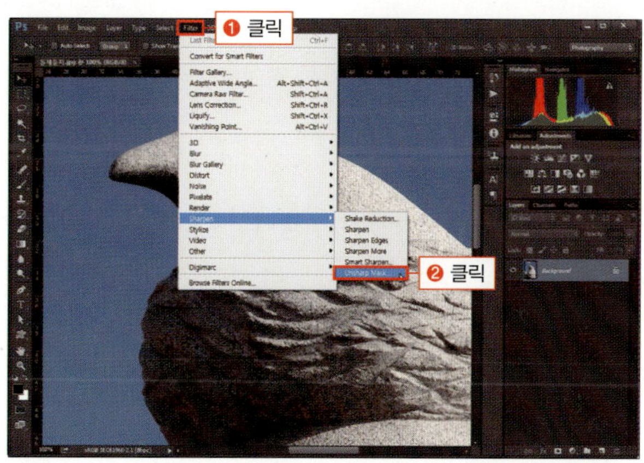

03. [Unsharp Mask] 대화상자가 나타나면 마우스 포인터를 이미지로 가져갑니다. 클릭하면 [Unsharp Mask] 대화상자에 그 부분이 확대되어 보입니다.

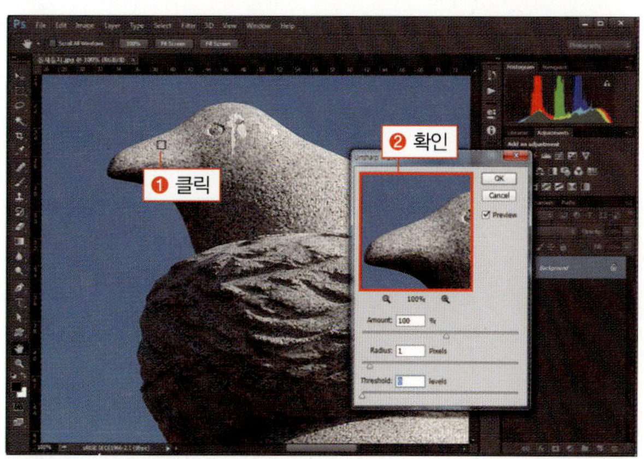

04. [Unsharp Mask] 대화상자에서 [Amount] 는 '100 %', [Radius]는 '1 Pixels', [Threshold]는 '0 levels'로 설정하고 [OK] 단추를 클릭합니다.

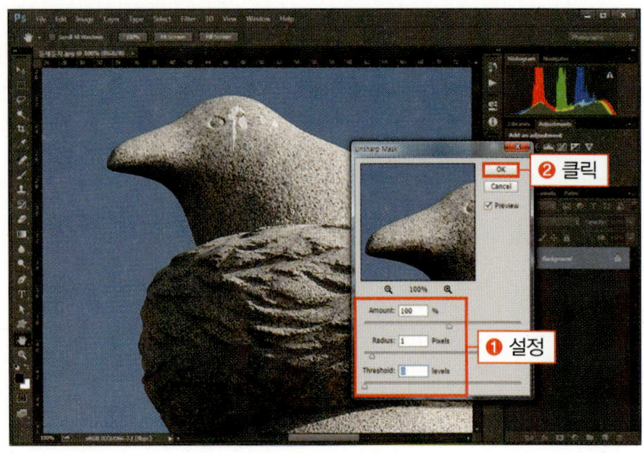

05. 완성된 결과물을 확인합니다.

Unsharp Mask 필터 적용 전

Unsharp Mask 필터 적용 후

Smart Sharpen 필터는 Unsharp Mask 필터에는 없는 Advanced 모드가 있어 이미지의 어두운 영역과 밝은 영역을 분리하여 샤프닝을 적용할 수 있습니다. Smart Sharpen 필터의 성능은 아주 좋으나 Unsharp Mask 필터에 비해 처리 속도가 느린 단점이 있습니다.

예제 파일 I DVD₩Part 09₩돌새둥지.jpg   **완성 파일** I DVD₩Part 09₩돌새둥지_SMS.jpg

01. 예제 파일을 불러온 후 이미지를 100%로 확대하기 위해 [View]-[100%] 메뉴를 클릭합니다.

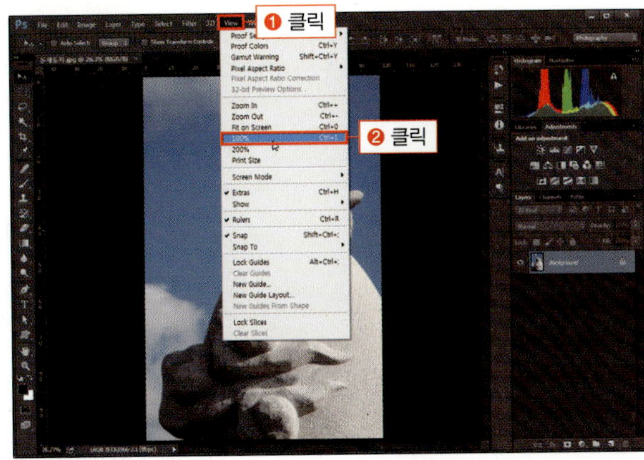

02. [Filter]-[Sharpen]-[Smart Sharpen] 메뉴를 클릭합니다.

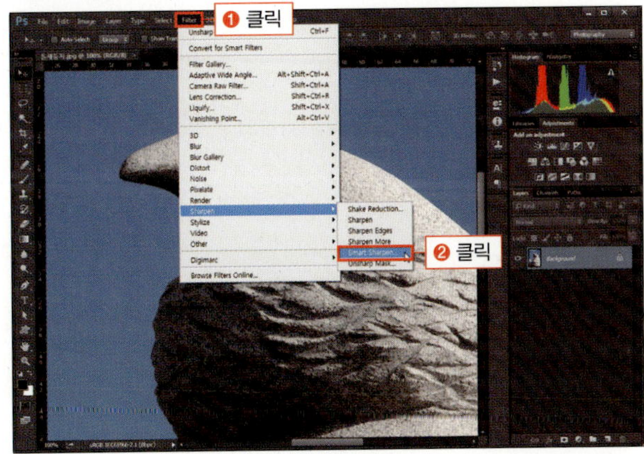

03. [Smart Sharpen] 대화상자가 나타나면 Advanced 모드로 사용하기 위해 [Shadows / Highlights] 앞의 삼각형 아이콘을 클릭합니다. [Shadows / Highlights]의 세부 항목이 나타나면 [Amount]는 '100%', [Radius]는 '1px' [Reduce Noise]는 '0%', [Remove]는 [Gaussian Blue]로 설정하고 아래쪽 [Highlights]의 [Fade Amount]는 '100%'로 설정하고 [OK] 단추를 클릭합니다.

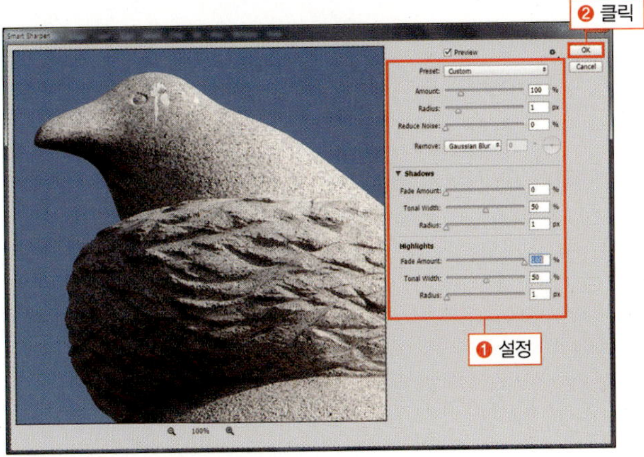

• Gaussian Blur : Unsharp Mask 필터와 같이 선명하게 만듭니다.

• Lens Blur : 렌즈의 광학적 흐림을 상쇄시켜 줍니다.

• Motion Blur : 피사체의 움직임에 의한 흐림을 보정해 줍니다.

[Fade Amount]를 '100%'로 설정하는 것은 위쪽의 [Amount] : '100%'로 설정한 Smart Sharpen 값을 밝은 부분에는 적용되지 않습니다.

04. 완성된 결과물을 확인합니다.

TIP : Unsharp Mask 필터 대신 Smart Sharpen 필터를 사용하는 이유는 이미지를 어두운 부분(Shadows)과 밝은 부분(Highlights)으로 나누어 Sharpen 필터를 적용할 수 있기 때문입니다.

일반적으로 Advanced 모드에서 어두운 부분(Shadows)에는 필터를 주고 밝은 부분(Highlights)에는 필터를 적용하지 않습니다. 이렇게 하면 이미지의 경계선은 선명해지고 이미지의 면은 그대로입니다. 일반적으로 밝은 부분은 이미지의 면에 해당하고 어두운 부분은 경계선에 해당합니다. 다시 말하면 경계선 부분에만 Sharpen을 적용하는 것입니다.

Smart Sharpen 필터가 나오기 전부터 포토샵 고수들은 채널을 이용하여 이미지의 어두운 부분과 밝은 부분을 분리하여 Unsharp Mask 필터를 사용하였습니다. Smart Sharpen 필터를 이용하면 초보자들도 채널을 사용하지 않고도 쉽게 고수들의 효과를 낼 수 있습니다.

Reduce Noise 필터는 이미지의 경계선의 디테일을 뭉개지 않으면서 노이즈(Noise)만을 감소시킵니다. 디지털 카메라의 노이즈는 빛이 부족한 상황, 야경 또는 감도를 높여 촬영하면 이미지가 거칠게 표현되는데 이것을 노이즈라고 합니다.

예제 파일 ㅣ DVD₩Part 09₩야경.jpg **완성 파일 ㅣ** DVD₩Part 09₩야경_RN.jpg

01. 예제 파일을 불러온 후 [Filter]–[Noise]–[Reduce Noise] 메뉴를 클릭합니다.

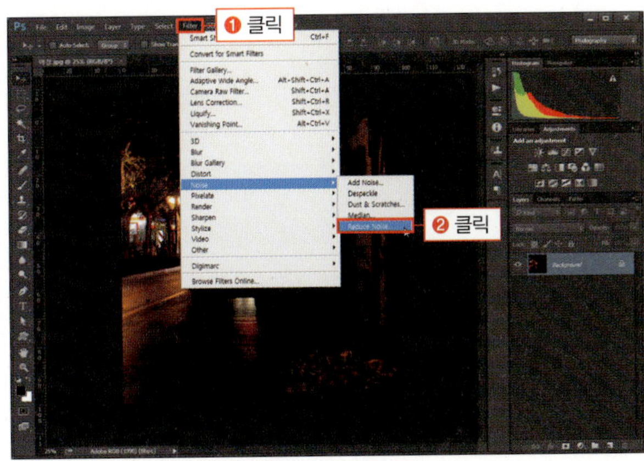

02. [Reduce Noise] 대화상자가 열립니다. 노이즈를 감소시키기 위해 [Strength](강도)를 '6'으로 설정합니다. 이미지의 디테일이 살려주기 위해 [Preserve Details]은 '50%'로 설정합니다. 컬러 노이즈를 줄이기 위해 [Reduce Color Noise]는 '47%'로 설정합니다. 마지막으로 이미지의 전체적인 선명도를 살리기 위해 [Sharpen Details]를 '30%'로 설정한 후 [OK] 단추를 클릭합니다.

03. 완성된 결과물을 확인합니다.

이미지를 부드럽게 만드는 Blur 필터들

레벨 ● ● ●

이번 Lesson에서는 이미지를 부드럽게 만드는 여러 가지 필터에 대해 알아봅니다. 그리고 포토샵 CS6의 Blur 3 총사에 포토샵 CC 2015에서는 2개의 필터가 더 추가되어 Blur Gallery가 되었습니다. 이제 Blur 5총사가 되었네요.

기초탄탄) 대표적인 Gaussian Blur와 새로운 Blur Gallery

■ Gaussian Blur 필터 `486p`

수학자 가우스(Gauss)의 이름을 딴 Gaussian Blur 필터는 가우스가 창안한 곡선 방정식에 의한 계산 방법을 이용하여 흐림 효과를 만들어 냅니다. 포토샵 초기부터 지금까지 가장 많이 사용하는 필터이며 다른 Blur 필터에 비해 처리 속도가 빠릅니다.

❶ Radius : Gaussian Blur의 강도를 조절합니다. 즉 흐림 정도를 조절합니다. Gaussian Blur의 조절 슬라이더 바는 [Radius] 하나로 단순한 필터입니다.

■ 새로운 Blur Gallery : Field Blur, Iris Blur, Tilt-Shift, Path Blur, Spin Blur의 패널 알아보기

❶ **Blur Tools** : Field Blur, Iris Blur, Tilt-Shift, Path Blur, Spin Blur의 사용 여부와 강도를 조절합니다.

❷ **Motion Effects** : Path Blur, Spin Blur 사용 시 활성화되며 Motion Blur 효과를 조절합니다.

❸ **Effects** : Blur 효과를 적용합니다.

• **Light Bokeh** : Bokeh(보케)의 밝기를 조절합니다. 보케란 초점이 맞지 않아 뿌옇게 보이는 현상을 말합니다.

• **Light Range** : 밝은 부분의 영역을 지정합니다.

❹ **Noise** : 포토샵 CC 2015에 새롭게 추가된 항목으로 Noise를 추가할 수 있습니다.

Blur Gallery는 포토샵 CS6에 처음 선보인 Field Blur, Iris Blur, Tilt-Shift 3가지 필터와 Path Blur, Spin Blur 2가지 필터를 더해 총 5가지 Blur 필터가 있습니다. Blur Gallery는 HUD 환경을 제공하며 하나씩 단독 사용도 가능하고 5가지 안에서 2가지 3가지 또는, 전부 적용할 수도 있습니다.

> **TIP :**
>
> HUD 환경이란 Head-up display(헤드업 디스플레이)의 약자로써 계기판을 전방 유리에 보이게 하는 방식을 예기합니다. 쉽게 비행기 시뮬레이션 게임을 생각하면 됩니다.

Gaussian Blur 필터는 이미지를 흐리게 만드는 대표적인 포토샵 필터입니다. Gaussian Blur 필터를 이용하면 멋진 아웃포커스 효과를 표현할 수 있습니다.

예제 파일 I DVD₩Part 09₩BG_알파벳.jpg   **완성 파일** I DVD₩Part 09₩BG_알파벳_GB.jpg

01. 예제 파일을 불러온 후 이미지를 보면 아웃포커스가 조금 되어있습니다. Gaussian Blur를 이용하여 아웃포커스 효과를 더해보겠습니다.

02. 이미지를 선택하기 위해 [Select]–[Focus Area] 메뉴를 클릭합니다.

03. [Focus Area] 대화상자가 나타나면 자동으로 초점이 맞은 영역을 찾습니다. 그림처럼 자동으로 선택 영역이 설정되었습니다.

04. [Focus Area Subtract Tool](🖌)을 클릭하고 이미지에서 원하지 않는 선택 영역을 드래그하여 지워줍니다.

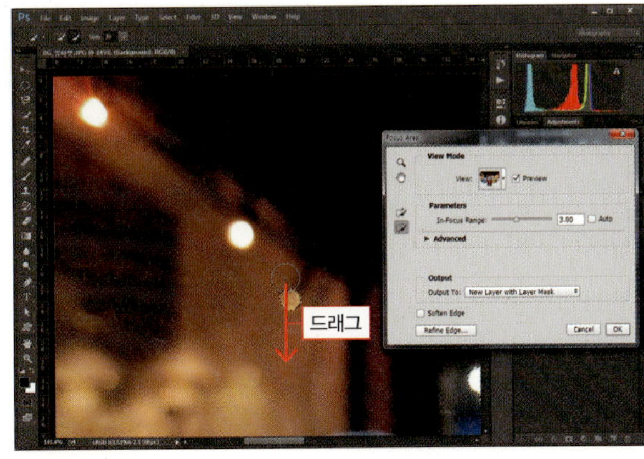

TIP : 현재 [View Mode]는 'Marching Ants'입니다.

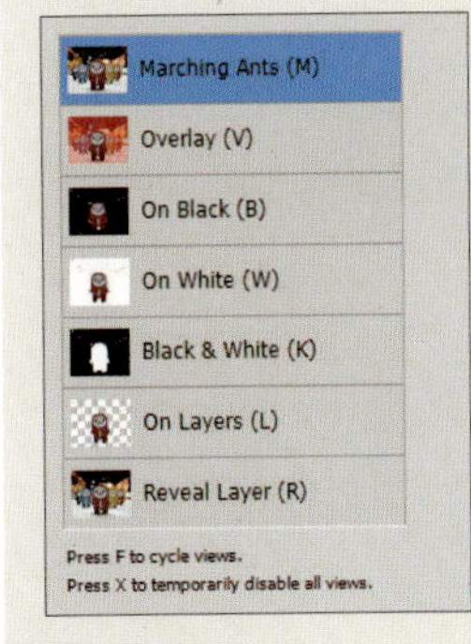

05. [Focus Area Add Tool](🖌)을 클릭하고 추가하고 싶은 부분을 드래그하여 추가합니다.

06. 선택 영역이 빨간색 나무인형에 잘 선택되었는지 확인합니다. [Output]의 [Output to]에서 'New Layer with Layer Mask'를 선택하고 [OK] 단추를 클릭합니다.

487

07. [Layers] 패널을 보면 'Background' 레이어 위에 선택 영역으로 마스킹된 'Background copy' 레이어가 생성되었습니다.

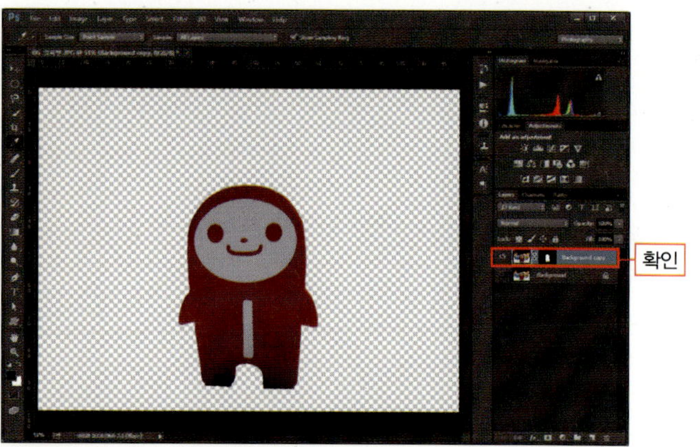

08. [Layers] 패널에서 'Background' 레이어의 [눈]( )을 켜주고 선택합니다.

09. 다음 Step과 비교하기 위해 [File]–[Save As] 메뉴를 클릭힙니다. [다른 이름으로 저장] 대화상 자가 나타나면 'BG_알파벳_선택.psd' 이름으로 저장합니다.

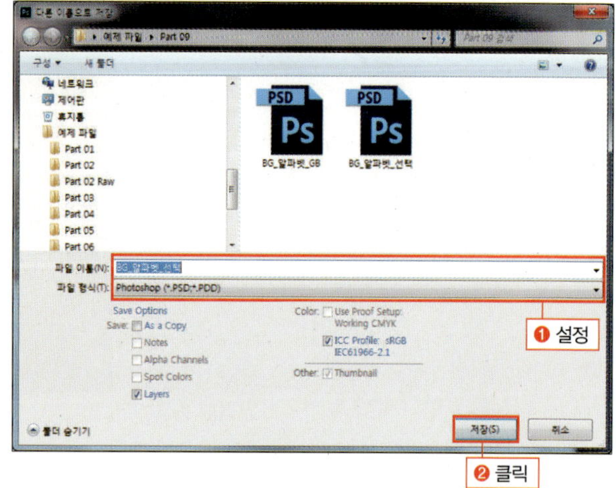

10. [Filter]-[Blur]-[Gaussian Blur] 메뉴를 클릭합
니다.

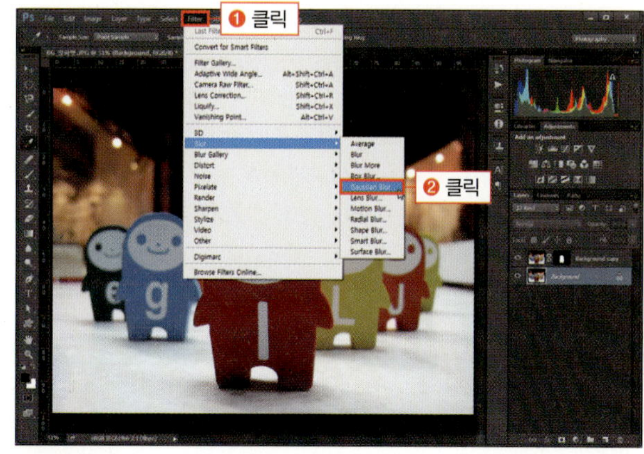

11. [Gaussian Blur] 대화상자가 나타나면
[Radius]를 '4 Pixels'로 설정하고 [OK] 단추를 클릭
합니다.

12. 완성된 결과물을 확인합니다. 이미지에
Gaussian Blur 필터를 이용하여 흐림 효과가 더해
졌습니다.

포토샵 CS6에서 새로 생긴 Field Blur 필터는 하나 또는, 여러 개의 핀을 이용하여 필터의 양을 자유롭게 조정할 수 있습니다. 앞선 따라하기와 같은 예제로 Gaussian Blur 필터와 비교해 보겠습니다.

예제 파일 I DVDＷPart 09ＷBG_알파벳_선택.psd **완성 파일** I DVDＷPart 09ＷBG_알파벳_FB.psd

01. 예제 파일을 열고 [Layers] 패널에서 'Background' 레이어를 선택합니다. [Filter]–[Blur Gallery]–[Field Blur] 메뉴를 클릭합니다.

02. [Blur Gallery]가 나타납니다. [Blur Tools] 패널의 [Field Blur]에 체크가 되었습니다. 아래에 [Iris Blur]와 [Tilt–shift], [Path Blur], [Spin Blur] 필터도 확인할 수 있습니다. 이미지를 보면 동그란 모양의 핀이 하나 있습니다. 핀의 위치를 오른쪽 노란색 나무인형 쪽으로 이동시킵니다. 핀 주변에 링이 있습니다. 링을 드래그하여 시계 방향으로 돌려주면 Blur의 양이 늘어납니다. 오른쪽 패널에서 [Blur] 슬라이드 바를 움직여도 됩니다. [Blur] 값을 '15 px'로 설정하고 [Effects]–[Bokeh]의 [Light Bokeh]를 '10%'로 설정한 후 [OK] 단추를 클릭합니다.

TIP : Blur Gallery는 기존에 대화상자처럼 열리는 것이 아니기 때문에 지금 필터가 실행된 것인지 아닌지 잘 구분이 되지 않습니다. 그러나 잘 보면 오른쪽 패널이 [Blur Tools]와 [Motion Effects], [Effects], [Noise] 패널들이 보입니다.

03. 완성된 결과물을 확인합니다.

Iris Blur 필터는 원형으로 Blur 효과를 줄 수 있습니다. 원형으로 선택하고 선택한 영역을 제외하고 주변으로 갈수록 Blur 효과가 커집니다.

예제 파일 l DVD₩Part 09₩BG_알파벳2.jpg　**완성 파일** l DVD₩Part 09₩BG_알파벳2_IBn.jpg

01. 예제 파일을 불러온 후 [Filter]–[Blur Gallery]–[Iris Blur] 메뉴를 클릭합니다.

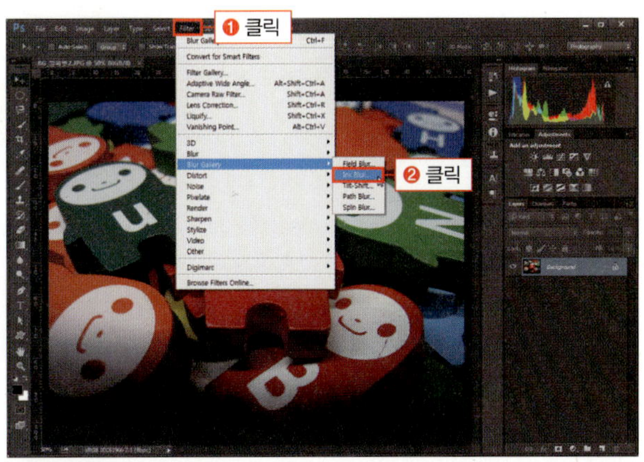

02. [Blur Gallery]가 나타나면 [Blur Tools] 패널의 [Iris Blur]에 체크가 되었습니다. 그리고 가운데 동그란 링이 생겼습니다.

03. 마우스 포인터를 이용하여 타원 모양의 원에 있는 기준점들을 드래그하여 가운데 빨간색 나무인형 크기에 맞게 조정합니다.

04. [Blur]를 '16 px'로 설정합니다.

05. [Noise] 패널을 선택하고 [Amount]를 '15%'로 설정하고 [OK] 단추를 클릭합니다.

06. 완성된 결과물을 확인합니다.

Tilt-Shift 필터는 Tilt-Shift 렌즈로 촬영할 때 생기는 아웃포커스 효과와 같은 Blur 필터입니다. 이 렌즈를 이용하면 특정 거리에만 초점을 맞추고 앞뒤로 아웃포커스 효과를 표현할 수 있습니다. 이 효과를 '미니어쳐 효과'라고도 합니다.

예제 파일 I DVD₩Part 09₩BG_청계천.jpg　**완성 파일** I DVD₩Part 09₩BG_청계천_TS.jpgg

01. 예제 파일을 불러온 후 [Filter]-[Blur Gallery]-[Tilt-shift] 메뉴를 클릭합니다.

02. [Blur Gallery]가 나타나면 [Blur Tools] 패널의 [Tilt-shift]에 체크가 되어있으며, 이미지에 핀에 생기고 가로로 줄이 여러 개 나타나는 것을 확인할 수 있습니다.

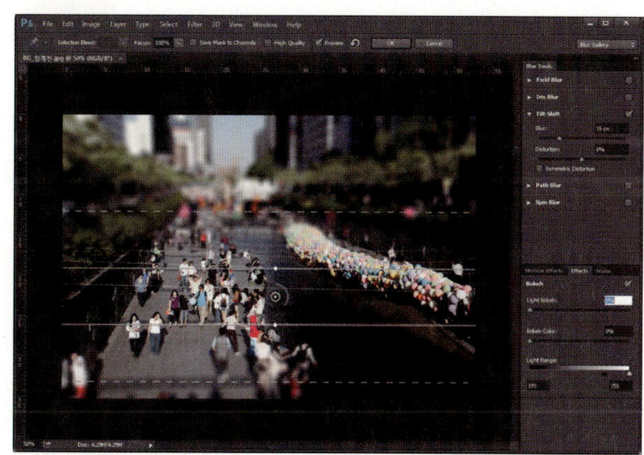

03. 가운데 핀과 작은 링의 조절 방식은 Field Blur, Iris Blur 필터와 같으며, 핀을 중심으로 위, 아래로 실선, 점선이 있습니다. 점선 바깥 구간에 설정한 Blur 효과가 들어가고, 실선과 점선 사이는 그레이디언트처럼 Blur 효과가 들어가는 구간입니다. 가운데 핀을 드래그하여 그림처럼 아래로 조금 이동시킵니다.

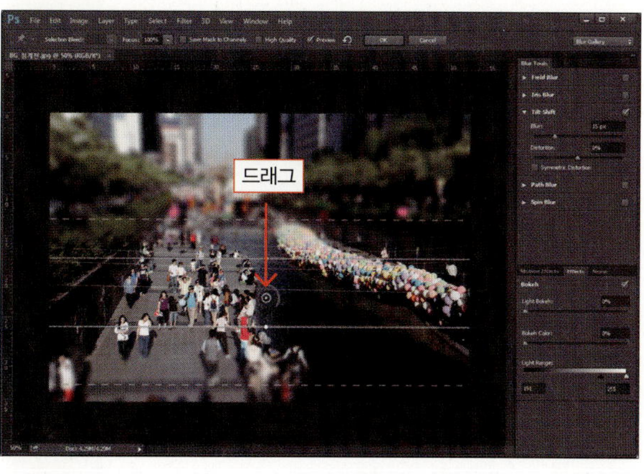

04. 핀 위쪽의 실선을 위로 조금 올려 간격을 조
금 넓혀줍니다. 이번에는 위쪽 점선은 아래로 조
금 이동시켜 패더(Feather) 값을 줄여줍니다.

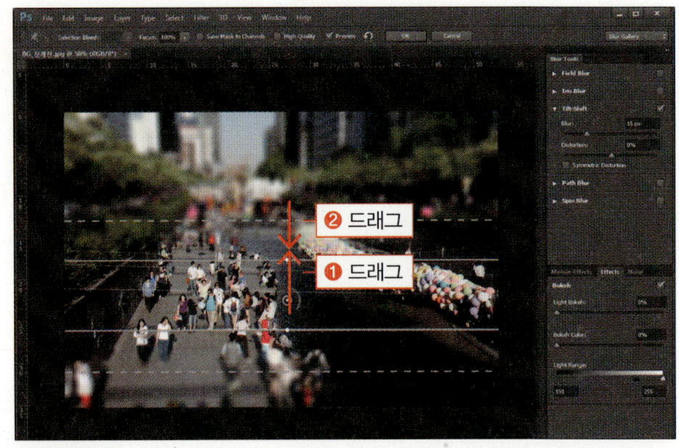

05. 아래쪽 점선도 위로 올려 패더(Feather) 값을
줄여줍니다.

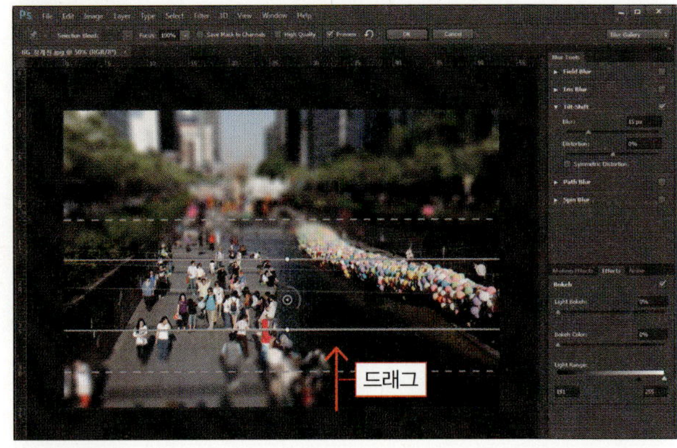

06. [Blur]는 '20 px' [Effects]–[Bokeh]–[Light
Bokeh]는 '20%'로 설정하고 [OK] 단추를 클릭합
니다.

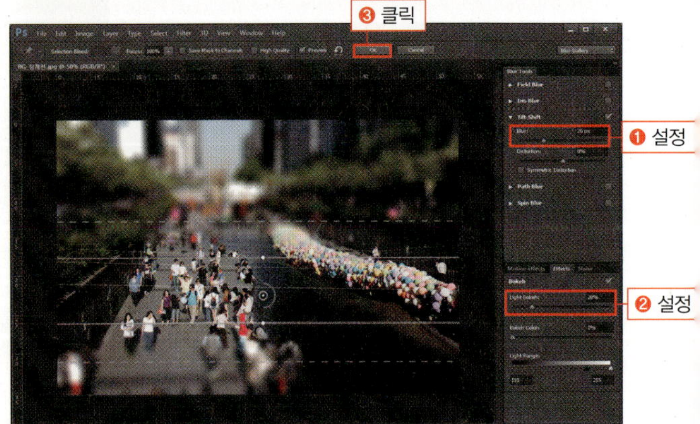

07. 완성된 결과물을 확인합니다.

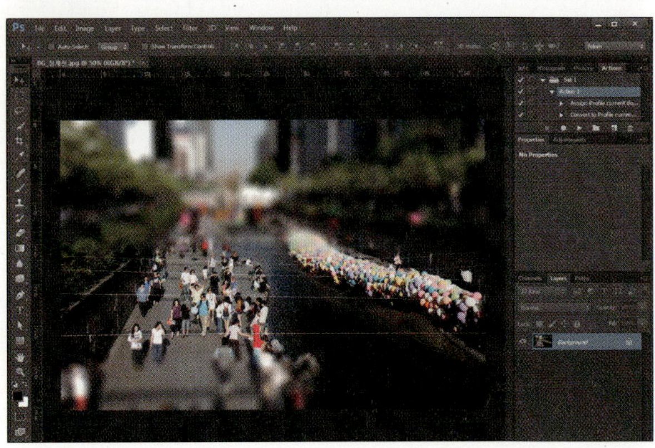

Path Blur 필터는 Motion Blur 필터와 비슷한 효과를 만듭니다. Path Blur 필터는 흐림의 방향과 모양을 패스 방향과 모양대로 자유자재로 만들 수 있습니다. Spin Blur 필터는 Radial Blur 필터와 비슷한 효과를 만듭니다. Spin Blur 필터는 선택한 부분만 원형으로 흐림 효과를 줄 수 있습니다. 이번 Step에서는 Path Blur와 Spin Blur 필터를 함께 사용해 보겠습니다.

예제 파일 ㅣ DVD₩Part 09₩Car.jpg　**완성 파일 ㅣ** DVD₩Part 09₩Car_패닝완성.psd

01. 예제 파일을 불러온 후 자동차를 선택하기 위해, 도구 패널에서 빠른 선택 도구(Quick Selection Tool)를 선택하고 빨간 자동차를 그림처럼 선택해 줍니다. 선택한 영역을 레이어로 만들기 위해 [Layer]–[New]–[Layer Via Copy] 메뉴를 클릭합니다.

 빠른 선택 도구 사용법은 Part 05 Lesson 02 Step 02를 참고하세요.

02. [Layers] 패널을 확인해 보면 'Layer 1' 레이어가 만들어진 것을 확인할 수 있습니다. 돌아가는 바퀴를 만들기 위해 [Filter]–[Blur Gallery]–[Spin Blur] 메뉴를 클릭합니다.

03. [Blur Gallery]가 열립니다. [Blur Tools] 패널에 [Spin Blur]에 체크가 되어있고, 이미지에 핀이 하나 생겼습니다.

04. 마우스 포인터를 이용하여 핀을 드래그하여
자동차 바퀴로 이동시킵니다.

05. 핀 외각에 동그란 영역의 기준점을 드래그
하여 선택 영역을 줄여줍니다.

06. 위 아래도 같은 방법으로 줄여줍니다.

07. 달리는 바퀴를 표현하기 위해, [Blur Angle]
을 '82°'로 설정합니다.

08. 앞바퀴에도 적용하기 위해 마우스 포인터를 앞바퀴 중앙에 위치시킨 후 클릭합니다.

09. 핀이 추가됩니다. 뒷바퀴와 같이 [Blur Angle]을 '82"로 설정하고 [OK] 단추를 클릭합니다.

10. Spin Blur 필터 효과로 바퀴가 돌아가는 것 같습니다.

11. 이번에는 자동차 뒷배경에 흐림 효과를 주기 위해, [Layers] 패널에서 'Background' 레이어를 선택합니다.

12. [Filter]—[Blur Gallery]—[Path Blur] 메뉴를 클릭합니다.

13. [Blur Gallery]가 열립니다. [Blur Tools] 패널에 [Path Blur]에 체크가 되어있고, 이미지에 파란색 패스가 하나 생겼습니다.

14. 마우스 포인터를 패스의 오른쪽 화살표에서 드래그하여 뒤로 길게 쭉 늘려줍니다.

15. [Speed]는 '116%', [End point Speed]는 '118 px'로 설정하고 [OK] 단추를 클릭합니다.

16. 달리는 자동차를 패닝이라는 촬영 기법으로 촬영한 이미지로 완성되었습니다.

> **TIP : 패닝 기법이란?**
> 패닝이란 움직이는 물체를 촬영할 때 피사체가 움직이
> 는 방향으로 카메라가 따라가면서 촬영하는 기법을 말
> 합니다. 이 기법으로 촬영하면 위의 이미지처럼 자동차
> 차체는 선명하게 표현되고 돌고있는 바퀴와 뒤의 배경
> 이 흐리게 표현됩니다.

03 왜곡 보정 필터 사용하기

레벨 ● ● ● ○

이번 Lesson에서는 Lens Correction(렌즈 교정)을 이용하여 촬영 시 발행한 각종 왜곡과 수차들을 수정하는 방법에 대해 알아보겠습니다. 그리고 포토샵 CS6부터 추가되었던 건물 왜곡을 잡을 수 있는 Wide Angle 필터에 대해서도 알아보겠습니다.

기초탄탄 ▶ [Lens Correction] 대화상자 알아보기

■ 도구

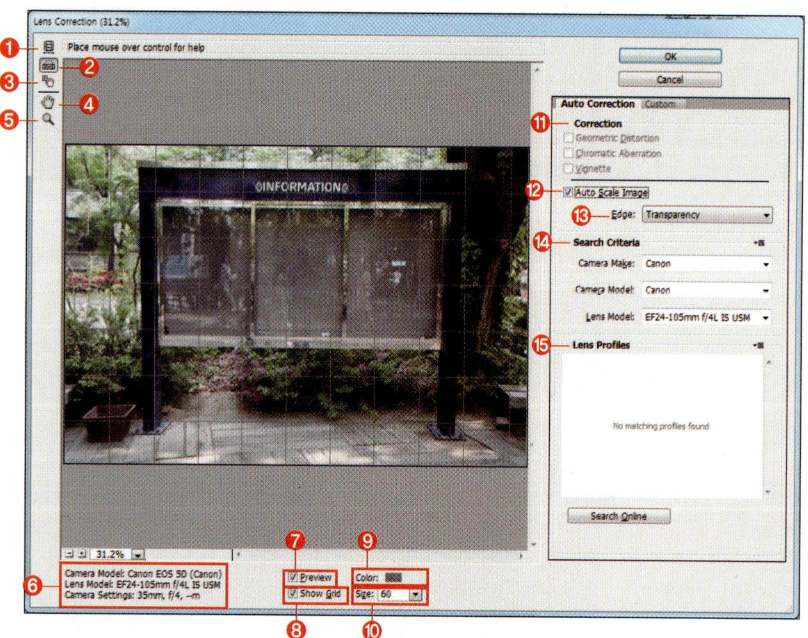

❶ **Remove Distortion Tool** : 왜곡 제거 도구로 이미지를 클릭한 상태에서 왼쪽으로 드래그하면 볼록해지고, 오른쪽으로 드래그하면 오목해 집니다(단축키 : D).

❷ **Straighten Tool** : 똑바르게 하는 도구로 수직, 또는 수평으로 만들려는 기준선을 드래그하여 선을 그어 주면 그 선을 기준으로 수직, 수평을 맞출 수 있습니다(단축키 : A).

❸ **Move Grid Tool** : 그리드를 이동시킬 수 있습니다(단축키 : M).

❹ **Hand Tool** : 손바닥 도구로 이미지가 확대되어 있을 때, 드래그하여 원하는 위치로 이동할 수 있습니다. 더블클릭하면 화면에 맞게 조절됩니다(단축키 : H).

❺ Zoom Tool : 확대/축소 도구로 이미지를 클릭하면 확대됩니다. **Alt** 를 누르고 클릭하면 축소됩니다. 더블클릭하면 100% 확대됩니다(단축키 : **Z**).

❻ 정보 창 : 이미지를 촬영한 카메라 모델과 렌즈의 종류 그리고 카메라 설정 값을 확인할 수 있습니다.

❼ Preview : 필터의 효과를 미리 보기로 확인할 수 있습니다. 일반적으로 체크하고 사용합니다.

❽ Show Grid : 그리드를 보여줍니다. 그리드가 나타나 있으면 수직, 수평 그리고 왜곡을 잘 판단할 수 있습니다.

❾ Color : 그리드의 색상을 정합니다.

❿ Size : 그리드의 간격을 정합니다.

■ [Auto Correction] 탭

⓫ Correction : 교정할 항목을 체크합니다.
• Geometric Distortion : 체크하면 기하학적 왜곡을 보정합니다.
• Chromatic Aberration : 체크하면 색수차를 보정합니다.
• Vignette : 체크하면 비네팅 현상을 제거 합니다. 비네팅 현상은 이미지 주변부가 어두워지는 것을 말합니다. 일반적으로 광각렌즈 사용 시 또는, 짧은 후드 사용 시 발생합니다.

⓬ Auto Scale Image : 이미지 왜곡을 교정하면서 생기는 주변 여백을 자동으로 잘라줍니다.

⓭ Edge : 여백의 종류를 정합니다.

⓮ Search Criteria : 검색 기준을 선택합니다.
• Camera Make : 카메라 회사를 선택합니다.
• Camera Model : 카메라 모델을 선택합니다.
• Lens Model : 렌즈 모델을 선택합니다.

⓯ Lens Profiles : Search Criteria(검색 기준)에 따른 프로파일이 검색됩니다.
• Search Online : 인터넷을 통해 프로파일을 검색합니다.

■ [Custom] 탭

자동으로 왜곡을 보정해 주는 [Auto Correction] 탭과는 다르게 아닌 수동으로 조정합니다.

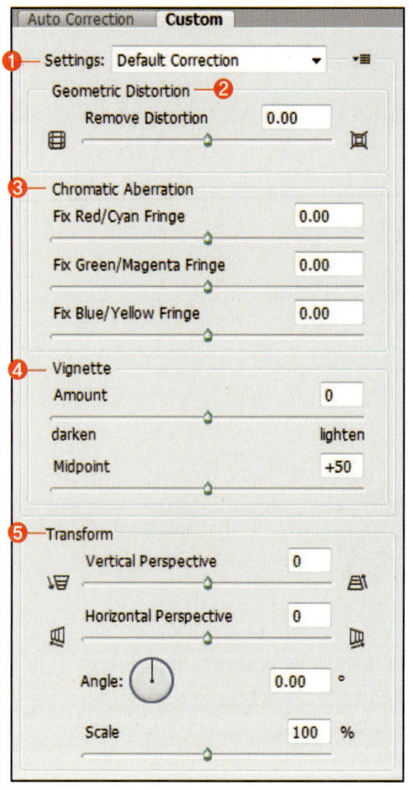

❶ Settings : 아래의 여러 항목들을 저장 또는, 불러오기가 가능합니다.

❷ Geometric Distortion : Remove Distortion 슬라이드 바를 이용하여 이미지를 볼록 또는, 오목하게 만듭니다.

❸ Chromatic Aberration : 색수차를 제거합니다.

• Fix Red/Cyan Fringe : Red/Cyan의 색수차를 제거합니다.

• Fix Green/Magenta Fringe : Green/Magenta의 색수차를 제거합니다.

• Fix Blue/Yellow Fringe : Blue/Yellow의 색수차를 제거합니다.

❹ Vignette : 비네팅을 조절합니다.

• Amount : 비네팅의 강도를 조정합니다.

• Midpoint : 주변부 영역을 조정합니다.

❺ Transform : 이미지를 변형을 조정합니다.

• Vertical Perspective : 수직 원근감을 조정합니다.

• Horizontal Perspective : 수평 원근감을 조정합니다.

• Angle : 이미지를 회전시킵니다.

• Scale : 이미지의 크기를 조정합니다.

Lens Correction 필터는 촬영 시 촬영 위치에 의해 발생한 수직, 수평 기울어짐, 건물의 왜곡, 원근감에 의한 왜곡, 그리고 렌즈가 만들어내는 왜곡과 수차들을 수정할 수 있습니다.

예제 파일 I DVD₩Part 09₩info.jpg   **완성 파일** I DVD₩Part 09₩info_LC.jpg

01. 예제 파일을 엽니다. 이미지의 게시판이 왼쪽으로 조금 기울어져 있고, 게시판의 왼쪽이 오른쪽 보다 길어 보입니다.

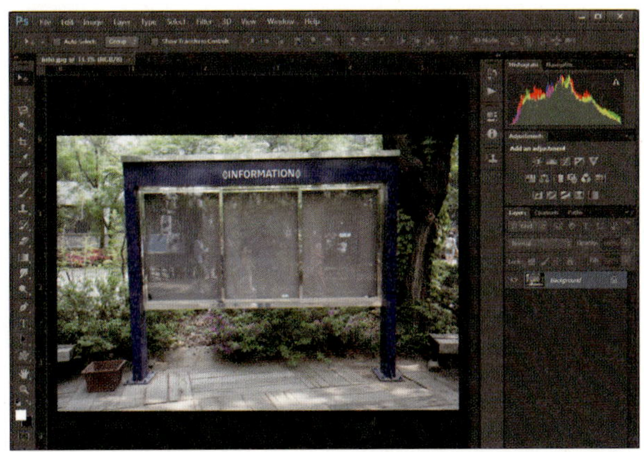

02. 위의 왜곡을 수정하기 위해 [Filter]–[Lens Correction]([**Shift**]+[**Ctrl**]+[**B**]) 메뉴를 클릭합니다.

03. [Lens Correction] 대화상자가 나타납니다. 대화상자 왼쪽 아래에 보면 카메라와 렌즈의 정보가 나옵니다. 그런데 오른쪽 [Lens Profiles]에는 다른 카메라로 잘못 설정되어 있습니다.

04. Lens Correction 필터를 하나하나 조정해 보 겠습니다. 먼저 색수차를 보정하기 위해서, [Auto Correction] 탭에 [Chromatic Aberration](색수차)을 체크합니다.

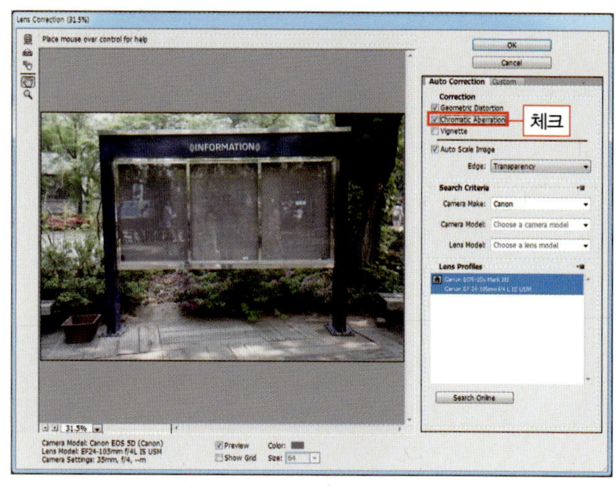

TIP : [Geometric Distortion] 항목은 기본으로 체크 되어있습니다

05. [Search Criteria](기준 찾기)에서 [Camera Make]는 'Canon'으로 설정하고, [Camera Model] 에는 '5D'가 없기 때문에 'Canon'을 선택합니다.

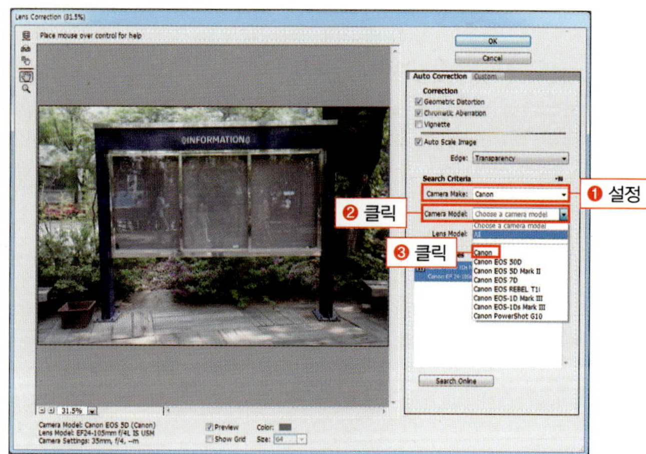

06. [Lens Model]에서 사용한 렌즈인 'EF24– 105mm f/4L IS USM'을 선택합니다.

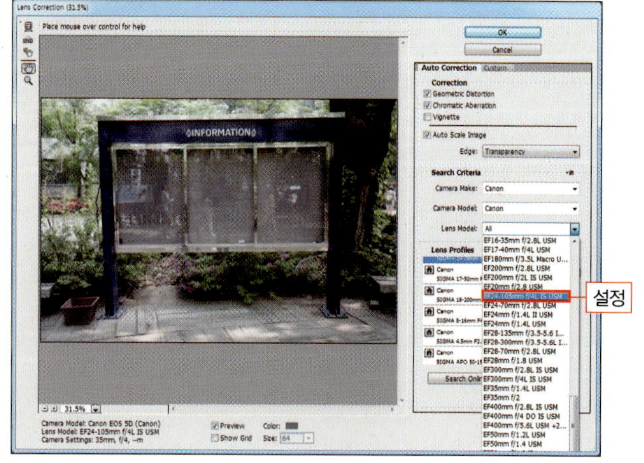

07. [Custom] 탭을 선택합니다. [Custom] 탭
에서는 [Geometric Distortion](왜곡), [Chromatic
Aberration](색수차) 세부 조정, [Vignette](비네트),
[Transform](변형) 등을 수정할 수 있습니다. 이 중
에서 [Transform]을 조정해 보겠습니다.

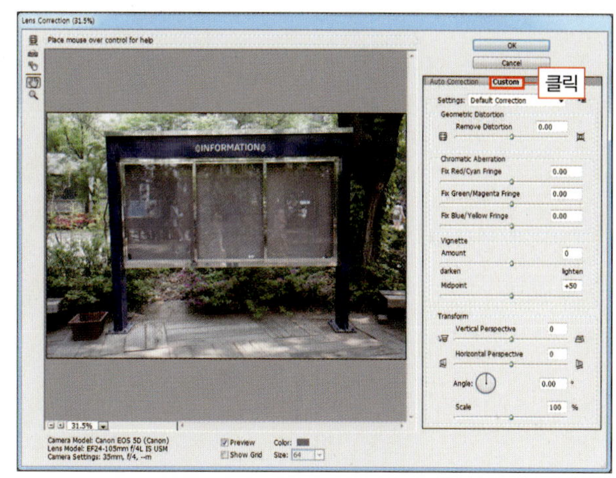

08. 이미지에 그리드(방안)를 보이게 하기 위해,
아래쪽의 [Show Grid]를 체크합니다.

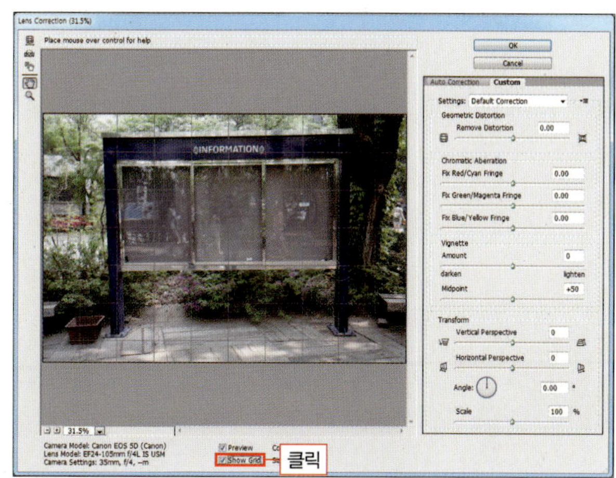

09. 대화상자 왼쪽 상단에서 [Straighten Tool](똑
바르게 하기)를 선택하고, 이미지에 게시판 윗선
의 왼쪽을 클릭한 후 이동하여 오른쪽을 클릭합
니다. 그러면 그것을 기준으로 수평을 맞추게 됩
니다.

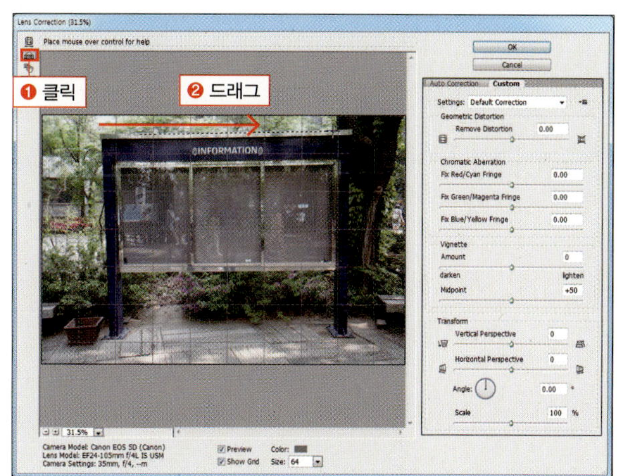

10. [Transform] 아래쪽의 [Angle]을 보면 '0'에서 '0.98'로 변경되었고, 이미지가 수평이 잡혔습니다.

11. 이번에서는 게시판의 아래쪽 너비가 위쪽보다 좁습니다. 너비를 같게 만들기 위해, [Transform]의 [Vertical Perspective]를 '+6'으로 설정하고 [OK] 단추를 클릭합니다.

앞선 따라하기에서 공부한 Lens Corrention 필터가 렌즈의 전체적인 왜곡과 수차를 보정하는 필터라면 Wide Angle 필터는 로우 앵글로 건물을 촬영하거나 광각렌즈로 촬영 시에 발생하는 왜곡을 아주 세밀하게 수정할 수 있습니다.

예제 파일 I DVD₩Part 09₩건물.jpg **완성 파일** I DVD₩Part 09₩건물_왜곡수정.jpg

01. 예제 파일을 엽니다. 아래 이미지를 보면 광각렌즈와 로우 앵글 촬영으로 인해 이미지에 왜곡이 생겼습니다.

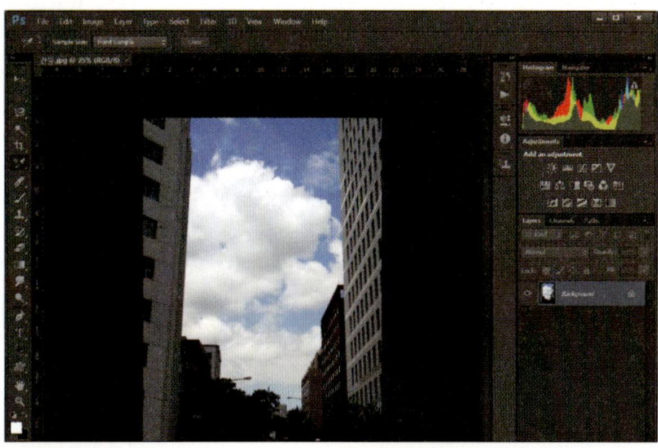

02. 이미지의 왜곡을 수정하기 위해 [Filter]–[Adaptive Wide Angle] 메뉴를 클릭합니다.

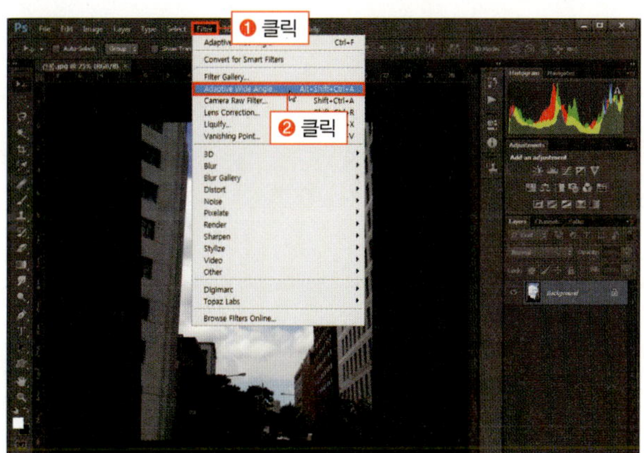

03. [Adaptive Wide Angle] 대화상자가 나타납니다. 왼쪽 도구 중에서 [Constraint Tool]을 선택하고 마우스 포인터로 이미지에 건물의 수직선을 클릭, 이동, 클릭해 패스를 만듭니다.

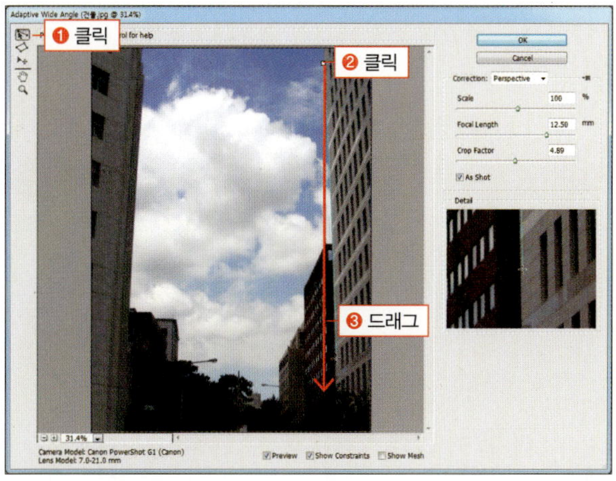

04. 선택한 파란 패스 위에서 마우스 오른쪽 버튼을 클릭한 후 [Vertical]을 선택합니다.

05. 패스의 색상이 바뀌면서 패스를 기준으로 이미지가 교정됩니다.

06. 패스의 양 끝을 이미지 끝까지 드래그하여 확장시킵니다.

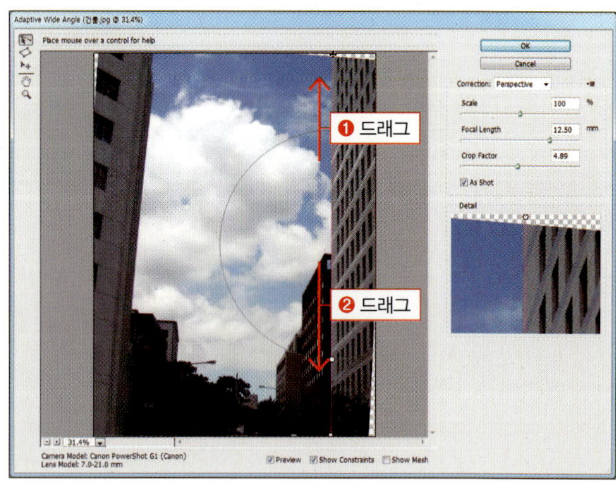

07. 앞선 03~06 따라하기 처럼 왼쪽 건물도 위와 같은 방법으로 설정한 후 [OK] 단추를 클릭합니다.

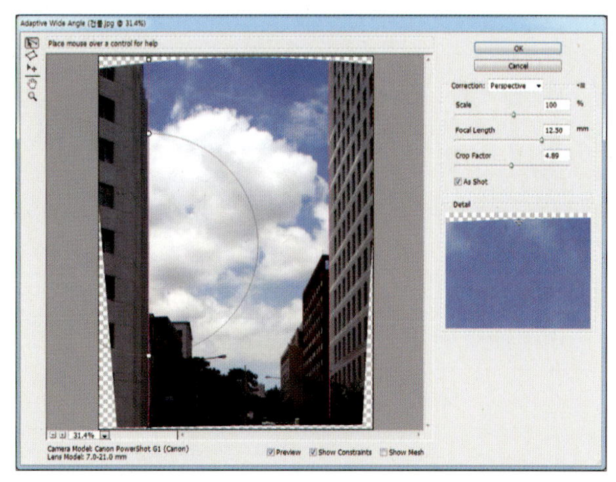

08. 이미지의 왜곡이 바로 잡혔습니다. 그런데 이미지의 사방으로 빈 공간이 생겼습니다.

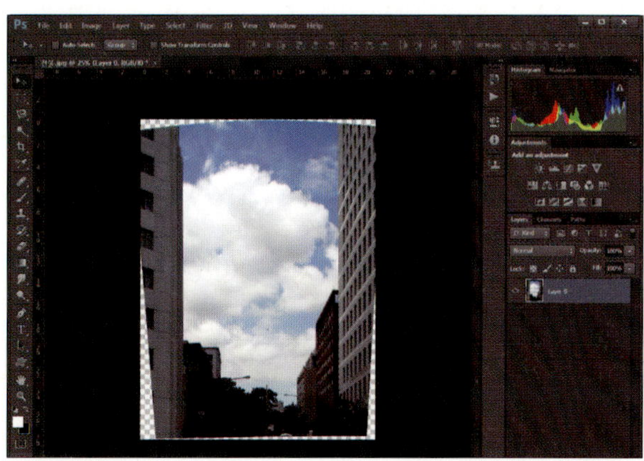

09. 도구 상자에서 자르기 도구(Crop Tool)를 선택하고 아래와 같이 이미지를 선택합니다. 옵션 바 가장 오른쪽에 있는 [V]를 클릭합니다.

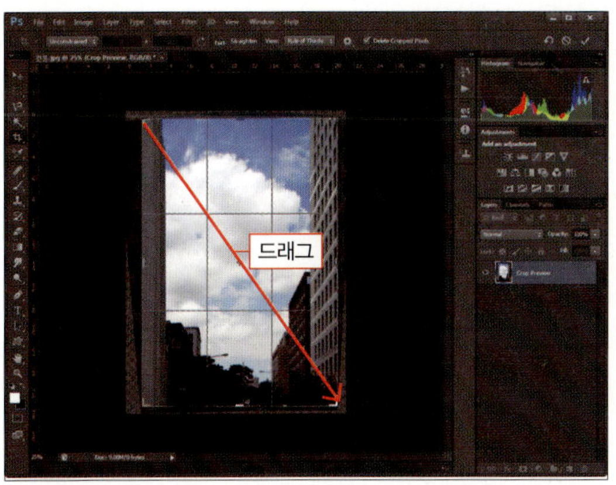

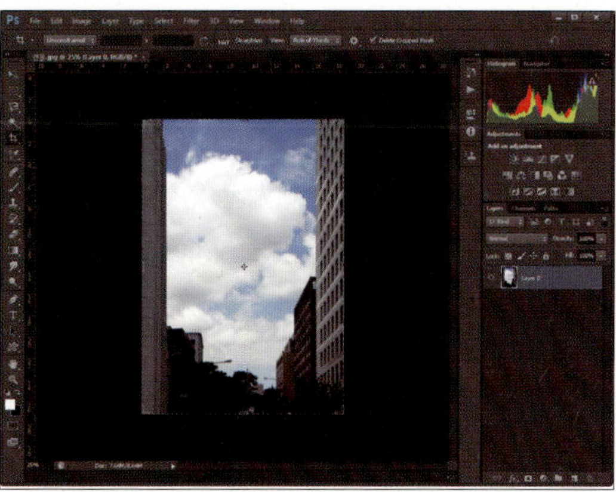

회화적인 필터 활용하기

이번 Lesson에서는 여러 개의 회화적인 필터를 섞어서 사용할 수 있는 Filter Gallery에 대해서 알아보겠습니다.

기초 탄탄 ● [Filter Gallery] 대화상자 이해하기

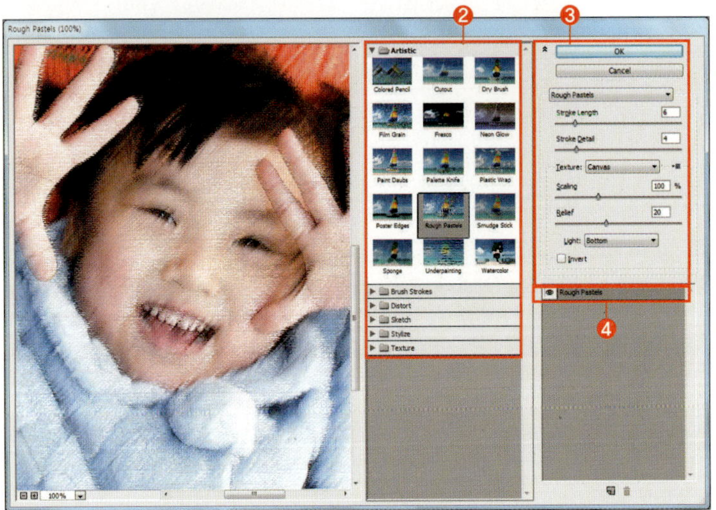

❶ 미리 보기 창 : 필터가 적용된 상태를 미리 보여줍니다.

❷ filter Gallery : Artistic, Brush Strokes, Distort, Sketch, Stylize, Texture 필터 등이 있습니다.

❸ 조정 항목 : 선택한 필터의 세부 조정 항목들이 나타납니다.

❹ 필터를 중복으로 사용할 수 있게 해줍니다.

Filter Gallery를 이용하면 [Filter] 메뉴 안에 있는 Artistic, Brush Strokes, Distort, Sketch, Stylize, Texture 필터들은 한눈에 볼 수 있으면 이미지에 적용해 볼 수 있습니다. 그리고 여러 개의 필터를 한 이미지에 섞어서 적용할 수도 있습니다.

예제 파일 | DVD₩Part 09₩성운지윤9.jpg **완성 파일 |** DVD₩Part 09₩성운지윤9_FG.jpg

01. 예제 파일을 불러온 후 [Filter Gallery]를 열기 위해 [Filter]–[Filter Gallery] 메뉴를 클릭합니다.

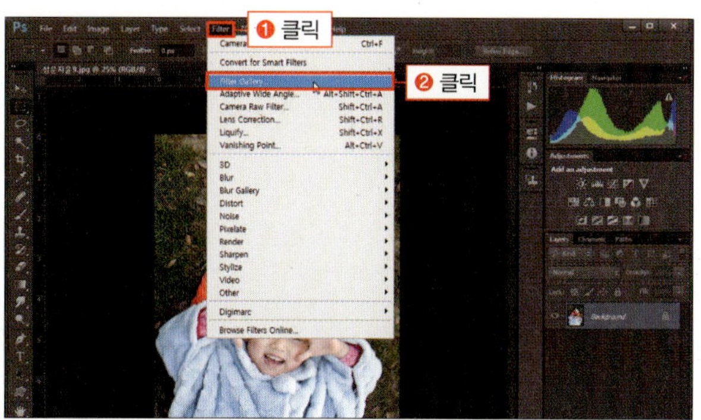

02. [Filter Gallery] 대화상자가 열립니다. 왼쪽에 미리 보기 창이 있고, 가운데 필터 리스트가 폴더별로 정리되어 있습니다.

03. 가운데 필터 리스트의 폴더 앞에 세모 아이콘을 클릭하면 폴더 안에 있는 필터들이 작은 섬네일 형식으로 보입니다.

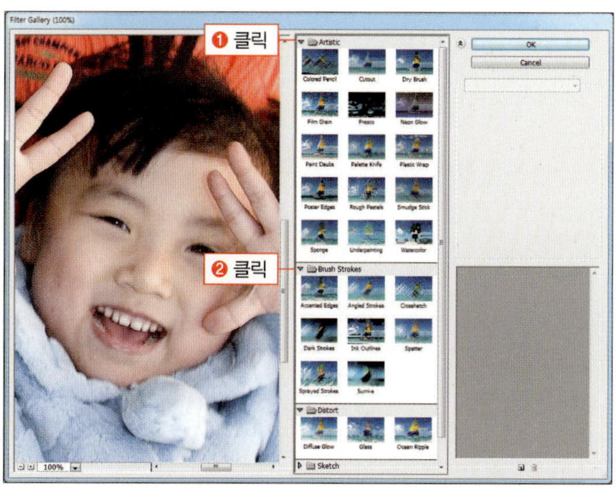

04. 필터를 하나 선택하면 오른쪽 위쪽에 필터의 조정 항목들이 나타납니다. 그리고 그 아래에는 현재 선택한 필터가 리스트로 나옵니다.

05. 필터를 섞어서 사용하기 위해, 오른쪽 아래의 [New effect Layer] 단추를 클릭한 후 다른 필터를 선택합니다. 그러면 필터 리스트에 두 개의 필터 목록이 생깁니다. [OK] 단추를 클릭합니다.

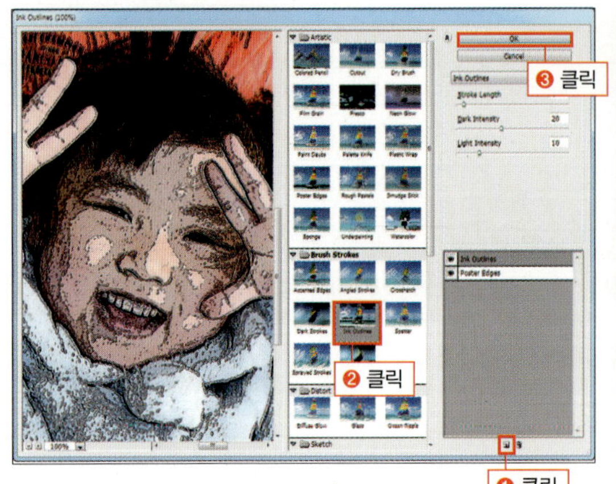

512

LESSON 05 얼굴 성형과 원근법을 이용한 스탬프 작업

레벨 ● ● ○

이번 Lesson에서는 포토샵 필터 중에서 픽셀을 자유롭게 이동할 수 있는 Liquify 필터에 대해 알아보고,
Vanishing Point 필터를 이용하여 원근법을 이용한 스탬프 작업을 해보겠습니다.

기초탄탄 ▶ [Liquify] 대화상자 이해하기

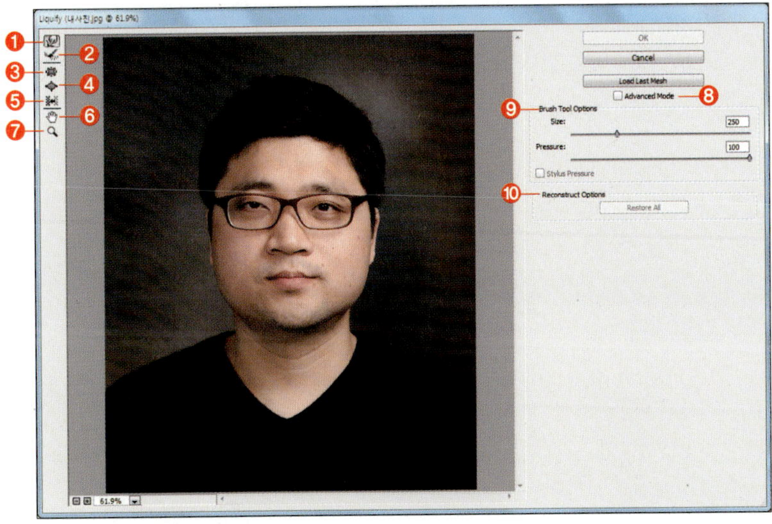

❶ **Forward Warp Tool** : 왜곡 도구로 이미지를 드래그하여 변형시킬 수 있습니다(단축키 : W).

❷ **Reconstruct Tool** : 복원 도구로 이미지를 드래그하여 변형된 왜곡을 복원합니다(단축키 : R).

❸ **Pucker Tool** : 오목 도구로 이미지를 드래그하여 오목하게 만듭니다(단축키 : S).

❹ **Bloat Tool** : 볼록 도구로 이미지를 드랙하여 볼록하게 만듭니다(단축키 : B).

❺ **Push Left Tool** : 왼쪽으로 밀기 도구로 드래그하면 이미지를 왼쪽에서 오른쪽으로 밀어줍니다(단축키 : O).

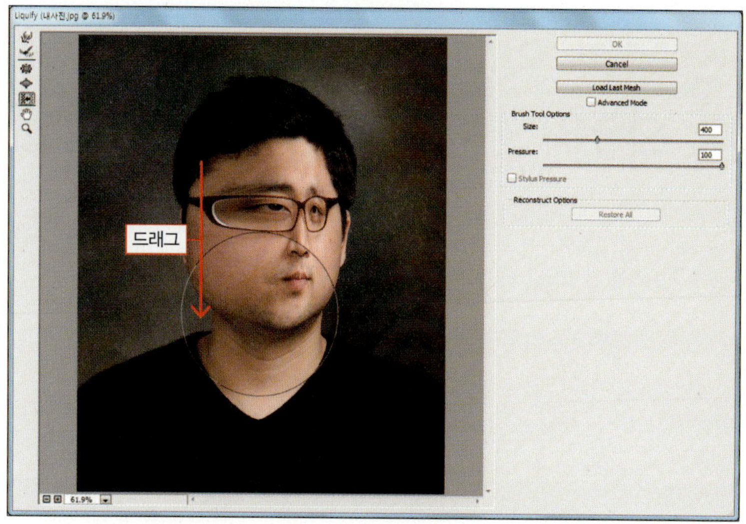

❻ Hand Tool : 손바닥 도구로 이미지가 확대되어 있을 때, 드래그하여 원하는 위치로 이동 가능합니다. 더블클릭하면 화면에 맞게 조절됩니다(단축키 : H).

❼ Zoom Tool : 확대/축소 도구로 이미지를 클릭하면 확대됩니다. Alt 를 누르고 클릭하면 축소됩니다. 더블클릭하면 100% 확대됩니다(단축키 : Z).

❽ Advanced Mode : 고급 모드로 체크하면 더 많은 조정 옵션이 나옵니다.

❾ Tool Option : 도구 옵션

• Brush Size : 브러시의 크기를 조절합니다.

• Brush Pressure : 브러시의 강도를 조절합니다.

• Stylus Pressuer : 타블렛을 사용할 때 체크하면 압력 조절이 됩니다.

❿ Reconstruct Options : 복원 옵션

• Restore All : 모든 변형을 원상태로 되돌립니다.

Liquify 필터는 이미지의 픽셀을 자유롭게 이동할 수 있는 필터입니다. 이 필터를 이용하면 영화 마스크
에 나오는 우스꽝스러운 얼굴을 만들 수도 있고 초현실주의 그림처럼 이미지를 이상하게 만들 수도 있
습니다. 하지만 이번 Step에서는 Liquify 필터를 이용하여 필자의 얼굴 성형 수술을 해보겠습니다.

예제 파일 I DVD₩Part 09₩내사진.jpg   **완성 파일** I DVD₩Part09₩내사진_성형완성.jpg

01. 예제 파일을 불러옵니다. 사진의 인물은 필
자입니다. 현재 살이 많이 찌고, 20대 초반에 교통
사고로 얼굴의 좌우 대칭이 잘 맞지 않습니다. 이
런 얼굴을 Liquify 필터를 이용하여 성형 수술을
해보겠습니다. 도구 패널에서 사각형 선택 도구
(Rectangle Marquee Tool)로 얼굴 부분만 드래그
하여 선택합니다.

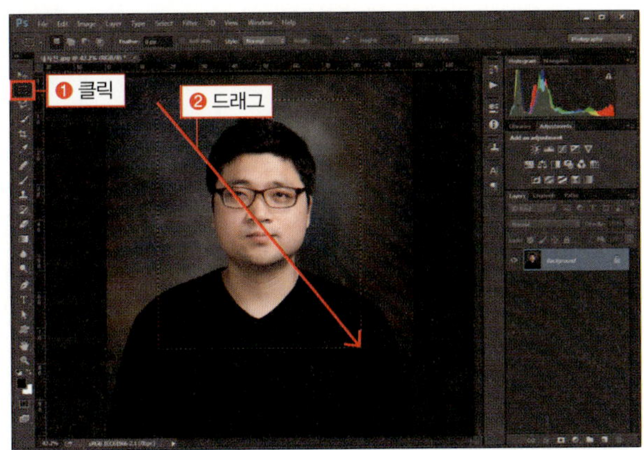

02. [Filter]–[Liquify] 메뉴를 클릭합니다.

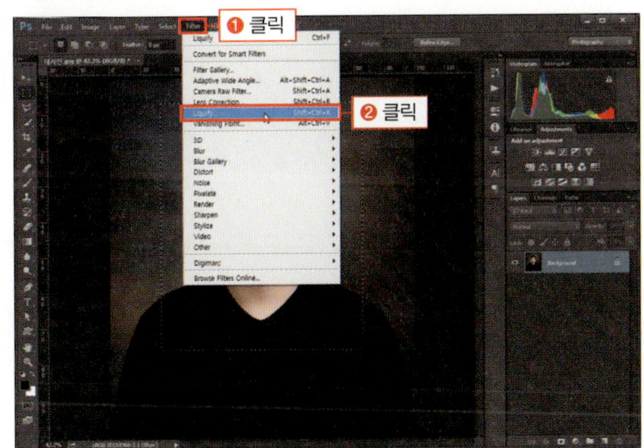

03. [Liquify] 대화상자가 나타나면 [Forward
Warp Tool]을 선택하고, 오른쪽 [Brush Tool
Options]의 [Size]는 '200'로 [Pressure]는 '50'으로
설정합니다. 천천히 드래그하여 이미지를 보면서
턱을 안으로 밀어 넣습니다.

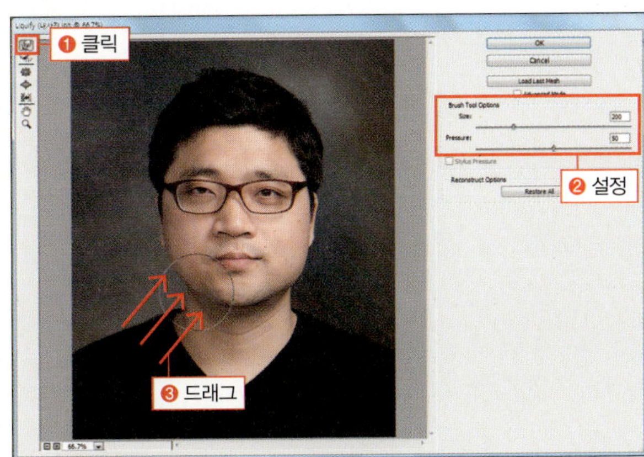

04. 같은 방법으로 반대쪽 턱도 밀어 넣습니다.

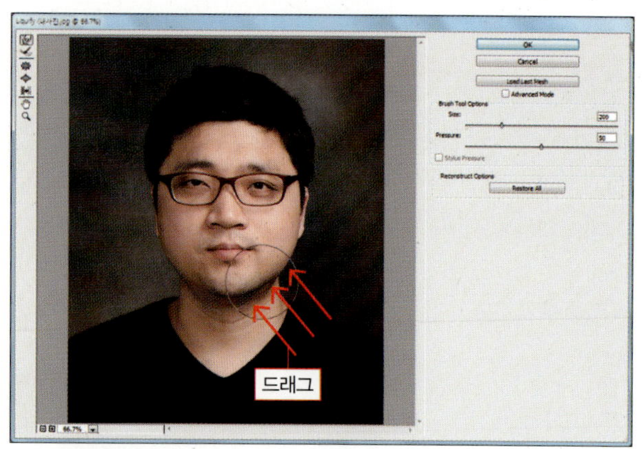

05. 이번에는 [Brush Tool Options]의 [Size]는
'90'으로 설정하고 왼쪽 콧방울 부분을 드래그하
여 바로 잡아줍니다.

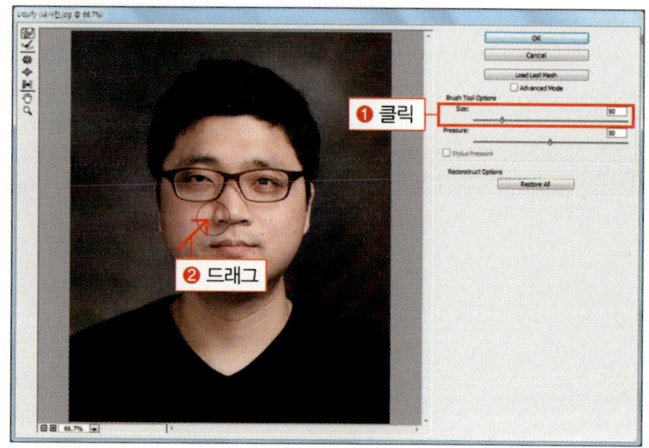

06. 같은 방법으로 오른쪽 콧방울도 바로 잡아
줍니다.

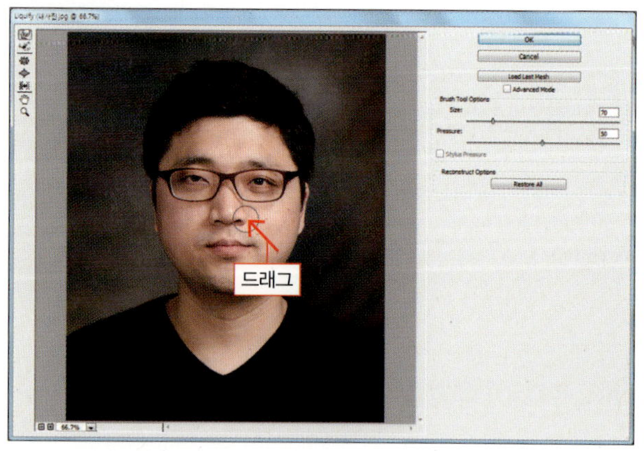

07. 이번에는 작은 입술을 크게 하기 위해, 입술을 좌우로 늘려줍니다.

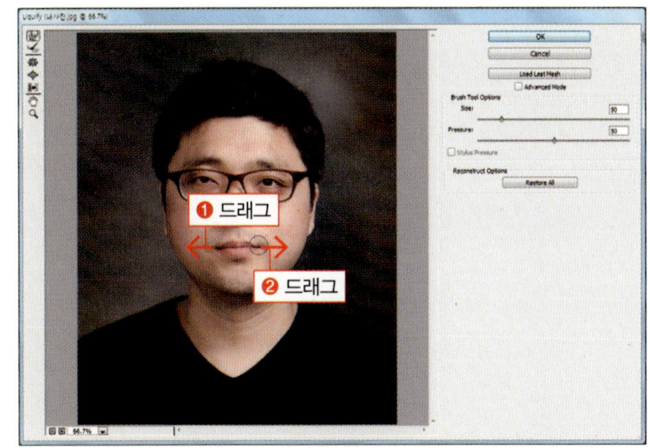

08. 이번에는 위로 올라가 보이는 왼쪽 눈을 조금 내려 보겠습니다. [Brush Tool Options]의 [Size]를 '200'으로 설정하고, 왼쪽 눈을 아래로 내려줍니다.

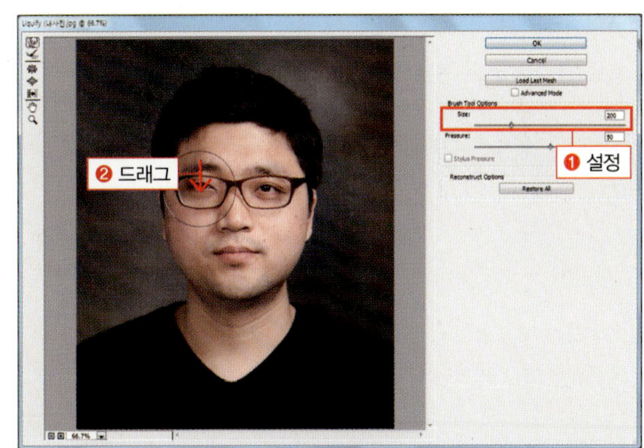

09. 이번에는 눈의 모양을 조정하기 위해 [Brush Tool Options]의 [Size]를 '70'으로 설정하고, 왼쪽 눈꼬리를 아래로 조금 움직여줍니다.

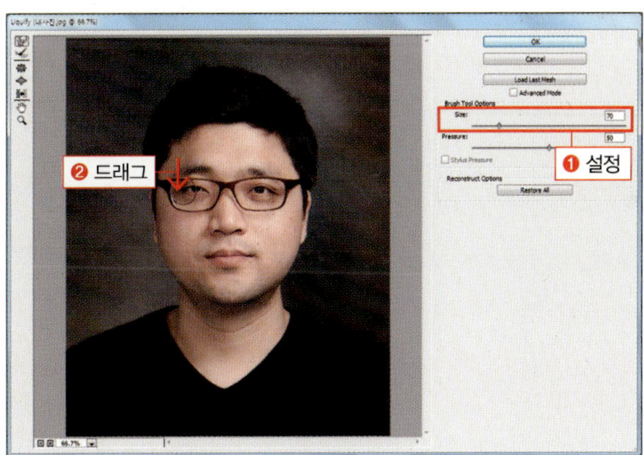

10. 그리고 눈꺼풀을 조금 위로 올려 눈을 크게 만들어 주고 [OK] 단추를 클릭합니다.

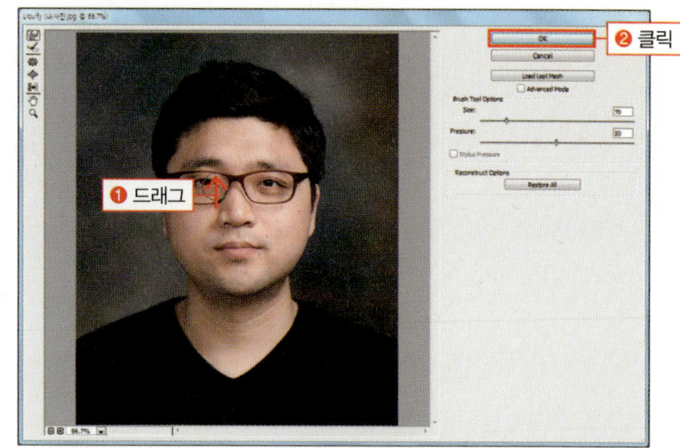

11. 선택 영역을 해제하기 위해 [Select]–[Deselect](Ctrl + D) 메뉴를 클릭합니다.

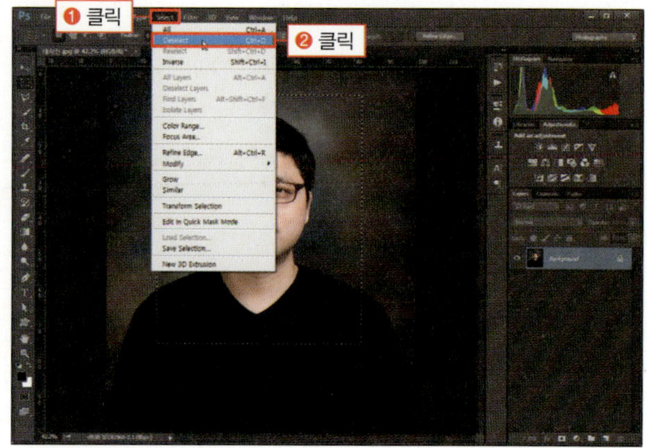

12. 완성된 결과물을 확인합니다.

STEP 02 ● 원근감을 이용한 스탬프 작업 – Vanishing Point

아래 촬영된 이미지와 같은 타일 바닥의 경우 원근감으로 인해 앞의 타일은 크게, 멀어질수록 타일이 작아 집니다. 그리고 타일의 모양 또한 사다리꼴 모양입니다. 이런 경우에 그냥 도장 도구나 힐링 브러시를 사용하면 타일의 모양이 맞지 않아 어려움을 겪게 됩니다. 이럴 때 Vanishing Point 필터를 이용하면 아주 간단하게 해결할 수 있습니다.

예제 파일 I DVD\Part 09\타일바닥.jpg　**완성 파일 I** DVD\Part 09\타일바닥_완성.jpg

01. 예제 파일을 불러옵니다. Vanishing Point 필터를 이용하여 검은색 큰 타일을 지워보겠습니다. [Filter]–[Vanishing Point](**Alt** + **Ctrl** + **V**) 메뉴를 클릭합니다.

02. [Vanishing Point] 대화상자가 나타납니다. [Create Plane Tool]을 이용하여 아래 그림처럼 타일의 사다리꼴 모양의 네 꼭짓점을 클릭합니다.

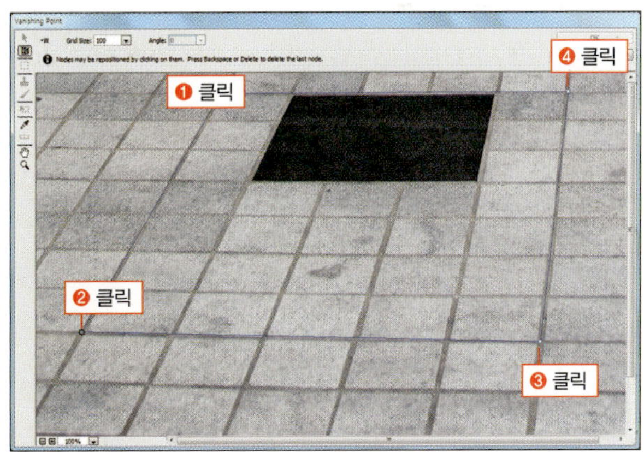

03. 사각형의 네 꼭짓점을 정확하게 맞도록 수정합니다. 화면을 이동할 때에는 키보드의 **Space Bar**를 누른 상태(마우스 포인터가 손바닥 모양으로 변함)에서 드래그합니다.

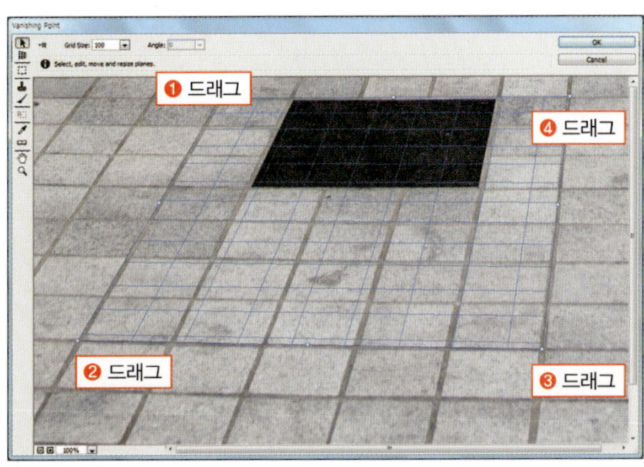

04. 만들어 놓은 사다리꼴 Plane의 위쪽 변을 잡고 드래그하여 오른쪽으로 확장합니다.

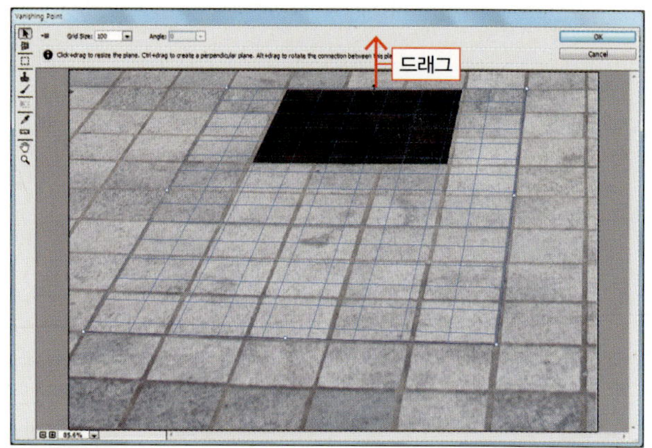

05. 같은 방법으로 네 면을 다 확장합니다.

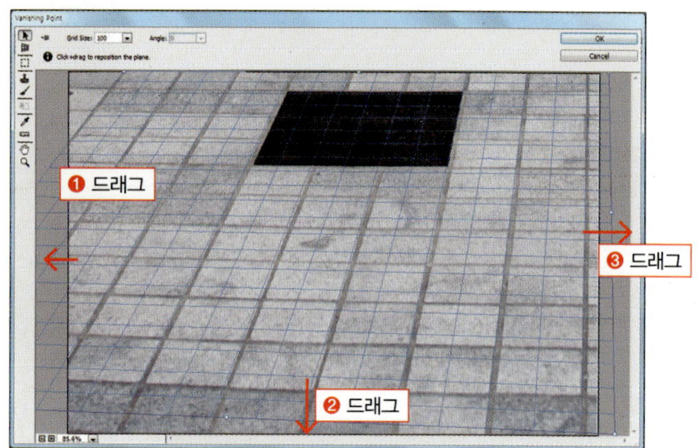

06. 왼쪽 도구 중에서 도장 도구를 선택하고 옵션에서 [Heal]을 'On'으로 설정합니다. 그러면 도장 도구가 힐링 브러시 도구로 설정됩니다.

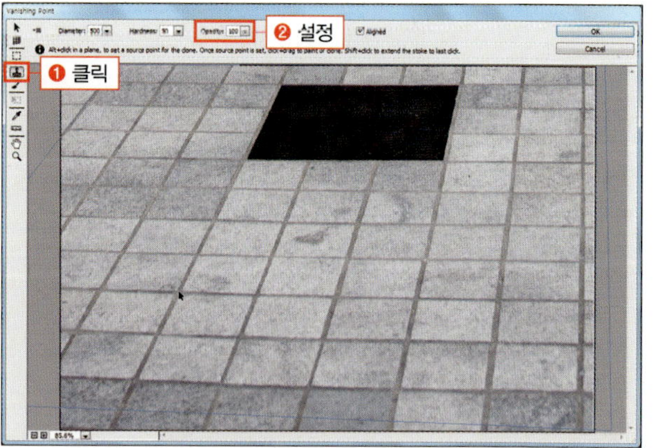

07. `Alt`를 누르고 아래쪽 작은 타일 모서리를 클릭합니다. 그리고 검은색 타일 모서리에 마우스 포인터를 가져가면 어떻게 복사가 되는지 미리 보입니다. 마우스를 움직여서 위치를 잘 조정하여 드래그하여 복사합니다.

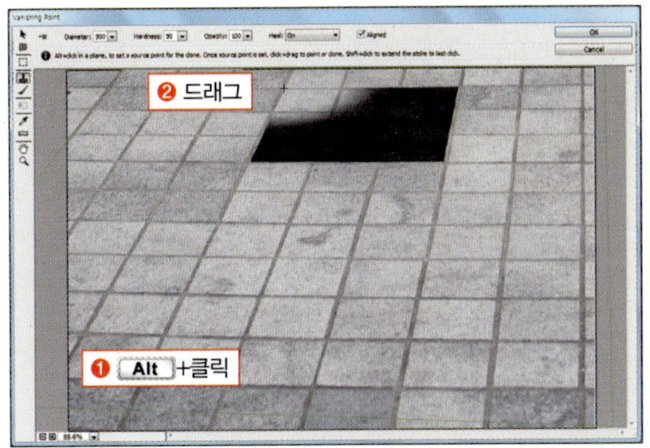

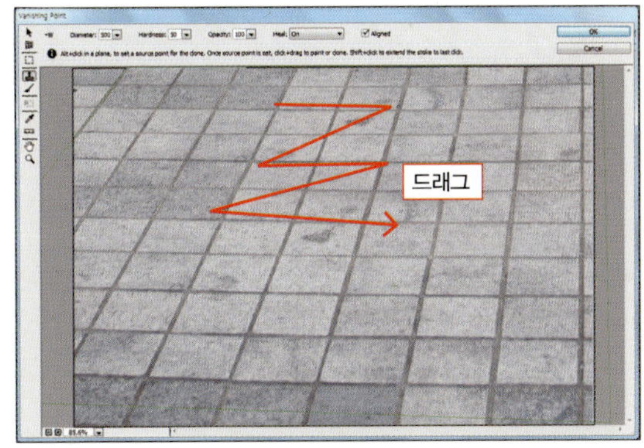

08. 완성된 결과물을 확인합니다.

포토샵 CC 2015에서 Camera Raw 플러그인 사용하기

이번 Lesson에서는 Part 02 Lesson 06에서 공부한 Camera Raw 플러그인을 포토샵 CC 2015의 필터로 사용하는 방법을 알아보겠습니다. 이 기능은 포토샵 CC 2015에서 새로운 기능입니다.

기초탄탄) Camera Raw 필터 이해하기

■ Camera Raw 필터 실행하기

[Filter]–[Camera Raw Filter] 메뉴를 클릭합니다.

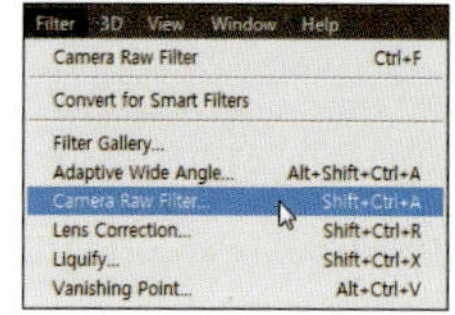

• [Camera Raw Filter] 대화상자

Raw 파일을 실행하면 열리는 Camera Raw 플러그인과 똑같이 생겼습니다. 다른 점은 [White Balance]의 [Temperature]와 [Tine] 슬라이더 바의 값이 '0'으로 되어있는 것 밖에 없습니다. 사실 이 필터는 Camera Raw의 플러그인이 실행된 것입니다. 다시 말하면 Camera Raw 플러그인을 실행시키는 또 다른 방법인 것입니다.

이번 Step에서는 Camera Raw Filter를 이용하여 이미지 조정의 여러 가지를 한방에 조절해 보겠습니다. 그리고 포토샵 이미지 조정에는 없는 이미지를 선명하게 만드는 기능인 Clarity도 사용해 보겠습니다.

예제 파일 I DVD₩Part 09₩돌새둥지.jpg　**완성 파일 I** DVD₩Part09₩돌새둥지_CRF.jpg

01. [Filter]—[Camera Raw Filter] 메뉴를 클릭합니다.

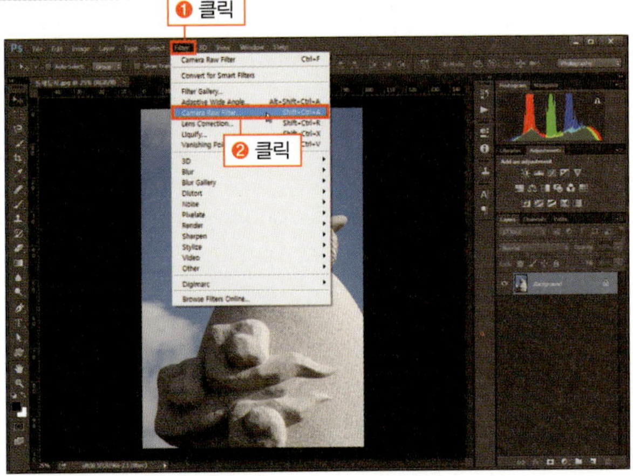

02. [Camera Raw Filter] 대화상자가 열리면 노출을 줄이기 위해 [Exposure]는 '−0.30'으로, 명암 대비를 높이기 위해 [Cotrast]는 '+8'로, 어두운 영역을 밝게 하기 위해 [Shadows]는 '+25', [Blacks]는 '+25'로, 이미지를 선명하게 하기 위해 [Clarity]는 '+32'로 마지막으로 채도를 높이기 위해 [Vibrance]는 '+13'으로 설정하고 [OK] 단추를 클릭합니다.

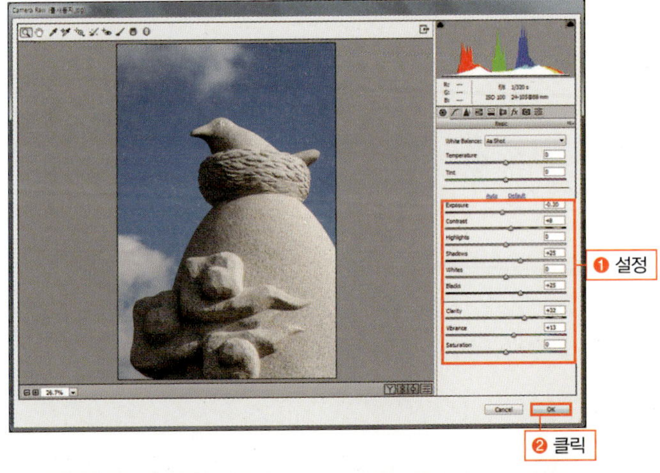

03. 완성된 결과물을 확인합니다.

- Unsharp Mask 필터는 이미지의 경계선에 인접한 픽셀의 명암 대비를 조절합니다. 그 결과 인접 픽셀의 명암 대비를 강하게 하면 선명해지고, 약하게 하면 흐려집니다. `478p`

- Smart Sharpen 필터의 Advanced 모드를 이용하면 어두운 영역과 밝은 영역을 분리하여 이미지를 선명하게 할 수 있습니다. `481p`

- Reduce Noise 필터는 이미지 경계선의 디테일을 뭉개지 않으면서 노이즈만을 감소시킬 수 있습니다. `483p`

- Gaussian Blur 필터는 포토샵 초기부터 지금까지 가장 많이 사용되는 필터로써, 이미지를 흐리게 만들 수 있습니다. `486p`

- Blur Gallery 필터는 포토샵 CS6에서 생긴 Field Blur, Iris Blur, Tilt-Shift 필터에 새로운 필터인 Path Blur, Spin Blur까지 5가지의 필터가 있습니다. `485p`

- Field Blur 필터는 원하는 위치에 핀을 추가하여 흐림 효과를 줄 수 있습니다. `490p`

- Iris Blur 필터는 핀을 중심으로 원형으로 흐림 효과를 줄 수 있습니다. `491p`

- Tilt-Shift 필터는 Tilt-Shift 렌즈로 촬영할 때 생기는 아웃포커스 효과와 같은 흐림 효과를 적용할 수 있습니다. `493p`

- 포토샵 CC의 새로운 기능인 Path Blur는 펜 도구의 패스처럼 이미지 위에 패스를 만들고 패스의 방향대로 흐림 효과를 줄 수 있습니다. Spin Blur는 이미지를 원형으로 회전시키며 흐림 효과를 만들 수 있습니다. `495p`

- Lens Correction 필터를 이용하면 이미지의 왜곡과 수차들을 보정할 수 있습니다. `503p`

- Wide Angle 필터는 로우 앵글 촬영이나 광각 렌즈로 촬영 시 발생하는 왜곡을 아주 세밀하게 수정할 수 있습니다. `507p`

- Filter Gallery를 이용하면 회화적인 필터를 섞어서 사용할 수 있습니다. `511p`

- Liquify 필터는 이미지의 픽셀을 자유롭게 이동시킬 수 있는 필터로 인물 사진에서는 주로 얼굴 성형할 때 사용합니다. `513p`

- Vanishing Point 필터를 이용하면 이미지의 원근감을 살리면서 도장 도구나 힐링 브러시 도구를 사용할 수 있습니다. `519p`

- Camera Raw 필터를 이용하면 Camera Raw 플러그인을 필터처럼 사용할 수 있습니다. `522p`

01 | Field Blur를 이용한 아웃포커스 만들기

예제 파일 : DVD\Part 09\BG_알파벳_선택.psd　　**동영상 해설** : DVD\Self Test\P09_01.wmv

HINT

Field Blur 필터는 원하는 위치에 핀을 추가하여 흐림 효과를 줄 수 있습니다. 이 필터를 이용하면 DSLR 카메라에서 촬영한 사진과 같은 아웃포커스 효과를 표현할 수 있습니다.

02 | Path Blur, Spin Blur 필터를 이용하여 달리는 자동차 만들기

예제 파일 : DVD\Part 09\car_선택.psd　　**동영상 해설** : DVD\Self Test\P09_02.wmv

HINT

Path Blur는 펜 도구의 패스처럼 이미지 위에 패스를 만들고 패스의 방향대로 흐림 효과를 줄 수 있습니다. Spin Blur는 이미지를 원형으로 회전시키며 흐림 효과를 만들 수 있습니다.

10

포토샵 CC 2015의 자동화 작업들

포토샵 CC 2015의 기능 중에는 작업을 편리하게 해주는 자동화 기능들이 있습니다. 파일의 이름을 일괄적으로 변경해주는 Batch Rename 기능, 이미지를 작은 섬네일로 배열하여 한눈에 볼 수 있게 해주는 밀착 인화인 Context Sheet 기능, 파노라마 사진을 만들 수 있는 Photomerge 기능, 파일을 일괄적으로 파일 형식을 변경하여 저장해 주는 Image Processor 기능들이 있습니다.

01 자동화 기능 실행하기

레벨 ● ○ ○

포토샵의 기능 중에는 작업을 편리하게 해주는 자동화 기능들이 있습니다. 파일의 이름을 일괄적으로 변경해주는 Batch Rename 기능, 이미지를 작은 섬네일로 배열하여 한눈에 볼 수 있게 해주는 밀착 인화인 Context Sheet 기능, 파노라마 사진을 만들 수 있는 Photomerge 기능, 파일을 일괄적으로 파일 형식을 변경하여 저장해 주는 Image Processor 기능들이 대표적입니다.

기초탄탄 ▶ 자동화 기능 실행하기

■ 포토샵 CC 2015에서 실행하기

❶ Batch Rename 실행하기 : 어도비 브리지를 통해서만 가능합니다.

❷ Context Sheet 실행하기 : [File]–[Automate]–[Context Sheet Ⅱ] 메뉴를 클릭합니다.

❸ Photomerge 실행하기 : [File]–[Automate]–[Photomerge] 메뉴를 클릭합니다.

❹ Image Processor 실행하기 : [File]–[Scripts]–[Image Processor] 메뉴를 클릭합니다.

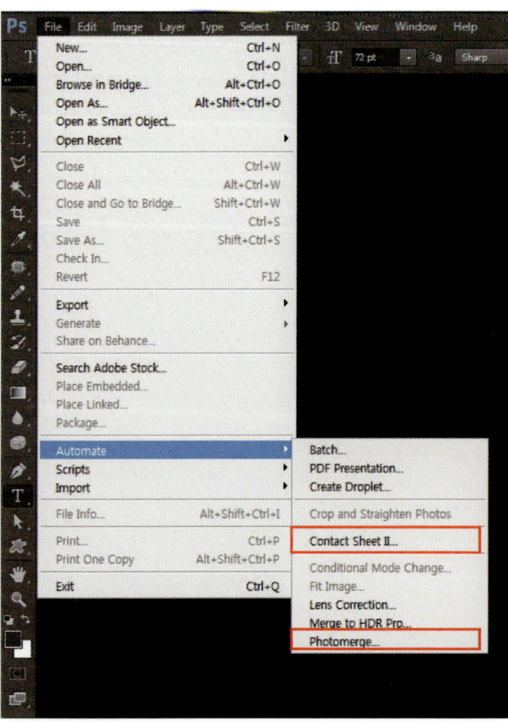

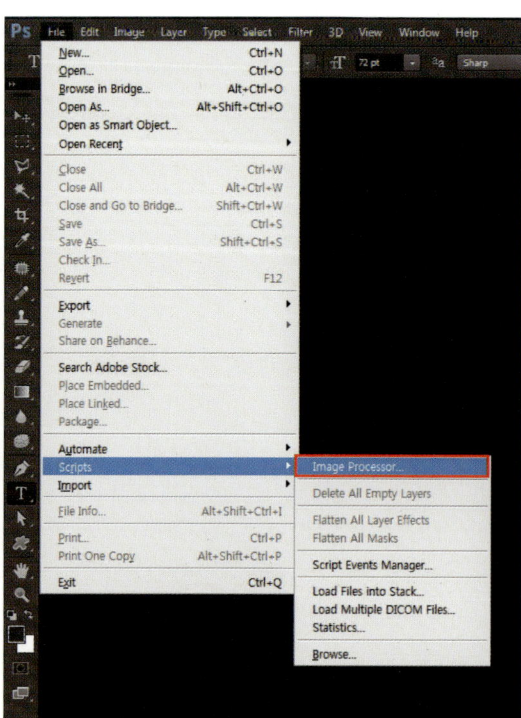

■ 어도비 브리지에서 실행하기

❶ Batch Rename 실행하기 : [Tools]-[Batch Rename] 메뉴를 클릭합니다.

❷ Context Sheet 실행하기 : [Tools]-[Photoshop]-[Context Sheet Ⅱ] 메뉴를 클릭합니다.

❸ Photomerge 실행하기 : [Tools]-[Photoshop]-[Photomerge] 메뉴를 클릭합니다.

❹ Image Processor 실행하기 : [Tools]-[Photoshop]-[Image Processor] 메뉴를 클릭합니다.

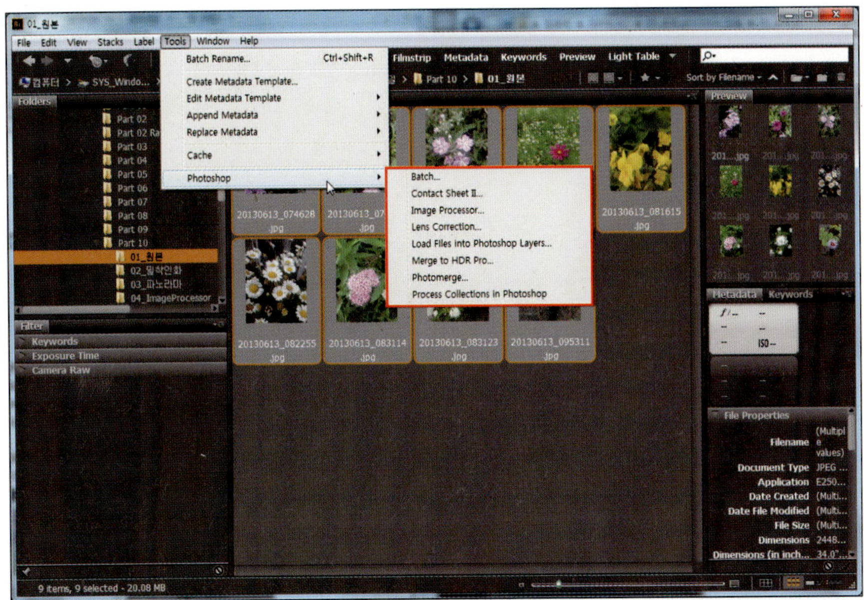

이처럼 자동화 기능은 포토샵 CC 2015에서 또는, 어도비 브리지에서도 실행할 수 있습니다. 필자는 어도비 브리지에서 실행하는 것을 선호합니다. 그 이유는 어도비 브리지에서 파일을 미리 보고 선택하여 자동화 기능을 수행할 수 있으며 나아가 Raw 파일일 때에 컨버팅과 동시에 자동화 기능을 쉽게 적용할 수 있습니다.

디지털 카메라로 촬영을 하면 카메라에서 일련의 파일 이름 만들어 집니다. 그러나 이 파일 이름은 아무 의미도 없는 순차적인 숫자에 불과합니다. 어도비 브리지의 Batch Rename 기능을 이용하면 파일 이름을 의미있는 파일 이름으로 쉽게 바꿀 수 있습니다.

예제 파일 I DVD₩Part 10₩01_원본(폴더)

01. 어도비 브리지를 실행하기 위해 [File]– [Browse in Bridge](**Alt** + **Ctrl** + **O**) 메뉴를 클릭합니다.

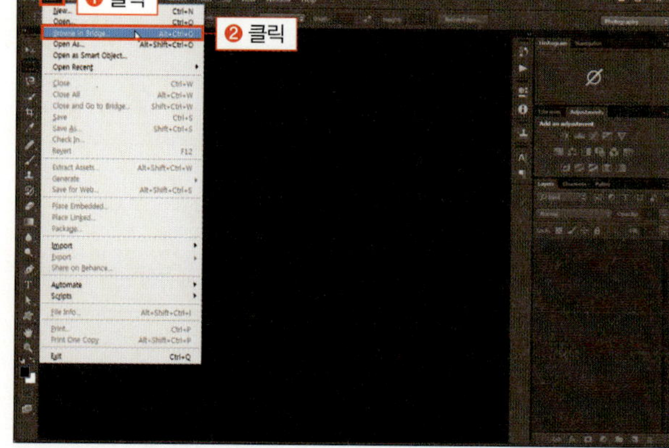

연관 검색 시작 〉 모든 프로그램 〉 어도비 브리지를 실행 해도 됩니다.

02. 어도비 브리지가 실행되면 [Folders] 패널에서 예제 폴더(DVD〉Part 10〉01_원본(폴더))를 선택합니다. 그러면 [Content] 패널에 이미지가 보입니다.

03. 전체 파일 선택하기 위해 [Edit]–[Select All] 메뉴를 클릭합니다(**Ctrl** + **A**).

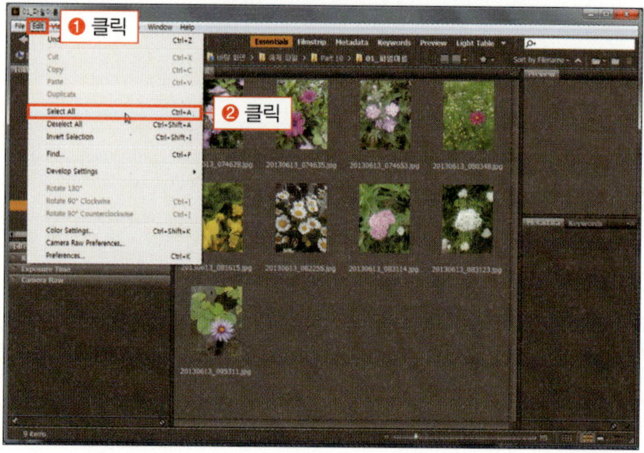

04. 그러면 [Content] 패널의 모든 파일 선택되었습니다.

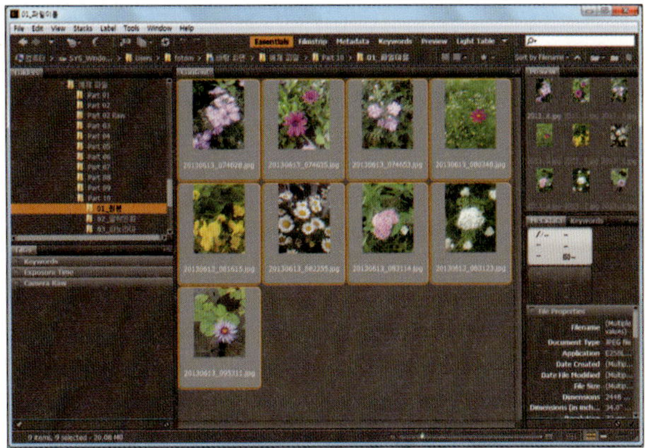

05. [Tools]-[Batch Rename] 메뉴를 클릭합니다 (**Ctrl** + **Shift** + **R**).

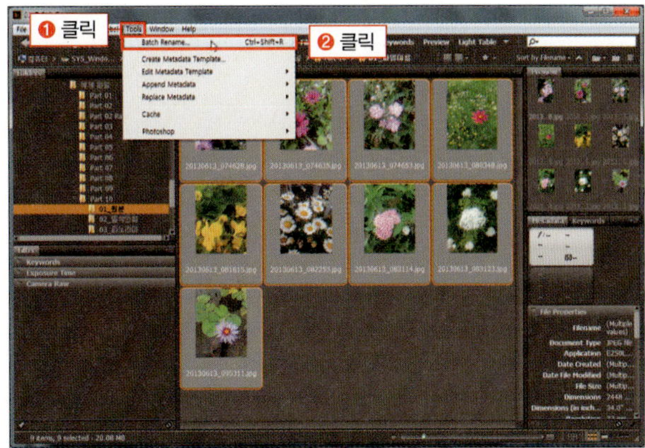

06. [Batch Rename] 대화상자가 나타나면, [Presets]-[Default], [Destination Folder]-[Rename in same folder]로 설정하고, [New Filenames]의 첫 번째 항목에서 'Date Time'을 선택합니다.

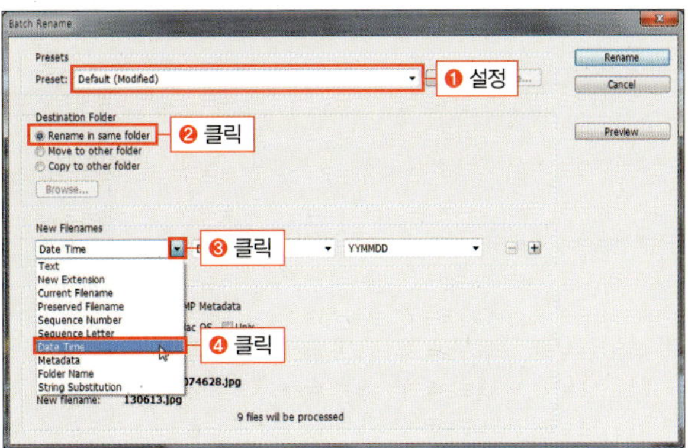

07. 그림과 같이 두 번째 항목을 클릭한 후 'Date Created'(파일 생성일)로 설정하고, 세 번째 옵션은 'YYMMDD'(년도,월,일)를 설정한 후 ➕를 클릭합니다.

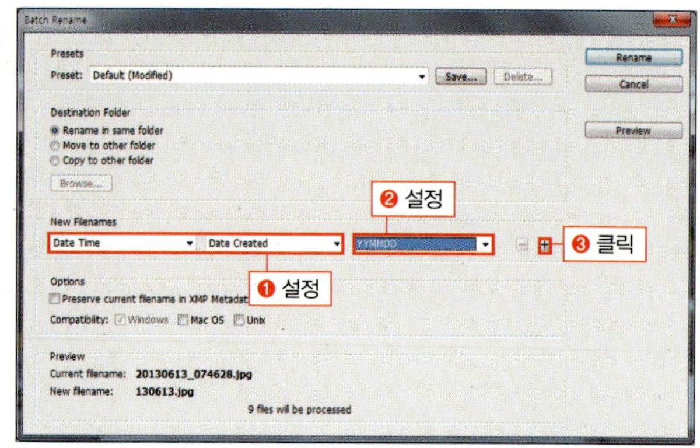

08. 추가된 두 번째 줄의 첫 번째 항목을 'Text'로 설정하고 두 번째 항목에 '_벽초지_'라고 입력한 후 ➕를 클릭합니다.

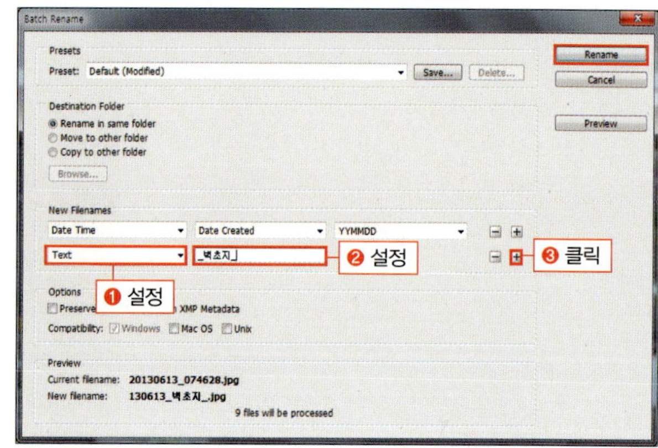

09. 세 번째 줄의 첫 번째 항목은 'Sequence Number'를 선택하고 두 번째 항목은 '1', 세 번째 항목은 'Three Digits'(세 자리수)로 설정한 후 [Rename] 단추를 클릭합니다.

TIP : Preview를 보면 Current filename(현재 파일 이름)과 New filename(새로운 이름)을 볼 수 있습니다.

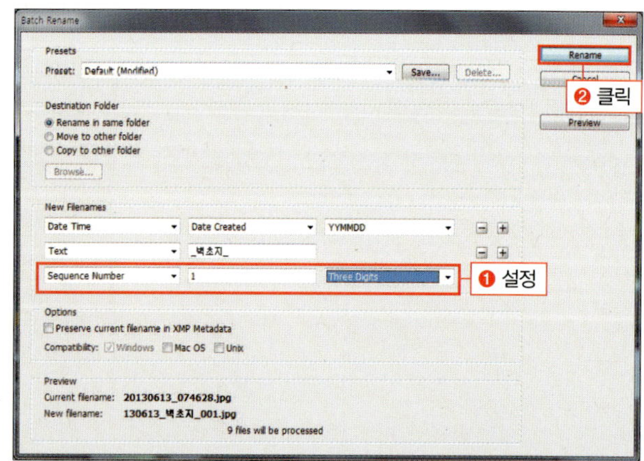

10. [Batch Rename] 대화상자가 닫히고 어도비 브리지의 [Content] 패널을 보면 파일들의 이름이 바뀐 것을 확인할 수 있습니다.

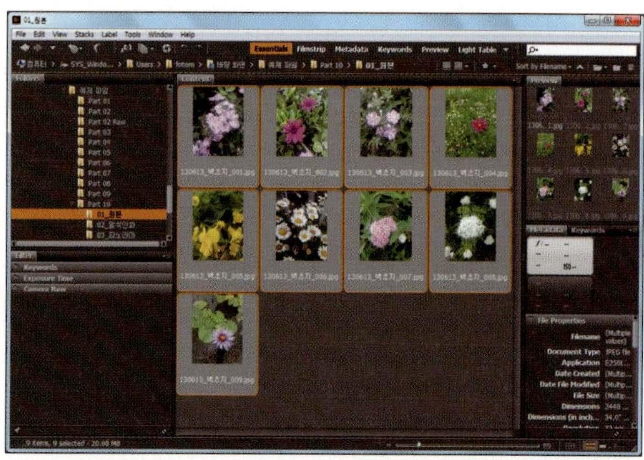

아날로그 필름 시절의 필름을 인화지 위에 밀착하여 인화하는 방식처럼 디지털 이미지를 원하는 용지에 작은 크기로 여러 장 배열하는 것을 밀착 인화(Context Sheet)라고 합니다.

예제 파일 | DVD\Part 10\02_밀착인화(폴더) **완성 파일** | Sample\Part10\01_02\130613_벽초지_밀착_8x10.jpg

01. 전체 파일 선택하기 위해 [Edit]–[Select All] 메뉴를 클릭합니다(**Ctrl** + **A**).

02. [Tools]–[Photoshop]–[Context Sheet Ⅱ] 메뉴를 클릭합니다.

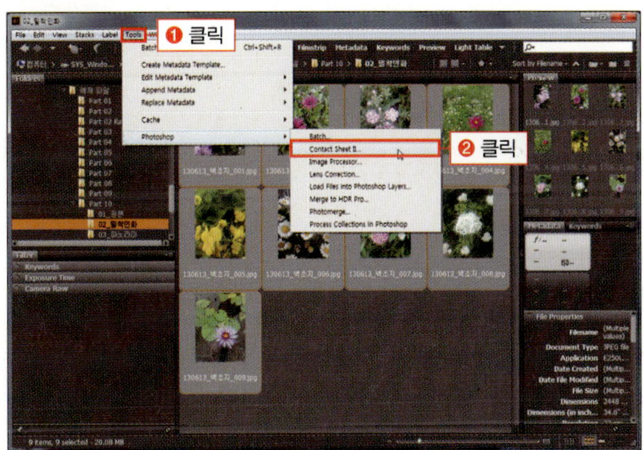

03. 포토샵 CC 2015가 실행되고 [Context Sheet Ⅱ] 대화상자가 나타납니다. [Source Images]의 [Use]를 보면 'Bridge' 설정되어 있는 것을 알 수 있습니다. 8x10inch 용지에 3x3 배열로 밀착 인화를 만들도록 그림과 같이 설정한 후 [OK] 단추를 클릭합니다.

TIP : 포토샵 CC 2015가 실행되고 [Context Sheet Ⅱ] 대화상자가 열리는 것에서 알 수 있듯이 [Context Sheet Ⅱ]의 기능은 원래 포토샵의 것입니다. 어도비 브리지에서는 파일을 선택하고 기능을 열어주는 역할만 할뿐입니다.

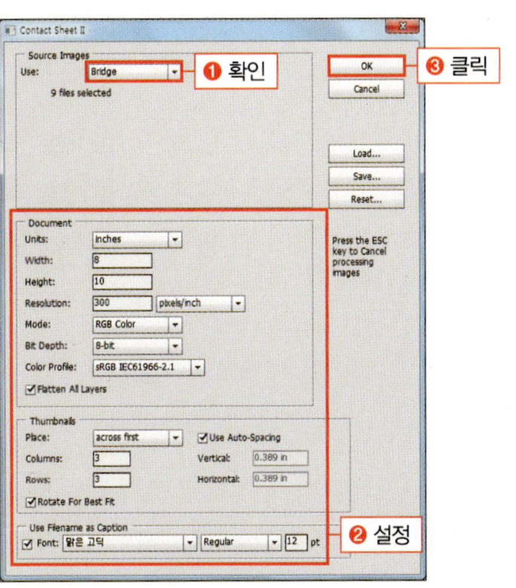

04. 설정한 대로 파일들을 섬네일로 배열하고 파일 이름을 섬네일 아래에 넣어 주었습니다.

05. 'Background' 레이어로 합치기 위해 [Layers] 패널의 메뉴에서 [Flatten Image]를 선택합니다.

06. [File]-[Save As](**Shift** + **Ctrl** + **S**) 메뉴
를 클릭합니다.

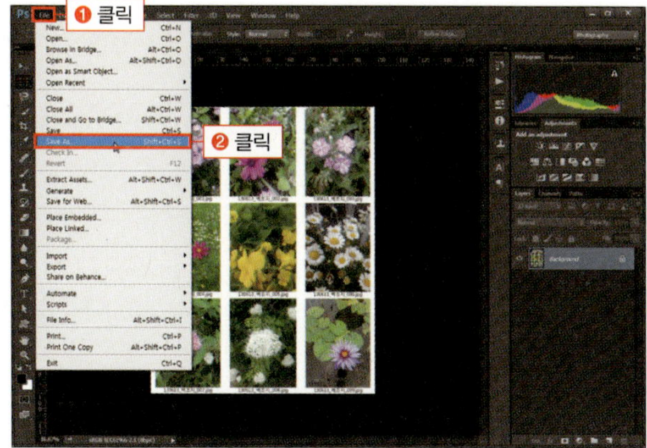

07. [Save As] 대화상자가 나타나면 [파일 이름]
은 '130613_벽초지_밀착_8x10'이라고 입력한 후
[파일 형식]은 'JPEG'로 설정하고 [저장] 단추를
클릭합니다.

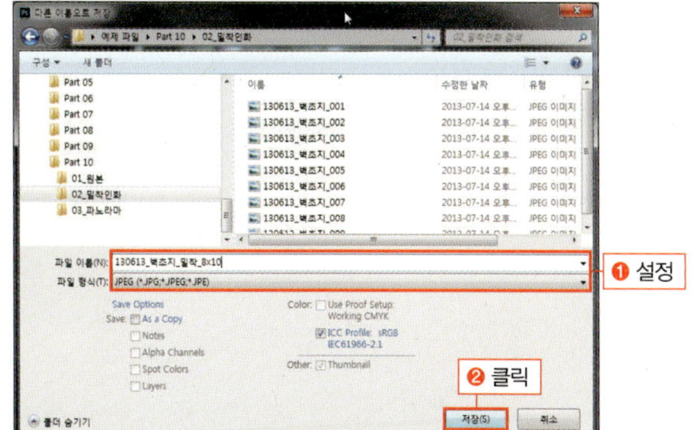

08. [JPEG Options] 대화상자가 나타나면 그림
처럼 설정하고 [OK] 단추를 클릭합니다.

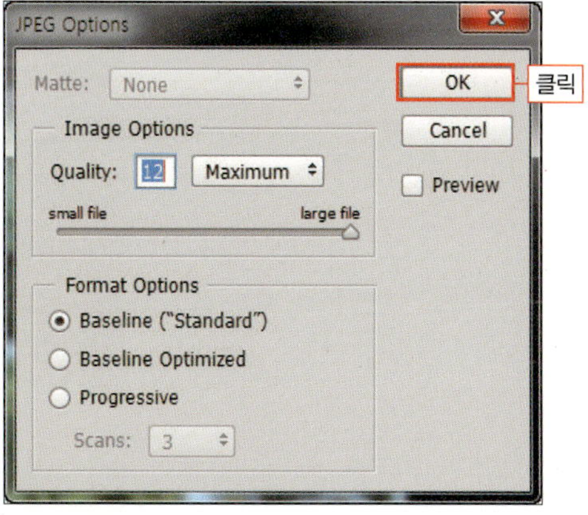

09. 완성된 결과물을 확인합니다.

디지털 카메라로 분할 촬영한 이미지를 가지고 파노라마 사진을 만들어 보겠습니다. 스마트폰 또는, 디지털 카메라들은 촬영 시 바로 파노라마로 만들어 주는 기능도 있지만 포토샵의 Photomerge 기능은 그 성능이 아주 정교하며 좋은 결과를 보여줍니다.

예제 파일 I DVD₩Part 10₩03_파노라마(폴더) **완성 파일** I DVD₩Part 10₩03_나로도_파노라마_완성.jpg

01. 어도비 브리지를 실행하고 [Folders] 패널에서 예제 폴더를 선택한 후 [Edit]-[Select All] 메뉴를 클릭합니다.

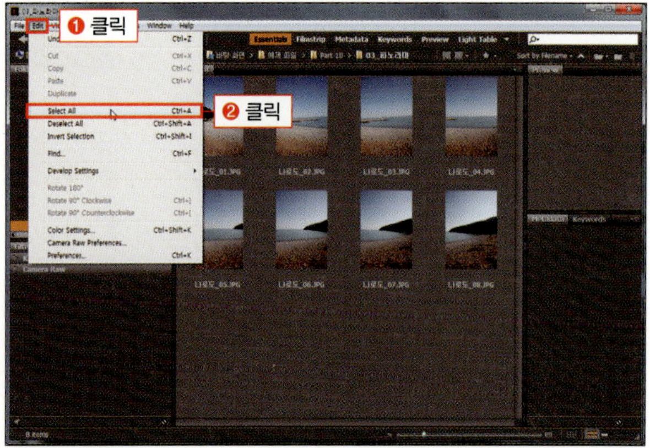

02. [Tools]-[Photoshop]-[Photomerge] 메뉴를 클릭합니다.

03. 포토샵 CC 2015가 실행되고 [Photomerge] 대화상자가 나타납니다. [Source Files]-[Use]가 'Files'로 되어있고 '나로도_01.JPG'~'나로도_08.JPG'까지 등록된 것을 확인할 수 있습니다.

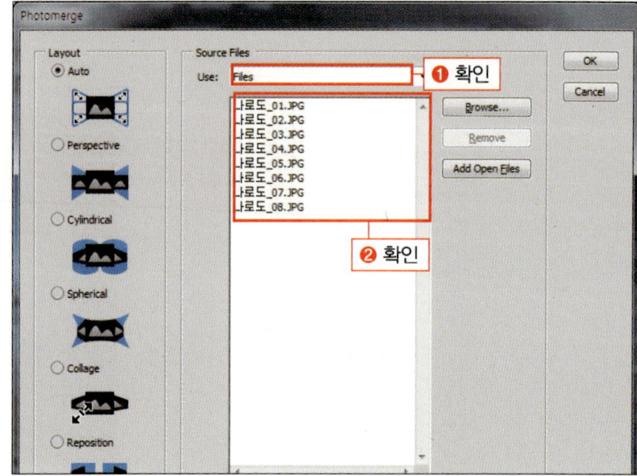

04. 비네팅을 제거해주는 [Vignette Remove]와
기하학적 왜곡 교정을 위해 [Geometric Distortion
Correction] 그리고 포토샵 CC 2015에 새로운 기능
인 투명 부분 내용 인식 채우기인 [Content Aware
Fill Transparent Areas]도 체크하고 [OK] 단추를 클
릭합니다.

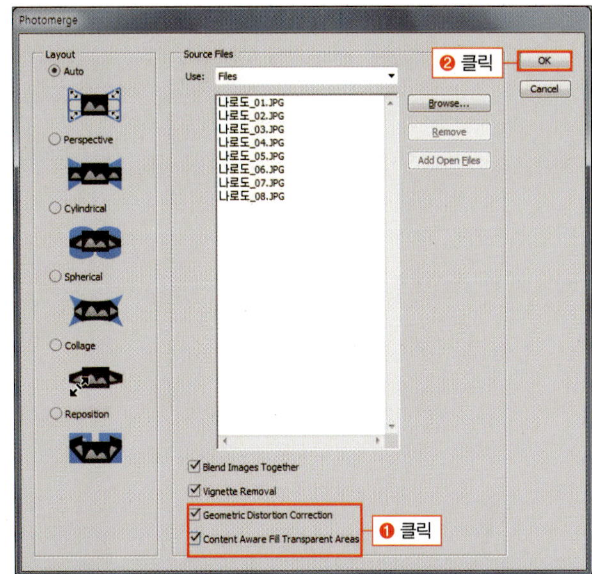

05. 자동으로 8장의 이미지를 옆으로 붙여서 파
노라마 사진을 만들어 줍니다. [Layers] 패널을 보
면 총 9개의 레이어가 있습니다. 가장 위에 위치
한 레이어는 포토샵 CC 2015의 새로운 기능인
[Content Aware Fill Transparent Areas] 기능이 적
용된 레이어입니다.

06. 선택 영역을 해제하기 위해, [Select]-
[Deselect] 메뉴를 클릭합니다.

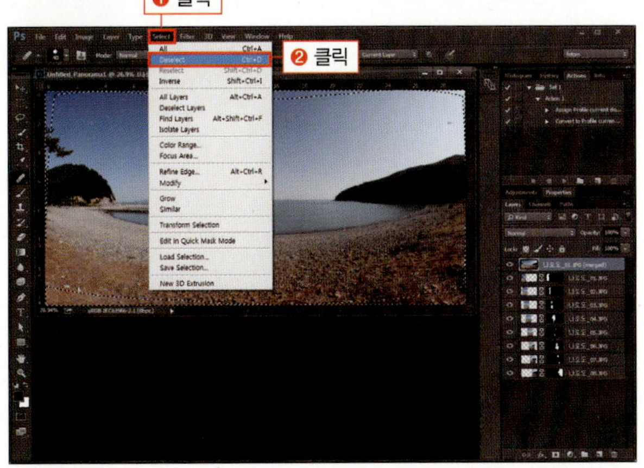

07. 포토샵 CC와 포토샵 CC 2015를 비교해 보기 위해, [Layers] 패널에서 '나로도_01.JPG(Merged)' 레이어의 [눈]을 끕니다.

08. 그리고 그림처럼 가이드 선을 그려봅니다. 포토샵 CC까지는 파노라마 사진을 만들면 주변부를 이 정도 잘라내야 했습니다.

09. [Layers] 패널에서 '나로도_01.JPG(Merged)' 레이어의 [눈]을 켭니다. 그림처럼 포토샵 CC 2015에서는 투명 부분 내용 인식 채우기(Content Aware Fill Transparent Areas) 기능으로 주변부를 자르지 않고 더 넓게 사용할 수 있습니다.

10. 가이드 선을 가리기 위해, [View]-[Show]-[Guides] 메뉴를 클릭합니다.

11. 레이어들을 합치기 위해 [Layers] 패널의 메뉴에서 [Flatten Image]를 선택합니다.

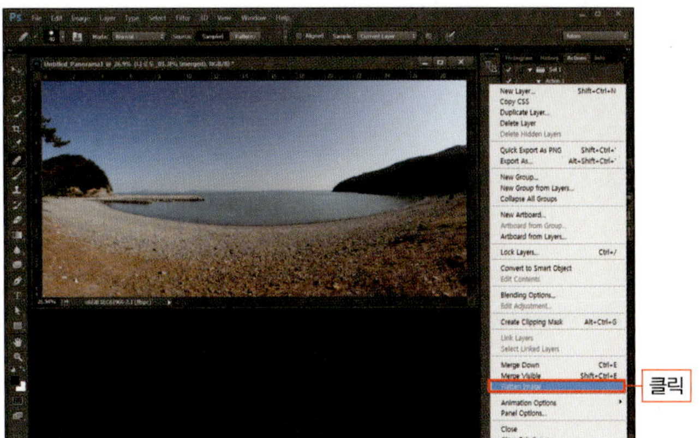

12. 저장하기 위해 [File]-[Save As] 메뉴를 클릭합니다. [다른 이름으로 저장] 대화상자가 나타나면 그림과 같이 설정하고 [저장] 단추를 클릭합니다.

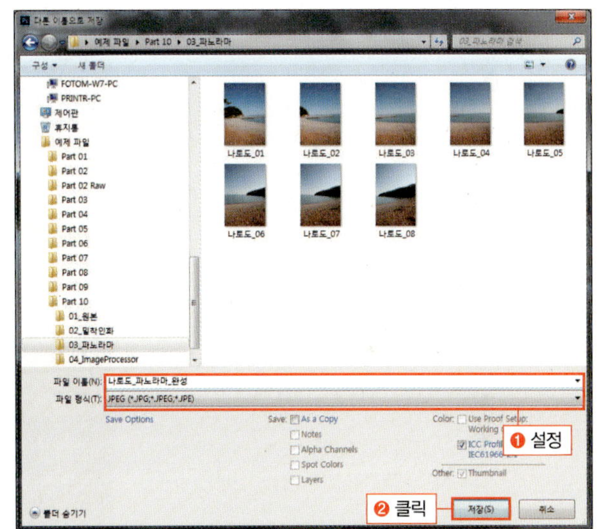

13. [JPEG Options] 대화상자가 나타나면 [OK] 단추를 클릭하고 결과물을 확인합니다.

Image Processor 기능은 PSD 또는, TIF 등으로 되어 있는 비압축의 용량이 큰 파일을 전송하기 편한 압축 파일인 JPG로 일괄 변경하여 저장해 주는 기능입니다. 단순 파일 형식 변경뿐만 아니라 크기 조절, 액션을 추가하여 저장할 수도 있습니다.

예제 파일 I DVD₩Part 10₩04_ImageProcessor(폴더)

01. 어도비 브리지를 실행하고 [Folders] 패널에서 예제 폴더를 선택한 후 [Edit]–[Select All] 메뉴를 클릭합니다.

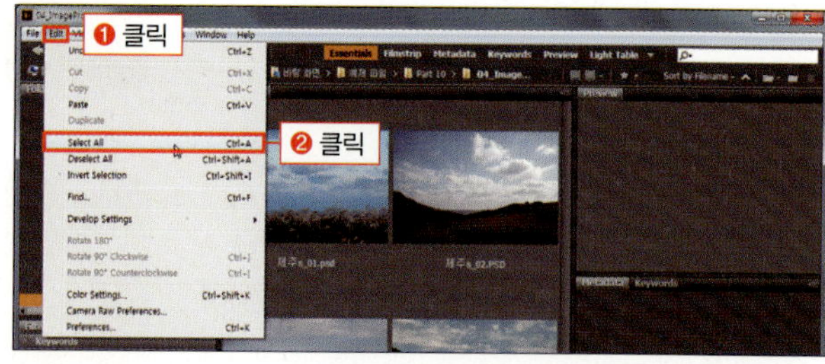

02. [Tools]–[Photoshop]–[Image Process] 메뉴를 클릭합니다.

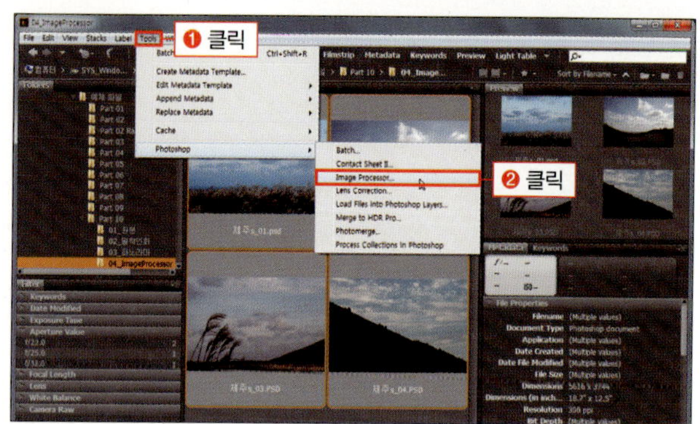

03. 포토샵 CC 2015가 실행되고 [Image Processor] 대화상자가 나타납니다. ① [Select the images to process](처리할 이미지 선택)이 'Process files from Bridge only(4)'(브리지 파일만 처리(4))로 되어있는 것을 확인할 수 있습니다. ② [Select location to save processed images](처리된 이미지를 저장할 위치)는 'Save in same Location'(같은 위치에 저장)으로 선택하고 ③ [File Type](파일 형식)은 'Save as JPEG'(JPEG로 저장) 항목에 체크합니다. [Quality](품질)는 '12'로, [Convert Profile to sRGB](프로파일을 sRGB로 변환) 항목도 체크합니다. 그리고 크기를 조정하기 위해 [Resize to Fit] 항목을 체크하고 [W](가로)는 '1000 px', [H](세로)는 '667 px'로 설정합니다. ④ [Include ICC Profile](ICC 프로파일 포함) 항목에 체크하고 [Run] 단추를 클릭합니다.

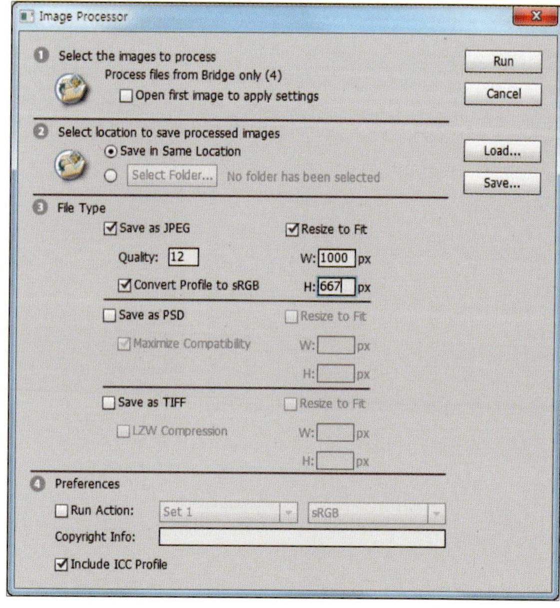

04. [Image Processor]가 완료되면 대화상자가 닫힙니다. 어도비 브리지를 보면 JPEG 폴더가 생겼습니다. JPEG 폴더를 더블클릭합니다.

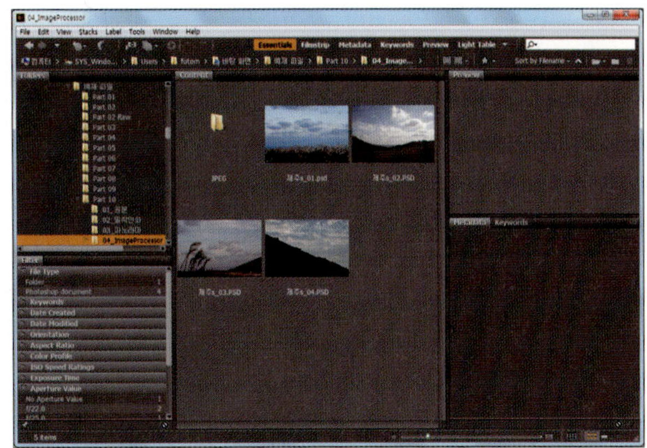

05. JPEG 폴더가 열리면 JPEG 파일로 변환된 파일들이 있는 것을 확인할 수 있습니다. 파일의 정보를 보기 위해 [Content] 패널의 '제주s_01.jpg' 파일을 클릭합니다. 그러면 [Metadata] 패널에 '1000 x 667 px'의 'sRGB'라는 정보를 확인할 수 있습니다.

PART SUMMARY

- Batch Rename 기능을 이용하면 파일의 이름을 원하는 형식으로 다시 정할 수 있습니다. `530p`

- Context Sheet 기능을 이용하면 선택한 이미지를 원하는 크기의 용지에 밀착 인화로 만들 수 있습니다. `533p`

- Photomerge 기능을 이용하면 분할 촬영한 이미지를 붙여 파노라마 사진을 만들 수 있습니다. `536p`

- Image Processor 기능을 이용하면 PSD 또는, TIF 파일을 JPG 파일로 일괄 변경하여 저장할 수 있습니다. `540p`

01 Context Sheet를 이용해 밀착인화 만들기

예제 파일 : DVD\Part 10\02_밀착인화 폴더　　**동영상 해설 :** DVD\Self Test\P10_01.wmv

HINT

Context Sheet 기능을 이용하면 선택한 이미지들을 원하는 용지 크기에 밀착 인화시킬 수 있습니다.

02 Photomerge를 이용해 파노라마 사진 만들기

예제 파일 : DVD\Part 10\03_파노라마 폴더　　**동영상 해설 :** DVD\Self Test\P10_02.wmv

HINT

Photomerge 기능을 이용하면 분할 촬영한 이미지를 하나로 연결하여 멋진 파노라마 사진을 만들 수 있습니다.

포토샵 CC 2015
더 쉽게 배우기

1판 1쇄 발행 2015년 8월 31일

저　　자 | 김기덕
발 행 인 | 김길수
발 행 처 | 영진닷컴
주　　소 | (우)153-803 서울특별시 금천구 가산디지털 1로 24
　　　　　대륭테크노타운 13차 10층 영진닷컴
등　　록 | 2007. 4. 27. 제16-4189

가격 23,000원

©2015. (주)영진닷컴

ISBN | 978-89-314-4966-2

이 책에 실린 내용의 무단 전재 및 무단 복제를 금합니다.

YoungJin.com **Y.**
영진닷컴